Samsun
Trapezunt
Batum
Poti
Armenien
Erserum
Wan S.
Wan
Diarbekr
Euphrat
Mesopotamien
Mosul
Ninive
Tiflis
Kaukasus
Kaspisches Meer
Derbent
Baku
Lenkoran
Rescht
Tebris
Urmia S.
Kaswin
Elburs
Teheran
Demawend
Hamadan
Kermanschah
Baghdad
Babylon
Tigris
Wüste
Astrabad
Meschhed
Kaschan
Descht-i-Kewir
Persien
Iran
Isfahan
Schuschter
Basra
Schatt el Arab
Kueit
Jesd
Behbehan
Buschir
Kirman
Lut
Kuh-i-Hasar
Darab
Lingah
Bender Abbas
Persischer Golf
Bahrein
Bahr el-Benat
Oman
Golf von Oman
Djask
Mekran
Bampur
Gwadar
Maskat
Ras el Hadd
Karachi
Ras Madrak
Kuria Muria I.
Mirbat
Makalla
Roba-el-Chali
Hadramut
Arabisches
Herat
Afghanistan
Balutschistan
Kelat
Merw
Seraks
Aschabad
Krasnowodsk
Transkaspisches Gebiet
Ust-Urt (Plateau)
Aral S.
Chiwa
Kara-kum
Turkmenen
Alexandrowsk
Kungrad
Djumain
Nih
Hamun
Er-Riad
Nedjd
El-Hasa

LEERES VIERTEL

Michael Roes

Rub' Al-Khali
LEERES VIERTEL

Invention über das Spiel

GATZA BEI EICHBORN

2. Auflage: September 1996
1. Auflage: August 1996

Umschlaggestaltung: Christina Hucke
Satz: Offizin Götz Gorissen, Berlin
Druck und Bindung: Wiener Verlag, Himberg bei Wien
ISBN 3 8218 0639 7

Verlagsverzeichnis schickt gern:
Eichborn Verlag, Kaiserstraße 66, D–60329 Frankfurt am Main

für meinen gefährten und freund
am rand des Leeren Viertels
Abdul-Malik Radman ad-Dolay

إذا كان ما ستقوله ليس أجمل من الصمت فاصمت .

(Arabisches Sprichwort)

I

Unausgeschlafen, durchgefroren. Wortkarge fahrt zum flughafen durch die nächtliche stadt. Die kühle chromglänzende kunststoffbestuhlte wartehallenatmosphäre: menschenumschlagplatz. Ohne den lärm, den dreck, das fieber, die staubig-verschwitzte erotik an bahnhöfen oder seehäfen. – Transport von sitzschalenmenschen aus einem vorzimmer ins andere.
Die frühstücksbar noch geschlossen. Doch dampft die kaffeemaschine schon. Mürrisches, kurzangebundenes personal. Ebenso früh aufgestanden wie die ersten gäste. Doch ohne absicht zu verreisen. Wortlos schiebt mir das blasse mädchen in dem viel zu engen kleid einen doppelten espresso herüber.
Die reise selbst ist noch teil der eigenen kultur: einchecken, boarding, apéritif, internationale presse … Wir stellen unsere uhren vor (oder nach). Wir bleiben in der zeit.

Dennoch beginnt die fremde bereits im flugzeug: *t'alīmāt as-salāmah:* safety instructions. Der einzige europäer unter einer handvoll jemeniten. Stolz darauf, dasz er stammelnd wie ein erstklässler die arabischen buchstaben zu entziffern versteht. Freundlicher beifall der mitreisenden.
Erneut fällt mir die angewohnheit vieler araber auf, laut zu lesen, selbst die zeitung, langsam, erstaunt, meinen eigenen legasthenischen versuchen nicht unähnlich.
Doch fliegen wir nicht gemeinsam. Bin bereits vor vielen tagen aufgebrochen. Zunächst mit dem zug über Prag, Brünn und Wien nach Triest. Dort habe ich mich nach Alexandria eingeschifft, um auf dem Nil nach Kairo zu gelangen und mit einer karawane über Port Said nach Dschidda weiterzureisen …
Zwar nicht jahre unterwegs, doch immerhin einige wochen auf meiner gedankenfahrt, so dasz mir die bewegungslosigkeit während des flugs zu recht wie ein stupor erscheint.
Wie ein gepäckstück am platz festgezurrt, verhockte fortbewegung des europäers. Im eigentlichen sinn kein reisen, kein sich erheben mehr, sondern das aufstehen an einem veränderten

ort: nicht ich habe mich bewegt, die welt unter mir hat sich fortgedreht.

Ich werfe einen letzten blick auf das flache land, dessen grün und rot im salzwasser zu ertrinken droht. Mein sitznachbar, ein arzt aus ʻAden, kehrt von einem fachkongresz zur »Lage der Psychiatrie in den Entwicklungsländern« in seine heimat zurück. Er habe in Budapest medizin studiert; er kenne den westen sehr genau. – Ich erwidere, für mich liege Budapest bereits im osten.
Wir geraten in ein heftiges, sehr »westliches« streitgespräch: Wie könnten wir wissen, was wahr und was falsch, was normal und was anormal, was gesund und was krank sei. – Natürlich können sich selbst die gelehrten und wissenschaftler irren. Doch wie sollen wir überhaupt etwas lernen und verstehen können, wenn nicht schon etwas gewuszt wird?

ABSCHIED VON WEIMAR

Weimar, den 10ten May

Nun bin ich also unterwegs. Wahrhaftig, ich habe nicht nur alle vorstellbare Lust, sondern auch jeden denckbaren Grund zum Reisen. Der scharfsichtige Sterne theilt uns lose und ledige Personen, die wir unser Heim verlassen, in die Klassen jener ein, die wegen Gebrechlichkeiten des Körpers oder Schwächen des Geistes, die wegen Nothwendigkeiten der Seele oder des Gemüths oder aus irgendeinem anderen oder aus gar keinem Grunde reisen. Nun gehöre ich thatsächlich im strengsten Sterneschen Sinne zu allen diesen Klassen.

Nun bin ich also unterwegs, weil mein Körper krank, mein Geist bedürftig, meine Seele leidend ist; weil widrige Umstände mich zwingen und weil ich, der das Reisen über alle Maassen hasst, nicht einsehe, dass es alleyn aus diesen Gründen geschehen solle. – So reise ich vor allem aus Trotz.

Martersteig redet mir ein, der überstürzte Aufbruch sei eine Flucht, obgleich de la Motte mich schon seit einem halben Jahr bedrängt, ihn als Secretaire in den Orient zu begleiten. Nein, keine Flucht, aber wohl ein Rückzug, aus kindlicher Empfindsamkeit, vom Director des hiesigen Theaters abgewiesen worden zu seyn.

Die Ablehnung hat mich zutiefst gekränkt, oh ja, doch deshalb dieser Stadt, oder besser, dieser *Stätte* den Rücken zu kehren, wäre in der That naïf.

Hat mir die Grossherzogin nicht ihr Teehaus für meine Tiefurter Puppenbühne zur Verfügung überlassen und jene nicht selten sogar eines persönlichen Besuchs gewürdigt? Bis der Weimarer Theaterdirector die wachsende Aufmercksamkeit für meine Tiefurter Marionetten nicht länger ertrug und selbst gegen diese bescheidene Bühne zu intrigiren begann. Offenbar empfindet er sie, diese unbescheidene Ansicht sey mir zumindest in diesem Reisetagebuche erlaubt, als zu fürchtende Concurrence zu seinem grossherzoglich-staatsräthlichen Marionettentheater.

Auch ich habe mich zu Beginn um seine Gunst bemüht, ich gestehe es (zumindest diesem Büchlein) mit der ganzen Schaam des

entlarvten Opportunisten. Ja, ich wollte vom Tiefurter Teehaus an den Weimarer Theaterplatz ziehen. Wohlan, war ich zu gross oder zu klein für diesen Grossen Kleinen (beklagenswerther Weise bin ich grossgewachsen und überrage ihn um Kopfeslänge)?
Doch deshalb fliehen? oder mich zurückziehen? Nein! Die Sonne findet mich bereits wach an diesem Morgen, habe ich Schlaf in dieser Nacht doch vergeblich gesucht. Bin ich jemals vollkommener aufgewacht als an diesem Reisetagesanbruch?
In den Zuständen zu seyn und zugleich ausserhalb, das schien mir reizvoll und gar möglich. Dass der Herr des Innern schlechthin diese Zwitterstellung nicht duldet, hat womöglich ihr Gutes: Ich bin unterwegs. Ich entferne mich. – Auch wenn es heute nur nach Vossens in Dresden geht.

Dresden, den 11ten May

Nicht Abschied von einer Stadt, Abschied von einem Sentiment. Das Leben in Weimar ist zu innerlich geworden. Vom Frauenplan zieht es die Bürger ins Gartenhaus zurück.
Martersteig warnt mich, sich von sich selber zu entfernen sey der tiefste Wahn, in den man stürzen könne. Doch genau um dieses Wahnes willen treibt es mich hinaus aus dieser gespenstischen Idylle, in der Hunger und Sättigung eins zu seyn scheinen: eine ätherische Fettleibigkeit aller Orthen.
Von wo auch immer man Weimar betritt, es bedeutet einen Abstieg, von den Anhöhen der Umgebung ins beschauliche Ilmthal. Verlässt man Weimar, so gilt es, zunächst diese natürlichen Wälle, hinter denen sich die Weimarer Gesellschaft so behaglich eingerichtet hat, zu überwinden. Sicher, dahinter liegt uncultivirtes Land, Wildnis, Braache, Sumpf.
Doch verlässt man Weimar, nur einige Schritte hinauf, gewinnt man einen Ueberblick. Die Paläste werden zu Decorationen, die Menschen zu Spielfiguren.
Es ist gut, Weimar hin und wieder zu verlassen.

*

In Eisenberg steigt Herr von Beelitz zu. Freundliches Gespräch über Vossen und andere gemeinsame Bekannte. Lasse das fernere Ziel meiner Reise unerwähnt.
Mit vertrauten Menschen unterwegs zu seyn ist nicht reisen, da ein Stück Heimath beständig dabey ist, Herz, Verstand und Sinne occupirt und jede Entfernung vom vertrauten Selbst verhindert.
Denn was habe ich, von der Liebenswürdigkeit des Herrn von B. in Anspruch genommen, auf dem Wege von Eisenberg nach Dresden wahrgenommen? Von dieser ersten Etappe erinnere ich alleyn ein mir bisher noch unbekanntes Detail aus dem Intimleben der Frau von S., dass ich, wenn es mich denn interessirte, auch im Elefanten hätte hören können.

Dresden, den 13ten May. Vossen ist auf eine fast beängstigende Weise um mein Wohlergehen bemüht. Ich versichere ihn, auf meiner Rückreise, also spāthestens im Frühjahr nächsten Jahres, wieder bey ihm vorbeyzuschauen, an Körper und Geist wohlbehalten, doch um tausendundeine Erfahrung reicher.
Vossen bietet mir an, mich in seinem Zweyspänner bis Königstein zu bringen. Ich kann sein Angebot nicht ablehnen, doch würde lieber die Post nehmen und eine Weile unbekannt seyn. Denn Gastfreundschaft muss, nicht minder theuer, mit Zuwendung und Aufmercksamkeit bezahlt werden.

Prag, den 15ten May. Zunächst die widerwärtigste Tractation eines bescheidenen Quartiers wegen. Als sähe man mir den Pickelhering an der Nasenspitze an. Und nun warte ich bereits länger als eine Stunde auf Braten und Bier.
Am liebsten hätte der Herr Geheimwirth mich an den Gesindetisch complimentirt. Doch bin ich schon nicht mehr der Comödiant, Kirchen- und Prospectmaler und Marionettentheaterdirector, als den man mich zu erkennen glaubt, sondern bereits der zukünftige Reisecamerad des Grafen de la Motte-Fauteuil!
Ich werde wiederkommen, wenn nicht als Grosser Mann, so zumindest in der Larve eines solchen, und mich für diese schmeichelhafte böhmische Courtoisie erkenntlich zeigen!

*

Nun wieder auf der Strasse. Vorbey an gelben Rapsfeldern und schwarzgrünen Auen, hin zu einem helleren und trockeneren Braun und Gelb. Wende ich mich nach Norden, so reise ich eher ins Eigenste als von mir forth. Finde ich im Norden nicht Alles klarer und tiefer, was meine Natur auszeichnet: Dunkelheit und Schwermuth und Kälte, die Witterung uns aufzwingt, doch uns ferner von einander seyn lässt.
Wollen wir Nordländer wirklich verreisen, das heisst, uns von dem Eigensten und Heimlichsten entfernen, so reisen wir gen Süden. Nur dort erhoffen wir blassen, in uns gekehrten Eigenbrödler, uns selber zu begegnen. Fremder unter Fremden.

Warten, warten. De la Motte bereits in Triest. Schotenbauer malade mit einem Magenleiden. Wir essen den ganzen Tag. Schon das Petit Dejeuner ist ein Grand-Guignol, von neun bis elf. Dann das Diner, Mehlspeisen, Braten, Pasteten, Süssspeisen, Küchlein mit Sirup und Schlag, bis man sich übergiebt. – Ich unternehme lange Fussmärsche, um dem Müssiggange, der Darmträgheit und den schleppenden Gedancken zu entlaufen.

Wien, den 22ten May. Was ist Wien? Die innere Stadt fast allseitig von Bastey und Glacis umgeben. Die inneren Bewohner desgleichen. Sie platzen fast aus ihren Nähten. – Wieviel luftiger, bewegungsfreyer stelle ich mir die türkische Bekleidung vor!
Schotenbauer wirkt von meinen Bemühungen um seine baldige Genesung nicht sehr angethan. Eher scheint meine Sorge, dem angewiderten Gesichte nach, seine Uebelkeit noch zu verstärken. Ist es mein Mangel an Latein- und Griechischkenntnissen, welcher allerdings von einer Liebe zum Volksthümlichen aufgewogen wird, die in seinem Verdauungssysteme diese antipathischen Contractionen hervorruft?
Er bittet mich mit aller ihm unter diesen Umständen zu Gebote stehenden Liebenswürdigkeit, doch schon selbständig vorauszureisen, während er die Ankunft des Arztes und Botanikers Schlichter hier im Winterpalais des Grafen erwarte. Gemeinsam würden sie dann, sobald es seine Gesundheit erlaube, doch auf jeden Fall, bevor das Schiff nach Constantinopel den Haven verlasse, mir und de la Motte nach Triest folgen.

Wien, den 23ten May. Besuch der Badenschen Truppe im Bade zu Baden, sechs Meilen vor der Stadt. – Als der Hanswurst von den Wiener Bühnen vertrieben ward, protestirte ein nicht geringer

Theil des Publicums, indem es nun ebenfalls den Theatern fernblieb. Also unternimmt man verschiedene Anläufe, einen neuen *Arleqino* einzuführen, wovon der *Kasperl*, welcher einen österreichschen Bauernjungen vorstellt, der durch seine dummklugen Einfälle belustigt, den meisten Beyfall findet.

Die vornehmste Truppe dieser Art ist jene, welche derzeit im Bade zu Baden, im Winter aber zu Wien in einem Theater in der Leopoldstadt spielt. Sie erhält nicht nur grossen Zulauf vom einfachen Volke, sondern zuweilen auch von Leuten höherer Stände. Der Director und Hauptacteur nennt sich, ich weiss nicht, ob mit einem angenommenen oder seines Vaters Namen, wie der Kammerherr *Marinelli* in „Emilia Galotti".

Die Belustigungen des Volkes, sey es die gemeine Schaubühne, sey es das Puppentheater, sind nicht nur für den Philosophen Gegenstände, die wohl einer ernsthaften Betrachtung werth sind. Ist die lustige Hauptfigur nicht ein comfortables Mittel, unbequeme Wahrheiten vor das Volk zu bringen, ja, in ihr das Volk selbst zu Worth kommen zu lassen?

Nun ist dieser Kasperl ein eher grober, sittenloser, auf seinen Vortheil bedachter Character, also alles in Allem eher ein Abbild als ein Vorbild von uns gemeinen Zuschauern. Und ich hoffe inständig, dass er sich noch lange der Verbesserung und Verfeinerung seiner Sitten durch wohlmeinende Stückeschreiber widersetzt. Wenn er sich erst über die Bedrückung durch die Gutsherrn und die Practices der Steuereintreiber ausbreitet, ist aus einem Simplicissimus ein Grantler oder Prediger geworden.

Wien, den 25ten May. Adé, Centralfriedhof, Viaker und Mehlspeis. Ein letzter Blick. Maria vom Siege. Die weinenden Frauen. Der kränkelnde Altphilologe. Der Kahlenberg.

Die Weltlaterne. Der grüne Elephant. Imperiale Behäbigkeit, gäbe es den Caffé nicht. – Auf, nach Constantinopel!

Triest, den 29ten May

Noch begreife ich das ganze Ausmaass dieses Unternehmens nicht: In wenigen Tagen werden wir zu Schiffe gehen und unseren heimathlichen Continent verlassen.
Triest und seine Bewohner – sie mögen mir dieses vorschnelle Urtheil verzeihen – scheinen mir doch noch zum gleichen Culturkreise gehörig. Allenfalls die Münder der Triestiner verrathen ein anderes (grösseres?) Maass an Sinnlichkeit.
Nun treffe ich hier nicht weniger Leidener und Lübecker Kaufleute als in Dresden oder Nürnberg an. Doch sind es wohl vor allem Sprache und Nahrung, die unsere Münder formen. Beydes scheint mir in Leiden und Lübeck gewissermaassen holziger.

Was bedeutet mir diese Reise? Ich bin so sehr mit der Forthbewegung an sich beschäftigt, dass ich das Eigentliche des Reisens noch gar nicht erfasse. Noch empfinde ich keinen Abschiedsschmerz, der mir der Grösse des nächsten Schrittes angemessen schiene. Offenbar handelte es sich bisher um eine Folge vieler kleiner, leicht verwindbarer Abschiede.
Vielleicht muss ich noch näher heran an die See; muss ich unmittelbar vor ihr stehen, kein Land, kein Bauwerk von Menschenhand mehr zwischen ihr und mir. Nur noch Halt-, nur noch Maasslosigkeit.

Triest, den 31ten May. Nach dem Frühstück empfängt mich de la Motte für eine halbe Stunde, trägt mir einige rasch zu erledigende Besorgungen auf und überlässt mich den Rest des Tages meinem Müssiggange. Er wirkt sehr beschäftigt. Doch glaube ich, hinter seiner Betriebsamkeit das Fieber der Ungeduld zu verspüren.
Das Wiedersehen ist freundlich, aber distancirt. Was habe ich erwartet? Ja, er ist ein Gönner und Förderer meiner Arbeit, doch macht ihn das zu einem Freunde? Er lädt mich ein, ihn als

Schreiber und Illustrator auf seiner Forschungsreise zu begleiten. Von Cameradschaft war die Rede nicht.

Entspringt diese Geste nicht überhaupt nur einem Augenblicke der Rührung, der Hilflosigkeit angesichts meiner und wohl auch der eigenen Verbitterung über Charlottens frühen Tod? Stand er ihr nicht näher, bis zur Selbstverleugnung in sie verliebt, während ich nur ein Gatte ihr war, dessen Liebe sie zudem mit seiner Kunst zu theilen hatte?
Denn was kann ich an Fähigkeiten zu dieser Unternehmung schon beytragen? Eine Gruppe von Specialisten, von Dünkel und Arrogance, wenn auch kränkelnder. Wie mag der Vierte in unserer Gesellschaft seyn, Doctor Schlichter? Jeden Tag fragt de la Motte nach Zeitung. Eine Besetzung der Stadt durch die Franzosen drohe, so habe sein Bruder, preussischer Gesandter zu Wien, ihn warnen lassen. Viele Schiffe verliessen vorzeitig den Haven.

Triest, den ersten Juni. Nachts ist das Meer schwarz. Ein sternenloser Himmel. Doch die Schwärze lärmt. Sie gurgelt und schmatzt. Die unendliche schwarze Zunge eines cosmischen Ungeheuers!

Mich in Cannaregio einquartiert, während die Gefährten in der „Königin von England", unweit des Marcusplatzes, abgestiegen sind. Die Fenster meiner Herberge gehen auf einen schmalen Canal zwischen hohen, dunklen Häusern. Gleich unter mir eine einbogige Brücke und gegenüber ein enges, nur mit Einheimischen belebtes Gässchen.
Ich stelle eine Flasche Wein in die Waschschüssel, in der Hoffnung, dass sie darin etwas abkühle.
Auf dem Weg zur Herberge der Cameraden verlaufe ich mich in die entferntesten Quartiere der Stadt. Auf einem Uferdamme im Angesicht des Wassers begegne ich einem sonnenverbrannten, bärtigen Kerl, der einer kleinen Anzahl von Zuhörern Geschichten erzählt. Leider kann ich seines venezianischen Dialectes wegen nichts davon verstehen. In seinen Gebärden ist er zurückhaltend. Nur selten lächelt das Auditorium. – Trotz des contrastreichen Spiels von Licht und Schatten liegt über der Stadt ein feiner Schleier von Melancholie.

Ich treffe die Gefährten noch immer im Streite an. Schotenbauer entschuldigt sein verspätetes Eintreffen mit seiner Magenverstimmung. Ausserdem habe er nicht wissen können, dass unser Schiff bereits zehn Tage vor dem annoncirten Zeitpunkte auslaufen werde.
Doctor Schlichter hält sich augenfällig zurück, ich weiss nicht, ob auf Grund einer allgemeinen phlegmatischen Natur oder der amüsirten Distance eines unbetheiligten Zuschauers.

*

Während unseres überstürzten Aufbruchs von Triest fragt Schotenbauer mich nach meinem Gepäcke. Ich erwidere, es stünde vollständig vor ihm. Ungläubig starrt er auf meinen Mantelsack und Dachsranzen: Für eine Expedition wohl über ein Jahr wird dir dieser Sack und Zehrbeutel genügen? – Soll ich denn mit einem

Dutzend Kammerläden und Fichtenkästen durch die Wüste ziehen? – Alleyn die Reiselectüre fülle zwey Truhen, entgegnet er. Ich wage nun meine zwey Bücher nicht mehr zu nennen, die, so bin ich dennoch überzeugt, mehr als zwey Truhen aufzuwiegen im Stande sind. Sie werden mir auch über ein Jahr hinaus Anregung und Trost seyn.

Venedig, den 7ten Juny. „Gute Nacht" können wir im Norden zu jeder Abendstunde sagen, wenn wir im Finstern von einander scheiden. Der Venezianer sagt „Felissima Notte" nur einmal, wenn das Licht in das Zimmer gebracht wird und Tag und Nacht sich scheiden. Da heisst es dann etwas ganz anderes. So unübersetzlich sind die Eigenheiten jeder Sprache. Denn jedes Worth bezieht sich auf die Eigenthümlichkeit des Volkes, sey es sein Character, seine Gesinnung oder sein Zustand.

Venedig, den 10ten Juny. Nun ist es entschieden. Noch sind wir kaum zu einer Reisegruppe vereint, trennen sich einstweilen unsere Wege wieder. Schotenbauer und Schlichter nehmen ein Segelschiff nach Constantinopel, de la Motte wird mit mir nach Wien zurückkehren und dann die Route über die Donau und das Schwarze Meer wählen. – Wie soll sich unsere Parthey in den kommenden Abentheuern bewähren, wenn bereits eine dürre idiosynkratische Magenverstimmung zu einer fetten unheilbaren Crisis anschwillt? Wohlan, Morgen brechen wir auf, wenn die Reise uns auch einen guten Theil des Weges zurückführt. Doch nicht selten bringen Rückzüge und Umwege uns rascher ans Ziel.

*

Die Theaterbesuche in Venedig haben mich manches gelehrt. Das Volk will auf eine widersprüchliche Weise gerührt seyn. Es nimmt keinen innigen Antheil am Schicksaale der Unglücklichen. Es will lachen, es will das Theater unbeschwert verlassen.

Sein Antheil am Schauspiel betrifft nur das Wirkliche. Als der Tyrann seinem Sohne das Schwerdt reicht und ihn auffordert, die eigene Gemahlin damit hinzumetzeln, beginnt das Volk, laut sein Missvergnügen über diese Zumuthung des Dichters zu bezeigen. Und es fehlt nicht viel, dass die Acteure ihr Spiel zu unterbrechen gezwungen sind. Das Publicum verlangt, der Alte solle sein Schwerdt und seine Aufforderung zurücknehmen, wodurch freylich das ganze folgende Geschehen aufgehoben wird. Endlich entschliesst sich der bedrängte Sohn, tritt ans Proscenium und bittet die Zuschauerschaar demüthig, sie möchte sich noch einen Augenblick gedulden, die Geschichte werde sich noch ganz nach ihrem Gefallen wenden.
Künstlerisch ist diese Unterbrechung ohne Zweyfel ein Desaster. Dennoch lobe ich das Volk um diese Intervention. Denn nie spielt der Acteur alleyne *vor* dem Publicume, immer spielt er auch und vor allem *mit* demselben.

Wien, den 15ten Juny. In der wahrhaft prachtvollen Kaiser- und Schmarrenstadt verweilen wir diesmal nur zwey Tage, da bereits morgen ein Eilschiff nach Varna abgeht.
Es ist noch nicht lange her, als eine Reise von Wien nach der Hauptstadt des türkischen Reiches noch viele Mühsaal und Gefahr, ja, eine Pilgerfahrt mit ungewissem Ausgange bedeutete. Jetzt wollen wir die ungeheure Strecke, die zahllosen Umwege der Donau nicht gerechnet, durch eine Weite von 250 deutschen Meilen in zwanzig Tagen zurücklegen, wenn denn der uns zugesagte directe Anschluss von Varna nach Constantinopel auch thatsächlich eingehalten wird.
So eignet sich der Mensch in rastlosem Forthschritte die Herrschaft über Land und Wasser an. Nur die Herrschaft über sich selbst, über seine Thorheiten und Leidenschaften hat er bisher nicht zu fördern vermocht.

Varna, den 2ten July. Was veranschaulicht den Character eines Menschen sinnfälliger als sein Benehmen im Angesichte der Gefahr?

Gleichen sich seit Homers Zeiten nicht alle Abentheuer: Hindernisse auf unserer Reise, Umwege zu unserem Ziele? Nun können wir so wenig Abentheuer suchen (oder ihnen ausweichen) wie Schicksaalsschläge oder das Glück. Sie treffen uns unvorbereitet und nicht in Erwartung an. Andernfalls wären sie Lohn oder Strafe, oder auch nur Inscenirung und kein wirkliches Ereignis, dass sich uns überraschend in den Weg stellt.
Gleichwohl sind wir ausgezogen, wenn nicht Glück, so doch neben Erkenntnis wohl auch das Abentheuer zu suchen. Doch hätte de la Motte geahnt, dass es ihn in dieser Gestalt, oder besser, Ungestalt begegne, er hätte vielleicht von dieser Expedition oder zumindest dieser Route Abstand genommen.
Das ist nun kaum der Stoff, welcher in den Weimarer Salons zum Ruhme des Erzählers beytrüge. Nicht, dass die Herren Officire choquirt seyn würden, von den Damen ganz zu schweigen – was könnte ein Weimarer Weiberohr noch zum Erröten bringen –, schlimmer, die Daheimgebliebenen könnten schlicht – amüsirt seyn.
Reisen wir, um die Neider, Schmeichler und Sensationslüsternen nach der gefeyerten Rückkehr mit unserer armseligen menschlichen und daher zutiefst lächerlichen Blösse zu unterhalten? – Das ganze Schiffsvolk und alle Expresspassagiere sehen den Edelmann aller Würden und Etiketten entkleidet. Sie entdecken einen nicht grossen, obgleich auch nicht geringen, einen nicht witzigen, obgleich auch nicht dummen, einen nicht wendigen, obgleich auch nicht plumpen, mit einem Worthe, sie entdecken einen ganz ordinairen Menschen.
Und wäre ich ihm nicht, ohngeachtet meiner geringen Secretairsposition, ritterlich und selbstlos zur Hilfe geeilt, wo hätte dieses zwar nicht unwürdige, doch immerhin unschickliche Abentheuer enden können? Aus der tragischen wäre unversehens eine lächerliche Pose geworden.
Der Lohn für meine That aber entspricht eher dem selbstlosen als dem ritterlichen Antheile, als habe der niedrige Schein doch tiefer auf die aristocratische Gesinnung eingewirkt, als es die Kürze des compromittirenden Augenblicks vermuthen liesse.

Ich höre, man will eine Brücke bauen, die sich 1/16tel deutsche Meile weit über das Goldene Horn spannen soll. Doch diesmal lasse ich mich noch mit dem Schiffe von Galata übersetzen. Alle möglichen Sprachen aus Europa und Asien drängen sich auf dieser schwankenden Barke zusammen.
Ich betrete Stambul. Ich bemercke sogleich, dass ich hier in das eigentliche Herz der mohammedanischen Weltstadt eindringe. Ich lasse das Serail und die Basaare zur Linken und gelange auf einen freyen Platz, auf dem sich hoch und schlank wie eine Palme der Thurm der Feuerwache erhebt.
Von dessen Zinnen sehe ich die sich über sieben Hügel ausstrekkende Stadt zu meinen Füssen, überschaue Meer und Land an einem der schönsten Orthe der Welt.
Während de la Motte bey Tage keinen Schritt aus dem Palais seines Gastgebers setzt. Hitze und Staub bedrückten ihn. In Wahrheit ist es das erneute Warten auf die Gefährten, deren Ankunft sich widriger Winde wegen auf unbestimmbare Zeit verzögert. – Wie soll ich ihm die Schönheit dieser Aussicht schildern?

Auf dem Rückwege besuche ich die nahe Moschee des Suleiman. Sie besteht aus drey Theilen: dem Vorhof, dem eigentlichen Gebetsraume und einem Garten, der Begräbnisstätte des Erbauers und seiner Familie. Ich trete ungehindert in den Vorhof ein. Bereits hier überrascht mich eine ungeahnte Pracht: Säulenhallen, von 28 Kuppeln gedeckt, laufen um die drey Seiten des Vorhofes her. Die vierte Seite, hier gegen Südost, weil Mekka in dieser Richtung von Constantinopel liegt, nimmt die Gebetshalle ein, welche sich zu einer hohen Kuppel, umringt von zwölf halben Küppelchen, wölbt.
Schon der stille Vorhof ist in grösster Kunst aus kostbarem Marmor gearbeitet. In der Mitte sprudelt unter einer zierlichen Bedachung ein klares Wasser, an dem die Mohammedaner vor dem Eintritte in die Moschee ihre Waschungen verrichten. Der Hof ist mit uralten Zypressen und einigen verstreuten Orangenstämmen

geschmückt, über die sich ein dichtes Gewebe von Reben ausbreitet. Deren kühlen Schatten zu geniessen, laufen Marmorbänke vor den offenen Säulenhallen her.

Grosse Fenster, kunstvoll in das blanke Gestein gemeisselt, gestatten mir den Einblick in das Innere, das zu betreten ich mich als Nichtmohammedaner scheue. Zwar könnte ich mich mit einem Erlaubnisschein der Heiligen Pforte versehen, welcher um den Preis von etwa 60 Thalern zu erhalten ist. Doch würde mein neugieriges Hin- und Hergehen die Betenden gewiss stören.
Als ich mich dem offenen Eingange des Gebetsraumes unvorsichtig nähere, tritt ein Tempelwächter auf mich zu und führt mich, unter lebhaften Gebärden des Kopfabschneidens, zum Eingangsthore und in die laute Strasse zurück.

Doch wo auch immer ich mich sonst in den Irrgärten des alten Constantinopel versteige, begegnet man mir anständig, zuweilen sogar freundlich. Selbst da, wo sich sonst kein Europäer ohne policeylichen Schutz aufzuhalten wagte, bewege ich mich, ohne belästigt oder gar misshandelt zu werden.
Theilen sie nicht mit uns den Glauben an den einen Gott, wie wir Alle überhaupt nur die Schattenbilder der Wahrheit kennen, willkürlich mit unseren eigenen, veränderlichen Wahrheiten durchsetzt?

Constantinopel, den 18ten July. Weil die Türken gar nicht tanzen und trinken, so könnte man glauben, dass auch die Europäer zu Constantinopel sich darnach richteten; alleyn es scheint, als hätten die Europäer nichts Eiligeres zu thun, als alle ihre Sitten und Gebräuche in ihrer Heimath zurückzulassen. Jede Nacht besucht de la Motte einen anderen Ball. Wir treffen nur noch am Abend zusammen, wenn ich mein Nachtmahl esse und er sein Frühstück zu sich nimmt.
Ich glaube, es wäre wohl besser, wenn die Europäer sich in diesem Lande all dessen enthielten, was die Mohammedaner verabscheu-

en; denn weil diese von ihrer Nation Niemanden tanzen und trinken sehen als nur die allerschlechtesten Leute, so kann ich mich nicht darüber wundern, wenn sie uns mit diesen vergleichen. Ich habe sie deswegen zu verschiedenen Malen schlecht von den Europäern und besonders von der Freyheit unseres Adels reden hören, gegen welchen sie gewiss mehr Respect gehabt haben würden, wenn sie nichts von ihrem Tanze mit fremden Frauenzimmern und ihren maasslosen Trinkgelagen gehört hätten.

Constantinopel, den 25ten July. Werden wir auf Grund der Unzuverlässigkeit der Gefährten (oder der Unwägbarkeit ihres Geschicks) erneut ein Schiff verpassen, nachdem wir bereits den Segler nach Alexandria ohne uns haben auslaufen lassen müssen? Die Barke nach Tripolis, die wir am Vortage mit unserem Gepäcke beladen haben, soll am Abend abgehen. Von dort wollen wir auf dem Landwege nach Cairo weiterreisen. Indes ist Doctor Schlichter von seinem Abendspacirgange nicht ins Gasthaus zurückgekehrt. Und auch zum Frühstücke erwarten wir ihn vergeblich, so dass von einem amoureusen Abentheuer wohl keine Rede mehr seyn kann. Ueberhaupt scheint er mir seiner etwas schwerfälligen und wohl auch schwermüthigen Natur wegen nicht der Mensch zu seyn, die Fremde wie ein Dragoner im Galoppe zu nehmen.
De la Motte aber scheint Willens, auch ohne den Gefährten aufzubrechen. Zumindest lässt er die Reisevorbereitungen forthsetzen, ohne sich fürderhin um das Schicksaal des Württembergers zu bekümmern. Und auch Schotenbauer hat die gemeinsame Passage von Italiens Gestaden nach den Dardanellen offenbar nicht dazu verwendet, für den Doctor cameradschaftliche Gefühle zu entwickeln.
Da mein Ranzen schnell gepackt ist, mache ich mich noch am Morgen auf, die Hospitäler der Hauptstadt zu besuchen. Ein Dragoman der preussischen Gesandtschaft begleitet mich auf meinem Rundgange. Nur meines unziemlichen Sinnes für das Dramatische wegen beziehen wir die hauptstädtischen Gefängnisse in unseren Rundgang ein. Mein Dragoman kennt sich als gebür-

tiger Constantinopolitaner Gottlob in beyden Halb- oder Schattenwelten, jener der physischen und jener der socialen Erkrankungen, aufs Beste aus.
Kennen wir denn einen Körper, wenn wir nichts von seinem Leiden wissen? So, wie es Organe giebt, deren Daseyn wir erst im Falle einer Fehlfunction wahrnehmen, obgleich sie für das Zusammenspiel des ganzen Organismusses nothwendig und unersetzbar sind, so finden wir Institutionen im Organismusse der Stadt, ohne die das Zusammenwirken aller Glieder des socialen Körpers nicht begreifbar ist.
Bisher habe ich mich ausschliesslich auf der Oberfläche dieses Körpers bewegt, auch wenn ich mich bereits in Regionen vorgewagt, welche ich, um im Bilde zu bleiben, als die Schaam der Stadt bezeichnen könnte. Doch wirklich eingedrungen in das athmende, schwitzende, verdauende und zersetzende Innenleben dieses lehmgebrannten Leibes bin ich bisher nicht. Zu dieser überraschenden Erkenntnis gelange ich aber erst durch den Muth oder die Schaamlosigkeit, den Blick nicht abzuwenden, wenn die bluthigen und kotbeschmierten Eingeweide der Stadt durch einen schrecklichen Un- oder Zufall sich plötzlich vor meinen Augen erbrechen.

Doctor Schlichter erklärt uns mit kurzen Worthen das Vorgefallene: Er ward von einem Türken angesprochen und dann, unter Vorhaltung eines Dolches, seines Geldbeutels beraubt. Als er eine im rechten Augenblicke passirende Policeystreife auf seine Lage aufmercksam machen konnte, sey er von dem Buben einer unsittlichen Handlung beschuldigt worden, so dass die Schutzmänner schliesslich ihn und nicht den Räuber in Haft genommen. Seine mangelnden Sprachkenntnisse hätten wohl ein Uebriges zu diesem Missverständnisse beygetragen.
Er wirkt noch blasser und ausgezehrter als gemeinhin, was sich aber zweyfellos auf das uncommode Nachtquartier zurückführen lässt. Auch ist ihm von Natur aus bereits eine eigenthümlich krankfarbene Gesichtshaut zu eigen, ein unreines melancholisches Grau, das vortrefflich mit seiner allgemeinen verschatteten Seelenverfassung correspondirt.

Denn ansonsten zeigt er sich von robuster, leicht untersetzter Constitution. Die bäuerliche Abkunft drückt sich nicht alleyn im kräfftigen, grobknochigen Körperbaue, sondern wohl auch in der allgemeinen Worthkargheit und der Liebe zur Botanik aus, wenn auch dem Gesichte und Gemüthe alles Erdverbundene, Gesunde und Rosige des thätigen Landmannes fehlt.

Sogleich lassen wir uns vor den Commandanten der Wache führen. Doch nun zu glauben, unsere Klarstellung des Falles führe zu einer sofortigen Befreyung unseres Gefährten, hiesse, die Rechtsorgane dieses Reiches für unentwickelte botanische wie etwa Stempel und Staubgefässe zu halten. – Der Commandant besteht darauf, den Beklagten vor den Kadi zu führen, was frühestens in zwey Tagen geschehen könne, da der zuständige Richter des Bezirkes ein vielbeschäftigter Mann sey. Ausserdem handle es sich um ein Delict, dass einer genauesten Untersuchung bedürfe, da nach osmanischem Rechte im Falle der Schuld des Beklagten eine empfindliche Leibesstrafe drohe.
Ich entgegne, er habe die Herkunft und den Stand unseres Cameraden wohl nicht bedacht. Denn nicht dieser, sondern er, der Commandant müsse einer harten Bestrafung gegenwärthig seyn. – Oh nein, antworthet der Commandant gelassen. Er vergesse keinesfalls die Herkunft und den Stand des Fremden. Ohne der richterlichen Untersuchung vorgreifen zu wollen, seyen es immer nur Männer der Herkunft und des Standes des Beklagten, welche sich derley Delicte zu Schulden kommen liessen.

Wenn der Sturm das Meer bewegt, so erfährt auch das mächtigste Schiff, dass es ein Streichholzbriefchen ist gegen die ungeheure Krafft der bewegten See. Alles feste Gebälk scheint dann lose an einander zu hangen, jeder Balken ächzt, alles Seilwerk heult und pfeift, alles Geschirr, das nicht festgebunden, tanzt und klirrt, alles Todte und Lebende jammert, seufzt und stöhnt.

Zwischendurch schlagen dann einige grössere Wellenberge so mächtig an und über das Schiff, dass auch der Steuermann ausser Athem kommt und die Schiffsleute unruhig werden.

In den Kajüten wird es still; die Seekrankheit dämpft die Stimmen. Rührend anzusehen sind zwey junge Französinnen, die als barmherzige Schwestern zu einem Hospitale auf Zyprus gestanden und nun zu ihrer weiteren Bestimmung ins Gelobte Land gehen. Sie umsorgen uns Erkrankte so ernst und gesammelt und dabey so unbefangen, wie es Mädchenherzen in so weiter Fremde wohl nur in der Gewissheit thun können, an der Seite ihres Herrn zu stehen.

Bis die Seekrankheit auch sie nöthigt, ihre Zellen aufzusuchen und sich nun ihrerseits dem sturmerprobten Matrosenvolke anzuvertrauen.

Zu Wasser, den 7ten August. Nun lässt auch der schlimmste Sturm einmal nach. Steige ich aufs Verdeck, so bildet dieses über der ersten Kajüte einen weiten Platz, der am Tage mit einem mächtigen Segeldache überspannt ist, unter dem es sich, wenn die Stunde nicht zu heiss ist, angenehm ruhen lässt.

Der Vordertheil des Verdecks ist zumeist für den Aufenthalt der ärmeren Passagiere und des Schiffsvolks bestimmt. Bey Tage nun findet man, ausser der Tischzeit, die meisten Passagiere unter dem Segeldache. Ja, die reisenden Morgenländer verlassen überhaupt nur selten das Verdeck. Auf der Steuerbordseite steht ein grosses Zelt aufgeschlagen, von langen Bahnen aus gespannten weissen Mousselins umschlossen. Schwarze Verschnittene gehen aus und ein; zuweilen blickt auch ein kostbar gekleidetes, doch ganz und gar unter Tüchern verborgenes Weib durch die Falten.

Dieses Zelt beherbergt den Haarem des Sultans von Brunai, dessen Weiber und Sclaven vor den übrigen Passagieren eingeschifft und das Schiff auch als die Letzten verlassen werden. Man hört sie den ganzen Tag über essen, spielen und ihre arme Lebenszeit verscherzen.

Auch uns wird die Zeit lang. Ich werde den Cameraden Unterhaltungen vorschlagen, damit sie nicht erneut, nur aus Armuth an Bewegung, in Streit verfallen. Immer noch hat de la Motte dem unglücklichen Doctor die diplomatischen Inconveniencen zu seiner Befreyung nicht verziehen. Die eigenen Divertissements hingegen sind wohl nicht nur schon vergessen, sondern womöglich nie geschehen, da ich sie selbst meinen Sudelblättern nicht anzuvertrauen wagte. Kein Geschriebenes ist geheim genug, dass ein Mensch sich darin wahrhaftig äussern dürfte.

Nahe dem Gezelte ruht der Sultan auf schweren Lederpolstern und raucht vom Morgen bis zum Abend seine prächtige Pfeife. Er sieht nun so ruhig und so sanftmüthig aus, dass der Herr, der seinen Säbel über den Rücken seiner Sclaven und Beamten spielen lässt, ein ganz anderer Mensch zu seyn scheint. Mit abgöttischer Ehrfurcht stehen die Diener stundenlang in der Nähe, um auf einen Wink von ihm zu achten und diesen ungesäumt zu erfüllen. Seine lange Pfeife ist mir auf meinen Spacirgängen öfter im Wege; aber jetzt redet er mich sehr freundlich, zunächst auf türkisch, an. Ich lächle und sage: Sassone! und er antworthet mit grossem Beyfall: Ah, Sassone, Sassone! und deutet mir mit einer Handbewegung an, mich an seiner Seite auf den Lederkissen niederzulassen.

Er fragt mich nicht nach meiner Herkunft, nicht nach unserem Ziele, doch vielleicht ist das der Grund, dass ich ihm Alles erzähle, wenigstens so viel, wie mir selbst bekannt ist. Denn zum ersten Male muss ich deutlich erkennen, wie wenig ich vom Ziele unseres Unternehmens weiss. Natürlich hat de la Motte mir mitge-

theilt, wohin die Reise gehen und wozu sie unternommen werde. Doch giebt es der Oriente viele und der Inschriften unendliche. Und ich habe nicht den Eindruck, als würden meine Gefährten ziellos sammeln, was ihnen auf ihrem Wege begegnete. Diese allgemeine völkerplündernde Wegelagerey bleibt alleyn dem Secretaire überlassen.
Der Sultan fragt mich nichts, commentirt meine Reden aber mit bestätigenden, abwägenden oder einschränkenden Ausrufen und Artigkeiten: Gemach, mein Bruder! Wenn der Mond scheint, sorg dich nicht um das Licht der Sterne! oder: Folg der Eule, sie wird dich zu den Ruinen führen.
Vom Tode Charlottens und unseres Töchterchens zeigt er sich so bewegt, dass er mir sogleich eine Sclavin aus seinem mitgeführten Weiberheere zum Geschenke machen will. Ich wage kaum, seine grosszügige Geste zurückzuweisen. Doch was finge ich an mit diesem wahrhaft herrschaftlichen Geschenke?
Nein, alles erzähle ich ihm nicht. Da der Stand der Musicer, Spötter und Possenreisser auch in seiner Heimath ein nur gering geachteter ist, verschweige ich ihm diesen Theil meiner Biographie (und Gesinnung). Aus dem Secretaire wird, in orientalischer Manier, ein Staatsminister oder Wesir, denn selbstverständlich entspricht der Rang meines Dienstherrn nichts geringerem als dem eines orientalischen Fürsten, mag das pommersche Rittergut de la Mottes auch der Grösse Brunais nicht gleichkommen. Giebt es dieses Brunai denn überhaupt?

Zu Wasser, den 8ten August. Unsere Dreymastbarke ist begrenzt, vor Allem für einen leidenschaftlichen Wanderer wie mich. Dennoch ist sie eine Art Arche, auf der die culturelle Vielfalt der Mittelmeerwelt en miniature wiederzufinden ist. Im Quartier der Armen lagern auf ihren Decken und Teppichen in buntestem Gedränge Türken, Araber, Perser, Armenier und Juden. Keiner kann seine Stelle verlassen, ohne über die Anderen hinwegzuschreiten, ehe er freyen Raum gewinnt. Aber Alle wirken weniger bedrückt als die wohlhabenden Passagiere unter dem Segeldache. Sie reden in babylonischem Sprachgemische und scheinen einander dennoch zu verstehen. Sie lachen, streiten und schmausen vom Morgen bis zum Abend von ihren Vorräthen; denn der Morgenländer zahlt nicht leicht einen Thaler für die Speise an den Schiffskoch, die er für einen Kreuzer von den Märkten seiner Heimath entnehmen kann. Doch sind sie nicht weniger grossherzig als der Sultan von Brunai, ihre bescheidene Habe freygiebig mit mir zu theilen. Ich kann mich der Einladungen kaum erwehren, ohne unhöflich zu erscheinen. Und mich beschämt zu fühlen, weil diese zu erwidern von den Mitreisenden unter dem Segeldache wohl als Belästigung empfunden würde.

Von den Schaaren jüdischer Pilgrimme, die Elendsten unter den Armen hier, reden viele deutsch. Auch sie liegen, mit Ausnahme ihrer Gebetsstunden, den ganzen Tag auf ihren ärmlichen Matten, sind auf das Nothdürftigste gekleidet und zum Theil so alt und gebrechlich, dass man jeden Abend erwarten muss, sie am nächsten Morgen nicht mehr unter den Lebenden zu finden. Sie alle sind aufgebrochen nach dem Heiligen Lande, um daselbst, im Reiche ihrer Vorväter, zu sterben.

Der gemeinsamen Sprache zum Trotze fällt das Gespräch mit ihnen schwerer. Selbst hier scheint das uns in der Heimath Trennende grösser als das Gemeinsame.

Endlich sind da noch die schwarzen, schweisstriefenden Menschen, die in der Mittagshitze die Segel setzen oder den begütherten Passagieren aufwarten und nun, abgelöst, in der leichten Abendbrise sich erholen, mit ihren nackten, nervigen Armen auf die Reling gestützt. Auch mit ihnen würde ich gerne einige Worthe wechseln, müsste ich nicht fürchten, von ihnen für diese Gemeinmachung wohl verachtet zu werden.

Zu Wasser, den 9ten August. Beschäftigt man den Geist nicht mit einem bestimmten Gegenstande, der ihn zügelt und beschwert, so wirft er sich ungebändigt hierher und dorther ins grenzenlose Feld der Einbildung. Im Reiche der Geistlosigkeit aber ist es die bestimmte Einbildung, die den Körper ins grenzenlose Feld der

Gegenständlichkeit, in diesem Falle in das des grenzenlosen Salzmeeres, zu werfen droht, präciser, die bestimmte Einbildung in Thatgenossenschaft mit einer gewissen Ungehaltenheit: Schotenbauers forthgesetzte Meereskrankheit, die sich uns als forthgesetztes Schall- und Lauterbrechen kundthut, hat de la Motte schliesslich aus seiner Contenance gerissen und zu einer handgreiflichen Heilbehandlung veranlasst. Mit dem kränkelnden Körpertheile bereits über Bord, das Kränkelndste, das hypochondrische Haupt dem maladen Verdauungstracte voran, zeigt sich der gallenbittre Altphilologe so plötzlich genesen, dass man fast von einem alttestamentarischen Wunder sprechen darf: Was sollen wir thun, dass das Meer von dir ablässt? – Nein, nein, werft mich nicht hinein! Seht, das Meer hält ein mit seinem Toben.
Fortis imaginatio generat casum, eine starke Einbildung bringt das Ereignis hervor, sagen die Alten.

Tripolis, den 14ten August

Als wir uns der Küste nähern, fühle ich mich wie ein orientalischer Bräutigam, der gerade den Schleier seiner Braut lüftet und zum ersten Male ihre Gesichtszüge sieht.
Das mag klingen, als sey für den Abendländer das Geschlechtliche, der Körper des Weibes oder Knaben, das Thor zum Orient.
Doch welchem Menschen ist diese Sehnsucht fremd? Und gleicht die Lust zu Reisen nicht in der That der Lust, dem Schönen und Begehrenswerthen zu begegnen und sich mit ihnen zu vereinen?
Wohl nur kriegerische oder kaufmännische Interessen kommen diesen Wünschen gleich.
Und sicher verzerren jene mehr den Blick auf das Unbekannte als das Brennglas meines sinnlichen Begehrens.

Ganz nahe bey meinem Gasthofe liegt das Gebäude des preussischen Consulats, in dem meine Gefährten beherbergt werden. Dennoch ist es ungemein schwierig, nur diese hundert Schritt weit durch die Winkel und Windungen der um- und übereinander herlaufenden Gassen sich zurecht zu finden.
Herr Consul Dr. Liebetrud empfängt auch mich mit grösster Freundlichkeit und Güthe. Doch erscheint es mir nicht opportun, seiner Einladung zu folgen. Da wir in dieser Stadt, so anziehend sie durch ihre herrliche Lage auch ist, nicht lange verweilen wollen, habe ich alle Hände voll zu thun, die nöthigen Vorbereitungen für die Weiterreise zu treffen.
Durch die hilfreiche Vermittlung meines Wirthes gewinne ich einen tüchtigen Dragoman, der nebst den morgenländischen die italienische und nothdürftig auch die französische Sprache versteht und der nun in den Grenzen des von mir veranschlagten Reisebüdgets einen Koch, einen Maulthiertreiber nebst Pferden und Maulthieren, ein gutes Zelt, Feldbetten, Tisch und Stühle, Koch- und Essgeräthe und alle Speisen und Getränke für uns, die Leute und die Thiere besorgt.
Es sind also in Summa fünf Reitpferde und zur Forthschaffung sämtlichen Gepäckes sieben Lastthiere nöthig. Der Contract wird

zunächst für die Reise bis Jerusalem auf 30 bis 40 Tage in arabischer und italienischer Sprache sorgfältig abgeschlossen und ein Entgelt von täglich 10 türkischen Piaster für jeden Lohnknecht vereinbart, gewiss nicht mehr als die Hälfte dessen, was man unter gleichen Verhältnissen in Sachsen oder Preussen würde zahlen müssen.
Mit unserem Dragoman Abdul Malik, dessen Name „Knecht des Königs" bedeutet, wobey „König", so erklärt mir Abdul Malik, einer der hundert Namen Gottes sey, mit diesem verständigen Menschen also vereinbare ich unabhängig vom officiellen Contracte, die gemeinsame Wegstrecke zur Unterweisung in seiner Vatersprache zu nutzen. Ich will ihm dafür fünf weitere Piaster aus meiner eigenen Börse zukommen lassen. Indes wehrt er entschieden ab und bittet darum, als Entlohnung von mir in der französischen Sprache unterrichtet zu werden, dem ich mit Freuden zustimme.

Tripolis, den 17ten August. Endlich ist der ersehnte Morgen für den eigentlichen Anfang unserer Reise gekommen. Ich habe die Begleiter für fünf Uhr bestellt, bin deshalb bereits um halb vier Uhr aufgestanden. Doch kommen wir erst um elf Uhr mittags forth. Dies ist ein unvernünftiger Aufbruch in den heissesten Tagesstunden. Und doch bin ich zuletzt froh, dass nur das Ende eines siebenstündigen Wartens und Streitens da ist.
Zuerst nämlich bleiben meine Gefährten aus. Dann hält uns die Ladung und Vertheilung des schweren Gepäckes mehrere Stunden auf, da es zwar ordentlich, aber unüberlegt gestaut ist. Weil nun auf mein Worth hin Schotenbauer sich nicht bereit zeigt, seine Bibliothek auf mehrere Kisten zu vertheilen und mit leichteren Güthern zu mischen, muss de la Motte ihn durch ein Machtworth zwingen, welches die Aufbruchsstimmung nicht gerade zu heben vermag.
Dieser wiederum hält uns weitere Stunden auf, weil er nicht früher abreisen will, als er eine Sendung Zypernweins sicher gestellt habe, worüber das Zollamt ihm grosse Schwierigkeiten macht

und es erst der Intervention des Consuls Liebetrud und eines ungenannten Bestechungsgeldes bedarf.
An demselben Tage will auch ein junger englischer Geistlicher nebst Gefolge die Reise nach Jerusalem antreten und schliesst sich unserem Reisezuge an, der nun noch behäbiger wird, aber womöglich für den Nothfall eine grössere Sicherheit gewinnt.

Dem anstrengenden Tage folgt eine wundervolle Nacht, die wir, dicht über dem wilden mittelländischen Meere, zum ersten Male in unserem Zelte verleben. Während die Speise bereitet wird, nehme ich ein erquickendes Bad in den Wellen.
Nach Tische setze ich mich an die Klippen, diese Aufzeichnungen zu machen. Der Himmel ist so dicht mit Sternen besät, und die Luft noch so lau wie bey uns in der Heimath an den schönsten Sommertagen. Ich strecke mich, bloss mit einem leinernen Beinkleide angethan, auf den erwärmten Steinen nieder, die Botschaft der Sterne und der Wellen zu entziffern.

Im Libanongebirge, den 19ten August. Alles Leben erwacht mit uns, ausser den Nachtgeschöpfen. Für die nächtliche Ruhe habe ich mein Kopftuch als Kissen auf den Stein gelegt. Doch als ich es am Morgen aufschlage, haben sich 28 Läuse im kalkweissen Gewebe angesiedelt.
Von nun an schlafe ich auf meiner Satteldecke, dem gegerbten Schaaffelle. Doch auch so bleib ich nicht ungestört. Die Maulthierzecken, welche sich vom Bluthe unserer Lastthiere so vollgesogen haben, dass sie dick und blau wie bluthunterlaufene Daumennägel sind, pflegen sich auf der Unterseite der Schaafsfelle einzunisten. Wenn ich mich am Abend darauf niederlege, zerplatzen sie unter meinem Gewichte zu braunen, bluthigen Flecken.
Neben der Zubereitung der Speisen muss unser Koch nun am Morgen und Abend alle Töpfe voll Wasser für den Herrn Baron erhitzen, damit er auch hier, in staubiger Wildnis, der äusserlichen Reinlichkeit seines Standes genüge.

Schotenbauer begnügt sich mit dem allmorgendlichen Abreiben seines Körpers mit kaltem Essigwasser, das der Abhärtung und der Abwehr von Parasiten dienen soll, welche ihn in der That zu meiden scheinen.
Schlichter hingegen hält es wie ich und unsere Leute. Kommen wir an einen Brunnen, nutzen wir die Gelegenheit für eine gründliche Wäsche. Ansonsten begnügen wir uns mit einer nothdürftigen Reinigung, da wir kaum Wasservorräthe für vier oder fünf Vollbäder am Tage mit uns führen könnten.

PASCHAS UND WESIRE

Damascus, den 23ten August

Zunächst erfahren wir, dass gerade am Tage unserer Ankunft einige Kinder vor den Thoren der Stadt von Beduinen geraubt und in die Wüste verschleppt worden seyen, welche sie nun für ein bestimmtes Lösegeld wieder anböten. Dergleichen Raub- und Mordthaten kämen oft vor, erzählt Abdul Malik, in dessen Mutterbruders Haus ich mit ihm zu Gast bin, und die Regierung habe weder die Macht, noch das Anliegen, sie zu verhüten.

Ein junger Grieche, 16 Jahre alt, geht aus. Einige andere Jünglinge, vier mohammedanische, zwey christliche, sehen ihn: Komm doch mit uns; wir feyern heute ein Fest! rufen sie ihm zu. Sie vergnügen sich beym Weine und machen ihn trunken. Jetzt stecken sie ihm ein Tuch in den Mund und versuchen, ihre Schaamlosigkeit mit ihm zu treiben.

Der junge Grieche wehrt sich tapfer, doch sie rathen ihm, dies zu lassen, sonst brächen sie ihm seine Arme. Sie thun es, und da er sich immer noch wehrt, brechen sie ihm auch ein Bein. Dann setzen sie ihr schändliches Treiben mit ihm forth, bis ihm die Seele ausgeht. Zuletzt werfen sie seinen Leichnam über die Mauer.

Die entsetzten Eltern bringen Alles vors Gericht. Da einer der Jünglinge aber mit dem Pascha verwandt, werden sie eine Weile arrestirt, und die Sache ist ausgestanden. – Doch nicht nur Richter und Beamte missbrauchten ihre amtliche Stellung, sagt mir Abdul Malik, auch der Pascha selbst bediene sich ohne Scheu des Trugs und der falschen Zeugen.

Wenn er bey der maasslosen Ausbeutung der Provinz nach dem Gelde eines seiner Unterthanen lüstere, lasse er ihn irgendeines Vergehens wegen anklagen und zur Kerkerhaft verurtheilen. Und die Kerker von Damascus sollen grauenhaft seyn: In Ketten wird der Gefangene an den Armen aufgehängt. Nach einigen Tagen kommt der Pascha selbst und fragt: *Ja keifak hal, achi,* nun, wie geht es dir, mein Bruder? Der Arme versteht die Frage und erwidert: Wieviel verlangt Ihr, mein Gebieter? Der Pascha: Zehntausend Piaster! – Jetzt erlaubt er den Verwandten des Misshandelten, ihm Essen zu bringen. So erfahren diese das Nöthigste, und beliebt es der Güthe ihres Provinzherrn, ist der Gefangene bald frey.

Ich berichte den Gefährten vom Vernommenen, doch haben sie ihr Quartier im Palaste des Tyrannen so comfortabel vorgefunden, dass sie es auf Grund des Gassengeschwätzes nicht aufzugeben bereit sind: Das Volk neige zu Uebertreibungen, in seinen Worthen und in der That. Eine gestrenge Hand des Sultans sey geradezu nothwendig, um den phantastischen Excessen der hiesigen Völkerschaften Herr zu werden.
Ich hingegen zweyfel keinen Augenblick an der Wahrheit von Abdul Maliks Zeitung, bestätigt mir doch jeder Blick in die furchtsamen und misstrauischen Gesichter der Damascener das grausame Regiment ihres Herrschers.– Selbstverständlich nenne ich den Cameraden nicht den Namen meines Kundschafters. Denn sicher hat auch die Gastfreundschaft eines Sultans ihren Preis.

Damascus, den 25ten August

Diese Nacht habe ich der vielen Wanzen wegen nicht schlafen können. *Bak* sey hier der Name der Wanzen, lehrt mich Abdul Malik. Eine kleine Sorte Läuse heisse *Siban*, eine etwas grössere Sorte *Qamlat*. Filzläuse würden *Kaml Tahtih* genannt, Kameelläuse *Hallem*. *Namus* und *Bargasch* seyen zwey Sorten Mücken und *Dellem* eine Art Wurm, dessen Biss pockenartige Pusteln auf der Haut hinterlasse. *Dübban* seyen Fliegen, *Bragat* Flöhe. *Sulkta* und *Debbur* seyen Wespen, von denen letztere grösser und böser seyen. *Akarab* bezeichne die Scorpione, von denen es schwarze und braune im Lande gebe. Die Schlangen hiessen *Hannasch*, *Haije* und *Belgil*, seyen in der Regel aber ungefährlich.
An Heuschrecken kämen gelbe und schwarze vor. Doch gegessen werde bloss erstere Sorte. Man serviere sie gebraten, entweder alleyn oder zerstossen und mit Datteln oder Käse gemischt.
Späther, auf einem Spacirgange durch die Stadt, würde ich Gelegenheit haben, in einer der zahlreichen Garküchen diese einfache Damascener Delicatesse zu kosten. Indessen habe ich bereits auf meinem ersten Gange über die Märkte den Eindruck gewinnen können, dass der grösste Theil der Garküchen zwar in der That unglaublich einfach, doch seine vornehmste Zuthat wohl der Damascener Strassenstaub seyn müsse.

Die Mehrzahl der Bewohner sind anspruchsloser und mässiger, als es die Aermsten in unseren Landen gewohnt sind. Ihr grobes, härenes Hemd, namentlich für die ärmeren Handwerker und Krämer das einzige Kleidungsstück, dient ihnen zugleich zur nächtlichen Decke. Auch die unglaubliche Mässigkeit im Genusse der Speisen fällt dem abendländischen Besucher auf. Brodt, geröstete Aehren, Oliven und Zwiebeln, auf den Märkten nicht theuer, bilden die hauptsächliche Nahrung. Fleisch hingegen ist ein rarer Leckerbissen, den Viele ganz entbehren. Ueberhaupt scheint die trockene würzige Luft, welche vom Antilibanon herab die Stadt durchweht, einen grossen Theil der Nahrung des gemeinen Volkes auszumachen.

Hermongebirge, den 29ten August. Der Pascha giebt uns eine militairische Begleitung mit, ich weiss nicht, ob zu unserem Schutze oder zu unserer Aufsicht. In jedem Dorfe, in das wir kommen, fliehen die Menschen uns. Die Reise in dieser volkreichen Caravane, auch der englische Geistliche mit seinem Gefolge und zwey Damascener Kaufleute mit ihren Lastthieren haben sich unserer Gruppe angeschlossen, erscheint mir die einsamste auf der ganzen bisher zurückgelegten Strecke. Selbst Abdul Malik redet nur noch das Nöthigste, als lähmten die Janitscharen seine Zunge.

Am Fusse des *Dschebel esch-Scheich*, wie der Berg in der Landessprache heisst, schlagen wir unser Zelt auf. Wir lagern im Schatten eines Oelbaumhains, doch finden wir selbst hier noch eine Hitze von 31 Grad Reaumur. Auch drey Stunden nach Sonnenuntergang hat sich die Luft nicht abgekühlt. Der felsige Grund unter unseren Füssen glüht wie ein Heizstein.

Hermongebirge, den 30ten August. Dies ist kein Land, in dem man fett wird. Es sey denn, man besässe einen Palast mit schattigen Innenhöfen und Wasserspielen.
Abdul Malik und ich bleiben hinter der allgemeinen Caravane ein wenig zurück, um in vertrauter Absonderung unseren Unterricht forthzusetzen.
An der Spitze der Verwaltung des Gelobten Landes stehen die Paschas von Damascus und Acco. Die Paschas sind dem Sultan zinsbar. So müssen sie zusehen, dass sie nicht alleyn den Jahrestribut, sondern so viel aus ihrem Paschalik erpressen, dass sie binnen Kurzem reich sind. Denn die Eifersucht der Sultane lässt einen Pascha nicht lange an einem Orthe. Und der Weg seiner Verkläger zum Sultan ist weit. Ein Pascha darf nicht nur, er muss viel wagen. Denn nicht selten kostet ihm sein Machthunger, wenn auch selten seine Tyranney, den Kopf.
Noch im vergangenen Jahr kommt der Pascha von Damascus mit zweytausend Soldaten nach Jerusalem, den Zins einzufordern. Die Söldner brechen in die Häuser ein und misshandeln die Be-

wohner. Der Superior des griechischen Klosters Mar Elias wird ergriffen und aus Verdacht, er könne weitere Schätze verhehlen, an den Füssen aufgehängt. Dann empfängt er von vierzig Mann, die einander ablösen, 500 Stockstreiche auf die Fusssohlen. Nun lässt man ihn, mit zu Brei geschlagenen Füssen und ohne Nahrung, im Kerker liegen, bis man seinen Brüdern erlaubt, ihn ins Kloster zurück zu tragen.

Das ist nicht grausamer, als wenn ein anderer Pascha, Dschesar, seinem Minister Chaim, einem Juden, ein Auge ausstechen und die Nase abschneiden lässt, ohne ihn allerdings abzusetzen, da er sich seiner nun noch besser bedienen zu können glaubt als zuvor. So wenig es Grenzen der Phantasie giebt, so wenig giebt es Grenzen der Willkür und der Tyranney.

STREIT UND TRENNUNG Am Jordan, den 2ten September

Da wir nun den Libanon verlassen, will ich auch unsere militairische Begleitung entlassen, die bisher keine Gelegenheit gefunden, eine Probe ihrer Tapferkeit abzugeben, ja, bey solcher Gelegenheit auch wohl eher eine Gefahr als eine Sicherheit für uns dargestellt haben würde. Alleyn, meine Gefährten wollen diesen fragwürdigen Schutz nicht missen.
Nun weiss ich zwar, dass Erziehung, soll sie Früchte tragen, mit sanfter Hand geführt werden will und nicht, wie es gemeinhin geschieht, mit drohender Faust. Wie lange aber werde ich meiner sanften Natur noch Herr seyn, wenn sie weiterhin von Dummheit oder Rohheit kujonirt wird?

Galiläa, den 3ten September. Obgleich Nuri von den Misshandlungen seiner Peiniger noch ermattet ist, drängt er zum Aufbruche. Ich biete ihm mein Pferd an, doch schüttelt er stolz das bluthige Haupt: Wir seyen seine Gäste. Da wäre es unehrenhaft, uns gehen zu lassen, während er reite. Auch sey es zu seinem Dauar nicht weit.– Und sicher erlaubt auch die Zurichtung seines Rükkens wohl längere Zeit nicht, dass der Jüngling sich von einem Reitthiere tragen lasse. Wie dem auch sey, Abdul Malik und ich steigen von unseren Pferden und begleiten den Geretteten zu Fuss.
Wir wenden uns südwärts und sehen schon bald das Beduinenlager. Die Zelte, deren ich etliche zwanzig zähle, stehen auf der nackten Steppe ohne eine erkennbare Ordnung. Die Beni Sachar, so erzählt Nuri, seyen reine Nomaden, das heisst, sie lebten bloss von der Viehzucht und trieben keinerley Ackerbau. Sie hielten Kameele und Schaafe, welche die einzelnen salzigen und bittren Stauden der Ebene abweideten.
Wir kehren im Vaterzelte Nuris ein. Der Vater zeigt sich weder erstaunt über die Zurichtung seines Sohnes, noch überrascht von unserem Besuche. Doch hat er wohl kaum einen Gast erwartet,

denn es fehlt die Gastabtheilung. Es weht ein heisser Wind und die Gluth der Sonne brennt immer stärker auf das karge Land herab. Dennoch müssen die Weiber an der Verfertigung dieses Logis arbeiten, indem sie theils das Zeltdach ein wenig verlängern, theils die Abtheilung, in der sie und die Kinder sich aufhalten, durch Versetzung der Scheidewand verkürzen.– Sie allerdings können sich der Schreckens- und Schmerzensrufe nicht enthalten, als sie den zerschundenen Jüngling erblicken, Doch lehnt Nuri es ab, seine Wunden versorgen zu lassen, ehe nicht wir, seine Gäste, versorgt sind.
In kurzen Worthen berichtet er dem Vater und einigen hinzugetretenen Anverwandten das Unglück, das ihm widerfahren: Wie er auf dem Weg zur Waide auf eine Abtheilung Janitscharen trifft, wie diese von ihm, dem Freyen, verlangen, von seinem Maulthiere zu steigen und sie ehrerbietig zu grüssen und wie er ihnen dieses unbillige Verlangen abschlage. Wie sie nun – seine Stimme wird rauh und leise vor verhaltenem Zorne – ihn von seinem Thiere zerren und ihn zur Verbeugung zwingen, die doch alleyn dem Einzigen gebühre, und auch dann nicht von ihm ablassen, sondern immer grausamer ihr Spiel mit ihm treiben und ihn schliesslich so zurichten, wie Abdul Malik und ich ihn finden: Der Kleider beraubt und über den spitzigen Felsen gestreckt wie Wäsche zum Trocknen oder ein zu gerbendes Fell, das lange schwarze Haar im Geäst eines Dornbusches verknotet, die Füsse zusammengebunden und mit einem Holzkeile in der Erde verpflockt, die Arme wie zum Gebete neben dem Kopf, die Hände mit angespitzten Pfeilen durchbohrt und am Erdboden festgenietet, und auf dem Buschwerk das Haupt des armen Grauthiers, als gelte diesem heidnischen Gotte die erzwungene Verehrung. Der Cadaver des getreuen Last- und Reitgefährten schon von Vögeln schwarz, die von unserer Ankunft um die Forthsetzung ihres ausschweifenden Mahles nun gebracht.
Wir befreyen den schon entseelten Körper vorsichtig von seinem Marterbette. Die Schmerzen rufen das Bewusstsein in den zerschlagenen Leib zurück. Obwohl der Rücken von Säbelklingen zerhackt, so dass er von einem rostrothen Panzer aus verkrustetem Bluthe und begierigen Fliegen bedeckt, nimmt der Junge das

Hemd, das ich ihm reiche, voller Dankbarkeit, auch wenn das rauhe Linnen auf seinem rohen Fleische brennen muss wie weiland das Hemd des Nessos, welches den Helden Herakles zum Wahnsinn trieb.– Noch kann er kaum sprechen, das junge Gesicht von den Schmerzen, der Trockenheit und Hitze wie das einer egyptischen Mumie entstellt, nicht wenige Haare büschelweise im Dornenbusche zurücklassend, was von dem heftigen, obgleich vergeblichen Befreyungskampfe zeugt, bevor ihn die Besinnungslosigkeit erlöste.
Nachdem ich ihn ein wenig mit unserem Dattel- und Wasservorrathe erquickt und zumindest die durchbohrten Hände mit einem Wundtverbande nothdürftig versorgt habe, besteht er darauf, uns zu seinem Lager zu führen. Da es mir verantworthungslos schiene, ihn in diesem Zustande alleyn zu lassen, fällt es mir nicht schwer, seine Einladung anzunehmen und ihn der Pflege und Fürsorge seiner Anverwandten zu übergeben.

Unser Wirth, Nuris Vater, raucht weder Tabak, noch trinkt er Caffé, weswegen ich ihm von meinem Caffé anbiete, welcher unter diesen unerwarteten Umständen freudig angenommen wird. – Die Männer tragen weiter nichts als einen Pelz von Schaafsfellen, das gewöhnliche Kopftuch der Beduinen und ihre nackten, schwieligen Fusssohlen anstatt irgendeines Schuhwerks. Die Arme und Beine der Männer sind unbedeckt. Alleyn Nuri trägt nun ein Hemd, weiss sich aber immer so zu setzen, dass er den Anstand wahrt.
Ihre Farbe ist dunkler als die der Damascener. Einer von ihnen hat einen doppelten Daumen, welcher einer Krebsschere gleicht. Vor einigen Jahren noch hätten unsere Inquisitoren einen artigen Commentar über diese Missgestalt geschrieben und ausführlich dargelegt, dass sich darin ein Beweis des Zornes Gottes über ihren Unglauben offenbare.

Galiläa, den 4ten September. War es leichtfertig und voreilig von mir, die Gefährten am Berge Tabor alleyn zu lassen? – Alleyn zu lassen? Haben sie mich nicht forthgeschickt? Nun ja, sie waren

erregt. Durch mein gestrenges Auftreten musste ich sie empören. Seit wann sey ich der Führer der Expedition? Einmal sind sich de la Motte und Schotenbauer einig. Zwar hätten sie am liebsten einander in die Wüste gejagt, doch der Eine braucht das Geld, der Andere das Wissen des jeweiligen Feindes für das Gelingen dieser Reise. So bin ich wohl das willkommene Bauernopfer zur Wiederherstellung der gekränkten Autoritäten.
Nur Schlichter scheint vom Ausgange unseres Streites erschrocken. Ja, als ich nun in der That das Pferd wende, und mit mir unser Dragoman Abdul Malik, und ihn mit den zerstrittenen Cameraden und der corrupten Miliz des Sultans alleyne lasse, unternimmt er einen, seinem Berufe angemessenen, obgleich vergeblichen Heilungsversuch. Ich spüre, dass er sich uns gerne angeschlossen hätte, doch sein Pflichtgefühl siegt über seine Sympathie, wenn er sich auch einmal mehr fragen muss, ob er nicht selber der Fürsorge bereits so bedürftig sey, als dass er noch die Krafft besässe, die stets neuen und sich verschärfenden Hypochondrien der Gefährten zu curiren.
Wie immer, wenn man einen Mann wie ein Kind behandelt und erwartet, dass er auch wie ein Kind darauf reagire, sind die naïfen Thäter erstaunt und verwirrt, dass der fälschlich für ein Kind Gehaltene nicht um Vergebung bitte und mit Subordination und Versprechen darum flehe, den ihm zugewiesenen Orth in der Hierarchie wieder einzunehmen, sondern das knabenhafte Benehmen seiner Vorgesetzten Ernst nehme und thatsächlich nun seines Weges gehe. Die Erschrockenen aber setzen ihr knabenhaftes Benehmen noch forth, indem sie nun ihr lächerlicher Stolz daran hindert, den derart Genöthigten von seinem consequenten Schritte abzuhalten. Welch seltsame Umkehrung der Verhältnisse.

*

Kaum ist der Gastfreundschaft genüge gethan, macht Nuri sich mit seinen Brüdern und anderen Männern seiner Sippe an die Verfolgung der Uebelthäter. Er besteigt sein Rennkameel, ohne auch nur mit einem Zuge seines Gesichts den Schmerz zu zeigen, den dieser Ritt ihm verursachen muss. Zu meinen Ehren trägt er weiterhin mein Damascener-Hemd, das ich ihm geschenkt, obgleich es als Kleidung eines verachteten Städters gilt. Doch die Schmerzen mögen es in ein Ehrenkleid verwandelt haben.

Unterdessen verweilt Nuris Vater, Scheich Hisam ben Ali el-Sachar, mit uns bey der Kameelheerde und giebt uns sorglos Auskunft über die verschiedenen Benennungen der geliebten Thiere: *Hauar* wird ein noch saugendes, männliches Kameelfüllen, *Hauara* eins weiblichen Geschlechts genannt. *Mahlul* oder *Mafrud* heisst das Füllen im zweyten Jahr, wenn es einen Stachel in der Nase trägt, damit es nicht saugt, *Hödsch* heisst es im dritten, *Kaúd robáa* im vierten Jahr. Das Weibchen behält seinen Namen, den es im vorigen Jahr trug. Ein altes Kameel heisst *Tab,* wenn es männlichen, und *Fatr,* wenn es weiblichen Geschlechts ist. Ein Kameel, welches ein Schnellläufer ist, wird *Dellul* genannt.

Nach den Namen setzt Scheich Hisam seinen Vortrag mit den Körpertheilen, den Charactermerckmalen und den Krankheiten forth. Von Letzteren ist mir alleyne *Edschrab* in Erinnerung geblieben, eine Art Krätze oder Räude. Man beschmiert die befallenen Stellen dagegen mit einem Gemisch aus Schwefel, Oel und Theer.

Wenige Stunden nach unserer Rückkehr entsteht im Lager ein Auflauf wegen einiger Fremder, welche man gefangen genommen habe. Die sie begleitenden Janitscharen seyen ohne Ausnahme niedergemacht worden, die „Franken“ aber unversehrt. – Ich empfehle meinem Wirthe, sie nur ordentlich zusammenzuschnüren und sie am nächsten oder übernächsten Tage gründlich zu examiniren. Denn möglicherweise handle es sich um Agenten des Paschas.

Am Abend kommen alle Männer im Gastzelte des Scheichs zusammen, um sich mit allerhand Gesprächen zu unterhalten. Bey Fremden sind sie äusserst neugierig, alles über ihre Herkunft und das Ziel ihrer Reise zu erfahren. Sie wollen mich durchaus für einen Schatzgräber, oder, nachdem ich ihnen vom Berge der Inschriften erzähle, für einen Magier halten, und verlangen, dass ich Zettel wider Krankheiten und alle möglichen Unglücksfälle schriebe.

Sie glauben, ich verstünde die Kunst, mich oder Andere unsichtbar zu machen, und reden, ich weiss nicht, ob im Scherze, Abdul Malik ein, dass ich nach beendigter Reise einfach verschwinden und ihn um seinen Lohn prellen würde. Doch Abdul Malik erwidert ernst, er habe seinen Lohn zur Hälfte bereits erhalten.
Ein kleines arabisch-deutsches Wörtherbuch, das ich während meines Aufenthalts in Damascus anzufertigen begann, und nun immer mit mir führe, erregt erneut den erstaunlichsten Aberglauben und soll durchaus ein Zauberbuch seyn. Da Niemand der Männer des Stammes lesen kann, und man meinem Dragoman nicht recht glaubt, wird ein Geistlicher, der wie wir nur kurze Zeit zu Gast ist, herbeygerufen. Obgleich er nun nichts Zauberhaftes in meinem Dictionaire finden kann, so genügt ihm wohl die Fremdheit der Buchstaben, um auf das Büchlein zu spucken und es von sich zu werfen. Diese Behandlung seines Gastes aber nimmt Nuri sehr übel und verweist den molesten Imam des Zeltes.
Die Beduinen kümmern sich so wenig um die Religion wie um die Politique der Hohen Pforte, obgleich sie sich alle für Muhammedaner ausgeben und Allah und den Propheten beständig im Munde führen. In meinem Dauar aber ist kein Einziger, der die vorgeschriebenen Gebete beobachtet. Bloss des Morgens höre ich bisweilen, dass mein Dragoman ein kurzes Gebet, aber ohne alle Ceremonie, sondern im Gehen oder Stehen hersagt. *Bism Allah*, in Gottes Namen, höre ich allerdings häufig beym Beginne eines jeden Geschäfts, und sey es auch ein noch so unbedeutendes. Um den wöchentlichen Festtag der Muhammedaner, den Freytag, sorgen sie sich ebenso wenig, als um die übrigen Wochentage, wovon sie den heutigen Tag oftmals nicht anzugeben wissen.
Der Geistliche muss sich also ganz allgemein in einem Lager von Barbaren empfinden. Doch von der Sittsamkeit dieser bedürfnislosen Menschen kann er zweyfellos noch lernen.

GRABESKIRCHE Jerusalem, den 6ten September

Ich gehe mit dem Adjunet des General-Procurators und Doctor Schlichter zur Kirche des Heiligen Grabes, welche nicht weit von unserer Unterkunft, dem Franciscanerkloster, entfernt liegt. Wir treffen vor der Thüre einen Volkshaufen an, welcher drängt und stösst und allerhand Unanständigkeiten begeht. Vor der Thüre ist ein Queerbaum angebracht, damit das Volk bey ihrer Oeffnung nicht in Masse hineindrängt. Zwey Janitscharen schwingen eine Geissel, womit sie einzelne Drängende schlagen.
Diese und etliche andere Muhammedaner benutzen die Gelegenheit, Pilgrimme für ein artiges Geschenk, das jedoch weit weniger beträgt, als sie dem Einnehmer hätten bezahlen müssen, in die Kirche zu bringen. – Als Gäste des General-Procurators werden wir ohne Umstände hineingelassen und finden schon eine Menge Menschen darin versammelt.
Wir gehen zum kleinen Grabgebäude hin, welches mit reichen Hautelissen behangen ist und in der Mitte unter der grossen, offenen Kuppel steht, womit die Rotunde versehen. Diese Rotunde hat zwey Galerien über einander, aber ohne Symmetrie, woran es überhaupt dieser reichen und zugleich bedrückenden Kirche des Heiligen Grabes gänzlich fehlt. Man hat so viele Seitenflügel, Capellchen und Gebetsnischen in derselben angebracht, dass dadurch ihre innere regelmässige Form fast ganz verdeckt wird.
Da die levantinischen Christen heute den Platz um das Grab besetzt halten, gehe ich mit dem Adjunet und meinem Gefährten auf den Theil der Galerie, der unter der Aufsicht der Franciscaner-Mönche steht. Von hier habe ich das Vergnügen, die Versammlung unter mir eine Zeitlang ungestört beobachten zu können.
Das kleine Grabgebäude hat das Ausmaass eines grossen Zimmers. Es bildet ein längliches Viereck und ist mit Kupfer bedeckt. Die Griechen nehmen den Platz auf der einen Seite des Grabes, desgleichen den Hauptheil der Kirche ein, die Armenier versammeln sich auf der anderen Seite des Grabes. Diese verhalten sich andächtig und besonnen, während sich die Griechen im

höchsten Grade unanständig benehmen und ein Lärmen machen, das mir in den Ohren gellt. Die Jüngeren drängen und balgen sich; drey oder vier von ihnen überfallen einen Andern und tragen ihn, mag er wollen oder nicht, um das Grab herum, während ein anderer Haufe ihnen mit wildem Geschrey hinterher rennt. Man feyert keinen Gottesdienst, man begeht ein Bacchanal.
Der Adjunet sagt, dass dieser Carneval harmlos sey im Vergleich zum Feste des Heiligen Feuers, das jedes Jahr zu Ostern begangen werde. Dieses alljährliche Wunder sey ein Triumph für die Griechen und wer daran zu zweyfeln wagte, würde wohl sein Leben in Gefahr setzen.
Einmal erhielten die Armenier durch ein grosses Bestechungsgeld vom Stadthalter die Erlaubnis, dass sie das Heilige Feuer in Empfang nehmen dürften. Schon sey der armenische Bischof mit seinem Gefolge am Grabe, schon harrten die Gläubigen in gespanntester Erwartung, die Armenier voller Hoffnung und Häme, die Griechen in Furcht und Neid, als man endlich die armenische Geistlichkeit nach langem Warten mit Angst und Schaam hervortreten sehe und sie erklären höre, dass sie nicht im Stande sey, das Heilige Feuer durch ihr Gebet zu erhalten. Nun gehe der griechische Bischof hinein, und in wenigen Minuten ist das Heilige Feuer da. Voll Zorn über die Vermessenheit der Armenier lasse der Gouverneur sie ergreifen und zwinge sie, ein Gericht zu essen, welches die Sittsamkeit nicht zu nennen erlaubt, den griechischen Pöbel indes nicht hindert, die Armenier von nun an entsprechend zu beschimpfen.

In der griechischen Capelle, die das Chorende der Kirche einnimmt, befindet sich ein Fels, welcher daselbst ein wenig über den Steinboden hervorragt, und welchen man *el Nusf el Dunja*, den Mittelpunkt der Welt nennt. Obgleich Mancher diese Benennung fragwürdig oder gar lächerlich finden dürfte, erscheint sie mir doch weit glaubwürdiger, als vieles Andere, was ich in der Kirche des Grabes von heiligen Merckwürdigkeiten höre. Denn jenes lässt sich wenigstens von jedem Punkte der Erde sinnvoll behaupten, wohingegen viele andere Ueberlieferungen wider unserem gesunden Verstande streiten.

Obgleich die Galerie der Franciscaner nur für sie und ihre katholischen Religionsgenossen bestimmt ist, sehe ich doch am anderen Ende zwey Muhammedaner in erregtem Gespräche dicht bey einander stehen. Sie reden im hiesigen arabischen Dialecte, auch wenn ich den genauen Worthlaut nicht verstehe. Etwas Seltsames ist um dieses Paar, so dass ich den Blick nicht forthwenden kann. Ich mache meinen Gefährten auf die Beyden aufmercksam. Der englische Geistliche, flüstert mir Hans-Jakob zu, und ein Janitschar des Gouverneurs. Doch warum in diesem Aufzuge, in Dschellaba und Filzkappe. Und warum verschweigt er uns, dass er des Arabischen mächtig ist?
Noch zögere ich, zu ihm zu treten und ihn zu begrüssen, als die Beyden die Galerie verlassen und in der Masse der Gläubigen und Neugierigen sich verlieren.

Jerusalem, den 8ten September. Des Morgens verlasse ich früh das klösterliche Hospiz, um den Oelberg zu besuchen, welcher hier allgemein unter dem Namen *Dschebel es Thur* bekannt ist. Eigentlich habe ich mich auf einen einsamen Spacirgang gefreut, doch bedrängt der Adjunet mich so sehr, ihn mitzunehmen, damit er mir alle Merckwürdigkeiten zeigen könne, dass ich nicht herzlos erscheinen will. Das Kloster selbst ist eng und dunkel, eher ein trauriges Gefängnis als ein Haus zur Feyer des Herrn. Nur mit Genehmigung des General-Procurators ist den Fratres das Verlassen des Hauses erlaubt.
Wir gehen zum Thor *Bab Sittna Marriem* hinaus, welches der kürzeste Weg zum Oelberg ist. Die Anhöhe, auf der Jerusalem erbaut worden, ist nur durch einen engen, felsigen Grund vom Oelberge getrennt. Dieser Grund heisst noch jetzt das *Wadi Juschphat*, das Thal Josaphat, in den hebräischen Schriften aber der Bach Kidron, obwohl man nur nach langen Regen zur Winterszeit fliessendes Wasser darin antrifft.
Mein Sancho Pansa ist sehr beflissen, mich auf Alles aufmercksam zu machen, was einen frommen Pilgrim interessiren könnte. Also lasse ich mir märtyrergleich den Grund zeigen, wo der Heilige Stephan seinen Enthusiasmus mit dem Tode bezahlen musste.

Um den Oelberg zu ersteigen, braucht man kaum mehr als eine Viertelstunde. Doch ist der Pfad an einigen Stellen steil und beschwerlich. Mein Gefährte weist auf eine Gruppe alter Oelbäume, welche den Franciscaner-Mönchen zugehören und noch aus jenem Hain stammen sollen, in dem der Herr sein Ihm bestimmtes Los beklagte. Nun verfertigen die Fratres aus dem Holze und den Fruchtkernen Rosenkränze. Die Früchte werden gewöhnlich im Kloster verspeist.
Etwas höher hinauf befindet sich die Stelle, wo Derselbe Jerusalems künftiges Geschick und wohl auch das eigene beweinte.
Schliesslich kommen wir zu einem Gebäude, von dem der grösste Theil den Bewohnern al Thurs als Moschee dient, neben der aber eine verfallene christliche Capelle steht, auf dessen natürlichem Felsboden man eine kleine wunderbare Vertiefung findet, welche den Fusseindruck des Heilands bezeichnen soll, den Er beym Hinauffahren zum Himmel eben hier zurückliess. Denn von dieser Stelle, so glaubt man, sey diese Fahrt vor sich gegangen, obgleich Seine Biographen einen anderen Orth angeben.
Da diese Capelle häufig von Pilgrimmen besucht wird, und sie also die Quelle zu einem bescheidenen Einkommen abgeben kann, so hat ein Muhammedaner in Jerusalem den Schlüssel dazu, welcher indes für wenige Para einem Jeden den Eintritt verstattet. Doch verzichte ich darauf, meinen Fuss mit dem des Herrn zu messen und lasse den Schlüssel in der Hand des Ungläubigen.
Sowohl von hier als von der ganzen Seite des Oelbergs, welcher Jerusalem zugekehrt ist, geniesst man eine vorzügliche Ansicht der ganzen Stadt. Hier setze ich mich mit meinem Reisebüchlein nieder und wünschte mir Abdul Malik an meine Seite, welcher auch einmal eine Weile still seyn konnte.
Doch endete unser Contract in Jerusalem, wenn auch unsere Freundschaft nicht. Nun ist er bereits auf dem Heimwege zu seinen Anverwandten in Damascus. Und ich fühle mich hier, am pulsirenden Herzen sowohl der abend- als auch der morgenländischen Cultur einsamer und ferner aller Heimath als je auf meiner Erdenreise.

FARCEN Jerusalem, den 10ten September

Da diese Stadt, obgleich sie nicht Sitz eines Paschas ist, alleyne ihres Umfanges wegen immer einiges Militaire beherbergt, das keine andere Beschäftigung kennt als bey den Cafféhäusern zu sitzen und die Vorbeygehenden zu betrachten, so fehlt es nicht an Leuten, welche sich durch die Belustigung der Zuschauer ihren Unterhalt verdienen. So sehe ich während meines Aufenthaltes in Jerusalem mehrmals Tänzer aus Damascus, Ringer, Fechter und Possenreisser, die eine plumpe Farce spielen, und Erzähler, Sänger und Musicanten, welche die Anwesenden auf öffentlicher Gasse zu amüsiren suchen.
Die Possenreisser sind gewöhnlich Kopten, da das Schauspielen unter Muhammedanern ein nur geringes Ansehen besitzt. Ihre Truppe besteht meistentheils aus nur zwey oder drey Personen, wovon Einer immer ein Knabe ist. Die Hauptsache ihrer Kunst besteht darin, dass der Eine den Tölpel spielt, welcher sich durch sein Betragen eine Menge derber Ohrfeigen zuzieht, die um so mehr Beyfall finden, je mehr sie klatschen.
Des Abends ist überdem vor einem oder dem andern Cafféhause Music, welche von ein paar, gewöhnlich egyptischen, Sängern und Musicanten besorgt wird. Oftmals, so auch heute, bringe ich eine Stunde bey einem stark besuchten Cafféhause zu, um dem vielfältigen Treiben beyzuwohnen. Und ich muss gestehen, dass ich nach und nach wirklich Geschmack daran finde.
Die Sänger geben *Gannije*, Volkslieder, und *Mauals*, Klagegesänge, welche man mit französischen Quatrains oder italienischen Stanzen vergleichen könnte, und *Schoggl*, eine Art poetisches Lied, das unseren Sonetten gleichkommt, zum Besten. Die Volkslieder haben für europäische Ohren gefälligere Melodien als die Klagegesänge, die mit einer furchtbaren Anstrengung und oft verzogener und trillernder Stimme mehr geschrien als gesungen werden und daher den Sängern öfters Brüche verursachen. Sie sind auch reicher an Worthspielen und Spitzfindigkeiten.
Manchmal verlangt dieser oder jener Anwesende, dass der Sänger für ihn ein Lied singe, worauf der Sänger es nicht unterlässt, ein

solches zu wählen, das genügend Schmeicheleyen enthält, wofür man ihm einen oder mehrer Piaster schenkt. Der Gegenstand der Lieder betrifft aber gemeinhin die Liebe, bisweilen auch neuere Vorfälle, indem fast jede merckwürdige oder lächerliche Begebenheit Veranlassung zu einem neuen Liede giebt.
Die Music besteht gewöhnlich aus einer oder zwey Violinen, einem Hackebrett, einem Tambour de Basque und einem Paar kleiner Pauken, *el Nacharat* genannt, die den Tact angeben. Seltener höre ich die Derwischflöte oder ein anderes, brummendes Rohrinstrument, welches man mit unserem Fagott vergleichen könnte.

Heute abend lässt sich ein syrischer Bänkelsänger hören, welcher einzelne Stücke aus der Geschichte der Beni Helal absingt, und seinen Gesang mit der *Erbâbe,* der einsaitigen arabischen Geige, begleitet. Diese aus vielen Episoden bestehende Geschichte ist fast ganz in Versen abgefasst und gehört in Syrien, Palästina, Arabien und Egypten zu den bekanntesten und beliebtesten Erzählungen. Und es giebt vielleicht keinen Beduinen, keinen Landmann oder Städter, der nicht einige Fragmente davon auswendig wüsste.
Die Geschichte der Beni Helal ist ein grosses Heldengedicht, dessen Versbau dem Wohlklange der Hexameter nahe kommt und diese noch in sofern übertrifft, dass die Verse mit einem Reime enden, der, welches ein Beyspiel von dem auffallenden Reichthume der arabischen Sprache giebt, oft mehrere Seiten der nämliche bleibt. Ich hatte bereits in Damascus Gelegenheit, Theile dieses Gedichts declamiren zu hören und mich an der lieblichen Cadence der Verse zu erfreuen.
Späther bereiten mir noch zwey Tänzer kein geringes Vergnügen, zwey glattwangige junge Leute, deren Einer, welcher das Mädchen vorstellt, sich bunt gekleidet und der Andere den Oberkörper nackt gelassen hat. Sie begleiten ihren Tanz, der aus sonderbaren convulsivischen Bewegungen der Hüften und oft sehr unanständigen Gesten besteht, mit kleinen metallenen Fingerscheiben, die den Tact vorgeben.

Der Tanz findet ein plötzliches Ende, als aus der Zuschauerschaar

auf der Gasse eine vermummte Gestalt zu den Tanzenden dringt, und einen Lidschlag späther in der Dunkelheit der selbigen verschwindet. Man könnte diese Erscheinung für ein nächtliches Trugbild halten, läge einer der Tänzer nicht auf dem Pflaster in seinem Bluthe.
Der That und dem Aufruhr in der Gasse zum Trotze sitzen die Militaires ruhig beym Caffé und setzen ungerührt ihre Conversation forth. Ich heisse einige Gaffer mit anzufassen, den Niedergestochenen in unser Hospiz zu bringen und von Doctor Schlichter examiniren zu lassen.

Jerusalem, den 11ten September. Die Einwohner von Jerusalem lieben geräuschvolle Vergnügungen. Täglich hört man Tanz und Music aus einzelnen Häusern oder in den Gassen. Beschneidungen und Hochzeiten werden immer durch eine Procession und mit Music gefeyert. Die hier ansässigen egyptischen Familien haben die heimathliche Sitte, ebenso ihre Töchter zu beschneiden, auch hier beybehalten. – Doch sind mir diese Unterhaltungen durch den Zwischenfall vor dem Cafféhause erst einmal vergällt.
Seit ein paar Tagen hat die Hitze noch zugenommen, die hier aber immer noch erträglicher seyn soll als in den Niederungen dem Mittelländischen oder dem Todten Meere zu.
Als ich von den Vorbereitungen zu unserer Weiterreise ins Hospiz zurückkehre, finde ich Abdallah dem Wahnsinn nahe: Sein Freund liege im Sterben. – Schlichters Kunst hat das Urtheil Gottes nur aufzuschieben, aber nicht aufzuheben vermocht.
Aus seinem ungeordneten Gestammel entnehme ich, dass es der eigene Bruder des Freundes gewesen, welcher jenen am Vorabend niedergestreckt, weil er durch seine Flucht mit Abdallah und sein schaamloses Thun Schande über die ganze Familie gebracht habe. Es sey bereits das Hochzeitsfest für den Freund bestimmt gewesen und der Ehecontract mit dem Brautvater besiegelt. Doch da Jener die ihm anverlobte Cousine aus tiefstem Herzen verabscheute, habe er sich mit seinem besten Freunde zur Flucht entschlossen.

Als Hans-Jakob mit der Nachricht vom Tode des Jungen zu uns in die Kammer tritt, bricht Abdallah in einen gellenden, Mark und Bein durchdringenden Schrey aus, der über den Hof bis auf die Gasse schallt, und augenblicklich stimmen alle Weiber der Nachbarschaft in die Todtenklage ein. Ihr lautes Geschrey und Abdallahs Weinen und Schluchzen wechseln einander ab. Dieser Klagegesang dauert bis späth in die Nacht.
Eigentlich ist die Klage Aufgabe der Witwe oder der Anverwandtinnen. Doch hier übernimmt das Beweinen, die Waschung und das Begräbnis, welches nach morgenländischer Sitte bereits am folgenden Tage stattzufinden hat, der Freund als der ihm Nächste. Niemand stört ihn bey dieser für einen Mann ungewöhnlichen Thätigkeit, erachten Alle sie doch als die beste Medicin für seine maasslose Trauer.

Jerusalem, den 15ten September. Als ich mich bey den Brüdern des Klosters, welche den Berg Sinai oft besucht haben, nach dem in Europa so berühmten *Dschebel el-Mokkateb* erkundige, erinnert sich Keiner, diesen Namen jemals gehört zu haben. Sie führen einen Kaufmann aus Sues zu mir, der seine halbe Lebenszeit mit Reisen zwischen Jerusalem und dem Berge Sinai zugebracht hat, und auch dieser kennt den erwähnten Berg nicht. Als er aber hört, dass derjenige, welcher uns zu diesem Berge führt, eine gute Bezahlung erhält, meldet er sich den folgenden Tag im Kloster mit einem Scheich vom Stamme Saualha, welcher behauptet, nicht nur den erwähnten Berg, sondern auch alle Stellen in der Wüste, wo man Inschriften finde, sehr genau zu kennen. Und weil er schon gehört hat, dass der Berg, den wir suchen, *Dschebel el-Mokkateb* heisst, so beehrt er auch seinen Berg mit diesem Namen und versichert uns, dass alle Araber, denen er bekannt sey, ihn ebenso nenneten.
Schotenbauer examinirt unseren Gewehrsmann mit einer Guthgläubigkeit, dass ich fast annehmen muss, er suche etwas vollkommen Anderes als diesen Berg; denn selbst mein doch ungleich ungebildeterer Verstand sagt mir, dass dieser Führer uns so wenig wie der vorangegangene zu unserem anvisirten Ziele führen wird.

Da ihm dieser verschlagene Kerl zu Gefallen scheint, engagirt er ihn sogleich, und zwar für einen den hiesigen Verhältnissen so unangemessenen Lohn, dass er uns für Prahlhänse, Prasser oder Dummköpfe halten muss. Schliesslich erwähnt der studirte Altphilologe noch beyläufig, dass er den geschätzten englischen Geistlichen getroffen und, da jener ebenfalls den Berg Sinai besuchen wolle, ihn eingeladen habe, sich erneut unserer kleinen Caravane anzuschliessen.

Negev-Wüste, den 19ten September. Unser *Ghafir* scheint sich vorgenommen zu haben, uns allezeit falsche Namen zu sagen; offenbar kann er nicht begreifen, aus welcher Ursache ich mich darum bekümmere, da sonst kein Reisender je darnach gefragt habe. Oder könnte es seyn, dass er uns bewusst in die Irre führen wolle?

Doch Abdallah, dem ein Theil des Weges nicht unbekannt ist, nennt mir die landesüblichen Bezeichnungen. Deshalb, und auch der Gefährten wegen, die sich mit diesem Araber nicht gemein machen wollen und ihn mit den Maulthiertreibern laufen lassen, nehme ich ihn bisweilen vor mir auf das Pferd.

Die Direction des Weges finde ich leicht nach einem kleinen Compasse, ohne dass es unser Führer oder die Gefährten bemerckten und ich damit einigen Argwohn erweckte. Unsere Caravane geht sehr gleichförmig. Ich zähle täglich des Morgens und Abends in der Kühle und des Nachmittags in der grössten Hitze meine eigenen Schritte während einer halben Stunde, die ich neben Abdallah oder dem *Ghafir* zu Fuss gehen, und finde gemeiniglich, dass ich in der Hitze in der erwähnten Zeit 1580, in der Kühle aber 1620 doppelte Schritte mache. Ich nehme also das Mittel, nämlich 1600 doppelte Schritte für eine halbe Stunde an, wenn der Weg eben ist, und bisher ist der Weg fast beständig eben gewesen. Hiernach berechne ich die Länge des Weges in Schritten auf eine viertel Meile, und vergleiche Wegrichtung und zurückgelegte Strecke mit der von Carsten Niebuhr genauestens erstellten Charte.

Stunden der Melancholie wechseln abrupt mit Stunden des Frohmuths. Ja, über weite Strecken ist Abdallah gar ein lustiger Geselle, der uns durch Lieder und Gedichte, wovon er eine Menge kennt, und durch tausenderley Possen von der Eintönigkeit des Weges abzulenken sucht. Sein Character scheint sanft, und sein Herz gefühlvoll, dann wieder giebt er sich leichtsinnig und roh.
Nun erzählt er, und zwar mit Vergnügen, von einem Morde, den er selber begangen: Einer aus meinem Dorfe, sagt er, geräth in Streit mit meinem Bruder und versetzt ihm einen Schlag, dass er in der gleichen Nacht noch stirbt. Ich bin so ausser mir vor Trauer und Wuth, dass ich sein Bluth nicht auf mir ruhen lassen kann. Sogleich falle ich über den Brudermörder her und schlage nun auf ihn ein, dass sein Lebenssaft wie Wasser aus ihm strömt.
Seine heitere Miene verräth das Vergnügen, das ihm das Andencken an diese That noch immer gewährt. Und der Tod deines Freundes, frage ich ihn, lässt dich nicht anders dencken über das Gesetz von Bluthrache und Ehre?
Hätte der Mörder meines Freundes, so Abdallah, nicht aus ehrenhaften Gründen gehandelt, so hätte ich nicht von ihm abgelassen, bis auch er in seinem Bluthe gelegen. Doch kann ich ihm seine That nicht zum Vorwurfe machen. Er handelte nur, wie auch ich gehandelt hätte, nach Gewissen und Gesetz.
Nachdem ich nun schon so viele Wochen diesen fremden Continent bereise, betrete ich erst jetzt das fremde Territorium seiner Seele, welches mir nicht weniger unverständlich als die sichtbaren Sitten und Gebräuche erscheint.

Sinai, den 28ten September. Unser *Ghafir* lenkt unsere Caravane vom directen Wege ab mit der Begründung, in einem nahe gelegenen Thale befinde sich eine kleine Waldung und ein herrlicher See. Die Cameraden lassen sich von der Aussicht auf ein erquikkendes Bad und kühlen Schatten zu dieser Excursion überreden.

In der That öffnet sich der Felsen, nicht in ein Thal, doch immerhin in eine enge Schlucht. Auch finden sich einige kindshohe Stauden und Dornengewächse, die man zusammen gesehen mit gutem Willen vielleicht „Wäldchen“ nennen könnte. Doch tritt uns ein heisser und Uebelkeit erregender Schwefeldampf entgegen, und das Wasser, welches unten aus dem Felsen hervorquillt, ist von so hoher Temperatur, dass man kaum eine Fingerkuppe darin tauchen kann.

Es sollen Kranke selbst aus Damascus und Cairo nach diesem Bade kommen, erklärt unser Führer stolz, sich vierzig Tage lang alltäglich in diesem Schwefelwasser baden und nichts anderes als *Lassaf*, eine Frucht der „Bäume“ dieses Oasenwäldchens, essen. Die Schlucht ist eng, doch findet sich, um seine Rede vom berühmten Heilbade zu bestätigen, ein ansehnlicher Todtenacker in der Nähe.

Sinai, den ersten October. Nach meinen Berechnungen haben wir nur noch etwa fünf Meilen oder einen Tagesmarsch zurückzulegen, um den Mosesberg und das Kloster St. Katharina zu erreichen. Doch wenn wir der von unserem *Ghafir* eingeschlagenen Richtung folgen, werden wir den Berg umgehen, ohne ihn auch nur von Ferne zu sehen. Meine Aufforderung an den *Ghafir*, die Richtung zu ändern, führt zu einem unfreundlichen Streite. Meine Cameraden sind unentschiedener Meinung, wessen Rath sie vertrauen sollen. Erst meine Drohung, sie erneut alleyn zu lassen und meines eigenen Weges zu ziehen, bringt sie zur Raison. Und wirklich sehen wir am Abend den *Dschebel Mussa*, nur noch eineinviertel Meile, vor uns. Wir schlagen in einem Wadi das Lager auf, um am nächsten Tage das Kloster aufzusuchen.

Sinai, den 2ten October. Am Morgen ist Rachman, unser *Ghafir*, spurlos verschwunden. Mit ihm sein ohnehin schon grosszügiger Lohn und ein noch ansehnlicheres Bakschisch aus dem Privat-

vermögen des Herrn Baron, dazu dessen edles, uneinholbares Araberross.
Ungerechterweise verlangt de la Motte nun das zwar unedle, aber comfortable Reitthier seines Secretaires. Zwar hält sich dieser nicht für zu fein, eine Weile mit den Maulthiertreibern zu Fuss zu gehen, doch offenbar schon inficirt vom hiesigen Ehrbegriffe weist er auf den sich still im Hintergrunde Haltenden, welcher für die Wahl unseres ehrenwerthen *Ghafirs* verantwortlich zeichnet.
Schotenbauer straft mich mit dem vernichtendsten Blicke, dessen ein Altphilologe fähig. Doch muss das aristocratische Empfinden de la Mottes meiner nicht unstatthaften Argumentation Recht geben. Nun bricht es in wahrhaft alttestamentlichem Zorne aus Tertulio Liebetrud Schotenbauers Philologengeist heraus: Weder lasse er sich die widerwerthigen Impertinencen eines Domestiquen, noch die blasirte Arrogance eines verarmten pommerschen Landjunkers weiter bieten. Er sey keinesfalls auf unsere fernere Begleitung angewiesen, sondern werde auch alleyn sein Ziel erreichen. Doch ohne *ihn* fehle uns der Kopf, ohne ihn sey unsere weitere Reise sinnlos ...
Doctor Schlichter, ohnehin seit dem Tode des Jungen von krankhafter Schwermuth befallen, findet diesen Streit seiner Cameraden nun vollends unerträglich und bietet de la Motte das eigene Pferd an. Doch hat sein seelisches Leiden auch an seinen leiblichen Kräfften gezehrt. Er würde mit dem Schritte unserer Treiber kaum mithalten können. So schlage ich vor, eines unserer Maulthiere von seinem Gepäcke zu befreyen und es den übrigen Lastthieren aufzuladen. Da unserem HErrn bey Seinem königlichen Einzuge in Jerusalem ein Esel genügte, dürfe der Baron sich auf einem Maulthiere zweyfellos sogar erhöht fühlen.

Der Grund, worauf das Kloster steht, ist sehr abhängig, denn er liegt an der Südwestseite viel höher als an der östlichen Seite. Das Hauptgebäude ist etwa 60 doppelte Schritte lang und 55 dieser Schritte breit, und meistentheils von gehauenen Steinen aufgeführt, eine Arbeit, welche so weit in der Wüste viel Geld und Mühe gekostet haben muss. – Vorne an diesem Hauptgebäude ist ein anderer kleiner Gebäudetheil von schlechterer Arbeit. In demselben ist die einzige Thür des Klosters, und auch diese ist die meiste Zeit zugemauert. Alles, was man in das Kloster hineinbringen will, seyen es Menschen oder Lebensmittel, wird an einem Stricke über eine Rolle bis auf das Dach in die Höhe gezogen.
Dicht vor dem Kloster ist ein grosser Garten, zu welchem die Mönche, wie Reverend Fox mir versichert, einen Gang unter die Erde gegraben haben. Ich bin erstaunt. Ob er denn schon einmal hier gewesen sey, frage ich ihn. Nein, antworthet er, doch habe er sorgfältig die alten Reiseberichte studirt.
Kein Fremder, wenigstens kein Europäer, darf in das Kloster gelassen werden, wenn er nicht einen Brief vom Bischof des Berges Sinai mitbringt, der gemeiniglich zu Kahira residirt. Dies hörte ich schon bey den Franciscanern zu Jerusalem. Ich hatte deswegen mit dem General-Procurator geredet, doch musste er mir gestehen, dass uns ein Brief von ihm in diesem Gebiete von keinerley Nutzen seyn werde. – So schlagen wir unser Lager vor dem Klosterberge auf, rathlos, wie wir zu der Mönchsfestung Zutritt finden können.
Während dessen versammeln sich einige kriegerische Araber, die von den umliegenden Bergen gesehen oder aber von unserem entlaufenen *Ghafir* erfahren haben, dass Fremde beym Kloster angekommen seyen. Der englische Geistliche merckt an, dass sie bisweilen von den näher liegenden Bergen mit ihren Flinten in das Kloster zu feuern pflegen. Und wenn sich die Mönche nur ein wenig von dem Kloster entfernen, so halten die Wüstenbewohner sie an und liefern sie nicht eher wieder aus, als bis sie reichlich bezahlt worden sind.

Sogleich greift auch de la Motte zu seinem Gewehre, obgleich es ihm im Falle einer feindlichen Gesinnung unserer Besucher kaum nützen würde. Die Männer umringen uns mit zurückhaltenden, abwartenden Mienen. De la Motte fragt mich, wer der Führer oder Scheich der Truppe sey. Ich weise auf einen Alten in der Mitte der Männer, dessen verwittertes Antlitz sich durch edle, furchtlose Gesichtszüge auszeichnet.
Er sey ja noch armseliger gekleidet als der Rest der Bande, commentirt de la Motte meine Wahl. Dennoch geht er auf den Alten zu und begrüsst ihn mit einem Handschlag. Ich sage, er müsse alle Männer gleicher Maassen begrüssen, und zwar der Reihe nach, von rechts beginnend, denn alle seyen Krieger und stünden dem Anführer kaum an Rang und Ansehen nach. – Nein, wehrt er meine Forderung ab, er wolle sich nicht zum Narren machen und eine halbe Stunde mit der Begrüssung unreinlicher Kameelhirten verbringen. Ich solle den Alten fragen, was er von uns wolle.
Seyen nicht wir die fremden Pilgrimme? erwidere ich. Es hätten wohl zunächst die Eingeborenen das Recht, nach unserem Begehr zu fragen. – Er habe nun genug von dieser Narrenposse, beendet er das Raisonnement. Wir sollten nun das Lager errichten und ihm diese liederlichen Schnapphähne vom Leibe halten.
Ich theile dem Anführer der arabischen Parthey respectvoll mit, dass der pommersche Pascha von der Reise ermattet sey, ihn aber zu spätherer Stunde als Gast in seinem Zelte erwarte. Ich spüre gleichwohl, dass er meiner Uebersetzung nicht recht glaubt, da er offenbar am Tonfalle unseres Disputs den wahren Inhalt desselben bereits erahnt.

St. Katharina, den 5ten October. Am Abend fragt Schotenbauer den englischen Geistlichen, ob es möglich sey, sich durch den erwähnten Gang Zutritt zum Kloster zu verschaffen. – Offenbar hat er unser Gespräch bey unserem ersten Rundgange mitgehört. Wenn es uns gelänge, den versteckten Eingang zu finden, sagt der Geistliche, sey es zweyfellos möglich, auf diesem Wege in

das Kloster zu gelangen. Doch würden die Mönche von unserem gewaltsamen Eindringen wohl kaum erfreut seyn.
Sie dürften selbstverständlich nichts davon bemercken, entgegnet Schotenbauer. Wolle er sie denn berauben? fragt der Geistliche. Die alten Reisebeschreibungen erwähnten ausser der berühmten Bibliothek nichts Kostbares oder Geheimnisvolles hinter den Klostermauern.
Ob er denn eine Vorstellung von der Lage der inneren Räume aus den alten Berichten habe gewinnen können, fragt Schotenbauer den Geistlichen. – Er habe sogar eine kleine Charte angefertigt, deren Genauigkeit er gerne an den wirklichen Verhältnissen überprüfen würde.
Auch er, Schotenbauer, beabsichtige nichts Unlauteres. Er wolle sich nur Gewissheit verschaffen. Wolle er, Fox, ihn nicht ins Kloster führen?
Es scheint, als traue selbst de la Motte den lauteren Absichten Schotenbauers nicht recht. Er besteht darauf, die beyden Gelehrten auf ihrer Excursion zu begleiten. Reverend Fox aber kommt seinem Bruder im Geiste entgegen und sagt, in solcher Masse würden sie wohl kaum unentdeckt bleiben. Der Baron solle sie bis zu dem geheimen Gange begleiten, dort aber wachen und ihnen den Rückweg sichern. Für den Fall, dass es zu irgend welchen Inconveniencen komme, sollten Schlichter und ich alles zum sofortigen Aufbruche gerüstet haben.
De la Motte lässt offen, ob er sich bey diesem Abentheuer mit der Rolle des Schmierenstehers zufrieden giebt. Doch wird die Unternehmung auf die folgende Nacht festgesetzt. Am helllichten Tage dürfe noch nichts auf unseren möglichen Aufbruch hinweisen.

*

Die gepäckbeladenen, aber unthätig dastehenden Thiere sind unruhig, nicht weniger die frierenden und um ihren Schlaf gebrachten Treiber. In zwey Stunden wird der Morgen anbrechen. Vergeblich warten wir auf die Rückkehr der Gefährten. Sie sind weit über der vereinbarten Zeit. Ich schicke Abdallah in den Garten vor dem Kloster, um von de la Motte Auskunft über den Stand

der Unternehmung zu erlangen, doch kehrt nun auch der Bote nicht von dieser kurzen Recogniscirung in unser Lager zurück.
Ich übergebe Doctor Schlichter das Commando und klettere zum Garten hinauf. Er ist von einer etwa brusthohen Steinmauer umgeben; eine Pforte giebt es nicht. Doch habe ich dieses Hindernis rasch überwunden. In der Umfriedung drängen sich etwa zwey Dutzend knorrige Obst- und Olivenbäume auf dem kargen, steinigen Grunde. Ich taste mich an der Mauer entlang und spähe in das Rudel magerer Bäume hinein. Unter einem Olivenbaume, nahe der Klostermauer, entdecke ich ein lebloses Bündel; es ist Abdallah. Auch nach meinem sanften Schütteln rührt er sich nicht. Obwohl ich keine äusseren Spuren einer Verletzung erkenne, verharrt er in tiefster Ohnmacht. – Ich nehme den schmächtigen Jüngling auf die Schulter und trage ihn zu unserem Lager hinab.
Nachdem ich ihn der Obhut Schlichters anvertraut, mache ich mich erneut auf den Weg zum Klostergarten, von der langen Wache und der ungewohnten Last schon ein wenig ermüdet. Auch geht es von unserem Lagerplatze gut fünfhundert Schritte auf unbefestigtem Wege bergan.
Der Garten liegt immer noch friedlich im Mondlichte da. Diesmal bemercke ich gleich nach dem Ueberklettern der Mauer ein weiteres Bündel unter dem Olivenbaume, das sich bey näherer Examination als der friedlich schlummernde Baron Ernst-Eugen de la Motte herausstellt. Auch dieser lässt sich von meinen, nun schon gröberen Bemühungen, ihn wieder zum Herrn seines Willens zu machen, in seiner Entgeisterung nicht stören. Ehe ich diese wesentlich gewichtigere, wenngleich auch aristocratische Last schultere, gehe ich den nächsten Umkreis jenes unheimlichen Orthes sorgsam ab, doch entdecke ich nicht die geringste Spur, welche auf einen geheimen Schacht oder Tunnel hinwiese.
Schlichter zeigt sich von der zweyten Krankenfuhre wenig überrascht: Abdallah und wohl auch de la Motte seyen von einem chymischen Gifte in Schlaf versetzt. Die Dosirung sey zwar nicht lebensgefährdend, doch könne er nicht sagen, wie lange die Wirkung noch andauere.

Bey meinem nächsten Gange nehme ich einen der Treiber mit. Er folgt mir mit klappernden Zähnen. Die Stunde vor dem Sonnenaufgang ist die Kälteste der Nacht. Den Garten mit mir zu betreten weigert er sich beharrlich. Also muss ich ihm Schotenbauer über die Steinmauer reichen. Er schultert den Altphilologen wie ein Leichenbündel und stürzt so hastig, wie die knochige Last es zulässt, den Hang hinab zum Lager, so dass meine leise Mahnung zur Achtsamkeit wohl ungehört bleibt.
Eigentlich habe ich die Absicht, mich im Olivenhaine zu verbergen und die Epiphanie des noch vermissten englischen Geistlichen mit eigenen Augen anzusehen, als ich Schüsse aus der Richtung unseres Lagers vernehme. Kaum habe ich die Gartenmauer übersprungen, werden Rufe im Kloster laut. Lichter flammen auf, dunkle Gestalten erscheinen auf dem Dache. Auch von dort her mischen sich einige Flintenschüsse in das anschwellende Geschrey der Bewohner. Ehe ich meine unbesonnene Flucht zügeln und über die angemessenen Schritte nachzudencken vermag, treten meine Füsse plötzlich ins Leere, und das Lärmen entfernt sich von meinen Ohren so rasch, als trügen mich durchgegangene Rösser von diesem Orthe der grellen Flammen und Töne forth in ein stilleres Land.

ZWISCHENLANDUNG

Wir müssen das flugzeug nicht verlassen. Aus den offenen zugängen dringt heisse, trockene luft in die kabine, so dasz ein feiner rauch aus den belüftungsdüsen der maschine strömt. Eine profane mischung aus bühnennebel und Aladins lampengeist. Ich kenne die schäbigen abfertigungshallen des Kairoer Airports bereits, so dasz ich froh bin, die wartezeit an bord überbrücken zu dürfen.
In so kurzer zeit reise ich von einem kontinent auf einen anderen, dasz ich gerade einmal zeit finde, die aufzeichnungen Schnittkes über seine reise zu *lesen*. Um von Weimar nach Kairo zu gelangen, benötigt er sieben monate.
Nun dauert mein zwischenaufenthalt eine stunde, bis die maschine aufgetankt ist und weitere fluggäste an bord gekommen sind. Schnittke und seine Reisegefährten müssen, da sie die jährliche karawane in den süden der arabischen halbinsel um wenige tage verpassen, monate in Kairo verbringen.

Jedes reisen bedeutet immer auch ein nachdenken über die zeit. Denn können wir zeitbegriffe nicht auch in räumlichen ausdrücken, als *bewegung*? Ein jahr bezeichnet den zeitabschnitt, den die erde für eine umrundung der sonne benötigt, ein tag jenen, in dem die erde sich einmal um sich selbst gedreht hat. Die uhrzeit ist ein ort auf dem zifferblatt. Der moment jener augenblick, in dem der pfeil sich nicht bewegt. Doch dasz er sich nicht bewegt, bedeutet nicht, dasz er ruht.
Verabreden wir einen zeitpunkt, uns zu treffen, vereinbaren wir einen ort, an dem unsere bewegungen sich kreuzen werden. Daten können wir als schnittpunkte verschiedener wege betrachten. Als ordnung unserer individuellen bahnen, die auch anders vereinbart oder geordnet werden könnten.
Je schneller wir reisen, um so flüchtiger streifen wir orte, um so weniger *begegnen* wir. Sicher gibt es eine geschwindigkeit, in der sich die bewegung aufhebt, weil die relationen, die uns das gefühl des fortschreitens geben, verwischen oder verloren gehen.

Alexandria, den 9ten November

Zunächst erwartet uns die Inconvenience der Quarantaine. Das Gepäck aller Reisenden nach Kahira wird auf ein elendes Boot geworfen, welches dasselbe in buntester Unordnung bis zum Rande füllt. Jetzt heisst man uns, Europäer, Asiaten und Africaner, Christen, Juden und Muhammedaner, darauf zu sitzen. Wir finden gerade soviel Raum, uns in ebenso bunter Ordnung dicht an einander zu drängen.
Dann fährt man uns, um auf die entgegengesetzte Seite der Stadt zu der grossen Quarantaine zu gelangen, auf einem drey Stunden weiten Wege durch ein Gewirr von Klippen, an denen unser Boot bey dem ersten Windstoss umgeschlagen oder zerschellt seyn würde.
Der Protest de la Mottes bleibt ungehört. Er bittet mich zu dolmetschen. Doch gebe ich vor, bisher nur über ein Vocabulaire der Begrüssung und Zustimmung zu verfügen. Die Lectionen des Aergers, des Unwillens und Widerspruchs aber stünden erst noch bevor.
Natürlich braucht der Aerger keinen Dolmetscher. Als auch Schotenbauer sich beschwert und seine Nachbarn heftig von sich stösst, drohen die Gesundheitspolicisten, die Beyden ins Meer zu werfen. Wohl zu recht, wie ich finde.
Die Sonne steht niedrig, als wir bey der Quarantaine anlangen. Etwa 25 Schritt weit vom Ufer hält unser Boot unter einem in das Meer hereinragenden Brückenbogen. Auf diesen werden, weil wir nicht näher zum Strande kommen können und für einen kleinen Nachen zu sorgen nicht nöthig scheint, zuerst unser Gepäck hinaufgezogen. Dann klammern sich die egyptischen Lastträger mit den Beinen am Geländer des Bogens fest, recken sich mit dem Oberleib herab und strecken den Bootsinsassen die Arme entgegen, um diese entweder an sich heraufklettern zu lassen, oder sie, wie es eben geht, hinauf zu schleifen.
Hier drohen Schotenbauer und de la Motte thatsächlich, Bekanntschaft mit dem Küstengewässer zu machen, da sie sich nur halbherzig, ja widerwillig den entgegengestreckten Händen anvertrauen.

Auf dem Stege nun sind alle Passagiere in der Bataille, ihr Gepäck aus den über einander geworfenen Haufen zu retten. Dazwischen greifen die schreyenden Träger und schleppen weg, was sie pakken können, wer weiss, wohin. Endlich haben wir das Unsrige beysammen. Ich halte Wache mit gestrenger Miene, während der Baron in die Policeybaracke einzudringen versucht, um unsere Auslösung zu erreichen. Schon wird es dunkel, als wir mit dem Gepäck auf den Quarantainehof geführt werden.
Offenbar ist das Bestechungsgeld nicht angenommen worden. Oder die das Geld begleitenden Worthe? Wohlan, nun wird um die Zellenräume verhandelt, und die niederen Quarantainebeamten scheinen einer Aufbesserung ihres bescheidenen Soldes nicht abgeneigt. – Die Cameraden sind schliesslich so glücklich, einen Raum für sich zu erlangen. Ich bemühe mich erst gar nicht um einen Platz in diesen Kasematten. Für Abdallah und mich bereite ich ein Lager in einer der Hofecken unter freyem Himmel. Wir haushalten mit unseren Vorräthen, weil die Quarantaine nach Auskunft erfahrenerer Reisender gemeinhin fünf Tage währt.

*

Am Morgen finde ich den Hofraum belebt, aber geräumig. Während in der Kasematte der Gefährten die Temperatur bis zum Mittag auf 37 Grad Reaumur steigt, können wir es uns in unserer schattigen und luftigen Ecke bey erträglichen 28 Grad angenehm seyn lassen. Hin und wieder empfangen wir den Besuch anderer Reisender, so dass uns die Zeit auf rasche und unterhaltsame Weise vergeht.

Cairo, den 17ten November

Am Abend ziehen wir durch das unansehnliche Thor el Medfaa in die Stadt, welche in diesem Quartier zu einem Theil in Trümmern liegt. Bald darauf kommen wir zum Bab el Fetuh und der eigentlichen Stadtmauer. Dieses Thor ist in seinem Aeusseren geradezu majestätisch. Es besteht aus zwey starken runden Thürmen, welche durch das Thorgewölbe mit einander verbunden und aus grossen Quadern von festem Kalkstein gebaut sind.
Auch die Häuser bestehen in ihrem Erdgeschosse durchgängig aus Quadersteinen. Alleyn die oberen Stockwerke hat man aus schlechtem Fachwerk errichtet, welches mit Leimziegeln sorglos ausgemauert worden. Die Gassen sind ungepflastert, krumm und eng, und da die Häuser alle überbaut, kommen sie sich oft so nahe, dass man mit leichter Mühe von einem Haus ins Gegenüberstehende treten könnte.
Die Cameraden lassen sich zur Wohnung des Herrn von Rossetti, des kaiserlichen General-Consuls führen. Doch ich weiss bereits, dass sie nicht die Ehre haben werden, ihn vorzufinden, da er sich schon seit Jahren in Raschid aufhält. – Indessen begebe ich mich zum Kaufmann Düwall, dem Schwager meines Freundes Martersteig, und treffe in ihm einen höflichen und gefälligen Manne an, der zudem über die allergrössten Kenntnisse von der morgenländischen Welt verfügt. Doch welch unbeschreibliches Wiedersehen darf ich mit seiner Gattin, der Schwester meines Freundes feyern, die sich nach wie vor durch ihren wachen Geist und ihre Schönheit auszeichnet.
Alle halten mich bey meiner Ankunft, meiner Kleidung und meiner verbrannten Haut, aber auch meines Gefährten wegen, von dem ich mich augenscheinlich kaum noch unterscheide, zunächst für einen Wüstenbewohner. Auf Grund meiner Erfahrungen mit diesen Menschen bin ich geneigt, ihr Missverständnis als ein Compliment aufzufassen.

Cairo, den 22ten November. Heute erfahre ich von de la Motte, dass wir die Grosse Caravane nach Dschidda um 14 Tage verpasst haben. Die nächste gehe erst im October oder November des nächsten Jahres ab. Der preussische Gesandte, bey dem sie nun logiren, räth aber davon ab, alleyne diese Reise zu wagen, da sowohl räuberische Piraten auf dem Rothen Meere als auch räuberische Banden entlang der Küsten ein Durchkommen ohne militairische Escorte nahezu unmöglich machen. Daher habe man sich entschlossen, diese Zeit in Cairo zu verbringen, mir aber freygestellt, sie weiterhin zu begleiten oder in die Heimath zurückzukehren.

Cairo, den 22ten November. Mein Ankauf von Manuscribten findet doch mehr Schwierigkeit, als Monsieur Mesalliance mich glauben machte. Zwar sind in dem *Wakal el Chalily* elf Buchhändler thätig. Alleyn, sie versichern mir, dass die Franzosen fast alle Manuscribte mitgenommen und die noch vorhandenen wegen ihrer Seltenheit sehr theuer seyen.
Indessen lässt man mir wenigstens das Vergnügen, etliche interessante Manuscribte zu *betrachten*, und ich hoffe, bey wachsender Bekanntschaft das Eine oder Andere auch zu seinem wahren Werthe zu erstehen.

Cairo, den 26ten November. Da ich meinem lieben Freunde Düwall nicht über ein Jahr als Logirgast zur Last fallen will, bitte ich ihn um Hilfe, für mich und Abdallah ein eigenes Quartier ausfindig zu machen. Nur widerstrebend verspricht er mir seine Hilfe, denn lieber sähe er uns als Hausgenossen, weiss aber bald ein Gebäude in der Nähe zu benennen, dessen Besitzer, ein befreundeter egyptischer Kaufherr, in einem moderneren Stadttheile ein grosses Kontor nebst Wohnung errichtet habe und das alte, doch keineswegs verwahrloste Haus wohl zu vermieten bereit seyn werde. Noch heute wolle er eine Anfrage an den Handlungscompagnon richten.

Cairo, den 27ten November. Als ich am Nachmittage zu den Buchhändlern gehe, finde ich auf dem Musky, einem kleinen Platze der Altstadt, zwey Menschen liegen, denen soeben der Kopf abgeschlagen ward. Sie sind als Räuber ertappt und sogleich hingerichtet worden. Nun sammelt der Scharfrichter von den Vorübergehenden ein kleines Trinkgeld. – Auf meinem Rückweg finde ich sie bereits forthgetragen.

Die Egypter scheren sich das Haupthaar bis auf einen Büschel oder Zopf, *Schuschih* genannt, auf der Mitte des Kopfes. Dieser Brauch, so erklärt mir Abdallah, habe seinen Ursprung in der Furcht, dass der Henker keine andere Möglichkeit finde, den abgeschlagenen Kopf zu tragen, als in Nase oder Mund zu greifen, falls der Bart nicht lang oder dicht genug sey.

Cairo, den 30ten November. Uns nach morgenländischer Sitte, das heisst recht comfortabel, eingerichtet. Elisabeth Düwall schickt uns Porcellan und Wandschmuck aus ihrem Haushalte. Alltägliches Geräth finden wir in den Basaren jenseits des Musky.
Wieder liegt ein Geköpfter auf dem Platze, nicht unweit meines neuen Quartiers.
Da ich mich nun auf einen längeren Aufenthalt einzustellen habe, werde ich mich wohl um einen regelmässigen Arabischunterricht bekümmern.

DAS AUGE DES BÖSEN Cairo, den 30ten November

Eine der ersten Pflichten der Eltern bey der Geburt ist, den *Adan*, den Aufruf zum Gebete in das rechte Ohr des Kinds, und den *Ikamet*, der ungefähr das selbe wie der *Adan* ist, in das linke Ohr des Kindes zu rufen. Der Sinn dieser Ceremonie sey, so Abdallah, das Kind vor dem Einflusse böser Dschinne zu schützen.
Es ist durchaus nicht ungewöhnlich, sauber und reich herausgeputzte Weiber mit ungewaschenen, in Lumpen gehüllten Kindern auf den Strassen und Märkten zu sehen. Der Schmutz soll sie vor dem „Blick des Bösen“ schützen.
In den Augen vieler Kinder sieht man ein halbes Dutzend Fliegen oder mehr. Doch glauben viele Egypter, das Waschen der Augen bringe Unglück. So könne zum Beyspiel das Berühren oder Säubern von Kinderaugen deren späthere Erblindung zur Folge haben.
Auch anlässlich einer Beschneidung fallen mir einige Merckwürdigkeiten auf. Die Procession gleicht in vielfacher Hinsicht einem Hochzeitsumzuge. Und oftmals ist der zu beschneidende Knabe fast mannbar. Doch hat man ihn, bis auf einen rothen Turban aus Kaschmirwolle, wie ein Mädchen gekleidet. Auch diese Aufmachung, so wird mir auf meine Frage geantworthet, solle das „Auge des Bösen“ täuschen.
Noch kann ich mir keine rechte Vorstellung von der Gefährlichkeit des Bösen machen, welches sich vom Schmutze schrecken oder einer Verkleidung täuschen lässt. Liegt nicht gerade in der Klugheit des Bösen seine eigentliche Gefahr?

Cairo, den 2ten December. Nach zwey Wochen des Müssigganges habe ich endlich mit einem klugen Burschen, welcher im Geschäfte des Herrn Düwall als Schreiber arbeitet und dessen unbeschränktes Vertrauen geniesst, eine regelmässige Unterrichtung im Arabischen verabredet. Am heutigen Abend beginnen wir mit den ersten Lectionen. Ich verbiete ihm ausdrücklich, in den

Uebungsstunden irgendeine andere Sprache als das Arabische zu benutzen, obwohl er fast ebenso gut wie seine Vatersprache Italienisch zu reden versteht und sogar einiger deutscher Brocken mächtig ist.

Doch muss ich die Erfahrung machen, dass meine Kenntnisse trotz des halben Jahres im Morgenlande immer noch kümmerlich zu nennen sind und ich mich in dieser ersten Stunde wie ein rechter Caspar Hauser empfinde. Doch ehe ich meine Zeit alleyne mit dem vertrauten Geschwätze der Gesandtschaftsempfänge verthue, will ich lieber wieder Schulbube seyn.

Achmed zeigt sich ausserordentlich geschickt, alltägliche Scenen, als einen Markt- oder Badbesuch, in seine Lectionen einzuflechten. Ich bitte ihn, mich auch des Oefteren mit zu seinen egyptischen Gefährten zu nehmen, damit ich mich vor Allem in der alltäglichen Conversation übe. Ich weiss, diese Bitte bedeutet nicht nur ein Compliment für meinen jugendlichen Lehrer, sondern auch eine arge Zumuthung (wie wohl jedes Compliment immer auch Letzteres enthält). Wenn er mir auch freudig die Erfüllung meines Wunsches gewährt, so wird der Zutritt eines Fremden dem Freundeskreise wohl nicht wenig von seiner Intimität und Zwanglosigkeit rauben.

Doch mag ich auch bald des richtigen Worthgebrauches mächtig seyn, so lässt sich doch der richtige Ton weit schwerer erlernen.

Der *Nuristan* ist eigentlich ein Hospital für Kranke und Unsinnige. Ich habe in den Beschreibungen von Kahira sehr Vieles von den grossen Einkünften sowohl der Hospitäler als auch der grossen Moscheen lesen können. Doch Achmed versichert mich, dass diese oftmals so verwaltet würden, dass die Rechnungsführer bald reich, die Moscheen aber nach und nach arm wären, wenn nicht immer neue Vermächtnisse den Verlust wieder ersetzten.
In diesem Hospitale aber ist für alles gesorgt, was ein Kranker nur nöthig haben kann. Sogar die Music ist nicht vergessen. Doch sehe ich nur einen Theil des Gebäudes und der Kranken, und diese sind gewiss nur Wenige im Vergleiche mit der Grösse der Stadt.
Die *Oquals* oder *Khans* sind grosse, von starken Mauern aufgeführte Herbergen mit vielen kleinen Kammern und Warenlagern für reisende Kaufleute. Hiervon findet man in Kahira eine erhebliche Menge.
Auch die Anzahl der öffentlichen Bäder ist gross. Diese haben von aussen meistens ein unauffälliges Aussehen, inwändig aber sind sie geräumig, reinlich und schön. Der Fussboden ist gemeinhin mit kostbarem Marmor, in den ärmeren Stadttheilen aber mit Steinfliesen belegt. Man findet in denselben verschiedene Bediente, wovon jeder seine besondere Verrichtung hat.
Die Ceremonien, welche diese mit einem, der sich baden will, vornehmen, scheinen einem neu angekommenen Europäer so besonders, dass er glauben muss, sie wollten ihn zum Gelächter anregen. Aber die Morgenländer sind hierzu nicht aufgelegt. Der Badegast kann nur alles mit sich machen und sogar alle Glieder ausrecken lassen, und er wird sich darnach wohl befinden.
In dem Innersten unseres Bades finden wir eine kleine Kammer und mitten in selbiger einen etwa zweyeinhalb Fuss hohen Pfahl, auf welchem diejenigen sich setzen, die ihre Haare an den heimlichen Theilen vermittels einer Salbe, die man in den Bädern verkauft, abnehmen wollen. – Diese Stelle erscheint mir deswegen merckwürdig, weil ich mich erinnere, unter den Zeichnungen

der alten Reisebeschreibungen nackte Personen auf einem Pfahle sitzend gesehen zu haben, und daher vermuthe, dass dieser Gebrauch in den Bädern nicht ungewöhnlich ist.
Das Bad, so glaubt man, sey eine bevorzugte Vergnügungsstätte der *Dschinne*. Daher wird jeder, der das Bad betritt, ein Gebet gegen die bösen Geister ausstossen und darauf achten, mit dem linken Fusse zuerst über die Schwelle zu treten.
Aus dem selben Grunde wird niemand im Bade selbst ein Gebet sprechen oder aus dem Koran, dem Heiligen Buche der Müslime, citiren.
Für die Frauen ist der Besuch des Bades vor allem ein gesellschaftliches Vergnügen, zu dem sie sich besonders aufwendig herausputzen, um mit ihren Freundinnen und Anverwandten zu concuriren.
Im Allgemeinen gehen alle Frauen und Mädchen, so wie die noch kleinen Knaben gemeinsam ins Bad. Das hat zur Folge, dass alle Knaben mit dem Anblicke des weiblichen Körpers in einem Maasse vertraut sind, den die ansonsten gestrenge Geschlechtertrennung kaum vermuthen lässt.
Die Männer hingegen wirken weniger vergnügt als behäbig. Vielleicht, weil die Zeiten des gemeinsamen Bades mit dem begehrten Geschlechte unwiderruflich dahin sind. Stattdessen richten sich ihre Blicke auf die Jünglinge, denen die Merckmale des Mannesalters noch fehlen. Und, das sey gestanden, auf den Fremden, dessen weisse Haut ebenfalls einen weiblichen Reiz auf die müssigen Männer ausüben mag.
Achmed schaut ob dieser interessirten Blicke recht grimmig aus. Doch da es bey den Blicken bleibt, vermag er Niemanden eines schaamlosen Verhaltens wegen zu tadeln.
Hat der Böse Blick, den ich an vorangegangener Stelle beyläufig erwähnt, womöglich gar keinen eigenen Körper? Ist der *Dschinn* nur jener fremde Geist, der sich unseres eigenen Leibes bemächtigt? Dann aber verstünde ich die Vorliebe der *Dschinne* für das Bad. Und die Nothwendigkeit eines starken Abwehrzaubers.

EINE KURZE GEDANCKENREISE IN DIE AESTHETIK DES BADES

Das Wesen des Bades kann nur erkannt werden, wenn man dasselbe in Zusammenhang mit dem ganzen leiblichen und geistigen Processe betrachtet. Der Unterschied des Bades von anderen Thätigkeiten hat immer zwey wesentliche Seiten: Einmal ist es eine besondere Verrichtung zum äusseren Erscheinungsbilde; ferner aber ist es auch ein innerer, geistiger Process, eine eigenthümliche Gemüthsreinigung.

Der ästhetische Badetrieb wird in seinen ersten Versuchen noch kaum zu erkennen seyn, da dem sinnlichen Vergnügen sowohl die stumpfe Nothwendigkeit als auch die nackte Begierde unaufhörlich dazwischen tritt. Daher sehen wir den rohen Geschmack das Neue und Ueberraschende, das Bunte, Abentheuerliche und Bizarre, das Heftige und Wilde zuerst ergreifen und vor nichts so sehr als vor der Einfalt und Ruhe fliehen. Er liebt grotesque Gestalten, rasche Uebergänge, üppige Formen, grelle Contraste, schreyende Lichter, einen pathetischen Gesang.

Schön heisst ihm in dieser Institution bloss, was ihn erregt, was ihm Stoff giebt, Stoff zu weiteren, noch erregenderen Bildern.

Bald ist er nicht mehr damit zufrieden, dass ihm das Bad und die Besucher gefallen; er will selber Gefallen und Beachtung finden; anfangs zwar nur durch das, was er darstellt, endlich aber durch das, was er zu seyn glaubt.

Nicht zufrieden, einen ästhetischen Genuss in das Nothwendige zu bringen, reisst sich der freyere Badetrieb endlich ganz von den Fesseln der Nothdurft los, und das Ereignis für sich alleyn wird zum Object seines Strebens. Es dienet ihm nicht mehr, es schmückt ihn nun.

*

Cairo, den 5ten December. Achmed kommt zur vereinbarten Stunde. – Auch mit dem Wissen um die rechte, oder sollte ich besser sagen, *unsere* Zeit, pflegen die Egypter zu Verabredungen

zu erscheinen, wann immer es ihnen beliebt. So darf ich Achmeds Pünktlichkeit durchaus als Zeichen des Respects betrachten. (Auch mag die strenge Lehre meines Freundes Düwall das Ihrige dazu beygetragen haben.)
Nicht nur kommt er zur Zeit, er hat ausserdem eine richtige Lection vorbereitet. Soviel ich weiss, kann er auf keinerley Lehrerfahrung zurückblicken, wenn man auf die traditionelle Verantworthung der älteren für die jüngeren Geschwister einmal absieht. Doch als ältester Sohn und zukünftiges Familienoberhaupt kommt ihm eine natürliche Autorität zu.
Obwohl ich ihm gut ein Jahrzehnt voraus seyn dürfte – er vermag sein Geburtsjahr nur ungefähr anzugeben – spüre ich einen grossen Ernst und eine, vom Alter ganz unabhängige Strenge, welcher ich mich in unseren Uebungsstunden nicht ungern beuge.
Seine vorbereitete Uebung besteht aus einem kurzen Gespräche zwischen Lehrer *(mu'allim)* und Schüler *(talib)*.
Mühsam entziffer ich Buchstabe für Buchstabe, ohne das Worth auf Grund seiner fremden und verkürzten Schreibweise gleich zu verstehen. Das Reden fällt mir leichter als das Lesen und Schreiben. Obwohl durch die Verschiedenheit der arabischen Dialecte das Lesen und Schreiben nicht selten der einzige Weg der Verständigung ist, da nur die Schrift allen arabischen Ländern gemeinsam.

SPIELE

Cairo, den 6ten December

Die meisten Spiele der Araber sind von der Art, dass sie den landschaftlichen und climatischen Verhältnissen der Region und dem jeweiligen Character ihrer Bewohner entgegenkommen. Obwohl das Spiel, fragt man die Männer, nicht in hohem Ansehen steht, scheint es mir, wenn ich ihnen beym Spiele zuschaue, nicht selten das Einzige, was sie wirklich ernst nehmen. Selbst die religiösen Gebote werden freyzügiger ausgelegt als die Regeln der Spiele.

Sie geben mir nur mürrisch Auskunft. Sie sagen, hinter jenem steinernen Wettlaufe verberge sich die Idee vom Uebergange ins Todtenreich. Diese Auskunft erscheint mir hinreichend, nicht auf eine weitere Erläuterung zu beharren.

Der Anblick der badenden Kinder im Strome versöhnt mich wieder mit dieser versteinerten Welt. Dann treten zwey fettleibige Männer ans Ufer und halten mit langen Bambusstöcken die Kinder vom niedrigen Wasser fern. Offenbar haben sie ein Vergnügen an der Noth der Kleinen, die, sobald sie den Grund unter den Füssen verlieren, von der Gewalt des Stromes forthgerissen werden.

Sie werfen keine Würfel, sondern vier Stäbchen, die je eine weisse und eine schwarze Seite haben. Die Spielzüge werden von den jeweils oben liegenden Farben bestimmt. So bedeutet zum Beyspiel 1 weisse Seite oben das Weiterrücken des Spielsteins um 1 Spielfeld.

Jeden Tag treiben ertrunkene Kinder stromabwärts, von Strudeln in die Tiefe gezogen oder von *Feluken* gerammt und verletzt, berichtet ein Spacirgänger ungerührt. Die Aufgabe der stockbewehrten Männer sey, die Kinder aus dem Wasser zu treiben. Ob er denn nicht sehe, dass sie das Gegentheil täthen. Nun, das werde den Bälgern eine Lehre seyn.

Landet ein Stein auf einem vom Gegner besetzten Felde, gilt jener gegnerische Stein als gewonnen. Doch zwey gleiche Steine hinter einander schützen sich gegenseitig, und drey Steine können weder geschlagen, noch übersprungen werden.

Zunächst halte ich den Spacirgänger für einen jungen Burschen. Doch bey genauerer Betrachtung werde ich gewahr, dass ich einen seltsam missgestalteten Menschen vor mir habe, der mir in der Masse der vielen Missgestalteten in dieser Metropolis wohl kaum aufgefallen wäre. Schmächtig wie ein sechsjähriger Knabe und mit eben solcher Fistelstimme versehen, zeigt sein Gesicht doch greisenhafte Züge, dass man es fast für eine Masque halten könnte. Handelt es sich nun um einen kindlichen Greis oder ein greisenhaftes Kind? Ich vermag es nicht zu sagen.
Auf dem Rückwege schliesst er sich mir unaufgefordert an und will mir eine brüchige Papyrusrolle aufschwatzen. Sie stamme angeblich aus einem alten Pharaonengrabe. Ich frage ihn, was die Schriftzeichen darauf zu bedeuten hätten. Er singt mir einige Verse im Kahiriner Dialecte vor. Die Schriftzeichen stammten womöglich aus pharaonischer oder noch phantastischerer Zeit, commentire ich seinen hübschen Falsettovortrag, ihr Inhalt aber entspräche wundersamer Weise der Eröffnungssure des Koran. Das alte Kind grinst ein verschmitztes Greisenlachen. Obwohl ich seine miraculeuse Antiquität dankend ablehne, bleibt er an meiner Seite.
Ich frage ihn, was es mit dem Feld 27 auf sich habe. Denn dass etwas Geheimnisvolles um dieses Feld sey, erschloss sich auch ohne präcisere Auskunft aus der reinen Beobachtung des Spielverlaufs. Er antworthet, das 27te Feld werde *al-Fach*, die Falle genannt. Wessen Stein darauf gelange, müsse den ganzen Weg auf sein Ausgangsfeld zurück.
Er bindet mir sein augenscheinlich auch vielfältigen anderen Zwecken dienendes Kopftuch um die Stirn, nimmt meine Secretairshand in seine kindlich-schwielige und führt mich in eine Moschee am Wegesrand. Die strengen Wächter lassen sich meine lächerliche Masquerade gefallen und starren amüsirt auf das kahle, schimmelfleckige Haupt des Kindes. Ich thue es meinem unheimlichen Gefährten gleich und ziehe meine Sandalen im Vorhofe aus. Mit ihm betrete ich den müslimischen Tempel, der Gefahr, jeden Augenblick als Entweiher des geheiligten Orthes entdeckt und zur Rechenschaft gezogen zu werden, gegenwärthig.

Doch alle Tempelbesucher und -bediensteten starren wie verhext nur auf meinen missgebildeten Gefährten.
Ich wünschte mir auch unsere Cathedralen mit Teppichen und Matten ausgelegt, dass Ermüdete rasten, Kinder spielen und Bedürftige allda beten können und Trost finden. Ein schmuckloser Orth der Stille und Besinnung, würde mein Gefährte nun nicht um seinen Lohn zu feilschen beginnen. Er legt sich neben mich auf den Teppich, seine Schenkel hoch hinauf bis zur Schaam entblösst, und verwandelt dieses heilige Haus in einen liederlichen Basaar.
Nicht ohne Furcht erinnere ich mich an die Widerwärthigkeiten, denen Doctor Schlichter zu Constantinopel anheim fiel. So gebe ich meinem curiosen Buben denn einen Para für seine Jugend, einen Para für seine Grazie, einen weiteren für seine Weisheit. Mit grösster Selbstverständlichkeit streicht er diese Contributionen ein.
Für einen weiteren Para wolle er mir auch noch den Namen des Spiels verrathen. – Wir sind bereits auf dem Weg ins Freye. Dennoch ziehe ich ein weiteres Mal meinen schwindsüchtigen Geldbeutel hervor. Der Name sey, natürlich, pharaonischen, wenn nicht gar phantastischen Ursprungs und bedeute, so theilt er mir, nachdem er auch die Aechtheit der letzten Münze sorgfältig geprüft, mit ernster Miene mit, „vorübergehen".
Ehe ich noch den Werth seiner Auskunft ganz ermessen, fährt er in seiner Rede forth, indem er wie zum endgültigen Abschiede nun meine beyden schmalen Secretairshände in seine beyden kindlich-grindigen nimmt, ich solle die Entbindung von meinem Vertrage nutzen und alsbald in die Heimath zurückkehren. Denn die weitere Verfolgung unserer Reisepläne stünde unter keinem guten Sterne.
Ueberrascht will ich ihn um eine nähere Erklärung seines wohlmeinenden Rathschlags bitten, doch schon ist er in der Masse der Wohl- und Missgestalteten dieser Nekropole verschwunden.

Cairo, den 7ten December

Die Juden, die morgenländischen Christen und sogar die Europäer dürfen in der Stadt bloss auf Eseln reiten, ja, sie müssen sogar absteigen, wen ein *Bey* oder ein anderer vornehmer Kahiriner ihnen entgegenkommt. Diese Herren erscheinen nicht anders als zu Pferde auf der Strasse. Einer ihrer insolenten Bedienten geht mit einem dicken Knüppel voran und sagt zu dem auf einem Esel entgegenreitenden Juden oder Christen, der etwa nicht von selbst absteigt: *Ensil!* Steige ab! und wenn er diesem Befehle nicht gleich gehorcht, so lässt der Bediente ihm bisweilen schon seinen Unwillen fühlen, ehe er ihn zum zweyten Male erinnert, seinem Herrn die gebührende Ehre zu erweisen.
Erst vor wenigen Tagen ward de la Motte bey einer solchen Gelegenheit fast zum Krüppel geschlagen. Obwohl ich gerne zu Fuss gehe, ritt ich anfänglich des Oefteren mit Achmed oder Abdallah hinter mir. Beyde sind Muhammedaner und blieben also auf ihren Eseln sitzen, während ich absteigen musste. Dies verdross mich noch mehr als die Demuth, welche ich den vornehmen Passanten zu bezeigen genöthigt war. Auch deswegen gehe ich fast beständig zu Fuss.
Nun versichern mir Beyde, dass ich, solange ich schwiege, von Allen, die mich nicht kennten, wohl für einen Muhammedaner gehalten werden könnte, und überreden mich zu einer nicht ungefährlichen Probe.
Auch an verschiedenen Moscheen und den Häusern der Kadis darf ein Jude oder Christ nicht vorbeyreiten, und dem Haus des Sette Seineb in der Nähe von Kantaret es Saba darf er nicht einmal zu nahe kommen. Hier muss er einen Umweg nehmen, mag er auf dem Esel oder auf Schusters Rappen unterwegs seyn. Und nichts anderes als das Haus des Kadis Sette Seineb haben meine muhammedanischen Freunde sich für ihr oder viel mehr mein Abentheuer ausgewählt.
Ich lasse mich nur zu diesem Schauspiele überreden, weil mir die Rolle eines stummen Zuschauers versprochen ist. So stehe ich denn im Hintergrunde einer kleinen Menschenmenge, die

sich im Diwan des Richters drängt, um ihrer Klage Gehör zu verschaffen.
Die äussere Erscheinung des Kadis steht im umgekehrten Verhältnisse zu seiner socialen Grösse und Gewichtigkeit: Er ist ein kleines, knochiges Männlein mit einem dünnen Schnurrbarte, doch wachen, ja, scharfen Augen. Trotz des Gedränges im Raume hat er mich bey meinem Eintritt in den selbigen sogleich bemerckt und mit solcher Eindringlichkeit gemustert, dass ich sofort auf die Strasse zurückgekehrt wäre, hätten meine Cameraden mich nicht von hinten in den Saal gedrängt.
Der Kadi Sette Seineb ist kein gewöhnlicher Richter, wie es ihn in jedem Bezirke der Stadt giebt; vielmehr stellt er eine Art Berufungsinstance dar, bey der man sich über den Richtspruch der Bezirkskadis beklagen und eine erneute Verhandlung bewirken kann. Da ein neues Verfahren aber nicht alleyn juristischer Mängel wegen beantragt werden kann, sondern auch mit gewissen, oder vielmehr ungewissen Kosten und Gebühren verbunden ist, treffe ich in diesem Raume nur Männer der höheren Stände an: Kaufleute, die sich von Handelsfreunden zu unrecht verklagt sehen, Wirthe, die sich von ihren Gästen geprellt und Gäste, die sich von ihren Wirthen übervortheilt glauben,und natürlich Rechtsgelehrte, die von der Tüchtigkeit des Kadis Sette Seineb zu lernen hoffen.
Auf einmal aber tritt Abdallah vor, um, entgegen aller Verabredung, in meinem Namen den Kadi meines Bezirkes anzuzeigen, der zu meinem wachsenden Missvergnügen fast täglich einen Enthaupteten vor meinem Hause liegen lasse. Ich sey ein zwar meiner Sprache, doch nicht meines Gemüthes beraubter, angesehener und wohlhabender Kaufmann aus Damascus und müsse durch diese Rohheit der richterlichen Gewalt den ungünstigsten Eindruck von der Rechts- und Verkehrsordnung der egyptischen Hauptstadt erhalten.
Der Kadi nickt bedächtig und winkt mich herbey. Ich trete in den Kreis der Zuschauer und stehe, nicht ohne das uncomfortable Gefühl, eher Beklagter als Kläger zu seyn, vor dem gestrengen Richtherrn. Er fragt mich, ob der Junge berechtigt sey, in meinem Namen zu sprechen. Ich nicke zögernd. Weiter fragt er, ob es

richtig sey, dass ich der Rede nicht mächtig. Gegenwärthig entspricht es zweyfellos den Thatsachen.
Nun, er verstehe mein ästhetisches Unbehagen. Alleyn, um des abschreckenden Effectes willen sey es nothwendig, dem gemeinen Volke die Consequencen allen gott- und gesetzeslosen Handelns vor Augen zu führen.
Sollte der Anblick meinem Gemüthe unerträglich werden, so rathe er mir, meine Wohnung in einem anderen Quartiere zu nehmen. Denn gerade in dem recht armen und verwahrlosten Viertel meines gegenwärthigen Logis sey das Verbrechen weit verbreitet, ja, zu Hause.
Ich danke dem gestrengen Richter mit einem Kopfnicken für seinen verständigen Rath und beharre nicht auf einer Weiterverfolgung meiner Beschwerde. Vielmehr beeile ich mich, ihn seinen ernsteren Geschäften zu überlassen, und trete mit meinen Gefährten auf die schattige Gasse hinaus.

Vor Allem liebe ich die Märkte. Wir verlagern unseren Unterricht zunehmend ins Freye, wenn auch manches Mal Achmed noch Mühe hat, meinen nicht enden wollenden Wissensdurst zu verstehen, der auch und gerade das Niedrige, Alltägliche und Unscheinbare mit einschliesst. Denn wie werde ich je das Grosse, Erhabene oder Tiefe verstehen könne, wenn mir das alltägliche, oberflächliche Leben, von dem sich doch das Aussergewöhnliche erst scheidet, nicht vertraut ist.

Man rechnet zu Kahira nach Ocke, Rottel, Wekie, Metkal, Derhem und Keret, und zwar
16 Keret machen 1 Derhem, wobey 2 Derhem etwa einer italienischen Unze entsprechen.
1½ Derhem machen 1 Metkal, 12 Derhem 1 Ocke.
Der Name Kerat ist wohl abgeleitet von *karata*, schneiden, abbeissen.
Der Name Metkal mag zurückgehen auf *thakula*, schwer werden.

Die grösseren Gewichte rechnet man nach Kantar, das macht etwa 90 Pfund. Aber der Kantar ist in Egypten nach den unterschiedlichen Kaufmannswaren oft sehr verschieden; denn bey einigen wiegt er 100, bey anderen 102, 105, 110 oder gar 150 Rottel.
Bey anderen Waren rechnet man nach Ocke, nämlich 44 oder 78 bis 86 Ocke auf einen Kantar.
Das grosse Kornmaass, welches ich bey den Getreydehändlern auf dem Markt zu Bulak sehe, nennt man Wehbeh, wovon etwa 3 einen sächsischen Scheffel füllen.
1 Wehbeh enthält 4 Robba oder Rubbe und 1 Robba 4 Kudde.

Cairo, den 10ten December. Ich nehme Veränderungen an mir wahr, nicht Aeussere, Unbedeutende, nein, Veränderungen der Wahrnehmung an sich. Würde ich meinen Leib mit einem Haus vergleichen, so hätte sich nicht nur die Façade verändert, sondern das ganze Gebäude befände sich im Umbau. Fenster und Thüren werden erweitert, Geschosse aufgestockt, geheime Verbindungen zu anderen Gebäuden hergestellt.

Das erste, was Doctor Schlichter bey der Begegnung mit meinem jungen Lehrer über diesen vermerckt, ist, dass er stinke. Abgesehen von der Grobheit und Arrogance dieses Urtheils nehme ich das Beanstandete auch anders wahr. Achmed mag nach europäischem Geschmacke vielleicht einen strengen, doch meiner Nase keineswegs unangenehmen Geruch verströmen. Er riecht nach orientalischen Speisen, nach scharfen und fremden Gewürzen. Und in dem Maasse, in dem meine Nase sich mit seinem Geruche befreundet, wird ihr der vertraute Geruch der Gefährten fremd. Auch sie riechen, selbstverständlich, doch von mir erst allmählich, vielleicht in dem Maasse, in dem ich selber mehr und mehr orientalische Speisen zu mir nehme, wahrgenommen; auch sie riechen nach dem, was sie hauptsächlich verzehren: Schweinefleisch, zerkochtes Gemüse, Tabak und Wein.

Und handelte es sich nicht um meine Landsleute, müsste ich gestehen, dass nunmehr ihre Ausdünstungen meine Nase beleidigen: Schlichters Miasmen der Verwahrlosung, Schotenbauers essigsaurer Dunst des Misanthropismus, de la Mottes pomadisirte Aura des Müssigganges und der Arrogance. Könnte ich wenigstens Schlichter von den Wohlthaten des arabischen Bades überzeugen, ehe er die schlimmsten Vorurtheile der Egypter über uns Abendländer bestätigt. Doch da ihn keine religiöse Vorschrift und kein körperliches Verlangen zur Waschung seines Körpers zwingt, wird er sich wohl fürderhin mit unzureichenden cosmetischen Auffrischungen begnügen.

SCHWÄNKE

Cairo, den 11ten December

Die Kahiriner stehen hier und überall in der arabischen Welt im Rufe einer Anlage und Neigung zu Gaunerstreichen. Da Kahira im ganzen osmanischen Reiche nach Constantinopel die grösste Stadt ist, und die Zahl der Gauner gewöhnlich mit der Grösse einer Stadt im Verhältnis zu stehen pflegt, so darf man sich keineswegs darüber verwundern.
Zur Ehre ihrer Einwohner muss ich gestehen, dass ich bey meinem bisherigen Aufenthalte in Kahira keine Ursache finde, dieser Meinung beyzustimmen. Dennoch gefallen mir die Gaunerschwänke nicht wenig, die sich in Kahira zugetragen haben sollen.
Einst kehrt ein junger griechischer Handlungsbedienter, ein Camerad meines gewissenhaften Achmed, der mir diesen Vorfall erzählt, aus der Heimath nach Kahira zurück. Ein hiesiger Gauner bemerckt den kostbaren Siegelring an der Hand des Griechen, geht auf ihn zu und begrüsst ihn auf das Freundlichste: Willkommen! Willkommen, mein Freund! und fasst ihn bey der Hand und drückt dieselbe herzhaft. Schon lange sehne ich mich nach Euch! Wie geht es? Ich hoffe, immer wohl! – Der junge Mann ist nicht wenig beglückt, derart höflich von dem Kahiriner begrüsst zu werden, obschon er sich gar nicht erinnern kann, ihn je zuvor gesehen zu haben. Und indem er noch darüber nachdenckt, verabschiedet sich freundlich der fremde Mann und verschwindet unter der Volksmenge, wovon des Tags die Kaufhallen gedrängt voll sind. Und mit ihm, so ahnt es längst der aufmercksame Zuhörer, der kostbare Ring.
Ein anderer Gauner hat einen Krämer ausgespähet, welcher die Gewohnheit hat, seine des Tags gelösten Geldstücke aus übertriebener Vorsicht im Munde aufzubewahren, weil er sie in seinen Taschen nicht für sicher genug hält. Diesem beschliesst er mit Hilfe eines Anderen folgenden Streich zu spielen: Sie versehen sich mit einem Gefässe von Traubensyrup und fangen in der Nähe des Krämerstandes einen verstellten Zank an: Wie? Dieser Syrup wäre nicht süss und gut? Das hat mir noch Keiner gesagt. Eure Zunge mag bitter seyn, doch nicht mein bester Syrup ... Zornig

tunkt er seinen Finger in den Syrup, läuft damit zum Krämer und mit den Worthen: Freund, schmeckt selbst, wie unrecht mir dieser Mensch thut, denn ist dieser Syrup nicht köstlicher als Honig? steckt er dem Krämer den Finger in den Mund. Und mit ungemeiner Geschicklichkeit weiss er beym Herausziehen desselben sich für diese Gabe zu entschädigen, ohne dass der Krämer, den Mund voll von Syrup, seinen Verlust sogleich bemerckt.

Weniger comisch und geistreich finde ich die Geschichten, die ich am Abend auf dem Empfang des kaiserlichen Gesandten von einigen Europäern höre. Ein Engländer, Lewis (oder Louis?), erzählt, er sey vor kurzem zu einer orientalischen Hochzeit eingeladen gewesen. Dort habe sich ein *Fakir,* ein Heiliger, zur Unterhaltung der Gäste den Bauch aufgeschlitzt und seine Innereyen zur Schau gestellt.

Die Gattin des Gesandten trägt das Ihrige bey: Sie wisse aus sicherer Quelle vom Brauche der hiesigen Weiber, sieben Mal schweigend über den Körper eines enthaupteten Mannes zu steigen, um schwanger zu werden; oder aus dem selben Grunde ein Tuch in das Bluth des Enthaupteten zu tauchen, um es schliesslich in einer Weise zu verwenden, die auszuführen sich die Berichterstatterin enthält. Ihr unübersehbares Schaudern aber verdeutlicht, wie sehr diese Geschichte ihre Phantasie erregt.

Denn so wenig ich mir Herrn Lewis (oder Louis) als Gast auf einer müslemischen Hochzeit vorstellen kann, wird sich die kaiserliche Gesandtengattin je mit einer einfachen Kahirinerin unterhalten haben. Das sind Geschichten, die Europäer anderen Europäern erzählen.

Ich mache aus meiner Scepsis keinen Hehl. In den heftigsten Disput gerathe ich aber erst, als Lewis (oder Louis) über die sodomitischen Neigungen der Kahiriner zu spotten beginnt. Diese Infamien aus dem Munde eines Menschen, der vor wenigen Wochen noch in der Regent Street berühmt war für das tadellose Aussehen seiner Stiefel, seiner makellos geschneiderten Seidenjacketts und seiner exquisiten Glacéhandschuhe!

Das Verhältnis der Männer untereinander scheint mir wesentlich ungezwungener als das der Nordeuropäer im Allgemeinen und

das der Briten im Besonderen, entgegne ich heftig. Das, was Europäern bereits anzüglich erscheinen mag, ist hier Theil der Conversation. Doch das, was in Europa wider alle Sittengebote üblich ist, zumindest in den Capitalen, scheint mir hier undenckbar.
Die Heftigkeit meiner Erwiderung überrascht ihn, hält ihn aber nicht davon ab, mich zum Fünfuhrtee in sein Haus nahe der englischen Gesandtschaft einzuladen. – Die kaiserliche Gesandtengattin hingegen ist unserem Dispute mit offenkundigem Unverständnis gefolgt. Doch sollte er ihr genügend Anregung für weitere phantastische Geschichten von Europäern für Europäer über das sagenhafte Morgenland bieten.

VERKLEIDUNGEN Cairo, den 13ten December

Als ich Lewis besuche, der sich nun im arabischen Theile der Stadt eine Wohnung genommen hat, glaube ich mich zunächst im falschen Hause: Er trägt ein langes, aus Seide gewirktes Hemd, mit dem die engländische Königin zu Bett gehen mag, und einen Turban, mit dessen Stoff man eine ganze müslemische Familie würde einkleiden können. Um die Hüfte des Seidenrockes windet sich ein breiter Schlangenledergürtel, darin glänzt ein neuer, silberner, seiner bluthigen Bestimmung harrender Krummdolch. Und in dem zarthen Kindergesicht spriesst die, allerdings röthlich schimmernde, Bartpracht eines grimmigen Saracenen.
Doch enthalte ich mich jeden Commentars, denn schliesslich trage auch ich die landesübliche Kleidung, welche mir für das hiesige Clima und die allgemeinen Lebensumstände am geeignetsten erscheinen.
Er ist nicht alleyn. Ein Orientale, doch europäisch gekleidet, sitzt neben ihm auf dem Teppich beym Tee. Lewis stellt ihn mir als Scheich Noman, den ersten modernen Egypter vor: Doch muss ich warnend auf zwey ungünstige Eigenschaften hinweisen, seinen Hang zur Polygamie und seinen Hunger auf Glas. Sein Appetit ist so gross, dass er während eines Diners in meiner vorangegangenen Wohnung sämtliche Cristalllüster verspeiste, so dass ich mich zu einem Umzuge in diese bescheideneren Räumlichkeiten gezwungen sah.
Blicke ich in das wächserne Gesicht des Scheichs, ahne ich allerdings ungünstige Eigenschaften, wenn auch andere, als die von Lewis erwähnten. Immerhin beweist mein Gastgeber einen Sinn für Humor, welcher sein gespreiztes Wesen erträglich macht.
Scheich Noman erkundigt sich höflich nach meiner Heimath: Ja, Weimar, eine grosse, weitläufige, über die Landesgrenzen hinaus berühmte Stadt. – Ich corrigire ihn: Dergleichen wie Weite und Grösse giebt es bey uns in Weimar nicht. – Ich weiss, ich weiss, behauptet er. Eure Grösse beruht im Geistigen. – Sähen meine Weimarer Landsleute mich in dieser Tracht und diesen Umständen, von einem Blicke auf meine innere Befindlichkeit ganz zu

schweigen, würde sich das thatsächliche Maass ihrer geistigen Grösse erst noch erweisen müssen.

Die Auseinandersetzung mit der Geistesart der Menschen hier lehrt mich, die eigene Cultur mit neuen Augen zu sehen.
Andererseits kann ich verständlicher Weise nicht in die arabische Haut hinein. Ich verkleide mich nur als einen Orientalen. Sicher hilft es mir, mit den Einheimischen in einen ungezwungeneren Contact zu kommen, als es mir das Auftreten als Europäer erlauben würde.
Doch manchmal unterhalten sich die einander contrairen Ichs in meinem Innern. Dann fühle ich mich dem Irrsinn nahe, wie es einem Menschen gehen kann, der die Welt und sich durch zwey Paar verschiedener Augen sieht.

LEIBESÜBUNGEN

Cairo, den 18ten December

Die Vornehmen zu Kahira versammeln sich wöchentlich zweymal auf einem grossen Platze mit einer Menge Sclaven und Bedienten, Alle zu Pferde. Einige von ihnen spielen alsdann mit dem *Dsjerid*, das heisst Zwey und Zwey verfolgen sich sporenstreichs mit einem Stock von einem Dattelbaume, etwa vier Fuss lang, in der Hand, und diesen werfen sie horizontal so treuherzig aufeinander, dass dem Gegner, wenn er sich nicht wohl in Acht nimmt, bisweilen die Knochen zerbrochen werden.
Andere stellen einen Wassertopf, *Bardak* genannt, auf einen Sandhaufen und schiessen darnach mit einer Kugel, indem sie zu Pferde an ihm vorbey jagen. Die Egypter haben zwar Schlösser an ihren Büchsen, aber wenn sie in vollem Jagen nach ihrem Ziele schiessen, so bedienen sie sich eines Gewehrs mit einer Lunte, weil die bewegte Luft das wenige Feuer des Feuersteins nicht bis auf das Pulver gelangen lassen würde.
Sonst ist jeder vornehme Herr des Abends in seinem Haarem, und womit er sich allda vergnügt, das bekommt kein reisender Europäer zu sehen.

Die gemeinen Egypter, bis auf die *Felachen,* das sind die Bauern, fechten nach genauen Regeln mit grossen Stöcken. Die Kunst erfordert beym Anfange dieses Spiels, gewisse Wendungen mit dem Stocke zu machen, welche ich als ein Compliment ansehe, und Jeder schlägt alsdann nur nach dem Kopfe seines Gegners, der sich darauf verstehen muss, den Schlag mit seinem Gewehr abzuhalten.
Andere egyptische Kopffechter haben in der rechten Hand einen Stock und in der linken ein Polster mit einem Handgriff und schlagen nur nach den Armen. Dies Spiel nennt man *Lab el hakkem*, das bedeutet „Spielrichter".
Sonst begegne ich auf Strassen und Plätzen auch Ringern, die bloss enge, lederne Beinkleider tragen, sonst aber ganz nackend und mit Oel überschmiert sind und so zeigen, wie sie einander zur Erde werfen können. Doch beherrschen sie ihre Kunst nur

schlecht. Sie würden sich wohl nicht unterstehen dürfen, ihre Geschicklichkeit auf einem deutschen Markte zu zeigen.

Wie grausam das Spiel doch seyn kann, voller Bluthigkeit, Brutalität und Fanatismus. Darf man die Wettkämpfe noch Spiele nennen, bey denen man sich schlägt und tritt, an Lippen, Ohren oder Hoden reisst, einander Stöcke auf den Häuptern zerbricht oder unter Anfeuerungsrufen und Beyfallklatschen immer weitere Lasten auflädt, bis ein Erster darunter zusammenbricht?
Wenn das Raubthier kein Hunger plagt und kein Rivale es zum Kampfe fordert, so erschafft sich der müssige Sinn selbst einen Gegenstand, und in zwecklosem Aufwande geniesst er die überschüssige Krafft.

Cairo, den 20ten December. Und wie die Spiele auf der ganzen Welt die selbigen zu seyn scheinen. Ich erinnere mich zum Beyspiel, Kinder an der Ilm in ähnlicher Weise mit kleinen Steinchen spielen gesehen zu haben wie jetzt hier die Kinder am Nil. Sie werfen einen Stein in die Höhe und fangen ihn wieder auf, wenn sie inzwischen einen, zwey, drey oder die vier Uebrigen von der Erde aufgenommen haben. Dies Spiel nennen die Egypter *Lakud.*
Und auch hier sehe ich die Jungen einige Schritte laufen und dann einen grossen Sprung thun, wie ich es selber mit meinen Cameraden gethan. Dieser Zeitvertreib heisst *Tachtein u kamse.* Das erste Worth meint entweder den Dualis von *tacha*, schiessen, oder von *tacht,* Bett, und *kamse* ist der Sprung.
Das Brettspiel, arabisch *Tavle*, Tisch, und das Dammspiel, arabisch *Dama*, die Umarmende, sind gleichfalls bey den Morgenländern bekannt, ja, vielleicht entstammen sie sogar diesem Theile der Welt, sieht man auf alten Friesen doch schon die Pharaonen grübelnd über Spieltische gebeugt.
Und das Schachspiel ist bey ihnen so beliebt, dass man Leute ganze Tage lang dabey sitzen sieht. Anstatt eines mit kostbarem Holze eingelegten Brettes der Europäer bedienen sich die gemeinen Egypter in den Cafféhäusern eines Tuchs, auf welchem die

Vierecke von Laken verschiedener Farben genähet sind, und worin auch die Schachsteine nach aufgehobenem Spiele verwahrt werden.

Ein mir bisher gänzlich unbekanntes Spiel nennen die Egypter *Mankale*, das wohl von *nakala*, transportiren, abgeleitet ist. *Mankale* hiesse dann das Mittel, mit dem, oder der Platz, auf dem etwas transportirt wird.
Das Brett besteht aus zwey Hölzern, jedes mit sechs Löchern oder „Häusern" versehen. Jeder der beyden Spielenden legt in jedes seiner 6 Häuser 6 kleine Steine, von den Kahirinern „Schnecken" genannt. Alsdann nimmt einer aus einem beliebigen Hause alle Steine und legt nach der rechten Hand herum in jedes Haus 1 Stein, bis ihm nichts mehr übrig bleibt. Kommen nun in das Haus, wo hinein er seinen letzten Stein gelegt hat, die Anzahl 2 oder 4 oder 6, so hat er nicht nur diese gewonnen, sondern auch Alle in den nächsten Häusern rückwärts gerechnet, wenn sich die benannte Anzahl Steine darin befindet. Wenn alle Steine herausgenommen sind, so wird gezählt, und derjenige, welcher die grösste Summe erlangt hat, ist der Gewinner.

Das in Sachsen Trip Trap Trul genannte Spiel heisst bey den Kahirinern *Dris et talate*. Der Name geht zurück auf *Dris*, einen arabischen Wunderpropheten oder Zauberer, und *darasa*, das im heutigen Sprachgebrauch „studiren" meint, aber bey den Alten noch „verwüsten" oder „auslöschen" bedeutete. – Dieses Spiel begeht man gemeiniglich mit Scherben von zwey verschiedenen Farben.
Das Mühlespiel nennt man *Dris et tessa*, Zauberer der Neun.
Lab el Kab, das „Spiel der Ferse" spielt man mit kleinen Knochen aus den Gliedern der Schaafe und Ziegen, nach gewissen Regeln, nach denen eine Jede der 4 Seiten, welche oben liegt, etwas bestimmtes gelten soll. Dieses Spielgeräth könnte Anlass zur Erfindung der Würfel gegeben haben.

Cairo, den 24ten December

Unleugbar ist in diesen Thätigkeiten Freyheit, aber nicht Freyheit von Regeln oder Gesetzen überhaupt, sondern bloss von jenen Aeusseren des Alltags.
Die ernste Thätigkeit versetzt den Menschen in die mannigfaltigsten Collisionen: Er ist im Handeln, im Verfolgen seiner Zwecke von einer Fülle von Verhältnissen abhängig, die er schlechthin nicht in seiner Gewalt hat.
Im Spiele sieht es zunächst ganz ähnlich aus. Der Spielende ist gegen die Regeln und die Wechselfälle des Glücks, welche ihm im Spiele begegnen oder von jenem gesetzt werden, durchaus nicht gleichgültig. Er hofft, fürchtet, freut und ärgert sich – alleyn, so intensiv er auch durch alle diese Affecte innerlich gefasst wird, sie sind im Vergleiche mit den ernsten Kämpfen des Alltags doch nur Scheingefechte.
Den ganzen *Grund*, auf welchem sie sich abspielen, hat er vollständig in seiner Gewalt.

*

Briefe an die Freunde Wachsmuth und Martersteig in Weimar. – Eigentlich wollte ich den Heiligen Abend wie einen gemeinen Wochentag begehen, da in dieser müslemischen Stadt nichts an die Besonderheit dieses Datums erinnert. Nur unter den hier ansässigen abendländischen Kaufleuten und Diplomaten enthält man sich wohl der Arbeit und sitzet bey einem festlichen Mahle zusammen.
Zwar bin ich sowohl von Herrn Düwall und seiner Gattin, als auch von de la Motte in die kaiserliche Gesandtschaft eingeladen, doch schien mir das ohnehin schwermüthige Freudenfest in der Fremde von noch grösserer Melancholie, dass ich einen stillen Abend bey meinem Tagebuche den Anachronismen einer winterlichen Weihnacht im staubigtrockenen Morgenlande vorzog.
Alleyn, ich kann diesen mit so frühen und tiefen Erinnerungen

beschwerten Festtag nicht aus meinem inneren Calendarium streichen. Ja, in dem Bemühen, die Besonderheit des Tages zu leugnen oder zu vergessen, scheint sie in noch unausweichlicherer Weise gegenwärthig.

Cairo, den 25ten December. Die Stille des Hauses treibt mich hinaus auf die belebte Gasse. In einem kleinen Trupp kommen Soldaten durch die Strasse gezogen. Man sagt mir, es seyen Krieger aus Arabia Felix, jenem Lande, welches nun das fernere Ziel unserer Reise. Um so neugieriger betrachte ich diesen seltsamen Aufzug. Sie tragen nichts als ein Lendentuch, einen silbernen Armreif und eine spitze Tüte aus Stroh auf dem Kopfe.
Auf dem Musky, dem kleinen Platze nahe bey meiner Wohnung, nehmen sie in einer Reihe Aufstellung. Rasch sammelt sich eine Schaar Kahiriner, diesem Schauspiele zuzuschauen. Allmählich geräth die lange Reihe der Krieger in gleichmässige rhythmische Bewegungen, ein leichtes Wiegen des Oberkörpers, die Arme mit denen des jeweiligen Nachbarn verschränkt. Dazu singen sie Kriegslieder, *Samel* genannt. Die Yemeniter sagen, dass alleyn der Vortrag dieser Lieder schon genüge, um die Feinde in die Flucht zu schlagen. Und in der That gleicht dieser Soldatengesang eher einem wilden Raubthiergebrülle.
Diese Janitscharenmusic ist von den bisher gehörten Gesängen sehr verschieden. Sie zeigt rohe Sprünge in Melodie und Tact. Und die Bewegungen passen sich diesem wilden Rhythmusse an. Das Wiegen wird zu einem Schwingen, das Schwingen zu einem Schnellen, dann gehen Alle gemeinsam mehrmals in die Knie, um daraufhin mit einem plötzlichen Sprunge in die aufrechte Position zurück zu federn.
Diese Bewegungen der schönen braunen Körper im Sonnenlichte bieten einen gar wunderbaren Anblick. Unbegrenzt scheint hier die Zeit. Und unwiderstehlich werde ich in den immer erregteren Rhythmus hinein gezogen. Auch die melodischen Bewegungen gewinnen eine eigenthümliche Schönheit, welche die Eigenart der Landschaft, der sie entstammt, erahnen lässt: Auf der Wind-

seite der Berge die terrassirten Hänge voll üppigen Grüns, die Windschattenseiten karg, steinig, sonnenverbrannt. Das Glückliche Arabien wird wohl mit dem selben Rechte auch das Unglückliche genannt werden können, liegen Beyde doch nur von einem schmalen Grate voneinander getrennt.

Lieber hätte ich auch diesen Tag in aller Stille verbracht. Nun bin ich so lange und so weit forth von der Heimath gereist, doch bin ich ihr nicht wirklich entronnen. Vielmehr scheint es, als hätte ich mich in dem gleichen Maasse der Entfernung dem Tieferen, dem Eigentlichen des Heimath Genannten angenähert.
Den Cameraden mag es ähnlich ergehen. Obwohl wir uns hier noch im hohen Mittelalter befinden und der Neujahrstag nach müslemischem Calender erst in zwey Monaten zu begehen seyn wird, hat Lewis ein „abendländisches Fest in morgenländischer Manier" organisirt und unsere Reisegesellschaft mit so honetter Entschlossenheit dazu geladen, dass eine Ablehnung wohl als Affront aufgefasst werden müsste. Doctor Schlichter und Professor Schotenbauer begeben sich sofort in den stilleren Hintergrund, Ersterer in Begleitung des italienischen Weines, Letzterer in Gesellschaft seiner sauertöpfischen Miene hinreichend vor weiteren Vetraulichkeiten geschützt, und werden von Lewis nach einem artigen Complimente auch in ihrem freywilligen Exil belassen. Nur de la Motte scheint entschlossen, sich mit den übrigen Gästen gemein zu machen und sich bey dieser Occassion ungehemmt zu amüsiren.

Für einen angesehenen Türken oder Araber wird es für unanständig gehalten, die Music zu verstehen und zu tanzen. Das hält Lewis indessen nicht davon ab, auch seine muhammedanischen Freunde zu seinem Neujahrsfeste zu bitten.
Weder in Kahira, noch in Damascus habe ich Jemanden treffen können, der es verstanden hätte, eine Melodie zu Papier zu bringen. Und ob man gleich in den türkischen Provincen behauptet, dass einige grosse Künstler zu Constantinopel dazu geheime Zeichen verwendeten, so habe ich doch auch dort Niemanden bemerckt, der die Noten auch nur gekannt hätte.
Nun sind aber die morgenländischen Sänger und Musicanten nicht weniger begabt als die abendländischen. Ich habe einige Male Scheichs ein Stück aus dem Koran singen hören, welches

mir wegen des natürlichen Klangs, indem sie ihre Stimmen niemals zu hoch zwangen, sehr wohl gefiel.
Ein reisender Europäer indes hört in den Morgenländern selten eine andere Music als die auf den Strassen. Und auch die zu unserem Feste bestellten Musicanten singen die üblichen Liebeslieder, in welchen sie ihre Geliebten mit den Gurken des Nildeltas oder den Kameelstuten der Wüste vergleichen. Sie wechseln sich in ihrem Gesange ab, indem nämlich ein Vorsänger eine Strophe vorträgt, und die Uebrigen die selben Worthe und die selbe Melodie um vier oder fünf Töne niedriger wiederholen. Also fahren sie erwähnter Maassen forth, und weil es ihnen an einer Handtrommel fehlt, um den Tact dazu zu schlagen, so klatschen Alle, auch Lewis und de la Motte, mit den Händen.

Späther folgt der Auftritt egyptischer Tänzerinnen, die oftmals mit den Musicanten verwandt sind, weil das allgemeine Ansehen beyder Professionen als gleich gering gilt und sie von den übrigen Muhammedanern abgesondert leben. Ihre Schreye, mit der sie die Music oder ihren Tanz begleiten, wird kein Europäer schön finden. Hingegen gefällt unsere Music den Türken und Arabern ebenso wenig.
Die Melodien der Morgenländer sind alle ernsthaft und simpel. Die Zuhörer verlangen von den Sängern, so deutlich zu singen, dass man jedes Worth verstehen kann. Wenn verschiedene Instrumente zusammen gespielt werden und noch dazu gesungen wird, so hört man von fast Allen die selbe Melodie, wenn nicht einer etwa einen beständigen Bass, nämlich durchgehend den selben Ton dazu spielt. Und so, wie dies nicht eben nach abendländischem Geschmacke ist, so können sie nicht viel Schönes in der polyphonen Music der Europäer finden.
Für die müslemischen Gäste ist es ein grosses Vergnügen, dem Schauspiel der Tänzerinnen zuzusehen. De la Motte hingegen findet im Anfange die Music schlecht und die Weiber hässlich, weil ihre gelb gefärbten Hände und bluthrothen Nägel, die schwarzen oder blauen Zierrathe in den Gesichtern, auf den Armen und den Brüsten, die grossen Ringe um die Füsse, in den Ohren und in der Nase und die viele Pomade in den Haaren, Talgnester mit

dem Geruch nach ranzigem Fette, so gar nicht nach seinem Geschmacke sind und fast keine unter ihnen eine angenehme, das heisst europäische Stimme hat.

Ihre Oberkleider sind von den Kleidern der gemeinen Egyptinnen nicht verschieden. Aber beym Tanze schlagen sie das lange und schmale Tuch über den Kopf zurück und legen das Oberkleid beyseite, um in den Unterkleidern der türkischen Frauen zu erscheinen, nämlich mit einem dürftigen weissen Hemde über langen weiten Beinkleidern.

Mit dem zunehmenden Maasse an italienischem Weine und türkischem Schnaps und mit der ernüchternden Gewissheit, so bald nichts Besseres oder Weiblicheres zu hören und zu sehen, bequemt de la Motte sich endlich zu glauben, dass die Eine oder Andere nicht gar so schlecht singe und die für ein ehrbares Auge unanständigen Bewegungen nicht ohne Anmuth seyen. Schliesslich findet er die Frauen sogar ansehnlich und hübsch und folgt ihrem Verführungsspiele wie dem der besten Sängerinnen und Tänzerinnen Europas.

Schliesslich lässt er sich zu der Frage hinreissen, ob ich, als sein verständnisvoller und toleranter Camerad, ihm für die zweyte Hälfte der Nacht nicht meine Wohnung zur Verfügung stellen könne, da seine Stellung als Gast ihm leider verbiete, eines dieser Weibsbilder in die kaiserliche Gesandtschaft zu laden. – Mit wenigen Worthen erinnere ich ihn an die Inconveniencen auf unserer Donaupassage, was ihn im Nu ernüchtert, mir gleichwohl keine Sympathien einträgt.

Indessen weicht mir Scheich Noman, der erste moderne Egypter, nicht von der Seite. Immer aufs Neue füllt er mir das Glas mit billigem Schnapse und die Ohren mit entsprechenden Importunitäten, so dass ich mich bald sehr elend fühle und noch vor Mitternacht die belustigte Gesellschaft verlasse. Als er mir freundlich anträgt, mich ob meiner Unpässlichkeit zu meinem Logis zu begleiten, weise ich ihn mit so schroffen Worthen ab, dass ich von nun an wohl auch in ihm einen intimen Feind zu erblicken habe, wie überhaupt mit der wachsenden Vertrautheit des Fremden nicht nur die Freundschaften, sondern auch die Feindseligkeiten zunehmen.

Liste der in der arabischen Welt gebräuchlichen Musicinstrumente:

Tambura (griech. Icitali), Saiteninstrument mit zwey stählernen Saiten, die auf einen Ton gestimmt sind
Busuq (griech. Sewuri), Saiteninstrument, bestehend aus vier stählernen und einer doppelt messingnen Saite
dreysaitige *Tambura* (griech. Baglama)
Lyra, mit drey Darmsaiten versehen, die mit einem Bogen gestrichen werden
Maraba, mit einer Saite aus Pferdehaar und einem Resonancekörper, der auch eine Trommel darstellt. Diese Trommel-Violine accodirt ziemlich gut zur Stimme der gemeinen arabischen Musicanten, die nämlich aus vollem Halse singen.

Das arabische Volk liebt die schreyenden Instrumente. Es scheint aber, dass die südlicheren Einwohner von Africa mehr von der leiseren und sanfteren Music halten. Wenigstens sehe ich bey einem Barbaren, welcher aus Dongola nach Kahira gekommen ist, eine Art Harfe, auf barbarisch
Kussir, arabisch wiederum *Tambura* genannt. Sollte dieses Instrument nicht viel Aehnlichkeit mit der Harfe Davids haben?
Surme, die Trompete, macht von allen türkischen Blasinstrumenten das lauteste Geräusch.
Salamanie, die türkische Flöte, ist ein Holzrohr ohne Mundstück,
Sumara ein Blasinstrument aus zwey Rohren und Mundstücken.
Sumara el Kurba ist eine egyptische Sackpfeife. Kurba heisst auch der Wassersack, den der Wüstenreisende mit sich führt.
Tabbel ist die grosse türkische Trommel.
Doff heisst die kleinere Handtrommel.
Durbekke nennen die Musicanten ihre kleine bauchige Topftrommel.

FASTENZEIT

Cairo, den 12ten Januar

Nach dem müslemischen Fastenmonat wird Achmed für ein paar Tage in sein Dorf zurückgehen, um zu heirathen. Entgegen der Landessitte, dass der Bräutigam die Braut vor der Hochzeit nicht gesehen haben sollte, kennt er das ihm versprochene Mädchen bereits sehr gut, denn sie ist eine Base väterlicherseits, mit welcher er von Kindesbeinen an vertraut, wuchsen sie doch im gleichen Hause auf. Er habe sie sehr gern, gesteht er mir, doch könne er sich das Eheleben mit ihr noch nicht recht vorstellen. Bisher seyen sie wie Bruder und Schwester zu einander gewesen. Auch ich habe einige Mühe, mir diesen Jungen in der Rolle des Gatten und Pater Familiaris zu dencken. Aber in den Dörfern werden häufig weit jüngere Knaben und Mädchen verheirathet. Für Achmed drängt die Zeit bereits, denn auch hier, nicht anders als in deutschen Landen, muss sich ein Jeder hüten, bey den Leuten ins Gerede zu kommen.
Ob das Mädchen sich in Kahira wohl fühlen wird? Er beabsichtigt, auf jeden Fall hierher zurückzukehren, und sey es auch ohne sein Weib. Nun ist er aber der Aelteste. Späthestens mit dem Tode des Vaters wird er in sein Dorf zurückgerufen werden und daselbst beständig leben müssen.
Ich hätte ihn gerne als meinen Begleiter auf die weitere Reise mitgenommen, doch scheint es wohl rathsamer, bereits hier von ihm Abschied zu nehmen als nach den vielen, noch zu erwartenden Abentheuern, die aus Cameraden Freunde machen würden.

Cairo, den 20ten Januar. Gestern starb ein muhammedanisches Weib in einem mir gegenüber stehenden Hause. Klageweiber, die aber nicht gedungen sind, sondern aus der Nachbarschaft oder der Verwandtschaft kommen, stimmen ihre Klagen und Gesänge an, wozu der Tact mit dem Tambour de Basque geschlagen wird. Lewis versichert mir, dass um die Leiche auch getanzt werde. Ich will mich näher darnach erkundigen.

Des Abends kommen noch elf Derwische, vermuthlich vom *Ruffay* oder einem ähnlichen Orden. Sie setzen sich auf der Gasse unter meinem Fenster in einen Kreis und machen die gewöhnliche Ausrufung, wobey sie zuletzt in eine Art von Wuth zu gerathen scheinen.
Weil die weiblichen Anverwandten eines verstorbenen Muhammedaners glauben, dass sie alleyn nicht hinlänglich seyen, den Tod des ihnen Nahestehenden zu beweinen oder weil es für sie alleyn zu beschwerlich seyn würde, beständig zu heulen, so werden dazu gemeiniglich noch einige Weiber gemietet, die das Handwerk zu weinen verstehen. Diese machen dann ein jämmerliches Geschrey von dem Augenblicke an, da einer gestorben ist, bis man ihn zum Grabe gebracht hat. Für diese ist es eine sehr gute Gewohnheit, dass die Weiber öffentlich nicht anders als mit bedecktem Angesicht erscheinen; denn so kann man es nicht bemercken, wenn etwa keine Thränen erfolgen.
Ebenso wie man in Europa eine gewisse Zeit zu der tiefen oder halben Trauer bestimmt, um seine Betrübnis äusserlich zu erkennen zu geben, so muss man auch in den Morgenländern wissen, wie viele Tage und zu welcher Zeit des Tages eine Frauensperson den Tod ihres Anverwandten zu Hause, in einer Moschee oder auf dem Grabe beweinen soll. Es ist daher nicht ungewöhnlich, in diesen Ländern einige Weiber munter bis zu dem Grabe des Verstorbenen gehen zu sehen, sie dort eine ganze Stunde lang weinen und schreyen zu hören und sie nachher wieder ohne einiges Zeichen der Betrübnis forthgehen zu sehen.
Aber diese Ceremonie beobachte ich bloss von den Weibern. Die Männer sind zumindest in diesem Stücke so wenig Schauspieler, dass sie jene bisweilen erinnern, vernünftig zu seyn, wenn sie ein gar zu starkes Geschrey machen.

Cairo, den 25ten Januar. In der Fastenzeit wird viel gespielt, um sich in den Nächten zwischen den Mahlzeiten zu zerstreuen und wach zu halten.
Achmed und ich unterhalten uns mit *Tab u duk*, was man wohl mit

„Fall um und stech hinein" übersetzen dürfte. Dieses Spiel ist in den Morgenländern sehr gebräuchlich. Es wird mit Scherben von verschiedenen Farben durchgeführt, nämlich in Syrien mit 21, in Egypten mit 17 oder 19, aber allezeit mit einer ungeraden Zahl, die jeder beym Anfange des Spiels in seine äussere Reihe legt. Unser Spiel hat ein Brett mit vier Reihen und in jeder Reihe 21 Fächer. Ueberdies gehören hierzu vier kleine platte Stäbe, die an der einen Seite schwarz und an der anderen weiss sind. Diese wirft man, wenn man auf blosser Erde spielt, gegen ein in die Erde gestecktes Messer, oder wenn man, wie wir jetzt, im Hause spielt, gegen eine in das Sofa gesteckte Packnadel.

Der Eine beginnt sein Spiel an der rechten und der Andere an der linken Hand, damit die Steine sich entgegen gehen. Hat der Erste *Tab*, das heisst 3 weisse und 1 schwarzen Stab geworfen, so rückt er den einen Stein von der ersten in die nächste Stelle in der zweyten Linie, sonst wirft der Gegner, und dies so lange, bis einer *Tab* geworfen hat. Jeder Stein in der äusseren Linie kann zum ersten Male nur mit dem Wurfe *Tab* forthgerückt werden.

Die übrigen Würfe sind *Duk et nejn* oder 2 weisse und 2 schwarze Stäbe. Nach diesem Wurfe zieht man einen Stein, der schon mit *Tab* den Anfang gemacht hat, um 2 Fächer vorwärts. *Duk et talate* oder 3 schwarze und 1 weissen Stab; nach diesem Wurf kann man einen Stein 3 Fächer weit rücken. *Arba* oder 4 schwarze Stäbe bringen einen Stein um 4 Fächer vorwärts. *Sette* oder 4 weisse Stäbe rücken einen Stein 6 Fächer vorwärts. Und solange einer *Tab*, oder *Arba* oder *Sette* wirft, darf er immer aufs Neue werfen und seine Steine forthrücken.

Hat Einer bis zum Ende der zweyten Linie gespielt, so geht er in der dritten wieder zurück. Und wenn er seine Steine auch durch diese gebracht hat, ohne dass sie genommen worden, so spielt er weiter in der vierten Reihe, solange der Gegner noch einen Stein in dieser Linie hat; sonst kehrt er von der dritten wieder in die zweyte Linie zurück, und dies so lange an der einen Seite auf und an der andern nieder, bis Einer alle Steine verloren hat.

Cairo, den 27ten Januar. Morgen, zu *Aid*, dem Festtage am Ende des Fastenmonats, wird Achmed zu seiner Familie reisen. Zwar verspricht er mir, bald zurück zu seyn, da ja auch Düwall ihn nicht lange werde entbehren können, ohne sich einen neuen Schreiber suchen zu müssen. Alleyn, eine tiefere Ahnung sagt mir, dass wir uns so bald nicht wiedersehen.

SCHAUSPIELE

Cairo, den 2ten Februar

Männer meiner Profession hätte ich in Egypten wohl kaum vermuthet; indes giebt es zu Kahira wirklich eine grosse Bande Comödianten, die aus Muhammedanern, Christen und Juden besteht. Bloss aus ihrem Aufzuge ist schon abzulesen, dass dergleichen Leute auch in diesen Ländern wenig verdienen. Sie kommen zu einem Jeden, der ihnen nur einiger Maassen etwas zu bezahlen verspricht, ins Haus. Der freye Hofplatz ist ihre Schaubühne. Doch weder die Stücke, noch die Acteure sind immer nach meinem Geschmacke.

Indes ist das Drama, zu dem Lewis mich und einige müslemische Freunde in sein Haus geladen, nicht gar so schlecht, wie die Reaction einzelner Zuschauer vermuthen lässt. Die Hauptperson stellt eine Araberin dar, die alle Vorbeyreisenden überredet, in ihr Zelt einzutreten, und nachdem sie den Fremden ihr Vermögen mit der höflichsten Manier abgelockt hat, lässt sie diese von ihren Brüdern prügeln und forthjagen. – Scheich Noman, der erste moderne Egypter, wird bald überdrüssig, diese Possen länger anzusehen. Vielleicht, weil sie ihm nicht übertrieben genug sind oder er ähnliche Erfahrungen bereits selber machen musste. Und da Einer anfängt, seinen Unwillen zu zeigen, so wollen auch Verschiedene von den Uebrigen keinen schlechteren Geschmack haben und setzen also das Stück im Auditorium forth.

Lewis befiehlt den Comödianten aufzuhören. Erst nachdem sie sich hinter einem Schirme in der Ecke umgekleidet haben, muss ich erkennen, dass die Truppe nur aus Männern besteht und die arabische Courtisane von einem bartlosen Jünglinge dargestellt worden ist. Um mein erfahrenes Bühnenauge zu täuschen, darf man wohl kein allzu dilettantischer Acteur seyn.

Sicher werden viele von Lewis' Gästen mein Benehmen für unschicklich halten, als ich mich umstandslos zu den Schauspielern geselle. Indes vermag dieser Umgang kaum uncultivirter zu seyn als die zotigen Exorbitantien der honetten Gäste.

Und in der That finde ich artige und gebildete Männer hinter den

Masquen der Possenreisser vor, so wie ich wohl unter den Togae der Nobiles, dürfte ich nur darunter blicken, auch immer das Schellenkleid des Narren entdecken würde. Lewis tritt hinzu, die Truppe für ihre Aufführung zu entlohnen. Es kommt zu einem heftigen Streite, da er ihnen offenbar nur die Hälfte der versprochenen Summe zu geben bereit ist, weil sie ja auch nur die Hälfte der versprochenen Possen aufgeführt hätten. Ich bemühe mich zu vermitteln und sage, dass die Schauspieler gleichwohl bereit gewesen wären, ihre ganze Vorstellung zu geben, doch von ihm persönlich von der Beendigung der Comödie abgehalten worden seyen.

Nun, sie hätten nicht nur die Hälfte des angekündigten Lustspiels aufgeführt, entgegnet Lewis, sie hätten diese Hälfte auch nur halb so gut wie erwartet gespielt. – Davon könne gar keine Rede seyn, erwidere ich. Alle hätten sie, den Umständen zum Trotze, sich um Witz und Präcision bemüht. – Er habe einige Erfahrung mit dem Theaterspielen, antworthet Lewis, und selten einer schlechteren Aufführung beygewohnt.

Auch ich sey in dieser Profession nicht unerfahren und käme zu dem Urtheile, dass sie den ihnen zugesagten Lohn voll und ganz verdienten. Die Ignoranten und Dilettanten seyen wohl eher im Publicume zu suchen.

Die Schauspieler folgen diesem Satyrspiele mit Erstaunen und nicht ohne Furcht. Doch Lewis zeigt sich, seiner Excentrique entsprechend, auch diesmal als humorvoller und verständiger Mensch und giebt den armen Burschen ihren versprochenen und selbst ungetheilt noch bescheidenen Verdienst.

Sie bedanken sich artig für meine Fürsprache, doch gestehe ich ihnen frank und frey, dass mir die Mühsaal ihres Gewerbes aus eigenen, gleichfalls nur widerwillig honorirten Bemühungen bestens vertraut sey. Nun erfahre ich von ihnen, dass sie bereits von meiner und meiner Cameraden Anwesenheit in Cairo gehört hätten. Vor einigen Tagen seyen sie zu einer Abendunterhaltung in das Haus des Kadis Sette Seineb geladen gewesen. Aus den Fragmenten der Gespräche, denn selbstverständlich hätten sie nicht direct, sondern nur als entferntes Publicum daran Theil haben dürfen, sey zu entnehmen gewesen, dass unser langer und müssi-

ger Aufenthalt in der Stadt und, mehr noch, unser zweyfelhafter Lebenswandel daselbst auf zunehmendes Missfallen stosse. Offenbar würden wir bereits überwacht, damit die Behörden Gründe für weitergehende Maassnahmen gegen uns in die Hand bekämen.
Ich danke den Schauspielerfreunden für ihre Offenheit, doch versichere ich sie, dass unsere Expedition höchsten diplomatischen Schutz geniesse und wir mit Geleitbriefen zweyer abendländischer Sultane und auch einem der Hohen Pforte versehen seyen. – Constantinopel liege weit entfernt, entgegnen sie, und ein Geleitbrief der Hohen Pforte werde womöglich bald schon eher Schuld- denn Schutzbrief seyn.

Cairo, den 5ten Februar. Auch in Europa findet man immer noch Orthe, wo die Schauspielerey gering geachtet oder nicht einmal geduldet wird. Das heisst, man missbilligt dort nicht die Dramenkunst an sich, aber man fürchtet die Acteure und ihre angebliche Zügellosigkeit, mit welcher sie die Jugend inficiren könnten. Indes ist dieses Urtheil über den Lebenswandel der Comödianten alleyn der Unkenntnis zuzuschreiben, giebt es doch kaum eine Profession, die mehr Disciplin und Sittsamkeit verlangt.
Das Ansehen der Schauspieler ist nicht schlecht, *obwohl* sie sich in den Dienst der Dramenkunst, sondern *weil* sie sich in diesen Dienst gestellt haben. Es sind die Dramen selbst, deren Auswirkung auf die Jugend man fürchtet.
Das Bedrohliche an der Bühnenkunst dünkt mir, dass sie Verhaltensweisen und Ordnungen aufzeigt, die bisher unmöglich oder undenckbar schienen. Selbstverständlich rede ich nicht von plumpen, geistlosen Schwänken, die man selbst an Orthen findet, wo man sonst nicht einmal ein Passionsspiel duldet. Und selbst ein geistloser Schwank hat bereits Antheil an der Magie des Theaters, gehört doch auch er schon nicht mehr nur der Einbildung an, sondern ist auf eine zauberische Art wirklich.

Cairo, den 6ten Februar. Auch Marionetten sind zu Kahira gebräuchlich. Ich sehe verschiedene Male ein solches kleines Schauspiel mitten auf der Strasse. – Wenn die Puppen mit einander reden, würde es nicht passen, wenn der Comödiant seine natürliche Stimme dazu gebrauchte. Er spricht deswegen ganz fein, und alles wäre artig genug, wenn nur die Stücke besser wären. Aber im Anfang machen die Puppen viele Complimente, gerathen nach und nach in einen Streit, und schliesslich endigen alle Stücke mit einer heftigen Prügeley.
Ebenso sind in allen morgenländischen Städten Schattenspiele sehr gebräuchlich. Doch bin ich bey diesen noch weniger gerne gegenwärthig als bey den Marionettentheatern, weil in nahezu allen diesen Spielen die Kleidung und die Sitten der Europäer auf das Lächerlichste vorgestellt werden.

Woher rührt die Leidenschaft, ja, Grausamkeit, alle anders denckenden und glaubenden Menschen, und mögen sie auch im Irrthume befangen seyn, zu hassen, zu schmähen und zu verfolgen? Ist nicht die eigene Leidenschaft mehr als jeder Irrthum des Nächsten der hauptsächliche Grund für die Verfolgung? Und wer mag zu entscheiden, ob er nicht selbst derjenige sey, der irrt?
Alleyn unser Hass und unsere Grausamkeit scheinen mir die Empfindungen zu seyn, denen ohne Tolerance zu begegnen ist. Denn mögen wir Menschen auch unterschiedlichen Culturen angehören, so ist uns doch Allen ein Sinn für das Ungerechte und Gewissenlose gegeben.

Penelope holt mich vom flughafen ab: Eine hagere frau mit scharf geschnittenem, intelligentem gesicht unter dem schwarzen kopftuch – *spack* würde es meine berliner hauswartsfrau nennen –, trotz des mehrmonatigen aufenthalts unter der sengenden sonne des jemenitischen hochlands winterblasz. Steuert den landrover mit kontrollierter aggressivität über die vierspurige flughafenstrasze, deren fahrbahnmarkierungen reines ornament zu sein scheinen: Keiner der fahrer hält sich an die vorgeschriebene spur.

Wir fahren richtung innenstadt, dann an der restaurierten altstadtmauer entlang auf das Bab al-Jemen zu. Zwischen zwei friedhöfen biegen wir auf einen ungepflasterten weg. Vor einer lehmgrauen, mannshohen mauer halten wir. In der dunkelheit erkenne ich nur umriszhaft den sechsstöckigen, in traditioneller bauweise errichteten lehmziegelturm, der das Institut beherbergt.

Herzlich werde ich von den anderen fellows begrüszt, jungen archäologen und orientalisten aus den Vereinigten Staaten, drei männer und zwei frauen. – Nach dem gemeinsamen abendessen zeigt mir Penelope das gebäude: ein langgestreckter, teppichausgelegter raum mit sitzkissen, der *diwan*; die bibliothek, eng, staubig, mit nachschlagewerken, handschriften und karten bis an die vier meter hohe decke vollgestopft; die geräumige küche, wie immer der einladendste und kommunikativste ort; die gästezimmer, kleine, weiszgetünchte kammern mit steinböden, holzdecken, kleinen, in die lehmwände eingelassenen nischen mit holzgerahmten türchen aus vielfarbigem glas, schmalen eisenpritschen mit durchgelegenen matratzen und verwaschenem bettzeug und einem von mehreren forschergenerationen schwer miszhandelten schreibtisch vor den bogenfenstern mit blick auf die silhouette der schwarzgrauen bergzüge, die die hochebene Ṣana'as von allen seiten umgeben.

Falle todmüde ins bett, doch finde lange keinen schlaf. Ge-

sprächsfetzen während der reise gehen mir durch den sinn: In seiner psychiatrischen praxis in 'Aden sei ihm bisher nie ein fall von selbsttötung begegnet, während er in seiner studienzeit in Budapest jeden tag zumindest mit einem suizidversuch konfrontiert worden sei. – Worin er die gründe sehe? Vor allem im glauben an die unvermeidbarkeit all dessen, was uns zustosze, und das vertrauen auf einen letzten, uns möglicherweise auch verborgenen oder unbegreiflichen sinn.
Endlich trägt der schlaf mich fort. Ich werde in den keller des Instituts geführt, um dort den obduktionssaal zu besichtigen, als der muezzin – es ist noch vor fünf uhr jemenitischer zeit und nach meiner inneren uhr nicht einmal drei – die gläubigen wie die ungläubigen zum morgengebet aufruft. Gefolgt von einem vielstimmigen echo von allen vierhundert minaretten der stadt, ein babylonisches stimmengewirr aus scheppernden lautsprechern, offenbar direkt in meine denkerklause gerichtet.

Ich stehe auf, koche mir einen kaffee, beginne mit meinen aufzeichnungen.

*

Erster spaziergang in die stadt. Geldwechseln, einkäufe, auskünfte, alle verrichtungen brauchen mehr zeit, als in Europa üblich, da sie in einen kanon unausweichlicher rituale eingebunden sind: begrüszung, begutachtung der ware oder erläuterung des verlangten dienstes, immer wieder unterbrochen von höflichen fragen nach dem befinden, der herkunft, dem familienstand, unverlangten auskünften zur eigenen familiären situation und litaneienhaften anrufungen Allahs.
Ich sehe fast nur männer auf der strasze und in den läden, verkäufer, handwerker, bettler. Kaum händlerinnen, keine bettelnden frauen. Auffällig auch die für europäer auszergewöhnliche zärtlichkeit zwischen den männern, das gehen hand in hand oder mit dem arm auf den schultern des begleiters, die vielen küsse und berührungen während der begrüszung und des abschieds, wenn auch streng formalisiert. Sicher hat die zärtlich-

keit zwischen den männern für die strikte trennung der geschlechter (nicht nur) im öffentlichen raum zu entschädigen. Oder wäre es denkbar, dasz die männer tatsächlich diese nähe zueinander suchten?

Kindheit scheint hier weniger klar umrissen zu sein als in der europäischen gesellschaft. Entdecke bereits neun-, zehnjährige jungen bei der arbeit in den werkstätten und läden, soweit man sie von der strasze einsehen kann. Die ganz kleinen kinder finde ich, meist in der obhut älterer geschwister, in den staubigen, ungepflasterten nebenstraszen. Sobald ich stehenbleibe, unterbrechen sie ihr spiel und laufen auf mich zu: *surah, surah*, foto, foto! rufen die jungen und stellen sich in positur, während die mädchen in die hauseingänge flüchten.
Die älteren, noch bartlose zwölf-, dreizehnjährige in der stolzen kriegertracht ihres stammes, tätigen vor dem Bab al-Jemen bereits mit ernster miene ihre geschäfte. Sie tragen eine *senna*, ein in der ganzen arabischen welt verbreitetes, meist weiszes, knöchellanges gewand, oder eine *mauwis*, einen traditionellen, bis zum knie reichenden rock aus festerem, buntem stoff. Die traditionelle jemenitische weste, *'aba* genannt, ist bereits von einem westlichen jackett ersetzt worden. Doch nach wie vor trägt jeder die *dschambija*, den jemenitischen krummdolch im reichverzierten gürtel. Nicht selten sehe ich auch pistolen und gewehre, obwohl das mitführen von waffen auf den märkten nach altem recht verboten ist.
Im Ḥaḍramaūt, berichtet mir einer der archäologen aus dem Institut, könne es durchaus geschehen, dasz aus einem der groszen, vierradgetriebenen geländewagen, die sich dem reisenden des öfteren in den weg stellten, ein sieben- oder achtjähriger knabe, die kalaschnikow über der schulter, klettere und den eindringling ins stammesgebiet nach den reisepapieren frage.

*

Sitze auf dem balkon des teehauses am Bab al-Jemen und beobachte das geschäftige treiben vor dem stadttor. Staub, lärm und

verkehr wie in jeder anderen groszstadt. Das fremde liegt in den details.
Schaue ich von oben auf das straszengeschehen, habe ich den eindruck, als gebe es keine müsziggänger. Jeder ist in eile. Daher erscheint jedes verweilen abrupt. Plötzlich, unvorbereitet wird innegehalten und irgendeine ware begutachtet; langsam, umständlich, genau.
Den gleichen eindruck erweckt der autoverkehr: Alle rasen, drängen, nötigen. Ständig erschreckt eine hupe. Doch im nächsten augenblick hält das auto mit kreischenden bremsen bei irgendeinem straszenverkäufer. Und wieder beginnt ein endloses ritual der begutachtung und des feilschens.
Alle eilen, so dasz ein schlenderer auffällt, ja, geradezu misztrauen erregt: Was sucht er, ohne zu wissen, wo es zu finden ist? Der blick schweift ziellos, aber aufmerksam umher. Nur ein spitzel schaut so; oder ein verführer. Nein, so darf man nicht gehen. Solch ein gang kann überall enden.

*

Auf dem rückweg bleibe ich vor einem der hauseingänge stehen. Im niedrigen, fensterlosen souterrain dreht um eine staubverkrustete ölmühle ein geblendetes kamel seine engen runden. Gebannt starre ich auf das traurige tier mit seinen grotesken proportionen. All die kinder an den nähmaschinen oder hobelbänken berühren mich weniger als dieses blinde, eingeschirrte kamel.
Mein blick hat seine eigene grausamkeit. Die bettler liegen mitten auf der strasze und stellen ihre verkrüppelungen und schwärenden wunden offen zur schau. Nur ich wende den blick ab, eher vor scham als vor entsetzen, zu keiner angemessenen haltung, sei es mitleid, fürsorge oder gleichgültigkeit, fähig.

Ein schlankes vierstöckiges lehmziegelhaus in tropischer umgebung, agaven, schlingpflanzen: das elternhaus.
Der groszvater ist jäger. Hat eine stattliche strecke wildhasen und rebhühner erlegt.
Während meiner abwesenheit ist mein zimmer im haus verlegt worden. Nun wird mir ein samtausgelegter mahagonyschrank als schlafstätte angeboten. Ich verzichte auf die weiteren zuwendungen der familie und entschliesze mich, ihr nun endgültig den rücken zu kehren.
Bleibe dem abschiedsessen fern, das meine mutter zu ehren ihres vaters, jenes jägers, gibt, ehe er in sein dorf zurückkehrt. Der geruch des gebratenen wilds bereitet mir übelkeit.
Als ich mich noch einmal ins haus zurückschleiche, meine wenigen habseligkeiten zusammenzusuchen und dann fortzugehen, lauert sie mir auf. Mit einem küchenmesser fügt sie mir lange, zunächst noch oberflächliche schnittwunden zu.
Dann versucht sie, die hauptschlagader auf der innenseite meiner schenkel zu öffnen. Offenbar soll ich gut ausbluten. Oder sind es nur die sehnen, die sie durchtrennen will, um mich am fortgehen zu hindern?
Obwohl ich gleich nach dem erwachen zu papier und bleistift greife, diesen traum festzuhalten, ist mir die vorgeschichte oder das motiv für ihren blutigen liebesbeweis bereits entfallen.

HAMMAM

Niedrige eisentür, enger, finsterer vorraum, beiszender uringeruch. Taste mich eine handvoll glitschiger stufen hinab. Eine zweite niedrige pforte, diesmal aus rohem holz, führt in einen langgestreckten dämmrigen saal. Eine feuchte wärme schlägt mir entgegen.
Der steinboden ist mit binsenmatten ausgelegt, die steinbank entlang der feuchten wände mit teppichen bedeckt. Das licht dringt durch verglaste öffnungen in den kuppeln.
Der *hammami* sitzt qat-kauend an der stirnseite des saals und ruft mir zu, ich solle meine schuhe ausziehen. Auf den steinbänken eine handvoll alter, magerer männer, die mich interessiert mustern.
Ich habe nichts dabei, was für einen badbesuch notwendig sein könnte. Doch würde westliche badebekleidung an diesem ort auch unangemessen gewesen sein. Der bader reicht mir einen nassen rock, den ich mir überstreifen soll. – Er nimmt mich an die hand und führt mich noch tiefer hinab in die eingeweide des hammams.

Nach auszen treten die bäder nicht sonderlich in erscheinung. Meistens sind nur die kuppeln zu sehen. Die baderäume befinden sich unter der erde.
Vom gröszeren umkleide- und aufenthaltsraum betritt man nacheinander zwei oder drei badekammern, von denen die letzte beheizbar ist.
Die raumaufteilung ist zwar nicht mehr identisch mit der klassischen folge *apodyterium, frigidarium, tepidarium, caldarium* und *sudatorium,* doch ist sie offenbar aus dieser hervorgegangen.
Der hammami weiht mich in das baderitual ein: Vorwäsche in einer der badekammern, in deren ecken sich kleine steinerne wasserbecken befinden; schwitzen im fuszbodengeheizten sudatorium; dann, falls ich es wünsche, das abreiben meines körpers durch den bader mit einem rauhen waschhandschuh in einem der vorräume.

Ich schliesze die augen und lasse es einfach geschehen. Weisz nicht, was diese keineswegs mechanischen gesten des baders wirklich bedeuten. Nur einmal reagiert er heftig, als bei der massage meiner beine der rock hochrutscht und etwas von meiner scham zu sehen ist. Mit einer raschen bewegung zieht er den nassen stoff wieder herunter.

Das bad ist, wie der suq oder die moschee, teil der städtischen kultur. In den bädern spielt sich ein nicht geringer teil des öffentlichen und privaten lebens ab.
Die bäder gehören zu den wenigen orten der stadt, die jedermann zu fast jeder zeit offenstehen. Ins bad geht man nicht nur der sauberkeit und der religiösen waschung, sondern auch des vergnügens wegen.
Ins bad geht man, wenn man von einer reise zurückgekehrt oder von einer krankheit genesen ist. Ins bad bringt man die aus dem gefängnis entlassenen. Im bad arrangieren die mütter die hochzeiten ihrer kinder, feiert der bräutigam mit seinen freunden und die braut mit ihren freundinnen.
Wer im zustand der *dschanāba*, das heiszt groszer ritueller unreinheit ist, kann die rituelle reinheit, die *tahāra*, nur durch die waschung des ganzen leibes wiedererlangen. Da man unter anderem bereits durch geschlechtsverkehr in den zustand der *dschanāba* gerät, brauchen die bäder sich um besucher nicht zu sorgen.

Nach dem abreiben des körpers seift er mich ein, zunächst den rücken und den hals, dann die arme, die brust, den bauch, die schenkel und die füsze; zuletzt widmet er sich dem gesicht. Meine geschlechtsteile, fordert er mich auf, hätte ich selbst zu waschen. – Dann übergieszt er mich mit mehreren kannen heiszen wassers, danach mit kaltem, soviel ich wünsche oder ertrage.
Er schickt mich noch einige minuten zurück ins *sudatorium*, dann führt er mich wieder in die eingangshalle, mich auf einer der steinbänke abzukühlen und auszuruhen. – Eine streng ritualisierte und zugleich intime begegnung. Nur möglich unter ein-

haltung der gleichgeschlechtlichen tabus. Doch zugleich ist die atmosphäre auszerordentlich sexualisiert: In den blicken, den gesprächen, in den gesten, den häufigen griffen ans eigene geschlecht oder den angedeuteten, scherzhaft gemeinten an das des anderen.

Nun ist das bad auch ein ort des »vorspiels«, der vorbereitung auf den liebesakt. Dazu zählt nicht nur die säuberung, sondern auch die kosmetik, das rasieren oder auszupfen des schamhaars oder das färben der fingerspitzen mit henna zum beispiel, und die innere einstimmung, die erregende körperliche nähe der anderen, die anspielungsreichen wortwechsel.

Der hammam ist ein »exterritoriales« gebiet: Er ist der einzige ort, an dem nicht gebetet werden darf, obwohl sonst der allgemeine grundsatz gilt, die ganze welt sei moschee. Nicht selten findet man hier sogar, dem islamischen bilderverbot zum trotz, mosaike, fresken oder statuen.

Nach weitverbreitetem glauben ist das bad auch ein beliebter aufenthaltsort der dschinne. Im islamischen recht *(fiqh)* gibt es unter anderem eine vorschrift, wie sich der badegast zu verhalten hat, wenn er im bad auf einen dschinn trifft: Man spreche die *basmala*, die einleitungsformel der suren, von gläubigen muslimen vor jeder mahlzeit, vor dem reiseantritt, dem ehelichen geschlechtsverkehr oder anderen wichtigen handlungen aufgesagt.

Wenn der dschinn daraufhin weicht, kann der gast bleiben. Andernfalls solle er besser auf den hammambesuch verzichten. Denn die begegnung mit dschinne sei nicht ungefährlich. Wer lärm mache oder um hilfe rufe, erhalte von den geistern eine so heftige ohrfeige, dasz er die sprache verliere oder sich zumindest den kiefer ausrenke.

In den gassen, auf höfen, auf allen plätzen sehe ich jungen beim ballspiel. Nicht immer getreu der FIFA-regeln, doch mit leidenschaft und ausdauer. Warum scheint gerade fuszball das spiel der jungen schlechthin zu sein?
Ein wesentlicher grund liegt sicher in der schlichtheit und variabilität der regeln und der zum spiel notwendigen fertigkeit. Und als *spielzeug* ist allein ein vergleichsweise einfach herzustellender oder billig zu erwerbender, doch zugleich vollkommener, ja, magischer gegenstand notwendig. Ein fast eigenschaftsloser gegenstand in der grösze eines kopfes, einer erdkugel (im arabischen bezeichnet *kurah* nicht nur den ball, sondern auch den globus) oder eines geschosses, der sich auf verschiedene weise handhaben läszt, ohne aus der fassung zu geraten.
Ein gegenstand, der nachgiebig und widerstandsfähig ist. Der die geschicklichkeit des spielers herausfordert, doch selbst keine herangehensweise vorschreibt. Der sich abschieszen und auffangen läszt; mit dem man treffen kann, ohne zu verwunden; um den man kämpfen kann, ohne ihn unwiederbringlich zu verlieren.

In allen klassischen spieltheorien fehlt der magische aspekt des spiels. Bei vielen spielen haben sich die ursprünglich kultischen züge noch in resten erhalten: *Himmel und Hölle*, paradies- oder tempelhüpfen, hinkeln, steinchenwerfen; drei mädchen auf dem gehweg, ein stück kreide oder eine tonscherbe, ein flacher kiesel.
Das grundmuster, das ich so oder in leichten abwandlungen auf der ganzen welt finde: Die »hölle« musz übersprungen, im »himmel« darf ausgeruht werden. Eines der ältesten mir bekannten hinkelfelder ist in das pflaster des Römischen Forums geritzt. (In diesem zusammenhang fällt mir auf, dasz *samā*, der himmel, im arabischen wie im deutschen männlichen geschlechts und *dschahannam*, die hölle, weiblichen geschlechts ist.)
Doch auch ohne aufgemaltes spielfeld ist mir noch das kindliche ritual vertraut, auf gepflasterten wegen bestimmte platten oder

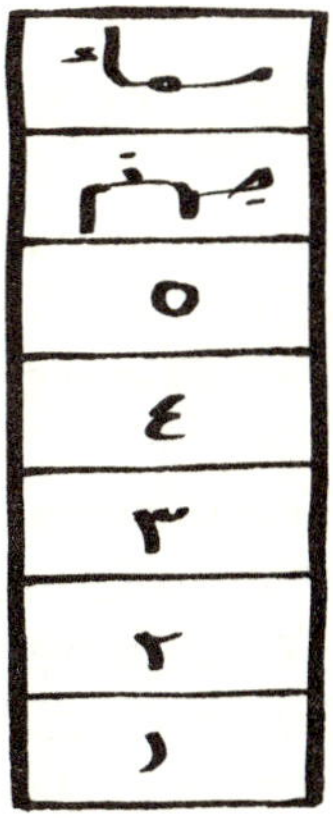

fugen nicht zu betreten. Offenbar geht es um grenzziehungen, um bewegungen innerhalb eines festgelegten (spiel-)raums. Wer die grenze verletzt, setzt aus oder »verbrennt«.
Und selbstverständlich üben auch die zahlen eine magie aus: hybride begriffe, die ordnen und begrenzen, doch selber nichts sind. Sie schreiben den ablauf vor, unbestechlich, unveränderbar, weil sie unabhängig von den dingen existieren. Derjenige gewinnt, der sich der vorgegebenen ordnung am geschicktesten zu fügen weisz.

*

Auf dem balkon des teehauses am Bab al-Jemen treffe ich einen deutschen entwicklungshelfer, der die kommunalen behörden der hauptstadt in abfallfragen berät (tatsächlich ein unübersehbares problem in Ṣana'a). Nach einem eher stereotypen gesprächsbeginn die frage, ob ich bereits einen hammam besucht hätte.
Eines der gröszten und belebtesten bäder fände ich in der nähe der *dschami'a al-kabir*, der Groszen Moschee. Natürlich gelte auch hier das von mir beobachtete tabu, sich nackt zu zeigen. Doch bedeute dieses tabu keinesfalls, dasz es über zufällige berührungen hinaus keinen körperlichen kontakt unter den männern gebe. Sehr bewuszt werde jeder blick, jede geste wahrge-

nommen, sehr genau werde zwischen zufälliger und gezielter berührung unterschieden. Nicht selten käme es vor, dasz man nach dem bad zum essen oder qat-kauen eingeladen werde.
Erst vor wenigen tagen habe er ein abenteuer erlebt, das alle europäischen konzepte arabischer sexualität lügen strafe: Von drei freunden, Hussein, Abdallah und Said, werde er zum gemeinsamen abendessen eingeladen. Während Hussein und Abdallah noch einige einkäufe tätigten, bringe Said ihn in das von allen drei bewohnte studentenzimmer.
Zunächst säszen sie schweigend beieinander und schauten sich nur an. Blicke, die offenbar universell gültige botschaften enthalten. Doch um keine voreiligen miszverständnisse zu provozieren, zwinge er sich zur zurückhaltung. Schlieszlich komme Said auf ihn zu, nehme sein gesicht in die hände und gebe ihm einen kusz.
Ich frage den landsmann, ob er von begegnungen dieser art auch unter jemenitischen männern gehört habe oder dieser ausbruch an zärtlichkeit nicht nur auf grund seines standes als fremder möglich gewesen sei. Er antwortet: Es geht mir weder um deutungen noch um verallgemeinerungen. Faktum bleibt, dasz trotz aller (selbst-)verleugnungen und tabus begegnungen mit eigenen, nur auf den augenblick bezogenen spielregeln möglich sind.

*

Anruf bei der botschaft. Zunächst die sekretärin, dann der botschafter, seine Exzellenz Dr. Messer, persönlich. Kann sich nur mühsam an unsere vorangegangene korrespondenz erinnern. Rät mir dennoch, ohne genaueres von meinen forschungsabsichten zu wissen, von reisen im lande ab. Offenbar bereiten unkontrollierbar herumstreunende wissenschaftler, nicht nur in zeiten gehäufter entführungen, den zuständigen diplomatischen vertretern nichts als schwierigkeiten. – Wir verabreden uns zu einem gespräch, morgen früh um neun in seiner residenz.

Hier spielten die kinder noch so, wie er es aus seiner eigenen kindheit kenne. Eine blechbüchse oder ein karton genüge, um ein auto darzustellen, ein flugzeug, oder um selbst zu fliegen. Überhaupt wüszten jemenitische kinder noch zu spielen, während deutsche kinder vor allem zu schulischer leistung erzogen würden. Also dürfe man sich über die zunehmende aggression der kinder und jugendlichen in Deutschland nicht wundern.
Und die weitverbreitete kinderarbeit? Seine Exzellenz macht eine abwehrende handbewegung: Auch deutschen kindern würde es nicht schaden, früh verantwortung zu übernehmen, einen sinn für das mühsam verdiente brot zu entwickeln und zugleich von erwachsenen ernster genommen zu werden. In Deutschland geht es nur noch ums geldverdienen, nicht mehr um die arbeit an sich, das solide handwerk, den respektvollen dienst. Schon eine halbe stunde vor ladenschlusz wirft die kassiererin jedem neuen kunden einen miszmutigen blick zu. Hier freut man sich über jeden besucher, auch wenn es über das gespräch hinaus zu keinem handel kommt.
Hier redet man noch miteinander, schenkt einander ein lächeln, respektiert das alter und legt wert auf das familienleben. In Deutschland hingegen gibt es eine zunehmende vereinzelung: immer mehr alleinstehende und alleinerziehende menschen. Die sozialen verpflichtungen der familie übernimmt der staat: kinderbetreuung, alters- und krankenversorgung. Doch die geborgenheit der familie kann kein staat ersetzen.
Eine rückbesinnung auf traditionelle werte, wie man sie hier noch findet, scheint mir auch für Deutschland wünschenswert. – Ob nicht auch der Jemen gefahr laufe, im gegenwärtigen anpassungsprozesz seine traditionellen werte zu verlieren, frage ich ihn. Ob modernisierung einer gesellschaft nicht nur auf grund dieses wertewandels möglich sei?
Leider könne er nicht frei über seine zeit verfügen, doch habe er sich gefreut, meine bekanntschaft gemacht zu haben. Noch einmal warnt er mich eindringlich vor reisen in die stammesgebiete.

Die regierung habe das land im augenblick nicht unter kontrolle. Raubüberfälle und entführungen seien an der tagesordnung. Ansonsten wünsche er mir viel erfolg für meine arbeit.

Teehaus 26. September. Chalid will nach Amerika gehen, um dort »computer« zu studieren und eine amerikanische frau zu heiraten. Wie seine familie reagierte, wenn er ein nichtmuslimisches mädchen zur frau nähme? – Das interessiere ihn nicht. Auf keinen fall werde er ein jemenitisches mädchen heiraten. Sein älterer bruder, obwohl bereits vater von drei kindern, habe seine frau noch nie unverschleiert, geschweige denn nackt gesehen. Sogar im haus halte sie zumindest mund und nase verdeckt, und nur im dunklen schlafzimmer lege sie ihren gesichtsschleier ab. Fordere er sie auf, sich ihm unverdeckt zu zeigen, drohe sie, sofort ins haus ihres vaters zurückzukehren.
Der geschlechtsverkehr sei ein kurzer, mechanischer akt, für den der mann sich nicht einmal entkleide. Ob das der grund für die auszergewöhnliche zärtlichkeit der männer untereinander sei: Die angst der geschlechter voreinander? – Auszergewöhnlich? Er versteht meine frage nicht. Nein, nie werde er ein mädchen heiraten, dasz er vor der hochzeit nicht gesehen habe und womöglich auch danach nie zu gesicht bekommen werde.

*

Männer und frauen bleiben einander fremd. Diesmal ist es Psyche, die im verborgenen bleiben musz, will Amor sie nicht verlieren. Das gesicht hinter dem schleier ist Amors erfindung. Es wechselt seine züge mit jedem versuch, es an hand der stimme, der bewegungen, des geruchs oder der eigenen wünsche und ängste zu rekonstruieren: Manchmal ergeben sich die züge Aphrodites, manchmal die der Medusa.

Auch unter den jemenitischen frauen gebe es eine zärtliche nähe zueinander, doch dürfe man zärtlichkeit nicht mit intimität im westlichen sinne verwechseln. Auch unter ihnen seien sexualität und das andere geschlecht ein häufiges gesprächsthema, allerdings mit einem eher spöttischen als sehnsuchtsvollen grundton. Andere frauen, die der eigenen familie und die freundinnen, seien ihnen meistens näher als der eigene mann.

Eros sei sicher ein wesentlicher antrieb zu reisen, zu forschen und sich den herausforderungen und unannehmlichkeiten der fremde auszusetzen. Ohne zuneigung, einem auch physischen wunsch nach nähe, wäre der klaustrophobe alltag hier für einen europäer gar nicht auszuhalten.
Andererseits stehe das begehren einer distanzierten sicht im wege: Die gleichgeschlechtlichen gesellschaften der arabischen welt stellten sich als projektives paradies unzähliger homosexueller orientreisender dar. Jede geste, jedes wort werde als angebot miszverstanden, gedeutet auf der grundlage der eigenen kultur: *ana aḥbek* (ich liebe dich) heiszt nicht »ich liebe dich«.
Die europäischen schwulen dürften ruhig weiter ihren fiktiven orient bereisen, doch sollten sie ihre erotischen projektionen nicht als wissenschaftliche erkenntnisse ausgeben.

Ich bin nicht ganz ihrer meinung. Ich glaube, dasz *ana aḥbek* in der tat »ich liebe dich« heiszt. Doch was bedeutet »ich liebe dich«?

*

Nach dem rausch der ersten tage, den vielen begegnungen und gesprächen erschöpft. Die luft in den straszen Ṣana'as ist trocken und sandig wie schmirgelpapier. Der rotz aus der nase klumpt schwarz vor dreck und blut. Die trockene hitze dörrt mich aus. Zweifel an der durchführbarkeit meiner pläne.

Die grószten sorgen bereiten mir die noch ungenügenden sprachkenntnisse. Und sie während meines aufenthalts zu verbessern setzt zumindest klare und differenzierte absprachen mit den menschen, bei denen ich mich länger aufhalten will, voraus. Penelope könnte mir einen zuverlässigen begleiter und übersetzer vermitteln, doch würde er mindestens 100 dollar honorar pro tag verlangen: Vielleicht solltest du zunächst alleine fahren und herausfinden, wie weit du ohne dolmetscher kommst. Dann weiszt du bei deiner rückkehr wenigstens, welche hilfe du genau benötigst. – Mārib ist für westliche reisende im augenblick tatsächlich eine unsichere region. Die dort lebenden stämme haben in der letzten zeit mehrfach ausländer entführt, so dasz die regierung den dort tätigen ölgesellschaften nahegelegt hat, ihre förderungen eine weile ruhen zu lassen, da sie die sicherheit der ausländischen mitarbeiter zur zeit nicht gewährleisten könne. – Das ölfeld von Mārib ist eines der ergiebigsten im Jemen, so dasz diese empfehlung sicher nicht leichtfertig gegeben wurde.

Zeitungskommentatoren vermuten hinter den überfällen saudiarabische versuche einer destabilisierung der region. Im vorangegangenen jahr hat die regierung in Riad das Māribfeld für sich reklamiert und mit militärischen masznahmen gedroht, falls die ölförderungen nicht eingestellt würden. – In einem kürzlich bekanntgewordenen geheimpapier werden die ölläger von Mārib als »saudischer vorrat für das kommende jahrhundert« aufgeführt.
Penelope hat andere sorgen. Sie berichtet, dasz sie durch vermittlung einheimischer freunde ein treffen mit dem jemenitischen präsidenten verabredet habe, um endlich ihr auto zurückzuerhalten. Es ist ihr am hellichten tag gestohlen worden; die täter sind ihr bekannt, doch trotz einer anzeige und genauen angaben, wo ihr auto versteckt werde, ist bisher nichts geschehen. Vermutlich müsse sie sich ihr eigentum zurückstehlen.
Ich wundere mich, dasz der präsident sich mit solchen alltäglichkeiten befasse. – Zum einen sind auch die höchsten jemenitischen politiker jederzeit von der bevölkerung ansprechbar, entgegnet sie. Zum anderen wissen die obersten behörden in diesem

fall längst bescheid, ja, stecken mit den banditen womöglich unter einer decke. Ausländer, die längere zeit im Jemen leben und arbeiten, können keinen gröszeren schritt ohne wissen der polizei unternehmen.
Doch fürchtet die regierung, wie jedes autoritäre regime, um ihren internationalen ruf. Die veröffentlichung der miszstände ist das einzige druckmittel, das ausländern gegen korrupte behörden zur verfügung steht. –
Wenn ich alleine in die stammesgebiete führe, rät sie mir am ende unseres essens, solle ich, nur für den notfall, eine kopie meines reisepasses und die adresse meiner angehörigen im Institut hinterlegen.

Nach einem Eilmarsch von 40 Stunden erreichen wir den Strand des Golfes, und zwar in der Nähe der Stelle, wo die Boote, welche Sues täglich mit Trinkwasser versehen, anlanden. Beduinen liefern es in Schläuchen mit Kameelen auf die gegenüber liegende Seite des Golfes, wo sie es zu einem verabredeten Preise an die Bootführer verkaufen. Die Bootführer veräussern es für den doppelten Preis an die Wasserträger der Stadt und diese bieten es den Bewohnern feil mit einem Gewinne von 4 bis 5 Para den Schlauch, obgleich das Wasser so schlecht ist, dass man daran gewöhnt seyn muss, um es geniessen zu können.
Wir begeben uns gleich zu jenem Theil des Golfes, wo die Schiffe von Dschidda liegen. Ein Haven ist in Sues nicht vorhanden. Indessen scheint das schmale Ende des Golfs, an dessen Westufer Sues erbaut ist, den Schiffen eine völlig sichere Station zu gewähren. Er hat das Aussehen eines grossen Flusses und ist hier in der That kaum breiter als der Nil zwischen Alt-Kahira und Dschise. Beyde Ufer sind flach und sandig. Die Bewohner versichern uns, dass man zur Zeit der Ebbe den Golf zu Fuss oder beritten passiren könne.
Viel wurde uns von der Beträchtlichkeit der hiesigen Schifffahrt berichtet. Nun sehen wir uns in den Erwartungen aber betrogen. Wir finden nur fünf arabische Schiffe aus Dschidda, von der Art, welche *Dau* heisst, nebst einem Dutzend Boote von der Grösse der Rügener Fischer-Schaluppen, welche zum Löschen der *Dauat* und zum Fischfang dienen.
Das nächste Schiff nach Dschidda soll erst in einer Woche abgehen. Ein Boot, das bereits am übernächsten Tage absegeln soll, ist bereits mit Negersclaven aus dem Innern des Continents beladen. Da unsere Verfolger uns indes kaum eine Woche Urlaub gönnen werden, tritt de la Motte in Verhandlung mit dem Capitaine, der unsere Noth wohl spürt und nach einem langen Streite für das Doppelte des gewöhnlichen Preises einen engen Platz auf dem Verdeck verspricht.
Für die Nacht treten wir in einem Chane ab, der mir von Düwall

empfohlen ward. Wir finden in dem Wirthe einen höflichen und dienstfertigen Mann. Während die Cameraden sich von der strapacieusen Reise zu erholen versuchen, lasse ich mir von einem Burschen unseres Wirthes den Orth zeigen.
Sues ist in die Länge gebaut und zur Seite des Golfs hin offen, auf der Landseite aber mit einer sehr unansehnlichen Mauer versehen, welche an einigen Stellen eingestürzt ist. Auf der Spitze des Hügels, den man für die Ruinen von Kolsum hält, legten die Türken eine Schanze an, die aber jetzt gänzlich zerstört ist, indem die Einwohner sich der Pallisaden als Brennholz bedienten. Von diesem Hügel haben wir einen ungehinderten Blick über die ganze Stadt.
Nie sah ich einen Orth, dessen Boden stiefmütterlicher von der Natur behandelt ward, als Sues. Auch nicht eine Spur von Vegetation, keinen Baum, keinen Strauch, kein einziges Gewächs, keinen Byssus, keine Flechte, keinen Grashalm findet man in der Stadt und auf dem Lande umher.
Doch zeigt der Bursche, Ali mit Namen, mir die Spuren eines Aquaeducts, welcher die Wasser des Karkadeh, der im Tih-Gebirge entspringt, um das nördliche Ende des Golfs herum und bis zu diesem Hügel führte. Die Thur-Beduinen verheimlichen diese Quelle und erlauben nicht, dass man sie aufsuche, weil sie um ihren sicheren Verdienst als Wasserlieferer fürchten.

*

Des Abends weht ein starker kalter Wind. Da man hier keine Küchengewächse ziehen kann, ist das Nachtmahl sehr einfach: Reis, trockene Früchte, Fisch und Krabben, an denen der Golf reich ist.
Späther, in einem Cafféhause, höre ich zum ersten Male etliche Negermatrosen von Dschidda musiciren. Einer von ihnen singt, ein Anderer schlägt die Trommel, und ein Dritter spielt eine Harfe von 4 Saiten. Der Neger singt seine Lieder in seiner Muttersprache, und die Melodie scheint mir der europäischen Music näher zu kommen, als die an Zwischentönen reichere Levantinische.

Sues, den 2ten März. Warum sind mir die Cameraden trotz der zehn Monate gemeinsamen Reisens so fremd geblieben, ja, vielleicht noch fremder geworden, als sie mir anfänglich schienen? Zweyfellos lernt man sich auf einer langen und abentheuerlichen Reise näher kennen, doch ist es möglich, dass diese wachsende Kenntnis nicht eine zunehmende Vertrautheit, sondern, im Gegentheile, eine zunehmende Entfremdung zur Folge hat?
Es wäre, so glaube ich, wohl ungerecht, für die Distance zwischen ihnen und mir alleyne ihren Dünkel und ihre Arrogance verantworthlich zu machen. Denn fraglos setzt sich, wenn auch bloss in der Region des Gemüths, meine Gewohnheit forth, alleyn zu reisen und Vertraute nur aus der Ferne an meinen innersten Erfahrungen Theil haben zu lassen.
Auch wäre es den thatsächlichen Verhältnissen unangemessen, sie alleyn auf Grund ihres höheren Standes als eine mir entgegengesetzte Parthey anzusehen. Ist nicht Jeder für sich ganz alleyn, ja, vielleicht ist Jeder von ihnen noch einsamer als ich, der ich ohne Gefahr der Compromission zwischen der Classe der Herren und jener der Bedienten oder Sclaven hin- und herüber wechseln darf?
So ist denn dieser Bericht bloss das Tagebuch *meiner* Reise. Ihre Reisebeschreibungen, sollten sie denn im Geheimen daran wirken, würde sich womöglich so verschieden von meiner lesen, dass ein unwissender Lector wohl daran zweyfeln könnte, dass es sich um ein und die selbe Reise handelte.

Während de la Motte nun jede freundschaftliche Geste gegen mich – oder das, was ich einmal dafür hielt – peinlich unterlässt, begegnet mir Doctor Schlichter nicht ohne Zuneigung. Hier bin wohl ich derjenige, der die vertraulichen und trostsuchenden Gesten unbeantworthet lässt und auf höfliche Distance besteht. Ich ahne in ihm ein vergleichbares Schicksaal, welches auch mich aus der Heimath trieb, doch will ich seine Geschichte nicht kennen, wenn auch Alles in ihm drängt, sie mir mitzutheilen, als würde schon das Erzählen ihn von der Seelenquaal befreyen.

Den Geschichten der Fremden hingegen lausche ich bereitwillig und ohne zu ermüden, denn die Begegnungen sind flüchtig und die Erzählungen erfordern keine weitere Antheilnahme als das bewegte Zuhören. – Für einen Beichtvater oder Seelenarzt, so musz ich eingestehen, fehlen mir die nothwendigen Anlagen.

Sues, den 3ten März. Da die Einwohner von Sues grösstentheils aus Egyptern bestehen, so findet man hier auch allgemein den egyptischen Dialect. Für „reden" oder „sprechen" bedienen sich die Damascener gewöhnlich des Worthes *elkosch / jilkosch*; dies Worth hat aber bey den Egyptern einen lächerlichen und obscönen Sinn, weswegen sie sich des rein arabischen Ausdrucks *etkellem / jitkellem* bedienen und sich aus jenem Grunde über die Syrer lustig machen. Das Auffallendste in ihrem Dialecte aber ist ihre Aussprache des *Dschim* wie *G*, zum Beyspiel Gibbel, Gissr, Gidda, Giseh und so weiter, statt dass sie wie die Syrer es wie *Dsch* aussprechen. Nichts desto weniger verstehen sich Damscener und Kahiriner eben so gut, wie ein Berliner einen Wiener versteht.

REVEREND JOSEPH FOX zu Wasser, den 4ten März

Bereits zwey Stunden nach Sonnenaufgang haben wir, trotz der grossen Enge auf dem Schiffe, unsere Kisten in dem niedrigen Laderaum desselben verstaut und es uns auf dem Verdecke bequem gemacht; dennoch trifft der Capitain keine Anstalten, in See zu stechen. Er warte noch auf einen weiteren Passagier. – Da wir die Ankunft unserer Verfolger fürchten, offerirt de la Motte dem Capitaine, für den noch fehlenden Reisegast den Fahrpreis zu entrichten, damit jener nur endlich die Segel setzen lasse. Alleyn, der Capitain nennt eine so exorbitante Summe, dass de la Motte nicht einmal zu handeln beginnt. Es müsste sich schon um den Sultan von Brunai mit seinem ganzen Haarem und seiner zahlreichen Dienerschaft handeln, sollte die Forderung des Capitains nicht nur ein grimmiger Scherz seyn. Allerdings ist kaum für einen einzigen Reisenden noch Platz auf der bereits überladenen Dau.
Gegen Mittag sehen wir von der Strasze nach Kahira her, gleich einem Trugbilde, Reverend Joseph Fox mit einigen vollbeladenen Lastkameelen auf der flimmernden Luft zu unserer Anlagestelle schwimmen. Er begrüsst uns mit breitem Lächeln: Die Eile und die Musse treffen sich an der Fähre, besagt ein arabisches Sprichworth! und veranlasst die Schiffsleute, ihn und seine zwey Dutzend Kisten samt der Kameele an Bord zu befördern, was einen nicht geringen Aufruhr auf und im Schiffe und um das selbe herum verursacht, weil die Kameele offenbar mit einem ungetrübteren Sinn für die Möglichkeiten und Begrenzungen der Meeresschifffahrt als ihre Treiber ausgerüstet.
Auf wundersame Weise gelingt es den Bootsleuten aber, die Weisheit der Thiere auf das Maass menschlicher Vorurtheile zu reduciren und sie unter die Herrschaft unserer Vernunft, oder was wir dafür auszugeben pflegen, zu zwingen. Ehe ich mich nun zwischen den beyden gleicher Maassen unerquicklichen Uebeln, entweder den Häschern des Kadis Sette Seineb in die Hände zu fallen und auf dem lieblichen Muskyplatze den Kopf zu verlieren, oder den Haifischen, dem mörderischen Piratenpacke oder einfach dem grossen, dem grund- und uferlosen Salzmeere zum

Opfer, dehnt sich dieses schon zwischen meiner Unentschiedenheit und dem einen der möglichen Schicksaale.
Reverend Fox zeigt sich auf geradezu herausfordernde Weise gut gelaunt. Sein Landsmann Lewis, der ja auch uns nicht unbekannt sey, habe ihn vor der geplanten „Säuberungsaction" der Kahiriner Behörden gewarnt. – Da wir auf Grund der Enge unseres Gefährts einander nicht ausweichen können, bin ich wahrzunehmen gezwungen, wie sehr er, im Gegensatz zu meinen Cameraden und mir, das blühende Leben selbst repräsentirt. Während wir, wie nahezu alle Abendländer, in den Monaten unseres Reisens viel, ja, jeglichen körperlichen und seelischen Ballast, jeden entbehrlichen Tropfen Lebenssaft und jede überschüssige Unze Jovialité und Unschlitt verloren, hat er zweyfellos an alledem noch zugesetzt, obwohl er ohnehin nicht dem Ideale eines mager-spaltsinnigen Puritaners entsprochen, sondern schon bey unserer ersten Begegnung eher den Eindruck eines pubertair-pyknischen oesterreichschen Opernsoprans vermittelte. Allenfalls das pfirsichrothe Haar weist auf seine angelsächsische Herkunft hin, doch die ansonsten schnell geröthete und sich entblätternde Marillenhaut der Engländer spannt sich über seine wohlgenährten Wangen in gesundestem butterbirnengelb.
Er bietet uns von seiner üppigen Brodtzeit an, und erneut sehe ich meinen heiligen, weil unvernünftigen Widerwillen vom billigsten italienischen Landweine corrumpirt.

Nun verwundert es mich nicht mehr, dass der Capitain der Dau auf Reverend Fox so geduldig wartete: Sie scheinen seit langer Zeit mit einander vertraut, obgleich sie kaum unterschiedlicher seyn könnten. Hier der heitere, freygiebige und raisonable Geistliche, dort der rohe, verschlagene und mit einem brutalen Witz versehene Bootsführer von theils arabischer, theils africanischer Abkunft. Gemeinsam ist Beyden alleyn ihre profunde Fettleibigkeit, welche die Brutalität des Einen und die Gedanckenschärfe des Anderen ins Talgich-Gesetzte mildert.
Der Capitain will seinem Busenfreunde einen Sclaven freyer Wahl zu besonders günstigen Conditiones verkaufen. Ohne Zögern lässt sich der Geistliche, ich weiss nicht, ob im Ernst oder im Scherze, auf diesen Handel ein. So lässt der Schiffsherr denn seine menschliche Ware, die vor unseren Blicken verborgen im engen und stickigen Frachtraume bey den Kameelen untergebracht, auf Deck peitschen und vor uns abendländischen Verdeckgästen defiliren.
Seine lange Erfahrung habe gezeigt, so erklärt er dem grösstentheils amüsirten Publicume, dass Negersclaven aus der einen Province bessere Anlagen zu einem gewissen Geschäfte bezeigen, als Negersclaven aus einer anderen. Aus diesem Grunde bestünden seine Matrosen aus Sclaven von Szuakem. Die von Habbesch eigneten sich vor allem zum Handel, jene von el Szauahel zu Hand- und Feldarbeiten. Der Reverend brauche ihm nur den Verwendungszweck des Sclaven mitzutheilen, und er werde ihm schon den Vortrefflichsten auswählen.
Reverend Fox spielt bereitwillig seine Rolle in diesem unwürdigen Spectacel und flüstert dem Capitaine etwas ins Ohr. Dieser lächelt breit und lässt einen jungen Neger aus der Schaar der Verclavten herbey führen.
Weder er noch irgend einer seiner Leidensgefährten zeigt auch nur die geringste Spur von Bitterkeit oder Empörung in den Gesichtern. Und als der Capitain dem Jungen zuruft: *Jalla!* Los! beginnt er ohne weitere Umstände und zum Ergötzen der Passagiere

und Schiffsleute, „Frere Jacque“ zu pfeifen. Er habe nicht nur, commentirt der Capitain das kleine Divertissement, französisch zu pfeifen, sondern auch ebenso zu sprechen gelernt, da er in einer fränkischen Missionsstation aufgewachsen und unterrichtet worden sey. Weil nun seine Kenntnisse und seine Cultivirtheit seinen Werth als Arbeitssclaven mindern würden, habe er ihm eigenhändig die Zunge herausgeschnitten.

Ich habe von Sclaverey viel gehört und auf unserer Reise auch manches Sclavenschicksaal bedauern gelernt. Doch wirklich vorstellen habe ich mir bisher nicht können, was es heisst, wenn Menschen auf Menschenjagd gehen; wenn Menschen andere Menschen wie Viehheerden zusammentreiben; wenn sie Menschen wie Vieh – oder rücksichtsloser als Vieh, weil der Preis eines Negers auf den Märkten geringer als der eines Rindes ist – verfrachten und verschiffen, und sie wie Last- und Arbeitsthiere auf Viehmärkten verschachern.
Der Junge beginnt, da ihm sein Herr nicht Einhalt geboten, seine Vorstellung aufs Neue, wie eine Spieluhr, die man abzustellen vergass. Unterdessen erzählt der Capitain vom Ueberfall auf die Missionsstation, welche sich vor Allem um die zurückgelassenen Waisen vorangegangener Beutezüge kümmerte. Nun hätten die Franken die Bälger ins profitabelste Sclavenalter gefüttert, so dass sich die Sclavenjäger weitere Streifzüge ins Landesinnere haben sparen können, wo man ihrer Entreprise zweyfellos einen grösseren Widerstand entgegengesetzt hätte, als es die unkriegerischen Missionsleute zu thun in der Lage gewesen.
Hier befinde ich mich nun auf einem schwankenden Sclavenmarkte und wünsche mir zum ersten Male den Reichthum eines Croesus, um die armen geschundenen Creaturen aus den Händen ihrer Peiniger loszukaufen. Oder ein Heer entschlossener Krieger, jene gewaltsam zu befreyen. Oder wenigstens Rednergabe und Ueberzeugungskrafft. Doch alleyn mein Herz schlägt empört, mein Mund indes bleibt stumm. Was kann er sagen, dass nicht selbst die Gepeinigten in Gelächter ausbrächen?

Reverend Fox applaudirt der kleinen Vorstellung, doch entgegnet, dass er für einen lustigen Missionspfeifer gegenwärthig keine Verwendung habe, da er in ernsteren Geschäften unterwegs sey. Dennoch danke er seinem Freunde für das grossmüthige Angebot. Der Capitain nickt verständnisvoll und befiehlt seinen Matrosen, „Frere Jacque" und seine Gefährten wieder unter Deck zu bringen, auf das der Anblick ihres Elends den Schiffsgästen nicht die theure Passage verleide.

Zu Wasser, den 6ten März. Ich hatte mir vorgenommen, fremde Sitten und Gebräuche zu betrachten und zu documentiren, ohne sie bewerthen oder gar verurtheilen zu wollen. Doch scheint es einen Grad der Tolerance zu geben, an welchem aus Duldsamkeit und Nachsicht Grausamkeit und Mitthäterschaft werden. Wann ist dieser Grad der Umwerthung erreicht? Darf ich so etwas Unberechenbares und Principienloses wie ein Gefühl, und sey es auch ein zutiefst menschliches, zum Maassstab meines Handelns machen?

Wäre es nur die barbarische Sitte fremder Continente – alleyn, es sind auch Europäer, die an den Küsten Africas Männer und Frauen aus ihren Dörfern rauben und sie auf ferne Continente verschleppen, damit die wider Recht und Glauben ihrer Freyheit Beraubten auf den Tabak-, Zuckerrohr- und Baumwollplantagen europäischer Herren ihre Lebenskrafft opfern.

Die masquenhaften Züge des schwarzen Jungen verfolgen mich bis in meinen Schlaf, denn sein ganzer würdeloser Auftritt erweckte den unerträglichen Eindruck, als habe man ihm nicht nur die Zunge, sondern die Seele aus dem Leibe geschnitten.

Sind sie nicht genug, zwey Dutzend junger, noch nicht zu sehr entkräffteter Männer, mit dem an Zahl nur halb so starken Schiffsvolke kurzer Hand abzurechnen, seyen Erstere auch an Händen und Füssen gebunden und Letztere mit Messern und angespitzten Stöcken versehen. Fesseln lassen sich lösen und jeder Bootshaken, jedes Zimmermannsbeil zur Waffe verwenden.

Ich sage der Wache, ich wolle nach unserem Gepäcke sehen. Einer der Bootsmänner giebt mir eine Laterne in die Hand und

lässt mich unter das Verdeck steigen. Der Laderaum der Dau ist so niedrig, dass ich kaum aufrecht stehen und die Kameele des englischen Geistlichen nur liegen können. Jeden Morgen füttert er die Thiere mit einem dem Baldrian verwandten Kraute, das er vom Capitain erhalten und welches die zusammengepferchte Heerde müde und krafftlos macht, doch ohne sie in wirklichen Schlaf zu versetzen.
Auch die schwarzen Männer liegen noch wach. Ich sehe ihre weit geöffneten Augen stumpf im Scheine der Laterne schimmern. Man hat ihre Füsse mit eisernen Schellen gefesselt und an einander gekettet, und diese Kette zwischen den beyden Masten der Dau angeschlossen. Da unsere Kisten am vorderen Mast gestapelt liegen, habe ich Gelegenheit, beyläufig die genaue Weise ihrer Fesselung zu prüfen.
Ich nehme zwey Flaschen Portwein aus der Privatkiste de la Mottes, welche, zur wohl genügenden Rechtfertigung dieses Diebstahls, nicht für den persönlichen Genuss, sondern für die Unterhaltung der beyden frierenden Wachmänner auf Deck bestimmt sind.
Dann leuchte ich wie zufällig über die Schaar der Gefangenen hin und suche das Gesicht Frere Jacques, welches mich heute Nacht um den Schlaf gebracht hat. Doch die Dunkelheit des Orthes und die Schwärze ihrer Gesichter machen sie für mich nahezu ununterscheidbar. Hätten sie alle in gleicher Stumpfheit das grausame Spiel des Capitains erduldet? – Je revenirai! flüstere ich ihnen zu.

Ich teile den alten Ford mit neun weiteren mitreisenden und ihrem gepäck. Die alten, nach einfachem nachtlager und straszenstaub riechenden männer mit ihren dunklen, unrasierten, tiefzerklüfteten gesichtern und eher zartgliedrigen, doch zernarbten händen scheinen die enge in dem klapprigen gefährt offenbar zu genieszen. Sie haben mich wie ein kostbares beutestück in ihrer mitte plaziert. Ständig ruhen ihre blicke und hände auf dieser seltsamen pretiose.

Straszensperren des militärs unterbrechen immer wieder die fahrt. Paszkontrolle. Suche nach waffen. – Eher symptom für als heilmittel gegen die wachsende unruhe im land. Bei einer schieszerei mit schwerbewaffneten stammeskriegern hätte die handvoll grimmig blickender, flaumbärtiger rekruten kaum eine chance, der staatlichen autorität einen überlegenen ausdruck zu verleihen.

Über zwei pässe, an endlosen qatfeldern vorbei, führt die asphaltstrasze richtung norden, bis die alten im auto auf den schroffen gebirgszug vor uns weisen und *Thillā* und *Kaukabān* ausrufen. Ich sehe zunächst nur eine graugelbe, fast senkrecht in die höhe ragende felswand. Erst nach und nach erkenne ich an und auf den steilen felshängen festungsähnliche häuserkuben im gleichen gelbgrauen farbton der berge, aus den rohbehauenen steinen der region errichtet.

Nach wie vor wirken die beiden festungsstädte uneinnehmbar. Und tatsächlich können sie auf eine über tausendjährige geschichte zurückblicken, in der sie nicht einmal besiegt und eingenommen worden sind. Doch ist Kaukabān im letzten bürgerkrieg von der luft aus angegriffen worden. Noch immer sind im ort die ruinen der zerbombten häuser zu sehen.

Am fusz des festungsberges liegt Schibām, endstation des sammeltaxis aus Ṣana‘a. Nach Kaukabān führte bis vor kurzem nur ein schmaler, steiler maultierpfad, der leicht verteidigt werden konnte. Heute gibt es eine asphaltierte strasze, die von Schibām um den berg herum bis in die festung führt. – Ich schlendere über

den markt von Schibām, ein staubiger, unregelmäszig umbauter platz, auf dem sich menschen, vieh, fahrzeuge und verkaufsstände planlos drängen. Vor einem *mata'am,* einem traditionellen jemenitischen restaurant, auf der schattenseite des marktes suche ich mir zwischen den anderen gästen einen platz, bestelle einen tee und beobachte das ungeordnete treiben vor mir.
Ein junge, wohl aus der gegend, in der hier üblichen kleidung, mit krummdolch und gewehr bewaffnet, fordert mich auf, sein bohnengericht mit ihm zu teilen. Wir reiszen kleine stücke aus den brotfladen und löffeln damit den rotbraunen, dickflüssigen eintopf vom blechteller. Hin und wieder lacht der junge hell auf, ohne ersichlichen anlasz, aus reinem vergnügen offenbar, und zeigt dabei einen goldenen schneidezahn in einer reihe ansonsten weiszer, makelloser zähne, die man hier, selbst bei kindern, sonst nur selten findet.
Er lädt mich ein, ihn in sein dorf zu begleiten. Thafir läge etwa eine halbe stunde mit dem auto von Schibām entfernt am hang eines bergmassivs, das die ebene von Schibām im westen begrenze. – Auf meiner Jemen-karte finde ich den ort nicht verzeichnet.
Er kauft noch einen sack zucker. Dann warten wir am straszenrand auf einen wagen, der uns in sein dorf mitnehmen kann. – Die ladefläche ist mit hühnerkäfigen vollgestellt. Wir klettern auf das dach des führerhauses und halten uns an den rostigen streben des gepäckträgers fest. Wir sitzen in der mittagssonne, doch im kühlen fahrtwind spüre ich die glut der sonne nicht. Erst am abend nehme ich die verbrennungen in meinem gesicht wahr.
Die fahrt führt über einen unasphaltierten, von schlaglöchern und steinbrocken übersäten feldweg, an terrassierten, von kniehohen dämmen eingefaszten äckern vorbei. Hier und da weist Abdallah auf das bebaute land und sagt, dieser boden gehöre seiner familie. – Unser sitzplatz ist nicht ungefährlich. Ich scheuere mir an den rostigen streben die fingerknöchel blutig und jauchze doch mit Abdallah bei jedem schlagloch laut auf.
Im dorf erregt unsere ankunft ein nicht unbeträchtliches aufsehen. Der uns umringenden schar kinder und junger männer ruft

Abdallah vom dach des lieferwagens zu, ich sei ein guter alter freund aus *Almania*. Die männer strecken uns ihre arme entgegen und helfen uns herunter. Abdallah nimmt mich an die hand. Die letzten schritte zu seinem haus gehen wir zu fusz, ein seltsamer, unverdienter triumphzug.

Zum diwan haben nur noch gute freunde, familienangehörige und die honoratioren des ortes zutritt. Abdallah serviert tee und erzählt jedem neuankömmling wieder und wieder die lange, bewegende geschichte unserer freundschaft, bis das erzählen auch ihn schlieszlich ermüdet und es ihn wieder hinausdrängt. Er will mir das dorf und wohl dem dorf auch mich zeigen.
Begleitet von einem dutzend nachbarjungen führt er mich zunächst zu den verfallenen häusern am felshang, dem ältesten teil des ortes: dunkle, fast fensterlose, aus grobbehauenem stein gemauerte trutzburgen, die von den bewohnern bereits vor jahrhunderten aufgegeben und durch »modernere« bauten ersetzt worden sind, den traditionellen wohntürmen mit einem hellen empfangs- und festraum im obersten stockwerk, im Jemen *mafradsch* genannt.
Auf dem berg befänden sich die ruinen einer osmanischen festung. Ein pfad ist kaum noch zu erkennen. Immer wieder fordern die kinder mich auf, langsam zu gehen und mich, wenn nötig, auszuruhen. Von »gehen« kann gar keine rede sein. Während sie wie junge gemsen die felsen hinaufspringen, folge ich ihnen verschwitzt und keuchend. Sie strecken mir ihre hände entgegen, zeigen mir weniger gefährliche wege, warten geduldig, bis ich ihnen gefolgt bin, weisen auf alles, was ihnen interessant erscheint: raubvogelnester, höhlen, fundamente alter wehrtürme, ausgetrocknete zisternen, die aufenthaltsorte der dschinne und ghule – und erzählen zu jedem ort die dazugehörigen geschichten.
Ich verstehe nur wenige ihrer worte, doch die landschaft spricht für sich. Mit dem aufstieg eröffnet sich ein atemberaubender blick über die grünbraune ebene bis zu den grauen felswänden von Thillā und Kaukabān. Die luft ist trocken und klar. Nichts trübt die sicht selbst auf entfernteste details.

Das speicherbecken der ehemaligen osmanischen festung ist mit einem rest grünbrackigen wassers gefüllt. Sie trinken davon, doch warnen mich, es ebenfalls zu probieren. Ihre warnung ist unnötig, doch weisz ich ihre fürsorge zu schätzen. Ähnlich aufmerksam erlebe ich sie auch im umgang untereinander. Bereits drei- und vierjährige haben sich unserem ausflug angeschlossen. Niemand wird abgehängt oder zurückgelassen, keinem seine langsamkeit zum vorwurf gemacht.

Was bedeutet ihnen diese anstrengende kletterei, die für mich ein abenteuer, für sie aber teil ihres alltags ist. Stecke ich sie mit meinem staunen an, so dasz auch für sie das längst vertraute wieder zu etwas auszergewöhnlichem wird? – Sie sitzen neben mir auf den verstreuten steinblöcken der ehemaligen festung, von denen kein mensch weisz, wie sie hier herauf geschafft wurden, nun schweigend, den blick mit mir in die ferne gerichtet.

ABDALLAH TANZT

Thafir 18. 9.

Heute nacht von der uraufführung eines theaterstücks geträumt. Der bühnenraum ein öffentliches schwimmbad, das ensemble eine gruppe rumänischer flüchtlinge. Zunächst verstehe ich selber nicht, um was es in dem stück geht, womöglich weil sie einen teil des textes in ihrer heimatsprache aufsagen oder weil sie gegen den text(-sinn) agieren, eine grelle collage aus bettelei, erpressung, bandenkrieg und tod; schwarzweiszprojektionen auf der wasseroberfläche, die sie durch einen sprung ins becken, ohne zuvor ihre ärmlichen anzüge abgelegt zu haben, zerstören.

*

Wir steigen ins dorf herunter. Das essen für den gast ist bereits zubereitet. Wir sitzen um eine grosze pfanne reis mit huhn und verständigen uns mit einwortsätzen. Wir können informationen austauschen, doch einander kaum etwas erzählen. Jedem neuankömmling wiederholt Abdallah deshalb meine wenigen mitteilungen, um das gespräch nicht abbrechen zu lassen.
Sollten meine auskünfte ihm seltsam oder unverständlich erscheinen, so läszt er sich davon nichts anmerken. Trotz seiner jugendlichen ausstrahlung bleibt er der souveräne gastgeber. – Ich spiele mit dem gedanken, eine weile in diesem dorf zu leben und meine sprachkenntnisse zu vertiefen. Ich könnte ein eigenes haus mieten, regelmäszig unterricht nehmen und den dorfalltag studieren. Ich frage, ob der dorflehrer englisch spreche. Vielleicht kann er mir bei verhandlungen mit den dorfbewohnern behilflich sein.

Der nachmittag bricht an. Die männer versammeln sich zur qatrunde. Abdallah, ohnehin ein unruhiger mensch, ist von der droge so angeregt, dasz er im diwan zu tanzen beginnt. Er fordert mich auf, es ihm gleich zu tun. Noch von der bergsteigerei erschöpft, lehne ich höflich ab. Doch schaue ich ihm aufmerksam zu.

Er nimmt seinen freund Salim an die linke hand, in der rechten hält er die dschambija. Sie beginnen mit einer einfachen schrittfolge. Die männer klatschen den rhythmus. Salim überläszt Abdallah die führung, doch versucht, seine bewegungen denen Abdallahs anzugleichen.
Der rhythmus beschleunigt sich. Nach kurzen, wiegenden vorwärts- und rückwärtsschritten gehen die tänzer abrupt in die knie, schnellen wieder hoch und machen zwei, drei rasche sprünge. – Abdallah tanzt mit einer anmut, die den kriegerischen charakter des tanzes vergessen läszt. Nur die blitzende klinge des krummdolchs erinnert daran, dasz dieser männertanz ursprünglich zur vorbereitung auf den kampf inszeniert worden ist.
Die bewegungsfolge wird komplizierter, doch haben sich die tänzer so aufeinander eingestimmt, dasz sie sich in vollendetem gleichklang miteinander bewegen. Im bewegungsablauf lassen sich gesten des angriffs, aber auch die gegenseitiger ermutigung und fürsorge erkennen. Hin und wieder stöszt Abdallah jubelnde triller aus. Sein ganzer körper ist in diese wilde tänzerische pantomime eingetaucht, voller spannung und leichtigkeit zugleich.
Morgen wird er wieder einen ochsen vor sich hertreiben und barfusz oder in löchrigem schuhwerk den staubigen acker pflügen.

Ich nehme mir vor, mich genauer mit den stammestänzen zu beschäftigen. In welchem verhältnis steht tanz zum spiel, das zumindest seine etymologischen wurzeln in der tänzerischen bewegung hat? – Bereits nach dieser ersten begegnung mit dieser tanzform ist mir klar, dasz es sich nicht allein um einen zeitvertreib oder ein vergnügen handelt.
Ich fühle mich sicher aufgehoben in dieser runde fremder männer. Vergesse fast, dasz ich nicht dazugehöre. Dasz ich die dinge, die um mich herum geschehen, anders wahrnehme als sie.

Binsenmatten und armeedecken werden ausgebreitet. Das nachtlager ist hart und staubig. Ich verkrieche mich, nur halb ausgekleidet, unter der zu kurzen decke. Die kälte eines sternklaren

gebirgsnacht kriecht durch die undicht schlieszenden türen und fenster. An der gegenüberliegenden wand Abdallah, Muhammad und Salim, in ihren straszenkleidern, nur den dschambijagürtel abgelegt und sorgfältig an einen nagel in der wand gehängt. Sie reden, lachen, scherzen weiter. Finden keine ruhe. Ich verstehe kaum ein wort von dem, was sie einander sagen.
Endlich löschen sie das licht. Doch still wird es nicht. Sie kriechen zueinander unter eine decke. Ich liege wach und friere und frage mich, was ich hier zu suchen habe. Ihre vertrautheit schlieszt mich aus. Der dreck, das essen mit den fingern, das verrichten der notdurft vor der tür, das brackige trinkwasser, der übersüszte tee, die verrotteten zähne, die abgearbeiteten, frühgealterten menschen, die hitze und die kälte gehören zu einer anderen welt. Auch wenn ich sie verstehen lernen könnte, wie sollte sie je mich verstehen können?

*

Frühstück. Fladenbrot, ausgelassene butter, rührei, *qischr*, ein aufgusz aus den schalen der kaffeebohnen. Abdallah und die anderen freundlich, als sei nichts vorgefallen. Und auch ich verhalte mich wie ein nachtwandler, der von seinen nächtlichen taten beim erwachen nichts mehr weisz.
Doch begleitet Abdallah mich nicht, wie versprochen, nach Schibām zurück, bringt mich nicht einmal bis zum ortsausgang, ein auto für mich anzuhalten. – Er verabschiedet sich kurz, geht ins haus zurück. Hat einen anstrengenden, arbeitsreichen tag vor sich.

FAISAL Ṣana'a 19. 9.

Arabischstudent an der Neuen Universität in Ṣana'a. Kluges, ein wenig kantiges gesicht. Will lehrer werden. Treffe ihn im Teehaus 26. September.
Erzählt, dasz jemeniten wenig spielten. Die erwachsenen vertäten ihre tage mit dem konsum von qat, die kinder müszten bereits früh den eltern bei der arbeit helfen. Kindheit sei weniger klar vom erwachsenenalter abgegrenzt als im westen. In den dörfern lernten die jungen mit fünf jahren den gebrauch von schuszwaffen, mit sieben das fahren eines landrovers, mit zwölf oder dreizehn würden sie verheiratet, und bald darauf setzten sie eigene kinder in die welt. Mädchen kümmerten sich, kaum selbst der brust entwöhnt, bereits um jüngere geschwister oder hülfen den frauen im haushalt. – Kindheit sei eine lebensphase, die es so schnell wie möglich hinter sich zu lassen gelte.
Spiel werde mit kindheit in verbindung gebracht und daher negativ bewertet. Selbst wenn mancher zeitvertreib der erwachsenen spielerischen charakter habe, würde ihn niemand als spiel bezeichnen. Diese benennung käme einer beleidigung gleich.
Doch so wenig kindheit und erwachsenenalter voneinander zu trennen seien, so wenig seien es arbeit und spiel. Von einem augenblick zum anderen könne eine ernsthafte tätigkeit in eine spielerische übergehen. Immer wieder würden arbeiten von scherzen, neckereien, gesängen begleitet oder unterbrochen. Arbeit im Jemen sei noch nicht in solchem masze mechanisiert, dasz sie den menschen ihren rhythmus aufzwänge. Der vor den pflug gespannte ochse bleibe stehen, der topf könne vom feuer genommen, die töpferscheibe angehalten werden, wann immer es den menschen zu einer unterbrechung treibe.

·

Jeder stamm und jede stadt, ja, jeder stadtteil habe seine eigenen spiele, lieder und tänze. – Die gegend von Mārib sei für ein studium traditioneller lebensweisen sicher der richtige ort. Zwar habe der technische fortschritt auch vor den entlegenen tälern der Rub' al-Chali nicht haltgemacht, doch seien sitten und an-

sichten der kriegerischen stämme jener region davon kaum berührt worden.
Doch hätte ich von diesen stolzen, abweisenden wüstenkriegern nichts zu befürchten. Die entführungen der letzten zeit seien ausschlieszlich politisch motiviert gewesen: mitarbeiter ausländischer ölfirmen, die ohne erlaubnis der dort ansässigen stämme das land ausbeuteten. Die regierung habe ohne absprache mit den traditionellen landeignern konzessionen vergeben. Auf diese weise versuchten die geprellten stämme, ihre althergebrachten rechte geltend zu machen.
Nach wie vor sei es unter umständen sinnvoll, sich unter den schutz eines angesehenen stammes zu stellen oder zunächst zu klären, ob den wüstenbewohnern ein besuch willkommen sei, ehe ich allein ins Leere Viertel aufbräche.

*

Penelope warnt, mir nur flüchtig bekannte leute ins Institut einzuladen: Normalerweise ist es im Jemen sitte, zunächst den fremden, den gast zu sich einzuladen. Zumindest solltest du die adressen der jungen leute kennen. Oftmals erhoffen sie sich nur die begegnung mit frauen oder den konsum von alkohol. Auch darfst du nicht vergessen, dasz in der gegenwärtig sehr gespannten politischen situation alle ausländischen einrichtungen äuszerst gefährdet sind.

Faisal sitzt bereits an einem der festbetonierten steintische, als ich mich zur verabredeten zeit im teehausgarten einfinde. Zunächst plaudern wir über meine alltagserfahrungen: Brot zum beispiel sei nicht einfach *chubs*, sondern, je nach zutaten, zubereitung oder form *ruti*, eine art baguette, *chas* oder *kudam*, (*kadma*: biszwunde), verschiedene brötchensorten, *maludsch*, ein groszes fladenbrot, oder *qafu'a*, eierkuchen. Natürlich unterschieden sich die bezeichnungen auch je nach regionalem dialekt und sozialer schicht.
Ich komme auf das spiel zurück. Er relativiert seine mitteilungen vom vortag: Als kind habe ich sehr viel gespielt, meist drauszen, auf der strasze, mit anderen jungen. Viele spiele sind mir entfallen. Doch grösztenteils hat es sich wohl um ballspiele gehandelt. Womöglich gab es auch nicht immer bestimmte namen oder regeln für die unzähligen spielvarianten.
Doch erinnere ich mich an ein kreisspiel, *ḥalaqah* (zirkel, ring, kette) genannt. Eine gruppe von jungen bildet einen kreis und faszt sich an die hand. Ein durch los oder abzählen bestimmter mitspieler wird aus dem kreis ausgeschlossen. Seine aufgabe ist es nun, einen der jungen aus dem kreis zu reiszen und seine position einzunehmen, während die anderen gruppenmitglieder den angreifer mit ihrem ganzen körper, doch vor allem mit den beinen, abzuwehren versuchen, ohne einander loszulassen.
Bei diesem spiel geht es sehr rauh zu. Nicht selten gibt es blutergüsse oder ausgeschlagene zähne. – Faisal weist auf eine zahnlücke in seinem ansonsten regelmäszigen gebisz. – Ein kaum weniger gewalttätiges spiel sei *mīn ṭal'a al-qala'ah tawalāhā* (der, welcher die burg einnimmt): Die spieler errichten einen kleinen sandberg oder wählen eine kleine natürliche erhebung, die »burg«. Dann teilt die spielgruppe sich in zwei etwa gleich starke mannschaften, stellt sich in einiger entfernung von der burg auf und stürmt nach einem zuvor vereinbarten signal auf die burg zu. Ziel des wettstreits ist, als erste partei die burg zu erobern und sie gegen die angreifenden gegner

zu verteidigen. Auch bei diesem spiel sind alle körperlichen mittel erlaubt.
In meinem dorf, berichtet er weiter, vertreiben wir uns vor allem während des fastenmonats Ramadan die zeit mit spielen, um bis zur letzten mahlzeit vor sonnenaufgang wach zu bleiben. Natürlich sind nicht alle spiele so wild wie die soeben beschriebenen. Ein im ganzen Jemen verbreitetes »brettspiel« ist *naūbah* (wechsel, reihe, fall), für das aber in den seltensten fällen ein fertiges spielbrett verwendet wird. Normalerweise graben die spieler zwei reihen mit je sechs mulden in den sand und legen in jedes »haus« vier steine.

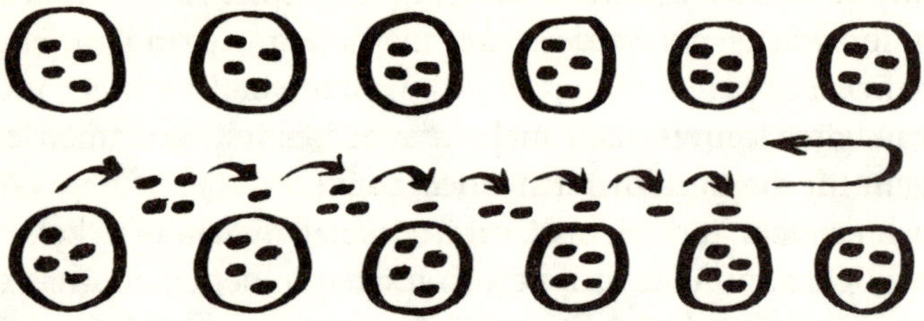

Als spielsteine können auch bohnen, nüsse, münzen oder murmeln verwendet werden. Die grundregeln dieses spiels sind einfach, so dasz auch jüngere kinder es schnell begreifen und schon bald mitspielen.
Der erste spieler nimmt alle steine aus einem haus seiner seite und verteilt sie gegen den uhrzeigersinn in den folgenden mulden. Es geht darum, steine aus der gegnerischen reihe zu erobern. Häuser des gegenspielers dürfen geplündert werden, wenn der letzte stein eines zuges in eine gegnerische mulde fällt, die nur »schwach« verteidigt wird, das heiszt nur mit einem oder zwei steinen besetzt ist. Auch alle unmittelbar davor liegenden »schwachen« häuser dürfen geleert werden.
Trotz der einfachen regeln erfordert das spiel grosze aufmerksamkeit. Erfahrene *naūbah*-spieler kennen eine fülle unter-

schiedlicher taktiken und listen. Um die feinheiten dieses spiels zu verstehen, musz man es wohl selber spielen.

*

Zurück im Institut. Finde eine nachricht von Penelope vor. Ich solle Abdul Malik al-Makrami anrufen. Er sei professor für anthropologie an der Universität Ṣana'a, möglicherweise der einzige in ganz Jemen. Ein wenig chaotisch, aber kompetent. Sicher könne er mir weiterhelfen. Sie habe ihm bereits von mir erzählt. Er würde sich freuen, mich bald kennenzulernen. – Am telefon eine überraschend sanfte stimme: Er habe leichtes fieber, eine sommergrippe. Es sei wohl besser, uns nach meiner Mārib-fahrt zu treffen. Dann: ob das paket angekommen sei. Ich solle auf ihn warten. Er werde es gleich abholen. – Trotz der leichten sommergrippe.
Ein kleiner, untersetzter mann mit stirnglatze und strähnigem, bis zu den schultern reichenden nackenhaar, kleinen runden augen hinter dicken brillengläsern und einem weichen, fast weiblichen mund im bartlosen gesicht. Sowohl die körperfülle als auch die bartlosigkeit sind für jemeniten äuszerst ungewöhnlich.
Er fragt mich, was ich in dem aktenkoffergroszen paket vermuten würde. Ich schaue achselzuckend auf den in arabischen lettern beschrifteten lieferschein: Bücher? Er lächelt verschmitzt: Er würde mich gerne morgen nachmittag zum tee empfangen, falls sein delikater gesundheitszustand ihn nicht kurzfristig noch zu einer absage zwinge.

Er wolle das land eine zeitlang verlassen, sagt Abdul Malik: Das soziale klima ist gegenwärtig so antiintellektuell, dasz ich mich bereits physisch bedroht fühle. Meine schriften sind verboten, oder, was noch schlimmer ist, werden gar nicht zur kenntnis genommen. Andererseits wird bereits eine klage über den unerträglichen staub in den straszen als oppositionelle äuszerung gewertet. Alles, das reden wie das schweigen, ist in diesem land gefährlich.

Mein letztes theaterstück – er weist auf das paket, das er am vortag aus dem Institut geholt hat – habe ich im ausland drucken lassen, in einer kleinen auflage, versteht sich. Warum ich theaterstücke in einem land ohne theater schreibe? Ja, es ist absurd, doch habe ich mehrmals mit freunden ein theater zu gründen versucht. In Ṣana'a gibt es sogar eine spielstätte, die aber allein für politische kundgebungen genutzt wird und ansonsten leersteht.

In 'Aden ist in folge des britischen einflusses eine kleine, lebendige theaterszene entstanden. Doch hat in der traditionellen arabischen kultur theater im europäischen sinne keine wurzeln. Zwar gibt es tanz, passionsspiel, schattentheater und dramatisches erzählen, auch ist der jemenitische alltag voller theatralischer elemente, doch wird der beruf »schauspieler« als unmännlich, unehrenhaft und blasphemisch angesehen.

Wer im Jemen ein theater gründen will, musz an die vorhandenen theatralischen traditionen anknüpfen. Ob es aber gelingen wird, diese traditionen zu einem professionellen spiel im geiste Stanislawskis oder Brechts weiterzuentwickeln, ist auch im hinblick auf die bestehenden bühnen im arabischen ausland, in Kairo, Bagdad oder Beirut eher zu bezweifeln. Nicht nur deshalb, weil keine familie einem ihrer söhne, von den töchtern ganz zu schweigen, eine schauspielausbildung gestatten würde, sondern weil auch ein emanzipiertes publikum fehlt.

Natürlich findet jedes auch noch so banale oder lächerliche ereignis sofort einen interessierten zuschauerkreis. Du brauchst nur in den suq zu gehen und einen kleinen unfall oder streit zu inszenieren. Schon drängeln sich um dich zuschauermassen, von denen mancher theaterdirektor nicht einmal zu träumen wagte. Doch würde man auf der bühne realistische oder provozierende szenen darstellen, liefen die schauspieler gefahr, für diese »lügen« oder provokationen stehenden fuszes verprügelt zu werden. Den als-ob-charakter des schauspiels zu verstehen musz von den zuschauern erst noch gelernt werden.

Wir kauen qat, das nach und nach seine leicht stimulierende wirkung entfaltet. Wir kauen ausschlieszlich die jungen blätter und zweigspitzen der frischgeernteten bündel, die Abdul Malik am mittag in einem der vielen qat-suqs für unsere nachmittagssitzung besorgt hat. Wir trinken wasser dazu, weil tee oder kaffee die wirkung des qat negativ beeinflussen könnte. – Die pharmakologischen bestandteile dieser droge sind komplex und trotz jahrzehntelanger forschung noch nicht vollständig entschlüsselt. Doch scheint die hauptstimulanz eine chemische verbindung namens Cathinon (-alpha-propriophenon), eine in ihrer wirkung den amphetaminen ähnliche substanz zu sein. Sie erhöht puls- und atemfrequenz und die motorische aktivität. Auf das nervensystem lassen sich sowohl sensibilisierende als auch analgetische effekte nachweisen. – Mit dem nachlassen der wirkung allerdings gleitet der konsument nicht selten in eine schwere depression.
Abdul Malik suckelt am elfenbeinernen mundstück seiner *meda'a*, der groszen jemenitischen wasserpfeife. Tabakgenusz während des qatkauens gilt als wirkungsfördernd. – *La'ib*, spiel, bezeichne im arabischen allein das kinderspiel: Vergleichbare tätigkeiten der erwachsenen werden als *tasiliah*, als zeitvertreib betrachtet. Erwachsene »spielen« nicht: Die spielerischen tätigkeiten der erwachsenen, brettspiele, wettkämpfe, tänze oder feste, sind den anderen verrichtungen des alltags nicht entgegengesetzt, sondern stehen in gleichberechtigtem ernst neben arbeit, essens- oder ruhezeiten.
Als kinder sind wir, das heiszt die jungen in Ta'iz, oft sehr rüpelhaft miteinander umgegangen. Ein spiel, an das ich mich erin-

nere, *hūrī* (gefahr), hat allein aus einem wettstreit mit dem ziel bestanden, den gegenspieler zu fall zu bringen. Dabei haben nur die beine zum angriff und zur verteidigung eingesetzt werden dürfen. Nicht immer ist es in diesem spiel nur bei blutergüssen geblieben.

Könne also jede beliebige tätigkeit, selbst eine kriegerische, durch die haltung, es sei doch nur ein spiel, zum spiel werden? – In der stammesgesellschaft ist das spiel der jungen noch ungleich gewalttätiger. Nach meinem eindruck gibt es in den dörfern weniger regelspiele als in der stadt. Die meisten spiele kommen mit einfachstem spielmaterial, sand, steinen, stöcken, oder ganz ohne hilfsmittel, allein mit den körpern der spielenden aus. Und viele spiele bestehen einfach aus der nachahmung erwachsener tätigkeiten. Jungen spielen »raubzug«, »jagd«, »zweikampf«, »stammeskrieg«, »gericht«; auch die mädchen imitieren häufig einfach die typisch weiblichen verrichtungen.
Ich frage Abdul Malik, ob er folgender these zustimmen könne: *Je traditioneller und einfacher eine gesellschaft strukturiert ist, um so kürzer ist die phase der kindheit und um so geringer und schlichter sind ihre spiele. Je komplexer sich eine gesellschaft darstellt, um so länger sind kindheit und jugend und um so differenzierter ihre spiele.* – Folgen wir diesem gedanken bis in die modernen, postindustriellen gesellschaften des westens, entdecken wir darin tendenzen, kindheit und jugend immer weiter ins erwachsenenalter hinein auszudehnen und immer mehr tätigkeiten und verhaltensweisen als spiel zu betrachten oder zumindest jugendlichkeit und spielerische einstellung, im gegensatz zur traditionellen gesellschaft, als positive werte anzusehen.
Allein als ausgangs-, als hypo-these wolle er meine polarisierende sicht gelten lassen: In der von dir behaupteten entwicklung von einfacher (= traditioneller?) zu komplexer (= moderner?) gesellschaft vermisse ich die gegenbewegung, die – nicht nur im spiel – zu wachsenden vereinfachungen in den sichtweisen und haltungen innerhalb der modernen, von dir »komplex« genannten gesellschaften führt. Sicher, in der traditionellen gesellschaft herrschen nachahmungsspiele vor. Doch sind nachah-

mungsspiele weniger komplex als regelspiele? Ist es nicht eher so, dasz in der arbeitsteiligen gesellschaft der stadt die eigene familie nicht mehr jene umfassende anregung zur imitation bietet wie die traditionelle dorfgemeinschaft, in der nahezu alle menschlichen lebensbereiche zum erfahrungsraum der kinder gehören?

Folgen wir dieser entwicklung von der arabischen zur europäischen stadt, so finden wir dort das angebot nachahmbarer tätigkeiten innerhalb der kindheitsfamilien noch weiter reduziert. Kaum gibt es noch »handwerk« oder »haushalt«. Erwachsene bedienen schalter und tastaturen. Das kochen, waschen, reparieren, selbst die »unterhaltung« haben maschinen übernommen. Allenfalls diese umfassende technisierung des alltags hat noch vorbildfunktion für das kind, dessen spiel inzwischen nicht weniger von techniken, sowohl die spielmittel als auch die handhabung betreffend, durchdrungen ist. Bei vielen spielen hat die maschine sogar schon den spielgefährten ersetzt. Kann das einsame, möglicherweise auch komplizierte fertigkeiten voraussetzende spiel komplexer als das gemeinschaftliche sein?

Nun, er wolle mit seinen einwänden meinen forschungsergebnissen nicht vorgreifen. Ich solle in die stammesgebiete reisen und meine eigenen erfahrungen sammeln. Ihm fehle, trotz der stadtkindheit, der abstand, der »fremde blick«, da die traditionelle lebensweise der wüstenbewohner für alle araber ein ursprungs- und vorbildmythos sei. Natürlich liege diesem mythos eine idealisierung des eher harten und entbehrungsreichen dorfalltags zugrunde, doch falle es selbst ihm schwer, dieses ideal einer überschaubaren und geordneten welt aufzugeben.

Unsere Ankunft in Dschidda wird von einigen ungünstigen Umständen begleitet. Daher begebe ich mich gleich an das Haus des Kaufmanns, auf welchen mir Düwall einen Wechsel übergeben hat. Alleyn, ich werde von diesem Manne sehr kalt aufgenommen. Den Wechsel hält er für ungültig, mein arabisches und über dies durch den Streit auf dem Schiffe recht zerlumptes Aussehen würde wohl auch einen weniger misstrauischen Mann vorsichtig gemacht haben. Also bleibe ich weiterhin auf den Grossmuth und den Lohn meiner Gefährten angewiesen. Ich ziehe in einen der zahllosen öffentlichen Chans der Stadt, und mit mir Hans-Jakob und Jacque, während de la Motte und Schotenbauer in einem angemieteten Hause, nicht weit von unserem Gasthofe, logiren.

Dschidda, den 11ten März. Am heutigen Morgen begeben Schlichter und ich uns auf das Zollhaus, um unsere Koffer und Kästen auszulösen. Wir befürchten, dass alles sehr genau durchsucht werde, aber die Zollbeamten sind sehr höflich. Als Schlichter merckt, dass der Inspecteur vor allem an seinen Instrumenten interessirt ist, sucht er Einiges hervor, von dem er glaubt, dass es ihm und den anderen im Zollhause versammelten Männern angenehm zu betrachten sey.
Er zeigt ihnen allerhand Curioses unter seinem Vergrösserungsglase. Indessen bitte ich einen Bedienten, dass er mir eine lebendige Laus bringen möge. Dieser scheint es anfänglich Uebel zu nehmen, dass ein Europäer dergleichen Ungeziefer bey ihm erwarte. Doch als ich verspreche, dafür einige Para zu bezahlen, so findet sich alsbald das Verlangte.
Nichts erfreut die Männer mehr, als diese Laus so vergrössert zu sehen. Alle Anwesenden betrachten dieses ungeheuerliche Thier und zuletzt wird der Bediente gerufen, der nicht weniger erschrickt und bey Gott und den Propheten schwört, dass er niemals eine solche Elephantenlaus an sich gesehen und dieses Thier

nothwendig eine africanische oder europäische Laus seyn müsse. Dessen ohngeachtet erzählt er seinen Freunden, dass er so glücklich gewesen, heute von einem Europäer für eine Laus drey Para erhalten zu haben. Unsere Ankunft hat sich bereits in der ganzen Stadt herumgesprochen. Doch nach dieser Auskunft glauben die Leute, wir müssten denn eine besondere Art von Europäern seyn und etwa Läuse besser zu verwenden wissen als die Araber. – Am Abend findet sich vor unserem Chane wohl ein Dutzend Burschen ein, die uns ganze Krüge voller Läuse, das Stück für einen Para, anbieten.

Dschidda, den 12ten März. Der Markt von Dschidda hat wenig Aehnlichkeit mit den Suqs von Kahira, in denen ich für wenige Para Vorräthe für zwey oder drey Wochen einkaufen konnte. Der Preis von allen Dingen ist hier auf ungeheure Höhen gestiegen, weil die Zufuhren aus dem Innern Arabiens gänzlich aufgehört haben. Die ganze Bevölkerung des Hedschas, durch eine osmanische Garnison und Schaaren von Pilgrimen, welche täglich anlangen, vermehrt, hängt alleyn von den Zufuhren aus Egypten ab.
Als Ursache für den Mangel an Waren und die folglich überhöhten Preise werden mir die verschiedensten Gerüchte genannt. Im Suq der Schlächter ist von einem Aufstand verschiedener Nomadenstämme die Rede, so dass die wöchentliche Belieferung mit frischem Hammel- und Ziegenfleisch ausgeblieben. Im Getreyde-Suq hingegen höre ich, dass die Frühjahrswinde statt des Regens in diesem Jahr nur riesige Heuschreckenschwärme aus der Nubischen Wüste ins Land getragen. Im Suq der Heil- und Küchenkräuter wiederum läuft das Gerücht um, in den Dörfern entlang der Pilgerroute sey eine Seuche ausgebrochen, welche die von ihr Befallenen innerhalb weniger Stunden dahinraffe. Zur Ansteckung, so fügen einige besonders gut unterrichtete Händler hinzu, genüge bereits das Einathmen der verseuchten Luft.
In den Cafféhäusern nun werden die verschiedenen Gerüchte zu unterschiedlichen, gleichwohl schlüssigen Geschichten zusammengeführt: Die Dürre habe die Viehhirten zur Plünderung

der behördlichen Getreydespeicher getrieben; sogleich habe der Scherif seine Janitscharen gegen die Plünderer entsandt, woraufhin die Hirten die Brunnen und Wasserstellen entlang der Pilgerroute vergifteten. – Eine andere Variante lautet: Der Scherif habe zur Versorgung der erweiterten Garnison von den umherstreifenden Nomadenstämmen einen Theil ihrer Viehheerden confiscirt, woraufhin jene die Felder und Gärten der Fellachen in Brand gesetzt, was eine allgemeine Hungersnoth hervorgerufen. Die Fellachen hielten sich nun an den Pilgergruppen schadlos, indem sie jene nach Räubermanier und am hellichten Tage ausplünderten, was den Scherifen alsbald nöthigte, mit jeder Pilgercaravane einen Janitscharentrupp marschiren zu lassen. Auf diese Weise jedes Unterhalts beraubt, seyen viele Dorfbewohner verhungert und die wenigen Ueberlebenden so ermattet, dass ihnen sogar die Krafft fehle, ihre Todten zu begraben.
Eine nicht weniger überzeugende Spielart lautet, dass Pilgrimme oder auch einige der neu angelangten Janitscharen eine hier zu Lande unbekannte Seuche eingeschleppt, welche auf die zarthe Natur der Hedschasis verheerend wirke, während sich die rohe Constitution der Fremdländer von der ihnen vertrauten Krankheit gänzlich unbeeindruckt zeige. Innerhalb kürzester Zeit seyen dieser Seuche so viele Fellachen zum Opfer gefallen, dass die Gärten und Felder unbestellt blieben und der Ernteausfall zu einer allgemeinen Verknappung der Nahrungs- und Futtermittel führte. Schliesslich hätten sich die mit den Dorfbewohnern verbündeten Hirtenstämme – nach der Version eines Gemüsehändlers – gegen die wachsende Schaar der Pilgrimme oder – nach der Version eines müslimischen Geistlichen – gegen die vergrösserte Parthey der Janitscharen erhoben.

Dschidda, den 14ten März. Caffé wird in Hedschas ausschweifend viel getrunken; es ist nicht ungewöhnlich, dass ein Mann 20 bis 30 Schaalen an einem Tage trinkt. In einigen Buden kann man *Keschre*, welcher aus Hülsen der Caffébohnen gebraut wird, erhalten, der kaum weniger wohlschmeckend ist, als der von Bohnen bereitete.

Eine der Buden wird von Männern besucht, welche den *Haschysch*, eine Zubereitung der Hanfblüthen mit Tabak vermischt, rauchen, was eine Art Berauschung erzeugt. *Haschysch* wird immer mehr und vorzüglich unter den Fellachen gewöhnlich.
In all diesen Cafféhäusern wird die persische Pfeife geraucht, von welcher es drey verschiedene Sorten giebt: Die *Kedra*, welche die Längste ist und auf einem Dreyfuss ruht; sie ist schön gearbeitet und wird vor allem in Privathäusern gefunden; die *Schische*, in Syrien *Argyle* genannt, kleiner, aber wie die Erstere geformt; an sie wird eine schlängelnde Röhre angefügt, durch die der Rauch eingezogen wird; und schliesslich die *Bury*, welche aus einer rohen Cocosnussschaale, die das Wasser hält, und einem dicken Rohr statt des Schlauchs besteht. Diese Pfeife ist der beständige Begleiter der niederen Stände und all der Matrosen des Rothen Meers, welche sehr unmässigen Gebrauch davon machen.
Die Cafféhäuser sind den ganzen Tag mit Volk angefüllt, und gewöhnlich ist an der Front ein Dach errichtet, unter dem auch Männer sitzen. Die Zimmer, Bänke und kleinen Hocker sind sehr schmutzig und bilden einen starken Contrast zu der in den Cafféhäusern zu Damascus bemerckenswerthen Sauberkeit und Elegance.
Angesehene Kaufleute sieht man nie in den Cafféhäusern; aber die einfachen Leute und Matrosen haben ihren beständigen Aufenthalt daselbst. Jedermann hat sein bestimmtes Haus, wo er mit denjenigen, mit welchen er Geschäfte hat, zusammenkommt. Ein Araber, der es nicht erschwingen kann, seinen Freund zu sich zum Mahle zu bitten, lädt ihn ins Cafféhaus ein und ist sehr beleidigt, wenn die Einladung nicht angenommen wird.
In den Cafféhäusern Dschiddas sehe ich keine Geschichtenerzähler, die in Kahira und mehr noch in Damascus so häufig anzutreffen sind. Hier tragen Alle nach ihrer jeweiligen Afexion oder Ingenieusität zur allgemeinen Unterhaltung bey. Auch wird beständig von einem Theil der Gäste *Mankale* und *Dama* gespielt, dessen Regeln aber etwas von den europäischen verschieden sind. Indessen sehe ich Niemanden Schach spielen, obgleich man mir sagt, dass es nicht unbekannt sey und vorzüglich vom Scherifen geliebt werde.

Unser Hofplatz ist in den ersten Tagen beständig voll Araber, welche begierig sind, Europäer zu sehen. Obgleich sich alle sehr höflich bezeigen, so sind sie uns doch bisweilen zur Last. Nicht selten halten sie uns zunächst für egyptische oder türkische Bediente unseres Wirthes, und fragen uns nach uns selber. Erst die Auskunft Anderer, wir wären doch wir, lässt uns in ihren Augen ungewöhnlich erscheinen, auch wenn es eigentlich nichts Ungewöhnliches zu entdecken giebt.
Wir beauftragen deswegen die wirklichen Bedienten unseres Chans, Keinen zu uns kommen zu lassen, welcher nicht ein Gewerbe habe. Nun lässt man uns zwar mehr Ruhe, alleyn, es kommen dennoch Viele unter dem Vorwande, den Arzt sprechen zu wollen, welche Hans-Jakob nicht zurückweisen will, auch wenn Etliche der vorgebrachten Beschwerden gemeiniglich von der Art sind, dass wir uns dabey des Lachens kaum erwehren können. Der Eine zeigt sich besorgt, weil er seit längerer Zeit seinen Puls nicht mehr fühle, der Andere bringt vor, dass er am Morgen nicht habe aufwachen können. – Doch ist Hans-Jakob binnen weniger Tage durch nichts so berühmt als durch ein Brechpulver, welches er einem *Baskateb*, einem Schreiber des Scherifen, verschrieben hat. Dies wirkt nach oben und unten so heftig, dass meinem Freunde bey der Verschreibung nicht wohl war. Weil die Araber unter den abführenden Arzneyen aber die stärksten zu lieben scheinen, so verlangen alle folgenden Patienten ein ebenso wirksames Vomitiv, als der *Baskateb* erhalten hat.

Dschidda, den 18ten März. Die alltäglichen Consultationen finden ein jähes Ende, als am achten Tage unserer Ankunft Schlichter selbst von einem heftigen Fieber befallen wird, welches wahrscheinlich auf den Genuss von unreinem Wasser zurückzuführen ist. – Er liegt seit gestern im Delirium. Dennoch sehen die Cameraden nicht von ihren Reiseplänen nach Mekka ab.

Da ich ihre Pläne ohnehin für irrwitzig und lebensgefährlich halte, erbiete ich mich, ihre Rückkehr in Dschidda abzuwarten und mich unterdessen um den kranken Freund zu besorgen.

Dschidda, den 20ten März. Trotz einiger lichten Pausen will das Fieber und die Mattigkeit des Freundes nicht aus seinem Körper weichen. Jacque und ich wechseln uns bey der Wache ab.
De la Motte und Schotenbauer sind am Morgen in der lächerlichsten Verkleidung und unter der Führung eines türkischen, also der Gegend unkundigen Dragomans nach Mekka aufgebrochen. Niemand wird sie für Pilgrimme halten, doch Viele werden sie, wenn nicht gleich für Ungläubige, so doch wenigstens für verhasste Türken ansehen. Was giebt es für sie, ausser der Befriedigung ihrer Neugier, auf diesem gefährlichen Excurse zu gewinnen?
Doch muss ich gestehen, dass auch mir alleyn die Neugier als Legitimation für manches Abentheuer genügte.

Dschidda, den 22ten März. Müde schon vom Wachen und Sorgen am Lager des ohnmächtigen Freundes kommt es in Mitten der Nacht zu einem seltsamen Gespräche mit meinem Wachgefährten Jacque. Seltsam in so fern, als unser Sprechen, wenn auch unser Zuhören nicht, ungleich vertheilt. Doch bin ich mit der Zunge zwischen seinen Lidern bereits so vertraut, dass ich nun des Lesens so mächtig wie er des Redens.
Seltsam auch in so fern, als unsere Conversation um so centrale Fragen unseres Daseyns kreist, dass selbst sprachmächtigere Disputanten Mühe hätten, die richtigen Worthe oder auch das richtige Schweigen zu finden, zumal die Nacht weit forthgeschritten und wir Beyde gleicher Maassen vom Dienste an unserem Freunde erschöpft.
Du bist in keiner Weise verpflichtet, mit mir am Lager des Cameraden zu wachen, sage ich zu Jacque. *Tu es libre*, du bist frey! – Du

weisst nicht, was frey seyn bedeutet? Du bist frey von jeder Verpflichtung. – Gut, du bist frey deine Verpflichtungen selbst zu wählen.
Du widersprichst? Du willst sagen, Verpflichtungen seyen niemals frey gewählt, sondern immer aufgetragen oder ertheilt? Schon vor der Gefangennahme seyst du Sclave gewesen, Sclave der Tradition, der Stammesbrüder, der Lebensumstände; und nach der Befreyung seyst du immer noch Sclave der Lebensumstände, Sclave des Alterns, der Sinngebung und natürlich des Todes.

Der Sinngebung? Was meinst du? Willst du mir sagen, wo es Sinn gebe, könne es keine Freyheit geben? So hälst du dein Leben nun, wo du frey bist, für sinnlos? Oder verhält es sich contrair: Das Leben müsste sinnlos seyn, dürften wir uns für frey halten? – Ah, in deiner Muttersprache giebt es weder eine Vocabel für *Sinn*, noch eine für *Freyheit*? Erst die Missionsbrüder haben dich diese Fremdwörther gelehrt: Sinn sey kein Gegenstand, sondern ein Attribut. Sinnvoll sey, was verstanden werden könne. Doch haben sie nicht erklärt, was *verstehen* heisst. – Hat dich die neue Sprache nicht bereichert? Nun kannst du wählen zwischen den vertrauten und den fremden Wörthern.
Wörther für was? Sie haben einander die Bedeutungen geraubt wie zwey wilde Thiere, die um ein Revier kämpfen und Beyde auf der Strecke bleiben. – Solange das Worth Freyheit nicht existirte, habt ihr euch frey gefühlt? Doch dann sind die Missionsbrüder gekommen, euch von eurer Unwissenheit zu befreyen: Frey seyd ihr, um an Gott zu glauben und Guthes zu thun. Ob das ein *sinnvoller* Satz sey, fragst du? Du verstündest ihn nicht.

Plötzlich überfällt mich ein tiefes Gefühl der Verlorenheit. Alle unsere Gedancken führen zu einem Abgrund. Vielleicht würden wir verstehen, wenn wir uns hinein stürzten. Doch begnügen wir uns zu glauben.
Warum sind wir da? – Du liest meine Frage aus meinem Schweigen. Wir haben keine Wahl, antworthest du. Von unserer Geburt an sind wir Sclaven des Daseyns.

Doch können wir unsere Art des Daseyns nicht wählen? – Du blickst auf den ohnmächtigen Freund. – Hat es nicht auch in deinem Dorfe Masquen und Costüme gegeben, habt ihr euch nicht verkleidet und eure Rollen gewechselt? – Auf Festen, ja, für eine begrenzte Zeit. Doch wird es für dich keine Feste mehr geben. Feste beruhen auf Traditionen und auf Gemeinschaft. Das alles ist zerstört worden.

Vor allem beruht ein Fest auf Freude! Sobald du dich wieder deines Lebens freust, wirst du auch wieder Feste feyern. – Nein. Es wären die Feste der Anderen. Du gehörst nicht dazu. Und ein Fest kann man nicht alleyne feyern, so wie man sich auch nicht alleyne masquiren und verkleiden kann. Die Wurzeln aller Feste sind abgeschnitten, jede Freude ist ein verdorrter Zweig.

Wir können ohne Sinn leben, wenn wir uns des Lebens freuen. Wir können sogar ohne Freude leben, wenn wir uns eines Sinnes sicher sind. Doch fehlt uns Beydes, Lebenssinn und -freude, so sind wir fürwahr nicht mehr zu retten. – Wir dürfen nicht noch weiter gehen.

Dschidda, den 23ten März. Ich gehe noch einen Schritt weiter. Wir dürfen nicht stehen bleiben und in den Abgrund starren, bis uns schwindelt. Wollen wir den Abgrund überwinden, brauchen wir Erfindungen.

Manchmal genügt schon das *Finden*, das Entdecken eines Umwegs, einer Brücke, einer Fügung. Doch lässt ein Uebergang sich nicht finden, *erfinden* wir ihn.

Ist es nicht gar so, dass wir nur finden, was wir erfinden?

Die Geschichte unseres Geistes ist eine Geschichte der Erfindungen. Bereits die Kinder beginnen damit: Sie nehmen die vorgefundene (Un-)Ordnung und beseelen sie (neu). Ihr Spiel ist die erste Erfindung des Menschen.

Anstatt zu einer Befreyungsaction der leichtsinnigen Gefährten aufbrechen zu müssen, sind diese bereits vor der erwarteten Zeit von ihrem Excurse zurück. Nicht als Gefangene, sondern als Gefangennehmer treffe ich sie wieder.
Mitten in der Nacht rufen sie mich vom Krankenlager Schlichters forth in ihr Haus, das still und unbeleuchtet da steht und ganz verlassen scheint, als dürfe Niemand von ihrer Rückkehr wissen. Im verhängten Diwane sitzen sie bey einander, de la Motte und Schotenbauer und, anstatt des türkischen Dragomans, ein gefesselter und geknebelter Hedschasi. Ich solle ihnen dolmetschen helfen, fordern sie mich auf.
Sie sehen selbst im herunter gedrehten Licht der Lampe wie Gespenster ihrer selbst aus: todtenbleich, die Haare zerrauft, die Hände bluthig, die Kleider zerrissen, – Sie mögen mir zunächst berichten, was geschehen sey, bitte ich sie. Dieser Lump, so hebt de la Motte mit tonloser Stimme an und weist müde auf den Gefangenen, dieser liederliche Kerl habe mit einigen Spiessgesellen ihrer kleinen Caravane einen ungerechten Wegezoll abpressen wollen. Natürlich habe de la Motte sich diesem Anschlage widersetzt. Als nun ihr Dragoman zu vermitteln suchte, sey er von einem jener Schurken hinterrücks niedergemacht worden. Nun habe er selbst zum Schwerdte gegriffen und sich auf die frechen Meuchelmörder gestürzt. Bey dem ungleichen Kampfe, in welchem selbst Schotenbauer mit seinem Federmesser tapfer zustach, so dass einer der Kujone, vom Altphilologen präcis am Halse tractirt, noch während des Gefechts jämmerlich verbluthete, sey bis auf Jenen hier, der sich feig im Hintergrund gehalten, die ganze Räuberbande niedergestreckt worden.
Da sie nun des Dolmetschers beraubt und wohl auch gewisser Inconveniencen ob dieser Bataille gegenwärthig gewesen, hätten sie sich entschlossen, nach Dschidda zurückzukehren und daselbst das weitere Vorgehen in Ruhe zu bedencken.
Ich lobe ihren klugen Entschluss und frage sie, wann sie den Bandenführer der Obrigkeit übergeben wollten.

Es gäbe da noch eine gewisse Irritation, ergreift nun Schotenbauer das Worth, deshalb hätten sie mich zu so späther Stunde noch herbey gerufen. Dieser gemeine Aufschneider behaupte doch frank und frech, dass er ein Bruder des Scherifen sey und seine Räubercomplicen als Wachleute im Dienste eben jenes Herrn gestanden hätten. Ehe sie in dieser Particularität nicht völlige Sicherheit erlangt, sey es wohl nicht opportun, den Beystand der Obrigkeit in Anspruch zu nehmen.
Ich stimme Tertulio mit ernster Miene zu, ohne in Tonfall oder Worth die Curiosität ihres Abentheuers zu commentiren. Ich würde mich unverzüglich an das Verhör des Politicus machen, solange sie nur dafür Sorge trügen, dass jener sich still verhalte, wenn man ihm den Knebel abnehme. Mit warmherzigen Blicken geben sie ihrer Dankbarkeit für meine tactvolle Zurückhaltung Ausdruck. Um so grimmiger flankiren sie dann, mit Schwerdt und Federmesser bewaffnet, den grosssprecherischen Pair.
Allons! beginne ich die Befragung, du verstehst, dass wir angesichts einer gewissen Willkür der Rechtsprechung in den arabischen Ländern uns keinesfalls auf ein gerechtes Urtheil in dieser Cause verlassen können. Bist du also thatsächlich ein Bruder des Scherifen, so bleibt uns nur, dich deinen Spiessgesellen in die *Dschehenna* nachzusenden. Bist du aber nur und in Wirklichkeit ein ganz Anderer, ein Prahlhans und Aufschneider, so können wir dich dem hiesigen Kadi übergeben; in diesem Falle bliebe dir noch eine Frist, deine Haut und ihren nichtswürdigen Inhalt zu retten, indem du dein Gaunerhandwerk zur Bestechung des Gerichts oder der Bewachung verwendest. So dencke also nach und sag uns, wie du dich entschieden.
Verfahrt mit mir, wie ihr wollt, ungläubige Hunde, erwidert der Gefangene mit ruhiger und fester Stimme, doch werdet ihr der strafenden Hand meines Bruders nicht entkommen. – Freunde, wende ich mich wieder den Cameraden zu, ich befürchte, ihr seyd Gefangene eures Gefangenen. Es bleibt wohl nur der Meuchelmord oder die rasche Flucht, soll unsere Reise nicht schon hier, fern ihres Ziels, ein unwürdiges Ende finden.

Mārib, einstmals hauptstadt des königreichs von Saba. Heute eine staubige ansammlung von läden, werkstätten, unfertigen häusern und armeebaracken.
Der weg hierher, trotz der asphaltierten strecke, beschwerlich. Dreieinhalb stunden eingepfercht im sammeltaxi. Über zwei pässe, auf kurvenreicher, übelkeit erregender strasze hinunter ins karge wüstenvorland, sanddünen wechseln mit geröllflächen und staubgrauem gestrüpp, die temperaturen steigen mit jedem meter, den es in die ebene von Mārib hinabgeht, mehrere militärische kontrollpunkte halten uns auf, jedesmal verschwindet ein der lateinischen schrift unkundiger soldat mit meinen ausweispapieren in einem armeezelt, meist bringt sie ein ranghöherer kamerad mit ernster miene zurück, wirft einen prüfenden blick auf mich und überreicht mir schlieszlich die reisedokumente, als handle es sich um eine nur ausnahmsweise gewährte groszzügigkeit.

Ich streife durch den ort. Eine groszbaustelle. Freiflächen, halbfertige gebäude, notunterkünfte. Die wenigen *funduqs* sind am tage verrauchte qatsäle mit apathisch kauenden männern auf den schmierigen matratzen. Eines dieser lager für die nacht kostet den gast 30 rial, beim gegenwärtigen kurs also weniger als einen dollar.
Eigentlich besteht Mārib aus drei orten: der neuen provinzstadt, einkaufs- und verwaltungszentrum für die beduinenstämme der region, dem alten Mārib, das sich einige kilometer entfernt auf einem hügel am ufer des wadi as-Sadd, des »dammtals« befindet, dessen beeindruckende lehmburgen aber seit dem bürgerkrieg grösztenteils in trümmern liegen, und dem sabäischen Mārib, von dessen blütezeit einige freigelegte tempelruinen und der berühmte staudamm von Mārib zeugen.
Die männer sind nicht nur mit dolchen und pistolen bewaffnet, fast jeder trägt auch, selbst bei alltäglichen verrichtungen wie einer autoreparatur oder einem behördengang, ein gewehr über

der schulter. Die waffen scheinen so selbstverständlich teil ihrer alltagsgarderobe zu sein, dasz ich mich von ihnen nicht bedroht fühle. Doch finde ich hier nicht die gleiche offenheit, den fremden zu begrüszen, ihm hilfe anzubieten oder auch nur gesellschaft zu leisten, wie ich es in Ṣana'a erfahren habe. Die männer nehmen mich wahr, mustern mich aufmerksam, warten ab. Ihr blick ist nicht unfreundlich. Aber auch nicht einladend oder wenigstens wohlwollend.
Und sie haben recht. Ich bin hier weder besucher, der nach einem spaziergang zum tempel der Bilqis den ort wieder verläszt, noch gast, von einem der bewohner eingeladen und zum bleiben aufgefordert. Ich bin ein fremder, der, wenn er auch nicht gleich misztrauen erregt, so doch auf befremden stöszt: Was will er hier? Was ist an uns besonderes, dasz er uns auf diese art anblickt? Warum treibt er sich allein in dieser ödnis herum? Hat er keine familie, keine freunde, kein zuhaus? Hat er nichts sinnvolleres zu tun, als auf den stufen eines teehauses zu sitzen, auf unverputzte fassaden und in verwitterte gesichter zu starren?
Aufregende, wache gesichter. Zumindest auszerhalb der qatsäle. Sie reden wenig, doch verstehe ich ihren blick. Von dem, was sie reden, aber verstehe ich fast nichts. Ihr dialekt ist mit dem mir langsam vertraut werdenden ṣana'ani oder dem erlernten hocharabisch kaum noch verwandt. Wie soll ich mich verständigen? Soll ich, ohne zu einem gespräch in der lage zu sein, ins Leere Viertel aufbrechen? Womit könnte ich meine gastgeber entschädigen, wenn nicht durch erzählen?
Ihr blick konfrontiert mich mit der ganzen unüberlegtheit meines hierseins, mit der erpresserischen hilflosigkeit, der uneingestandenen erwartung, dasz man sich meiner schon annehmen werde.

*

Auch hier spielen die jungen, jeder in eine dichte staubwolke gehüllt, am späten nachmittag, wenn die sonne bereits tief im westen steht, fuszball. Später finde ich die männer vor den teehäusern und garküchen bei schach, domino oder *kairam*, eine art

tischbillard, im licht mückenumschwärmter gaslampen. Ich schaue ihnen lange zu. Sie sind ernst und konzentriert bei der sache, die maschinenpistolen auf den knien. Sie blicken nicht auf, laden mich nicht ein mitzuspielen.
Ich bin kein guter spieler. Das heiszt: Ich vergesse mich nicht im spiel. Habe ich je gern gespielt? Jetzt zumindest musz man mich zum mitspielen schon überreden. Warum beschäftigt mich das spiel?

Alt-Mārib ist von beeindruckender tristesse: zerfallene lehmtürme in einer flimmernden, fast lehmgelben luft; fingerstümpfe einer riesenhand, die aus einem schuttberg ragen: möglicherweise die trümmer des palastes der alten sabäischen hauptstadt.
Das billige nachtlager – ungeziefer, kalter pfeifenrauch und hundegebell bringen mich um den schlaf – fordert nun seinen preis. Der fuszweg beträgt nur wenige kilometer, doch nimmt der kopfschmerz zu. Mund, nase und augäpfel sind ausgetrocknet, verspüre aber keinen durst.
Ich würde den ort für ausgestorben halten, entdeckte ich zwischen den wenigen unversehrten häusern nicht ein paar magere ziegen, die in frischen abfällen wühlen. Von den mutmaszlichen bewohnern läszt sich niemand blicken.

Ich sitze auf der terrasse »meines« teehauses, die blicke der männer noch eindringlicher und ernster als am vortag auf mich gerichtet: Was hält ihn noch in dieser trübsinnigen stadt? – Ein gefühl des versagens überfällt mich.
Ein bartloser, unbewaffneter mann in sauberem kleid setzt sich zu mir. Mussa, palästinenser aus Amman. Unterrichtet englisch an der einzigen *secondary school* der region. Natürlich kämen auch die schüler mit krummdolch und gewehr zur schule. Einige familien befänden sich in blutfehde mit anderen familien. Die jungen müszten jederzeit auf einen angriff vorbereitet sein. Die waffen hätten also nicht nur symbolische bedeutung.
Er wirkt erregt und zugleich erschöpft. Sein blick schweift unruhig umher, seine hände zittern. – Die arbeit sei schlecht bezahlt, doch gäbe es in seinem heimatland zur zeit überhaupt keine jobs. Allerdings könne kein lohn der welt für das leben in diesem wüstenkaff, fern jeder zivilisation, entschädigen, einem fast unwirklichen ort, in dem soldatentugenden nach wie vor für wichtiger als eine gute schulausbildung gehalten würden.

Zwei sudanesen laden mich zum tee in ihr haus ein. Auch sie, obwohl seit vielen jahren in Mārib seszhaft, sind hier fremde. Sie gehören zu keinem stamm, stehen unter niemandes schutz. Zugereiste geschäftsleute, von den einheimischen mit herablassung und einem anteil neid auf ihre geschäftstüchtigkeit geduldet.
Dschafar, der jüngere von beiden, umsorgt seinen wenige monate alten sohn so liebevoll, wie ich es im Jemen noch von keinem vater gesehen habe.
Wenn ich in die wüste führe, solle ich mich einem *qabili* anschlieszen. Sei ich in begleitung eines *qabilis*, würde mich kein polizist und kein regierungssoldat zu belästigen wagen. Ich stünde vollständig unter seinem schutz.
qabilah bezeichnet den stamm. Die wurzel ist *qabila*: annehmen, aufnehmen, empfangen, aber auch sich fügen, gehorchen. Zur gleichen wortfamilie gehören *qibal* (macht), *qubla* (kusz), *qabīl* (bürge) und *qābila* (hebamme).
Qabilun, also stammeskrieger, zeichnen sich dadurch aus, dasz sie ihre herkunft auf einen gemeinsamen ahnherrn zurückführen. Einzige autorität ist für sie ihr *scheich* (ältester, oberhaupt), meist der älteste noch lebende vorfahr der stammeslinie. – Konflikte werden innerhalb des stammes oder, gegebenenfalls, zwischen den stämmen, ohne einschaltung der regierung, geregelt. Als zeichen ihrer würde und unabhängigkeit tragen qabilun waffen. Und keine regierung in Ṣana'a wird je mächtig genug sein, sie zu entwaffnen.
Wird ein qabili angegriffen oder auch nur in seiner ehre verletzt, wird damit der ganze stamm herausgefordert. Steht man unter dem schutz eines qabilis, steht man unter dem schutz aller seiner stammesbrüder.

Rückfahrt nach Ṣana'a. Die weite der landschaft, die enge des gefährts, körperliche nähe, hitze, berührungen, bewuste, mechanische. Neben mir ein junger beduine, den karabiner zwischen den beinen, blicke und gesten voller fürsorge mir zugewandt, und doch streng und unnahbar. Wir sitzen aus platznot nah aneinander. Was nimmt der junge krieger davon wahr? Ist es so, dasz nicht das wünschen oder fühlen zählt, sondern nur die tat? Das nicht die tat zählt, sondern nur das licht, das auf sie fällt? Solange sie im verborgenen geschieht, gibt es sie nicht. Selbst Allah sieht im dunkeln schlecht. – Bei unserer ankunft in Ṣana'a ein flüchtiger abschiedsgrusz. Doch bleibt er, das gewehr über der schulter am straszenrand stehen und blickt mir nach.

*

Die gegenwärtige postindustrielle gesellschaft des westens hat die tendenz, ihre strukturen und mechanismen als einen kontext von spielen zu begreifen. Und diese tendenz ist durch viele alltagserfahrungen gerechtfertigt, in denen sich, zum beispiel im umgang mit computern, das spielerische vom ernsthaften nicht mehr unterscheiden läszt.
In einer nach wie vor traditionell strukturierten gesellschaft wie der jemenitischen wird das dasein tendenziell als folge von kämpfen begriffen, von denen sich das spiel durch eigene zeiten, räume und regeln deutlich abgrenzt.

In der westlichen gesellschaft betrachtet sich der mensch zunehmend als (mit-)spieler. Von »fair-play« oder »team-geist« ist nicht nur in der spielgruppe die rede. Das spiel mit menschen, techniken und tastaturen ist aus klarumgrenzten spielräumen und -zeiten ausgebrochen. Es hat seinen als-ob-charakter verloren und einen konkreten einflusz auf das zusammenleben der menschen gewonnen.
In der traditionellen stammesgesellschaft sieht der mensch sich als krieger. Nur kinder spielen. Die sprache dieser krieger ist die sprache der geschichtenerzähler, während die sprache in den westlichen

»kommunikations«-gesellschaften zu einem spiel mit symbolen geworden ist.

Wir haben, möglicherweise zu recht, die auktoriale position des (sich) mitteilens aufgegeben oder verloren. Wir reden nicht mehr »über« etwas, wir reden »mit«. Doch mit der aufgabe der erzählposition ist uns biographie, eher im sinne von lebensschreibung *als* -beschreibung, *verloren gegangen.*

Tausend arten, sich die *sumata* um den kopf zu binden. Und dennoch gibt es eine richtige und eine falsche weise. Oder ist es nur das europäische gesicht unter dem tuch, das die perfekte drapierung wie eine plumpe maskerade erscheinen läszt?
Balkon des *funduqs* am Bab al-Jemen. Sitze hier in einem zustand wachsender idiosynkrasie; gemartert vom trommelfeuer auf alle sinne, ein unbeschreiblicher ansturm von geräuschen, gerüchen, lichtreflexen, eingeschnürt in diesen rauhen, grellfarbenen teppich, von erstickungsängsten bedroht.
Vielleicht bin ich doch ein eher unbeweglicher mensch. Habe mich im Institut behaglich eingerichtet, sicheres asyl inmitten der lärmenden betriebsamkeit dieser stadt. Und nun voll zunehmender unlust, diesen sicheren stützpunkt immer wieder zu verlassen und mich auf unwägbare reisen zu begeben.
Alle gehen einer beschäftigung nach. Ich sitze untätig da. – Gut, ich denke nach. Doch ist denken legitimation genug für mein müsziges dasein? Oder ist selbst diese innere bewegung nichts als ein privilegierter zeitvertreib, ein unnützes gedankenspiel?
Eines der straszenkinder klettert auf händen und knien die eisensprossen der wendeltreppe hinauf. Seine beine sind, offenbar aufgrund einer polioerkrankung, verkrüppelt. Ohne uns gaffende balkongäste eines blickes zu würdigen, verschwindet der junge im diwan des hotels. Ich beobachte ihn durch die groszen fenster. Er kleidet sich in einer ecke zur nacht um. Auf den übrigen matratzen qatkauende alte. Sie lassen ihn unbeachtet, auch wenn er die 30 rial für das nachtlager nicht zahlen kann.
Die tatsachen stehen auszerhalb der tür. Völlig für sich, ohne etwas über sich selber zu wissen oder auszusagen. Was gibt uns kunde von ihnen? (Marc Aurel IX. 15)

Einladung zum qat. – Jemeniten betrachten qat nicht als droge, sondern als eine stimulanz für das gemeinsame gespräch oder als stärkungsmittel bei harter körperlicher arbeit. Auszerdem werden der pflanze vorbeugende, heilende und potenzsteigernde wirkungen zugesprochen. – Normalerweise kaut niemand qat alleine. Qat ist eine soziale droge.
Gesundheitliche schäden, den folgen von alkohol- oder tabakgenusz vergleichbar, sind bisher nicht bekannt. Qat ist jedoch ein ökonomisches problem für den Jemen. Zwischen einem drittel und der hälfte des jeweiligen einkommens geben jemeniten durchschnittlich für den kauf von qatblättern aus (1980 insgesamt zwei milliarden dollar, ein viertel des jemenitischen bruttosozialprodukts). Wegen der beträchtlichen gewinne beim anbau dieser anspruchslosen pflanze nutzen landbesitzer ihre böden überwiegend für den anbau von qatsträuchern, so dasz selbst grundnahrungsmittel, die im Jemen ausgezeichnet gedeihen würden, eingeführt werden müssen.
Qatsitzungen beginnen bereits am frühen nachmittag und dauern gewöhnlich bis zum späten abend. In dieser zeit wird selbstverständlich wenig zum bruttosozialprodukt beigetragen, wenn auch viel zur politischen kultur. Qatsitzungen sind das wesentliche forum zur diskussion gesellschaftlicher und politischer miszstände. Hier werden bündnisse geschlossen, strategien verabredet, entscheidungen gefällt. – Seit meheren jahren versucht die regierung, durch gezielte kampagnen den anbau und konsum von qat einzuschränken. Bisher mit niederschmetterndem ergebnis: War der qatkonsum vor wenigen jahrzehnten noch das privileg einer wohlhabenden, vor allem städtischen elite, gibt es heute kaum einen erwachsenen jemeniten, der sich nicht den qatnachmittag in anregender gesellschaft leistet.

Abdul Malik berichtet von einem auszergewöhnlichen vorfall. Als er am vormittag ein bündel qat kaufen wollte, habe der händler beiläufig angemerkt, er sei ein besserer mensch als sein kunde. Abdul Malik fragt, wie er auf diese gedanken komme. Der händler: Betest du zu den vorgeschriebenen zeiten? Fastest du? Besuchst du die moschee? Abdul Malik: Liest du bücher? Unterrichtest du die jugend? Schreibst du gedichte? – Der händler nimmt sein gewehr und zielt auf Abdul Malik: Wenn du nicht auf der stelle verschwindest, du verderber der jugend, schiesze ich dich nieder.

Abdul Malik lacht: Dieser vorfall ist selbstverständlich nicht typisch für den Jemen. Doch wird das gesellschaftliche klima von tag zu tag intoleranter. Mit den wirtschaftlichen schwierigkeiten wächst der einflusz religiöser fanatiker. – Er zieht ein paar lose blätter aus dem manuskriptstapel auf seinem schreibtisch und liest mir vor. Folgende zeilen behalte ich im gedächtnis:

> Wer bin ich   Selbst
> Die spiegel verleugnen mich
> Mein krankes herz schlägt in Europa
> Seine kalten sprachen sind schnee
> Auf meiner schwarzen zunge

Als ich aus Europa zurückkomme, finde ich auf einem familiengrundstück das haus eines fremden geschäftsmannes vor. Seit jahren prozessiere ich nun, entweder das grundstück zurückzuerhalten oder für die widerrechtliche besetzung wenigstens entschädigt zu werden. Doch verfügt der kaufmann über die besseren verbindungen, so dasz ich mein recht bisher nicht habe durchsetzen können. Die politische wirklichkeit in meinem land ist von den prinzipien eines rechtsstaats noch meilenweit entfernt. – Er wendet sich wieder seinen manuskripten zu: Dies ist der entwurf eines neuen stücks. Es heiszt AL-NAIMUN, die schlafenden.

Die handelnden personen sind ein kaufmann, ein krieger, ein gelehrter, ein landbesitzer. Unterwegs zu einer stadt jenseits der Groszen Wüste kommen sie vom weg ab und verirren sich in der gleichförmigen ödnis. Schlieszlich treffen sie auf einen maultiertreiber. Sie bitten den mann, er möge sie zurück zu ihrer strasze führen. Statt dessen weist der maultiertreiber ihnen den weg ins

Wadi al-Naimun, ins Tal der Schlafenden, in dem menschen, tiere, pflanzen, ja, selbst die steine bis zum ende ihrer tage nicht mehr erwachen.
Die reisenden aber träumen, sie seien ans ziel gekommen. Der kaufmann gründet ein geschäft und erklärt die mitreisenden zu käufern, der krieger baut eine burg und erklärt die mitreisenden zu untertanen, der landmann erklärt sie zu leibeigenen, der gelehrte zu schülern. So gründet jeder seinen hausstand, seinen persönlichen staat, seine eigene welt.
Eines tages kommt ein mann aus dem westen ins Wadi al-Naimun. Er ist im besitz einer medizin, die ihn vor zu viel schlaf schützt. Er läszt sich im wadi nieder und beginnt, darin seine welt aufzubauen. Das material läszt er sich aus seiner heimat kommen, hölzer, farben, schmuck, gewänder, maschinen, bücher … nur die medizin behält er für sich. –
Ich habe weiter über möglichkeiten einer theatergründung nachgedacht. Ich würde dich gerne einigen freunden vorstellen, schriftstellern, intellektuellen, schauspielern beim staatlichen fernsehen. Jeden mittwochnachmittag treffen wir uns zu einem jour fixe im Haus der Wissenschaft.
Übrigens ist mir ein weiteres spiel aus meiner kindheit eingefallen: *jachtaba* (verstecken). Im gegensatz zu der in Europa üblichen spielvariante verbirgt sich nur einer, während der rest der spielgruppe die augen schlieszt. Auf das kommando eines vertrauensmannes beginnt die gruppe mit der suche. Findet sie den verborgenen innerhalb einer vereinbarten zeit, wird er vom weiteren spiel ausgeschlossen.

Den ganzen tag in der institutsbibliothek verbracht. Wohl die umfangreichste sammlung wissenschaftlicher literatur zum Jemen überhaupt. Darunter unveröffentlichte manuskripte, längst vergriffene reiseberichte, dissertationen, zeitungsartikel, briefe. Allerdings ist der katalog in chaotischem zustand: ungeordnete, zum teil unleserliche und gott weisz wie viele fehlende karten. Bleibt mir also nichts anderes üblich als herumzustöbern und bei konkreten wünschen den institutsdirektor um hilfe zu bitten. Dick Barber sei, so Penelope, in dieser bibliothek zu hause. Er habe hier mehr nächte verbracht als in seinem bett. – Sie musz es wissen. Sie ist seine lebensgefährtin.

Die Encyclopaedia Britannica definiert spiel als eine tätigkeit, die ohne bewuszten zweck, aus vergnügen an der tätigkeit als solcher bzw. an ihrem gelingen vollzogen wird und stets mit lustempfinden verbunden ist.
Ist spiel eine tätigkeit ohne bewuszten zweck? Spielen wir nicht, um uns zu unterhalten, zu vergnügen oder zu zerstreuen, um bestimmte körperliche oder geistige fähigkeiten zu trainieren, um gemeinschaft aufzubauen oder zu erleben, um in einer begrenzten zeit anders da zu sein?
Spielen wir aus vergnügen an der tätigkeit als solcher? Sind wir nicht gerade im spiel zu auszerordentlichen anstrengungen fähig?
Verletzen wir einander nicht sogar im spiel? Und wie ist das individuelle lustempfinden mit der absoluten verbindlichkeit und strenge des spiels vereinbar?
Und spielen wir um eines gelingens willen? Spielen wir nicht auch spiele ohne sieger, ohne ergebnisse und ziele? Spielen wir nicht kraft der magischen fähigkeiten unserer phantasie?

Wie definiert ein arabisches wörterbuch das spiel?

Eine gruppe ballspielender jungen lockt mich in eine sackgasse. Fast könnte ich das stumpfe wegende »hof« nennen, da die gasse auf einem engumbauten gepflasterten platz mündet. Auf der türschwelle zu einem der reichverzierten ṣana'anischen wohntürme sitzt ein etwa vierzehnjähriger bursche, der offenbar dem spiel der jüngeren zugeschaut hat. Nun steht er auf, winkt mich heran und fragt: Do you speak english? Ich antworte ihm freundlich mit einigen englischen sätzen. Daraufhin der junge: Parlez vous français? Ich antworte ihm auf französisch, dasz ich mich zur not auch in dieser sprache verständigen könne. Dann, fast akzentfrei: Sprechen Sie deutsch? Ich frage ihn überrascht, wo er deutsch gelernt habe. Lächelnd, doch ohne zu antworten, bedeutet er mir durch eine handbewegung zu warten, dreht sich um und stürzt ins haus.
Wenige augenblicke später kommt er zurück, einen jungen mann hinter sich herzerrend. Mit triumphierender miene schaut er von einem zum anderen. Wir stehen fragend da, doch gibt der junge uns keine erklärung, sondern lacht uns einfach an. Nun müssen auch wir lächeln und geben einander die hand. Der junge mann bittet mich hereinzukommen, nimmt mich an die hand und führt mich durch ein unbeleuchtetes treppenhaus in den diwan.
Er heisze Nūr, *licht*, sei navigator bei der jemenitischen marine und für einige wochen auf heimaturlaub in Ṣana'a.– Er spricht flieszend englisch, denn er hat drei jahre an der marineakademie in Portsmouth studiert. Mussa, sein jüngerer bruder, spreche gleich drei fremdsprachen, allerdings in dem mir schon bekannten umfang.
Ich wundere mich, wo mein misztrauen geblieben ist. Der gesichtsausdruck beider ist so ohne arg, dasz ich nicht eine sekunde zögerte, ihnen ins haus zu folgen. Nun sitze ich mit ihnen im hellen gastraum, nach wenigen minuten bereits in ein anregendes gespräch vertieft, als kennten wir uns schon viele jahre, auch wenn der gesprächgegenstand an diesem ort ein wenig

absurd erscheint: Wir tauschen uns über die unterschiedlichen weihnachtsbräuche der angelsachsen und der deutschen aus.

Es klopft an der tür. Mussa öffnet und nimmt ein tablett mit tee und gebäck entgegen. – Einen kurzen moment nur schauen wir uns an. Das gesicht der jungen frau ist unverschleiert. Ihr blick trifft mich ohne jede scheu, aufmerksam, doch nicht aufdringlich. Ihre gesichtszüge kommen mir vertraut vor. Das sei Thilla, seine zwillingsschwester, bemerkt Nūr. Dann bedeute Thilla sicher *schatten*, scherze ich. Er nickt ernst: Schatten sei unter arabischer sonne nicht einfach die abwesenheit von licht. Es bedeute wohltat, schutz und unter umständen lebensrettung.

Er schlägt vor, ins kino zu gehen, von denen es in Ṣana'a immerhin zwei gebe. – Im kinosaal ausschlieszlich männer. Jeder zweite sessel defekt, zumindest das polster aufgeschlitzt, obwohl dieses kino erst vor einem jahr eröffnet wurde. Die vorstellung beginnt gleich mit dem hauptfilm, der miserablen kopie einer ägyptischen produktion aus den siebzigern. – Zuspätkommende turnen über die sessellehnen zu noch freien, benutzbaren plätzen. In den gängen patroullieren kinder mit bauchläden auf und ab und preisen lauthals ihre erfrischungen an. Ein ständiges kommen und gehen, viel lärm, zwischenrufe, gelächter während der ganzen vorstellung.
Der film: eine dürftige, auseinanderfallende geschichte. Als seien die schnittabfälle anderer produktionen zu einem neuen film zusammengeklebt worden. Die darsteller sind so sehr eine parodie schlechter schauspieler, dasz sie schon wieder komisch wirken. – Dasz die zuschauer sich amüsieren, liegt aber vor allem an den dreisten tabuverletzungen: Viel nacktes fleisch, angedeutete geschlechtsakte, schwache, effeminierte männer, grobschlächtige mannweiber, alkoholgenusz, paartanz, westliche dekadenz (oder das, was in der arabischen gesellschaft dafür gehalten wird), billigster slapstick.

Nūr entschuldigt sich für diesen miszglückten kinobesuch. Ich wehre ab. Zwar hätte ich mich nicht gerade amüsiert, doch eini-

ges gelernt. Er fragt, ob ich hungrig sei. Führt mich in eine der schlichten traditionellen garküchen und bestellt *muschakil*, ein undefinierbares graubraunes eintopfgericht. Wir hocken auf dem boden, den brodelnden suppentopf und das fladenbrot auf einer lage zeitungspapier zwischen uns. Wir löffeln das gericht mit brotstückchen direkt aus dem topf.
Auch hier ausschlieszlich männer. Ich frage ihn, ob den jemeniten frauen überhaupt etwas bedeuteten oder ob sie nicht tatsächlich lieber unter männer seien. – Er schüttelt heftig den kopf: Nein nein, verantwortlich sei allein die tradition. Sie kennten es nicht anders. – Doch kann ich mir keine noch so mächtige tradition vorstellen, die sich auf dauer gegen tiefere sehnsüchte durchzusetzen vermag, widerspreche ich ihm, vor allem, wenn die macht von den wünschenden selbst repräsentiert wird. Was hindert die männer daran, frauen mehr am öffentlichen, das heiszt an *ihrem* leben teilhaben zu lassen?
Wir verabreden, uns am nächsten tag wiederzusehen. Ich frage ihn, ob er nicht lust habe, mich auf einem streifzug durch die altstadt zu begleiten und die spiele der kinder zu beobachten.

Nūr läszt mich warten. Eigentlich müszte ich mit dem unterschiedlichen zeitbegriff der jemeniten längst vertraut sein.
Als er auf meinen tisch zuschlendert, erkenne ich ihn kaum wieder. Statt *senna* und *dschambija* trägt er eine jeans. Seine groszen schwarzbraunen augen sind hinter einer verspiegelten sonnenbrille versteckt. Er lächelt verschmitzt: Do you speak english? Ich sähe wie ein gebildeter jemenite aus. Sicher könne ich ihm weiterhelfen.
Er spricht mit perfektem südenglischen akzent, während ich in meine rede hin und wieder arabische floskeln im weichen ṣana'ani-tonfall einflieszen lasse. Die gäste an den nachbartischen blicken zunehmend verstört. – Wir trinken unseren tee aus und machen uns auf den weg in die altstadt.

*

DŪFNAH heißt *begräbnis*. Die kinder errichten über einer murmel, einem geldstück oder gummiband einen kleinen sandhügel. Aus einigen metern abstand versuchen die spieler, den sandhaufen mit einem stein zu treffen. Gelingt es einem werfer, den vergrabenen gegenstand freizulegen, gehört der »schatz« ihm.

ṢŪRAH (bild, fotografie) nennen die altstadtkinder eine variante von *dūfnah*. Der schatz, ein sammelbildchen, wird nicht vergraben, sondern in den grabhügel gesteckt. Der werfer hat die aufgabe, das bildchen zu treffen, ohne den hügel zu zerstören.

Natürlich beobachten wir auf unserem rundgang immer wieder kinder beim WAQAL, beim hinkeln oder hüpfen (eine ableitung von *qalla:* aufheben, tragen, aber auch weniger werden, unbedeutend sein, selten geschehen). Bei den ganz kleinen kindern spielen mädchen und jungen noch zusammen. Die älteren *waqal*-spieler sind ausschlieszlich mädchen.

Ebenso häufig treffen wir die jungen beim ZURQEĪF, d. h. beim murmeln an. (zir: knopf/qif: halt! bleib stehen! oder qāfa: nachschicken, folgen?) In einem kleinen kreis – oft benutzen die kinder kanaldeckel – werden von jedem mitspieler ein oder zwei murmeln ausgelegt. Aus einigen metern abstand musz der spieler mit einer wurfmurmel eine kreismurmel aus dem spielfeld stoszen. Berührt seine wurfmurmel zwei kreismurmeln, verliert der werfer seine wurfmurmel an das spielfeld. Stöszt er eine kreismurmel aus dem feld, gewinnt er diese murmel und darf noch einmal werfen.

Eine unter vielen varianten des murmelspiels heiszt HODAIDI (hodaidisch). In dieser spielart musz der werfer die murmel, die er aus dem kreis stoszen will, zunächst genau bestimmen.

ṢAĪ SAMAK (fische fangen) ist nach angaben der kinder ein von ihnen neu erfundenes ballspiel: Die mitspieler dürfen den ball nur mit der faust und dem kopf berühren. Treffen sie einen mitspieler an einer anderen körperstelle, scheidet der getroffene aus. Warum die kinder dieses spiel »fische fangen« nennen, können sie uns nicht erklären.

QUFAĪQIF (nach hinten / auf die rückseite), ist ein weiteres ballspiel: Durch los oder auszählen wird ein werfer bestimmt. Er steht mit dem rücken zum spielfeld und schleudert den ball über den kopf hinter sich. Wird der ball von einem der feldspieler gefangen, ehe er zu boden fällt, scheidet der werfer aus. Der fänger wird zum neuen werfer. – Fällt der ball zu boden, wird der fänger von diesem punkt aus ein zuvor bestimmtes mal (einen stein, ein holzscheit, einen kanaldeckel ...) zu treffen versuchen. Gelingt dieser wurf, scheidet der erste werfer ebenfalls aus. Ansonsten darf er, nun unter erschwerten bedingungen, zum beispiel auf einem bein balancierend, ein weiteres mal den ball hinter sich schleudern.

ḤABS ĀMĀN (gefängnis – sicherheit) ist ein mannschaftsspiel. Zwei in einiger entfernung voneinander liegende spielfelder

werden zum »gefängnis« und zur »burg« erklärt. Das gefängnisteam kann mitglieder der burg-mannschaft durch anschlagen gefangennehmen und ins gefängnisfeld bringen, sobald die burgspieler ihr schutzfeld verlassen. In der burg selbst sind die spieler vor gefangennahme sicher. – Aus dem gefängnis können gefangene burgspieler nur durch anschlag freier mitglieder ihrer mannschaft erlöst werden.
Um die spielspannung zu erhöhen, kann die anzahl der in der burg schutzsuchenden begrenzt werden, so dasz sich ständig mitglieder der burgmannschaft auszerhalb des schutzfeldes aufhalten müssen.

Immer noch habe ich mich an die alltäglichen weckrufe vor sonnenaufgang nicht gewöhnt. Lauthals aus dem morgenschlummer gerissen, wälze ich mich eine weile auf der durchgelegenen matratze, doch finde keinen schlaf mehr. Mürrisch stehe ich auf, gehe in die küche hinunter und koche mir einen starken kaffee. Noch ist es ruhig im Institut. Erfahrene orientalisten lassen sich vom ruf des muezzins nicht aus der ruhe bringen.
Ich nutze die frühe stunde für einige anmerkungen zu unseren gestrigen beobachtungen:

Gespielt wird überwiegend im freien, in einer gruppe von gleichaltrigen.
Gespielt wird mit einfachsten spielmitteln (steine, sand, bälle, murmeln, stöcke, seile ...).
Meistens handelt es sich um gruppenspiele mit beliebiger teilnehmerzahl.
Die spielregeln sind einfach und variabel. Ältere oder geschicktere kinder können die spielregeln oder -ziele verschärfen.
In den meisten spielen wird vor allem körperliche geschicklichkeit verlangt.
In den meisten spielen stehen mitspieler oder mannschaften in konkurrenz zueinander. Es gibt sieger und verlierer.
Mit zunehmendem alter trennen sich die spielenden in gleichgeschlechtliche spielgruppen.

Hin und wieder beobachten wir auf unserem streifzug kinder, überwiegend mädchen, hinter improvisierten verkaufsständen, die altes spielzeug, backkartoffeln oder ausgemusterten hausrat feilbieten. Eines jener rollenspiele, die mir aus der eigenen kindheit noch vertraut sind: »kaufladen«, »marktstand«, »post«, aber auch »krankenhaus«, »autowerkstatt«, oder »baustelle«. Alltagserfahrungen aus der welt der erwachsenen werden nachgestellt. Werden sie nachge*spielt*?
Liegt der nachahmung noch eine spielerische einstellung, eine

haltung des »als-ob« zu grunde? Oder ist das kind hier nicht tatsächlich verkäufer (arzt, mechaniker ...), ist es in dieser rolle nicht wirklich »erwachsen«?
Der ballspielende junge würde, frügen wir ihn, selbstverständlich antworten, er spiele. Würde das backkartoffeln verkaufende mädchen die gleiche antwort geben? – Möglicherweise ist nicht jedes rollenspiel ein spiel.

*

Später, am frühstückstisch, ein erstes ausführliches gespräch mit Dick Barber, dem institutsdirektor. Er hat eine separate wohnung mit eigener küche im ersten stock des gebäudes. Ich hätte ihn in seinem büro oder in der bibliothek treffen können, doch sind wir uns bisher aus dem weg gegangen.
Ich sage, die jemeniten schienen mir solidarischer miteinander umzugehen als die angehörigen anderer völker. Das soziale netz sei noch weitgehend intakt. Gerieten zwei jemeniten in streit, seien gleich zwei andere da, zu schlichten und zu versöhnen. Nie hätte ich schaulustige gesehen, die untätig oder gar sensationslüstern einer auseinandersetzung zugeschaut hätten.
Er: Es ist nur eine frage der zeit, wann der ökonomische wandel den sozialen nach sich zieht. Denn ohne die im westen zu beobachtenden folgen – zunehmende desintegration und isolierung des einzelnen, wachsende ökologische, gesellschaftliche und seelische schäden – ist technischer fortschritt nicht denkbar. – Und sind die menschen im Glücklichen Arabien denn wirklich glücklich? Die soziale sicherheit bedeutet gleichzeitig soziale kontrolle. Die menschen sehnen sich nicht nur nach westlichem wohlstand und komfort, sondern auch nach gröszeren individuellen freiheiten. Nur wir satten intellektuellen im westen würden diese scheinbare »idylle« gerne bewahren. Uns bleibt natürlich die freiheit, jederzeit in unsere eigene, fortschrittliche, wenn auch verabscheute welt zurückzukehren.
Mit jedem satz wird seine rede aggressiver. Als gehörte ich selbst zu jenen sozialromantikern, die die traditionelle, noch »untechnisierte« kultur für eine heile welt halten.

Wir haben nicht das recht, jede entwicklung zu verhindern, auch wenn wir deren folgen bereits zu kennen glauben. – Sein rhetorisches *wir* klingt wie *du*. Ich sage, ich hätte nun eine verabredung, doch würde ich mich freuen, dieses lehrreiche gespräch ein anderes mal fortsetzen zu dürfen.

*

Was fange ich mit dem rest des tages an? Nūr werde ich erst morgen treffen, *inscha'allah*, so Gott will. Heute sei er zu einer hochzeit in sein dorf eingeladen. Ob ich ihn nicht begleiten wolle? – Ich möchte nicht aufdringlich oder, noch schlimmer, unselbständig erscheinen. Sage ihm, ich hätte den ganzen tag in Ṣana'a zu tun. Nun sitze ich unausgeschlafen und mürrisch auf der terrasse des *Teehauses 26. September* und weisz nicht, wie ich die zeit totschlagen soll.
Es wird nicht lange dauern, dasz sich einer der jemenitischen gäste von meiner miszmutigen miene provoziert fühlt und sich zu mir an den tisch setzt: Welchen grund könnte es geben, so unglücklich in die welt zu schauen. Die sonne scheint, du bist bei guter gesundheit, herr aller deiner gliedmaszen und eines freien stuhls. Du solltest Gott von herzen danken.
Im augenblick kann ich das unentwegte angesprochenwerden nicht mehr ertragen. Die ständige wiederholung der immergleichen, wenn auch gut gemeinten floskeln. Die ständige nähe anderer menschen, die berührungen, blicke.

In einer kohlerunge sause ich durch ein unterirdisches tunnelsystem, durch niedrige, unbeleuchtete gänge, durch enge kurven steile abhänge hinab. Ich ziehe den kopf ein, werde in der eisernen lore hin und her geworfen. Meine ohren bluten.
Abrupt hält das unbequeme gefährt. Es ist auf ein entgegenkommendes fahrzeug geprallt. Eine dicke frau sitzt darin. Sie hebt mich aus der lore. Ich bin von dem zusammenstosz noch ganz benommen. Sie kippt meine runge aus den schienen, führt mich zu ihrem wagen und setzt mit mir an ihrer seite die fahrt fort. Sie nimmt so viel raum ein, dasz ich kaum atmen kann. Allerdings werde ich auch nicht mehr umhergeschleudert.
Unser wagen rast ins freie. Die strasze vor uns ist leer. Nur hin und wieder ausgebrannte autowracks am fahrbahnrand. Blumen liegen auf den verkohlten chassis.
Eine prozession hagerer, schwarzgekleideter frauen kommt uns entgegen. Sie weicht uns nicht aus. Im letzten augenblick bringe ich das fahrzeug zum stehen. Ich klettere hinaus und lege eine handwoll münzen auf die fahrbahn.
Unterdessen fährt die dicke frau ohne mich davon. Ich stapfe an der böschung entlang bis zur nächsten ausfahrt. Ich komme in ein trostloses nest, das aus der ferne meinem heimatort glich.
Der bahnhof ist geschlossen. Ein friseursalon befindet sich nun in der schalterhalle. Ich weisz nicht, wie ich das ziel meiner reise nun erreichen soll. Die schienen sind unkrautüberwuchert.
Ich steige einen berg hinauf, auf dem der schnee zu schmelzen begonnen hat. Wanderer kommen mir entgegen, warnen mich vor lawinen. Auf dem berg sind ihnen die zehen abgefroren. Ich gehe unbeirrt weiter.

*

Nūr zeigt mir ein weitverbreitetes jemenitisches »brettspiel« namens ṬANADSCH (was nach auskunft Nūrs *linie* bedeutet, doch finde ich diese konsonantenfolge in keinem wörterbuch). Das spielfeld besteht aus einem quadrat, unterteilt durch eine senkrechte, eine waagerechte und zwei diagonale linien:

Jeder der zwei spieler hat drei steine, die er nacheinander auf irgendeinen schnittpunkt des spielfelds setzt. Befinden sich alle steine auf dem spielfeld, zieht abwechselnd jeder spieler einen seiner steine von einem schnittpunkt zu einem benachbarten. Ziel des spiels ist es, die eigenen steine in einer linie anzuordnen und eine entsprechende anordnung der gegnerischen steine zu verhindern.
Das spielfeld ist an jedem ort einfach herzustellen. Im haus zeichnet man es auf ein blatt papier, im freien in den sand oder auf das pflaster. Als spielfiguren können knöpfe, münzen oder jede art unterscheidbarer steine verwendet werden.

Jemeniten spielen überwiegend im freien, während sich der spielraum der westlichen kultur zunehmend ins haus verlagert hat. Fast könnte ich von einer *domestizierung* des spiels sprechen: Das kinderspiel im haus musz, den umständen entsprechend, ruhiger und disziplinierter sein. Weder kann sich hier physische kraft entfalten, noch können unbegrenzt mitspieler teilnehmen. Und natürlich lassen sich die spiele im haus von erwachsenen besser beaufsichtigen.
Diese entwicklung hat in den letzten jahrzehnten stattgefunden. Ich kann sie anhand meiner eigenen kindheitserinnerungen nachvollziehen. Nicht das rauhere klima ist verantwortlich für die »verhäuslichung«. Eher ist das gegenteil der fall: Die jahres-

zeitlichen unterschiede hatten zu einer gröszeren, den klimatischen bedingungen entsprechenden differenzierung unserer spiele im freien geführt (schneeballschlachten, drachen bauen und steigen lassen, bade- und strandspiele ...).
Wesentlicher grund für die verlagerung unseres spiels ins haus ist die zunehmende »verstädterung« unseres ehemaligen spielraums: geschlossene bebauung, geschäfte, wachsender verkehr ... Das »drauszen« bietet immer weniger freiräume; selbst das bemalen des pflasters mit einem hinkelfeld ist für einige passanten oder anwohner nun bereits ein ärgernis. Eine fast häusliche ordnung und sauberkeit hat sich bis auf die ja mittlerweile auch möblierten straszen ausgedehnt.

Wäre Nūr ein guter reisegefährte? Soll ich ihn bitten, mich nach Mārib zu begleiten und bei den gesprächen mit den dort ansässigen beduinen zu vermitteln? – Auf unserem streifzug durch die altstadt wird er schnell ungeduldig. Kommt sich vielleicht auch ein wenig lächerlich vor: Wie kann ein erwachsener mann, ein krieger gar, sich mit kinderspielen beschäftigen?
Er selbst ist angehöriger eines kleinen, aber ruhmreichen stammes, dessen gebiet im bergland nordwestlich von Ṣana'a liegt, den *Beni Matar,* den »Söhnen des Regens«. Fast alle männer seines dorfes sind offiziere in der jemenitischen armee.
Vielleicht aber ist er auch zu jung; vielleicht hat er noch nicht genug abstand zur eigenen kindheit, so dasz sein erwachsenenstatus um so energischer behauptet und jede identifikation mit der gruppe der kinder (immer auch identisch mit der gruppe der frauen) gemieden werden musz.
Wie mag er in krisensituationen reagieren? Sicher ist es sinnvoll, bei reisen in traditionelle stammesgebiete unter dem schutz eines qabilis zu stehen. Doch ist mir das kriegerische auftreten der männer, der griff zum dolch oder gewehr, nicht nur zur verteidigung, sondern auch bei jedem angriff auf die ehre, was immer das sein mag, immer noch fremd. Der beste schutz ist wohl die waffenlosigkeit.
Ich warte noch mit meiner bitte. Er lädt mich zum abendessen in das haus seiner familie ein.

DER VATER — Ṣana'a 3. 10.

Er holt mich mit einem wagen vom Institut ab. Hat ihn zu ehren des gastes von einem freund geliehen. Er wirkt aufgeregt und verlegen zugleich: Werde ich mich in seinem haus wohl fühlen? Im diwan sitzen wir beieinander und wissen uns nichts rechtes mitzuteilen. Mussa macht seine späsze, von denen ich nicht einmal die hälfte verstehe. Mit dem essen warten wir noch, bis der vater heimgekehrt ist.

Unterdessen kommt überraschend ein onkel Nūrs zu besuch und versetzt das ganze haus in alarmbereitschaft. Er sei verrückt, erklärt Nūr. Er hasse elektrizität und stehle schlüssel. Und tatsächlich beginnt die deckenbeleuchtung des diwans, verrückt zu spielen. Der onkel hantiere an der hauptsicherung herum. – Nūr schickt Mussa fort, einen arzt zu holen.

Der onkel sei nicht immer so seltsam gewesen. Erst nach einem mehrmonatigen gefängnisaufenthalt, während dessen man ihn fast täglich mit elektroschocks gefoltert habe, sei er verrückt geworden. Doch arbeite er nach wie vor als abteilungsleiter im polizeidienst, zuständig für die sicherheit ausländischer staatsgäste.

Paradoxerweise entspannt sich die situation nach diesem unerwarteten zwischenfall. Wir reden weiter über familiäre dinge. Ich erfahre, dasz selbst jüngere jemeniten ihr genaues geburtsdatum nicht kennen. Mütter erzählen ihren kindern, sie seien in jenem jahr geboren, in dem der winterregen ausblieb, in dem das dorf mit einem nachbardorf in streit geriet oder das haus eines verwandten niederbrannte. Bestenfalls können sie sich noch an die jahreszeit erinnern. Kalender gibt es nicht.

Und mit fortschreitendem alter vergiszt mancher sogar das jahr seiner geburt. – Abdallah ath-Thafiri, den ich auf 17 jahre schätze, gab mir sein alter einmal mit zwanzig, ein anderes mal mit zweiundzwanzig jahre an. Jemenitische männer neigen dazu, sich als älter auszugeben, als sie augenscheinlich sind. Altern wird nicht als verlust (von jugend, schönheit, beweglichkeit ...), sondern als gewinn (an erfahrung, autorität, respekt ...) angesehen.

Nūr sagt, er sei dreiundzwanzig jahre alt, was in anbetracht seiner schul- und studienjahre der wirklichkeit entsprechen könnte. Wird von einer behörde oder auf einem formular die angabe eines exakten geburtsdatums verlangt, kann der befragte nach belieben eines erfinden. – Nūr hat sich den 24. Dezember als tag seiner geburt gewählt.

Erneut spüre ich eine wachsende unruhe im haus. Laute stimmen, männliche und weibliche gemischt, gelächter, türenschlagen, klirrendes geschirr. Die tür des diwans wird aufgerissen, Mussa stürmt, einen älteren mann hinter sich herzerrend, in den raum. Der mann lacht.

Sofort geht er auf mich zu, umarmt mich auf traditionelle weise und heiszt mich in seinem haus willkommen. In der offenen tür drängen sich die mädchen und frauen des hauses, um einen raschen blick auf den gast zu werfen. Ich erkenne Thilla wieder. Als einzige unter den älteren hat sie ihr gesicht nicht verschleiert. – Der vater bemerkt unseren blickwechsel. Er wendet sich zur tür und fordert die frauen auf, sich um das essen zu kümmern. Die frauen kichern und flüstern weiter miteinander, doch fügen sich ohne eine neuerliche ermahnung dem väterlichen wort.

Von den dreizehn kindern, die seine frau geboren habe, seien sieben gestorben. Alle sieben seien jungen gewesen. Alleine Nūr und Mussa hätten sich unter den vier schwestern behauptet. Und Nūr habe wohl vor allem dank seiner zwillingsschwester überlebt, die, wie alle seine töchter, zäher als die söhne gewesen sei. Wurde Nūr krank, wurde es auch Thilla. Und Nūr sei oft krank gewesen. Doch immer schien es, als sei Thilla ihrem bruder in die krankheit nur gefolgt, um ihn an die hand zu nehmen und wieder in die gesundheit zurückzuführen.

Hassan erzählt diese geschichte ohne sentimentalität. In seinen gesten, blicken und worten ist er von einer überwältigenden direktheit. Er zwingt das gegenüber, sich für oder gegen ihn zu entscheiden. Nun verstehe ich auch den charme und die direktheit seiner söhne, die in mir von anfang an nur zuneigung und vertrauen erweckt haben. Dieser vater strahlt eine gewaltlose, eine zärtliche autorität aus.

Hassan ist einer der wenigen männer seines dorfes, der keine militärische laufbahn gewählt hat. Er arbeitet als fernmeldetechniker bei der staatlichen telefongesellschaft. – Nach dem essen wendet das gespräch sich wieder familiengeschichten zu. – Ich werde gefragt, ob ich verheiratet sei. Eine eheschlieszung ist das wichtigste politische instrument, den eigenen machtbereich auszudehnen. Neue allianzen werden hergestellt, ein direkter einflusz auf andere familien wird gewonnen. Liebesverbindungen sind eher ein motiv in erzählungen und liedern. Allein die familieninteressen bestimmen die wahl eines ehegatten. In der regel kennen sich braut und bräutigam vor der hochzeit nicht.
Nun fragt Hassan, ob ich nicht schon einmal mit dem gedanken gespielt hätte, ein jemenitisches mädchen zu heiraten. Diese frage wird mir nicht zum ersten mal gestellt. Doch fehlt in Hassans stimme jeder schalkhafte unterton. Ich antworte: Selbst wenn ich mich in ein jemenitischen mädchen verliebte, würde ihr das islamische recht nicht erlauben, einen »ungläubigen« zu heiraten.
Hassan: Du kannst zum islam übertreten.
Ich: Mein vater würde über meinen religionswechsel so traurig sein wie du, wenn einer deiner söhne aus liebe zu einer frau den glauben seiner väter verriete.
Hassan: Du kannst sie entführen.
Ihre brüder würden uns verfolgen und für dieses verbrechen töten.
Ihr könntet die flucht so gut vorbereiten, dasz ihr ihnen entkämt.
Sie würden uns bis ans ende der welt nachjagen. Ohne dieses verbrechen gerächt zu haben, dürften sie nicht in ihre heimat zurückkehren.
Ihr könntet über das Rote Meer nach Afrika fliehen und dort heiraten. Würden ihre brüder euch dann stellen, wäre es bereits zu spät: Du bist nun, ungläubig oder nicht, ihr schwager und damit teil der familie. Von nun an stündest du uneingeschränkt unter ihrem schutz.
Nūr hat diesem wortwechsel schweigend zugehört. Nun unterbricht er uns. Ist ihm diese wendung des gesprächs unange-

nehm? Er sagt, er habe seinem freund versprochen, das auto am nachmittag zurückzubringen. Daher müsse er mich nun zum Institut zurückfahren. –
Unterwegs teile ich ihm meine absicht mit, noch einmal nach Mārib zu fahren. Ich frage ihn, ob er mich nicht begleiten wolle. Er antwortet, er habe zwar urlaub, doch dürfe er Ṣana'a auf grund der sich verschärfenden politischen lage nicht für längere zeit verlassen. Sollte ich jedoch eine kürzere reise in die nähere umgebung planen, würde er darüber nachdenken.

Ausländer, die sich längere zeit im lande aufhielten, würden grundsätzlich überwacht. Nūr wäre nicht der erste freund, der sich später als mitarbeiter der geheimpolizei herausstellte.
Ich widerspreche: Die art und weise unseres zusammentreffens kann nicht inszeniert worden sein. Und zur engeren zusammenarbeit mit mir habe ich ihn überreden müssen.
Sie: Es gibt nicht viele menschen im Jemen, die flieszend englisch sprechen. Und unter diesen noch weniger, die wochenlang zeit haben, einen fremden auf allen seinen unternehmungen zu begleiten.
Er hat ein paar tage heimaturlaub und darf sich nicht einmal aus Ṣana'a fortbewegen. Doch angenommen, er wäre tatsächlich ein geheimdienstmitarbeiter, ich habe nichts zu verbergen. Im gegenteil, wir haben beide in den vergangenen tagen viel voneinander lernen können. Würde er mich hintergehen, wäre es beschämend allein für ihn.
Du verhältst dich erschreckend naiv. Doch gefährdest du mit diesem verhalten nicht nur dich allein, sondern auch das Institut und alle seine mitarbeiter, die auch in zukunft noch in diesem land arbeiten wollen.
Ist es nicht gerade meine naivität, die mich am besten schützt? Falls ich oder meine arbeit diesem land unwillkommen sind, dann werde ich es nicht bedauern, es schlimmstenfalls verlassen zu müssen. Im übrigen ist Nūr ein qabili. Jede art von verrat würde den verlust seiner ehre bedeuten. Ich bin in seinem haus zu gast gewesen, habe mit ihm aus einer schüssel gegessen. Für unsere geplante reise hat er mir seinen schutz angeboten. Ich sehe keinen grund, an seiner aufrichtigkeit zu zweifeln.
Wir leben hier nicht im imaginären orient Karl Mays, sondern in einem autokratisch regierten dritte-welt-staat. Die politischen spielregeln sind schon lange nicht mehr – wenn überhaupt je – von traditionen, sondern allein von machtstreben und profitgier bestimmt.
Mag sein, dasz ich bisher nur das wahrgenommen habe, was ich

wahrnehmen wollte. Aber auch das existiert. Und sollte ich in zukunft meine erwartungen enttäuscht sehen, so betrachte ich es als teil meiner unternehmung. Doch jeder versuch, mich vor enttäuschungen zu schützen, stellt dies unternehmen insgesamt in frage, ja, macht es undurchführbar.

Die nächste Schwierigkeit, die wir bey der Beerdigung unseres Freundes finden, ist die, dass wir keine Träger bekommen können, obgleich wir reichlich dafür zu bezahlen versprechen und es uns auch gefallen lassen wollen, dass man ihn des Nachts zu Grabe trage.
Wir glauben, der Pflicht, welche wir unserem Reisegefährten schuldig sind, auch kein Genüge zu thun, wenn wir ihn nicht in einem Kasten begrüben. Wir würden aber besser gethan haben, wenn wir ihn bloss in schlechte Leinwand eingewickelt und so in die Erde gebettet hätten.
Der Kasten giebt den arabischen Trägern Gelegenheit zu glauben, dass wir Europäer Schätze mit unseren Todten vergrüben. Es ward schon davon gesprochen, als wir den Kasten machen liessen. – Nun kommen sie nicht eher des Morgens zwischen drey und vier Uhr, da Alles in tiefem Schlafe ist, und eilen so sehr, dass sie den Kasten zweymal auf den Boden stürzen lassen, wohl auch, um etwas über seinen Inhalt zu erfahren.
Beym zweyten Sturze endlich bricht der Kasten aus einander. Nachdem sie sich nun überzeugen können, dass er nichts als den Leichnam unseres Gefährten enthalte, lassen sie uns mit diesem alleyne, weil es für einen Muhammedaner nicht anständig sey, einen fremden Religionsverwandten zum Grabe zu tragen.
Wir bauen den Kasten nothdürftig zusammen und schleppen ihn auf unseren ungleichen Schultern, de la Motte und ich am Kopfende, Frere Jacque und Schotenbauer bey den Füssen, zum Gräberfelde vor der Stadt. Auch uns würde wohl zwey oder mehrere Male der Gefährte aus den Händen geglitten seyn, da Schotenbauer als der Kleinste und Zartheste der Gruppe den Kasten nicht auf gleicher Höhe mit uns Uebrigen zu halten vermag, und auch ohne diese ungeübte Last wohl Mühe hat, auf dem finsteren und ungepflasterten Wege voranzuschreiten.
Da wir von diesen Anstrengungen müde sind und ohne anderes Geräth als unsere eigenen Hände, graben wir nicht tief in den steinigen Grund, sondern überdecken den Kasten zur Hälfte mit

einem Steinhaufen. – Alle diese traurig-comischen Umstände führen wohl dazu, dass man, noch ehe wir in der Lage, die Stadt zu verlassen, den Verstorbenen wieder ausgräbt, den Kasten erbricht, dem Todten die Leinwand, worin wir ihn gewickelt haben, und das Holz raubt und ihn nackend auf den Steinen liegen lässt.
Am Abend begraben wir ihn, in einer tieferen Grube und ohne Kasten, ein zweytes Mal.

*

Den jungen Commilitonen Schlichter hätte diese Bestattungsposse nicht wenig amüsirt, erzählt de la Motte nach dem zweyten Begräbnisse. In Greifswald seyen sie einander das erste Mal begegnet, wo er, der Baron, unentschieden in wechselnden Disciplinen dilletirte, ehe er dem diplomatischen Chore beygetreten, und Schlichter, aus armen Verhältnissen stammend, unbeirrt das Chirurgenhandwerk erlernte.
Nun sey Greifswald in jenen Jahren ein sittsamer und rechtschaffener Flecken gewesen, so dass der medicinischen Facultät beständig die nothwendigen Corpora der Gehenkten und Enthaupteten, der Siechen-, Armen- und Irrenhäusler und der nicht identificirten Accident-, Selbst- und Meuchelmordopfer für die pathologischen Uebungen fehlten.
So hätten sie denn, da sie zeitweilig Burschen der gleichen Corporation gewesen, gemeinsam, der Eine aus Pflichtgefühl, der Andere aus Zeitvertreib, für den benöthigten Vorrath an Obductionsmaterial gesorgt: An Donnerstagen mieteten wir uns ein Pferdefuhrwerk, um damit in der Nacht die Weiler in der Umgebung, Wolgast, Velgast oder Grimmen, anzufahren, denn der Sonntag war in jener Gegend gemeiniglich der Bürger liebster Sterbetag, und Mittwoch der von den Anverwandten meistgewählte Bestattungstag. Unsere Favoriten waren verständlicher Weise Armenbegräbnisse, da die Körper nicht in Mausoleen oder Grüften eingemauert, sondern nur, und oftmals nicht sehr tief, im lockeren Streusand Vorpommerns verscharrt lagen. Auch würde bey der Entdeckung unserer That ein geringeres Aufheben ge-

macht worden seyn, als wenn wir einer trauernden Kaufmannswitwe den frischverstorbenen Gatten aus dem Erbbegräbnisse geraubt.
Alleyn, es war uns doch recht abentheuerlich zu Muthe, mit diesen armen, ausgezehrten, wenn auch für ihre letzte Reise adrett zu recht gemachten Gesellen durch die finstere Nacht zu kutschiren. Nicht selten wurden wir von diensteifrigen Gendarmen oder Wächtern angerufen und gezwungen, uns als liderliche und betrunkene Studiosi auszugeben, die theils schläfrig, theils in tiefer Ohnmacht schon, von einem auswärthigen Commers auf dem Heimwege in ihr Quartier. Zu diesem Zwecke hatten wir immer eine Flasche Branndtwein dabey, auch um den oftmals recht impertinenten Verwesungsgeruch unserer moribunden Zechkumpanen abzumildern.
Doch die Wissenschaft hat uns die couragirten nächtlichen Excursi reich gelohnt. In jenen Tagen scholl der Ruhm der excellenten Greifswalder Pathologie weit über die Bodden und Sunde Pommerns hinaus. Und wir hätten uns wohl bis heute um die Künste der Section verdient gemacht, wenn nicht ein tragischer Zwischenfall Schlichters Gemüth so sehr zerrüttet hätte, dass an einer Forthsetzung dieser Nocturnes nicht mehr zu dencken gewesen.
Wir hörten von einem frischen Corpus, den man, ausnahmsweise am Dienstag, in Grimmen beygesetzt, ein offenbar noch junger Bursche, der, man weiss nicht, ob bereits gestorben oder nur schlafend oder betäubt, auf der Hauptstrasse des Orthes gelegen und von einem Pferdefuhrwerk überrollt wurde, da am Mittwoch, dem Unglückstage, ein dichter Nebel in den Strassen Grimmens hing. Nun habe Niemand im Orthe den Mann gekannt, und, obwohl man ihn über die Zeit im Keller der Friedhofscapelle aufgebahrt liess, habe auch Niemand nach dem jungen Burschen gefragt oder von einem Vermissten, der jener Unbekannte hätte seyn können, gehört.
Auch wir hätten nicht geringe Mühe gehabt, den Leichnam als irgend einen Freund oder Verwandten zu identificiren, da der Karren dem Unglücklichen direct über den Kopf gefahren war und ihm das Gesicht zerquetscht hatte. Nun konnten wir nur hoffen,

dieses eine Mal nicht von einem diensteifrigen Gendarmen oder Nachtwächter angehalten zu werden, denn eine derart einschneidende Mensur hätte uns auch der gutwilligste Wachmann nicht durchgehen lassen.

Indessen war uns Fortuna hold, so dass auch dieser arme Unbekannte seinen ehrenvollen Platz auf dem Tische der Wissenschaft fand. Doch in dem unbarmherzigen Scheine der Sectionslaternen musste unser guter Schlichter erkennen, dass er den Leib seines eigenen Bruders unter dem Messer hielt, der vor einigen Jahren das mittellose Elternhaus verlassen, um in der Neuen Welt sein Glück zu versuchen. Gewisse Narben, die sie einander bey den wilden Spielen ihrer Kindheit zugefügt, liessen keine Zweyfel zu. Statt nach America ist der Unglückliche also nur bis Grimmen gelangt.

Erschüttert lässt er den bereits eröffneten Leib seines Bruders wieder schliessen und auf dem Friedhofe der medicinischen Facultät zum zweyten Male beysetzen. Offenbar liegt es im Bluthe der Familie Schlichter, dass alle ihre Verstorbenen nach einem zweymaligen Begräbnisse verlangen.

DIE PEST Dschidda, den 27ten März

Nur mit einiger Schwierigkeit können wir ein Schiff nach Mockha finden, da vom Scherifen Befehl gegeben ward, dass Niemand ausser Soldaten eingeschifft werden dürfe. Die drey oder vier Schiffe, die zum Absegeln bereit, sind indessen von türkischen Officiren in Beschlag genommen.

Als ich in einem Cafféhause nahe am Haven sitze, gehen in kurzer Zeit drey Leichenzüge vorüber. Ich erfahre, dass in diesen wenigen Tagen sehr viele Leute an fieberhaften Anfällen gestorben seyen. Während des übrigen Tages sehe ich noch mehrere andere Leichenbegräbnisse, und als ich in der Nacht zu meinem Zimmer hinaufsteige, da höre ich nach jeder Richtung hin unzählbare Stimmen in das Klagegeschrey ausbrechen, das gemeiniglich den Tod eines Freundes oder Verwandten bekundet.

In der gleichen Stunde noch unterrichte ich die Cameraden, die nun in meinen Chan übergesiedelt, und mahne sie zum sofortigen Aufbruch. Alleyn, de la Motte verweist mir, das unheilvolle Worth auch nur auszusprechen, und wünscht, nach den Anstrengungen der vergangenen Nacht nun nicht weiter um seine wohl verdiente Ruhe gebracht zu werden.

Schotenbauer zeigt sich verständiger. Wir gehen hinaus auf die Gasse, die gegenwärthigen Verhältnisse in der Stadt genauer zu recognisciren. Auf unserem Spacirgange hakt Tertulio mich in einer vertraulichen Weise unter, als seyen wir seit langem schon intime Freunde: Uebrigens dürfe ich den Schauermärchen de la Mottes keinen Glauben schenken. An der Universität Greifswald gebe es, so weit er unterrichtet sey, gar keine medicinische Facultät. Die Aventüren und Excesse der vergangenen Tage und dann der unerwartete Tod des Freundes hätten im Kopfe des Barons wohl zu einer gewissen Ueberspanntheit der Nerven geführt.

Doch in der That sey Schlichter, aller spätheren Unauffälligkeit zum Trotze, ein gar merckwürdiger Mensch gewesen: Auf unserer gemeinsamen Schiffspassage von Triest nach Constantinopel hat er – nun, wie soll ich mich ausdrücken: ein Auge geworfen? ja, das ist wohl die treffendste Formulierung: hat er auf einen Matrosen

ein Auge geworfen, ihn ausgespäht, ihn nicht mehr aus den Augen gelassen, bis selbst mir, der ich in diesen Dingen nicht eben erfahren, dieses bizarre Verhalten aufgefallen. Unter den Passagieren beginnt man bereits, über diese compromittirenden Avancen zu reden, und was sich das ungleich aufmercksamere Schiffsvolk denckt, lässt sich leicht erahnen. Und selbstverständlich bleibt Hans-Jakobs Afexion auch dem umworbenen Matrosen nicht verborgen, so dass er jenem, so gut es auf dem begrenzten Raume eines Schiffes eben möglich, aus dem Wege zu gehen sucht.
Doch offenkundig ist Schlichter dem Opfer seines uncontrollirten Triebes bis in die Mannschaftskajüten nachgestiegen. Dort werden Beyde von Cameraden des Schiffsburschen in innigster Umarmung angetroffen und, nach einem in Matrosenkreisen wohl üblichen vor- oder aussergerichtlichen Purgatorium, dem Capitaine vorgeführt. Hans-Jakob, von den sturmerprobten Fäusten noch gänzlich seiner Sinne beraubt, wird auf die Krankenstation getragen, während man den nicht weniger arg misshandelten Burschen noch am gleichen Tage vor das Seegericht stellt und zu mehrmaligem Kielholen verurtheilt, von dem er sich nicht mehr erholen wird.
Als Hans-Jakob nun aus seiner Ohnmacht erwacht, betrifft sein erstes Sorgen das Schicksaal des ungehörigen Buben. Anstatt sich dessen Los als mahnendes Beyspiel gereichen zu lassen, gebärdet sich der Gefährte trotz seines gestauchten und gestäupten Zustands nun erst recht wie von Sinnen, und stürzt erneut in die Mannschaftsräume und fällt über den ohnmächtigen Geliebten her, so dass ein halbes Dutzend Matrosenhände nöthig sind, ihn aus dieser beschämenden Lage zu reissen. – Selbstverständlich stimme ich sofort zu, den ausser sich Gerathenen für eine Weile in einer sicheren Kajüte einzuschliessen, bis er wieder zur Vernunft gelangt.
Als am nächsten Tage dann der verständige Capitain den Verwirrten aufsucht, um zu ihm ein mahnendes Worth zu reden und mit der Nachricht vom Tode des jungen Burschen ihn vielleicht zur Raison zu bringen, bricht der Zerrüttete mit einem so entsetzlichen Schreye zusammen, dass darunter selbst das Schiffsvolk erschauert. – Nur mit vieler Mühe und Seemannsmedicin ver-

mögen wir den Entseelten ins Leben zurückzurufen. Von nun an zeigt er sich zwar stiller als zuvor und gänzlich bar seiner früheren, nicht selten auch recht groben und aufdringlichen Heiterkeit, doch offenkundig scheint er von seinen krankhaften Verirrungen curirt. Auf jeden Fall kommt er mit keinem Worthe jemals auf diese unglückliche Affaire zurück.

Längst habe ich mich aus Schotenbauers unangemessener Armverhakung gelöst. Könnte es nicht seyn, sage ich nach längerem Schweigen, welches indessen, wie auch schon Tertulios Bericht, beständig von Chören klagender Weiber in gar theatralischer Manier untermalt, könnte es nicht seyn, dass Hans-Jakob thatsächlich einen Bruder gehabt, welcher als junger Bursche das Elternhaus verliess, um sich nach America einzuschiffen?

Um dann an der See oder der Seefahrt Gefallen zu finden und seine Landung in der Neuen Welt auf unbestimmte Zeit hinaus zu schieben? setzt Tertulio meinen Gedancken forth. Natürlich läge solch ein Schicksaal im Bereich des Möglichen und würde wohl auch einige Merckwürdigkeiten dieser Affaire einen acceptablen Sinn verleihen. Alleyn, der Bursche und Hans-Jakob glichen einander so wenig, dass von gemeinsamen Familienbanden kaum die Rede seyn kann: Der unseelige Matrose war noch schwärzer als unser Frere Jacque und folglich so wenig ein Bruder Schlichters wie Jacque der Unsrige.

Der Scherif hat die Absperrung der Stadt verordnet. Der Schiffsverkehr ist bereits eingestellt. Unter der Bevölkerung verbreitet sich eine wachsende Unruhe, beständig flieht ein Theil aus der Stadt in die Dörfer. Die ehemals belebten Strassen und Märkte liegen verödet da.– In meinem Cafféhause höre ich erstmals das unvermeidliche Gerede von den Fremden in der Stadt, welche die Krankheit aus Cairo oder gar aus Europa nach Dschidda eingeschleppt haben sollen.
Heute treffe ich auch die Gefährten in Sorge an. Indessen scheint es fast zu späth, man will uns weder Reit- noch Lastthiere für eine Landreise zur Verfügung stellen, obgleich der Wirth unseres Chans es nicht ungern sähe, wenn die Fremden seine Herberge recht bald verliessen.

Ich ordne Schlichters Nachlass, versiegele den grössten Theil, die Mineraliensammlung, die landwirthschaftlichen Geräthe, botanische und medicinische Nachschlagewerke, Kleidung, Kochgeräth und Essgeschirr, in ihren Kisten und gebe sie unserem Wirthe in Obhut. Einen geringeren Theil der Kleidung überlasse ich Frere Jacque zur Anprobe und Auswahl. Er sucht sich einige bescheidene Stücke heraus, alleyn, die abendländischen Gewänder machen ihn nicht zu einem abendländischen Herrn, sondern lassen ihn erst recht seiner Freyheit und Würde beraubt und als Sclaven erscheinen.
Die persönlichen Documente, wissenschaftlichen Aufzeichnungen und gelegentlichen Notate, sein chirurgisches Besteck, einige mir vertraute Arzeneyen und die transportablen Theile seiner Pflanzen- und Insektensammlung packe ich gesondert zu einem Schultersack, da ich nicht alle Ergebnisse der Schlichterschen Sammel- und Ordnungsleidenschaft dem ungewissen Schicksaale im Stapelraum eines arabischen Chans überantworthen will.
Der Ungewissheit ohngeachtet rathe ich auch den Cameraden, das Nothwendigste aus ihrem Gepäcke auszusondern und zu einem comfortablen Ranzen zu schnüren, da die gegenwärthigen

Umstände uns nur allzu rasch zwingen könnten, uns alleyne Schusters Rappen als Reit- und unseres eigenen Buckels als Lastthier zur schnellen Forth-Bewegung zu bedienen. Unser Wirth hat bereits das Haupthor verriegeln und Wachen aufstellen lassen.

In derley Occassiones schien es mir immer schon practischer, ein Anderer schiede für uns das Nothwendige von der Liebhaberey. Ich ahne bereits die Flüche und Lästerungen voraus, die jede steinerne Inschrift in Schotenbauers Ranzen oder jeder Festtagsrock, jedes weitere Stiefelpaar und jede zusätzliche Pistole samt Munitionspäckchen auf den Schulterpolstern de la Mottes provociren, und die inneren Kämpfe, die jede Entscheidung, sich von einem Theil des Schmerzes oder einem Theil der Last zu befreyen, den Unzertrennlichen bereiten werde. – Alleyn dieser Umstand rechtfertigt das Reisen als Metapher für das Leben: Nicht das Neue, Unerwartete, das wir zu gewinnen hoffen, sondern das Vertraute und Liebgewonnene, das wir aufzugeben gezwungen sind.

Noch einmal unterziehe ich mein, um Schlichters Nachlass nun beschwertes Gepäck einer strengen Inspection und trenne mich schliesslich auch noch von den Herbarienbänden und den Hexapodenkästen, und fülle den schmalen Knappsack statt dessen mit gedörrten Datteln und haltbarem Brodte auf.– Indessen finde ich unter den Schriften ein Notizbüchlein mit hübschen orientalischen Sprüchen und Versen, die Schlichter wohl ebenfalls am Wegesrande gesammelt, eine Art aphoristisches Herbarium. Gleich beym ersten Durchblättern flattern mir einige zarthe, zerbrechliche Pressblüthlein ins Auge, so dass ich das Album zu meinen eigenen wichtigen Documenten lege und mit diesen, wie während des Reisens üblich, unter meinen Kleidern verborgen, direct am Leibe trage.

Das Sprüchlein Nummero 81 lautet: Wer in den Häuten einer Zwiebel lebt, stiehlt sich nicht unentdeckt davon. – Und das Sprüchlein 93: Was kümmert sich der Himmel ums Geheul der Hunde! – Wir erfahren in unsrem Leben so viele Tode, dass mir mehrere Bestattungen nur recht und billig erscheinen.

Nūr wartet bereits auf mich. In jeans, lederjacke und cowboystiefeln entspricht er inzwischen eher dem klischee eines touristen als ich mit meinem sonnenverbrannten gesicht unter der um die stirn geschlungenen sumata.
Die fahrt verläuft ohne zwischenfälle. Belanglose gespräche, die schon vertraute landschaft.
In Schibam machen wir eine kurze rast. Trinken ein glas tee in jenem *mata'am*, in dem Abdallah mich aufgelesen hat.

Wir finden schnell eine mitfahrgelegenheit. Wir klettern zu den anderen auf die ladefläche des lieferwagens, männer aus Thafir, die von behördengängen oder einkäufen heimkehren. Einige erinnern sich an meinen ersten besuch. Nūr hat tausend fragen zu beantworten. Ich sei ein *'alim*, ein wissenschaftler, aus Almanja; ich beschäftigte mich mit den eigenheiten verschiedener völker und kulturen; im augenblick gelte mein interesse vor allem traditionellen spielen.
Die männer scheinen an der relevanz einer derartigen beschäftigung zu zweifeln. Nūr fügt hinzu, dasz zu meinem forschungsinteresse auch die bedeutung der stammestänze gehöre. Nun nicken sie zustimmend: Ja, das sei ein wichtiger forschungsgegenstand.
Anstatt uns die letzten schritte ins dorf zu fusz gehen zu lassen, werden wir genötigt zu warten, bis der lastwagen entladen ist. Dann fährt er uns in einer weiten schlaufe den steilen berg hinauf bis in die mitte des ortes. Dort hat sich unsere ankunft schon herumgesprochen. Zwei dutzend kinder und eine handvoll männer erwarten uns im schatten der häuser. Sie helfen uns vom wagen, schütteln unsere hände, nehmen uns das gepäck ab und führen uns zum pumpenhaus, in dem Abdallah mit der reparatur des dieselmotors beschäftigt ist.
Mit ölverschmiertem gesicht tritt er uns entgegen, kleiner als in meiner erinnerung, doch mit dem gleichen verzaubernden kinderlachen. Er umarmt mich wie einen langjährigen freund. Dann begrüßt er, ebenso herzlich, Nūr.

Bevor ich erklären kann, warum ich zurückgekommen bin, trägt er den kindern auf, unser gepäck in sein haus zu bringen. Dann nimmt er uns beide an die hand und spaziert, in begleitung der restlichen kinderschar, mit uns aus dem dorf hinaus.
Er führt uns in einen kleinen obstgarten. Wir setzen uns in den schatten der bäume und reden über meinen ersten besuch und die schwierigkeiten der verständigung. Abdallah lacht: An schwierigkeiten könne er sich nicht erinnern.
Ich frage die kinder, ob sie mir nicht einige ihrer spiele zeigen wollten. Sie sagen, sie spielten eigentlich nur fuszball. Ich nenne ihnen einige der in Ṣana'a gesammelten spiele, *ṣaī samak* (fische fangen) oder *qufaīqif* (nach hinten). Ja, *qufaīqif* sei auch ihnen bekannt. Dann fallen ihnen weitere spiele ein:

NAZ'A WA-ṬARQ (*naz'a*: herausreiszen / *ṭaraqa*: hämmern, schlagen). Die spielgruppe teilt sich in zwei mannschaften. Die spieler der schlagmannschaft schleudern mit einem stock einen kleinen ball aus einer bodenmulde auf das spielfeld. – Vielleicht handelte es sich früher einmal um eine feldfrucht, die »herausgerissen« und fortgeschleudert wurde. Denn *naz'a* beschreibt eher die bewegung des wegnehmens und entfernens als die des zuspielens. Im weiteren sinne bedeutet es auch *miteinander streiten*. Als substantiv bezeichnet es nicht nur *wegnahme* im allgemeinen, sondern ganz konkret auch die *entwaffnung* des gegners.
Können die spieler der feldmannschaft den ball auffangen, ehe er zu boden fällt, oder vom ort des fangens aus den schlagstock abwerfen, scheidet der schläger aus. Andernfalls darf der schläger den ball erneut fortschleudern. Nun müssen die gegenspieler den weg zum schlagloch zurückhinken.

AL-KŪFĪHA AL-CHAḌRĀ (grünhut) gleicht unserem »plumpsack«. Die kinder sitzen im kreis. Der *grünhut* geht um den kreis herum und singt: *al-kūfīha al-chaḍrā*, der grünhut, der grünhut. Die kinder im kreis fragen: Was ist darin? Was ist darin? Der grünhut antwortet: Trauben! und lässt »sie«, meist ein tuch, hinter dem rücken eines der kinder fallen. Dieses kind musz die »trauben« aufnehmen und den grünhut fangen. Gelingt es dem grünhut, den platz des traubenkindes im kreis einzunehmen, ist der verfolger der nächste grünhut.

Auch das spiel IFTAḤ AL-BĀB (Mach das tor auf!) kenne ich bereits aus meiner eigenen kindheit. Zwei »wächter« fassen sich an die hand und bilden einen torbogen. Die mitspieler stellen sich zu einer karawane auf und ziehen nacheinander durch das tor. Die torwächter halten das letzte kind fest und fragen, ob es gold oder silber (seide oder damast, *qischr* oder *qat*...) mit sich führe. Je nach wahl, stellt es sich hinter einen der wächter.
Sind alle kinder gefangen, findet ein kräftemessen zwischen der gold- und der silbermannschaft statt: Die kinder fassen sich an die hand und versuchen, die kinder der gegnerischen gruppe über eine bodenmarkierung zu ziehen.

Im spiel MAN QUAFAD AL-LABN (Wer verschüttete die milch?) wählt die gruppe zwei kinder, die in der ersten runde den wolf und die katze darstellen. Die anderen kinder, die »welpen«, nehmen sich an die hand und bilden einen kreis. Jeder welpe balanciert einen kleinen stein auf dem kopf, den er nicht fallen lassen darf, ehe die katze gefangen ist. Ein gröszerer, flacher stein liegt in der mitte des kreises, auf seiner oberseite ein speichelfleck, die »milch«.
Die katze umschleicht die milch, während vater wolf nacheinander seine kinder befragt: Wer hat die milch verschüttet? Die welpen antworten: Ich war es nicht! Ein andrer wars! Bis die katze den stein umdreht und flieht. Nun darf das befragte wolfskind antworten: Ich war es nicht, die katze wars! – Und sofort nimmt der wolf die verfolgung auf.
Wird die katze gefangen, wird sie vom wolf und seinen kindern »gefressen«, das heiszt: heftig herumgestoszen und zerzaust. Danach fallen die welpen in einen verdauungsschlaf. Wolf und katze ziehen sie in den kreis und legen sie aufeinander. – Was dieses stapeln, vom unbändigen vergnügen des getragen und übereinander geworfen werdens abgesehen, in der geschichte von der verschütteten milch zu bedeuten hat, können die kinder mir nicht sagen. Auch die frage nach dem sinn des zu balancie-

renden steins wissen sie nicht zu beantworten. Vielleicht beruhen diese im jetzigen spielgeschehen scheinbar disparaten oder überflüssigen elemente auf einem komplexeren spiel, das sich auf eine inzwischen vergessene erzählung oder fabel bezog.

Spielen ist eine der wenigen menschlichen tätigkeiten, bei denen wir nicht nach dem sinn fragen, was nicht heiszt, dasz spielen sinnlos sei. Allerdings ist sinn kein notwendiges attribut des spiels.
Vielleicht ist spiel dem traum vergleichbar. Wir können den traum zu deuten versuchen, doch ist die deutung schon kein teil des traums mehr. Spiel und traum zitieren elemente der wirklichkeit, sie wirken hinein in unseren alltag, ohne dasz wir sie mit unserer alltäglichen wirklichkeit gleichsetzen würden.
Doch unterscheidet sich das spiel in einem wesentlichen punkt: Es ist ein aktives träumen.

Die kinder spielen unaufgeregt, konzentriert, ja, diszipliniert. Abdallah führt die schar wie selbstverständlich an. Sie erklären mir geduldig den spielverlauf, wiederholen abschnitte, deren regeln ich nicht gleich verstanden habe, und stellen szenen nach, damit ich sie fotografieren kann. Sie agieren, als seien ihre spiele akte eines metaspiels, eines dramas mit dem titel »Der Besuch des Fremden« oder »Die Vorführung der Spiele Thafirs«. – Dennoch spielen sie nicht ohne vergnügen. Der nachmittag vergeht wie im flug.
Viele spiele sind mir, trotz varianten in den details, aus der eigenen kindheit vertraut. Unabhängig von der frage nach dem »stammbaum« oder dem verwandtschaftsgrad der spiele müssen sie in allen kulturen offenbar ähnliche wesensmerkmale aufweisen, um von den kindern als spiel anerkannt und nachgespielt zu werden. Dazu zählt neben dem spielvergnügen der unvorhersehbare, von der geschicklichkeit und/oder dem zufall abhängige spielverlauf.
Jede zwangsläufigkeit ist dem wesen des spiels entgegengesetzt. Insofern handelt der mensch im spiel vielschichtiger als im alltäglichen leben, denn mit zunehmenden zwängen sinkt die komplexität unserer handlungsweisen.

Nach einem abendspaziergang über die qatfelder kehren wir in Abdallahs diwan zurück. Der raum ist vergleichsweise klein und karg. Alte bastmatten statt teppiche. Kahle, fleckige wände, nichts vom üblichen zierat: kein weihrauchfäszchen, keine wasserpfeife, kein goldgerahmtes bild des präsidenten. Die menschen in Thafir sind arm. Nur an fliegen mangelt es nicht. Dichtgedrängt sitzen sie auf den rändern der teegläser und lassen sich in ihrem geselligen beisammensein nicht einmal stören, wenn wir die gläser an unsere lippen führen. Erst eine wischende handbewegung veranlaszt sie, sich träge einige zentimeter vom glasrand zu erheben, um sich, kaum haben wir das glas abgesetzt, wieder darauf niederzulassen.
Nur wenige häuser des dorfes sind mit einem *hammam*, einem bad oder einer toilette ausgestattet. Dementsprechend behindert fühlen Nūr und ich uns in unseren körperlichen verrichtungen. Von heute auf morgen lassen sich früh anerzogene gewohnheiten neuen umständen nicht anpassen. Unsere physische belastbarkeit wird uns also die länge unseres aufenthalts diktieren.
Abdallah erzählt uns geschichten aus dem ort: unfälle, streitigkeiten, verbrechen. Da er viele der erwähnten vorkommnisse selbst nur aus erzählungen kennt, scheint das leben in Thafir ziemlich ereignisarm zu sein. Vor allem hochzeiten, geburten und todesfälle unterbrechen die gleichförmigkeit des alltags. – Von den ehemals neun geschwistern Abdallahs leben noch drei. Eines davon leidet an epileptischen anfällen. Abdallahs vater, Muhammad Salah ath-Thafiri, ein alter, ausgemergelter greis, hat viel geld für untersuchungen und medikamente ausgegeben, ohne dasz es seinem sohn geholfen hätte. – Er will eine zweite, jüngere frau heiraten, da vier kinder nach jemenitischem verständnis auf jeden fall zu wenig für eine gesegnete familie sind. Muhammad Salah hat neunzehn geschwister.
Der vater geht kaum noch aus dem haus. Abdallah leistet den gröszten teil der feldarbeit. Faktisch ist er der ernährer der familie. Doch geht mit dieser gewachsenen verantwortung keine

gröszere freiheit einher. Nach wie vor beansprucht der vater die uneingeschränkte autorität in der familie.

Im haus wird wenig gespielt. In der arbeitsfreien zeit sitzt man vor allem zusammen und redet miteinander. Nur in den langen nächten des Ramadan vertreibt man sich die zeit mit *tanadsch*, domino, schach oder kartenspielen. Abdallah zeigt uns AS-SARQAH (die diebin), ein kartenspiel, das Nūr und mir noch unbekannt ist: Eine den spielern verborgene karte wird zur seite gelegt, alle anderen karten werden ausgeteilt. Jeder spieler ordnet seine karten nach bildern und zahlen, paare dürfen abgelegt werden. Die restlichen karten hält er, vor seinen mitspielern verborgen, weiter in der hand.
Nacheinander werden diese einzelkarten an die mitspieler weitergereicht. Ziel des spiels ist, alle karten zu einem paar zu ergänzen und abzulegen. Weil eine karte fehlt, wird ein spieler seine letzte karte nicht ablegen können. Dieser heiszt dann *sarqah*, diebin. Warum diebin und nicht dieb? Und ist er nicht vielmehr opfer eines diebes?

*

Am morgen geht Abdallah nicht aufs feld. Offenbar fühlt er sich verpflichtet, uns gesellschaft zu leisten, sich um unser leibliches wohl zu kümmern und uns zu unterhalten. Ein weiterer grund, unseren aufenthalt in Thafir bald zu beenden.
Er ist unruhig. Kaum fünf minuten vermag er still zu sitzen. Unaufhörlich redet er, wiederholt die geschichten vom vortag, gedankenlos. Nūr stellt seine übersetzungen ein.
Abdallah schickt seinen bruder los, die dorfmusikanten herzuholen, einen flötenspieler und einen trommler. Normalerweise werden sie nur zu hochzeits- und beschneidungsfesten gerufen. Er will mir die traditionellen tänze beibringen. Ich sage ihm, ich erführe mehr, wenn ich ihm zuschaute. Er fordert Nūr auf, mit ihm zu tanzen. Überraschenderweise stimmt Nūr zu.

Sie tanzen *al-raqṣah al-'adiah*, einen gewöhnlichen paartanz der männer. Sie nehmen einander an die linke hand, in der rechten hält Abdallah seine dschambija. Der tanz beginnt mit einer langsamen schrittfolge. Sie haben keine mühe, ihre bewegungen zu koordinieren, da sie beide dem gleichen stamm, den Bani Matar angehören und von kindesbeinen an mit den traditionellen tänzen vertraut sind.

Jemeniten unterscheiden *raqṣ*, den vergnügungstanz auf festen, von *bar'a*, dem kriegstanz zur vorbereitung auf den kampf.

Raqṣ wird *gespielt (raqaṣ al-la'ib)*. Und in vielen redewendungen steht für spielerische bewegung das verb *raqaṣa* (tanzen): wellen *tanzen*, kochendes wasser im kessel *tanzt*; der beduine auf dem kamel *tanzt* oder das kamel selbst, wenn es sich langsam, wellenförmig fortbewegt. Abu Bakr, ein weggefährte des propheten, sagt: Wenn menschen sich bewegen, beginnt ein tanz.

Bar'a hingegen bedeutet ursprünglich *einzigartigkeit*: Menschen, die auszerordentliches geleistet oder sich als groszzügig erwiesen haben, sind *bar'a*.

Mehr noch als beim *raqṣ* achten die männer beim *bar'a* auf die unverwechselbarkeit der schrittfolge. *Bar'a* ist ein besonderes attribut des stammes, wie der name oder die stammesgeschichte. Er ist symbol der einheit und der wehr- und kampfbereitschaft. Die unterschiedliche herkunft der begriffe und ihre fast entgegengesetzten konnotationen weisen darauf hin, dasz *raqṣ* und *bar'a* verschiedenen kulturellen sphären zugeordnet sind, auch wenn sie heute, zum beispiel auf hochzeiten, unterschiedslos getanzt werden.

Raqṣ gehört dem spielerischen bereich an. *Raqṣ* ist vergnügen und zeitvertreib. *Bar'a* hingegen ist eine ernste zeremonie. Es gehört dem bereich des rituellen an.

Ein gegensätzlicheres paar als die beiden tänzer läszt sich kaum denken: Nūr in westlicher kleidung, einen kopf gröszer als Abdallah, Abdallah in traditionellem rock, barfusz, den krummdolch in der hand. – Ihre schritte werden schneller, unterbrochen von kniebeugen, kleinen sprüngen und drehungen. Abdallah jauchzt bei jedem sprung, und auch Nūr, obwohl in seinen bewegungen etwas schwerfälliger als sein graziler partner, scheint vollkommen in den gemeinsamen tanz eingetaucht zu sein.

Für *raqṣ* spielen flöten, gitarren und trommeln auf. Die melodien sind hell und ausgelassen. *Bar'a* hingegen wird nur von trommeln begleitet. *Bar'a*-musik klingt wie ein ensemble nervöser herzschläge, wie pferdehufe auf steinigem grund oder gewehrsalven im gebirge.
Raqṣ tanzen männer und frauen, wenn gewöhnlich auch nicht miteinander. *Bar'a* tanzen nur männer. Als tanzen und musizieren vom Imam Hamid ad-Din, der Jemen in der ersten hälfte dieses jahrhunderts regierte, verboten wird, fällt *bar'a* nicht unter dieses verdikt.

*

Die ganze nacht finde ich keinen schlaf. Immer wieder beginnt irgendein dorfköter, eine nicht enden wollende hundesinfonie auszulösen. Offenbar gibt es in Thafir mindestens so viele vier- wie zweibeiner. Doch letztere scheint dieser höllenlärm nicht zu stören.
Abdallah läszt Nūr und mich im diwan allein. Er schläft mit seinen brüdern in einer kleinen benachbarten kammer. Die kinder im dorf lieben ihn. Er ist nicht wie die anderen jungen. Er schaut nicht über sie hinweg. Die kinder sammeln sich um ihn, sobald er aus dem haus tritt. Sie fassen ihn bei der hand, zeigen oder berichten ihm etwas. Immer bleibt er stehen, hockt sich zu ihnen, immer hört er zu, nimmt sich zeit, erwidert den händedruck, antwortet mit ruhiger, ermutigender oder tröstender stimme.

Am nächsten tag mit einem sammeltaxi zurück nach Ṣana'a. – Natürlich findet eine wahl statt. Der junge mann zu meiner rechten hat diese sitzordnung bewuszt arrangiert. Er versteckt seinen revolver unter seinem hemd, da es für »zivilisten« nicht erlaubt ist, schuszwaffen nach Ṣana'a zu bringen, und wir mindestens mit zwei straszensperren zu rechnen haben, an denen reisende von regierungssoldaten auf waffen kontrolliert werden.
Wie üblich sitzen wir zu fünf erwachsenen auf einer sitzbank, mehr über- als nebeneinander. Nūr hat einen fensterplatz gewählt. Auf der anderen seite, mir zugewandt, der bewaffnete qabili, seinen linken arm um meine schultern gelegt, so dasz meine rechte körperhälfte seine brust, seinen bauch und seine schenkel berührt. In meinem rücken spüre ich seinen revolver.
Es geschieht nichts weiter als diese berührung. Sie musz nicht benannt werden. Das alltägliche geschwätz wird fortgesetzt. Doch existieren verschiedene sprachen nebeneinander.
Ich erlebe jemeniten als äuszerst sensibel für die sprachen des körpers, vielleicht auf grund der verschleierung des anderen geschlechts. Winzige signale müssen genügen, ein gesamtbild zusammenzusetzen. Sie sind meister des augenspiels.
Sie wissen scham und verschleierung als aufregende kunst des erkennens und verführens einzusetzen. In der westlichen kultur geht mit der scham auch zunehmend die erotik verloren.
Natürlich nimmt jeder der mitreisenden wahr, was zwischen uns *gespielt* wird. Niemand begegnet sich in der enge eines sammeltaxis mit dieser intensität von den anderen unbemerkt. Doch man drückt ein auge zu, das des unerbittlichen gesetzes. Das andere nimmt teil, ein aktives geschlecht. – Nūr schaut aus dem fenster. Trotz der enge ist er von mir abgerückt.

Ich bin bereits länger hier, als man gemeinhin zu gast ist. Doch bin ich hier nicht zu hause. Ich geniesze das privileg des fremden, die offenheit und neugier, die zärtlichkeit und den respekt, die mir entgegengebracht werden. Ich bin nicht unglücklich hier. Doch was bedeuten diese gesten der gastfreundschaft tatsächlich?
Gastfreundschaft kommt jedem fremden zu. Es ist nicht die individuelle person, die gewählt wird, sondern eine soziale maske, der man begegnet.
Dürfte ich wirklich arm und nicht nur für freigebigkeit offen, wirklich schwach und nicht nur in der fremde schutzbedürftig sein? – Gastfreundschaft ist kein geschenk. Ich bezahle mit neuigkeiten, abwechselung, unterhaltung, prestige für den gastgeber. Ich verzichte auf alles unheimliche und befremdliche. Ich gebe das eigene auf.

*

Am abend verabredung mit Nūr zu einem theaterbesuch. – Eine aneinanderreihung kurzer plumper sketche. Unterbrochen von dilettantischen musik- und tanzeinlagen. Dementsprechend ungeduldig und unkonzentriert das publikum. Ein ständiges kommen und gehen während der ganzen vorstellung. Selbst auf der bühne. Die wartenden sichtbar in den gassen. Entdecken sie einen bekannten im zuschauerraum, winken sie ihn zu sich herauf oder stehlen sich am bühnenrand entlang hinunter ins parkett. Die beleuchtung des zuschauerraums abwechselungsreicher als das bühnenlicht. Die hälfte aller leuchtstoffröhren ist defekt, die andere flackert unentschieden. Die billige tonanlage – zwei graue, dickköpfige mikrofone stehen als einzige dekoration im bühnenvordergrund – verstärken vor allem die eigenen, sprechtechnischen mängel.
Zum ersten mal ist Nūr in traditioneller jemenitischer kleidung zu unserer verabredung gekommen. Der rock steht ihm gut; läszt ihn männlicher erscheinen. Offenbar hat sich meine wahrneh-

mung bereits soweit verändert, die *mauwis* nicht mehr als weibliches, sondern als männlich-kriegerisches kleidungsstück zu sehen.
In der pause stellt er mich dem manager vor. Ein junger kerl noch, mit klobigen ringen an den fingern und einer imitierten schweizer uhr am handgelenk. Reagiert gelassen auf meine unverhohlene kritik: Das theater sei arm. Es gebe keine ausbildung für schauspieler, keine staatliche unterstützung für produktionen, keine bühnentechnik, keine werkstätten und nur zwei heruntergekommene spielstätten, verwahrlosten vorstadtkinos ähnlicher als theatern. Und dennoch fänden sich menschen, die sich auf die staubige vorbühne stellten und, wenn auch kein theater, so doch eine unterhaltsame nummernrevue aufführten.
Allein mit uns in der ersten reihe des nun fast leeren zuschauerraums ein vielleicht achtzehnjähriger bursche: unrasiert, wenn auch von noch spärlichem bartwuchs geplagt (oder gesegnet?); mürrisch-abweisendes gesicht unter der flüchtig gebundenen sumata; dschambija und revolver im breiten gürtel, staubgraue, doch wohlgeformte füsze in den geflickten sandalen. In den spröden, schwieligen händen – welcher arbeit mag er bei tage nachgehen? – ein kugelschreiber und ein notizblock. Ich frage ihn scherzhaft, ob er theaterkritiker sei. Er mustert mich kurz, aber eindringlich von kopf bis fusz, dann antwortet er mit ruhiger stimme auf englisch, ich hätte richtig vermutet, er sei kulturredakteur einer überregionalen tageszeitung. Auf meinen verwunderten ausruf, wie alt er denn sei, antwortet er immer noch ruhig, doch mit einem unüberhörbar feindseligen unterton: Kompetenzen würden in seinem land nicht am alter oder an der schulbildung, sondern allein an der qualität der ergebnisse gemessen.

Nach der vorstellung kommt er auf mich zu und fragt mich ohne umschweife, was für mich das kriterium eines guten theaterstücks sei. Ich antworte, ich schätzte jene stücke, die den erwartungen des publikums in formaler und inhaltlicher hinsicht widersprächen. Ein gutes stück nehme das publikum mit nach

hause. – Sein gesichtsausdruck wirkt noch immer ein wenig unwillig, doch finde ich keine spur der zuvor geweckten feindseligkeit mehr darin.
Er selbst habe ein theaterstück geschrieben. Es gehe um eine jemenitische hochzeit. Doch wisse er nicht recht, was er damit anfangen solle. Vielleicht würde ich ja einmal einen blick darauf werfen wollen.
In einem land, in dem es nicht nur keine theatertradition gibt, in dem alles theatralische auch wenig achtung genieszt, begegnet mir ein weiterer mann – und diesmal kein akademiker oder privatschulzögling –, der theaterstücke schreibt. Natürlich will ich einen blick auf seine texte werfen. Ich verabrede mich mit ihm. Er heiszt *Mansur*, der »sieger«.

*

Auf dem heimweg teilt Nūr mir mit, er müsse morgen zu seiner einheit nach Ḥudaīdah zurückkehren. Ich bin überrascht. Ich frage ihn, ob er erst heute davon erfahren habe. Wollten wir nicht morgen unsere streifzüge durch die altstadt fortsetzen? Er sagt, wir seien im Jemen. Hier laufe nichts wie geplant. Doch werde er sich melden, sobald er wieder in Ṣana‘a sei. Ich frage, ob er mir nicht in etwa sagen könne, wie lange er fortbleibe. – Wahrscheinlich handle es sich wieder nur um einen falschen alarm. Die militärs seien zu nervös. – Was hat sie diesmal alarmiert? – Ach, die üblichen gerüchte. Spätestens in einer woche sei er wieder hier.

Im arabischen wörterbuch (Lisān al-Arab al Muhīt, D'ibn Mansur, Beirut) wird *la'ib* (spiel) rein negativ, das heiszt als gegenteil von *dschid* (ernst) definiert. Was spiel über *unernst* hinaus sein könnte, wird nicht weiter ausgeführt. – Auch die folgenden beispiele des übertragenen wortgebrauchs enthalten durchweg negative konnotationen: die bedrohung der seefahrer durch das spiel der wellen (*ta-la'ab al-ma'udsch*); unfruchtbare oder erfolglose arbeit wird spiel genannt, aber auch die verführung der gottlosen durch den teufel.
Spiel steht nicht nur im gegensatz zum ernst, sondern auch zur festigkeit, zur produktiven tätigkeit und zum gottgefälligen dasein. Ich darf über die verwunderung, dasz ein erwachsener mann sich ernsthaft mit spiel beschäftigt, also nicht erstaunt sein.
Dabei enthält dieser kurze abschnitt durchaus subversive gedanken: spiel ist beweglichkeit, unberechenbarkeit, rausch. Spiel ist selbstzweck. Ist eher ausdruck als herstellung, eher musik als text.
Spiel stellt die herkömmliche (göttliche) ordnung in frage. Nicht nur der teufel, jeder spielende ist ein gegenspieler gottes. Und Gott selbst, der grosze marionettenbauer, erscheint uns als ein spieler, wenn er auch die lust an seinen spielfiguren verloren zu haben scheint. Ein leichtes spiel für den teufel, die fäden in die hand zu nehmen. Wenn wir sie nicht selber ziehen.

Dick Barber betritt die bibliothek. Er wirft einen blick auf das geöffnete wörterbuch, dann auf meine notizen. Er fragt, ob mein arabisch schon gut genug sei, den artikel zu verstehen. – Ich schlage das wörterbuch zu: Sicher wisse er mehr zu meinem thema zu sagen als jedes lexikon.
Er nickt: Die arabische gesellschaft, sagt er, unterscheidet sich fundamental sowohl von der europäischen als auch von der mittelasiatischen kultur. Sie ist eine verhärtete, streng ritualisierte und überaus ängstliche gesellschaft. Sie fürchtet sich vor allem

und jedem, vor betrug, verarmung, mord, vor bösen blicken, dem anderen geschlecht, dem nächsten tag, ja, selbst davor, dasz morgen die sonne nicht mehr aufgehen könnte. Daher die ständigen rückversicherungen, das festhalten an der tradition, das tragen von waffen, die verschleierung der frauen, die umständlichen begrüszungszeremonien, die alltäglichen rituale und die vermeidungsvorschriften.

Die araber nehmen das leben ernster als die indogermanen, gerade weil sie es in Gottes hand wähnen. Auch diese ohnmacht ängstigt. – Nun ist das leben am rand der groszen wüsten tatsächlich härter als in den fruchtbaren gebieten des nordens. Nie haben ihre rituale und zeremonien eine weiterentwicklung ins theatralische oder gar spielerische zu nehmen gewagt.

Der als-ob-charakter vieler spiele und des theaters schlechthin widerspricht dem alltäglichen daseinskampf, der furcht vor Gott, der natur, dem nächsten und sich selbst. Sie scheinen ihnen der heuchelei, der list und dem betrug zu sehr verwandt (aus der wurzel *la'ib* sind auch die wörter *lu'ab*, speichel, schleim, und *mal'ub*, streich, trick, list, abgeleitet). Und die richtige einschätzung des gegenübers, seine identität, seine glaub- und vertrauenswürdigkeit sind in einer kriegerischen gesellschaft überlebenswichtig.

Ganz zu schweigen von den gefährdungen, die den eigenen abgespalteten oder geleugneten rollen entspringen, den drohenden entgrenzungen, vermischungen und verunreinigungen, dem kontrollverlust (*lu'aba*: sich dem spiel ergeben).

Selbst die ausgelassenheit und das vergnügen finden ihren ausdruck in streng ritualisierten formen: tänzen, gesängen und musik, deren art und ablauf seit generationen festgelegt und unveränderbar sind.

Hier liegt der wirkliche grund für die überlegenheit des westens: Eine konservative, bewahrende haltung ist durch eine spielerische ersetzt worden. – Barber zitiert Wellington: Er habe die schlacht von Waterloo auf dem cricketfeld von Eton gewonnen. Das bedeutet, dasz die briten ihr weltreich erobert haben, indem sie das erobern als sportlichen wettkampf begriffen, als fortsetzung des bereits in den schulen trainierten spielgeistes.

Die gesellschaft mit den komplexeren spielen ist auch die politisch und ökonomisch erfolgreichere. Spielen heiszt vor allem, die furcht zu überwinden, risiken einzugehen und chancen zu nutzen.

Ich frage ihn, ob der westen nicht gefahr laufe, das leben selbst als ein spiel zu betrachten. Er zuckt die achseln: Zunächst ist anzuerkennen, dasz eine in der menschheitsgeschichte einzigartige entwicklung begonnen hat, in der kinder im westen vollkommen frei über die art und weise ihrer spiele entscheiden können. Ja, die freie wahl ist geradezu ein kriterium für das spiel geworden. Niemand fordert vom kinderspiel noch irgendeine relevanz für das erwachsenenalter. Das ist nicht immer so gewesen. Jahrhundertelang versuchten eltern und erzieher, das kinderspiel zu disziplinieren und zu instrumentalisieren. – Die ursachen dieser neuen entwicklung und ihre auswirkungen auf das denken und handeln der kinder als erwachsene bedürfen sicher noch genauerer untersuchungen.
Doch ob die arabische gesellschaft mit ihrer eigenen, von Europa so verschiedenen tradition ein spiegel sein kann, die gegenwärtigen westlichen entwicklungen zu reflektieren, wage ich zu bezweifeln.

Es ist spät geworden. Während seiner langen, mit überzeugung vorgetragenen rede hat er sich nicht hingesetzt. Da ich in der dämmrigen bibliothek bei elektrischem licht gearbeitet habe, ist es der muezzin, der uns mit seinem aufruf zum *maghrib*, dem abendgebet, auf die fortgeschrittene zeit aufmerksam macht. Ich danke Dick Barber für seinen anregenden vortrag.
Er sagt, ich dürfe mich auch weiterhin mit fragen an ihn wenden. Er kenne die araber und ihre kultur recht lang, ihm könne man nichts mehr vormachen. Ich antworte, ich hätte erst einmal genug erfahren. Doch da er sich auch bestens in der bibliothek auskenne, könne er mir vielleicht behilflich sein. Ich suchte einen alten reisebericht, von dem ich nur eine unvollständige abschrift in der Anna-Amalia-Bibliothek zu Weimar gefunden hätte. Vermutlich sei er nie im druck erschienen. Doch auch der autograph sei unauffindbar.

Es handle sich um das reisetagebuch Alois Ferdinand Schnittkes, orgelbauer, kirchen- und prospektmaler, dramenschreiber, direktor, spieler und ausstatter des Tiefurter Marionettentheaters und zeitgenosse Goethes, falls man letzteres auch als persönlichen verdienst betrachten wolle. An einem himmelfahrtstag zu beginn des letzten jahrhunderts breche er von Weimar in den orient auf, eine expedition unter führung des mäzens und abenteurers Ernst-Eugen de la Motte als schreiber und illustrator zu begleiten. – Die mir vorliegenden notizen Schnittkes seien voller aufregender details, doch bliebe das eigentliche ziel des unternehmens im dunkeln.
Dick Barber hört mit ausdrucksloser miene zu. Nun blickt er über mich hinweg auf die regale ungesichteter manuskripte und fragt, ob ich sicher sei, dasz es sich um einen authentischen reisebericht und nicht um eine romantische fiktion, eine Insel Felsenburg oder dergleichen handle. Hätte die erwähnte expedition tatsächlich stattgefunden, hätte er davon hören müssen. Doch sei ihm nur ein deutsch-russischer komponist namens Schnittke bekannt. – Er wendet sich zur tür: Es täte ihm leid, mir in dieser frage nicht weiterhelfen zu können. Wenn ich die bibliothek verliesze, solle ich nicht vergessen, das licht auszumachen.

AL-ʻURS – DIE HOCHZEIT

Ṣanaʻa 11. 10.

Nach sonnenuntergang wird es empfindlich kalt in Ṣanaʻa. Die stadt liegt über zweitausend meter hoch auf einer vegetationsarmen ebene. In den sternklaren nächten verfliegt die hitze des tages schnell.

Wir suchen ein kleines teehaus auf, ein niedriges gewölbe in einem der alten ṣanaʻanischen turmhäuser, das früher einmal als lagerraum benutzt wurde. Die gäste sitzen enggedrängt um wenige tische, also ist es leidlich warm.

Mansur erzählt, er schreibe bereits seit vielen jahren. Gedichte, erlebtes und erfundenes in prosa, und nun ein erstes theaterstück. Wie er auf die idee gekommen sei, ein stück zu schreiben, obwohl es keine aufführungsmöglichkeiten gebe? Ja, im Jemen existiere gegenwärtig kein professionelles theater, doch habe es seit jeher theaterdichter gegeben. Einige veröffentlichten ihre texte in büchern oder zeitschriften. Vieles aber sei noch gar nicht aufgeschrieben.

Sein stück heisze AL-ʻURS, die hochzeit. Es handelt von drei alten männern, die auf grund der hohen heiratskosten bisher unverheiratet geblieben sind. Nun verlieben sie sich unabhängig voneinander in ein schönes kind, das sie unverschleiert auf der strasze ihres dorfes erblicken. Dieses scheinbare mädchen aber ist in wirklichkeit ein knabe, der in Europa aufgewachsen ist, das haar lang trägt, seine haut pflegt und, im gegensatz zu jemenitischen männern, sich das barthaar schneidet.

Einer nach dem anderen hält bei dem vater des vermeindlichen mädchens um die hand seiner tochter an. Nun hat der vater tatsächlich eine tochter, die aber, Gott sei es geklagt, häszlich wie ein feigenkaktus ist. Nun, da es sich beim ersten freier um einen greis handelt, denkt der vater sich nichts weiter dabei, ist der alte doch kaum ansehnlicher.

Da der bräutigam die braut erst in der hochzeitsnacht betrachten darf, ist der schock grosz, als der greis statt des schönen jünglings dessen häszliche schwester entdeckt. Aus ärger über das sinnlos vergeudete geld erleidet er einen herzstillstand. Nun bewirbt sich der zweite greis um das verwitwete mädchen …

Wie kommt ein jemenitischer junge dazu, eine für die arabische kultur derart bizarre travestie zu erfinden? Er sagt, europäische autoren habe er bisher nicht gelesen. Selbst arabische gegenwartsliteratur sei im Jemen kaum erhältlich. Ich frage ihn, ob er selber schon verheiratet sei.

Eine jugendphase im westlichen sinne existiert im Jemen nicht. Der übergang von der – mütterlich dominierten – kindheit ins männlich-kriegerische erwachsenenalter verläuft nicht selten abrupt und schmerzhaft mit der frühen verheiratung der kinder. Die engen familienbindungen, die umfassende soziale kontrolle und die vor- und fremdbestimmte zukunft lassen jungen menschen kaum spielraum für einen eigenen lebensentwurf.
Das spiel gehört der weiblich-kindlichen sphäre an. Erwachsen werden bedeutet die aufgabe aller als weiblich, kindlich und spielerisch betrachteten anteile.
Wie ist in dieser überwachen(den) gesellschaft subversion möglich? Nicht dem eigenen ich musz die wahrnehmung tabuisierter oder strafwürdiger handlungen entzogen werden. Die soziale rolle, die ein jemenit auszufüllen hat, steht dem eigenen selbst nicht selten fremd oder gar feindlich gegenüber. Die nächsten aber, die familie, die nachbarn, die dorfgemeinschaft, die ihre fürsorgliche und beaufsichtigende funktion nicht irgendwann der verantwortung des einzelnen übergeben, dürfen diese handlungen nicht wahrnehmen.
Zur subversion genügt ein oberflächlicher betrug. Die brüche, die verwerfungen und aufspaltungen erfolgen weniger innerhalb der eigenen person, als vielmehr zwischen der privaten und der öffentlichen person. Nur die öffentliche person ist die gesellschaftlich existente und relevante.

Er fragt, was ich von seinem stück hielte. Ich sage ihm, dasz mir die geschichte sehr gut gefalle, doch wisse ich natürlich nicht, wie er sie umgesetzt habe. Und darauf käme es in der literatur ja an. Ich fände diese farce nur dann wirklich komisch, wenn er selbst seine figuren ernst genommen und sie in ihrer ganzen tragik dargestellt habe. Vielleicht könne er mir seinen text einmal zu lesen geben.

In jeder gesellschaft ist sexualität ein vielschichtiges und widersprüchliches phänomen. Es durch schlichte dualismen (männlich-weiblich / gleichgeschlechtlich-gegengeschlechtlich / normal-anormal ...) beschreiben zu wollen, sagt mehr über das gesellschaftliche konzept als über die gesellschaftliche wirklichkeit aus.
In der arabischen gesellschaft bewegen sich männer und frauen gröszenteils in ihrer eigenen geschlechtergruppe und leben innerhalb dieser auch einen groszen teil ihrer sexuellen wünsche aus. Das gegengeschlechtliche begehren ist durch ein breites spektrum an verhaltens- und beziehungsweisen innerhalb der eigenen geschlechtergruppe ergänzt oder ersetzt worden.
Die begegnungen finden unter- oder auszerhalb der als sexuell definierten und damit streng reglementierten beziehungsebene statt (als wichtigstes attribut der ehelichen beziehung gilt nicht das sexuelle begehren, sondern der gegenseitige respekt). Die menschen sind sensibel für zwischentöne und erfinderisch im unterlaufen der gesellschaftlichen normen. Möglicherweise erhöht der restriktive sexualkodex noch die lust an seiner verletzung.
Letztlich aber ist jedes begehren individuell und die erfüllung des begehrens, ungeachtet aller normativen konzepte, von persönlicher befreiung abhängig. Und keine norm wäre auf dauer durchzusetzen, liesze sie nicht diesen persönlichen spielraum ihrer über- oder unterschreitung.

Noch keine nachricht von Nūr. – Gerüchte über demonstrationen, straszenschlachten und plünderungen in Ta‘iz sorgen auch in Ṣana‘a für eine zunehmend gespannte atmosphäre. In den nachrichten des staatlichen fernsehens die üblichen erfolgsmeldungen der regierungspolitik. Über die unruhen im süden kein wort. Doch die unübersehbare präsenz von regierungssoldaten in der hauptstadt scheint die gerüchte zu bestätigen.
Hauptgrund für die unruhen sei der verfall der jemenitischen währung, heiszt es in den suqs und teehäusern. In den letzten vier wochen habe sich der preis von zucker, reis und anderen grundnahrungsmitteln nahezu verdoppelt. Sechstausend soldaten seien in der region von Ta‘iz zusammengezogen worden. Es soll bereits erste todesopfer gegeben haben.
Ich telefoniere mit Abdul Malik. Ja, er könne die unruhen bestätigen. Er sei gestern aus ‘Aden zurückgekommen und habe Ta‘iz umfahren müssen, da die straszen durch die stadt gesperrt worden seien. Doch habe er im augenblick andere sorgen. Feras, sein ältester sohn, sei spurlos verschwunden. Seit tagen habe er ihn aus ‘Aden anzurufen versucht und bei seiner rückkehr weder ihn noch irgendeine nachricht von ihm vorgefunden. Die freunde habe er bereits befragt. Nun werde er die hospitäler abfahren und sich dort nach ihm erkundigen.
Offenbar bin ich der letzte, der mir Feras gesprochen hat. Abdul Malik erkundigt sich genau, wann und unter welchen umständen wir miteinander telefonierten: Ich hätte eigentlich ihn sprechen wollen, doch Feras sei am apparat gewesen. Ich hätte mich erkundigen wollen, wann er, Abdul Malik, wieder in Ṣana‘a sei. Feras habe mir etwas in umgangssprachlichem ṣana‘ani mitgeteilt, was ich nicht verstand. So hätte ich am abend noch einmal anzurufen versucht, doch niemanden mehr erreicht. – Er lehnt mein angebot, ihn auf seiner suche zu begleiten, dankend ab. Wir verabreden uns für den nächsten tag.

Ich hole Abdul Malik von seiner nachmittagsvorlesung ab. Wir fahren zum Haus der Wissenschaft, in dem sich jeden donnerstag intellektuelle und künstler zur qatrunde treffen. Unterwegs erzählt er mir, er habe am morgen einen anruf aus Kairo erhalten. Feras habe ihn um geld für den rückflug gebeten. Am liebsten hätte er ihn aufgefordert, diesen leichtsinnigen ausflug nun auch selbständig zu beenden. Doch offenbar reichte das verbliebene geld nicht einmal für ein längeres auslandsgespräch. Ich frage Abdul Malik, was seinen sohn nach Kairo getrieben habe. – Nun, vermutlich wollte er sich einmal richtig amüsieren.
Zehn bis zwölf männer sitzen bereits qat-kauend im diwan. Nichts unterscheidet diese runde von denen der handwerker oder händler in den öffentlichen diwanen der stadt: die gleichen dunklen, schnurrbärtigen gesichter, die gleichen traditionellen kleider mit der dschambija im gürtel, der gleiche haufen ausgetretener schuhe und sandalen am eingang. Das gespräch verläuft schleppend und in kleinen gruppen. Hin und wieder ein eher beiläufiger als interessierter blick zu mir.
Erst als die ersten die runde verlassen, wird das gespräch anregender. Natürlich geht es auch hier um den Ta'iz-aufruhr, den zuckerpreis und die regierungspolitik. Schlieszlich unterbricht Abdul Malik die diskussion und stellt mich vor. Ich sei an kunst und theater interessiert. Doch müsse ich nun den eindruck gewinnen, dasz selbst intellektuelle im Jemen nichts wichtigeres zu tun wüszten, als über preise und wechselkurse zu debattieren.
Es wird still im diwan. Schlieszlich sagt einer der anwesenden: Alleine qat sei schuld an der misere der kunst im allgemeinen und des theaters im besonderen. Qatrunden würden alle energien absorbieren. Statt ideen in die tat umzusetzen, würden sie hier zerredet. Anschlieszend gehe jeder allein vom gerede erschöpft nach hause.
Ich frage, ob diese runden nicht bereits theatralische elemente aufwiesen: selbstdarstellung, unterhaltung, scheingefechte, sze-

nen vor publikum ... Der qatkauende kritiker widerspricht: Qatrunden seien eher das gegenteil von theater: ein ständiges sich vergewissern des wirklichen und des eigenen selbst. Die abwesenheit von theater westlichen stils hänge mit einer tiefen furcht vor der vollkommenen illusion zusammen. Er habe in Europa studiert. Das ideal des europäischen theaters sei seit jahrhunderten, die zuschauer vergessen zu lassen, dasz es sich um theater handle. Einem arabischen publikum würde es hingegen so gehen wie den betrachtern des ersten kinofilms, die eine lokomotive auf sich zurasen sahen und in panischem schrekken aus dem saal flohen.

Das spiel mit illusion und wirklichkeit müsse gelernt werden; die fähigkeit, sich vom bühnengeschehen berühren zu lassen, ohne je zu vergessen, dasz es sich nur um eine *vorstellung* handelt.

Ich bestätige seine ansichten mit meinen eigenen ersten theatereindrücken: In der aufführung, die mir als typisch für das gegenwärtige jemenitische theater angekündigt wurde, stellten die schauspieler keine charaktere, sondern schauspieler dar; liesz die bühnendekoration keinerlei illusion zu, dasz es sich um etwas anderes als bühnendekoration handeln könnte, und sorgte das raffinierte bühnenlicht dafür, den spielraum ausschlieszlich als auftrittsrampe von textaufsagern erscheinen zu lassen.

Alles im jemenitischen theater, sagt er mit so groszem ernst, dasz ich mir nicht sicher bin, ob er sich über mich lustig macht, alles wirke darauf hin, keinen augenblick die illusion zu erzeugen, es werde eine zweite wirklichkeit erschaffen. Offenbar befürchteten sowohl die akteure als auch die zuschauer, sie könnten die gewiszheit, es gebe nur eine wirklichkeit, verlieren.

Die anderen männer kauen schweigend. Einige nicken zögernd, ob zustimmend oder beschwichtigend, ist nicht ganz deutlich. Schlieszlich sagt Abdul Malik: Ungewiszheit sei in einer kriegergesellschaft, selbst von ihren intellektuellen, nur schwer auszuhalten.

DIE NACHT MIT SALAH UND AMIR Ṣana'a 16. 10.

Ich zögere mit der aufzeichnung. Gehören meine sexuellen abenteuer ins feldtagebuch? Der beschreibung haftet immer etwas schamloses an. Doch läszt das verschweigen ein unvollständiges und damit falsches bild der begegnungen entstehen. – Zumindest dem tagebuch will ich die ereignisse anvertrauen.
Vor dem kino spricht er mich an. Lädt mich ein, mit ihm zusammen den film anzuschauen. Er führt mich in eine der vorderen reihen. Ich spüre, dasz er auf etwas wartet, doch halte ich mich zurück. Bin mir der bedeutung der blicke und gesten noch zu unsicher. Schlieszlich ergreift er meine hand und legt sie in seinen schritt.
Ich schaue mich verlegen um. Vollbesetzte stuhlreihen, ein ständiges kommen und gehen, feuerzeuge flammen auf und die taschenlampen der tee- und pistazienverkäufer. – Diese halb öffentliche, halb intime begegnung will ich nicht. Doch ihn mit ins Institut nehmen kann ich nicht. Der pförtner würde die situation sofort durchschauen: Salah ist nicht der typische informant eines anthropologen, er ist ein einfacher jemenitischer bursche von der strasze.
Offenbar fühlt sich nun auch Salah unbehaglich. Er wechselt ein paar worte mit einem bekannten. Gemeinsam verlassen wir das kino. Obwohl mir bisher keine erfahrung in diesem land grund gegeben hätte, begleitet mich ein leises misztrauen auf der fahrt an den stadtrand Ṣana'as. Zwischen zwei mir nahezu unbekannten männern geht der weitere weg über unbebaute grundstücke in eines der ärmeren stadtquartiere. Für unwissende beobachter musz es so aussehen, als würde ich abgeführt.
Vor einem einstöckigen haus, dessen weitere etagen sich noch im bau befinden, bleiben wir stehen. Die fenster des unteren stockwerks sind beleuchtet, die bewohner schlafen noch nicht. – Sie bedeuten mir, mich still zu verhalten. Salahs freund geht vor, öffnet die tür zu einem anbau und winkt uns hinein. Ich zögere. Der raum vor mir ist vollkommen finster. In meinem rücken spüre ich Salahs hände, die mich sanft vorwärtsschieben. Das gesicht

des freundes liegt im schatten. – Ich bitte ihn, licht zu machen. Er antwortet: Sobald wir eingetreten seien; wir dürften nicht gesehen werden.
Salah flüstert mir zu, ich solle keine angst haben. Er zündet ein streichholz an. Festgetretener lehmboden, unverputzte kalksteinwände, gerümpel in den ecken und ein von einer undurchsichtigen kunststoffplane bedeckter stapel, den ich in einem berliner keller für briketts hielte. – Der freund läszt uns allein. Das streichholz erlischt. Ich höre Salah im dunkeln hantieren. Offenbar entledigt er sich einiger kleidungsstücke. Dann ergreift er meinen arm und zieht mich sanft zu boden: Ich solle keine angst haben, sagt er noch einmal, und es mir bequem machen.
Amir kommt mit decken, einer gaslampe und einer kanne tee zurück. Er entzündet die lampe, breitet die decken auf dem boden aus und bietet uns tee an. Er müsse noch einmal zurück zu seiner familie, doch käme er zu uns, sobald seine eltern zu bett gegangen seien. – Ich werde ruhiger und beginne, das abenteuer zu genieszen. Ich schlürfe den heiszen, übersüszen tee und fühle mich nun als gast.
Amir ist einige jahre älter als Salah. Er wirkt gelassener, ernster und vertrauenswürdiger, wenn ihm auch der selbstbewuszte charme des jüngeren fehlt. Er trägt einen vollbart, wie man ihn sonst vor allem bei streng religiösen muslimen sieht. – Er läszt uns wieder allein.
Salah zieht sich bis auf die unterhose aus. Hier zögert er. Er fordert mich auf, mich ebenfalls zu entkleiden. Er dreht die lampe herunter.
Sicher hilft uns die fremdheit über die scham hinweg. Wir begegnen einander nicht in unseren alltagsrollen. Doch haben wir aller fremdheit zum trotz auch keine mühe, einen gemeinsamen gestus der zuneigung und der zärtlichkeit zu finden.
Amir kommt zurück. Fast war ich schon an Salahs seite eingeschlafen. Nun macht Salah seinem freund platz. Amir will sich zu mir legen. Ich protestiere. Die begegnungen seien doch nicht beliebig, die partner nicht einfach austauschbar. Amir scheint zu verstehen. Doch Salah schiebt mich zu seinem gefährten: Seien sie nicht freunde? Ich aber will mich nicht als gemeinsames

freundesgut verwenden lassen. Amir beschwichtigt Salah, doch Salah drängt mich, küszt mich, nimmt meine hände, legt sie in Amirs schosz, flüstert, er sei doch da, ich brauchte keine angst zu haben, Amir sei wie ein bruder, ich solle groszzügig sein. Amir wird es zuviel. Er löscht das licht, legt sich mit dem kopf ans fuszende: Ich hätte mich wohl in seinen freund verliebt, sagt er spöttisch, doch ohne ärger oder hohn. Salah hingegen ist wütend. Er dreht mir den rücken zu.
An schlaf ist nicht mehr zu denken. Das lager ist hart. Die kalte, staubige luft läszt die schleimhäute anschwellen, dasz ich kaum noch atmen kann. Amir massiert behutsam meine füsze. Salah gestattet mir, ihn umarmt zu halten, meine hand auf seinem bauch.
Alle drei sind wir am morgen unausgeschlafen, übermüdet und erregt zugleich. Amir schlägt einen hammambesuch vor, die verunreinigungen der nacht abzuwaschen und wieder zu uns selbst zu finden. – Hier, in diesem dampfenden, dämmrigen bauch der arabischen welt, holt uns die scham wieder ein. Obwohl wir die ersten gäste an diesem frühen morgen sind, wagen wir einander nicht mehr zu berühren.

Die etymologien und lexikalischen solidaritäten arabischer begriffe beschreiben oftmals präzise das mit dem begriff verbundene soziale konzept:
adschnabī, der fremde, hat seine grammatikalischen wurzeln im stamm *dschanaba*: sich abwenden, sich oder jemanden fernhalten, vermeiden. Aber auch: jemandem zur seite stehen, ihn begleiten (wie ein schutzherr seinen schutzbefohlenen).
dschanub bedeutet, im zustand ritueller unreinheit, stammesfremd oder nicht verwandt zu sein, während *dschanāb* ein ehrentitel oder eine respektvolle anrede ist.
dschanūb ist der süden.

gharb ist der westen, *gharīb* ein weiteres wort für den fremden. *gharaba* heiszt fort-, aber auch untergehen. *gharāba* steht für fremd, seltsam, dunkel, unverständlich. *maghrib* ist das land des sonnenuntergangs.
Doch bezeichnet *gharb* nicht nur den westen, sondern bedeutet auch heftig, ungestüm. Der westen gilt beduinen gemeinhin als richtung der diebe.

Warum interessiert der westen sich für fremde völker und kulturen? Was interessiert ihn an den fremden?
Und rechtfertigt dieses interesse den wissenschaftlich-voyeuristischen einbruch in das möglichst unberührte, ungewarnte, unvorbereitete untersuchungsfeld?
Ist anthropologie nicht zunächst teil einer kolonialen strategie der beherrschung und ausbeutung der fremde(n)? Le Chatelier, professor für »Islamische Soziologie« am College de France in Paris schreibt 1904: »Mit der Gründung der *Archives Marocaines* beabsichtigen wir die Erstellung eines Katalogs von Marokko, von seinen Stämmen, seinen Städten und seinen religiösen Bruderschaften; wir wollen Marokkos Ursprünge ergründen, seinen Verzweigungen, seinen Konflikten und Bündnissen nachspüren; mit einem Wort, wir wollen jenes Terrain, in dem wir möglicher-

weise irgendwann zu intervenieren gezwungen sein werden, so umfassend wie möglich erforschen, so daß wir auf der Grundlage genauer Kenntnisse werden handeln können.« (Tahar Ben Jelloun: Decolonizing Sociology in the Maghreb)
Treffender als diese selbstbeschreibung kann man den zweck dieser disziplin nicht darstellen. Was habe ich hier zu suchen? Glaube ich wirklich, mit guten vorsätzen dem grundsätzlichen dilemma zu entkommen: Wie emphatisch, introspektiv oder neutral ich mich auch immer verhalte, alle verhaltensweisen bleiben strategisch. Sie zielen darauf ab, die begegnung mit dem fremden zu einem kontrollierten, wiederhol- und überprüfbaren experiment zu machen. Alles zufällige, subjektive und singuläre in dieser begegnung verfälscht das ergebnis und raubt dieser wissenschaft ihre *empirische* legitimation.
Selbst diese kritik repräsentiert nur den stand der gegenwärtigen anthropologischen reflexion. Warum wagen wir den schritt von einer empirischen zu einer hermeneutischen wissenschaft nicht? Wir können dem ethnozentrismus nicht entkommen. Selbst die kritische reflexion ist teil der eigenen kulturellen kompetenz.

Ar-Raūḍah, einige kilometer nördlich von Ṣana'a gelegen; ehemalige sommerresidenz des Imam. Berühmt für seine lehmbauten und ausgedehnten weingärten. Von den weingärten allerdings ist nichts zu sehen. Statt dessen staub, geröll-, kakteenfelder.
Markt am straszenrand. Totes fleisch, auf noch blutigen fellen, grob zerhackt, und ohnmächtiges geflügel, an den zusammengeknoteten beinen nach hause getragen.
Schüsse; trommelwirbel. Irgendwo im ort wird eine hochzeit gefeiert. Die männer, nachbarn, verwandte, freunde, vor dem haus des bräutigams. Sie tanzen *bar'a*, ihren kriegerischen stammestanz, die gewehre geschultert, die krummdolche in die höhe gereckt. Drei knaben trommeln den rhythmus dazu. Zunächst im schrittempo, dann sich steigernd, dasz unter den heftigen sprüngen staubwolken aufwirbeln.
Dann kommt der bräutigam, von seinen brüdern und schwägern flankiert. Auf dem kopf trägt er einen blumenkranz, in der hand ein maschinengewehr. Die männer johlen und schieszen in die luft. Wovor fürchten sie sich? Am tag der hochzeit.
Sie bilden einen umzug. Voran schreiten die trommler. Dann folgt, von seinen älteren brüdern untergehakt, der bräutigam. Wie ein zum tode verurteilter wird er unter trommelwirbeln und gewehrschüssen, von einer johlenden menge begleitet, durch den ort geführt.

Besteht unsere eigentliche schamlosigkeit nicht vor allem im sprechen über sexualität (pórne-gráphein)? Denn wie schamlos ist unser sexualleben denn tatsächlich? Das beschreiben, problematisieren und klassifizieren hat uns eher lust und geheimnis geraubt. Die reflexion ist zwischen die begegnung zweier körper getreten und bildet nun einen undurchschreitbaren spiegel zwischen dem selbst und dem anderen.
Schamhaftigkeit bedeutet nicht prüderie. Sie betont eher die besonderheit und verletzlichkeit der begegnung. Weder befreit uns das reden von unserer verletzlichkeit, noch bringt es uns der erfüllung unseres begehrens näher. Es macht uns ärmer.

Sobald der Scheich hört, dass europäische Gäste ins Lager gekommen seyen, tritt er selbst heran, uns in sein Zelt zu führen und zu bewirthen. Und er würde sicher ein Schaaf geschlachtet haben, wenn es uns die Zeit erlaubte, länger zu bleiben.
Er lässt Weizenbrodt backen, welches sonst selten in den Lägern zu bekommen ist. Und sein Sohn bringt uns auch Schaafsmilch, als unser Wirth bemerckt, dass wir nicht gewohnt sind, Kameelmilch zu essen. Sie wird zwar für erfrischend und gesund gehalten, alleyn sie ist so an einander klebend, dass sie, wenn man einen Finger in Selbige taucht, wie ein Faden daran herunterhängt. Und dergleichen zu essen, zeigt sich selbst Frere Jacque als zu delicat.
Die *Scherife,* oder Abkömmlinge Muhammed's, die in Mekka oder anderen Städten leben, haben die Gewohnheit, jedes männliche Kind acht Tage nach seiner Geburt in das Zelt eines benachbarten Beduinen zu bringen, wo es mit den Kindern des Zeltherrns aufgezogen und wie ein ächter Beduine acht oder zehn Jahre lang erzogen wird, bis der Knabe ein Pferd besteigen und eine Waffe führen kann, und der Vater ihn nach Hause zurück holt. Während dieser ganzen Lehrzeit besucht der Knabe seine Eltern niemals, noch betritt er die Stadt. Das Kind wird in keinem Falle länger als 30 Tage nach seiner Geburt in den Händen seiner Mutter gelassen, und sein Aufenthalt unter den Beduinen wird manchmal bis zum 13ten oder 14ten Jahr verlängert. Auf diese Weise werden sie mit all den Gefahren und Entbehrungen des Beduinenlebens bekannt, ihr Körper gewöhnt sich an die Anstrengungen, und ihr Geist erlangt die Kenntnis der reinen Sprache der Beduinen. Ausserdem gewinnen sie Einfluss unter diesen, welcher für sie nachher von grosser Wichtigkeit ist, und heirathen nicht selten auch ein Beduinenmädchen.
Die Beduinen, bey welchen ein Scherif erzogen worden, werden von ihm nachher immer mit der selben Achtung wie die eigenen Eltern und Geschwister behandelt. Er nennt sie Vater, Mutter, Bruder und Schwester und erhält von ihnen die entsprechenden

Namen. So kommt es, dass an jedem Streite der Scherifen ihre Beduinenstämme, die berühmt für ihre Tapferkeit und ihre Kriegskunst sind, allzeit theilnehmen. So trägt es sich auch oft zu, dass Scherifen-Knaben nicht leicht bewogen werden können, ihre wahren Eltern in der Stadt anzuerkennen. Sie entfliehen manchmal hinaus in die Wüste und suchen die Freunde ihrer Kindheit und Jugend, die Beduinenfamilien, wieder auf.
Der uns von Scheich Abdul Asys so beschriebene Brauch sey sehr alt in Arabien. Schon Muhammed wurde unter Fremden, in dem Stamme der Beni Sad, erzogen. Und sein Beyspiel wird bis heute von den edlen Familien angeführt.

Asyr, den 15ten April. Unser Weg läuft ganz dem Gebirge von Hedschas und Yemen entlang und hat auf der einen Seite die östliche Ebene, die ins Leere Viertel übergeht, und auf der anderen die Tehama oder die Küstenebene. Er führt über schmale Pfade und schwierige Pässe. Doch Wasser ist im Ueberflusse da, in Brunnen, Quellen und Bächen. Auch giebt es viele Festungsdörfer und auch einiges bebautes Land. Die meisten dieser Dörfer sind aus Stein errichtet, und die Felder sind auf Terrassen in der Nähe von Bächen angelegt, so dass die *Hadhar*, die Ansiedler, das Wasser in regenarmer Zeit darauf lenken können. Da sie aber auch grosse Viehheerden besitzen, ziehen sie zur Regenzeit in die östliche Ebene, welche für die Kühe, Kammeele und Schaafe eine reichlichere Waide bietet.

Pilgrimme aus Sanaa theilen uns mit, wir müssten wohl zwey Monate für unsere Reise rechnen. Da wir nicht einmal die Hälfte des Weges zurückgelegt und insbesondere Schotenbauer unter den Anstrengungen unseres Marsches so sehr leidet, dass wir unsere Rasten verlängern müssen, mögen sie sogar noch untertrieben haben. – Indessen ist es Schotenbauer, der uns immer wieder zum Aufbruche mahnt, wenn wir die Rast über das eigentliche Maass der Erholung auszudehnen verführt sind, als würde er, je näher wir unserem Reiseziele kommen, um so unwiderstehlicher von ihm angezogen.

Der Sohn des Scheichs Abdul Asys begleitet uns noch zwey Tagesreisen, bis in das Dorf Ed Dahye, dessen Bewohner mit dem Stamme der El-Merekede unter einem Haupte vereint sind.

Die El Merekede, ein Zweig des grossen Asyr-Stammes, beobachten einen alten Gebrauch ihrer Vorfahren, indem sie dem Fremdling, welcher in ihren Zelten einkehrt, ein weibliches Glied ihrer Familie zu seiner Gefährtin während der Nacht geben. Ich habe von diesem ausserordentlichen Gebrauch bereits in den Cafféhäusern Dschiddas gehört, alleyn, ich konnte diese Erzählungen, die der Achtung, in welcher die weibliche Ehre von den Arabern gemeiniglich gehalten wird, so sehr widersprechen, nicht leicht glauben.
Nun erzählt uns Achmed ibn Abdul Asys, dass es diese Sitte unter seinen Vorfahren thatsächlich gegeben habe. Zwar wurde niemals eine Jungfrau diesem Gebote der Gastfreundschaft geopfert, aber gewöhnlich des Wirthes eigenes Weib. Wenn der Fremde sich seiner Nachtgefährtin angenehm gemacht, so werde er am folgenden Morgen von seinem Gastgeber mit der grössten Aufmerckсamkeit behandelt, und beym Abschiede und für die weitere Reise hinreichend mit Lebensmitteln versehen.
Aber wenn er unglücklicher Weise der Frau missfalle, finde man am andern Morgen, dass seinem Mantel ein Stück fehle, welches sie als Zeichen der Verachtung abgeschnitten. Nun werde der unglückliche Reisende mit Hohn von allen Weibern und Kindern des Lagers forthgejagt.
Nur mit grosser Schwierigkeit könnten die Wechabiten die Stämme zwingen, diesen Gebrauch aufzugeben. Und als zwey Jahre darnach Mangel an Regen herrsche, betrachteten die Merekedes dieses Unglück als eine Strafe, dass sie die alten Gebräuche ihrer Väter verlassen hatten.

Ed Dahye, den 17ten April. Unter den gegenüberliegenden Felsen des Wadis entdecke ich auf einem meiner gewöhnlichen Erkundungsgänge in die Umgebung des jeweiligen Quartiers in den Stein gehauene Schriftzeichen. Zwar führen wir auch Gips und Leinwand in unserem Nothgepäcke mit, doch fehlt der Träger oder das Lastthier für den Transport grösserer Abklatsche. Dennoch halte ich es für meine Pflicht, Schotenbauer auf diesen Fund aufmercksam zu machen.

Sogleich lässt Tertulio sich von mir zu dem Fundorthe führen. Indessen will er sich nicht mit einer Abschrift der Zeichen begnügen, sondern beauftragt mich, umgehend in dem Dorfe nach einem Lastthier zu suchen. Mein Anerbieten, dass ich statt seiner eine sorgfältige Copie für seine Inschriftensammlung anfertige, da seine Augen in der That ihren Dienst nur mit Mühe verrichten, seit er statt des Gipses die Gläser im Chane zu Dschidda zurückliess, dieses höfliche Anerbieten weist er schroff zurück: Die Philologie sey keine Laienkunst, sondern eine exacte Wissenschaft, die für ihre Erkenntnisse exacte und beweiskräftige Documente benöthige. Wolle ich mich wirklich in ihren Dienst stellen, dürfe ich das Meinige zum Transporte der Documente beytragen.

Kaum habe ich das Dorf auf der anderen Thalseite erreicht, als entsetzensschrille Hilferufe mich zur raschen Umkehr nöthigen. Die Schreye indes dauern in gleichbleibender Tonhöhe und -stärke an, so dass offenbar keine acute Lebensgefahr besteht. Zu den Inschriftenstelen zurückgekehrt finde ich Tertulio von einer Schaar Knaben umringt, die mit *Merdaha*, mit Steinschleudern bewaffnet den Altphilologen anvisiren, als hätten sie einen Strassenräuber oder Viehdieb gestellt. Nun sind die Schaafssehnen ihrer Schleudern aber auch so dehnbar und reissfest, dass die catapultirten Geschosse noch auf einer Distance von zweyhundert Fuss böseste Wunden schlagen können.

Diese Wilden haben keinen Respect vor Gästen, vor Pilgern, vor der Wissenschaft, zetert Tertulio. Befiehl ihnen, dass sie augenblicklich ihre Waffen fallen lassen! Sonst werden wir sie bey unserem Gastgeber verklagen!

Ich wende mich mit ernster Miene an die Jungen: Ich sehe, ihr habt einen Dieb auf frischer That ertappt. Da ich nichts zu seiner Entschuldigung vorzubringen weiss, bleibt mir nur, an eure Kriegerehre zu appelliren. Er ist unbewaffnet, ich bin bewaffnet. Wenn einer von euch mich in der Kunst des Schiessens übertrifft, darf er über den Gefangenen verfügen. Sollte ich der Sieger des Wettschiessens seyn, gehört der Gefangene mir.

Die Jungen schauen mich einen Augenblick überrascht an. Dann verständigen sie sich kurz mit einander, doch ohne ein Worth zu wechseln, sondern alleyn mit ihren Blicken. Nun tritt der Anführer der Bande vor und spricht: Du hast muthig gesprochen, Sajid, wir sind Viele und du bist Einer. Der Beste von uns wird sich mit dir messen, doch müssen Beyde die selbe Waffe, eine unserer *Merdahat*, verwenden. Stimmst du zu, dann lass uns mit dem Wettkampf beginnen.

Ed Dahye, den 19ten April. Die Dorfkinder haben nicht viel Gelegenheit zum Spiel. Schon kleine Knaben müssen die Aelteren unterstützen, das Vieh zu hüten.

Ein kleiner Junge spielt mit zwey Holzthieren, welche die Mutter mit einem Stofffell überzogen hat. Sie grasen in einer von Steinen umfriedeten Waide. Der Junge nennt die Thiere *Ferneiny*, Ohne Augen, indessen ein drittes, nacktes Holzthier an der Mauer entlang schleicht. Dieses Thier nennt er *Fariq*, Zertheiler.

Am Morgen durfte ich meine neuen Freunde beym Fallenstellen beobachten. Um die wohl nicht sehr gewitzten Felsrebhühner zu fangen, genügt ein grosser flacher Stein, von einem Stöckchen halb aufgerichtet, darunter eine kleine Wasserlache. An das Stöckchen ist ein Faden gebunden, dessen anderes Ende die auf der Lauer liegenden Knaben in ihren Händen halten. Nun heisst es, sich schweigsam zu gedulden, bis irgendein törichtes Huhn sein Köpfchen unter den Stein beugt.

Ist diese stille Jagd noch ein Spiel? Oder ist sie schon ein ernstes, erwachsenes Thun en miniature? In wie vielen europäischen Erziehungslehren heisst es, spielende Kinder seyen wie morgenländische Wilde, die für die Befriedigung des Augenblicks jede Rücksicht auf die Zukunft opferten. – Zur Entschuldigung dieser Lehrer kann nicht einmal gesagt werden, dass sie nie einem morgenländischen Wilden begegnet seyen. Offenbar haben sie auch nie ein spielendes Kind beobachtet. Die Erfahrungen hinter diesen Lehren sind alleyn phantastischer Natur. Erst durch das Mitspielen lernen wir, dass es Dinge giebt, die nicht wir sind.

DER ZERTHEILER Ed Dahye, den 20ten April

Vielfach hält man die Wüste für ein leeres Land, für Freyguth eines jeden Eroberers. Aber in Wirklichkeit hat jeder Berg und jedes Thal einen anerkannten Besitzer, welcher das Grundrecht seiner Sippe oder seines Stammes gegen jeden Eindringling vertheidigt. Auch die Brunnen und die Haine haben ihren Eigenthümer, deren Erlaubnis der Reisende benöthigt, will er Wasser schöpfen oder Brennholz sammeln.
Als ich mit den neuen Freunden am Nachmittag zu den Waideplätzen wandere, finden wir das Vieh verlassen vor. Von den Hirtenknaben liegen nur die Mäntel und die Wasserschläuche verloren oder forthgeworfen umher. Indessen entdecken wir in Mitten der verschreckten Heerde ein verendetes Thier, aus dem die besten Theile sorgfältig herausgeschnitten. – Zitternd ergreifen die Knaben meine Hand und flüstern: *el-Fariq*, der Zertheiler!
Sie lesen die Mäntel und Schläuche auf und suchen den steinigen und nur karg mit zähem Grase und niedrigem Gesträuch bewachsenen Boden nach Spuren ab, die ihnen Auskunft über das Schicksaal ihrer Cameraden geben könnten. Ich betheilige mich nicht an ihrer Suche, da ich die Spuren eher verwischen als erkennen würde. Indessen wende ich mich noch einmal dem geschlachteten Schaafe zu und komme nach präciser Begutachtung zu dem Schlusse, dass es sich bey der That um meisterliches Metzgerhandwerk gehandelt haben müsse.
Als nun die Knaben mir auf meine Nachfrage berichten, *el-Fariq* sey ein Dschinn, welcher schon des Längeren die Gebirgsdörfer terrorisire, denke ich mir meinen Theil. Alleyn, mein Vorschlag, uns auf die Jagd nach diesem Dschinne zu begeben, stösst auf allergrösstes Entsetzen: Ob ich denn nicht wisse, mit welchem schrecklichen und machtvollen Wesen wir es zu thun hätten, ein Monstrum, halb Thier, halb Mensch, mit rothglühenden Augen, messerscharfen Krallen und riesigen Fangzähnen, eine nackte haar- und federlose Bestie. – Nein, Niemand habe ihn je gesehen. Doch alle, die alleyn bey den Heerden die Nacht im Gebirge verbracht, kennten sein Geheul.

Was gedächten sie also zu thun? – Sie schütteln rathlos die Köpfe. Die Heerde unbewacht zu lassen, würde die allerhärtesten Strafen nach sich ziehen. Doch über Nacht bey den Thieren zu wachen, würde ihren Tod bedeuten. Und der Einbruch der Dunkelheit sey nicht mehr fern, so dass sie kaum ohne die Thiere den Heimweg noch bey Tageslicht schafften. – Die jüngeren Knaben sind den Thränen nahe, während die Aelteren ihre Erregung hinter starren Masquen des Fatalismus verbergen.
Ich muss gestehen, dass sie mich in wachsendem Maasse mit ihren Aengsten inficiren, auch wenn ich mich weniger vor den Schlächtereyen *el-Fariqs* als vielmehr um den Verbleib der Brüder und Vettern meiner jungen Cameraden fürchte. Auch erinnere ich mich zu genau noch der Macht des Unheimlichen, die es alleyn durch unsere Angst vor dem Selbigen bereits über das kindliche Gemüth gewinnt.
Ich bitte die Kinder, sich dicht um mich zu schaaren und mir genau zuzuhören: Sie hätten selbstverständlich recht, sage ich, wir Menschen seyen zu schwach, einen Dschinn zu besiegen. Doch bedeute das nicht, dass ein Dschinn unbesiegbar sey, denn jeder Dschinn begegne irgendwann einem mächtigeren Dschinne, dem er sich zu unterwerfen habe, weil kein Wesen des Geisterreiches, sondern nur Allah alleyn, allmächtig sey. – Auch ich sey nur ein schwacher Mensch wie sie, aber nicht ganz unerfahren in gewissen Verwandlungskünsten und Beschwörungen. In meinem Büchlein fänden sich einige machtvolle Sprüche, die Menschen, zumindest für kurze Zeit, die Krafft von Geistern verleihten. Und mein Tintenfässchen enthalte eine Flüssigkeit, die vor dem Bösen Blick auch der mächtigsten Dschinne schütze. Ich wolle nun ihre Gesichter damit schwärzen, dass sie für jeden Dschinn unangreifbar, und ihre Steinschleudern damit bestreichen, dass sie auch gegen Dschinne zu einer machtvollen Waffe würden. Dann sollten wir uns, solange es noch Tag sey, auf die Suche nach den verschwundenen Cameraden machen, um möglichst vor Anbruch der Nacht zurück bey der Heerde zu seyn und dem Dschinne, sollte ihn die Mordlust erneut hierher treiben, eine specielle Geisterfalle zu stellen.

Ich bin froh, der bedrückenden atmosphäre im Institut ein paar tage entfliehen zu können. Erneut eine paranoide attacke Dick Barbers: Hätte meine reise anmelden müssen. Als forscher gäbe es für mich kein privatleben. Dieses land sei ein polizeistaat ... Selbstverständlich frage ich niemanden um erlaubnis, der einladung eines freundes folgen zu dürfen. Doch das unbehagen Dick Barber gegenüber wächst. Ich sollte diesem unberechenbaren menschen aus dem weg gehen.
In der tat sind politische aktivitäten für jemeniten im augenblick nicht ungefährlich. »Middle East Watch« berichtet von der inhaftierung mehrerer journalisten. Nach zwei tagen werden sie wieder entlassen, ohne dass man ihnen gründe für die festnahme nennt. Einige sollen während der haft geschlagen worden sein. Doch verfolge ich keine politischen aktivitäten. Meine naivität ist mein bester schutz. Ich erwarte, dasz man mich als fremden betrachtet, den man allenfalls freundlich zurechtweist, wenn er in seiner unwissenheit gefährliches terrain betritt. Der verfolgungswahn erst schafft die gefahr.

Die fahrt nach Ibb (200 km/3 std.) einmal mehr denkbar unbequem: zu fünf nicht gerade schmächtigen erwachsenen auf der rückbank des sammeltaxis, ich eingekeilt in der mitte, von zwei wohlgenährten bärtigen »fundamentalisten« flankiert. (Aḥmad korrigiert mich später, dasz ein vollbart kein untrügerisches merkmal für eine streng islamische gesinnung sei. Mancher bärtige verberge nur sein wahres gesicht, während manchem glattrasierten der bart nach innen wachse.)
Ich konzentriere mich auf die gegend, die wir durchfahren, die kargen höhen um Dhamar, der Sumārah-pasz, vierzig kilometer vor Ibb, schon in einer grünen, fruchtbaren terrassenlandschaft, vor allem, damit mir auf der steilen, kurvenreichen strecke nicht schlecht wird.
Die region von Ibb verzeichnet die meisten niederschläge im Jemen. Von ende Mai bis anfang September regnet es fast täglich,

wenn die winde vom Indischen Ozean die wolken an den berghängen Ibbs auftürmen. Diese fruchtbare provinz gilt als kornkammer des Jemen. Da es selbst im winter gelegentlich regnet, können drei bis vier ernten im jahr eingebracht werden.
Aḥmad holt mich von der taxistation am stadtrand ab. Wir machen einen kleinen umweg durch die altstadt, ehe er mich zu seinem elternhaus bringt. Die traditionellen turmhäuser sind so nah und verwinkelt aneinandergebaut, dasz man bereits zu fusz kaum einem bepackten lasttier ausweichen kann. Doch schieben sich nun breite landrover durch die engen, schattigen gassen, eine nahezu unglaubliche, aber auch überflüssige kunst, da man die altstadt in wenigen minuten durchschritten hat.
Mittlerweile wohnen die meisten ibbis auszerhalb der stadtmauer, am fusz des festungsberges. War Ibb vor fünfzehn jahren noch eine provinzstadt mit etwa dreiszigtausend bewohnern, so stellt sie heute eine groszstadt mit der zehnfachen einwohnerzahl dar.
Auch Aḥmads familie bewohnt ein groszes haus im neuen geschäftszentrum auszerhalb der altstadt. Im erdgeschosz finden sich kleine läden, die von verschiedenen familienmitgliedern geführt werden: eine apotheke, ein videoverleih, ein lebensmittelgeschäft. In den stockwerken darüber wohnen vier generationen der al-Sabahis zusammen.
Ich werde von allen (männlichen) verwandten wie ein alter freund der familie begrüszt. Sicher hat Aḥmad in der schilderung unserer gemeinsamen Budapester zeit übertrieben. – Später gesellt sich Aḥmads mutter dazu, eine schöne, überraschend junge frau, nur wenige jahre älter als ich, wenn auch bereits groszmutter. Daher wohl das privileg, sich dem gast unverschleiert zeigen zu dürfen.
Das abendessen allerdings nehmen wir männer unter uns ein.

Immer noch sind in Aḥmads gesicht die spuren seiner schweren krankheit zu sehen. Als ich ihn darauf anspreche, sagt er: Unsinn, es gehe ihm ausgezeichnet. Und in der tat treibt er schon mit jedem wieder seine bösen scherze, die ich ihm bereits in Budapest nur auf grund einer tieferen verletzlichkeit nachgesehen habe. Vor allem Otman, einen etwas einfältigen cousin, hat er sich zum opfer einer endlosen farce gewählt. Otman plant, nach Amerika auszuwandern, obwohl er weder über eine berufliche qualifikation noch irgendwelche sprachkenntnisse verfügt. Seit seiner rückkehr aus Europa versucht Aḥmad ihn zu überzeugen, statt in die Vereinigten Staaten nach Ungarn zu gehen. Ungarisch sei für araber leichter zu lernen als englisch, da es mit dem arabischen verwandt sei, ungarische mädchen seien leichter zu verführen als amerikanische, da die ungarn seit jeher araber liebten, und überhaupt sei das leben an den ufern der Donau angenehmer, weil die ungarn ein lebenslustiges völkchen seien, während in Amerika alle männer mit pistolen herumliefen, so dasz ihn dort nichts anderes als ein gröszerer und wilderer Jemen erwartete.

Um ein verhalten als spiel kenntlich zu machen, musz es sich vom alltagsverhalten unterscheiden lassen. Andernfalls geht das vertrauen in das, was man im anderen für authentisch hält, verloren. Zwar setzt sich jedes rollenspiel aus einem verfügbaren rollenrepertoir zusammen: Immer spielen die beteiligten ein verhalten, das als möglichkeit bereits teil ihrer person ist. Doch geraten die übergänge zur alltagspersönlichkeit, die man zu kennen glaubt, zu sehr ins flieszen, kann diese rollendiffusion die beteiligten und auch den spieler selbst verunsichern. Jeder ahnt, dasz das spielerische verhalten in einem undeutlichen zusammenhang mit der alltagsrolle steht.
Ist ein verhalten weniger aggressiv, wenn es im rahmen eines spiels auftritt? Die gemeinsame vereinbarung heiszt, eine weile nicht als sich selbst betrachtet zu werden. Diese vereinbarung kann die beteiligten entlasten, da sie ihnen die möglichkeit gibt, einmal anders dasein zu

dürfen. Sie schützt aber vor verletzungen nicht, weil sie verhaltensweisen oder mitteilungen erlaubt, die als authentischer ausdruck der alltagsperson erkannt werden, die vom alltags-ich aber nicht verantwortet werden müssen.

*

Wir unternehmen einen ausflug nach Dschiblah, etwa zehn kilometer nordöstlich von Ibb auf einem basalthügel gelegen. Über eine steinbrücke betritt man den ort, steigt einen steilen pfad hinauf in die oberstadt und zur Groszen Moschee der königin Arwa.
Dschiblah ist in den jahren zwischen 1064 und 1138 nach unserer zeitrechnung hauptstadt des jemenitischen hochlands. Nachdem der junge könig Mukarram schwer erkrankt, übernimmt seine gemahlin, Arwa bint Aḥmad, die regierungsgeschäfte. Als Mukarram bald darauf stirbt, wird sie königin. Sie regiert das land bis zu ihrem tod im jahr 1138. Sie wird 92 jahre alt.
Nach den bis heute lebendigen erzählungen ist sie eine gebildete frau: Unter ihrer klugen herrschaft erblüht das land. Sie läszt terrassen zur landwirtschaft und aquädukte zur wasserversorgung bauen. Sie legt den grundstein zur Groszen Moschee, in der sie nach ihrem tode beigesetzt wird.
Vor kurzem sei ihr grabmal von fanatischen »islamisten« geschändet worden, berichtet Aḥmad. Nur das eingreifen der bewohner Dschiblahs habe die vollständige zerstörung verhindert.
Wir geraten in streit über die rolle der frau in der jemenitischen gesellschaft. Arwa bint Aḥmad ist nicht die einzige herrscherin in der ansonsten eher unruhigen und kriegerischen geschichte dieses landes gewesen. Der schluszfolgerung, dasz frauen ebenso gute oder gar bessere regenten eines landes als männer sein könnten, will Aḥmad aber nicht zustimmen. Sicher habe hinter dem witwenschleier in wirklichkeit ein mann gesteckt. Hätte er sich aber als mann zu erkennen gegeben, wäre er keine 92 jahre alt geworden.

Am morgen ein zweiter spaziergang durch die altstadt. Wir schieben uns zwischen hauswänden und kraftwagen hindurch, stolpern über knöchelhohen müll in den gassen. Spielende kinder suchen wir hier vergeblich.
Die bewohner Ibbs scheinen weniger traditionell zu leben als die menschen im norden oder osten des landes. Die bevölkerung ist nicht mehr tribal strukturiert. Auf hochzeiten hört man nur noch selten die überlieferten gesänge. Kaum noch jemand weisz *bar'a* oder *raqṣ* zu tanzen.
Die hälfte der männer in den straszen trägt westliche kleidung. Viele haben in Europa oder den Vereinigten Staaten ihre ausbildung erhalten. Die religiösen pflichten werden nicht allzu genau genommen.
Der autoverkehr vertreibt die kinder von der strasze. Ersatzweise haben spielhallen mit billardtischen und spielautomaten eröffnet, die bereits von vier- und fünfjährigen besucht werden. Auf die frage, welche spiele sie auszer videogames noch kennten, nennen sie uns ausschlieszlich fuszball.
Ibb hat ein vergleichsweise mildes klima und liegt privilegiert inmitten grüner, fruchtbarer berge. Je extremer oder lebensfeindlicher die daseinsbedingungen sind, desto strenger wird an der überlieferten ordnung festgehalten.

Wir steigen einen benachbarten berg hinauf, wohl ein dutzend jungen und junger männer, freunde Aḥmads. Wir folgen einem alten aquädukt, der früher einmal die stadt mit regenwasser aus dem gebirge versorgt hat, doch heute nur noch zur bewässerung der felder genutzt wird.
Wir wandern bis zu einer schlucht, in der ein kleiner wasserlauf den steilen hang hinabstürzt und wasserfälle sich mit kleinen sammelbecken abwechseln.
Wir sind nicht die einzigen, die sich an diesem ungewöhnlichen ort vergnügen wollen. Wir suchen uns ein höhergelegenes bekken, in dem das wasser von anderen badenden noch nicht ge-

trübt ist. Der aufstieg erweist sich als ein abenteuerliches unternehmen, da es keinen erkennbaren pfad mehr gibt und natürlich niemand für eine alpine bergtour ausgerüstet ist. Die jungen tragen sandalen oder bestenfalls billige segeltuchschuhe. Einige der jüngeren sind gar barfusz unterwegs.
Noch ehe wir uns ganz entkleidet haben, sind wir bis auf die haut durchnäszt. Aḥmad kann es nicht lassen, sich gleich ins wasser zu stürzen und uns nachzügler zu bespritzen. Schon ist eine erbarmungslose wasserschlacht im gange.
Der beckengrund wird nach schätzen abgesucht, ein vom wasser glattpolierter stein als rutsche benutzt. Wasserscheue wie Otman werden immer wieder mit sanfter gewalt unter den wasserfall gezerrt.
Otman glaubt, eine rotäugige schlange gesehen zu haben. Sofort ist das becken leer. Bei der folgenden, vorsichtigen erkundung ist nur ein gekrümmter ast zu entdecken. Die männer einigen sich augenzwinkernd, dasz es sich wohl um einen dschinn gehandelt habe. Doch selbst einige der älteren betreten das wasser nicht mehr.

Gespräch mit Adam, einem weiteren cousin Aḥmads. Er ist vierzehn jahre alt, zartgliedrig, ja, zerbrechlich; er hat ein schmales gesicht mit groszen augen und den vollen lippen eines jazztrompeters. Er stottert ein wenig.
Er verbringt seine ersten lebensjahre in New York. Er ist zehn jahre alt, als seine familie nach Ibb zurückkehrt, und spricht kaum arabisch. Zunächst will er es auch nicht lernen. – Sein dikker bruder wird gehänselt. In Ibb gibt es keine dicken kinder. Der spitzname seines bruders lautet *ameriki*, synonym für wohlstand, trägheit, schwäche. – Adam will sobald wie möglich nach Amerika zurück.
Was er im Jemen mag: Gar nichts! – Was er am meisten verabscheut: Qat, dschambijas und röcke! – Es gebe niemanden, mit dem er wirklich reden könne. Im Jemen spreche man nicht über das, was in einem vor sich gehe. Kein jemenit höre es gern, dasz sich jemand in ihrem land unglücklich fühle: *jamin*, rechtschaffen, glücklich – der landesname sei verpflichtung. – Adam führt tagebuch.
Er ruft mich mehrmals am tag an. Weisz nicht recht, was er sagen soll. Er will mich in Ṣana'a besuchen. – Erneut holt Aḥmad mich ans telefon. Er spottet, der junge habe sich wohl in mich vernarrt. Doch solle ich vorsichtig sein. Im Jemen stünde auf gleichgeschlechtlichen verkehr die todesstrafe. – Adam stottert mehr denn je.

*

Am abend stromsperre in der ganzen stadt. Gerade zur zeit des länderspiels Jemen–Bangladesch. Alle ibbis drängen sich in den wenigen restaurants und teehäusern mit eigenem stromgenerator.
Der junge kellner, ein riese aus Dhamar, schwingt einen holzknüppel. Alle, die nichts konsumierten, müszten das restaurant verlassen, um platz für wirkliche gäste zu machen. Unruhe unter

den fuszballbegeisterten. Alle bestellen sie tee, das billigste angebot.
Tee wird von der karte gestrichen. Das minimum an verzehr sei eine vorspeise oder ein softdrink. Die teetrinker murren. Der kellner zeigt sich unerbittlich und stellt den fernseher ab. Offener aufruhr.
Vor allem der ausreichend konsumierenden gäste. Heftige szenen. Der koch, ein sehniger greis, stürzt aus der küche, dem riesen aus Dhamar zur hilfe, keifend, dasz auch den gutwilligen der appetit vergeht. Handgreiflichkeiten, blitzende klingen. Aḥmad beruhigt mich: Alles nur theater!

Koch und kellner lassen sich nicht erweichen. Die teetrinker verlassen – bis auf einige günstlinge des kellners oder kochs – das restaurant.
Wir haben bisher wenig verpaszt. Die bangladeschis führen eine art melancholisches ballett auf. Die jemeniten spielen noch erbärmlicher. Sie verlieren null zu eins.
Selbst die fuszballnationalmannschaft sei nicht frei von korruption, kommentiert Aḥmad das beschämende ergebnis. Nicht die spieler mit den besten leistungen, sondern jene mit den besten beziehungen würden ins team aufgenommen.
Daher dürfe man sich nicht wundern, statt breitschultriger athleten schmalbrüstige privatschulzöglinge auf den feldern, die die welt bedeuten, anzutreffen.

DURCHFÄLLE Ṣana'a 24. 10.

Wäre Nūr nicht zu hause gewesen, hätte ich mir wohl ein hotelzimmer nehmen müssen. Niemand reagiert auf mein klopfen und rufen, obwohl einige fenster des Instituts noch beleuchtet sind. Bin nicht nur müde von der rückfahrt, sondern auch ziemlich geschwächt von einer magen-darm-erkrankung, die am letzten tag in Ibb ausgebrochen ist. Es flieszt einfach aus mir heraus, wässrig, unter krämpfen. Die medikamente schlagen diesmal nur zögernd an. Nūr versorgt mich die ganze nacht über mit tee und seemannsgeschichten.

Am morgen begleitet Nūr mich zum Institut. Dick Barber ruft aus dem fenster: Hast du schon geklingelt? Klingel noch einmal! – Ein neuer hausmeister öffnet. Will mir das gepäck abnehmen. Sehe ich so erschöpft aus? – Dick läszt sich den ganzen tag über nicht mehr blicken. Ich gehe früh zu bett.

Da ich ihn nicht in seinem büro antreffe, klopfe ich an seine wohnungstür. Er beantwortet meinen grusz mit einem kurzen nicken, doch schaut mich nicht an. Er verschlieszt die tür und geht an mir vorbei in die bibliothek. Ich folge ihm zögernd.
Er steht vor einer regalwand, den blick auf die buchrücken gerichtet. Er redet, doch nicht zu mir, sondern über mich. Er dreht sich nicht um: Ich brächte ihn und das Institut durch mein rücksichtsloses verhalten in teufels küche. Wir lebten hier in einem polizeistaat. Ausländer würden systematisch überwacht, telefone abgehört und briefe kontrolliert. Alle ausländischen forscher würden selbstverständlich für spione gehalten.
Ja, ich selber hätte wohl nichts zu befürchten. Mein forschungsgegenstand würde die spionageabwehr sicher entzücken. Doch wenn ich mich nicht an die spielregeln hielte, sollte ich das Institut besser verlassen. Meine arrogante arglosigkeit gefährde die arbeit aller seriösen wissenschaftler.
Ich frage ihn, was er mir vorzuwerfen habe. – Wo sei meine reisegenehmigung, brüllt er, wo meine forschungserlaubnis? Wer sei mein offizieller supervisor?

Wer ist Dick Barber? Schlacksige, nervöse erscheinung, hellhäutiges gesicht, rotblondes, strähniges haar, wässrigblaue augen, ausweichender blick.
Akkurat gekleidet wie der direktor einer sparkassenfiliale, doch unangemessen für das klima und die kultur dieses landes. Kontrolliert im umgang mit anderen, doch ohne innere ruhe, sicherheit oder groszzügigkeit.
Wie kann er derart die beherrschung verlieren?
Ich sage ihm, ich würde mich nach einer eigenen wohnung in Ṣana'a umsehen. Doch wäre ich ihm dankbar, in der zwischenzeit noch im Institut zu gast sein zu dürfen.
Den rest des tages verbringe ich im bett.

Die explosion hat alle meine sinne betäubt. Doch laufe ich durch die stadt, als sei mir jede ecke vertraut.
Viele flüchtlinge irren durch die straszen. Ihre blicke treffen mich voller misztrauen.
Das kino ist geschlossen. Die gäste im café werden nicht bedient. Dennoch gehen sie nicht fort, sondern sitzen stumm an ihren tischen und warten.
Die kinder spielen noch, doch mechanisch wie puppen. Ihr gelächter klingt verzweifelt.

*

Nūr hat angerufen. Doch Dick richtet mir seinen anruf erst an diesem morgen aus: Er habe mich nicht stören wollen! – Ich entschuldige mich bei Nūr, nicht gleich zurückgerufen zu haben, und verabrede mich mit ihm für den nachmittag.

*

Mühsame wohnungssuche. Wandere ziellos durch die altstadt. Die bewohner sind hilfsbereit. Doch die zwei, drei leerstehenden häuser, die man mir zeigt, erweisen sich selbst für abgebrühte weltenbummler als eine zumutung: eher ställe oder abstellager als wohnungen.
Was erwarte ich von einem haus in der altstadt Ṣana'as? Musz es einer der achtstöckigen stuckverzierten jemenitischen paläste mit groszem hellen *mafradsch* sein? Einer geräumigen küche, mit gasherd und kühlschrank ausgerüstet? Einem hammam, der, wenn schon über keine sitztoilette oder badewanne, zumindest über flieszend kaltes und heiszes wasser verfügt? Und natürlich einem telefonanschlusz …

Woher weisz er, dasz ich meine postanschrift bereits geändert habe? Hört er die telefonate aus dem Institut ab? Technisch kein problem, gibt es doch nur eine leitung mit mehreren anschlüssen (büro, bibliothek, Barbers wohnung). Überhaupt verrät seine veränderte haltung – eine kalte, ironische zuvorkommenheit – dasz er offenbar weisz, dasz ich ihm misztraue.
Werde meine gespräche nur noch von öffentlichen telefonen führen.

*

Ich fahre mit Nūr die kargen hänge im westen Ṣana'as hinauf. Hier, auf halber höhe des Dschabal 'Aiban, hat die provinzverwaltung erst vor wenigen jahren ein freibad errichten lassen. Doch finden wir nur ein leeres becken inmitten verfallender (oder nie fertiggestellter) gebäude vor. Wir fühlen uns in dieser zivilisationsruine wie die letzten überlebenden einer universalen katastrophe.
Ich will auf den verrosteten sprungturm klettern, doch Nūr hält mich zurück. – Wir setzen uns auf die gesprungenen fliesen am beckenrand und schweigen eine weile.
Ich frage Nūr, ob er einen »besten freund« habe, jemanden, dem er vollkommen vertraue.
Nūr: Sicher, jeder habe einen besten freund. Und jeder brauche ihn auch, weil es in dieser strengen, traditionellen welt zu viele geheimnisse gebe. Ohne beste freunde würden die menschen hier an ihren geheimnissen ersticken.
Freundschaften zwischen männern und frauen aber gebe es im Jemen nicht. Und sollte sich trotz der allumfassenden sozialen kontrolle doch eine derartige freundschaft entwickeln, so sei sie für die beteiligten äuszerst gefährlich.
Immer würde diese freundschaft auch für eine sexuelle beziehung gehalten. Und sex auszerhalb der ehe sei *muḥarram* (verboten; aber auch unantastbarer gegenstand, verwandter, der

nicht geheiratet werden darf). Nicht erst im nächsten leben erwarte die übeltäter ewige verdammnis – es sei denn, Gott vergebe ihnen in seiner allmacht –, auch in diesem leben drohe ihnen, sollten sich zeugen finden, härteste bestrafung.
Sühnte nicht gleich die eigene familie das verbrechen, sehe das gesetz die steinigung der »verbrecher« vor. Sei eine der beschuldigten personen unverheiratet, werde sie mit einer festgelegten anzahl von steinwürfen bestraft, die sie unter umständen überlebe; sei sie verheiratet, werde sie auf jeden fall zu tode gesteinigt. Diese strafen würden selten verhängt, nicht zuletzt deshalb, weil der Islam strenge beweise für die schuld der beklagten verlange (wenigstens zwei männliche oder ein männlicher und zwei weibliche zeugen müszten beeiden, die beschuldigten inmitten ihrer tat angetroffen zu haben).
Ich sage, sexualität sei also vor allem für unverheiratete jugendliche ein problem. Nūr: Doch redet man auch mit guten freunden nur selten darüber. – Ich: Kommt es durch das tabu gegengeschlechtlicher beziehungen zu einer gröszeren intimität zwischen gleichgeschlechtlichen freunden? Nūr: Gewinnt die familie den eindruck, man verkehre in schlechter gesellschaft (*qalis al-su*: mit üblen kameraden), wird sie auch in diesem fall sofort intervenieren.
Die meisten freundschaften entstammen daher dem familienkreis oder der arbeitsstelle. Doch bleiben diese freundschaften meist oberflächlich. Über den gemeinsamen alltag hinaus weisz man wenig miteinander anzufangen.
Ich frage ihn, was seine familie von unserer freundschaft halte. Nūr: Meine familie liebt dich sehr. Ständig ermahnt sie mich, diese begegnung zu nutzen und von dir zu lernen. Doch selbstverständlich berichte ich ihr nicht von allen unseren gemeinsamen unternehmungen.

Nun in meinen eigenen vier wänden. An meinem eigenen schreibtisch. Der blick aus dem fenster des arbeitszimmers fällt in die engen gassen des viertels. Gärten und plätze fehlen in diesem teil der stadt völlig. Staubwolken wirbeln auf. Der weg vor meinem haus ist ungepflastert. Spielende kinder lärmen. Für den autoverkehr sind die gassen zu schmal. Aus der ferne die trommeln einer hochzeitsfeier. Bis tief in die nacht.
Dschamila bringt vorhänge für die fenster. Die häuser stehen so eng beieinander, dasz die nachbarn durch die kleinen scheiben ohne mühe die notizen auf meinem schreibtisch lesen könnten.
Durch zufall stoszen Nūr und ich auf dieses haus. Zunächst besichtigen wir einen unscheinbaren neubau in einem auszenbezirk der stadt. Doch sind die mietforderungen des besitzers für jemenitische verhältnisse geradezu absurd, so dasz wir erst gar nicht zu feilschen beginnen.
Auf dem rückweg durch Qa' al-Jahud, dem ehemaligen jüdischen viertel Ṣana'as, fällt uns dieses haus auf. Die oberen stockwerke wirken unbewohnt. Keine erleuchteten fenster trotz der frühen abendstunde, keine zugezogenen vorhänge. Nur im souterrain ein sparsames hausmeisterlicht.
Wir pochen an die schwere holztür. Überraschend öffnet eine frau. Obwohl sie bis auf augen und hände von ihrem schwarzen *scharschaf* bedeckt ist, deuten gestalt und stimme auf einen jungen menschen hin. Ein jemenit könnte trotz der spärlichen anhaltspunkte sicher eine nahezu vollständige beschreibung von ihr geben.
Tatsächlich sind die oberen stockwerke zu vermieten. Sie läszt uns eintreten. – Das erdgeschosz ist aus stein gemauert, die zwei folgenden etagen sind aus gebrannten lehmziegeln errichtet. Der fassade fehlen die sonst in Ṣana'a üblichen verzierungen und stukkaturen. Durch die niedrige, massive holztür treten wir in ein dunkles enges treppenhaus. Sie führt uns die unregelmäszigen stufen hinauf ins erste stockwerk. Früher hätten sich im erdgeschosz nur werkstätten oder geschäfte befunden, erklärt sie

uns. Nun wohne sie mit ihrer mutter in den umgebauten räumen. Doch würde ich in meinem teil des hauses ungestört sein, da er über einen separaten eingang verfüge. Die ladenfront sei nach wie vor nur von der strasze zu betreten. Es gebe keine wie sonst bei muslimischen geschäften übliche verbindung zu den wohnräumen des hauses.

Aus dem dunklen korridor treten wir auf einen kleinen, lichtüberfluteten innenhof. Von hier führen mehrere türen in angrenzende räume. Sie zeigt uns die küche, das bad, zwei wohn- oder schlafzimmer und einen traditionell mit teppichen und kissen eingerichteten diwan. Alle räume sind frisch geweiszt und sauber. Nur wenig bleibt noch zu besorgen: ein arbeitstisch, zwei stühle, das eine oder andere küchengerät. – Gleich verliebe ich mich in dieses haus.

Dschamilah ist lehrerin. Sie hat in Ägypten studiert und spricht flieszend englisch. Doch ihr englisch und ihr arabisch klingen gleichermaszen weich und sanft. Von der mutter hören wir nur die stimme. Ein schon nicht mehr sicherer, aber immer noch wohltönender alt. Dschamila musz ihr zwischendurch vom stand der verhandlungen berichten und neue anweisungen entgegennehmen. Sicher ist diese verhandlungstaktik auch eine strategie, nicht unseren vereinten bemühungen um einen niedrigen preis zu erliegen. Denn Dschamila scheint keine frau zu sein, die irgendeiner anweisung bedürfte.

Wir einigen uns auf eine für beide annehmbare summe und besiegeln die vereinbarung mit einer tasse kaffee. (Unter männern wäre ein handschlag erfolgt. Doch geben frauen traditionellerweise fremden männern nicht die hand.) Schon am nächsten tag könne ich einziehen. Und sollte noch etwas fehlen oder nicht in ordnung sein, brauchte ich nur bei ihnen anzuklopfen.

In diesen wochen nationaler gedenk- und feiertage (26. 9. nationalfeiertag nord, 14. 10. nationalfeiertag süd, 30. 11. unabhängigkeitstag süd) treffen sich jeden abend »berufsmusiker« und tanzbesessene auf dem Midan at-Tahrir, einem modernen platz zwischen der altstadt und der ehemaligen gartenvorstadt. Die tänzer geben den trommlern etwas geld und bitten um einen *bar'a* dieser oder jener region.
Beim tanzen berühren die männer einander nicht. Immer schwingen die tänzer in der rechten hand ihre dschambija und deuten damit kämpferische gesten an. Doch manchmal halten sie in ihrer linken die zusammengefaltete sumata. Was bedeutet das tuch?
Der aufgerichtete krummdolch ist ohne zweifel ein zeichen der wehrbereitschaft und der angriffslust. Doch die sumata steht in vieler hinsicht für das gegenteil. Sie schützt vor sonne, wind und kälte. Sie dient als lasttuch oder als verband. Sie verbirgt.
Tanz (und kampf) finden also im spannungsfeld zweier entgegengesetzter gesten statt: angriff und verteidigung, verletzung und heilung, repräsentation und scham. Während die rechte hand mit dem dolch die luft durchschneidet, bleibt die linke mit dem tuch während des ganzen tanzes relativ ruhig: eine versicherung beständigen schutzes für die gefährten, ein sichtbares angebot zur versöhnung an den gegner.

Tanzen mehr als zwei männer miteinander, bewegt sich der vortänzer in der mitte der gruppe. Während des tanzes sind die sinne aller auf ihn gerichtet, um veränderungen im rhythmus oder tempo wie ein einziger körper zu vollziehen. Erfahrenere tänzer stehen in seiner nähe, unerfahrene oder anfänger bilden die enden der reihe. Eine typische *bar'a*-aufführung ist somit durch eine starke mitte und schwächere ränder gekennzeichnet. Ein neuling wird von seinen nachbarn mit freundlichen stöszen oder einer führenden hand auf der schulter in den kreis der tanzenden eingebunden. Nie wird ein tanzwilliger wegen seines mangels an fähigkeit oder anmut vom gemeinsamen tanz ausgeschlossen. *Bar'a* ist immer auch eine erzieherische übung.

Bar'a spiegelt das selbstverständnis jemenitischer stammeskrieger wider. Die stämme des hochlands sind nicht streng hierarchisch gegliedert. Sie sind gemeinschaften von gleichen, in denen herausragende ihren rang durch ihre besonderen fähigkeiten und taten erhalten (sollten).
Im *bar'a* tanzt nicht der (einflusz-)reichste oder älteste, sondern der beste tänzer vor. Und der beste tänzer führt die reihe der mittanzenden nicht an, sondern bewegt sich in ihrer mitte, als fähigster unter gleichen.
Bar'a sagt auch etwas über die haltung der tanzenden zum krieg aus: Für qabilūn ist kampf immer auch ein ästhetisches phänomen, die fortsetzung des tänzerischen (anmut, gewandtheit, schönheit, einmütigkeit) in der kriegerischen begegnung.

*

An einer anderen stelle des platzes, von der bei tage sammeltaxis und busse ihre fahrt an die stadtränder beginnen, sind es männer aus Schabwa, die seit dem frühen abend unermüdlich einen tanz ihrer heimat aufführen: *samra*, nachtfest (eigentlich: die nacht im gespräch verbringen).
Die männer stellen sich in zwei reihen einander gegenüber und lassen in der mitte einen groszen freiraum für die tänzer. Sie vereinbaren einen vers, der im wechselgesang den tanz begleitet:

> Seit den zeiten Adams ' das wissen alle männer
> Sind es schöne frauen ' die uns den apfel reichen

Bei festlichen anlässen in Schabwa, zum beispiel hochzeiten, stehen sich die männer verschiedener dörfer oder familien gegenüber. – Die trommeln beginnen mit einem getragenen rhythmus, die feiernden wiegen sich händeklatschend dazu. Eine seite singt den ersten teil des verses, die andere seite antwortet mit dem

zweiten teil. Die melodie ist festgelegt, der vers wird unzählige male wiederholt, der rhythmus steigert sich.
Aus jeder reihe löst sich ein tänzer, springt in die mitte und tanzt mit dem anderen eine runde. Der gemeinsame tanz besteht aus einem schnellen, synkopierten wechselschritt. Die körper bewegen sich ungezwungen, wenngleich aufeinander abgestimmt, dazu; wichtig ist allein die schrittfolge. Die männer tragen keine waffen. – Nach jeder runde wechselt einer der tänzer mit einem mann aus seiner reihe die position.
Auch wenn durch die instrumente – der tanz wird nur von trommeln begleitet – und die manchmal kriegerischen gesänge eine verwandtschaft mit dem stammestanz *bar'a* zu bestehen scheint, handelt es sich nach dem selbstverständnis der tanzenden doch um *raqṣ*, um ein rein tänzerisches vergnügen. Während *bar'a* die gemeinschaft festigt, feiert *raqṣ* den einzelnen tänzer. Der begriff für diese art des tanzens ist in manchen gegenden des Jemen einfach *nafs*, seele oder selbst.
Beim *raqṣ* ist der bewegungsablauf nicht so streng vorgegeben wie beim *bar'a*. Die tanzenden sind frei, ihren eigenen rhythmus zu finden. – Normalerweise tanzt man *raqṣ* zu zweit. Vor allem freunde tanzen miteinander. Das wort für den gemeinsamen tanz, *sajara*, heiszt auch: gut miteinander auskommen.

Während der rhythmus sich beschleunigt und die tanzpaare ihre schrittfolgen mit sprüngen und drehungen bereichern, brechen aus den sich wiegenden flanken immer wieder einzelne aus, springen wild gestikulierend auf die tanzfläche, zeigen einige groteske sprünge, jauchzen vor freude zwei-, dreimal auf und ziehen sich wieder in ihre reihe zurück.
Neben diesen individuellen ausbrüchen variieren im verlauf des tanzes auch die reihen gemeinsam ihre wiegenden bewegungen durch ausfallschritte, kniebeugen und hüpfern. Die wiederholung des immer gleichen verses und der gleichbleibende, sich nur beschleunigende rhythmus führt zu einer art gruppentrance.
Haben alle tänzer ihr duett mit einem gegenüber aus der anderen gruppe aufgeführt, einigen sich die feiernden auf einen neuen

vers, der aktuelle politische bezüge oder sexuelle anspielungen aufweisen kann, aber auch schlichter unsinn sein darf.

al-muschakil kathirat ‘alej ˈ *kull lejla tadschi muschkilah*

mābratah ila lamabadat ˈ *wa-limā al‘aisch wa-al-bahdhalah*

die schwierigkeiten wachsen und jede nacht ˈ kommt eine neue schwierigkeit hinzu
ich habe keine ruhe, bis sie kommt ˈ doch warum leben wir in diesem elend

Tanz ist sprache, körper-sprache, physischer text oder text in bewegung. Daher sind die physischen, psychischen und soziokulturellen aspekte dieser sprache ebenso komplex wie die der gesprochenen oder geschriebenen sprachen.
Ich will mich in meiner betrachtung des tanzes auf dessen verhältnis zu ausgewählten aspekten wie *ritual, kampf, spiel* oder *sexualität* konzentrieren.

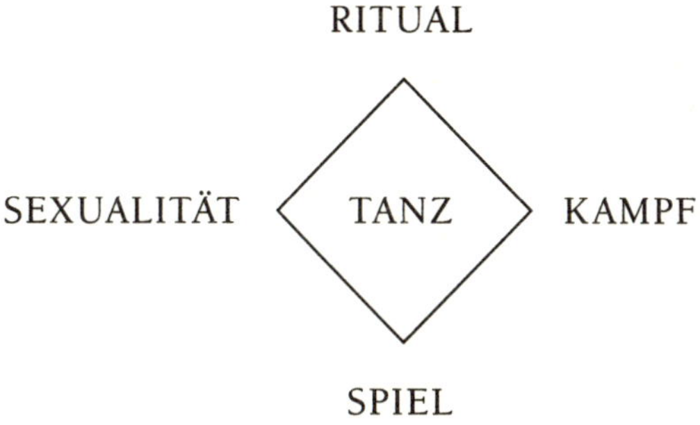

Alle vier positionen beschreiben nicht nur ein konkretes verhalten, sondern auch eine haltung, *die nahezu jedes menschliche handeln in ein ritual, eine obsession oder ein spiel verwandeln kann.* TANZ *hingegen benennt zunächst eine physische tätigkeit und allenfalls auf metaphorischer ebene eine haltung. Doch können wir die tänzerische bewegung den ausgewählten haltungen zuordnen. Sie kann uns als kämpferisch, spielerisch, sexuell oder rituell motiviert erscheinen.*
Raqs *hat überwiegend spielerischen,* bar'a *überwiegend kämpferischen charakter, doch lassen sich diese unterschiedlichen tänze auch in ihrem verhältnis zu den eher hintergründigen aspekten untersuchen. (In der sogenannten wissenschaft gehören modelle eher dem bereich des rituellen an. Ich möchte mein* magisches quadrat *lieber dem bereich des spielerischen zugeordnet wissen. Denn statt* TANZ *können wir auch andere soziale kategorien wie* ***THEATER***, ***SCHULE*** *oder* SPORT *ins zentrum dieser raute setzen.)*

Warum ist der tanz in der jemenitischen stammesgesellschaft ausdruck von männlichkeit (kraft, kampfbereitschaft, solidarität...), in der modernen westlichen kultur aber mit eher weiblichen, »effeminierten« vorstellungen verknüpft?
Das gemeinsame dieser gegensätzlichen haltungen zum tanz scheint der *homosexuelle* aspekt zu sein, dem in einer kriegergesellschaft eine wichtige soziale funktion zukommt, während er in einer befriedeten, »verweiblichten« umwelt eher tautologisch oder gar bedrohlich wirkt.
Der unbedingte zusammenhalt, die (auch erotisch gefärbte) nähe der männer zueinander ist die grundlage für eine wehrhafte gruppe. Der büroangestellte, der dienst leistende in den gesellschaften des westens musz fürchten, in seiner androgynen tätigkeit seine geschlechtsspezifische identität zu verlieren. (In der arabischen kultur gelten gerade die »dienstleistungsberufe« wie barbiere, bader, aber auch musiker oder schauspieler, als die niedrigsten der sozialen wertskala.)

Nür berichtet, einer seiner besten freunde habe sich in der vergangenen nacht erschossen.
Er habe frau und kinder zu den schwiegereltern ins dorf geschickt und sei allein im haus gewesen. Offenbar habe er die tat kaltblütig geplant.
Er verstehe diese tat nicht. Sie hätten gemeinsam in England studiert und seien schiffskameraden gewesen. Nichts habe auf eine tiefere krise hingewiesen.
Natürlich gebe es dinge, die man selbst vor guten freunden geheimhalte.
Doch würden die angehörigen nun wohl den auslandsaufenthalt für diese tat verantwortlich machen. Für einen strenggläubigen muslim sei freitod undenkbar: Das leben ist kein persönliches eigentum, sondern den menschen unter bestimmten bedingungen zur verfügung gestellt. Also hat er nicht das recht, frei darüber zu entscheiden.

*

Ich habe das SPIEL in meinem magischen quadrat – eher unbedacht – in opposition zum RITUAL gesetzt. Bin ich bisher nicht davon ausgegangen, das neben der nähe zum kämpferischen und sexuellen auch eine verbindung zum ritus besteht?
Hilft diese neuordnung möglicherweise, mehr vom wesen des spiels zu verstehen? Der gegenpol wäre nicht ARBEIT, nicht ERNST, sondern RITUS, jenes absolut verbindliche verhalten, das keinen spielraum läszt. Das seine gesetzmäszigkeit als gegeben hinnimmt und nicht als frei zu vereinbaren versteht. Das opfer einschlieszt, ohnmacht und dienst, während das spiel bereichert und die souveränität der mitspieler stärkt.
Ist nicht allein im spiel jeder gott vollständig entthront und durch die (all-)macht und schöpferkraft der spielenden ersetzt?

Die offen gezeigten gebrechen, die fehlenden gliedmaszen und schwärenden wunden machen mir erneut bewuszt, wie verletzlich wir menschen sind.
Dem kleinen jungen am nachbartisch fehlt das rechte auge. Keine brille, keine prothese, die die klaffende wunde verbürge. Ich spüre meine augen wieder, die gespannte hornhaut, den innendruck, das dünne, pergamentne lid, das kaum vor den unzähligen spitzen und kanten schützt. Wie viele schnitt- und schürfwunden habe ich bereits an den händen und knien. Jeder spaziergang fordert alle sinne. Selbst am schlecht verschweiszten geländer des balkons reisze ich mir die handflächen auf. Die gegenstände schonen uns nicht.
Im westen runden wir die ecken und kanten ab, auch wenn wir die gegenstände (und einander) kaum noch berühren. Die sonne schmerzt weniger, die blicke sind kürzer, dennoch tragen wir brillen.
Sie retten unser augenlicht nicht.

*

Der begriff SEXUALITÄT *wirkt in meinem quartett der haltungen wie ein fremdkörper: ein eher klinischer terminus zwischen reicheren und tieferen worten.*
Der begriff sexualität *bezieht sich auf einen nach geschlechtlicher befriedigung verlangenden trieb, doch gibt er keine auskunft darüber, warum ich gerade diesen oder jenen menschen begehre oder in dieser begegnung lust empfinde und in jener nicht.*
Der begriff sexualität *umfaszt nur oberflächlich und eingeschränkt das, was einmal mit dem begriff* erkennen *zu umschreiben versucht wurde.*
Der begriff sexualität *erklärt nicht, was sich in uns ereignet, wenn wir einander wählen. Vielmehr setzt er einen tatbestand, über den er wissenschaftliche aussagen trifft. Der empirische begriff löst die religiöse*

metapher ab und ersetzt das, was als norm formuliert wurde, durch das, was als natürlich oder durchschnittlich erscheint.

*

Rasch ansteigendes fieber. Eine trockene hitze. Hinter der stirn ein schmerzhaftes echo des herzschlags. Eine reaktion auf die extremen klimagegensätze, denen ich bei meinen reisen ausgesetzt bin?
Mit diesem druck und dieser taubheit im kopf kann ich nicht arbeiten. Ich hoffe, nur ein vorübergehendes symptom. Doch die trockenheit und der staub, ein feiner puder aus lehm, fäkalien und abgasgiften, machen mir schon länger zu schaffen. Seit wochen chronisch verschwollene und schnell blutende schleimhäute.

Nun kommt schüttelfrost hinzu. Vielleicht eine ernste erkrankung. Zehn tage nach meinem aufenthalt in Ibb, berühmt für sein angenehmes, feuchtmildes klima. Die aufgekratzten mückenstiche sind noch immer nicht verheilt.

Meine augen schmerzen schon vom schwachen licht der leselampe. Meine hände zittern. Soll ich diese nacht noch abwarten? Fühle mich zu schwach, um aufzustehen. Das fieberthermometer zeigt knapp über 41 grad.

Darf ich Nūr aus dem bett klingeln? Es geht bereits auf mitternacht zu.

 Ed Dahye, den 22ten April

Ich bemercke bey verschiedenen Gelegenheiten, dass die Morgenländer sich nicht viel um ihr Alter bekümmern. Wenn man sie darnach fragt, so antworthen sie gemeiniglich, sie seyen zu der Zeit geboren, als Hassan Ali Gouverneur gewesen; oder als das Dorf in Bluthfehde mit einem Nachbardorf gestanden, seyen sie noch Kinder gewesen. – Unser Wirth erklärt sich etwas deutlicher. Er weiss, dasz er wenigstens 70 Jahre alt ist, glaubt aber nicht, schon 80 zurückgelegt zu haben; und seine Söhne, ihrerseits schon Grossväter, meinen, dass er nicht mehr weit von 90 entfernt sey.
Er sey zwar ordentlich und nie mit mehr als vier Weibern zur gleichen Zeit verheirathet gewesen, rühmt sich aber, darüber hinaus eine nicht geringe Anzahl junger Sclavinnen (wenn ich recht verstehe: 88) um ihre Unschuld gebracht und sie hernach verkauft oder an seine Söhne verheirathet zu haben.
Seit einigen Jahren, sagt er, habe ich noch zwey junge und unberührte Sclavinnen. Ich wünsche mir nichts sehnlicher, als ihnen noch einmal beywohnen zu können, dann will ich gerne sterben. – Er bietet mir sein bestes Rennkameel, wenn ich ihm aus meinem Zauberbuche oder meinen Hexenfläschchen zu seiner Absicht Stärke verschaffen könne.
Zwar vermag ich einiges gegen allzu aufdringliche Geister, alleyn, in diesem Falle hilft keine Beschwörung und kein Trunk, das greisenhafte Körpertheil zu neuer Jugend aufzurichten.

Bevor wir nun Abschied von einander nehmen, begleitet mich der ansonsten immer noch rüstige Scheich durch das Wadi zu den Inschriftensäulen, an denen Schotenbauer letzte Vermessungen vornimmt.
An diesem Hange, behauptet unser Wirth, hat einst ein Felsenschloss gestanden, das der König dieser Wüsten, Berge und Thäler in alter Zeit für seine Lieblingsfrau errichtet. – Immer noch ist dieser Greis voll knabenhafter Lebensgier. Er geleitet mich durch den imaginairen Palast, als sey er selbst der Schlossherr: Um das

Bauwerk noch angenehmer zu machen, erzählt er, läszt der König den Lehm nicht mit Wasser, sondern mit duftenden Pflanzenölen kneten.
Er führt mich von einem zerfallenen Raum in den anderen und erklärt: Dieses ist das Jasminzimmer, jenes die Veilchenkammer und das hier ein Gemach aus Rosenduft. – Doch komm und rieche den schönsten Duft von allen, ruft er schliesslich aus und zieht mich auf einen Felsbalkon, der in alter Zeit vielleicht einen Erker dargestellt haben mag. Hier blicken wir in das steinige Thal und das Dorf am gegenüber liegenden Hange. Dies ist der prächtigste Raum des Schlosses, spricht er und saugt geräuschvoll den heissen staubigen Ostwind in seine Lungen, dies ist der Festsaal aus dem einfachen, unvermischten Geruche der jungfräulichen Erde.

Asyr, den 25ten April. Am Abend bittet de la Motte mich zu seinem Platze nahe am Feuer. In meiner Function als Secretaire solle ich einige seiner Gedancken für ihn aufzeichnen, da seine Augen durch das starke Sonnenlicht auf unserem Marsche noch ganz getrübt seyen.
Die grellen Farben ihrer Kleidung, so dictirt er mir, die heftigen Gesten und erregten Stimmen, die Sinnenkriege, die Armuth der Ausdrucksformen und die Excesse der Landschaft – der Orient ist eine Welt der Contraste. Die Bewohner lieben die Gegensätze, besonders schwarz und weiss, heiss und kalt, laut und still. Sie leben in diesen Gegensätzen, und diese Gegensätze leben in ihnen. – De la Motte zieht seinen Mantel enger um die fröstelnden Schultern und rückt näher ans Feuer. Dann fährt er forth: Sie verstehen unser Erwägen, unser Zweyfeln und Zögern nicht. Für sie giebt es nur Licht und Dunkel, Wahrheit und Lüge, Glaube und Unglaube. Ihnen fehlt der Sinn für Schattierungen und Uebergänge. Wie sollte sich ein derart verfeinerter Sinn auch entwickeln in diesem Lande der hart auf einander stoszenden Extreme, diesem Lande ohne Dämmerung, ohne Vogelgezwitscher, ohne Jugend. So sehen sie das ganze Universum wie die heimathliche Welt: verkarstete Tableaus, Kalktafeln, klare Silhouetten …

Doch sey nicht, unterbreche ich die Niederschrift, wichtiger als die Natur unsere Sprache für das Dencken und das Verstehen? Und die arabische Sprache sey zweyfellos reich an Schattierungen, Uebergängen und Feinheiten.
Das Reden ist das Eine, das Empfinden und Handeln ein Anderes, entgegnet de la Motte. Ihr Dencken und Fühlen bewegt sich immer an den äussersten Rändern. Haben wir nicht beständig die Erfahrung machen müssen, wie wenig die Morgenländer abzuwägen und zu differenciren verstehen? Ohne Uebergang springen sie von dem einen Extreme ins Gegentheilige: Greifen sie eben noch hitzköpfig an, so wenden sie sich im nächsten Augenblicke feige zur Flucht. Finden wir in ihnen gerade noch die edelmüthigsten Gastgeber, so erweisen sie sich wenig späther als die liederlichsten Halsabschneider.
Wenn wir auf einsamer Flur einem fremden Wesen begegnen, erwidere ich, von dem wir nicht wissen, ob es uns wohl oder böse gesonnen, und mit dem wir uns nicht verständigen können, weil es unbekannte Laute ausstöszt, die uns alleyn deshalb bereits unheimlich und also bedrohlich erscheinen, werden nicht auch wir zum Aeussersten, zum raschen Angriff oder zur rettenden Flucht gezwungen seyn?
Sehen wir denn wie Ungeheuer aus?
Morgenländern ist ein Kameel vertraut wie uns ein Reh. Stapft aber ein Kameel auf den Frauenplan zu Weimar, so wird am nächsten Tage vermuthlich von der Invasion eines schrecklichen Monstrums in den Zeitungen zu lesen seyn.
Doch sind in Weimar nicht nur Rehe und Wildschweine, sondern auch Kameele und Maulthiere bekannt. In Weimar giebt es Cultur, die Bürger sind gebildet, sie wissen, dass noch Dinge existiren; die ihnen bisher nicht begegnet sind. – Der Verstand der Morgenländer hingegen ist begrenzt, ihre Vorstellungen sind klar, aber phantasielos. Es giebt so wenig Kunst und Bildung, dass ich ohne Uebertreibung behaupten dürfte, die arabische Civilisation sey grob und kunstlos.
Seit einem Jahr nun reisen wir durch das Morgenland, entgegne ich nicht ohne Erregung. Doch anstatt die Gegenwarth zu betrachten und mit den Bewohnern zu sprechen, hast du deinen

Blick alleyn auf die Alterthümer gerichtet. Dein Interesse gilt den todten Sprachen und den Trümmern vergangener Culturen. Doch in die morgenländische Welt von Heute bist du noch gar nicht angelangt. Deine Mussestunden verbringst du in den Häusern europäischer Kaufleute und Gesandter oder zurückgezogen in einem angemieteten Quartiere. Deine Gespräche führst du auf Deutsch oder Französisch und hauptsächlich über die neuesten deutschen oder französischen Moden. Mit den Menschen hier sprichst du allenfalls vermittelt durch einen Dolmetscher. Was kannst du von einem Lande wissen, dessen Gegenwarth du im Grunde verachtest? Deine Reise führt durch einen europäischen Traum vom Orient, den das wirkliche Morgenland zerstören könnte. Deswegen verschlieszt du vor den wirklichen Menschen und ihrer Cultur die Sinne.
Genug, Schnittke! Ich erlaube nicht, dass du fürderhin in solchem Tone zu mir sprichst.
Waren wir nicht einmal Freunde, Eugen? – Ich werfe die Feder hin, nehme meinen Mantel und gehe grusslos auf die andere Seite des Lagers, zu Frere Jacque und dem Maulthiertreiber, hinüber.

Immer noch hört man in Europa die erstaunlichsten Urtheile über den Orient: Die Araber pflegten dem Tragen eines Bartes grosse Bedeutung beyzumessen, sie leisteten ihre Schwüre bey ihrem Barte und seyen untröstlich, wenn er ihnen abhanden komme. Sie trügen einen Turban, der sie im Kampfe gegen Säbelhiebe schütze. Sie legten als Zeichen der Ehrerbietung die Hände auf die Brust. Sie setzten sich zu ihren Mahlzeiten auf Matten und ässen mit den Händen. Die Gesetze der Gastfreundschaft seyen ihnen heilig und der Fremde befände sich unter ihrem Schutze, wenn er mit ihnen Brodt und Salz gegessen.
Sie achteten die Alten, so glaubt man in Europa. Sie liebten schreiende Farben. Bewunderten Edelsteine, schöne Stoffe, prächtige Gebäude. Die Abendländer halten sie für reich an Gold, Silber und Edelsteinen, Palästen und Moscheen, geschmückten Innenhöfen mit erfrischenden Wasserspielen und exotischen Vögeln. – Vor allem das Leben der Beduinen ruft die wildesten Phantasien wach: ein umher streunendes Volk ohne feste Wohnstätten, Viehzüchter und Caravanenführer, schlechte Soldaten, die dem Kampfe auswichen, im Hinterhalte lauerten und die schutzlosen Läger des Gegners plünderten.
Ergänzt wird diese grelle Tapisserie mit Askese und Ueberfluss, zarther Wildheit der Krieger und barbarischen Haaremsdamen, abgehackten Häuptern auf silbernen Tabletts, azurnen Kuppeln, schlanken Minaretten, Odalisken, Eunuchen, Wesiren, kühlen Quellen, aufgeschlitzten Bäuchen und tanzenden Huris; mit Calvinisten aus Ungarn und Siebenbürgen, Protestanten aus Schlesien und alt-gläubischen russischen Kosaken, mit Tolerance, Vernunft und mystischem Syncretismus, mit grüblerischem Geist, doch ohne wirklichem Verständnis, mit Brüderlichkeit, Grausamkeit und Sclaverey, wenn auch milder gehandhabt als in manchen Ländern der Christenheit. Und sind die unterstellten Freyheiten der Liebe nicht ein bewunderswerther Schritt heraus aus der selbstverschuldeten Unmündigkeit? – Natürlich, der Orientale ist immer dann, wenn er nicht dem Fanatismus – oder lautete das

correcte Vorurtheil »Fatalismus«? – erliegt, ebenso vernünftig und vertrauensvoll wie Jedermann. Doch wer ist das nicht?

Asyr, den 28ten April. Sind wir wirklich Freunde gewesen? Oder haben wir nur die selbe Frau geliebt?
Die Liebe zu Charlotte ist wohl in der That mehr als eine aristocratische Laune gewesen. Hätte er sonst in dieser demüthigenden und ausdauernden Weise um sie zu werben begonnen? Und vielleicht hätte Charlotte ihn sogar erhört, hätte er nicht durch einen, wenngleich edlen und verständigen Betrug, ihre Zuneigung zu erringen gehofft. War denn vielleicht auch die Freundschaft zu mir ein Mittel nur auf dem Wege zum Herzen dieser Frau?
Immer verbarg Weimar hinter seiner biederen Simplicität auch eine eigene provincielle Spielart versaillescher Intrigance, die Charlotte und die Anderen unserer Schauspieltruppe aus tiefem Herzen verachteten, mich als Director aber immer wieder zwang, aus Sorge um den Forthbestand der Truppe auch am Ränkespiel auf der gesellschaftlichen Bühne theilzunehmen.
Ebenso war de la Motte Spieler auf beyden Bühnen: kluger, unterhaltsamer Gast in den Salons, wenn auch von seiner äusseren, recht gedrungenen Statur er selbst dem ohnehin schon groben Weimarer Ideale eines Landedelmannes kaum entsprach (der Mangel an Kopfhaar aber liess Witz und Geistesschärfe um so glanzvoller aufscheinen, und jedes allzu spitze Bonmot erfuhr durch seine gutmüthige Leibesfülle wiederum eine Abmilderung ins Leutselige und Verzeihliche), und enthusiastischer und durchaus talentirter Gast unserer glücklosen Truppe, die sich damals aber noch, und hauptsächlich, von der naïfen Hoffnung auf Ruhm und Anerkennung nährte.
Ich respectirte seinen, im Uebrigen verständlichen, Wunsch, Rang und Namen auch vor den Schauspielcollegen geheim zu halten. Und nie hat er in jener an Einbildungen reichen Zeit mit irgend einer Geste seine aristocratische Abstammung verrathen. Dennoch war es ein Betrug, eine Antheilnahme auf Widerruf. Indessen muss ich gestehen, dass erst sein Interesse an Charlotte meine Sinne für diese langjährige Weggefährtin und Freundin neu geschärft hat.

Hatte mich zunächst eher ihr trauriges Schicksaal gerührt, und wohl nur dieses Schicksaal das nicht minder traurige Los einer Comödiantin rechtfertigen können, so ist sie doch zu einer so verlässlichen und schwesterlichen Stütze meines Lebens geworden, dass ich zu einer Anerkennung ihrer Vorzüge und Werthe nie den nöthigen Abstand hatte.
Und plötzlich musste ich erkennen, dass ihrer Herzensgüthe und Klugheit eine äussere Schönheit entsprach; dass andere Männer, allen Standesunterschieden zum Trotze, ernsthaft um sie warben, ja, bereit waren, die Vorurtheile und Privilegien ihres Standes aufzugeben oder zu verrathen. – Wäre de la Motte wirklich dazu bereit gewesen?
In der That war er wohl ein besserer Schauspieler als Liebhaber. In der Rolle des Letzteren hat er in Charlotte ungleich mehr Rührung als Gegenliebe erweckt. Dennoch muss die Ablehnung seines Antrags für ihn überraschend gekommen seyn. Offenen Auges hätte er diese tiefe Kränkung nicht provocirt. So verlässt er unsere Truppe von einem Tag zum anderen, obwohl wir mit dem *Amphitruo*, nicht zuletzt seiner anrührenden und comischen Darstellung des Sosias wegen, einen ansehnlichen Erfolg verzeichnen konnten. Doch als Charlotte mir von der eher traurig-missglückten Antragsscene berichtet, verstehe ich seine heftige Reaction nur allzu gut.
Auch darf ich seine innige Antheilnahme an den leidvollen Tagen nach Charlottes und unserer Tochter Tod nicht vergessen. Wie kann ich da an seiner Freundschaft zweyfeln? Natürlich bleibt ein Baron ein Edelmann, mag er sich auch die Lumpen eines Habenichts überstreifen; so wie ich ein ewiger Pickelhering bleibe, auch wenn ich die Schuppen des Possenreissers noch so geschickt unter Samet und Hermelin zu verbergen suche.

Asyr, den ersten May. Auch wenn ein Geograph eine differencirtere Eintheilung vornähme, so lässt sich doch ohne allzu grobe Vereinfachung feststellen, dass die von uns durchwanderte Region aus drey recht unterschiedlichen Landschaften besteht. Im Westen,

entlang des Rothen Meeres, finden wir die feuchtheisse Küstenebene, die nach fünf bis acht deutschen Meilen gen Osten zu einem wildzerklüfteten Hochgebirge aufsteigt, auf dessen Saumpfaden wir uns jetzo gen Süden forthbewegen. Dieses Hochland wiederum erstreckt sich bis in die grosse Sandwüste im Inneren Arabiens hin, welche nur noch da von Menschen besiedelt ist, wo steinige Thalrinnen,wenigstens in den Regenzeiten, die Wasserfluthen aus dem Gebirge führen.
Das obere Hochland kennt gemeiniglich zwey Regenzeiten, eine kleine im März und eine grosse von July bis September, während der Küstenstreifen beständig von feuchten Monsunwinden bestrichen wird. So wundern wir uns nicht wenig, als der Maulthiertreiber uns, trotz des wolkenlosen Himmels und der regenarmen Jahreszeit, zur Rast und zum Unterschlupfe in einer nahe gelegenen Höhle mahnt. Vielleicht hat er, da er hier heimisch, Vorboten des Wetterumschwungs wahrgenommen, die unseren unerfahrenen Sinnen verborgen geblieben, wie wir ja auch in der Heimath empfindliche Naturen finden, die in befremdlichsten Körpertheilen ein kommendes Unwetter spüren, ehe der Himmel selbst die Veränderungen angekündigt.
Indessen ist Schotenbauer nicht gewillt, so wenige Stunden nach unserem Aufbruche und alleyn auf Grund einer zweyfelhaften Affexion die Wanderung zu unterbrechen. Sollte sich wirklich ein Unwetter annonciren, sey immer noch genügend Zeit, nach einem Unterstande Ausschau zu halten. Unser Maulthiertreiber, mit dem furchterregenden Nom de Guerre *'Ajib*, das ist „Bissiges Kameel", versehen, welcher wohl kaum seinem rechtmässigen Ruf und Familiennamen entsprechen dürfte, 'Ajib also schüttelt traurig den Kopf und geht uns weiter, das mit den Gipsabdrücken aus dem königlichen Lust- und Duftschlösschen bey ed Dahye schwer beladene Thier am Stricke, auf dem schmalen Pfade voran.
Scheint es bis zum frühen Nachmittage, als habe 'Ajib uns nur zum Narren halten wollen oder zumindest die geheimen Zeichen seines Wettersinnes fehlgedeutet, so ist es schliesslich die Natur selbst, welche uns genarrt und, um unseren Hochmuth zu strafen, auf schutzlosem Passe mit ihrer Allmacht überfällt, so dass uns nur, dicht an einander gedrängt, die Unbill auszuhalten bleibt, auf

dass wir nicht, wie alles lose Geröll und selbst mancher kalbskopfgrosse Fels, mit den Wasserfluthen in die Tiefe gerissen werden.
Zu dieser allgemeinen physischen Tortur gesellt sich zu allem Ueberflusse noch eine specielle altphilologische Katastrophe, nach der auf Katharsis zu hoffen wohl Verblendung. Denn mag schon kaum unsere nicht eben poreuse Leibeshülle den Himmelsfluthen kaum zu trotzen, um wieviel weniger das grobe Sackleinen, welches die Früchte Schotenbauerscher Abklatschkunst zu schützen und ins Abendland zu retten bestimmt. Doch statt daselbst der weiteren Entzifferung und Deutung entgegen zu blicken, zergehen die gipsernen Schrifttafeln zu ihren vormaligen Bestandtheilen und stürzen, nunmehr alles Zeichenhaften beraubt und bestenfalls noch Allegorie, mit Schlamm und Geröll vermischt zu Thale, um in der Leere der Grossen Sandwüste unrettbar zu versickern.
So plötzlich die Sintfluth über uns hereingebrochen, so unerwartet und ohne Uebergang brennt die Sonne wieder vom Himmelszelte und trocknet das Land so geschwind, dass nur die Nässe unserer Kleider und der Raub der theuren Gipsfrüchte uns die Wirklichkeit dieses stürmischen Intermezzos bezeugt. Ohnmächtig gegen den bereits enteilten Regengott richtet sich Schotenbauers Zorn nun ungetheilt gegen den Herrn des Maulthiers, der auf die heilige Fracht desselben nicht genügend acht gegeben.
Doch ehe er nun in verständlicher, wenngleich ungerechter Despotie den schuldlosen Mann der verlorenen Mühe nach in die Wüste jagt, tritt de la Motte zwischen den Verbitterten und den Gottergebenen, mahnt den Einen wie den Anderen zur Vernunft und reclamirt endlich, nicht ohne Sinn für das Janusgesicht jedes Unglücks, das nun entlastete Thier für die seinen Schulterpolstern längst beschwerlich gewordene Jagd-, Reit-, Tanz- und Promeniergarderobe.
Dem allgemeinen Entwässerungsprocesse folgend, erlaube ich mir, der blumigen Chronique auf diesen noch stockig-steifen Tagebuchseiten ein trockenes Blüthlein Schlichterscher Volkspoesie anzuheften: Wenn sich die Turbane bereits unter einer leichten Brise bauschen, dürfen sich die Köpfe über den Sturm nicht wundern. (Vers 27)

NACHSPIEL. Als sich nun auch Frere Jacque anschickt, es uns gleich zu thun und sein bescheidenes, vor Allem dem Nachlasse Schlichters entstammendes Bündel dem Lastthiere aufzupacken, fährt ihn ʻAjib auf eine derley grobe Weise an, dass es selbst seinem Namenspaten, dem bissigen Kameele alle Ehre gemacht: Der Neger solle seine schwarzen Hände von seinem edlen Grauthiere fernhalten und sein leidiges Gepäck selber schleppen. Es sey schon Zumuthung genug für das stolze Kabilenthier, die Lasten Ungläubiger tragen zu müssen. Doch es zum Knechte eines Sclaven zu machen, sey der Submission zu viel.

Erstaunt und in einem ohngleich tieferen und umfassenderen Sinne sprachlos als die geraubte Zunge ihn belassen, steht Jacque in diesem Steinschlage harter Worthe. Schon will ʻAjib, uns voran, seinen und seines solcher Art erhobnen Thieres Weg forthsetzen, als de la Motte dem stummen Freunde das Bündel aus den Händen nimmt und in allergrösster Contenance dem hohen Thiere aufschnallt. Dann wendet er sich mit eben derselben Gelassenheit an den Treiber, winkt mich herbey, damit ich worthgetreu übersetze, und spricht:

Wär Er nur halb so edel und so klug wie Sein Maulthier, würde ich für die Schmähung meines Gefährten und Bruders Satisfaction verlangen. Doch da ich Seine Niedrigkeit und Dummheit mit einem Mangel an Belehrung zu entschuldigen geneigt bin, will ich die versäumte Lection jetzt nachholen. So hör Er denn, welcher sich und selbst Seinen Esel über andere Menschen gestellt dünkt: Weil das, was uns zu Menschen macht, unsere Menschennatur, per definitionem allen Menschen gemeinsam ist, sind alle Menschen gleicher Maassen zu achten und wie gleichgestellte Wesen zu behandeln. Nicht die Unterschiede der Race, des Standes, der Macht oder des Reichthums, sondern alleyn die persönlichen Verdienste rechtfertigen die Bevorzugung des einen Menschen vor einem anderen. – Also sprech Er mir nach: Alle Menschen sind gleich.

ʻAJIB: Wer hat je so einen Unsinn gehört? Wenn nicht einmal ein

Esel, ja, nicht einmal ein Huhn dem andern gleicht, wie sollten da alle Menschen gleich sein!

DE LA MOTTE: Habe ich es Ihm nicht eben erklärt, Dummkopf? Nicht ihrer Erscheinung, ihrem Wesen nach sind die Menschen gleich.

'AJIB: Eher gleichen sie sich, aller Unterschiede in Farbe und Gestalt zum Trotze, in ihrer Erscheinung als in ihrem Wesen. Nein, Sajid, Ihr lehrt mich recht unvernünftiges Zeug.

DE LA MOTTE: Dreht Er mir weiter das Worth im Munde um, werde ich es Ihm schon zu recht zu rücken wissen. Nehme Er diesen Säbelstreich für jeden Widerspruch. Nun spreche Er mir nach: Alle Menschen sind gleich.

'AJIB: Wenn es mir denn weitere Hiebe erspart, so erhält dieser unvernünftige Satz durchaus einen Sinn. Also sei's drum: Alle Menschen sind gleich.

DE LA MOTTE: Sprech Er lauter, Bursche!

'AJIB: Alle Menschen sind gleich!

DE LA MOTTE: Dieser natürlichen Gleichheit widerspricht die Versclavung eines Menschen unter den Willen eines Anderen. Jeder Mensch hat das Recht, frey und in einer Weise über seine Person zu verfügen, die seinem Urtheile nach seinem Glücke am meisten förderlich, allerdings mit der Beschränkung, dass er das selbe Recht der Anderen nicht verletze. Also spreche Er mir nach: Alle Menschen sind frey!

'AJIB: Wollt Ihr von mir ein Zeugnis wider die Allmacht Gottes, so werde ich von nun an schweigen.

DE LA MOTTE: Schweig Er nur von seinem Gotte. Ich rede von den Menschen, die sich für Götter halten und sich berechtigt glauben, anderen, nicht geringeren Menschen ihren Willen aufzuzwingen. Also mercke Er sich und spreche Er mir nach: Alle Menschen sind frey.

'AJIB: Wenn es denn meiner eigenen Befreyung von Eurem Unterrichte dient, so will ich es wohl glauben: Alle Menschen sind frey.

DE LA MOTTE: Ruf Er es lauter, Kerl!

'AJIB: Alle Menschen sind frey!

DE LA MOTTE: Auch die Abendländer sind nicht der Herrschaft eines Menschen über einen Anderen ledig, auch sie sind am ver-

achtenswerthen Sclavenhandel betheiligt und rechtfertigen ihr abscheuliches Thun mit der widersinnigen Behauptung, die Verslavten fänden mit dem Verluste ihrer Freyheit wenigstens ihr Seelenheil. Was immer das Heil für unsere Seele seyn mag, ohne Zweyfel aber rettet dieser unwürdige Handel die Besitzer von Tabak- und Zuckerrohrplantagen vor einem Mangel an billigen Arbeitskräften. So spreche Er mir denn nach: Schwarz ist weiss, weiss ist schwarz. Alle Menschen sind Brüder.
'AJIB: Lasst den Säbel stecken, Sajid. Doch sagt, was wird dieser Lection wider alle Erfahrung als Nächstes folgen: Männer seyen Weiber, und Weiber seyen Männer? Krieg sey Frieden und Frieden Krieg?
DE LA MOTTE: Schweig Er, Lump! Will Er sich über die heiligen Principien jeder Civilisation belustigen, so bleibt auch dieser noch zu ihrer Verteidigung ein belehrender Rückfall in die Barbarey. Hier, lese Er die Declaration meines Säbels, offenbar die einzige Erklärung, die Er versteht, und nun spreche Er mir nach: Schwarz ist weiss!
'AJIB: Schwarz ist weiss.
DE LA MOTTE: Lauter, Lump, dass es auch unser schwarzer Freund aus Seinem Munde vernimmt!
'AJIB: Schwarz ist weiss!
DE LA MOTTE: Weiss ist schwarz!
'AJIB: Weiss ist schwarz!
DE LA MOTTE: Alle Menschen sind Brüder!
'AJIB: Alle Menschen sind Brüder!

Asyr, den 5ten May. An der Oasis erlaubt uns der Maulthiertreiber, dass wir uns erfrischen und ein Bad nehmen. Er werde indessen über unser Gepäck und unsere Kleider wachen. – Wir hätten uns auch ohne seine Erlaubnis von einer längeren Rast nicht abhalten lassen. Wir schlüpfen aus unseren staubigen Kleidern, so dass wir in den Augen eines gläubigen Müslems wohl schaamlos erscheinen müssen, auch wenn wir zur Zeit die einzigen Besucher der Oasis.

Doch kaum sind wir von unserem ersten Tauchbade in der brackigen Kameeltränke an die Oberfläche derselben zurückgekehrt, sehen wir unseren pflichteifrigen Führer, mit unserer Kleidung, unserem Gepäcke und seinem gehorsamen Maulthiere davon eilen. Selbst die Sandalen hat er sorgsam aufgelesen und seinem geduldigen Thiere aufgeladen, so dass eine Verfolgung mit nackten Füssen über den heissen, scharfkantigen Stein des Gebirgspfades uns nicht weit führen würde.
Meine erste und alleynige Sorge gilt meinem Reisetagebuch. Denn viel mehr als die Kleidung, die ich unter anderen Umständen als den gegenwärthigen am Leibe trage, ist in meinem Knappsack nicht enthalten. Indessen scheint mir kaum ein Preis zu hoch, Theilnehmer einer solch delicaten Scene seyn zu dürfen: Baron Ernst Eugen de la Motte, Poet, Diplomat, Mäzen, Financier und Führer dieser Expedition, Doctor Tertulio Liebetrud Schotenbauer, Altphilologe, Historiker und tragischer Abklatscher, und zweyfellos auch der Geist unseres immer theilnahmsvollen Gefährten, des Arztes und Botanikers Hans-Jakob Schlichter, der ja nicht weniger entblösst in seinem Grabe, und nicht zu vergessen, meine Wenigkeit, Acteur und Publicum zugleich, Prospectmaler, Marionettenspieler, Theaterdirector und Principal Alois Ferdinand Schnittke, gegenwärthig persönlicher Secretaire des edlen Chef de Mission und, in aller Bescheidenheit, selbsternannter Chronist der Sitten und Gebräuche der orientalischen Völker nebst besonderer Berücksichtigung ihrer lustigen Compagnien und schrecklichen Sprachkriege, und sein stummer Bruder, ja, Schatten Frere Jacque d'Afrique, diese ganze honorige Schaar, aller weltlichen Zierde beraubt, in paradiesischer Landschaft, in sofern angemessen costümirt, erfrischt zwar, aber disgustirt, molestirt, gemein gemacht, vernützt, sprich lauter, Lump, mehr nobilis als mobilis, in Erwartung, in plötzlicher Erkenntnis, schwarz ist schwarz, in Angst vor himmlischem Beystande, vor profaner Verweisung, weiss indes nicht weiss, wenn auch die Dörfer schon gebaut, der nächste Wanderer, der Hirte, die Wasserträgerinnen schon auf dem Wege, das Rettende, das Lächerliche, nah …

Das »arztzimmer« nur mit einem blechspind, einer eisenpritsche und einem aluminiumbecken mit kaltwasseranschlusz ausgestattet. Keine untersuchungsgeräte, keine medikamente, kein verbandszeug. Ich sitze zitternd auf dem zerschlitzten, sich schuppenden kunstlederbezug der schaumgummimatratze, blicke auf nackte wände, speckige kacheln, neonröhren.
Im »kliniklabor« zwei qatkauende laboranten. Einer von ihnen spricht gebrochen englisch. Muszte wegen des golfkriegs sein pharmaziestudium in Baghdad abbrechen. Zumindest nimmt er ein noch verpacktes messerchen, um mir blut abzunehmen. Der einzige sterile gegenstand im verrauchten untersuchungsraum, soviel ich sehe. Auf dem labortisch ein schülermikroskop, fleckige objektgläschen, verschüttete lösungs- und färbemittel, ein voller aschenbecher und, natürlich, eine halde alter angetrockneter blut- und urinproben.
Er studiert das präparat sehr lange. Als sei aus meinem blutbild mein ganzes schicksal zu lesen. Nach unzähligen minuten findet er endlich zu einem entschlusz: positiv. Das erste, trotz seiner geschwollenen qatbacke verständliche wort, das er mit zufriedener miene direkt an mich richtet.
Auf einem orangefarbenen plastikstuhl im flur, direkt vor einem zugigen notausgang, wird mir eine intravenöse infusion verpaszt. Es wird stunden dauern, bis tropfen für tropfen das chemotherapeutikum in meine blutbahn geschleust ist. Nūr legt mir seine jacke um die schultern, hockt sich neben mich auf den boden und gibt acht, dasz ich nicht vom stuhl falle.
Obwohl das gebäude erst vor wenigen jahren errichtet wurde und den stolzen namen *mustaschfa al-dschumhurija al-jemenija,* »Hospital der Republik Jemen« trägt, sind die zimmer so gut wie gar nicht möbliert, dafür aber mit patienten überfüllt. Auch hier nur eisenpritschen mit schaumgummiauflagen. Kein bettzeug, keine decken, keine schränke, kein schmuck an den wänden.
Auf den pritschen patienten in ihrer straszenkleidung. Angehörige um sie herum, eingeschüchtert von der sterilen atmosphäre,

die stimmen gedämpft, die gesten hilflos. Auch die gänge sind voll belegt. Das ganze szenario gleicht eher einem kriegslazarett als einem modellkrankenhaus.
Nur das pflegepersonal zeigt sich, trotz der nächtlichen stunde, ausgelassen. Singende, lachende, lauthals sich streitende männer.
Ich hänge auf meinem orangebraunen plastikstuhl, die augen geschlossen, am ganzen leibe zitternd, höre trotz der klappernden zähne und des pochens in meinem kopf von fern das stimmengewirr, orangerot und tröstend in dieser gekachelten armseligkeit.
Ich spüre einen schmerz in meiner armbeuge. Eine kinderfaustgrosze beule hat sich am ort des einstichs gebildet. Offenbar ist die infusionsnadel nicht korrekt gesetzt worden.
Nūr winkt einen qatkauenden pfleger herbei. Ein lockenköpfiger bursche, der in Deutschland wohl noch schulpflichtig wäre. Er zieht die infusionsnadel heraus und sucht kaltblütig eine andere vene. An ein abbinden des arms oder eine desinfektion der einstichstelle wird kein gedanke verschwendet.
Ich lasse ihn gewähren. Spüre seine einstichversuche kaum. Mich faszinieren seine hände: breit, dunkel, groszporig, mit kurzen fingern und abgekauten, schwarzrändigen nägeln. – Ich bitte Nūr, den tropf schneller laufen zu lassen und mich sobald wie möglich nach hause zu bringen.

Vom fenster meines arbeitszimmers kann ich die kinder in der gasse vor meinem haus beobachten. Sie spielen eine art jagd, die an unser *Wer hat angst vorm Schwarzen Manne* erinnert.
Leider ist das fieber, nach einer leichten besserung gestern, seit dem morgen wieder gestiegen, so dass ich nicht hinausgehen und sie nach dem namen und den regeln ihres spiels fragen kann. Doch gleichen sich die magischen elemente des spiels in verschiedenen weltgegenden offenbar: ein unheimlicher fänger oder jäger, der kraft einer berührung die mitspieler in andere rollen transformiert. Der fänger selbst ist unberührbar, das zurückschlagen nicht erlaubt.
In anderen fangspielen gibt es weitere magische elemente, zum beispiel das freimal, haus oder asyl, das vor dem gefangen oder verwandelt werden schützt; oder magische worte (pflanzen-, tiernamen ...) oder gesten (auf einem bein stehen, sich hinhocken ...), die dem gejagten immunität verleihen.
Schon das auszählen, der zufalls- oder losentscheid mittels zahlenschema oder beschwörender verse läszt das spiel als eigene, eigenwillige wirklichkeit erscheinen, in der zwischen dem menschlichen willen und den vorgängen in seiner umwelt noch eine unmittelbare und gegenseitige kausalität besteht: *Eins zwei drei vier eckstein / alles musz versteckt sein / hinter mir und vor mir / und auf beiden seiten gilt es nicht* simuliert keine erwachsenenwirklichkeit, sondern beschwört eine eigene, unabhängige welt. Der zauber ist unbedingt. Er läszt keine diskussion zu. Der verstosz gegen die beschwörungsformel zieht unweigerlich die bannung, den tod des spielers nach sich. *Eins zwei drei ich komme.*
Magisch heiszt: Die welt ist da, weil ich die augen öffne und sie sehe. Die sonne folgt dem bogen, den mein finger in den himmel zeichnet. Ich kann mich nicht bewegen, weil die berührung des Schwarzen Mannes mich lähmt. Ich bin unsterblich, weil ich mir den tod nicht vorstellen kann.

Dasz spiel auch in den augen der nicht-spielenden magische

attribute aufweist, zeigt das tabu, unter welchen umständen nicht gespielt werden darf. Zu gewissen zeiten oder an bestimmten orten bedeutet spiel eine entweihung, eine verunreinigung oder zumindest eine provokation. Hier hat das spiel den charakter einer negativen, einer *schwarzen* magie.
Das spiel ist nicht harmlos, nicht unschuldig. Eine spielerische haltung der welt gegenüber besitzt eine ebenso grosze macht wie eine religiöse, wissenschaftliche oder ökonomische einstellung.
Dasz es eine welt auszerhalb unseres bewusztseins gibt, bedeutet noch nicht, dasz es nur eine wirklichkeit auszerhalb unseres bewusztseins gibt. Wirklichkeit beruht auf anschauungen, auseinandersetzungen, beschreibungen.
Mit bestimmten dingen zu spielen heiszt, ihr wesen und ihre bedeutung zu verändern, sie in eine andere wirklichkeit zu transformieren.

Wilde, aber unerfüllte sexuelle träume. Gegen morgen schlieszlich eine hochzeitsgesellschaft, die vergeblich auf ein wunder hofft: leere schüsseln und krüge. Meuternde gäste. Die braut ist trotz myrtenkranz bereits mit einer groszen kinderschar gesegnet; der bräutigam wird von seinem eigenen vater um das recht der ersten nacht betrogen. Er nimmt den kranz von ihrem grab und hängt ihn in einen kirschbaum.

*

Dschamilah bringt eine dampfende hühnerbrühe und frischgebackenes fladenbrot zu mir herauf. Sie fragt, ob ich ausreichend mit decken und kissen ausgestattet sei. Wenn mir irgend etwas fehle, brauche ich nur auf den boden zu klopfen. Eine von ihnen, ihre mutter oder sie, sei immer zu hause.

*

Was und in welcher weise ich lieben *darf,* sind soziale (beziehungs-)normen. – Inwieweit ist das, was und wie ich tatsächlich liebe, durch diese norm bedingt? Oder, präziser: Inwieweit kann ein individuum / eine individuelle begegnung ihre eigene (beziehungs-)sprache finden oder entwickeln?

Die »sexualität« genannten beziehungsformen sind mittel der normierung. Daher stehen freiheit und sexualität in direktem zusammenhang.
Schon von sexualität zu sprechen ist »pervers«, das heiszt ein akt der subversion. Doch eine wirkliche befreiung wäre ein verhalten, das noch nicht oder nicht mehr benannt wird, sich der sprachlichen verfügbarkeit entzieht und dem körper seine autonome ausdrucksweise zurückgibt oder läszt.
Nur was benannt werden kann, kann auch vorgeschrieben oder verboten werden.

Denken wir in unseren westlichen psychopathologischen konzepten von sexualität, so beschreibt »heterosexualität« im wesentlichen ein verhältnis zwischen ungleichen, zwischen stärkeren und schwächeren, tätigen und duldenden, also ein gewaltverhältnis, »homosexualität« hingegen eine beziehung zwischen gleichen, die ihre rollen in jeder begegnung neu definieren müssen und können.

VOM URSPRUNG DER KULTUR IM SPIEL Ṣana'a 11. 11.

Erster fieberfreier tag. Fühle mich noch ein wenig schwach auf den beinen, doch plane, morgen mit Nūr einen kleinen spaziergang durch mein stadtviertel zu unternehmen.
Gestern hat er den ganzen tag an meinem bett gesessen und mich von der arbeit abgehalten. Meinte, wohl eher augenzwinkernd, dasz vor allem meine geistige überanstrengung für das fieber verantwortlich sei. Hätte ich in nur zwei monaten nicht bereits ein ganzes tagebuch gefüllt? Er könne sich kaum vorstellen, dasz es so viel über spiel nachzudenken gebe.
Ich wundere mich, dasz er nicht zu seiner einheit nach Ḥudaidah zurück musz. Er sagt, sein befehlsstab befinde sich in Ṣana'a. Im augenblick habe er bereitschaftsdienst. Es genüge, sich einmal am tag in der befehlsstelle blicken zu lassen.
Ansonsten verläuft der nachmittag eher schweigsam. Wir spielen karten, später schach.

*

VERSUCH EINER ERSTEN SPIEL-KONZEPTION: Bisherige spieltheorien gehen davon aus, das spiel werde statt etwas anderem betrieben. Doch ist das spiel ein verhalten und / oder eine haltung für sich.
Das spiel bindet und löst, bannt und verzaubert. Es schafft regeln, setzt grenzen, stellt dar, doch auszerhalb des nützlichen oder notwendigen. Der sinn liegt allein innerhalb des spiels.
Weil der sinn des spiels ein hergestellter und sein ablauf ein frei vereinbarter ist, können sie nicht in frage gestellt werden. Die regeln des spiels sind unbedingt *bindend.*
Spiel ist eine haltung zur welt, die sich der kontingenz ihrer regeln bewuszt ist.

Eine fragwürdige these. Spiele treten in solch einer vielzahl unterschiedlicher zusammenhänge auf und erfüllen in jedem dieser zusammenhänge so unterschiedliche funktionen, dasz ich mich fragen musz, ob es überhaupt ein beschreibbares phänomen »spiel« gibt. Möglicherweise läszt sich auf einer phänomenologischen ebene gar keine verbindliche definition finden. Redet nicht jede kultur (jede spieltheorie) von einem anderen gegenstand, wenn sie von spiel spricht: Im Spiel bringt die Gemeinschaft ihre Deutung der Welt zum Ausdruck. (Huizinga) Das Spiel ist eine metaphorische Beschreibung menschlichen Zusammenlebens. (Rorty) Das Spiel ist eine Ausdrucksform des Unbewuszten. (Freud) Das Spiel ist ein Mittel zur Genese des Selbst. (Mead) Das Spiel ist Anpassung der Wirklichkeit an das Ich. (Piaget)

Bei den Algonkin-indianern gibt es für das spiel ganz verschiedene begriffe, je nachdem, ob das spiel der kinder, der halbwüchsigen oder der erwachsenen gemeint ist. Für tänze, feiern und rituale gibt es wiederum eigene bezeichnungen.

Das arabische wort für spielen *(la'iba)* hingegen schlieszt auch angrenzende bedeutungen wie *hänseln, zum narren halten, verspotten, das sabbern eines säuglings* oder das *spielen* eines musikinstruments mit ein, allerdings nur, wenn diese vergnügungen von kindern ausgeführt werden. Wird dieselbe tätigkeit von erwachsenen ausgeübt, fällt sie nicht mehr unter den spielbegriff. Offenbar handelt es sich eher um eine sprachliche vereinbarung als um ein klar umrissenes phänomen. Keine handlung ist ein spiel an sich. Als spiel gilt nur jenes geschehen, dasz wir als »spiel« bezeichnen.

Die menschen in diesem viertel sind anders als die bewohner der altstadt. Weniger offen, weniger groszzügig, aber auch weniger traditionell. Die erwachsenen mustern uns abweisend und misztrauisch auf unserem spaziergang durch die engen gassen. Wir werden von geschäftigen passanten angerempelt und gestoszen, ohne dasz sich jemand entschuldigte. Kinder verfolgen uns still und hartnäkkig, wie man eindringlingen nachläuft. – Hat das abweisende verhalten der bewohner mit der geschichte dieses ortes zu tun?
Bis zur revolution liegt al-Qa' im äuszersten südwesten der stadt, zwar innerhalb der erweiterten stadtmauer, doch zusammengedrängt und von einer eigenen mauer umgeben wie eine stadt in der stadt. Die gassen sind schmaler, die häuser schlichter und, vor allem, niedriger als die muslimischen wohntürme in der östlichen altstadt. Die juden Ṣana'as dürfen nach einer verordnung des Imam al-Mahdi al-Abbas ihre häuser nicht höher als neun meter bauen. Deshalb sind die ehemaligen jüdischen häuser, im unterschied zu den muslimischen, unterkellert.
Die häuser sind eng aneinander gebaut. Grosze gärten und plätze fehlen in diesem teil der stadt. Auch das innere der schlichten lehmbauten ist eher verschachtelt als klar gegliedert. In den turmartigen, fünf- oder sechsgeschossigen häusern der muslimischen altstadt erfüllt jedes stockwerk einen bestimmten zweck. Im erdgeschosz befinden sich lagerräume, werkstätten oder ställe. Die folgenden stockwerke dienen den verschiedenen generationen als wohn- und schlafräume. Meistens ist das muslimische haus auch nach geschlechtern streng getrennt. Im obersten geschosz liegt, oftmals mit einem eigenen zugang, der die privaten räume des hauses nicht berührt, der gast- und festraum, *mafradsch* genannt.
Die jüdischen häuser sind in die tiefe gebaut und oft mit den nachbarhäusern verbunden. Die abweisenden häuserfronten mit kleinen, leicht zu verbarrikadierenden türen und winzigen fenstern zur gasse hin spiegeln das verhältnis der bewohner zur offenbar als bedrohlich empfundenen auszenwelt wider.

Nach der vollständigen auswanderung der ṣana'aner juden nach Israel siedeln sich muslimische zuwanderer in al-Qa' an. Die synagogen und gebetsräume werden zerstört oder zweckentfremdet, moscheen und schulen gebaut. Viele ehemals jüdische häuser sind unbewohnt und dem verfall preisgegeben, andere in traditionellem jemenitischen stil umgebaut: aufstockungen, vergröszerte fenster und türen, weisze stukkaturen, entfernung jüdischer inschriften oder symbole.
Dennoch ist der ehemalige ghettocharakter dieses viertels auf schritt und tritt zu spüren. Die jetzige bevölkerung ist hier weder historisch noch kulturell verwurzelt. In dem masze, in dem architektur alltagskultur repräsentiert, müssen sie sich auch in der zweiten generation in diesem stadtraum fremd, ja, deklassiert fühlen.
In den meisten häusern gibt es nach wie vor keinen *mafradch*. Wohin lädt man den fremden, ohne sich der beengten verhältnisse schämen zu müssen? Oder heiszt man ihn erst gar nicht willkommen, weil man ja selber hier nur gast ist?

In einer der vielen sackgassen, die uns immer wieder zwingen, denselben weg zurückzugehen, sprechen wir zwei ältere jungen an. Ibrahim ist siebzehn jahre alt und spielt allenfalls noch fuszball, 'Ali hingegen, Ibrahims jüngerer bruder, spielt fast täglich mit den gleichaltrigen auf der strasze. – Sie zeigen uns ihre spiele, von denen mir einige bereits aus anderen stadtvierteln bekannt sind: *qufaīqif* (nach hinten), *zurqeīf* (murmeln) oder *jachtaba* (verstecken).
Folgenden spielen begegnen wir hier zum ersten mal:

ḤALQAT AL-MAŪT (ring des todes). Die kinder stehen mit gespreizten beinen im kreis. Ein ball wird in die mitte des kreises geworfen. Derjenige, durch dessen beine der ball aus dem kreis rollt, ist der jäger. Er musz den ball aufnehmen, während die anderen kinder davonrennen. Der jäger versucht, einen der mitspieler mit dem ball zu treffen, doch darf er immer nur von der stelle werfen, wo er den ball aufgenommen hat. – Der getroffene mitspieler gilt als »tot« und scheidet aus.

QAṢIJʿA (holzschüsseln, schiffsrümpfe; nach auskunft der kinder: büchsen). Die spielgruppe teilt sich in zwei mannschaften. Die feldmannschaft errichtet einen turm aus alten konservendosen. Die ballmannschaft steht hinter einer linie in einigen metern abstand zum turm.
Ein spieler der ballmannschaft nach dem anderen versucht, von der linie aus den büchsenturm einzuwerfen. Ist der turm zusammengebrochen, dürfen die werfer mit dem ball jagd auf die turmbauer machen.
Die feldmannschaft bemüht sich unterdessen, den büchsenturm neu zu errichten, ohne sich vom ball der jäger treffen zu lassen. Steht der turm, müssen sich die schützen wieder hinter ihre linie zurückziehen und zunächst den turm zum einsturz bringen.
Getroffene mitspieler der turmmannschaft scheiden aus. Sind alle feldspieler abgeworfen, tauschen die mannschaften ihre positionen.

BAĪḌAH (eier). Ein etwa fünf mal fünf meter groszes spielfeld wird mit kreide auf das pflaster oder mit einem stock in den sand gezeichnet. Die spielgruppe lost zwei jäger aus, die sich auszerhalb des spielfelds postieren und einander den ball zuwerfen. Die übrigen spieler halten sich innerhalb des spielfelds auf und dürfen die linien nicht übertreten. Werden sie vom ball der jäger getroffen oder aus dem spielfeld gedrängt, sind sie »verbrannt« und scheiden aus.
Das spiel heiszt »eier«, weil der ball von den feldspielern aufgefangen werden darf, bevor er den boden berührt hat. Andernfalls »explodiert« das wurfgeschosz; nun rufen alle mitspieler *baīḍah,* und der fänger darf mit dem werfer tauschen.

ADSCHŪAL (wandernde, reisende; nach auskunft der kinder: tore). Eigentlich heiszt das (fuszball-)tor im arabischen *marman* (ziel, zweck) oder *hadāf* (zielen, als zielscheibe dienen; scharfschütze). Doch ist *dschūl,* das tor, offenbar eine verballhornung des englischen *goal.*
In dieser fuszballvariante spielen nicht zwei mannschaften miteinander, sondern jeder spieler gegen jeden.

Jeder teilnehmer hat ein eigenes, etwa einen meter groszes tor zu hüten. Zugleich musz er versuchen, selber tore zu erzielen. Er ist also torwart, verteidiger und stürmer zugleich.
Wenn ein spieler eine zuvor vereinbarte anzahl von toren hat einstecken müssen, scheidet er aus.

STUB (übernahme des englischen *stop*). Die spieler stehen im kreis. Der erste werfer wird ausgelost. Er schleudert einen ball in die höhe und ruft den namen eines mitspielers, der den ball auffangen musz, während die anderen kinder davonrennen. Hält der aufgerufene den ball in seinen händen, ruft er *stop*. Die flüchtenden mitspieler müssen sofort anhalten. Vom ort der ballaufnahme versucht der aufgerufene, einen von ihnen abzuwerfen, ohne dasz der ball zuvor den boden berührt. Trifft er den gewählten mitspieler, scheidet dieser aus. Der werfer darf in der nächsten runde nun seinerseits jemanden aufrufen. Trifft sein wurf aber nicht, scheidet er selber aus.

MUMKIN (möglich, denkbar). Durch los oder auszählen wird ein sprecher bestimmt. Die anderen mitspieler stellen sich in einer reihe auf. Diese spieler fragen den sprecher der reihe nach: *kam*, wieviel? Der sprecher gibt nach eigenem ermessen eine distanz an, zum beispiel fünf schritte. Der spieler fragt: Darf ich? Der sprecher antwortet: *mumkin*, vielleicht.
Der spieler beginnt mit seinem vormarsch und versucht, mit den erlaubten schritten möglichst weit zu kommen. Ruft der sprecher unterdessen *stop*, musz der spieler unverzüglich stillstehen. Bewegt es sich noch, wird er vom sprecher in die reihe zurückgewiesen. Erreicht ein spieler aus der reihe den sprecher, löst er diesen ab.

Mit diesem spiel vertreiben sich sowohl jungen als auch mädchen ihre zeit. Einige mädchen haben sich zu unseren »informanten« gesellt. Auch die älteren, vielleicht zwölf- oder dreizehnjährigen, sind, für Ṣana'a eher ungewöhnlich, nicht verschleiert. Die gewachsenen viertel der altstadt sind nach wie vor traditionelle trutzburgen.

Doch gibt es diese festgefügten sozialen strukturen in al-Qa' (noch) nicht. Vielleicht auch ein grund für die vielen spiele, die jungen und mädchen hier kennen: die summe der aus unterschiedlichen städten und regionen in diesen stadtteil mitgebrachten überlieferungen.
Die mädchen begleiten das spiel der jungen mit spott und störmanövern. Offenbar sind sie eifersüchtig auf ihren status als »informanten«. – Zunächst ignorieren die jungen sie einfach. Doch diese miszachtung provoziert sie nur noch stärker. Nun drängen sie sich offen zwischen uns und die beiden brüder: Ob wir uns nur für die blöden raufereien der jungen interessierten, fragen sie uns. Sie wüszten viel interessantere spiele.
Ibrahim: Nichts wiszt ihr auszer *waqal,* hinkeln, und *tahti bahti,* sich blöde im kreis drehen. – Bevor es zum offenen geschlechterkampf kommt, frage ich die mädchen, was denn ihr lieblingsspiel sei. Ohne zu zögern antworten sie einstimmig: fuszball. 'Ali und Ibrahim lachen laut auf. Doch die mädchen wiederholen: Ja, fuszball! Und alle anderen spiele, von denen euch die brüder berichtet haben, kennen wir auch, spielen sie aber wesentlich geschickter und vergnüglicher. Doch selbstverständlich ohne die beteiligung irgendeines streitsüchtigen jungen.
Als die höhnischen kommentare der jungen kein ende nehmen, geschieht etwas, das wohl nur in diesem viertel möglich ist: Wardah die wortführerin der mädchen, fordert 'Ali zum *musabaqah,* zum wettrennen auf.
Sie ist, obwohl um einiges jünger als 'Ali, sicher eine handbreit gröszer und wesentlich kräftiger gebaut als der sehnige junge. – 'Ali antwortet, er renne nicht mit mädchen um die wette. Nun sind es Wardahs freundinnen, die die jungen mit hohn und spott überziehen. Der rhetorische schlagabtausch erreicht eine darstellerische grösze, dasz sich nun auch die ersten erwachsenen unter das publikum mischen.
Von einem wettlauf der geschlechter kann nun allerdings keine rede mehr sein.

Die meisten der bisher gesammelten und alle in al-Qa‘ hinzugekommenen spiele der jungen sind ballspiele. Entweder ist der ball das einzige notwendige spielzeug oder das weitere material (büchsen, stöcke …) leicht zu besorgen.
Alle spiele beruhen vor allem auf körperlicher geschicklichkeit oder kraft. Immer handelt es sich um eine jagd, bei der der ball die waffe repräsentiert.
Manchmal offenbart sich der jagdcharakter der spiele bereits im namen: *ring des todes, fischfänger* … Bei anderen spielen verbirgt sich die dramatik des spielverlaufs hinter nahezu läppischen (alltags-)begriffen: *büchsen, eier, steine* (baddī), *loch* (wutah) … Beide namensgebungen, die übertrieben martialischen wie die banal einfallslosen, stehen für die komplexe haltung der kinder zu ihrem spiel: In ihren augen sind sie alltäglich, einfach, selbstverständlich und auszergewöhnlich, vielschichtig und phantastisch zugleich. Derselbe harmlose zeitvertreib kann binnen weniger sekunden zum fesselnden kampf auf leben und tod werden.
Der grund für diese extremen, doch einander nicht ausschlieszenden haltungen liegt in unserer fähigkeit, eine beziehung zur welt aktiv herzustellen, zu entwickeln und zu verändern. Im spiel sind wir frei, je nach stimmung oder wunsch verschiedene haltungen, von kühl und gelassen bis leidenschaftlich engagiert, bewuszt einzusetzen.

Auf meinem ersten längeren spaziergang ohne Nūrs begleitung treffe ich 'Ali, einen unserer »informanten« wieder. Seine familie wohnt nur wenige häuser von meinem entfernt in der gleichen gasse. Fast sind wir nachbarn. – Er bittet mich, hereinzukommen und ein glas tee mit ihm zu trinken.
Die architektur des zweistöckigen gebäudes gleicht der meines hauses. Vom kleinen innenhof im ersten stock führt er mich in einen etwa drei mal vier meter groszen, mit teppichen und kissen ausgestatteten raum, offenbar der diwan des hauses. Er fordert mich auf, es mir bequem zu machen, während er sich um den tee kümmere.
Die wände sind schmucklos. Nichts, was das auge unterhalten könnte. Selbst die kleinen fenster eröffnen dem neugierigen blick keine interessante aussicht, weil die scheiben anstatt aus glas aus mattem, lichtdurchlässigem, aber undurchsichtigem alabaster bestehen. Nach wenigen minuten kehrt er mit tassen und einer thermoskanne zurück. Mit ihm betritt ein alter, bärtiger mann, kaum gröszer als 'Ali, das zimmer. Das sei Muhammad Salah Daud ibn Rabij'a, der vater seiner mutter, stellt 'Ali den alten vor. Er kenne das viertel noch aus der zeit, als die ṣana'aner juden hier wohnten.
Der alte nickt und winkt uns, ihm zu folgen. Wir überqueren den hellen innenhof und steigen die unregelmäszigen stufen hinab bis in den keller. Der alte zündet eine laterne an. Die wände sind aus groszen steinquadern aufgemauert, der boden besteht aus festgestampftem lehm. In einer ecke steht eine guszeiserne obstpresse und ein groszes hölzernes fasz. Es riecht nach petroleum und essig.
Dieses ḥaus sei nicht von muslimen, sondern von juden gebaut worden, erzählt der alte: Muslimische häuser haben keine keller. Muslime trinken keinen wein.
Die keller der verschiedenen häuser sind miteinander verbunden. – Er zeigt auf eine der rohen steinmauern. Ich nehme im ruszigen zwielicht der lampe nichts besonderes wahr. Er zieht

einen nicht festzementierten steinquader aus der wand und hält die laterne vor das loch. Graues holz wird sichtbar: Alle häuser des viertels sind durch geheime türen und gänge miteinander verbunden. – Er setzt den stein wieder ein: Wir muslime sind nicht immer gerechte schutzherren gewesen.

Juden konnten sich, wie reisende, händler oder nicht waffentragende handwerker, unter den schutz eines stammes begeben. Als schutzbefohlene waren sie weitgehend vor raub und gewalt sicher. Sogar der Imam hatte sich den alten stammesgesetzen zu beugen. Jeder übergriff auf einen schutzbefohlenen wird wie ein angriff auf den stamm selbst angesehen und dementsprechend gerächt.

Doch die ṣana'aner juden waren als unabhängige städtische gemeinde meist den unwägbarkeiten der jeweiligen politischen opportunität ausgeliefert.

'Alis groszvater führt uns zurück in den kleinen diwan. 'Ali gieszt uns tee ein. – In alten zeiten haben die juden noch inmitten Alt-Ṣana'as gelebt, erzählt Muhammad ibn Rabij'a. Sie haben grosze, reichverzierte, ihren muslimischen nachbarn ähnliche häuser besessen, meist in unmittelbarer nähe der alten königsburg.

Doch in den gefährlichen zeiten unter dem Imam Aḥmad ibn al-Hasan sind sie gezwungen worden, Ṣana'a zu verlassen und sich bei Al Muchā am Roten Meer anzusiedeln: Der Imam befiehlt allen juden, den islam anzunehmen. Als sie sich weigern, ordnet er zunächst die zerstörung der synagogen an. Als die juden sich auch von diesem frevel nicht beirren lassen, befiehlt er die deportation in die Tihama und die konfiszierung ihres eigentums. Muslimische zuwanderer ziehen in die enteigneten häuser, verändern sie nach ihren bedürfnissen und ihrem geschmack und denken nicht mehr an ihre erbauer und rechtmäszigen besitzer. – Fast alle diese häuser fallen den folgenden kämpfen, eroberungen und verwüstungen Ṣana'as zum opfer.

Doch schon bald nach der vertreibung beginnen die ṣana'anis, ihre guten jüdischen handwerker, vor allem die unersetzbaren silberschmiede und edelsteinschleifer, zu vermissen, so dasz sie die davongejagten zurückrufen. Allerdings dürfen sie sich nicht mehr in ihrem alten viertel im schutz der burg, sondern müssen

sich auf offenem gelände, auszerhalb der stadtmauern, ansiedeln.
Hier entsteht nun dieses viertel, dasz man bis heute Qa' al-Jahud nennt.
Weil der Imam al-Mahdi al-Abbas findet, dasz die zurückgekehrten juden ihre häuser zu aufwendig und reich bauen, befiehlt er ihnen, die obersten stockwerke abzutragen und zukünftig alle bauten auf eine höhe von neun metern zu begrenzen. Der letzte imam des Jemen, Jaḥja ibn Muhammad Hamid ed-Din, bestätigt diesen erlasz noch einmal: Juden dürfen ihre häuser nicht höher bauen als das niedrigste gebäude der muslime.
Und dieser letzte imam erst trennt das neue jüdische viertel mit einer zusätzlichen mauer von den muslimischen häusern, um das kommen und gehen im jüdischen viertel besser beaufsichtigen und die tore bei sonnenuntergang schlieszen zu können.
Ich frage den alten, ob er jude sei. Er lacht: Ob mir schon einmal ein jude mit dem namen des Propheten begegnet sei? Ja, einige juden sind ihrer jemenitischen heimat treu geblieben. Kleine gemeinden finden sich noch in Raīdah und Ṣa'adah, Doch in Ṣana'a ist kein einziger jemenitischer jude zurückgeblieben.

NACHTRAG: SPIELGRUPPE UND SOZIALER RANG *Ṣana'a 16. 11.*

Das spiel wirkt in den alltag hinein (und der alltag ins spiel). So simulieren wettkampfspiele nicht den kampf oder die jagd, sie haben tatsächlich das wesen eines turniers oder kampfes. Oft kommt dem besten spieler auch der status des besten jägers oder kriegers zu. Unabhängig von der herkunft und dem status der familie wird im und durch das spiel sozialer rang auch über das spiel hinaus bestimmt.

Wir wissen es alle noch aus der eigenen kinder- und schulzeit: Der klassenprimus gilt nichts im vergleich zur sportskanone. Und der beste spieler der strasze hat, nicht anders als die besten sportler einer nation, ein allgemeines ansehen, das mit intellektuellen oder künstlerischen leistungen kaum je zu erreichen ist.

Einladung mit goldrand. Für dieses gesellschaftliche ereignis natürlich nicht die richtige garderobe im expeditionsgepäck. Statt dessen noch gezeichnet von der fiebererkrankung. Allein die hoffnung auf ein kräftigendes abendessen rechtfertigt diesen abstecher in anthropologische randgebiete.
Wie zu erwarten: abendkleider, gesellschaftsanzüge, gesichter mit goldrand. Der garten der residenz wie der vernachlässigte park einer alternden hollywood-diva dekoriert. Pakistanische kellner in weiszer livré balancieren silberne tabletts mit schlanken champagnergläsern durch die träge schar der gäste. – Die goldbetreszten torwächter lassen mich trotz meiner zerknitterten straszenkleider unbehelligt eintreten. Offenbar ist mein nordeuropäisches gesicht ausweis genug. Doch auch die botschaftsgattin heiszt mich ohne ein erkennbares zeichen der miszbilligung auf ihrem ungeschminkten gesicht willkommen; einer der alterslosen kellner bietet mir einen apéritif an.
Die residenz liegt in einer neubauwüste, wobei *wüste* in diesem fall wörtlich zu verstehen ist: nur staub und geröll zwischen den baugruben und rohbauten, durchschnitten von einer neuen sechsspurigen umgehungsstrasze. Erste trotzige betonburgen, von viermeterhohen grundstücksmauern umgeben, im gleichen graubraunen farbton wie die staubige erde beiderseits der schnellstrasze.
Regierungsmitglieder und vertreter des diplomatischen korps paradieren an der botschaftergattin vorbei, deren gesicht erste zeichen der ermüdung aufweist, und führen ihre ausgehuniformen vor. Noch mit dem apéritif in der hand stürzen sie sich auf das üppige buffet: Spätzle, braten, knödel, klopse, schmarren, rote grütze, süddeutsche gerichte aus der küche des Vier Jahreszeiten, soviel in eine aircargo-maschine der Lufthansa paszt.
Die gespräche sind freundlich und unverbindlich. Lob auf die russische mafia. Habe endlich ordnung in wirtschaft, polizei und verwaltung gebracht. Wer mit ihr kooperiere, könne in ruhe seinen geschäften nachgehen. Und ob man nun steuern und

schmiergelder an eine korrupte verwaltung zahle oder schutzgelder an die paten, bliebe sich doch gleich, solange der rubel nur rolle. Ruszland sei auf jeden fall ein staat mit zukunft.
Gegessen wird ohne zynismus. Der Jemen ist arm, doch hungert in diesem land niemand. Allein die geladenen gäste haben in erwartung deutscher repräsentationslust seit dem frühstück gefastet.
Der kulturattaché, herr Hase, berichtet von einer ausstellung über die fünf neuen bundesländer. Während der eröffnung überrasche der zu diesem anlasz angereiste minister die jemenitischen gäste mit der frage, in welchem der neuen länder denn Hitlers geburtsort läge. – Ich lasse mich durch diese anekdote nicht stören und frage zwischen zwei bissen kohlrouladen, was die Botschaft sonst noch an regionaler kultur zu vermitteln habe. Im Januar erwarte man einen pianisten, der Schuberts Winterreise zum besten geben werde. Allerdings sei ihm der name des interpreten im augenblick nicht gegenwärtig. Doch wenn ich an den kulturellen veranstaltungen der botschaft teilnehmen wolle, werde er mich in die liste der interessenten aufnehmen.
Ansonsten könne er die sporadischen veranstaltungen des Instituts empfehlen. Erst vor kurzem habe er einen fesselnden vortrag des direktors gehört, der auf der trasse der neuen autoroute zwischen Mārib und Ḥaḍramaūt einige notgrabungen vorgenommen habe. Die archäologischen funde seien zum teil so brisant, dasz der straszenbau auf jeden fall, wenn nicht verhindert, so doch aufgeschoben werden müsse. Auch sie, die botschaft, habe sich bereits mit einer verbalnote an das zuständige ministerium gewandt, dieses unersetzliche erbe nicht leichtfertig »unter die räder kommen« zu lassen.
Um was es sich bei diesen funden handle? Soviel er von Dick Barbers vortrag verstanden habe – er selber sei leider kein archäologe – lägen dort dreitausend jahre alte schrifttafeln im wüstenboden, von denen Barber vermutlich erst einen bruchteil habe bergen können. Was solch ein fund für die wissenschaft bedeute, könne ich mir sicher vorstellen.
Ich bitte ihn, mich auch in dieser hinsicht auf dem laufenden zu halten, und wende mich wieder dem buffet zu.

Am meisten beeindrucken mich die feinen, frischgestärkten battistservietten. Kein stilbruch, keine geschmacklosigkeit entlarvt diesen empfang als farce. Die gastgeber und ein groszer teil der gäste sind so sehr diesseits der gartenmauer zu hause, dasz keiner ihrer auftritte und abgänge unangemessen oder artifiziell wirkt. Selbst das gierige schlemmen einiger schlechtgekleideter wissenschaftler und entwicklungshelfer, deren fragwürdige legitimation, unter ihnen zu sein, allein in ihrer an sich belanglosen staatsbürgerschaft besteht, wird mit grösster contenance hingenommen. Ironische distanz zu den anderen gästen ist nicht mein privileg. Sie ist offenbar die grundhaltung aller auf diesem empfang. (Selbst-)Inszenierung und spiel sind untrennbarer teil des diplomatischen lebens.

Auf dem nachhauseweg passiere ich eine etwa acht bis zehn meter lange mannshohe gartenmauer aus glattgestrichenem lehm. Sie ist über ihre ganze länge mit unverständlichen formen und zeichen bekritzelt: felderdoppelreihen, wie sie sonst auf dem gehweg für hinkelkästchen gezeichnet werden.
In den obersten feldern stehen arabische namen wie AT-TAŪFĪQ (das glück, der erfolg) oder AL-MADSCHID (der ruhm, die ehre). Die folgenden felder listen ziffern auf, die inzwischen von weiteren kritzeleien übermalt worden sind.
Nūr weisz mit dem wandbild nichts anzufangen. Er hält es für ein zufallsgebilde, für bedeutungslose schmierereien aus zeitvertreib. – Vielleicht sind die späteren übermalungen ein zeitvertreib, doch die tabellen können nicht einfach aus zufall entstanden sein. Ich bin sicher, dasz sie im zusammenhang mit einem spiel stehen. Doch auch die anwohner schütteln verständnislos oder verägert den kopf: unfug, vandalismus. Offenbar wüszten die kinder heutzutage mit ihrer freizeit nichts mehr anzufangen.

Am nachmittag treffe ich 'Ali und einige nachbarjungen beim fuszballspiel in meiner gasse an. Ich frage 'Ali nach der bedeutung des wandbilds. Er ist erstaunt: Ob ich denn nicht fernsähe. *At-Taūfīq* und *Al-Madschid* hieszen doch die beiden fuszballmannschaften aus der täglichen trickfilmserie. Die straszenmannschaften unseres viertels hätten sich nach diesen vorbildern benannt.
Die tabellen auf der lehmwand dokumentierten die ergebnisse aller spiele, die die straszenmannschaften bisher gegeneinander ausgetragen hätten. Er selber sei stürmer der *Madschid,* der ruhmreichen, die, wie ich unschwer von der wandzeitung ablesen könne, ihren namen nicht zu unrecht trügen, denn sie hätten mit abstand die meisten turniere gewonnen.

Die offenbar sinnlos im weg liegenden steine sind für die straszenbenutzer verkehrshindernisse, für die kinder bedeuten sie

tor- oder spielfeldbegrenzungen. Die anwohner und passanten sehen beschmierte hauswände, in den augen der kinder handelt es sich um ein protokoll der straszenereignisse.
Der gleiche ort, dasselbe geschehen wird, je nach absicht oder haltung, als unterschiedliche wirklichkeit wahrgenommen.

Überall auf der welt wird gespielt. Überall auf der welt gleichen sich die spiele. Doch die bedeutung des spiels in der jeweiligen kultur bestimmt die kultur selbst.
Das spiel kann geduldet oder gefördert werden. Es kann auf die kindheit beschränkt oder ein das ganze leben begleitendes und bestimmendes phänomen sein. Es kann zur metaphorischen beschreibung des zusammenlebens, es kann sogar zur neubeschreibung dessen werden, wie der spielende sich das zusammenleben wünscht.
Die bedeutung des spiels im jeweiligen alltag bestimmt der spielende selbst.

*

Warum schliesze ich gewisse spiele (gesellschafts-, computer-, lern- und konstruktionspiele, wettkämpfe, sport...) aus meiner untersuchung aus? Stellen sie nur weiterentwicklungen oder randphänomene der eigentlichen spielidee dar?
Ein lernspiel ist nicht mehr *sinnlos,* ein computerspiel unterscheidet sich in seiner anwendung nicht von der computer*arbeit*, viele spiele und wettkämpfe dienen mittlerweile auch oder überwiegend kommerziellen oder politischen zwecken.
Handelt es sich um neue entwicklungen? Wettkämpfe oder glücksspiele lassen sich in allen gesellschaften finden; gewinn und verlust sind bereits elemente der einfachsten kinderspiele. Ist diese ausgrenzung also rein idiosynkratischer natur?

Als spiel im traditionellen sinne betrachte ich tätigkeiten und haltungen, die sich nach inneren gesetzen und unter bestimmten umständen ergeben. Diese spiele, die an verschiedenen orten und zu verschiedenen zeiten einander gleichen können, unterscheide ich von »modernen« spielen, die von auszen lanciert und strategisch, sei es aus pädagogischen, politischen oder kommerziellen motiven, eingesetzt werden.
Zu *inneren gesetzen* zähle ich spieltrieb, bewegungsdrang, experi-

mentierfreude, lust am gemeinsamen handeln, an der aneignung der umwelt, den wunsch nach grenzerfahrungen ...
Bestimmte umstände sind freie zeit, zwanglosigkeit, das vorhandensein eines spielwunsches, eines spielraums, einer spielgruppe und, wenn nötig, von spielmaterial ...
Deshalb zähle ich tanz, theater, rollenspiel, dichtung und gesang zum traditionellen spiel, hingegen ein autorennen oder ein fuszballänderspiel nicht. – Doch sind nicht auch umstände denkbar, unter denen menschen die als »spiel« deklarierte verführung tatsächlich als ein spiel begreifen?

Doppelprogramm im Cinema Bilqis: Eingepfercht in die zu engen stuhlreihen wie ein stück mastvieh feiere ich meine rekonvaleszenz mit dem einzigen abendlichen vergnügen, das Ṣana'a mir kulturhungrigem derzeit zu bieten hat. Zunächst ein rot eingefärbter schwarzweisz-streifen, *film rouge* aus dem lasziven Kairo der frühen siebziger: langhaarige, schnell weinende männer mit schlaghosen und hohen absätzen, lüstern-hexenhafte schrille frauen mit kurzen knautschlederröckchen und rotgefärbtem haar in schnellen roten cabriolets. Ein älterer mann wird von einer dieser modernen hexen angefahren und schwer verletzt auf der strasze liegen gelassen. Der sohn ist zeuge dieses unfalls und begegnet nun allen cabriofahrenden frauen mit mörderischem hasz. Während eines grotesken vergewaltigungsversuchs wird der junge mann von seinem opfer angeschossen. Die flucht vor der polizei führt den helden zunächst zur mutter, eine dicke, schlichte, gutmütige frau, ein ungeschminktes fossil inmitten der grellen, aufreizenden sittenlosigkeit. Das publikum, ausschlieszlich männer, läszt sich von dieser begegnung anrühren: für sekunden herrscht eine ungewöhnliche stille im stickigen zuschauerraum. Der abschied zwischen mutter und sohn, jeder der zuschauenden krieger weisz es, wird ein abschied für immer sein.

Dann eine amerikanische teenager-komödie aus den sechzigern: halbstarke mit fettglänzenden tollen und klappmessern, erste lieben, erster sex. – Nach und nach verlassen die zuschauer den saal. Dabei handelt es sich um eine leichte, witzige, nicht unerotische story, wenn auch um alle anstöszigen szenen gekürzt. Ist Amerika nicht für die meisten jungen männer hier das land der sehnsucht? Warum interessiert sie diese kleine filmische exkursion auf den kontinent ihrer träume nicht? Welches jahrzehnt repräsentierte denn besser das klischee vom american way of life als die sechziger mit ihren filmidolen Dean oder Brando? Langweilt sie der kindische schlagabtausch rivalisierender banden, befremdet sie die sprachlosigkeit zwischen den jugendlichen und erwachsenen, finden sie die ersten unbeholfenen flirts einfach lächerlich?

Anwar, für einen jemeniten auszergewöhnlich grosz und entgegen der landessitte bartlos, spricht mich nach dem kinobesuch an. Er ist rekrut, doch leistet seinen ersatzdienst als lehrer in Kuḥlān. Im augenblick sei er »krank«, fügt er lächelnd hinzu: In der tat ist das leben in Kuḥlān so langweilig, dasz es mich krank macht.

Mit der gleichen selbstverständlichkeit, mit der er mich angesprochen hat, nimmt er mich bei der hand und spaziert mit mir durch die nächtlichen straszen Ṣana'as. Seine familie wohne in einem vorort, doch wisse sie nicht, dasz er heute in der stadt sei. Vor einem traditionellen *funduq* in der altstadt bleibt er stehen. Fragt, ob ich noch etwas zeit hätte. Verhandelt selbstsicher mit dem wirt um den preis einer kleinen, eigenen kammer. Scheint die anzüglichen, teils ermunternden, teils miszgünstigen blicke der qatkauenden männer im diwan der herberge, der zugleich als rezeption, lobby, fernsehzimmer, bar, getränkeladen und schlafsaal dient, nicht wahrzunehmen.

Ohne irgendeinen zweifel an der lauterkeit seiner absichten aufkommen zu lassen, führt er mich ins erste stockwerk hinauf, schiebt mich in einen kleinen staubigen raum, in dem ich kaum aufrecht stehen kann, und verriegelt die tür.

Er breitet decken auf dem boden aus und bittet mich platz zu nehmen. Er setzt sich an die gegenüberliegende wand und redet über heiratspläne und kinderwünsche. – Ich weisz nicht, was dieses beisammensein zu bedeuten hat. Ich sitze einfach da und höre ihm zu.

Nach einer weile unterbricht er sein selbstgespräch und sagt, dasz er nun müde sei. Er müsse am nächsten morgen sehr früh aufstehen, um rechtzeitig zum unterrichtsbeginn wieder in Kuḥlān zu sein. Doch würde er sich freuen, wenn ich ihn einmal in diesem kaff besuchen käme.

Ich verspreche, so bald wie möglich einmal in Kuḥlān vorbeizuschauen, und verabschiede mich mit einem flüchtigen händedruck von ihm.

Wittgensteins definition des »sprachspiels« (§ 7) ist irreführend. Er bezeichnet den elementaren gebrauch der worte, das benennen von gegenständen und das nachsprechen von vorgesagtem als »spiel«, mit welchem wir sprache lernen.
Zwar können wir statt spiel *sprache* setzen und von sprachraum, sprachzeit, sprachgruppe oder sprachmaterial reden, doch fehlt der sprachwelt die sinn-losigkeit des spiels: Ein spiel, mittels welchem wir lernen, ist im wesentlichen kein spiel mehr, sondern lernhilfe, werkzeug.
Und ist bereits der elementare gebrauch der sprache ein spiel, läszt sich das eigentliche *sprachspiel* nicht mehr unterscheiden: die umwandlung des werkzeugs in ein spielzeug, der freie, eigenwillige, spielerische umgang mit dem sprachmaterial, die transformation der sprachwirklichkeit in eine neue phantastische oder magische spielwirklichkeit.
Im spiel ist denkbar, den tisch *stuhl* zu nennen, den stuhl *fisch*, den fisch *kleid* und das kleid *messer*. Wenn ich ein mädchen, nur mit einem messer bekleidet, auf einem fisch sitzend beschreibe, hat dieser satz nur innerhalb des spieles sinn. Doch schimmert der alltägliche gebrauch der worte durch die neue vereinbarung noch hindurch. Darin liegt ja gerade der reiz des spiels: Die auflösung dessen, was Wittgenstein »sprachspiel« nennt, das auf- oder auseinanderbrechen von sprache und gebrauch kennzeichnet das eigentliche sprachspiel.

Das spiel der geheimen blicke. Stimmen im staubigen hof hinter dem haus. Ich schaue durch das küchenfenster auf den schmalen ungepflasterten streifen zwischen hauswand und gasse hinab. Dschamilah hängt wäsche auf. Plaudert mit der mutter, die den boden mit wasser besprengt. Sie hat ein kopftuch umgebunden, doch ist ihr gesicht unverschleiert.
Ich sehe ihr gesicht nur undeutlich. Selbst wenn sie den kopf hebt, um die wäschestücke über die leine zu werfen. Der hof liegt im schatten. Doch will ich auch nicht mehr erkennen. Zweifellos ist sie schön.
Sie weisz, dasz ich sie beobachte. Sie hat mich in der küche hantieren gehört. Sie redet laut mit ihrer mutter, die ein wenig schwerhörig ist, doch wohl auch, damit ich aufmerksam werde. Der hof ist von einer mannshohen mauer umgrenzt, mannshoch nach jemenitischen masz. Ich schaue selbst von der gasse aus problemlos über sie hinweg. Der hof ist teil des hauses, ist privater, familiärer raum. Er gehört zum bereich der frauen.
Es gibt viele möglichkeiten, mit dem schleier zu spielen. Welche erotik dem verborgenen zukommt, begreife ich erst hier. Wissen wir, um wieviel wir uns durch unsere nacktheit berauben?
Hier lebe ich in einem land des augenspiels.

*

Die bedeutung *des spiels musz per definitionem unbewuszt sein.*

Die verbindung des spiels mit kindern / kindheit sichert dem spieler eine entsprechende immunität zu.

Durch den klar markierten spielraum ist auch der alltägliche ernstraum klar gekennzeichnet.

Eine sprache vorstellen heiszt, sich eine lebensform vorstellen, schreibt Wittgenstein (§ 19). Das ist das sprachspiel: Wir können uns eine sprache vorstellen, die nur aus befehlen und meldungen in der schlacht besteht.

Diese sprache existiert. Doch können wir sie uns als einzige sprache vorstellen? Um was für eine lebensform handelte es sich?

In dem masze, wie sich lebensformen ähneln, lassen sich sprachen übersetzen.

Ist eine kultur denkbar, die das spiel nicht kennt?
Gesetzt, man käme zu einem volk, das kein wort für das spiel besitzt. Wie würde ich diesen begriff zu erläutern versuchen?
Wie würde ich diesen begriff einem sprachcomputer einprogrammieren?

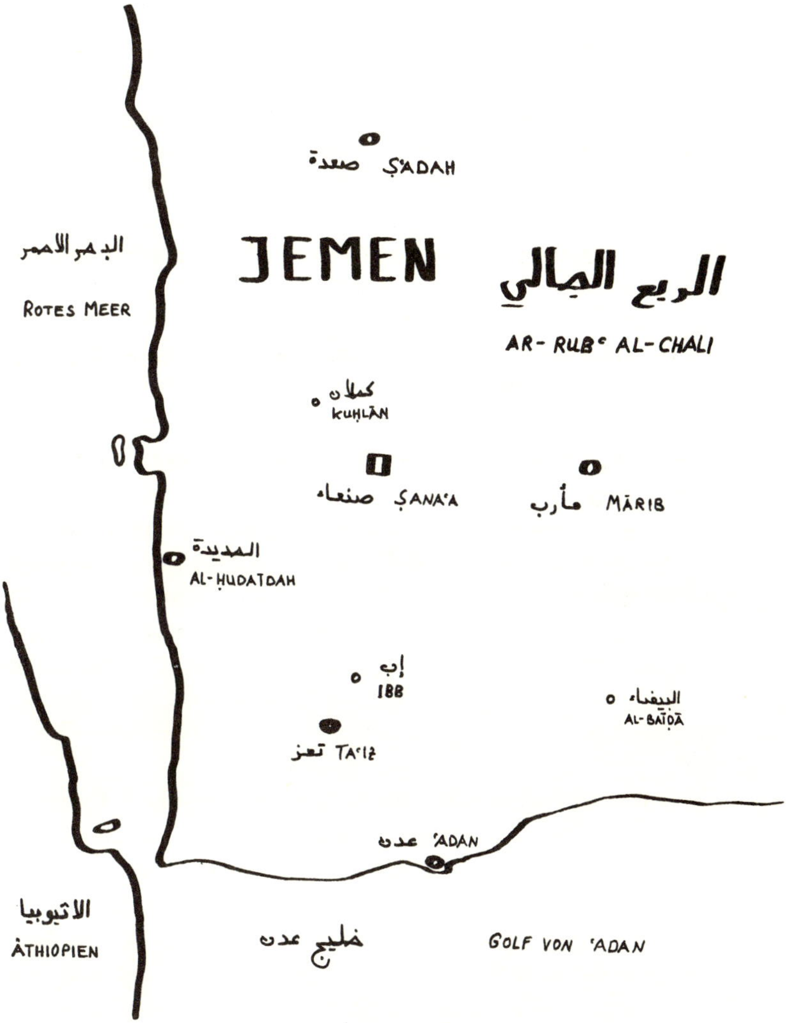
صعدة
Ṣ'ADAH
البحر الاحمر
ROTES MEER
JEMEN
الربع الخالي
AR-RUBᶜ AL-CHALI
كحلان
KUḤLĀN
صنعاء
ṢANA'A
مأرب
MĀRIB
الحديدة
AL-ḤUDAIDAH
إب
IBB
البيضاء
AL-BAIḌĀ
تعز
TA'IZ
عدن
'ADAN
الاثيوبيا
ÄTHIOPIEN
خليج عدن
GOLF VON 'ADAN

Bin bereits auf dem heimweg. Kurzer halt auf dem Platz der Befreiung. Festbetonierte häszlichkeit. Sitze auf einer der kalten steinbänke, beobachte die späten passanten, die es ebenfalls noch nicht nach hause treibt. In einer europäischen groszstadt würde ich ihre art zu gehen und ihre blicke als die von freiern deuten.
Zwei männer, hand in hand, schlendern auf mich zu und setzen sich zu mir auf die bank. Sie erregen zunächst heftigen widerwillen: ein pockennarbiges, ein glattes, maskenhaftes gesicht, gelbe, nikotinzerfressene zähne, gezwungenes lächeln, unsteter blick. Allein mein miszmut hält mich noch zurück. Was sie wollen, signalisieren sie mit schamloser deutlichkeit. Nesteln unaufhörlich an ihrem geschlecht herum, rücken hautnah an mich heran.
Ohne einen einleitenden grusz kommen sie direkt zur sache: Ob ich verheiratet sei. – Ihr verhalten provoziert mich zutiefst, doch enthält ihre aufdringliche, ja, abstoszende direktheit auch ein beunruhigendes erotisches element. Ich sollte endlich aufbrechen, denn es ist schon spät, und für die bevorstehende reise will ich ausgeruht sein, doch hält mich die brutalität ihrer annäherung noch fest.

Sie führen mich über das wadi Saila in die dunklen, labyrinthischen gassen der altstadt. Ich versuche, die orientierung zu behalten. In diesem viertel bin ich nur selten und nie bei nacht gewesen. – Vor einem unbeleuchteten haus bleiben sie stehen. Einer von ihnen klopft an. Niemand antwortet. Der pockennarbige hockt sich vor die tür und verrichtet auf der schwelle seine notdurft. Der wortkarge geht auf der schmalen gasse auf und ab.
Der pockennarbige kommt auf mich zu, wieder dieses falsche lächeln auf den lippen. Er nimmt meine hand und führt sie unter seinen rock, an sein noch feuchtes, schlaffes glied.

Auf dem rückweg, von beiden eingehakt, ändert sich der ton. Der pockennarbige richtet kurze unverständliche sätze an mich, während der wortkarge mit dem griff seines krummdolchs spielt. Nun geht es also um den preis dieses abenteuers. – Ich antworte konsequent auf englisch. Ansonsten beschleunige ich meinen schritt in richtung belebterer viertel.
Sie zwingen mich stehenzubleiben. Der pockennarbige hält mir ein plastikkärtchen vor die augen, darauf ein junger mann in uniform. Er begleitet diese theatralische geste mit den worten *schurtah, schurtah,* polizei, polizei. Ich kann es im dunkeln nicht überprüfen. Ich zucke mit den achseln: Na und? klingen seine worte in meinen ohren, sicher nicht zu unrecht, doch wie *schurke schurke*.
Er will meinen pasz sehen. Selbst wenn ich ihn bei mir hätte, würde ich ihn den beiden nicht aushändigen. Ich sage: Natürlich. Dort drüben im licht. Zögernd folgen sie mir zur beleuchteten strasze: Meinen ausweis – oder geld! Wieder haken sie mich unter: Ob ich nicht wisse, dasz ich ein verbrechen begangen hätte. – Ich mache mich gewaltsam von ihnen los und schreie sie an: Wenn es hier verbrecher gebe, dann seien sie es!
Meine lautstarke erwiderung verunsichert sie. Ich schlage den weg zum Befreiungsplatz ein. Doch so einfach lassen sie mich nicht gehen. Sie folgen mir dicht auf dem fusz: Wo meine wohnung sei, fahren sie mit dem verhör fort. Schari'a Dschamal, sage ich. Das sei nicht wahr, sagen sie. Ich solle sie nicht weiter belügen.
Wenige geschäfte sind noch geöffnet. Ich betrete eine apotheke. Immer findet man hier jemanden, der gut englisch spricht. Ich bitte den apotheker, die ausweise der beiden angeblichen polizisten zu überprüfen. Er fragt, ob sie mich belästigt hätten. Der pockennarbige sagt, er hätte nur meinen ausweis kontrollieren wollen.
Ich bitte den apotheker zu übersetzen: Falls sie weiterhin darauf bestünden, meinen ausweis sehen zu wollen, solle der apotheker die polizei verständigen. Mit ihnen würde ich kein wort mehr wechseln. – Ich spüre ihre angst, ich könne den genauen verlauf dieses abenteuers schildern. Das ärgste, was mir widerfahren

könnte, wäre die ausweisung. Für sie hätte ein streit mit einem ausländischen besucher, wie auch immer der tatsächliche verlauf gewesen sein mag, wesentlich dramatischere konsequenzen. – Es genüge, antworten sie, wenn ich mich am nächsten morgen auf ihrer polizeistation meldete und ihnen dort meinen ausweis vorlegte.
Schon sind sie im dunkel der altstadtgassen untergetaucht. Ich gehe auf umwegen nach hause; schaue mich immer wieder um. Mein mund ist vollkommen ausgetrocknet.
Ich verriegel sorgfältig die tür. Bin froh über den abweisenden, uneinnehmbaren charakter meines hauses. – Wie weit bin ich in meinem anthropologischen masochismus bereit zu gehen. Hätte ich auf meinen verstand gehört, wäre diese geschichte nicht passiert. – Wäre es schade um diese geschichte?

SULTAN'S GARTEN

Sanaa, den 22ten Juny

Trotz des Verbots, das Haus zu verlassen, lockt mich der Klang von Trommeln auf die Strasse hinaus. Hier feyern die schwarzen Sclaven einen Beerdigungsritus. Der Friedhofsvorsteher hat die Aufführung dieser „teufelsanbeterischen" Urwaldceremonien auf dem Friedhofe selbst untersagt.
Unter den Bäumen des sogenannten Bustan el-Sultan sitzen die Trommler. Auf dem kleinen freyen Platze vor ihnen brennt ein Feuer, um welches ein Dutzend, bis auf einen Schaamgürtel entblösste Neger tanzen. Um die Knie haben sie Bündel aus getrockneten Mangos gebunden. Diese *Chisch-Chisch* rascheln bey jedem Schritte im Tact der Trommelschläge.
Bey den Trommlern steht der *Naqib*. Er ruft, fast singend, mit lauter Stimme: I Allah ja malengi, i Allah ja malengi. Und der Chor der Tanzenden antworthet gemeinsam in der selben rhythmischen, fast singenden Weise: I Allah ja malengi, i Allah ja malengi.
Innerhalb des Ringes tanzt eine kleine Gruppe von Vortänzern, welche sich ebenfalls nackt und schweiss- oder talgglänzend zeigen. Sie bewegen sich heftiger und freyer als die Tänzer im äusseren Ringe, welche ihre Bewegungen präcise aufeinander abgestimmt haben.

Trotz der Verschleppung aus ihrer Heimath haben die africanischen Sclaven ihren Glauben und ihre Ceremonien behalten. Zum Beyspiel ist ihnen nicht erlaubt, Thiercadaver oder -excremente zu berühren. Es ist der Herr und nicht der Sclave, der eine todte Katze aus dem Hause entfernt oder den Kameeldung vor der Hausthür aufsammelt.
Indessen stossen die religiösen Gesetze der Africaner nicht bey allen arabischen Herren auf Verständnis. Dann giebt es ein grosses Geschrey im Hause. Doch im Allgemeinen herrscht in den muhammedanischen Ländern ein familiäres Verhältnis zwischen Herr und Sclave. Vieler Orths sind die gemeinen Lebensumstände so molest, dass der Herr kaum besser als sein Sclave gekleidet oder genährt ist. Der hauptsächliche Unterschied liegt in

der Art des Brodterwerbs: Der Sclave ist thätig, der Herr beaufsichtigt dessen Thätigkeit. Der Sclave ist thätig für zwey, um Beyde, sich und seinen Aufseher zu nähren.
Der Vortheil dieses Handels für den Sclaven ist, dass er nicht als ebenbürtiger Gegner im Kampfe gilt und deswegen von den Feinden seines Herrn verschont wird. Doch kann man ihn selbstverständlich rauben und wie Vieh oder anderes Beuteguth verkaufen.
Für weibliche Sclaven ist der Vortheil ihres Sclavendaseyns noch deutlicher: Sie dürfen sich freyer bewegen als ihre „freyen" muhammedanischen Geschlechtsgefährtinnen, die von ihren Familien früh verheirathet werden und ihr ganzes Leben versteckt hinter Mauern, Zeltwänden oder Schleiern und unter Aufsicht ihrer Väter, Brüder oder Gatten verbringen. Je höher das Ansehen der „freyen" Frau und ihrer Familie, um so strenger die Aufsicht ihrer männlichen Anverwandten, da jeder Fehltritt die Ehre des ganzen Hauses verletzt.
Zwar wird auch die Sclavin von ihrem Herrn verheirathet, doch verletzt ihr Fehltritt Niemandes Ehre, weil ein Sclave oder eine Sclavin keine Ehre hat.

Der Tanz währt bereits den ganzen Nachmittag. Anstatt aber allmählich zu ermüden, gebährden sich die Tänzer immer wilder. Der Rhythmus der Trommeln eilt so geschwind, als finde eine fröhliche Jagd statt. Der ganze Leib der Tänzer scheint von den Trommelschlägen gepeitscht und angetrieben zu werden. Bey jedem Trommelschlage zuckt ein Muskel, spannt sich eine Sehne, bäumt sich ein Körpertheil auf.
Ich frage einen der schwarzen Zuschauer nach der Bedeutung dieser befremdlichen Trauerceremonie. Der Neger sagt, der Tanz werde dauern, bis der Geist der Tanzenden den Körper verlassen habe, damit auch der Geist des Todten befreyt werde.
Schaue ich in die weit geöffneten, doch blicklosen Augen der Fiebernden, kann dieser Augenblick nicht mehr fern seyn. Die zukkenden Leiber scheinen nur noch Marionetten im Banne der Trommeln. Und auch die Trommler sind so sehr in ihr Spiel versunken, als seyen sie mit ihrem Instrumente eins, ja, selbst das Instrument in den Händen der Music.

Am Abend dencke ich noch lange über diesen stellvertretenden Act der Geistbefreyung nach, und komme endlich zu dem Schlusse, dass die Anhänger der christlichen Religion mit ihren Messen und Gebeten für ihre Verstorbenen im Grunde nichts Anderes thun: stellvertretende Opfer, stellvertretende Bitten um Erlösung der in Schuld gefangenen Seele des Todten; auch wenn ich mir der gedancklichen Kühnheit bewusst bin, Seele mit Geist und Erlösung mit Befreyung leichten Sinnes gleichzusetzen.

Der Imam lässt uns ein Haus zu Bir el Assab anweisen. Doch anders als in den Caravansereyen, in denen wir wenigstens Wasser und Brodt erhalten konnten, finden wir in unserem Gartenhause nichts als leere Zimmer. Da wir glaubten, in der Hauptstadt uns ausreichend mit frischen Lebensmitteln versorgen zu können, haben wir unseren ganzen Mundvorrath auf der letzten Etappe aufgebraucht. Nun müssen wir lange warten, bis man uns endlich mit Erfrischungen aus der Stadt versorgt. Uns selber lässt man das Haus nicht verlassen. Der Schreiber hat Wachen vor unserer Thür postirt, welche zwar das neugierige Volk von uns fern halten, aber vice versa auch uns Neugierige vom Volke.

Sanaa, den 24ten Juny. Erst den folgenden Tag nach unserer Umquartierung schickt der Imam uns weitere Erfrischungen, lässt sich durch einen Bedienten aber entschuldigen, uns weder heute noch morgen empfangen zu können. Wir sollten die Zeit zur Erholung verwenden. Zugleich wird uns angezeigt, dass wir auch weiterhin unter Hausarrest stünden.
Indessen vertreiben wir uns die Langeweile mit einem hübschen Conversationsspiele, bey dem die Worthe *ja* und *nein* und *schwarz* und *weiss* auszusprechen verboten sind. Selbstverständlich zielen alle Fragen darauf hin, die Mitspieler zum Gebrauche eben dieser Worthe zu provociren.
Am Nachmittage verschärfen wir die Regeln durch den Ausschluss der Dritten Person. Nunmehr besteht unser Dialog nur noch aus Listen und Ausflüchten: Welche Farbe haben die Schneemänner in Africa? – Als Schlafender durchwandere ich die Welt und bin noch nicht erwacht. – Weiss es denn er Schlafende? Der heftige Disput, ob gewisse Flexionen des Verbums *wissen*, die mit jenem verbotenen unbunten Tone am helleren Pole der Farbenscala identisch klingen, ebenfalls unter das gesetzte Tabu fallen, führt zum Ausscheiden Schotenbauers, der vom Beginne

an die grösste Mühe, auf unsere ernsten Fragen ausweichend oder scharfsinnig und auf unsere unsinnigen Fragen nicht ernst oder leichtsinnig zu antworthen. Hingegen ist de la Motte in seiner concentrirten Gelassenheit ein fast unschlagbarer Plauderer. Nur Jacque zeigt sich ihm in diesem Spiele noch überlegen.

Sanaa, den 26ten Juny. Am Morgen wird uns gemeldet, dass wir dem Imame nun unsere unterthänige Aufwartung machen dürfen. Der Secretair des Herrschers führt uns zu dem Palaste im Bustan el Metwokkel. Der Hofplatz ist so voller Pferde, Bedienten und Volk, dass wir Mühe haben würden, hindurch zu kommen, wenn ein Stallmeister des Imams nicht mit einem grossen Knüppel in der Hand für uns Platz geschaffen hätte.
Der Audienzsaal ist ein grosses viereckiges, mit einer Kuppel versehenes Gebäude. In der Mitte desselben befindet sich ein Springbrunnen in einem grossen Wasserbecken, dessen Fontaine auf wohl 14 Fuss hoch getrieben wird. Hinter dem Becken befindet sich eine Erhöhung, auf welcher der Thron des Imams steht. Der ganze Boden sowohl um den Thron als um das Bassin ist mit feinen persianischen Teppichen belegt.
Am Throne selbst sehe ich weiter nichts als mit Seidenzeug bekleidete Polster. Der Imam sitzt auf dem Throne zwischen den Kissen, nach morgenländischer Art mit untergeschlagenen Beinen.

Unsere Unterredung ist kurz. Wir halten es nicht für nothwendig zu erzählen, dass wir einen so weiten Weg nach Yemen gekommen sind, bloss um nach alten Inschriften zu suchen. Weil wir aber doch eine Ursache unserer Reise angeben müssen, so sagen wir zu dem Imame, dass wir von Kahira nach Aden und von dort zu den europäischen Colonien in Indien unterwegs seyen. Da wir allenthalben von der Gerechtigkeit und Sicherheit, welche in dem Gebiete des Imams herrsche, gehört, wünschten wir, vor der Abreise unseres engländischen Schiffes von Aden dieses Reich näher kennen zu lernen, um es als Augenzeugen in unseren Vaterländern rühmen zu können.

Der Imam zeigt sich von unserem erhabenen Wunsche unbeeindruckt. Er fragt, warum wir den mühsamen Weg über Land und nicht die comfortablere Schiffspassage bis Mockha gewählt. – Als wir eine Geschichte zu erfinden beginnen, unterbricht er uns schroff: Gäste seyen in seinen Ländern willkommen, doch keine Eindringlinge, welche die Heiligen Stätten entweihten, Grabfelder plünderten, das Land auskundschafteten und die Gastgeber um ihre wirklichen Absichten betrögen. Er werde uns mit der nächsten Caravane nach Mockha escortiren lassen und dafür Sorge tragen, dass wir dort alsbald das nächste Schiff in unsere Heimath, oder wohin auch immer es uns in Wahrheit treibe, bestiegen. Bis zur Abreise der Caravane in einigen Tagen hätten wir uns mit der angewiesenen Unterkunft zu bequemen. – Damit ist die Audienz beendet.

Sanaa, den 28ten Juny

Ein blinder Mann, den ich noch nie zuvor gesehen, ruft mich bey meinem Namen. Zunächst halte ich ihn für einen Spion des Imams, der meinen unerlaubten Stadtspacirgang seinem Dienstherrn hinterbringen werde.
Indessen nimmt er zwischen seine Hände mein Gesicht und fragt: Wo ist das Glas? – Er tastet mit den Fingerspitzen nach meinen Augen. Welches Glas? frage ich den Blinden.
Ich habe nie Augengläser getragen. Und vermuthlich wird es auch in Zukunft nicht nöthig seyn, da mein Vater und auch dessen Vater bis ins hohe Alter das Nahe wie das Ferne gleicher Maassen mit noch jungen scharfen Augen sahen. Schotenbauer hingegen ist beständig auf den Gebrauch einer Brille angewiesen. Und Schlichter hat gelegentlich ein Vergrösserungsglas verwendet, wenn es botanische oder entomologische Funde genauer zu betrachten galt. Doch mit jenen wird der Blinde mich kaum verwechselt haben können, gleichen wir uns doch weder von der Gestalt noch von der Stimme. Und woher kennt er meinen Namen?
Geh zurück und suche es! fordert er mich auf. Denn es sind Zeichen darin, die grosse Krafft besitzen. – Nun habe ich Schlichters Brennglas nicht zurückgelassen, sondern trage es mit dem chirurgischen Bestecke in meinem Nothranzen. Allerdings befand sich auch einst ein Fernglas in meinem Gepäcke, welches indes schon bey unserem Abentheuer am Mosesberg verloren ging.
Von welchem Glase sprichst du? frage ich den Blinden ein zweytes Mal. Hast du nicht bereits daraus getrunken? fragt der Blinde und lässt mein Gesicht los. Dann wendet er sich von mir ab und dem Eingange der Moschee zu, an dem er um Almosen bittend stand, ehe er mich anrief, und betritt den stillen Vorhof, wohin ich ihm, trotz meiner müslemischen Kleider, nicht zu folgen wage.

Sanaa, den 29ten Juny. Durch die freundliche Vermittlung des Schreibers gewährt mir der Imam eine zweyte Audienz. Ich werde in eben den Saal des Palastes geführt, in dem wir schon das erste Mal empfangen wurden. Doch heute geschieht alles in der Stille. Der Imam sitzt nicht auf der Erhöhung, sondern an der einen Seite auf einem europäischen Lehnstuhle aus geflochtenem Rohr.

Ich küsse ihm nach Landessitte die Hand inwendig und auswendig und das Kleid auf seinem Knie. Nur er und sechs oder sieben Bediente und Wachen sind gegenwärthig. Sein Schreiber wird nicht mit mir hinein gelassen, wohl weil der Imam glaubt, dass ich selbst mich hinlänglich in der arabischen Sprache werde ausdrücken können.

Nach der höflichen, gleichwohl distancirten Begrüssungsceremonie sage ich ihm, ich sey gekommen, um Seiner Hoheit unsere wirklichen Absichten zu entdecken und um Erlaubnis nachzusuchen, diese Absichten in den von ihm gewährten Grenzen zu verfolgen. – Ein weiteres Mal wird mir bewusst, wie wenig ich selbst von diesen Absichten weiss.

Wir sind zwar wirklich Forschungsreisende, fahre ich in meiner Rede forth, doch gilt unsere Forschung alleyn dem Wohle der Menschen. Wir sind auf der Suche nach einem seltenen Gestein, aus welchem sich besondere Linsen schleifen lassen. – Ich zeige ihm Schlichters Brennglas und führe ihm dessen Vergrösserungseffect an einem Haar aus meinem Barte vor. Er lächelt: Auch ihnen sey das Schleifen von Glas nicht unbekannt, ja, er würde sich nicht einmal wundern, wenn wir Abendländer diese Fähigkeit gar vom Oriente gelernt.

Ich sage, das könne wohl der Fall seyn. Indessen sind wir auf der Suche nach einem besonderen Edelstein, von dem in vielen alten Berichten die Rede. Aus diesem Steine geschliffene Gläser, so bezeugen die Chronisten, würden dem Betrachter erlauben, durch alle unedlen Oberflächen zu blicken. So könne ein Arzt mit diesem besonderen Glase zum Beyspiel in den Erkrankten hinein schauen und Gewächse und Ablagerungen erkennen, ohne den Leib eröffnen zu müssen. – Der Imam blickt mich schweigend und durchdringend an, als sey er bereits im Besitze einer derartig wundersamen Brille. Dessen ohngeachtet fahre ich forth: Selbst-

verständlich werden wir alle Entdeckungen, welche wir in Euren Landen machen, Euch zunächst vorstellen, zu Eurem und Eurer Unterthanen Vortheile und Nutzen.
Er fragt, ob ich ein Arzt sey. – Ich verschweige ihm nicht, dass unser heil- und gesteinskundiger Gefährte zu Dschidda verstorben: Um so mehr fühlen wir uns verpflichtet, unsere Expedition zu einem erfolgreichen Abschlusse zu führen, damit die Opfer und Entbehrungen nicht vergeblich. Ich selbst bin zwar kein Arzt oder Chirurg, aber wohl ein Heilkundiger des Auges und durchaus berufen, die begonnene Arbeit des Gefährten zu vollenden.
Wieder schaut er mich lange und nachdencklich an. Wie das Schicksaal nicht selten auch Unwahrscheinliches zusammen führe, spricht er, nun wieder lächelnd, halte sich gegenwärthig ein weiterer abendländischer Arzt oder Heilkundiger in der Stadt auf. Vor wenigen Tagen sey nämlich ein gewisser Monsieur Diderot aus dem Frankenreiche in Sanaa eingetroffen und nun, da er einen ehrbaren Eindruck gemacht, des Imams persönlicher Gast. – Er giebt einem seiner Bedienten ein Zeichen, wohl um den Franken in den Audienzsaal zu bitten. Dann fährt er forth: Auch jener habe ihm eine Hebung seiner und der allgemeinen Gesundheit versprochen, die nothwendigen Maassnahmen zu diesem Progresse aber noch nicht näher ausgeführt. Vielleicht sey ein Disput unter Collegen ja hilfreich, dass er sich ein angemessenes Urtheil über unser Aller Absichten bilden könne.

Nun bin ich nicht wenig überrascht, als ich im Gefolge des Bedienten Reverend Joseph Fox in den Audienzsaal treten sehe. Falls Fox ebenso erstaunt ist wie ich, so läszt er sich davon nichts anmercken. Mit grösster Liebenswürdigkeit eilt er auf mich zu und begrüsst mich mit herzlichem Handschlage und unter vertraulicher Anrede, allerdings in französischer Sprache, welche er nicht minder souverain als Deutsch, Türkisch, Arabisch oder seine Muttersprache Englisch, falls es diese denn wirklich sey, zu parliren versteht.
Das Vergnügen ist ganz auf meiner Seite, lieber Reverend, erwidere ich seinen Gruss höflich, oder lieber Doctor Diderot, falls Ihr der selbe Mann seyd, welcher unter diesem Namen hier zu Gast.

In der That kennt man mich hier unter dem Namen Diderot. Doch ehe Ihr, lieber Freund, diesem Incognito unlautere Absichten unterstellt, gestattet mir die Erklärung, dass ich gewisser geheimer, aber keinesfalls ehrenrühriger Gründe wegen auf den Mädchennamen meiner Mutter zurückgegriffen, die einem alten hugenottischen Geschlechte entstammt, welches vor den katholischen Schlächtern zur rechten Zeit über den Canal geflüchtet. Und den angemaassten Medicinerstand betreffend darf ich anmercken, dass ich zwar nicht der leiblichen, doch in jedem Falle der seelischen Versorgung kundig. Wie dem auch sey, es freut mich von ganzem Herzen, Euch wohlbehalten an diesem gastfreundlichen Orthe wiederzusehen. Wie ist es Euch und Euren geschätzten Cameraden in der Zwischenzeit ergangen?
Bevor wir uns in Erinnerungen verlieren, lieber Doctor, verrathet mir doch in aller Kürze, welche Mission Euch, theils an unserer Seite, theils uns voraus eilend, so tief in die arabischen Länder geführt!
Wenn ich Euch meine wahren und umfassenden Gründe darlegte, würdet Ihr diese nicht nur billigen, sondern auch, so bin ich überzeugt, aus tiefster Christenseele unterstützen. Alleyn, ich will im Augenblicke nur soviel offenbaren, dass ich von der Londoner Gesellschaft zur Verbreitung des Christenthums unter den Juden nach Arabia Felix gesandt.
Aus Euren Andeutungen entnehme ich, dass Ihr Euren Missionseifer nicht nur auf die hiesige Judenschaft zu beschränken gedenckt.
Wenn es mir gelingt, das Vertrauen des Imams, des höchsten religiösen und weltlichen Würdenträgers in diesen Landen, zu gewinnen, dann sehe ich meiner Mission wahrlich mit unbegrenzter Hoffnung entgegen.
Ich schweige betroffen und finde mich plötzlich der eigenen Schuld des Betruges gegenüber gestellt. Indessen setzt Fox voller Eifer seine Erklärungen forth: Ich sehe, Ihr seid sprachlos vor Verwunderung ob der Kühnheit meines Unterfangens. Wahrlich, Ihr habt recht: Gegen wieviel Unwissenheit, ja, böse Unterstellungen in Bezug auf das Christenthum werde ich anzukämpfen haben! Es giebt wohl kaum eine Religion, mit Ausnahme der jüdischen viel-

leicht, welche von den Muselmanen so sehr gehasst wird, wie die christliche.
Verzeiht, dass ich zu widersprechen wage, lieber Reverend, doch finde ich an keiner Stelle des Korans und der begleitenden Schriften diese Haltung, und auch die Zeugnisse des Zusammenlebens von Christen, Juden und Muhammedanern sprechen überwiegend von einer grossen Tolerance und einer Blüthe der Kunst, der Wissenschaft und Philosophie.
Ja, wisst Ihr denn nicht, dass der Begründer dieser heidnischen Religion für jeden seiner Anhänger die Todesstrafe verfügte, welcher zum alleyn seelig machenden Glauben überzutreten wage?
Ich muss gestehen, dass mir jede Glaubenstyranney, mag sie nun christlicher oder heidnischer Art seyn, zuwider ist.
Lieber Schnittke, dürft Ihr Euch mit diesem Urtheile überhaupt noch Christ oder auch nur Abendländer nennen? Ja, als Anhänger solcher gottlosen Principien dürftet Ihr Euch keiner einzigen irdischen Glaubensgemeinschaft mehr zugehörig fühlen.
Ihre Diagnosis, Reverend, ist scharfsinnig und wohl auch zutreffend, obgleich ich Ihre damit verknüpften Werthungen nicht zu theilen vermag. Ich halte es durchaus für erstrebenswerth, vorurtheilslos, oder meinethalben auch glaubenslos, aber im Vertrauen auf unsere Vernunft und der Ueberzeugung, in vielen Dingen unseres Alltags, aller Glaubens- und Werthvorstellungen ohngeachtet, zu einem gemeinsamen Urtheile zu finden, einander zu begegnen.
Propheten, die sich auf die menschliche Vernunft berufen, scheinen mir ungleich doctrinairer und gefährlicher als der strenggläubigste Inquisitor, mein lieber Schnittke, nehmen Erstere doch eine weit fragwürdigere Legitimation für ihr Urtheil in Anspruch: nämlich die fehlbare und selbstgefällige Menschennatur. Der einzig mögliche Schritt aus der Selbsttäuschung hinaus ist das Vertrauen auf die göttliche Offenbarung. Denn Alles, was die Vernunft uns einflüstert, ist immer und ausschliesslich nur in uns. Ohne göttliche Offenbarung würde es keine Wahrheit geben.
Ist es denn nicht wahr, dass es eine Welt ausserhalb unserer Vorstellung giebt, dass darin andere Menschen existiren, die durch-

aus ihre eigenen Vorstellungen von dieser Welt haben mögen, die sich aber doch auf diese einzige und wahre Welt beziehen, und dass diese Welt eine erkennbare Ordnung hat, die unsere Vernunft zu ergründen sucht, und über die wir uns mit anderen Menschen vernünftig auseinandersetzen können?
Nun seyd Ihr so weit gereist, lieber Schnittke, und redet immer noch so naïf daher wie die Gedanckenausflügler in Euren Weimarer Salons. Doch wie könnt Ihr in diesem sagenhaften Palaste, in dieser Märchenstadt, dieser Traumwelt der Könige, Dämonen und Derwische, der Hexen, Bösen Blicke, Weissagungen und Zaubersprüche glauben, Eure vernünftige Weltsicht werde auch nur von einem einzigen Bewohner getheilt?

Unvermittelt unterbricht der Imam, welcher bisher schweigsam und scheinbar unbetheiligt dagesessen, unseren heftigen Disput und spricht: Es freut Uns, die Herren bekannt, ja, befreundet mit einander zu finden und Wir sind Euch sehr dankbar, dass Ihr wenigstens in diesem intimen Bunde zur gebotenen Offenheit gefunden. Wir dürfen Euch nun bitten, in die Euch angewiesenen Gästehäuser zurückzukehren und daselbst Unsere Beschlüsse hinsichtlich Eurer Ersuchen abzuwarten. – Wir verbeugen uns unterthänigst und werden dann von jeweils einer Wache durch verschiedene Thüren aus dem Audienzsaale geführt.

In ʿAmrān wechseln wir den wagen, weil unser fahrer an jedem supermarkt hält, um dieses oder jenes – nach zähen verhandlungen – besonders preiswert zu erstehen: eine halbe stunde für einen sack zucker, zwanzig minuten für einen ballen tee, weitere zwanzig minuten für einen korb eier ...
Wir warten länger als üblich am straszenrand. Die meisten wagen, die aus ʿAmrān herausfahren, sind bereits voll besetzt. Doch zeigt Nūr keine anzeichen von ungeduld. Eigentlich hätte er Ṣanaʿa nicht verlassen dürfen. Meine frage, ob er keine schwierigkeiten bekommen könne, beantwortet er mit einem gleichgültigen achselzucken.
Ein kurzer moment der erschöpfung überfällt mich, hier am staubigen straszenrand, in der tückischen hochlandsonne, die mir das gesicht versengt, ohne dasz ich ihre wärme spüre. Der status des unübersehbar fremden ist auf dauer anstrengend: mich ständig herausgehoben, beobachtet, kontrolliert zu fühlen, mich nie gehen lassen, in der menge verlieren zu können; mich selber kontrollieren, immer aufmerksam und freundlich sein und zurücklächeln zu müssen, weil ich nie nur mich selber, sondern immer auch den fremden an sich repräsentiere.
Eine weile mag der status des besonderen meiner eitelkeit schmeicheln. Doch mit der zeit wird dieser status zu einem stigma.

Ein bereits mit menschen, vieh und gütern überfüllter lieferwagen hält mit kreischenden bremsen und hüllt uns in eine wolke aus dieselrusz und staub. Der fahrer winkt uns heran und fordert uns auf einzusteigen. Die zwölf insassen rücken zusammen. Und tatsächlich finden wir zwei noch platz zwischen geflügel und konserven.
Kaum haben wir die stadt hinter uns gelassen, hält der wagen erneut. Zwei weitere passagiere samt ihrer groszeinkäufe, offenbar familienangehörige oder nachbarn des fahrers, werden eingeladen zuzusteigen. Nun dauert die fahrt von ʿAmrān nach Kuḥlān glücklicherweise kaum eine stunde, und die durchquerte land-

schaft ist so atemberaubend, dasz die unmöglichkeit, in dieser klaustrophobischen enge luft zu holen, dagegen belanglos scheint: rotbraune scharfkantige gipfel, terrassierte hänge, grüne, gelbe und schwarzbraune streifen auf den vielfältigen basalttönen. Und wohntürme auf felsvorsprüngen, kuppen und graten, wie aus dem stein emporgewachsen, organischer teil der landschaft.
Von Kuḥlān sehen wir zunächst nur den ehemaligen imamspalast, eine über den ganzen bergrücken hingestreckte zitadelle oberhalb der stadt. Der ort selbst liegt auf der nordseite des berges. – Unser fahrer läszt uns an der abzweigung nach Kuḥlān aussteigen. Die letzten fünfhundert meter den festungsberg hinauf legen wir zu fusz zurück.
Die strasze endet an einem groszen, in den fels gehauenen wasserreservoir. Davor ein schild:

Schwarzgekleidete frauen mit roten und gelben plastikeimern auf den köpfen ziehen in einer stummen prozession von der zisterne einen schmalen maultierpfad entlang zum stadttor. – Staunend stehen wir vor der gigantischen kulisse, die sich unserem blick eröffnet.
Die bergkette fällt wohl zweitausend meter schroff ins wadi Maūr ab, um sich in der ferne ebenso steil wieder zu neuen felsmassen aufzutürmen. Direkt in den hang gemauert die festungstürme Kuḥlāns, eine fast senkrecht aufgemauerte wand, da die fundamente der höherstehenden wohntürme sich jeweils auf gleicher höhe wie die dächer der unmittelbar darunterliegenden fünf- oder sechsgeschossigen nachbarhäuser befinden. Enge, steinige gassen, eher steile treppenhäuser als öffentliche verbindungswege, führen vom oberen stadttor zu einem kleinen plateau hinab, auf dem sich um einen gepflasterten platz die holz- und wellblechverschläge eines suqs gruppieren.

Wir betreten einen flachen, unscheinbaren neubau, einen *dukan*, oder, wie es auf einem schild über dem eingang steht: CENTRAL

DEPARTMENT STORE KUHLAN direkt hinter dem stadttor, um uns nach der schule zu erkundigen. In dem nackten, garagenähnlichen, fast aller waren entleerten raum treffen wir drei kinder an. Sie nicken stumm, als wir sie begrüszen. Ich bitte um eine flasche mineralwasser. Der älteste fordert den jüngsten mit einer knappen geste auf, mir das verlangte zu bringen. Selbst als der kleine mir die wasserflasche reicht, fällt kein wort. Ich gebe ihm die hälfte des üblichen preises.
Der kleine reicht dem ältesten das geld. Ohne einen blick darauf zu werfen, steckt er es ein. – Der kleine zögert, an seinen platz zurückzukehren. Ich frage ihn, was sein lieblingsspiel sei. Hilfesuchend schaut er sich nach seinen kameraden um. Zum ersten mal sieht der älteste uns direkt an. Ich wiederhole meine frage.

AL-QAḤISCH, sagt der älteste. *The blow, beat, hit,* übersetzt Nūr. Der mund des jungen verzieht sich zu einem breiten grinsen. The blow beat hit, wiederholt er. Dann fragt er, ob wir vielleicht eine zigarette für ihn hätten.
Die spieler, ausschliesslich jungen, stehen im kreis um einen ball, *bint*, tochter genannt. Die jungen sind mit stöcken, hockeyschlägern vergleichbar, ausgerüstet.
Durch los wird einer der spieler zum *abu,* zum vater des balles / der tochter ernannt. Schlägt einer der jungen mit seinem stock den ball fort, löst sich der kreis auf. Der »vater« versucht, den ball zu fangen, während die schläger ihn mit ihren stöcken hin und her stoszen.
Berührt der vater einen der jungen mit seinem stock, so ruft er: *sauwadschak* – ich verheirate dich (mit meiner tochter). Nun ist auch der ehemann für *al-bint* verantwortlich.
Fängt der vater oder der ehemann den ball, beginnt das spiel von vorn. Wieder stehen alle jungen, mit ihren stöcken bewehrt, im kreis um die tochter und zögern den augenblick der ersten berührung möglichst lange heraus.

Die drei jungen lachen viel, während sie uns den spielverlauf in der enge des CENTRAL DEPARTMENT STORES erklären und vorführen. Sie benehmen sich dabei so kindisch, als seien sie selber

schon zu grosz für dieses spiel. Dabei mag der älteste der drei vielleicht zehn oder elf jahre alt sein.
Nun nennt mir auch der kleinste, an den ich meine frage eigentlich gerichtet hatte, sein lieblingsspiel: AUWAL MIN SCHARQ (der erste aus dem osten). Aus seiner anschaulichen pantomime entnehmen wir, dasz es sich um eine einfache variante des schlagballs handelt. Der ball wird mit einem handfesten stock ins spielfeld geprügelt. Der stock wird fallengelassen, der schläger beginnt seinen lauf um das spielfeld herum.
Die gegnerische mannschaft versucht, das geschosz abzufangen und damit den fortgeworfenen schlagstock zu treffen. Gelingt ihr dieser wurf, ehe der läufer ein *haus* erreicht oder das ganze spielfeld umrundet hat, ist dieser spieler verbrannt.
Sind alle spieler der schlagmannschaft ausgeschieden oder unterwegs, so dasz kein schläger übrig ist, seine mitspieler zurückzuholen, wechseln die mannschaften die seiten. – Mit einem blick aus der offenen tür auf die steilen, zerklüfteten hänge frage ich sie, wo sie denn plätze zu feldspielen dieser art fänden. In einer der dorfgassen würde ich nicht gerne zum fängerteam gehören wollen.
Auf dem schulhof gebe es genügend platz, antworten sie. Und im suq, wenn nicht gerade markttag sei. – Einige männer, die bakken prall mit qatblättern gefüllt, betreten den laden. Ich hätte die kinder gerne noch nach der bedeutung des spielnamens gefragt. Doch die erwachsenen schicken die drei mit einem kurzen *Hajja!* hinaus.
Das übliche frage-antwort-spiel beginnt: Woher wir kämen, was wir hier wollten, warum wir als erwachsene männer uns mit kinderspielen beschäftigten. Nūr antwortet routiniert. Einer der qatkauenden kuḥlānis, offenbar der ladenbesitzer, weist auf die spielzeugabteilung seines Department Stores, eine handvoll grellfarbener plastikautos, made in Singapore, und zwei platinblonde blaszhäutige barbie-imitate in verstaubtem himmelblauen hochzeitstüll. – Ich fühle mich ein wenig matt, vielleicht auf grund der dünnen höhenluft. Kuḥlān liegt noch siebenhundert meter höher als Ṣanaʿa. Wir bezahlen unsere getränke und folgen den kindern ins freie.

Anwar wohnt zusammen mit zwei palästinensischen lehrern im chemiesaal der schule. Die unterkunft besteht aus drei matratzen auf den gekachelten labortischen, einem gaskocher, wasserkanistern und zusammengewürfeltem geschirr. Anwar nennt diesen spartanischen schlaf- und speisesaal das *flüchtlingslabor.* Da er uns eine übernachtung zwischen gas- und wasserhähnen nicht zumuten will, doch in Kuḥlān keine herberge existiert, versucht er mit hilfe seiner schüler, eine private unterkunft im dorf für uns zu finden.
Wolken hüllen das dorf und die königsburg in ein graues laken, feuchtigkeit, die aus den tälern aufsteigt und in der kühlen abendluft kondensiert. Der rotglühende feuerball auf den höhenzügen im westen scheint die nebeltücher in brand zu setzen, als seien sie in benzin getaucht. Vom brandherd sich lösende flammenzungen, grauschwarze, lichtschluckende ruszwolken. Ein inferno, das sich nach Anwars worten jeden abend wiederholt.
Einer seiner älteren schüler, ʿAntar, ein junge mit geschliffenem, fast urbanem auftreten und einer selbstbewuszten neugier, kaum jünger als Anwar, lädt uns ein, im diwan seines elternhauses zu wohnen. Dort sitzen wir noch eine weile zusammen, ehe sie uns der verdienten nachtruhe überlassen. – Mit keinem wort hat sich Anwar über meinen zwar versprochenen, aber dennoch wohl unerwarteten besuch überrascht gezeigt.

*

Vor dem unterrichtsbeginn findet eine art appell auf dem schulhof statt. Alle kinder treten, nach klassen geordnet, in zweierreihe an. Einer der älteren schüler fordert seine mitschüler in einem fast schon parodistischen kasernenhofton zu leibesübungen auf. Uniforme bewegungen, kniebeugen, rumpfbeugen, liegestützen, sprünge, der sprecher spielt die rolle des kapos mit unverhohlener lust.

Nach den kommandos zur körperlichen ertüchtigung verkündet er die tagesparolen und läszt von einem der jüngeren eine quran-sure aufsagen. Nach einem fragenden blick auf die im hintergrund stehenden lehrer gibt er schlieszlich den befehl zum wegtreten. In reih und glied marschieren die kinder in ihre klassenräume.
Die schule ist, neben der armee, die wichtigste institution, den gedanken einer einheitlichen jemenitischen nation zu verbreiten. Die offiziellen geschichtsbücher lösen die traditionellen stammeserzählungen ab, nicht immer im sinne wahrheitsgetreuer darstellung, doch immer im dienst der vereinheitlichung des geschichtsbildes.

An diesem halbstündigen appell beteiligen sich nur die jungen. Die ihrer anzahl nach geringer vertretenen und meist verschleierten mädchen eilen sofort in das für sie reservierte zweite stockwerk der schule, doch liegen nun dichtgedrängt in den fenstern ihrer klassenräume und beobachten mit groszem interesse die allmorgendlichen übungen zur disziplinierung der jungen.
Wir nehmen an Anwars arabischunterricht für die älteren schüler teil. Lehrstoff ist nicht mehr alleine rechtschreibung und grammatik, sondern auch arabische geistesgeschichte. Etwa fünfundzwanzig jungen zählt dieser neunte jahrgang, während die anzahl in den ersten klassen oftmals hundert und mehr schüler beträgt. Unter den vierzehn-, fünfzehnjährigen finde ich zum teil noch kindlich zarte, zum geringeren teil aber auch schon männlich rauhe und kriegerische gesichter.
Die schüler sitzen still und aufmerksam in ihren bänken. Wir begegnen hier der gleichen, fast militärischen disziplin, die uns bereits auf dem schulhof überrascht hat. Reden die jungen mit dem lehrer, stehen sie zunächst auf. Betritt ein erwachsener den klassenraum, erheben sich alle von ihren plätzen und begrüszen den eintretenden im chor.
Sie lassen sich von ihrer neugier auf uns nichts anmerken. Doch wirken sie trotz ihrer aufmerksamen haltung unkonzentriert. – Anwar klappt das lehrbuch zu und bittet uns, nach vorne zu kommen. Er stellt uns seinen schülern vor, läszt aber den eigent-

lichen gegenstand meiner forschung unerwähnt. Er fragt, ob ich nicht für eine weile den unterricht übernehmen wolle. Nūr verspricht, komplizierte wendungen zu übersetzen.
Ich stelle ihnen frei, ein thema aus der europäischen geistesgeschichte zu wählen. Nach längerem, abwartendem schweigen meldet sich ʿAntar: Er würde von mir gerne etwas über Sigmund Freud und sein konzept unserer seele erfahren.
Für einen augenblick wird mir das verrückte, ja, surreale der situation bewuszt: Im spartanischen klassenzimmer der regierungsschule eines abgelegenen muslimischen bergdorfs im süden der arabischen halbinsel, auf dem breitengrad von Asmara, Kartum und Dakar, erläutere ich kriegerischen stammessöhnen Freuds Psychischen Apparat.
Sie hören aufmerksam zu. Der seelische konflikt zwischen den wünschen des Es und den anforderungen des Über-Ich scheint ihnen nicht fremd zu sein. Doch stellen sie nur wenige fragen. Ich mache deutlich, dasz es sich um ein modell, eine metapher handle, nicht um die exakte beschreibung eines physischen vorgangs oder organs. Ich glaube, dasz sie diese anschauung verstehen, ist doch auch das arabische reich an metaphorischer redeweise: Wofür wir keine begriffe haben, erfinden wir bilder (oder: Worüber wir nicht sprechen können, dichten wir).

*

Ein alter wächter öffnet uns das tor zum ehemaligen imamspalast. In wirklichkeit bewacht er nur noch den torso der ehemaligen pracht. Innerhalb der mächtigen burgmauern eingestürzte decken, vogelnester, beginnende vegetation. Doch von den zinnen immer noch ein überwältigender blick über alle umliegenden berggipfel hinweg.
Auf dem dach des wächterhäuschens setzen wir uns nieder. Der alte bringt uns tee hinauf. Er gehöre zum stamm der Araschi. Die hauptstämme in und um Kuḥlān aber seien Bejt Afar und Bejt Sofar. Alle gehörten der konföderation der Ḥāschid an.
Sowohl die Ḥāschid als auch die zweite grosze stammeskonföde-

ration, die Bakil, führten ihre stammesgenealogie bis in die vorislamische zeit zurück. – Im jahr 897, erzählt der alte, wird ein nachfahr des propheten, der Imam Jahja bin Hussain bin Qasim ar-Rassi, vom kalifen in den süden der arabischen halbinsel gesandt, um in einem krieg zwischen den Bakil und den Ḥāschid zu vermitteln. Es gelingt Jahja bin Hussain, die verfeindeten stämme zu versöhnen und sich an die spitze des neuen bundes zu stellen. Er gründet eine dynastie, die über tausend jahre, bis zur revolution von 1962, die geschicke des landes bestimmt.
Trotz der autoritären herrschaft der Imame behaupten die jemenitischen stämme einen groszteil ihrer politischen autonomie. Nicht nur deshalb, weil sie im gegensatz zu anderen, vor allem auf viehzucht angewiesenen nomadengesellschaften durch ihre anbautraditionen wirtschaftlich autonom sind, sondern weil sie sich als krieger betrachten.

Auf dem rückweg zu unserem diwan teilt mir Nūr, dessen familie sich zu den Bakil zählt, seine ansicht von der jemenitischen stammeskultur mit: Die Ḥāschid gelten als anmaszend und überheblich und als wenig freigebig und gastfreundlich. In den letzten jahrzehnten haben sie die machtbalance zwischen den wichtigsten konföderationen aus dem gleichgewicht gebracht und immer mehr einfluszreiche ämter an sich gerissen, obwohl die Bakilstämme zahlreicher und schlagkräftiger sind. Gegenwärtig stellen die Ḥāschid den staatspräsidenten und die meisten regierungsmitglieder des landes. Der vorangegangene präsident ist noch ein Bakil gewesen und auf befehl des jetzigen amtsinhabers, so die gerüchte nicht nur unter den Bakil, ermordet worden.
Der parlamentspräsident ist zugleich der *scheich al-mascheich* der Ḥāschid und damit der mächtigste mann des landes, da hunderttausende bewaffnete stammeskrieger allein auf sein kommando hören. Nach den alten stammesgesetzen musz sich auch der staatspräsident als angehöriger der Ḥāschid dem *scheich al-mascheich* seiner konföderation unterordnen.
Zwar kann ein scheich, wenn er als führer oder vermittler versagt oder sich unehrenhaft verhält, von den stammesmitgliedern abgewählt werden, doch habe ich nie von der absetzung eines

scheichs gehört. Gewöhnlich gilt das amt auf lebenszeit und geht dann auf den ältesten sohn über.

Bakil und Ḥāschid besetzen vor allem den nordosten des Jemen, die gebirgs- und steppenlandschaft von Ṣana'a bis zur saudischen grenze und den rand der Rub' al-Chali. Die stammesgebiete der beiden konföderationen lassen sich nicht deutlich voneinander abgrenzen. Eher gleicht die stammeskarte einem flickenteppich. Bakil- und Ḥāschiddörfer wechseln einander ab oder liegen verstreut im stammesgebiet der gegnerischen konföderation.

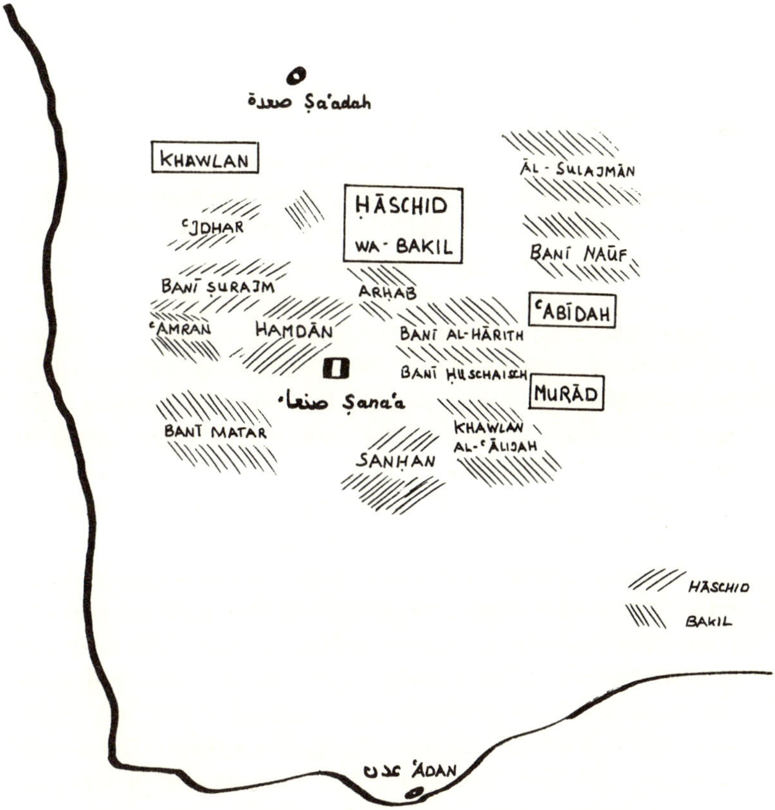

'Antar schwänzt die schule, um den tag mit uns zu verbringen. Er will uns die traditionellen tänze und schlachtgesänge seines dorfes vorführen. Ich bitte ihn, mir den morgen freizugeben, damit ich meine notizen vom vortag vervollständigen könne. Natürlich sei ich sehr neugierig auf seine darbietung. – Nūr kommt mir zur hilfe und überredet 'Antar zu einem ausflug in die nähere umgebung. Wir verabreden, uns gegen mittag auf dem schulhof zu treffen.

Kaum haben die letzten schüler ihre klassenräume verlassen, nehmen spielende den schulhof in besitz. Ich gerate mitten in ein versteckspiel. Ich werde bei meinem namen gerufen und brauche eine weile, um zu verstehen, dasz ich damit verbrannt bin. Bei dieser einfachen spielart des versteckens gibt es keine möglichkeit, sich freizuschlagen. Der suchende musz die versteckten nur entdecken und ihren namen rufen. Die kinder nennen das spiel QŪQ (los). *Qūq* ist das signal, dasz alle mitspieler versteckt sind und der sucher die augen öffnen darf.

Eine variante von *qūq* ist AL-MIRĀMĀH (laut auskunft der kinder *der schusz*; eine ableitung von *marām*: wunsch, verlangen?). In dieser spielart teilt sich die gruppe. Beide mannschaften verstekken sich, beide versuchen zugleich, mitglieder der gegnerischen mannschaft zu entdecken.
Wird ein gegenspieler erspäht, wird er mit *qūq* angerufen und gilt als erschossen. Offenbar hat dieses geländespiel sein vorbild in wirklichen gruppenkonflikten, die im Nordjemen bis heute nicht selten mit dem gewehr ausgekämpft werden.

Während ich auf Nūr und 'Antar warte, zeigen mir die kinder auf dem aschenplatz ein weiteres spiel, das eher einem sketch oder einer szenischen improvisation gleicht. Die kinder nennen diese szene JĀ KŪZ KŪZ AL-NAMIR JĀ MARHABĀ BĀLNAMAR (hei krug, krug für den tiger, willkommen bist du, tiger). Die gruppe

bestimmt durch los zwei mitspieler, die den hirten und den tiger darstellen. Alle anderen spielen das vieh, das der hirte zu hüten hat.
Die herde heiszt den tiger mit dem grusz *jā kūz kūz al-namir jā marhabā bālnamar* willkommen. Der tiger verlangt als gastmahl das beste stück vieh. Der hirte fragt: Welches (tier aus meiner herde willst du)? Der tiger antwortet: Den zarten hammel (oder: das fette huhn, das kalb ...). Der hirte übergibt dem tiger das geforderte tier.
Der tiger stürzt sich auf das opfer, zerrt es auf sein lager und verschlingt es dort, je nach charakter und appetit, mit gier oder genusz. – Diese szenen der überwältigung, des miteinander ringens, des wilden raubtiergebrülls und der herzzerreiszenden todesschreie des opfers bilden den eigentlichen inhalt dieses eher handlungsarmen spiels.
Mit jedem tier der herde wiederholen sich die wortwechsel und szenen. Ist alles vieh verspeist, fällt der tiger über den hirten her.

*

Gibt es bei spielenden kindern tatsächlich eine haltung »ich spiele« oder »diese tätigkeit ist ein spiel«? Sind sie nicht so sehr in ihrem tun gefangen, dasz ihr »spiel« ihre wirklichkeit ist und von einem »als ob« nicht die rede sein kann? Dasz sie erst in der konfrontation mit einer anderen wirklichkeit, zum beispiel der welt der erwachsenen, ihr tun als spiel behaupten. (Ist diese behauptung bereits teil einer anderen, spielfremden wirklichkeit?) Dann müszte eine kultur denkbar sein, in der gespielt würde, ohne dasz es einen spielbegriff gäbe.

Was bedeutet es, von spiel als eigener, möglicherweise paralleler wirklichkeit zu sprechen? Ist wirklichkeit nur eine bestimmte haltung zur oder anschauung der welt? Gibt es so viele wirklichkeiten wie welt-anschauungen?
Betrachte ich *haltung* nicht als distanzierte anschauung, sondern als art und weise einer beziehung, dann stellt sich wirklichkeit nicht mehr als plan, als folie oder leinwand, sondern als raum

dar. Ich verhalte mich nicht zu, ich verhalte mich in ihr, ich unterscheide nicht anschauung von angeschautem, ich unterscheide spiel- von arbeits-, sprach- oder glaubensräumen.
Welt ist dann die summe dieser wirklichkeitsräume, in der wir wände, ja, zeiten beliebig durchschreiten, uns permanent verändern, wir selbst und zugleich ein anderer sein können.

Nūr und ʿAntar treffen erst am späten nachmittag zu unserer verabredung auf dem pausenhof ein. Sie entschuldigen sich mit den proben zu einer kleinen aufführung, die sie für mich vorbereitet hätten.
In ihrer begleitung sind einige kameraden ʿAntars, die ich bereits aus dem unterricht vom vortag kenne. Unter ihnen zwei trommler mit einer *marfah* (abgeleitet von *rafuha*: heiter stimmen, aufrichten?), einer dickbauchigen pauke, die einem groszen, fellüberspannten kupfertopf gleicht, und einer *ṭasah*, einer flachen, pfannenartigen blechtrommel. Sie wird mit zwei dünnen holz- oder metallstäben, die *marfah* mit einem dickköpfigen schlegel traktiert. Die grosze pauke gibt den rhythmus vor, einen dumpf-pulsierenden herzschlag, die blechtrommel zerhackt den grundrhythmus mit ihren vertrackten synkopen.
Beide trommeln sind typische *barʿa*-instrumente. *Raqṣ* hingegen wird von einer groszen handtrommel, *ṭabl* genannt (*tabala*: trommeln) und einer doppelflöte, der *mizmar* (*zamara*: blasen) begleitet.
ʿAntar fordert Nūr zum tanz auf. Ich stelle mir vor, wie sie in blanker mittagsglut auf einem einsamen berggipfel für diesen auftritt geübt haben. Und wirklich gleicht ihr tanz eher einer kriegerischen pantomime.

Barʿa ist nicht nur ein symbol für stammesidentität. *Barʿa* ist direkter körperlicher ausdruck dessen, was einen qabili auszeichnet. Das wort ist abgeleitet von der wurzel *baraʿa*: hervortreten, übertreffen; *ibtaraʿa*, barʿa tanzen, heiszt also *sich auszeichnen, unübertrefflich werden*.
Barʿa wird nicht nur vor einem erwarteten kampf, sondern auch anläszlich religiöser oder familiärer feste oder zur begrüszung wichtiger gäste veranstaltet. Die gäste werden eingeladen, am tanz teilzunehmen. Der gemeinsame tanz von ʿAntar und Nūr ist also keine profanisierung heiliger stammesriten, sondern steht ganz in der überlieferten tradition.

Das aus der gleichen wurzel wie *bar'a* abgeleitete nomen *tabarru'* bezeichnet ein groszzügiges (gast-)geschenk. Für feinde stellt *bar'a* eine drohgebärde dar, für gäste und freunde aber eine einladung und ein versprechen. Der gemeinsame tanz repräsentiert die aufnahme des fremden in die schutzgemeinschaft des stammes.

Nach dem tanz gesellt sich Nūr nicht zu mir, sondern setzt sich abseits in den schatten der schulhofmauer, als würde er sich für diesen auftritt schämen. 'Antar hingegen sammelt einige klassenkameraden und freunde um sich und stellt sich mit ihnen, die arme einander über die schultern gelegt, in einer reihe vor uns zuschauern auf. Nun stimmen sie laut und leidenschaftlich ihre *zāmalūn*, ihre schlachtrufe an.

Der name *zāmal* ist die verkürzte form von *at-tazāmal fi inschadah*: rufe in der gruppe. Die wurzel bedeutet *begleiten, gesellschaft leisten, kamerad sein*. Mit diesen gemeinsamen rufen haben sich die stammeskrieger auf den kampf eingestimmt. Heute erklingen sie auch, wie die *bar'a*-trommeln, auf hochzeiten und beschneidungsfesten oder zur ankunft von gästen.
Mich erschreckt zunächst die heftigkeit, ja, aggressivität, mit der selbst willkommens-*zāmalūn* vorgetragen werden. Auch der inhalt scheint mir, soweit ich ihn verstehe, eher martialischer natur. Die bilder und vergleiche sind rauh, kämpferisch und gewalttätig, die haltung ist auftrumpfend oder drohend.

Der *zaāmal* gilt als eine der ältesten, in vorislamischer zeit gründenden formen der arabischen dichtkunst. Bis heute haben sich die alten sprachen oder stammesdialekte in den rufen erhalten. Traditionellerweise besteht ein *zāmalūn* aus zwei durchrhythmisierten und gereimten versen, die von den männern gemeinsam wiederholt oder auf zwei gruppen aufgeteilt werden, die sich im gesang abwechseln:

jāllī tamannā ḥarbanā ' min ḥarbanā mātastafīd
māḥarbanā illā thāībī ' wa raṣāṣ min ridschli al-hādīd

jeder der uns zu bekämpfen hofft ' dessen kampf wird vergeblich sein
uns zu bekämpfen ist der tod ' durch kugeln aus dem eisenbein

Der *zāmal* ist keine lyrische ausdrucksform. Zarte gefühle haben darin keinen platz. *Zāmalūn* haben eher den charakter von politischen parolen oder schlachtrufen, wie wir sie auch in Europa, zum beispiel von sportwettkämpfen oder demonstrationen kennen. Doch sind im Jemen *zāmalūn* nur unter den stämmen verbreitet. Sie unterscheiden sich nicht nur durch den dialekt, sondern auch durch wortwahl und rhythmus. Wie der kriegstanz *bar'a* ist auch der schlachtgesang ein ausdruck der stammesidentität.
In der regel stehen alle wehrbereiten männer in voller bewaffnung beim *zāmal* zusammen. Die rufe dienen der ermunterung zum kampf und der gleichstimmung der krieger. Oft werden *zāmalūn* nach einer *bar'a*-aufführung skandiert.
Einige rufe sind mit bestimmten gebärden verbunden. Zum beispiel begleiten die jungen ihre drohrufe mit einem gemeinsamen ausfallschritt. Mit jeder wiederholung des rufs kommt die schlachtreihe näher auf uns zuhörer zu.
Diese gesänge sind so wenig ein vergnügen oder spiel wie *bar'a*. Es gibt regelrechte schlachten, die nur mit *zāmalūn* ausgetragen werden. Der gemeinsame gesang ist ein teil der kriegskunst.
Diese schlachtrufe sind kein spiel, doch haben sie ein spielerisches, ein theatralisches element. Neben der erzeugung und dem ausdruck von stimmungen dienen sie auch der mitteilung und der darstellung. Sie können den gegner herabwürdigen und provozieren oder sogar kriegserklärungen beinhalten. Sie können als marschgesang oder als angriffssignal eingesetzt werden. Sie können friedensangebote übermitteln, den mut des feindes loben oder den eigenen sieg besingen.
Zu aktuellen anlässen werden *zāmalūn* neugedichtet. Andere, vor allem jene, die die geschichte des stammes betreffen, gehören zum festen traditionsgut.
'Antar verspricht, uns morgen früh, vor der geplanten rückreise, noch einmal in unserem diwan zu besuchen und mir bei der dokumentation der Kuḥläner *zāmalūn* zu helfen.

FÜNFZEHN ZĀMALŪN AUS KUḤLĀN
mitgeteilt von ʿAntar Qāīd al-ʿAfiri

jā marḥabā āhlān wa-sahlān ' māhabit āl-rīḥ āl-qawijah
lilwāṣālīn maljūn marḥab ' lā-wasaṭ kuḥlān āl-ābijah

willkommen geebnet sei dein weg ' ein willkommen wie ein starker wind
dem ankömmling millionen grüsze ' inmitten des groszen Kuḥlān

jā marḥabā āl-faīn marḥab ' ālāf māschin ās-saḥā'īb
tarḥīb min schabāb kuḥlān ' dschamīʿahum ḥāḍar wa-ghā'īb

willkommen tausendmal willkommen ' wie tausend regenwolken
begrüszt von der jugend Kuḥlāns ' von allen an- und abwesenden

jā salāmī barq wa-lā-barq ḥalqa ' min buṭūn āl-dscharāmil dhāk mʿarūfah
lāzim āl-bāb īlī maftūḥ taghliqah ' ja naschā fī ṭarīq āl-ʿaz maftūḥah

mein friede blitzt und der blitz explodiert ' in den bäuchen der gewehre die jeder kennt
die offene tür droht zuzuschlagen ' doch der ehrenhafte weg mein junge steht dir noch offen

jā salāmī ṣadr miljūn jitkarar ' liz-zʿajim āl-baṭl wa-qā'īd āl-maḥwar
min radschadschīl kuḥlān nārahā tischʿal ' mātahāb āl-ṣawārīch jaūm titfadschar

millionenfach steigt unser friede aus der brust ' zum führer dem helden der region
von Kuḥlāns jugend deren feuer brennt ' die den tag der explosionen nicht fürchten

qabā'īl jā saīl 'aqlah wādī ' jā min ḍumn lāqil mā narwīh
jā ībn āl-jaman wa-īḥnā-ljaum āl-brādī ' mā-fī murādak qal mā narwīh

alle rechtgläubigen ziehen in den heiligen krieg ' besiegen alle vom glauben abgefallenen des landes
und bekehren sie zum neuen glauben ' und bitten gott dasz sie schnell überwunden

jā 'abād āllah qūmū lil-dschihād ' wāḍrabū man qid tajahwad fīl-bilād
wāqlibū dīnah dschadīd ' wa-qulū jā rab 'adschil bāsch-schirād

die gedanken der stämme sind wie fluten im wadi ' genug um die schutzbefohlenen zu tränken
hei söhne Jemens wir sind heut die ersten ' was immer du dir wünschst erfüllen wir dir

wa-āllah ilaūma āl-chaūf min rab āl-'ibād ' lā-nachaliha ākīmah fī kulu wādī
naqlib āl-dschuma'ah chamīs ' wa naqul jā rab 'adschil bīlqīām

und bei gott nur weil wir gott fürchten ' füllen wir die täler nicht mit leichen
und ändern den gebetstag nicht zum wochentag ' statt dessen bitten wir gott um den letzten tag der menschheit

āl-z'aīm āl-ramz qid ḥaqaq murādī ' rasach āl-waḥadah 'alā rughm āl-'ādī
rughm ānf āl-ḥāqdīn ' jā z'aīm āsch-sch'ab lak minā ātaḥijah

der strahlende präsident erfüllt unsere wünsche ' trotz aller feinde gelingt ihm die vereinigung
trotz der nasen derer die uns hassen ' unser führer dein volk grüszt dich

dschaīschanā āl-maghuwār ṭahar kulu wādī ' wa-ṭarad kul īnfiṣālī min bilādī
wa-daḥarḥum chā'īnīn ' īnahu ḥāmī makāsib āl-qawijah

unsere starke armee reinigt alle täler ' und fegt alle separatisten aus dem land
alle verräter schlägt sie ' und die staatsbetriebe schützt sie

'āsch siblimbar 'alā rughm āl-ā'ādī ' fī sabīl āl-madschid qad sādā-l-bilād
rughm ānf āl-ḥāqdīn ' fī sabīl āl-chaīr wa-ātachṭīṭ dschārī

lebe hoch september* der feinde zum trotz ' auf dem weg zum besseren des landes
trotz der nasen unserer feinde ' folgen wir den plänen zum guten

wa-amīn āl-mū'atamar ḥaqiq murādī ' āchradsch āl-bitrūl wa-āt-taṣtadīr bādī
wa-āl-zirā'ah qā'imah ' wazara 'anā āl-ārḍ fī ṣaḥarā wa-wādī

und der führer der versammlung** der unsere wünsche erfüllt ' er fördert das öl und der verkauf steht bevor
und die landwirtschaft blüht ' und wir bebauen die erde in der wüste und im tal

jā ṣabāḥ ālḥīr mā-āl-maṭā'īr fizridschim ' lā ḥuṣn kuḥlān balughūh
wā-hinā radschādschīl āl-ghadā fī kulu maqdam ' wa-kul 'āṣī iḍru-būh

guten morgen ihr zwitschernden vögel ' singt der burg Kuḥlān
wir sind die krieger der zukünftigen schlachten ' und alle ungläubigen werden wir schlagen

* revolutionsmonat
** kongreszpartei

jā tīr ālā jā tīr jā 'āzim brīsch āchḍar ' chabir min āl-qaūm alathī walit 'alā āl-wādī
ḥamsīn fī ḥamsīn wa-ḥamsīn 'ādahā bāqī ' wa-baschrūā man kāna maḥbūsā bā lā-itlāqi

hei vogel vogel der du fliegst im grünen federkleid ' erzähl uns von den männern die das tal verlieszen
fünfzig mal fünfzig und fünfzig nur sind noch da ' und verkünde den gefangenen dasz sie bald frei sein werden

jā ībn āl-wazir qum schid jāfi'a ' min qabl ān tisdschan bī-āfi'a
misch ḥaqa ābūk āl-dajwalah ' fī sā'īr āl-āzmān

sohn des wazirs* geh nach Jafi'a ' bevor du in Jafi'a gefangen genommen wirst
das königreich gehört nicht deinem vater ' von alters her für alle zeiten

jā nāṣirah schid āl-madāfi'a ' wa-āllah 'alā dschajschak jidafi'a
hi haq ābūk ād-dajwilah ' fī sā'īra āl-āzmān

hei sieger nimm die kanonen ' und gott wird deine armee schützen
das königreich gehört dir ' für alle zeit

* historische familie, berühmt durch ihren widerstand gegen die herrschaft der Imame

Wie erkennen wir einander? Ich glaube nicht an einen archetypus *blick*. Und dennoch, jenseits aller sprachen und konzepte, findet eine *unheimliche* verständigung statt.
Was macht uns sicher, diesen blick nicht zu miszdeuten, da doch selbst ein so elementarer ausdruck wie ein lächeln unzählige, auch widersprüchliche botschaften enthalten kann?
Und doch läszt uns dieser blick keinen moment zweifeln. Wir gehen aufeinander zu, dann lenken wir den schritt, ohne ein miszzuverstehendes wort, in die gleiche richtung.
Die verwirrung beginnt mit dem eintritt ins haus. Gast – gastgeber, einheimischer – fremder, älterer – jüngerer: die konzepte überlappen sich, die gesten und worte werden vieldeutig. Wir sitzen beieinander, ich, der gastgeber und gleichzeitig der fremde, und an meiner seite er, der gast, der hier beheimatete, der repräsentant seines stammes.
Welche freiheiten haben wir noch, welche verpflichtungen sind wir bereits eingegangen? Die blicke werden fragend.

*

Welche relevanz hat die »dekonzeptualisierung« unseres sexualbegriffs, wenn ihr ein alltag gegenübersteht, der von dieser reflexion vollkommen unberührt bleibt. Selbst dort, wo sexualität vollständig in ein begriffssystem gefaszt zu sein scheint, gibt es eine art physisch-gestischer grammatik, eine körpersprache im eigentlichen sinne, die sich dem intellektuellen diskurs entzieht. Das bewusztsein des »so ist es« oder »so bin ich« eröffnet noch keine möglichkeit zur veränderung. Im gegenteil: Es steht nun als unüberschreitbare grenze, als spiegel zwischen mir und dem anderen.

Nūr ist auf sein kanonenboot zurückgekehrt. Er werde in den nächsten wochen wohl nur selten nach Ṣana'a kommen können, da die streitkräfte in erhöhte alarmbereitschaft versetzt worden seien. – Gerüchte sind in umlauf, dasz die ehemalige südjemenitische armee einen angriff auf die truppen des nordens vorbereite.
Ein leichtsinniges versäumnis bei der vereinigung des landes kann nun zu einer katastrophe führen: Alle institutionen sind in den letzten jahren schrittweise zusammengelegt worden, nur die armeen der ehemals verfeindeten staaten nicht. Zwar hat es truppenverschiebungen gegeben, so dasz sich nun einheiten des südens auf nördlichem territorium befinden und umgekehrt, doch sind die kommandos nach wie vor getrennt.

Ist es allein die sorge, er könne in eine kriegerische auseinandersetzung verwickelt werden, die mein gefühl für Nūr bestimmt? Wir haben uns angewöhnt, wenn wir uns mal einen tag nicht haben sehen können, zumindest am abend noch miteinander zu telefonieren. Nun vermisse ich diese alltäglichen, unaufgeregten, doch nicht faden gespräche. Seine gelassene art zuzuhören, seine ironische und zugleich ein wenig schwermütige stimme, wenn er am nachmittag qat gekaut hat. Er verabscheut diese droge, doch kommen freunde oder verwandte zu besuch, kann er sich dem gemeinsamen konsum nicht entziehen.
Worüber reden wir am telefon? Natürlich mokieren wir uns über die langeweile in Ṣana'a: Ich müsse das Berliner nachtleben inzwischen doch vermissen. Ich erwidere, wie weit denn seine auswanderungsabsichten gediehen seien. – Auf jeden fall hätte er längst das weite gesucht, bevor seine mutter eine frau für ihn gefunden. – Ich: Da wir gerade davon sprächen, ich würde gerne noch etwas von der welt der jemenitischen frauen erfahren, bevor ich selbst das land verliesze …

Was ist *zeug*? Zu einem bestimmten zweck hergestelltes (erzeugtes): werkzeug, fahrzeug, verbandszeug … Eine puppe ist demnach spielzeug, ein ast oder ein stein eher spielmaterial.
Alle dinge können, allein durch die verwendung in einem spiel, zu spielmaterial werden. Zeug ist bereits zu einem bestimmten dienst bearbeitetes material.
Bestenfalls geht zeug in seinem dienst auf. Werkzeug ist dienlich, wenn der handwerker es bei der handhabung fast als organischen teil seiner selbst empfindet; wenn er seine aufmerksamkeit ganz auf das werk richten kann.
Das gleiche gilt für das spielzeug.
Der ball ist das ideal eines spielzeugs, das nichts von seiner möglichen verwendung vorschreiben, sondern ganz in seinem jeweiligen dienst, dem spiel, aufgehen sollte. Gerade die reduktion auf die denkbar einfachste form, die ja zugleich vollkommenstes symbol unseres daseins ist, macht ihn fast unbegrenzt verwendbar.
In der modernen spielzeugwelt allerdings verkehrt sich das verhältnis von spielzeug und spiel (werk). Das spielzeug bestimmt zunehmend spielraum, -zeit und -regel. Der spieler dient der funktion des spielzeugs, der spieler wird zum spielmaterial des spielzeugs.
Handelt es sich um eine parallele entwicklung zu anderen lebensbereichen, in denen uns zeug nicht mehr dient, sondern den gebrauch diktiert; eine frühzeitige einübung in zukünftige arbeitsprozesse, in den dienst an modernen werkzeugen, die uns den blick auf das werk zunehmend verstellen?

*

Stosze auf einen mysteriösen artikel Dick Barbers in der YEMEN TIMES, Jemens einziger englischsprachiger zeitung.
Schon seit längerem erscheint wöchentlich ein aufsatz von ihm zu archäologischen funden auf der arabischen halbinsel.

In diesem artikel zweifelt er die existenz der Königin von Saba an. Selbst die regentschaft könig Salomons steht für ihn in frage: Und habe es keinen könig Salomon gegeben, gehöre auch der besuch der Königin von Saba ins reich der legende.
Die biblischen berichte entstünden erst jahrhunderte nach den beschriebenen ereignissen. Zwar habe es nachweislich arabische königinnen gegeben; die Assyrer zum beispiel hätten sich mit einer beduinischen kamelreiterarmee konfrontiert gefunden, die von einer frau angeführt worden sei, aber nicht zur angeblichen regierungszeit Salomons. Möglicherweise seien verschiedene historische episoden zu einer einheitlichen geschichte kompiliert worden.

Wenn es keine archäologischen belege für die existenz der Königin von Saba gibt, erhalten die uns bisher bekannten quellen um so mehr gewicht. Fehlende funde sind kein gegenbeweis. Eher habe ich den eindruck, dasz von möglichen belegen abgelenkt werden soll.
Immerhin befinden sich unter den von ihm beschriebenen funden die steinplastik einer sabäischen »priesterin« und eine stele mit einem bullenkopf. Der bulle ist El, dem gott der Patriarchen Kanaans heilig.
Vielleicht sollte ich demnächst einmal wieder einen tag in der bibliothek verbringen. Möglicherweise ist auch noch post für mich im Institut eingetroffen. Nicht selten sind briefe zehn tage oder länger unterwegs gewesen.

Auf einer karte Ṣana'as von 1935 finde ich noch über dreiszig synagogen, zwei rituelle bäder und eine talmudschule verzeichnet. Ein alter und ein neuer friedhof liegen auszerhalb der ghettomauern im westen der stadt.
Jeder suq, jede gasse hat einen namen, meist nach der örtlichen synagoge oder einer dort ansässigen prominenten familie benannt.
Wir betreten al-Qa' von osten, der Alt-Ṣana'a zugewandten seite. Zwei stadttore verbanden das jüdische viertel mit der altstadt (oder grenzten es von ihr ab). Die mauern und tore sind abgetragen worden. Nur die freifläche unmittelbar hinter der ehemaligen mauer heiszt noch immer *al-sulbi*: ödland.
Mehrere alte zugänge in den suq finden wir nicht wieder. Entlang der ehemaligen mauer und ihrer durchlässe stehen neue häuser. Die bewohner kennen die alten straszennamen ihres viertels nicht. *Suq al-Habb* und *Suq al-Bass* heiszen nun einfach Suq al-Qa', gebietsmarkt.
Und fragen wir ladenbesitzer oder passanten, in welcher strasze wir uns befinden, antworten sie einfach: In al-Qa'. Die alten namen sind vergessen, neue nicht vergeben.
An hand der karte suchen 'Ali und ich die früheren standorte der synagogen, bäder und schulen auf. Allenfalls ein brachliegendes grundstück in diesem ansonsten engbebauten viertel oder ein aufgestocktes »modernisiertes« haus erinnert an den verlust. Die maszwerke der alten alabasterfenster mit ihrer traditionell jüdischen ornamentik sind herausgebrochen und durch gewöhnliche glasfenster ersetzt worden.
Nur das eine oder andere unauffällige architektonische detail läszt auf die ehemals besondere funktion eines gebäudes schlieszen: eine durchgehende fensterfront über ein ganzes stockwerk beispielsweise, auch hier die alabasterscheiben durch schlichte glasfenster ersetzt. In den typischen wohnhäusern lagen selten alle räume eines stockwerks auf dem gleichen niveau. Und nie bestand ein stockwerk aus nur einem groszen, diwanähnlichen

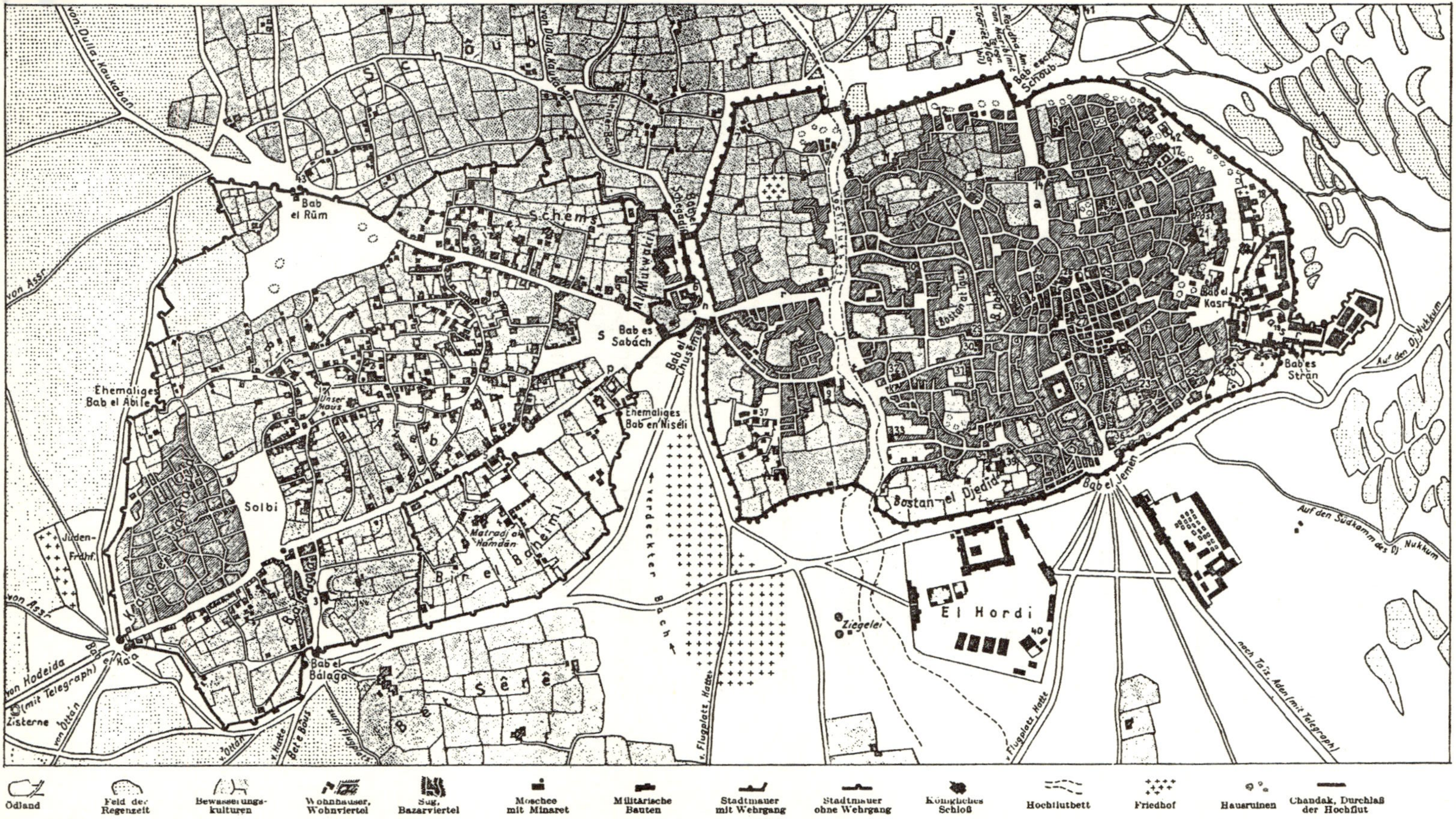
Bab el Rûm
Schems
Al Mutwakil
Bab esch Schegadif
Bab es Sabâch
Bab el Chusme
Ehemaliges Bab el Âbile
Ehemaliges Bab en Niséli
Unser Haus
Solbi
Juden-Frdhf.
Matradj al Hamdân
Bir el Beheim
Bab el Balaga
Bab el Kâ'a
Sêrê
verdeckter Bach
Ziegelei
El Hordi
Bostan el Djedîd
Bab el Jemen
Bab el Kasr
Bab es Strân
Bab esch Schoub
Hochflutbett
von Dulla, Kaukaban
von Assr
von Hodeida (mit Telegraph)
von Ottân
Zisterne
v. Flugplatz, Hatte
zum Flugplatz
Bet e Bous
nach Ta'iz, Aden (mit Telegraph)
Auf den Südkamm des Dj. Nukkum
Auf den Dj. Nukkum
Kleiner Bach
Ödland
Feld der Regenzeit
Bewässerungskulturen
Wohnhäuser, Wohnviertel
Sug, Bazarviertel
Moschee mit Minaret
Militärische Bauten
Stadtmauer mit Wehrgang
Stadtmauer ohne Wehrgang
Königliches Schloß
Hochflutbett
Friedhof
Hausruinen
Chandak, Durchlaß der Hochflut

raum, wie man ihn in muslimischen häusern findet. Dieser saal könnte also gut als gebets- oder schulraum der gemeinde gedient haben.

Die zugezogenen haben gründlich alle spuren der ehemaligen bewohner zu tilgen versucht. Doch offenbar vergeblich. Am deutlichsten drückt sich die soziale und kulturelle identität der jüdischen ṣana'anis in der architektonischen gesamtstruktur des viertels aus, der enge der gassen, der hohen bebauungsdichte, dem schmucklosen und abweisenden der sich ineinanderdrängenden häuser …

Um die ghettoatmosphäre zu tilgen, müszte das ganze quartier auf- und umgebrochen werden.

Wir suchen das auf der karte verzeichnete *Bab al-Rum*, das Tor der Wünsche, das zu den friedhöfen hinausführte. Hier, im westen al-Qa's, sind die eingriffe in die alten stadtstrukturen noch handgreiflicher. Breite straszen wurden angelegt, neue wohnviertel errichtet.

Von den alten friedhöfen finden wir keine spuren mehr. Die gräber sind planiert und überbaut worden. Die heutigen bewohner wissen nicht einmal, dasz sich unter ihren wohn- und schlafstuben ein jüdischer friedhof befindet.

Doch in dieser ignoranz einen antijudaischen akt zu sehen, wäre wohl eine zu eilige schluszfolgerung. Auf unserer karte von 1935 ist auch dort, wo sich heute das hotel Taj Scheba und die Jemenitische Staatsbank befinden, noch ein groszes gräberfeld eingetragen. Allerdings ein muslimisches.

Der brief aus San Francisco ist mehr als vier wochen unterwegs, der brief aus München erreicht mich immerhin schon nach zwanzig tagen. In der zeit der telekommunikation nachrichten aus dem mittelalter.
Doch geht es plötzlich nicht mehr um die aktualität des geschriebenen, sondern um die geste des schreibens an sich: Ein freund nimmt sich zeit, eine weile in gedanken bei mir zu sein. Er bringt diese gedanken zu papier, er trennt sich von ihnen und sendet sie mir. Diese geste ist die eigentliche botschaft.
Meine bank schickt mir ihre auskünfte an einen ort namens *Santa Jemen*. Die jemenitischen postbeamten akzeptieren diese heiligsprechung ihres arbeitgebers ohne irritation und stellen mir auch diese briefe selbstverständlich zu. (Da das arabische einen wesentlich gröszeren deutungsspielraum als das lateinische zuläszt, sind die jemenitischen beamten im richtigen fehllesen – *Sana'a Jemen* – bestens geschult.)
Das schon vor wochen angekündigte schreiben meines berliner verlegers indessen hat mich bisher nicht erreicht. Hat dieser mir wohlgesonnene, doch zerstreute mensch den brief noch an das Institut adressiert? Dann sollte ich mich auf einige unannehmlichkeiten gefaszt machen.

Wie das geschriebene arabisch, so sind auch die gesprochenen dialekte voller verkürzungen und vieldeutigkeiten. – *'ala dschamb*, ruft der fahrgast dem chauffeur zu, wenn er aussteigen will: an die seite, oder höflicher: *indak huna* – dein(e sache), hier (zu halten). Der sinn ergibt sich aus der situation und den sprachbegleitenden ausdrucksformen wie intonation und gestik.
Andererseits gibt es gerade in der umgangssprache eine fülle von sprachlichem zierat, der allenfalls emphatische bedeutung hat: *man huwa ar-radschul*, wer ist er der mann. *Hatha huwa sadiqi M.*, das ist er mein freud M.
Es gibt genauere sprachen, doch keine sprache ist eindeutig, es sei denn, zeichen und bezeichnetes fielen zusammen. (Handelt es sich in diesem fall noch um eine sprache?)
Es gibt genauere sprachen, doch kaum poetischere. Die wurzel von *sadiq*, freund, ist *sadaqa*: die wahrheit sagen; die wurzel von *scha'ar*, dichter, lautet *scha'ara*, fühlen. *Masrah*, das theater, geht zurück auf *saraha*, ins freie treiben, *madrasah*, die schule, auf *darasah*: verwüsten. *'athuba*, süsz, angenehm sein, verändert seine bedeutung durch die verdoppelung des zweiten konsonanten zu quälen, foltern, bestrafen (*'aththaba*). Das verdoppelungszeichen wird in der regel nicht notiert. Die richtige lesart ergibt sich aus dem kontext.

Das wesen der sprache ist nicht lexikalisch, das heiszt kein system zur vollständigen übersetzung der welt. Ihr wesen ist eher pragmatisch, das heiszt ein werkzeug zur besseren handhabung der welt.
Busfahrkarten sind nicht im bus selbst erhältlich, sondern müssen vor reiseantritt in fahrkartenbüros gekauft werden. Diese fahrkartenschalter gibt es an jedem busbahnhof und gelegentlich auch an einzelnen haltestellen.
Wo ist, bitte, der fahrkartenschalter?
Es gibt hier keinen fahrkartenschalter.

Hält denn hier kein bus?
Nein, der bus ist schon abgefahren.
Wann hält denn der nächste bus?
Der nächste bus kommt morgen früh.
Sind die fahrkarten im bus erhältlich?
Nein. Die fahrkarten müssen Sie am fahrkartenschalter kaufen.
Aber Sie sagten doch, es gebe hier keinen fahrkartenschalter!
Morgen wird es einen fahrkartenschalter geben.
Wo werde ich den schalter finden?
Genau hier, an der haltestelle.

Nicht nur die Sclaven tanzen, ihre Herren eifern ihnen nach, wenngleich nicht nackicht und fettglänzend: Auf dem freyen Platze vor dem Stadtthore führen Krieger benachbarter Stämme eigenarthige Pantomimen auf. In dem von Zuschauern gebildeten grösseren Kreise bewegen sich in regelmässigem Tanzschritte zwey Partheyen gegen einander, jede zu drey Personen, denen sich im weiteren Verlaufe des Spiels je eine Vierte zugesellt. Obschon die Gegner mit den entblössten Schwerdtern und Dolchen forthwährend Lufthiebe und Stiche führen, scheinen sie im Anfang einander nicht zu verfolgen. Erst zu Ende jedes Tanzes markiren sie durch wechselweises Vorrücken und Zurückweichen im Ganzen den stattfindenden Kampf, wobey aber die tänzerische, bey Manchem gar anmuthige Gangart nicht aufgegeben wird.
Dieser Tanz heisst unter den jemenitischen Stämmen *Berra*; er wird mit grosser Leidenschaft und Ausdauer aufgeführt. Die musicalische Begleitung bilden kleine Pauken, die in complicirtem Rhythmus geschlagen werden: ein synkopirtes, gegen einander verschobenes Tamtam, bey dem jeder Trommler einem eigenen Schlagmaass folgt, aber Alle einen gemeinsamen Tact einhalten.

*

Während ich noch im Schutze einer grösseren Zuschauerschaar den Kabilentanz betrachte, fühle ich mich plötzlich meinerseits beobachtet. Ein pockennarbiger, schnurbärtiger Bursche, der über dem jemenitischen Wickelrocke eine französische Sametweste trägt, starrt mich mit einer Directheit, ja, einer unverhohlenen Curiosität an, welcher ich, wäre ich nicht trotz der knöchellangen Gewänder unverkennbar ein Mann, eine unsittliche Absicht unterstellen müsste. Nun kann ich mich aber nicht entsinnen, ihm schon einmal begegnet zu seyn. Und nicht nur seine Kleidung ist von so particulirer Auffälligkeit, dass sie nicht leicht vergessen würde: Seine Haare, die ihm in dichten, schlohweissen

Locken unter dem Turbane hervorquellen, wirken wie eine gepuderte Amtsperücke, die englische Richter während der Processe zu tragen pflegen. Dabey mag der curiose Bursche kaum älter als ich selber seyn.
Ich könnte dem seltsamen Spuke ein Ende bereiten, indem ich den aufdringlichen Kerl einfach anspräche. Alleyn, ich will meinen unerlaubten Ausflug nicht ohne Noth offenbaren. Zwar darf ich ihn auf Grund seines spectaculairen Aeusseren nicht für einen Spion des Herrschers halten, doch würde er an meinem egyptischen Accente unfehlbar den Fremden erkennen und sich zu weiteren Erkundigungen herausgefordert fühlen. Also entschliesse ich mich, stehenden Fusses in die Stadt und zu unserem Gartenhause zurückzukehren.
Indessen folgt er mir durch das Stadtthor und weiter durch den Zündhölzer- Kämme- und Seifensuq, das ist eine schmale Basaarstrasse, welche nach etwa 200 Schritten zum eigentlichen Markt führt. Dieser besteht aus einem Gewirr von Gassen, die ausschliesslich dem Handel vorbehalten. Jedes Handwerk und jede Kaufmannsschaft hält ein eigenes Gässchen auf diesem Markte occupirt. Wohnhäuser giebt es nicht, aber ein dichtes Gedränge von Verkaufsbuden, Werkstätten und Warenlägern. Des Nachts ist Niemandem der Zutritt zu diesem Stadttheile erlaubt. Eine Marktpolicey wacht über die Stände und Läger.
Obwohl das Menschengewimmel in den Gassen gross ist, bleibt mein Verfolger in geringem Abstand hinter mir. Ich beschleunige meinen Schritt und eile so geschwind durch die Menge der geschäftigen Schlenderer, Gaffer und Feilscher, wie es ohne aufzufallen und andere Passanten zu molestiren, irgend möglich. Auch nehme ich manchen Umweg, auf dass ich den hartnäckigen Verfolger nicht direct zu meinem Quartiere führe, denn dann genügte eine kurze Erkundigung bey den Wachen, ihm meine wahre Identität zu entdecken.

Nachdem ich einen kleinen Vorsprung errungen, trete ich auf dem Markt der Schneider und Stoffhändler in einen der dämmrigen Verkaufsstände und hülle mich sogleich in einen leinernen Turbanstoff, so dass mein Gesicht wie unter einem Kopfverbande fast gänzlich verborgen. Auch ist mir nun der Tuchhändler behilflich, indem er, die Güthe des Gewebes preisend, aus dem Kopfverbande eine vollständige Leibesbandage zaubert, wie ich sie bey egyptischen Mumien zu Kahira gesehen. Und die List scheint zu glücken. Durch einen Sehschlitz in der leinernen Larve sehe ich den englischen Richter im Kabilenrocke mit sorgenvoller Miene an der Schneiderbude vorüber hasten.

Um auch fürderhin unerkannt zu bleiben, lasse ich mir von dem Turbanstoffe 15 Ellen und ein braunes Leinenkleid geben, wie es gemeiniglich die Handwerker in ihren Werkstätten tragen. Meine egyptische Dschalabija rolle ich zu einem unauffälligen Bündel zusammen und begebe mich alsdann zu einer Barbierbude beym *Suq el Haddadin*, dem Markt der Eisenschmieder. Hier lasse ich mir den Kinn- und Backenbart abnehmen und den Lippenbart stutzen, so dass aus einem verwahrlosten Reisenden binnen kurzer Zeit ein ehrbarer jemenitischer Handwerksbursche geworden. Doch kaum hat der flinke Barbier meine maltraitirten Wangen mit feinem Talkem bestäubt, dass sie von zarthester Blässe wie nur irgend ein bartloses Edelfräulein des Morgenlandes, da sehe ich im Spiegelglase den frechen Buben mit der Allongeperücke am Budeneingang lehnen und, als er meiner Aufmercksamkeit gewahr wird, mir dreist ins Spiegelantlitz grinsen.

Rasch werfe ich dem Bartschneider seinen Lohn hin, dränge an dem importunen Kerl vorbey ins Freye und eile zurück ins Herz des Marktes, in den *Suq el Bess*, dem Basaar der Gesichtsschleier, und dem *Suq el Qawafi*, dem Markt der Käppchenschneider. Noch sinne ich nach einer neuen List, den ungebetenen Verehrer abzuschütteln, erwäge in aller Eile, den Dienst des Schröpfers, welchen ich im *Suq el Mihratah* bey seinem delicaten Handwerke beobachtet, in Anspruch zu nehmen, oder doch besser in einer der überfüllten Teebuden im *Suq el Ais* einzukehren, als kaum fünf Schritte vor mir der Schreiber des Imams, der für unsere Beaufsichtigung zuständig, mit zwey Janitscharen aus einem der Zollhäuser, von denen auf dem Markte zwey oder drey vorhanden, auf die Gasse tritt und sich in meine Richtung wendet.

Indessen hat mich der lästige Kabile, meines plötzlichen Stockens wegen, eingeholt und schiebt mich, die unerwartete Inconvenience mit einem Blicke überschauend, durch das Thor eines Lagerhauses, in dessen directer Nachbarschaft das Zollamt eingerichtet, ehe der Schreiber oder einer der Büttel mich erkannt.

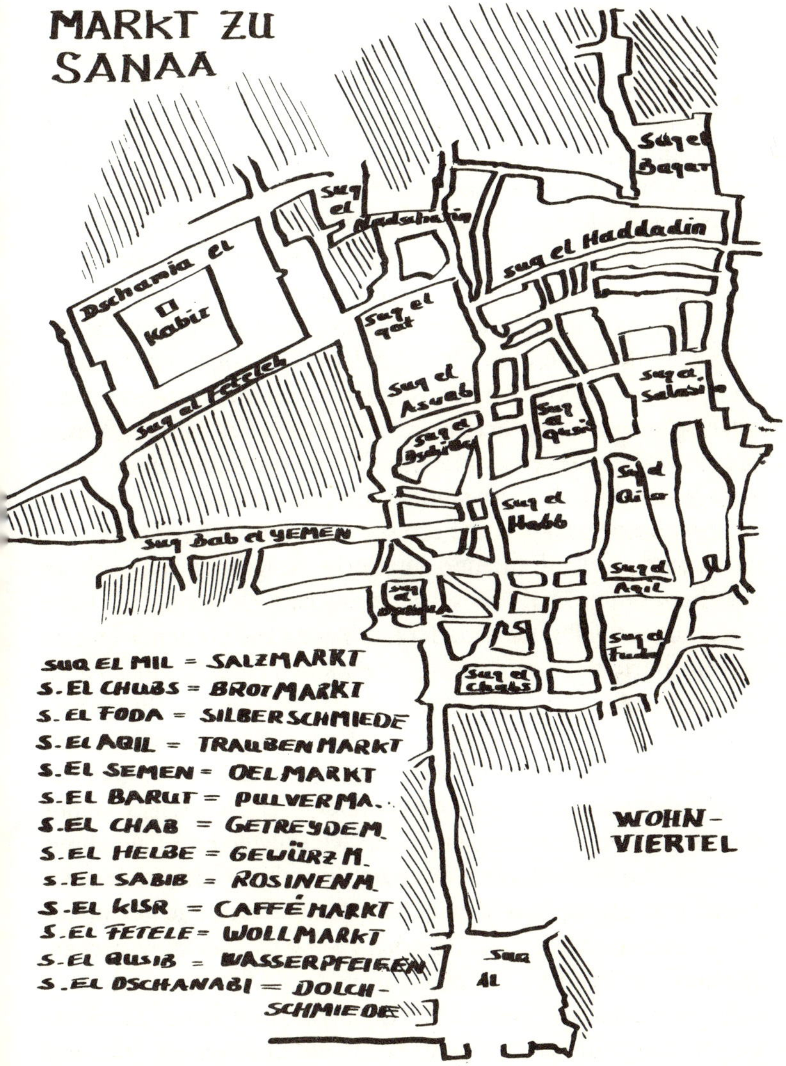

Der Schwarze Mann steht am Spielfeldrand und ruft den Weissen zu: Wer hat Angst vorm Schwarzen Manne? – Niemand! brüllen die Weissen im Chor. – Wenn ich aber komme? fragt der Schwarze. – Dann rennen wir! jauchzen die Weissen.
Es scheint, als sey der Schwarze der Jäger. Alleyn, die Weissen geben die Regeln vor, nach denen der Schwarze ihnen Angst, das meint: Lust bereiten darf: Wenn ich aber komme? – Dann lachen, spucken, schiessen wir.
Freylich hat der Schwarze die Möglichkeit, durch Stärke oder List die eigene Parthey zu vergrössern. Indessen werden die Weissen sich hüten, den besonderen Stärken des Schwarzen entgegen zu kommen.
Nur in einem kurzen Spielabschnitte ist das Verhältnis zwischen Jägern und Gejagten im Gleichgewicht. Die Zunahme der Jäger kann auf Dauer von den Weissen nicht verhindert, sondern nur hinausgezögert oder erschwert werden, denn die eigentliche Macht des Schwarzen, nämlich die Weissen zu bannen und ihrerseits in Schwarze zu verwandeln, ist unangreifbar.
Das Spiel endet fast, wie es begonnen hat: Der Weisse Mann steht einsam am Spielfeldrand und antworthet eisig: Niemand! – Wenn ich aber komme? ruft die schwarze Meute.
In der nächsten Runde wird der letzte Weisse der erste Schwarze Mann seyn.

*

Jacque bringt mir Tee. Feste Nahrung aufzunehmen weigert sich mein fiebernder und zugleich fröstelnder Leib beharrlich. Jacque legt die helle Innenfläche seiner groszen schwarzen Sclavenhand auf den harten, krampfgeschüttelten Bauch, welcher sich unter der lebendigen Kühle und wohl auch einigen lautlos gemurmelten Heilsprüchen seiner Heimath langsam entspannt und wieder ein gleichmässigeres Athmen erlaubt.
Fürchten die Cameraden eine ernsthafte Infection, dass sie dir meine Pflege überlassen? frage ich Jacque lächelnd. Er schüttelt den Kopf.

Mit einer Geste, durch die er de la Motte zu characterisiren pflegt, deutet er an, dass jener die ganze Nacht an meinem Lager gewacht und mich mit kalten Umschlägen versorgt hat, da ich ohne Besinnung gewesen. Erst am Morgen habe er überredet werden können, für eine Weile ihm, Jacque, die Aufsicht über mein Wohlergehen zu überlassen und der eigenen Erschöpfung Sorge zu tragen.

Am Nachmittag tritt de la Motte mit gewohnter Frische in meine Kammer: Nur deiner Unpässlichkeit, lieber Alois, haben wir es zu verdanken, dass wir uns noch nicht auf der staubigen Strasse nach Mockha befinden, begrüsst mich der Freund. Seine Majestät, Imam Jachja der Soundsovielte, gedachte, uns einer Janitscharentruppe anzuvertrauen, welche zur Verstärkung irgend einer Küstengarnison heute morgen die Stadt verliess. Die Nachricht von deiner ernsten Erkrankung aber hat Seine Hoheit zu einem Aufschube unserer Abschiebung veranlasst. Offenbar stehst du in nicht geringem Ansehen bey Hofe. Denn in vergleichbaren Fällen, so vertraute unser Schreiber mir an, verfahre der Imam ungleich strenger.
Doch muss ich gestehen, fährt er nach einem Augenblick des Schweigens forth, dass mir unsere baldige, wenngleich erzwungene Heimreise nicht unwillkommen wäre. Denn ich bin dieser Stadt, dieser Menschen, dieses wolkenlosen Himmels und dieses feinen Staubs, der sich in jede Pore unseres Leibes eingenistet und uns schon zu Lebzeiten zu einem Theil der Erde macht, einfach müde. Es sind nunmehr alleyne Schotenbauers Wahnideen, welche mich vom Eingeständnis des Scheiterns unserer Expedition und einer freywilligen Rückkehr abhalten.
Der beständige Aufenthalt in diesen grauen Zimmern, erwidere ich, kann wohl leicht zu derley grauen und traurigen Gedancken führen, Eugen. Schliess dich meinen heimlichen Ausflügen in die Stadt an, sobald ich wieder auf den Beinen bin, und das bunte und wechselvolle Treiben in den Gassen wird dein beschattetes Gemüth alsbald wieder aufhellen.
Mir ist, spricht de la Motte, als hätte ich diese Ausflüge bereits gemacht, ehe ich überhaupt einen Schritt aus den Mauern unseres Hauses gesetzet. Ich habe zur Vorbereitung dieses Unternehmens

so viele Reiseberichte verschlungen und bin bereits so vollgestopft mit den Erinnerungen und Erfindungen Anderer, dass ich sie von den eigenen Erlebnissen kaum noch zu trennen vermag. Wie soll ich mich da noch den neuen Eindrücken öffnen können. Ich bin nicht nur müde, Alois, ich bin auch bis zum Erbrechen satt.

Ich verstehe deinen Ueberdruss, Eugen, kommt es doch auch mir immer öfter vor, als wisse ich endlich Alles oder doch wenigstens mehr vom Oriente als die Orientalen selbst. Dann wieder weiss ich nicht mehr zu unterscheiden, was alleyne meinem Geiste entsprungen und was wirklich geschehen ist, erinnern wir uns doch nicht weniger lebendig an unsere abentheurlichen Lectüren, Träume und Phantastereyen als an die wirklichen Abentheuer. Und vielleicht ist der Unterschied zwischen Beyden ja in der That nicht so gross, wie das Vorurtheil uns Glauben macht, denn findet das Erleben und Erinnern der Beyden nicht am selben Orthe statt?

Warum also reisen wir? Was erhoffen wir zu entdecken? Ist es nicht eher ein ständiges Abschiednehmen, ein Verlieren von Wunschbildern, Träumen, Täuschungen?

Und doch sind es gerade diese Träume und Täuschungen, die uns Findungen und Erkenntnisse erst ermöglichen, Eugen. Eine ungetrübte Sicht wäre nur dem Blinden, ein vollkommenes Gehör nur dem Tauben möglich. Wüsste der Reisende, wie auch der Träumende, nicht schon etwas, er würde nichts wahrnehmen.

Ist es deine körperliche Schwäche, die dich so verständig macht? entgegnet de la Motte lächelnd. Uebrigens hat sich ein hiesiger Kaufmann nach deinem Befinden erkundigt und mir herzliche Genesungsgrüsze aufgetragen.

Ein Kaufmann? Wie ist sein Name?

Er hat nur seinen Rufnamen angegeben: Abbas. Doch wenn du ihn kennst, wirst du ihn nicht so schnell vergessen. Er hat, trotz seiner jungen Jahre, bereits silbergraues Haar.

Ja, ich kenne ihn. Entgegen der hiesigen Sitte hat er auch mir seines Vaters Namen nicht genannt.

Vielleicht ist er Waise und hat nur diesen einen Namen.

Sanaa, den 5ten July

Die Stadt Sanaa liegt an dem Fusse eines Berges Nikkum oder Lokkum, auf welchem man noch die Ruinen eines alten Castelles sieht, das nach der Meinung der Araber von Noahs Erstgeborenem, Sem, gebaut sein soll.
An der andern, nämlich der westlichen Seite der Stadt, erstreckt sich ein meisten Theils trocknes Flussbett und dahinter ein grosser Garten, oder vielmehr eine Vorstadt, welche von dem Imam Metwokkel angelegt und von dem jetzt regierenden Imam mit dem schon erwähnten Palaste verschönert ward.
Alles ist von einer Mauer oder, genauer, von einem Wall von Erde umgeben, der mit ungebrannten Mauersteinen bekleidet ist. Und auf demselben sieht man eine Menge kleiner Thürme, etwa 30 doppelte Schritte von einander entfernt.
Die Stadt ist überdies an der einen Seite von dem Castelle und an der anderen vom Bustan el Metwokkel durch Mauern abgesondert. Der Umfang der Stadt und des Castells, die Gartenvorstadt nicht mitgerechnet, ist so gross, dass man um selbige bequem in einer Stunde und acht Minuten gehen kann.

Die Juden wohnen nicht in der Stadt Sanaa, sondern in einem eigenen grossen Dorfe, Kaa el Jehud, südlich und in der Nähe unseres Logis in Bir el Assab gelegen. Ihre Anzahl wird auf Zweytausend gerechnet. Man begegnet ihnen in Jemen verächtlicher als in der Türkei. Indessen finden die Araber ihre besten Goldschmiede, Töpfer und andere Handwerker, welche des Tages in ihren Buden in der Stadt arbeiten, und des Abends wieder nach ihren Wohnungen zurückkehren.

*

Von dem Schreiber erfahre ich, dass Reverend Fox aus dem Palaste gewiesen und samt seiner Kameelladungen gedruckter Bücher in nämliches Viertel umziehen musste, ehe er vor einigen Tagen in Begleitung einer Janitscharentruppe die Hauptstadt Richtung Mockha verliess. Offenbar wird er vom Imam für einen

Juden gehalten. Da er in der That auch fliessend Hebräisch spricht, ward er von der in el Kaa ansässigen Judenschaft mit grosser Herzlichkeit aufgenommen.
Der Schreiber zeigt mir eines der Bücher, das er von Monsier Diderot erworben, und unschwer erkenne ich darin eine englische Bibel. – Als er dieses Buch in el Kaa zu verkaufen beginnt, fährt der Schreiber forth, und überdies den Bewohnern die Ankunft eines Judenkönigs predigt, die indessen bereits vor vielen hundert Jahren stattgefunden habe, zweyfeln die Juden an seiner Credibilität und geben ihm kein Quartier mehr. Da man ihm nun nirgendwo zu logiren erlaubt, bleibt ihm nur die Abreise, jedoch nicht ohne sich zuvor noch beym Imame über die Verstocktheit der Sanaaner Juden zu beschweren.
Ich kann mir kaum vorstellen, dass ein so heiterer und zielstrebiger Mann wie Monsieur Diderot sich durch irgend einen Zweyfel seiner Mitmenschen, und handle es sich auch um den Imam persönlich, von seiner Mission abbringen lässt.
Wie dem auch sey, er hat die Stadt auf jeden Fall verlassen, wenn auch noch keine Zeitung vorliegt, ob er, wie er zu beabsichtigen vorgab, sich in Mockha eingeschifft.
Indessen, so fügt der Schreiber hinzu, hat der Imam, obgleich er wohl nicht recht verstanden, was dieser angebliche Franke eigentlich zu reclamiren vorsprach, dessen Beschwerde zum Anlass genommen, seinen jüdischen Unterthanen eine hohe Geldstrafe aufzuerlegen.
Uebrigens, beendet der Schreiber seinen Krankenbesuch und erhebt sich, übrigens hättet Ihr Euch, lieber Freund, bey einem Tee im Zollhause kaum derart verkühlt, wie Ihr es bey Eurem uncommoden Aufenthalte in der klammen Kälk- und Gerberhalle gethan.
Ist es alleyne eine gewisse, durch die Krankheit bedingte Apathie, dass ich über diese Anmerckung des Schreibers keinerley Ueberraschung empfinde?
Auch würden die freundlichen Zöllner wohl darauf hingewiesen haben, dass die nämlichen Werkstätten des Nachts verschlossen werden.
So wisst Ihr also von meinen Erkundungsgängen?

Davon Kenntnis zu haben ist die Aufgabe, zu welcher ich bestellt.
Und Ihr habt sie stillschweigend tolerirt?
Policeyliche Maassnahmen zählen indes nicht zu den Dienstpflichten eines Schreibers.
Und muss ich Euren fürsorglichen Hinweis nun als Warnung, oder darf ich ihn als Duldung verstehen?
Ich bin die rechte Hand des Imams, doch nicht sein Herz.

Sanaa, den 7ten July. Auf dem ersten heimlichen Spacirgange nach meiner Genesung erleben wir die Zurückkunft des Imams vom Freytagsgebete in der Hauptmoschee, der Dschamea el Kabir. De la Motte ist in meine egyptische Dschalabija gekleidet, während ich den braunen Handwerkersrock trage, welchen ich im Suq el Dschilla erstanden. Noch bewegt sich de la Motte ein wenig zu gracieuse in seinem Kleide, da er sie wohl eher als grotesque Costümirung denn als angemessene Leibesbedeckung empfindet.
Dem Aufzuge voran gehen einige hundert Mann Soldaten mit grossen weissen Turbanen. Gemeiniglich lassen sich Rang und Stand der Araber vortrefflich an den Kopfbedeckungen ablesen. Die Janitscharen in Egypten tragen einen schwarzen, seidenen Turban, die Janitscharen zu Constantinopel einen weissen, der aber in der Mitte mit einem Zipfel versehen, und diesen auch nur bey öffentlichen Ceremonien.
Der Imam und jeder von den Pairs aus seiner zahlreichen Familie lässt einen grossen Sonnenschirm bey sich hertragen, ein Vorrecht, welches in dieser Erdengegend nur den Abkömmlingen vom Geblüthe verstattet wird. Ausser den Prinzen sind noch wenigstens 600 von den Vornehmsten, sowohl aus dem geistlichen als auch weltlichen und militairischen Stande auf prächtigen Pferden in diesem Gefolge, und eine gar grosse Menge Gemeiner begleitet den Imam zu Fuss.
De la Motte schlingt alle Curiositäten dieser blendenden Procession, wie ein Hungernder das erste üppige Mahl nach vielen Tagen des Fastens, in sich hinein. Ich fühle mich von seiner Schaulust und seiner Daseynsfreude angesteckt und in die unbeschwerteren Tage unserer Freundschaft zurück versetzt. Unsere erste gemeinsame

Reise führt Eugen und mich zwar nur von Weimar nach Wunsiedel, eine Wanderung von 15 deutschen Meilen oder 2 Tagen, aber welch ein unendliches Abentheuer für den Geist und das Herz.
Da wir am Abend aber unser angestrebtes Nachtquartier in Probstzella, am Fusse des Frankenwaldes, noch nicht erreicht, weil wir am Wegesrand, in Betrachtung hübscher Nichtigkeiten, oder in eitle Dispute eingesponnen, zu oft verweilet, sind wir auf freyem Felde zu nächtigen gezwungen. Doch ist es August und die Nachtluft mild. Und schon mit der ersten Morgensonne ziehen wir weiter unseres Weges, um unser Frühstück hoch oben auf dem Wetzenstein einzunehmen.
In dem dichten Tannenwalde zwischen Lauenstein und Ludwigsstadt tritt uns ein kräfftiger Bursche entgegen, welchen ich, würde er nicht seine Pistolen auf unser Beyder Köpfe gerichtet haben, für einen rechtschaffenen Holzfäller oder Flösser hielte. – De la Motte lächelt ein wenig, als ich in dramatischer Geste zu meinem Bühnenschwerdte greife. Der honette Räubersmann hingegen spricht mit ernster, kräftiger Holzfällerstimme: Lass den Degen stecken, und rück das Geld raus, Bursche!
Eugen erwidert mit der ihm eigenen Ruhe: Der Verwalter unseres Vermögens, wie auch unserer Beschränkungen bin ich, Camerad.
DER RÄUBER: Was soll das heissen, Kerl?
EUGEN: Ich verwahre die gemeinsame Reisecasse, alleyn, ich trage an ihrem Behältnisse schwerer als an ihrem Inhalte.
DER RÄUBER: Dir glaube ich den Habenichts aufs Worth, Kerl, doch dein Cumpan verbirgt den reichen Edelmann nur schlecht unter seinem Handwerksrocke.
EUGEN: Du hast ein scharfes Auge, Camerad. In der That ist mein Gefährte reich an Adel. Da sich selbiger aber allzu wenig in barer Münze auszahlt, bleibt ihm nur die List, dass die erzwungene Bescheidenheit wie eine freygewählte wirke.
DER RÄUBER: Und du, Comödiant mit wohlfeilen Worthen, wirst mir als Nächstes gestehen, in Wirklichkeit seyst du der Edelmann, der den Comödianten nur spiele.
EUGEN: Die Wahrheit ist, wir sind zwey Comödianten, den Ranzen voller Thorheiten, und bereit, all unsere bescheidne Habe mit einem Dritten zu theilen, Camerad.

DER RÄUBER: Wenn das die Wahrheit ist, so bin wohl ich kein Räuber, sondern bloss ein Franziskanermönch in Räubertracht, welcher seiner lieben Christenbrüder Glaubensstärke mit dieser Costümierung auf die Probe stelle.
EUGEN: Als hätte ich es nicht von Anfang an gewusst, mein Bruder. Was meinst du, Alois, sollen wir diesen bettelbrüderlichen Räubersmann, oder, um dem aufklärerischen Dispute unserer Identitäten Rechnung zu tragen: diesen räuberischen Bettelbruder, nicht zu unserem himmlischen Gipfelfrühstücke laden?
So kommt es denn, dass wir zu dritt die Wallfahrtsstätte erreichen, um daselbst dem Geburtsorthe eines wahren Bruders im Geiste zu huldigen. Das Städtchen liegt, von blumengeschmückten Anhöhen umkränzt, wie ein kostbares Mockhaservice vor uns, aus zarthem und kühlem Porcellane gefertigt, doch im Innern von einer unerwarteten Schwärze und Erregung.

Alleyn, so zahlreich und zum Theil auch vornehm diese freytägliche Procession sich darstellt, so unordentlich verläuft sie auch. Alles reitet und eilt, ohne die geringste Disciplin zu beobachten, durch einander. Vor dem Bab Scherara müssen die Soldaten einige Male feuern. Dies geräth ihnen so schlecht, dass ich de la Motte dränge, in die nunmehr menschenleere Stadt zurückzukehren. Auch fühle ich mich durch das heftige Fieber noch etwas geschwächt, so dass ich nicht länger in der grossen Hitze herumstehen will.
Doch kaum haben wir dem festlichen Gepränge den Rücken gekehrt und uns dem Stadtthore zugewandt, als Eugen mit einem erstickten Aufschrey an meiner Seite zusammenbricht. Aus einer Wunde zwischen den Schulterblättern sickert Bluth, welches sich rasch auf dem weissen Gewande ausbreitet. Nur mühsam vermag ich den stöhnenden Gefährten wieder aufzurichten. Noch ist dieser Anschlag ob des vielen Lärmens und Gedränges bey der umherstehenden Zuschauerschaar unentdeckt geblieben, als überraschend Abbas, der weisshaarige Kaufmannsbursche, aus der vergnüglichen Menge hervor und an meine Seite tritt, den verwundeten Gefährten zu stützen.

Fahrt nach Raīdah, einem marktflecken mit etwa achttausend einwohnern, siebzig kilometer beziehungsweise zwei autostunden nördlich von Ṣana'a gelegen. Die *Encyclopedia of Yemen* merkt zu Raīdah nur an, dasz es noch andere ortschaften gleichen namens gebe. Der name gehe auf *rāda* (herumstreifen, anstreben, zu verführen suchen) zurück. Einsam gelegene orte hieszen so. Wir wollen kontakt zur kleinen jüdischen gemeinde aufnehmen, eine der letzten, die es im Jemen noch gibt. Nūr hat sich für ein wochenende von seinem bereitschaftsdienst befreien können. Ich freue mich, dasz er es, trotz einiger widerstände, mit mir verbringt. Seine familie begegnet unseren gemeinsamen expeditionen inzwischen nicht mehr nur mit wohlwollen. Und auch er selbst hat zunächst gezögert, mir seine begleitung für diesen ausflug anzubieten. Offenbar überschreitet meine neugier in diesem fall die grenzen des spielerischen.

Raīdah – das ist eine staubige strasze mit fensterlosen, zur fahrbahn offenen, garagenartigen geschäften auf beiden seiten, die wohl nur am markttag aus ihrem trägen dämmerzustand erwachen. Allerdings ist Raīdah dafür berühmt, dasz der interessierte kunde zu jeder zeit jede nur denkbare waffe, vom revolver bis zur cruise missile, dort erstehen könne. Die bewohner von Raīdah, so heiszt es, lebten, bis auf die juden, allesamt vom waffenschmuggel.

Die juden von Raīdah sind unbewaffnet. Sie tragen nicht einmal den traditionellen krummdolch, zeichen der krieger- und manneswürde. Durch ihre langen schläfenlocken sind sie auf der strasze sofort als juden zu erkennen.

Ich gehe auf zwei raīdaher juden zu und frage sie nach der synagoge oder der schule. Sie schauen zunächst mich, dann Nūr, der, wohl aus verlegenheit, einige schritte zurückgeblieben ist, voller argwohn an. Schlieszlich antwortet der jüngere, es gebe in Raīdah keine jüdischen schulen oder synagogen, und wendet sich von uns ab. Ich insistiere: Es müsse doch gebets- oder versammlungsräume geben und einen ort zur unterweisung der kinder.

Der ältere schüttelt bedächtig den kopf: Die gebets- und schulräume lägen weit entfernt, auszerhalb der stadt. – Er will noch etwas hinzufügen, doch zieht der jüngere ihn mit sich fort.

Dieser start trägt nicht gerade dazu bei, Nūr für eine fortsetzung meines unternehmens zu begeistern. Ich lasse ihm seinen abstand und frage einige kinder, die um uns herumstehen und der szene neugierig gefolgt sind, nach der jüdischen schule. Und sofort gehen sie voran, uns den weg zu zeigen.
Sie führen uns in eine der schmalen seitengassen und zeigen auf ein etwas zurückliegendes, von anderen häusern halb verdecktes, im ganzen unscheinbares gebäude, das, nicht anders als die nachbarhäuser, wie ein wohnhaus wirkt. Sie treten unbefangen durch die enge, niedrige holztür ein und winken uns zu, ihnen in den dämmrigen flur zu folgen.
Wir hören stimmen aus dem oberen stockwerk, also stolpern wir im finstern, den kindern hinterher, die schmalen lehmstufen hinauf. – In einem groszen, mit teppichen ausgelegten raum sitzen auf dem boden sechs, sieben kleine jungen im halbkreis um ihren alten, kaum gröszeren lehrer. Überrascht blicken sie von ihren fiebeln auf und mustern stumm die fremden besucher, die, eskortiert von einem dutzend muslimischer nachbarkinder, nicht weniger überrascht und sprachlos zurückstarren.
Schlieszlich tritt Nūr vor und bittet den lehrer für unser eindringen um entschuldigung. Er stellt uns kurz vor und fragt den alten, ob er nach dem unterricht ein wenig zeit für den »doktor aus almanja« habe. – Der alte nickt mürrisch und heiszt uns, in einer ecke des raumes platz zu nehmen. Die nachbarkinder schickt er mit einer schroffen geste hinaus. Dann fährt er mit dem unterricht fort.
Er singt einen hebräischen vers aus der fibel vor, die schüler singen ihn gemeinsam nach. Dabei wiegen sie im rhythmus der worte ihre oberkörper hin und her. – Der unterricht in den quranschulen verlaufe genauso, flüstert Nūr mir zu. Er bestehe allein aus dem richtigen memorieren der heiligen suren. Der lehrer singe die verse vor, die schüler wiederholten sie im chor. Es gehe nicht um das verstehen oder gar das auslegen der texte, dazu

seien die schüler viel zu jung. Es gehe in der tat um eine körperliche aufnahme, das eingehen der worte in fleisch und blut. Die heilige schrift unterstehe so wenig unserer gedanklichen kontrolle wie der eigene atem oder herzschlag. Deshalb rezitiere sie auch nicht allein der kopf, der ganze körper sei ihr gedächtnis.

Der alte beendet, offenbar früher als üblich, die hebräischstunde. Die schüler streifen uns mit dankbaren blicken und stürzen die dunkle treppe hinunter ins freie. Der alte sammelt die bücher auf, stellt sie zu einem dutzend anderer in den wandschrank und verschlieszt sorgfältig die tür. Dann wendet er sich zu uns, doch setzt sich nicht. Im stehen sagt er, nun könnten wir reden. Ich berichte von meinen streifzügen durch al-Qaʿ und von meinem interesse, mehr von den jüdischen traditionen innerhalb der jemenitischen kultur zu erfahren. – Dazu käme ich vierzig jahre zu spät, sagt er leise.
Hier gebe es doch noch eine jüdische gemeinde. Deshalb seien wir nach Raīdah gekommen. – Er schüttelt den kopf: Vor einigen jahren ist dieser raum noch mit schülern überfüllt gewesen. Von den sechzig knaben sind sieben übrig geblieben. Alle anderen haben mit ihren familien das land verlassen und sind nach Israel oder Amerika gegangen. – Gibt es noch weitere fragen? Es ist nun essenszeit.
Wir stehen auf. Er läszt uns vorangehen und verschlieszt sorgfältig die zimmertür. Ich drehe mich noch einmal um: Meine eigentliche aufmerksamkeit gelte traditionellen spielen. Unter den von mir bisher gesammelten gebe es einige, die laut auskunft meiner informanten jüdischer herkunft seien, zum beispiel *hizali hizali* oder *taḥtī batī*.
Ich sehe sein gesicht im unbeleuchteten treppenhaus nicht, doch klingt seine stimme abweisend: Was wissen muslimische kinder schon von jüdischen spielen. – Ich frage ihn, ob er mir sagen könne, was *taḥti batī* bedeute. Er antwortet: Es handelt sich um eine verballhornung heiliger Tora-worte. Jüdische kinder haben ihre eigenen spiele. Nun musz ich zu tisch. Es tut mir leid, nicht mehr zeit für euch zu haben.
Wir stehen in der engen gasse vor dem schulhaus, unschlüssig,

ob wir noch in Raīdah bleiben oder nach Ṣana'a zurückkehren sollen. Nūr überläszt die entscheidung mir, obwohl ich spüre, dasz dieser ort ihn bedrückt.
Über uns öffnet sich ein fenster. Durch die gitterstäbe lächelt uns einer der Talmud-schüler zu. Er wird zur seite geschoben, ein zweites, bärtiges gesicht erscheint zwischen den stäben. Es mustert uns neugierig. Dann leuchtet darin das gleiche kindliche lächeln wie das im gesicht des jungen auf. Der mann winkt uns zu, ins haus zu treten und zu ihm heraufzukommen.

Meïr ist von unschätzbarem alter. Sein wildwuchernder, rabenschwarzer bart verbirgt einen groszteil seines dunklen ledrigen gesichts, in dem die hellbraunen augen und die groszen gelben zähne wie bernstein funkeln. Seine lippen sind spröde und schuppig und von einer ungesunden blauvioletten farbe, sein lächeln aber öffnet sich weit, so dasz man fast von ihm verschlungen wird. Um sein rechtes handgelenk trägt er drei klobige armbanduhren, von denen jede eine andere zeit anzeigt.
Wir sitzen im zugigen gastraum des hauses, der sich nur durch die fülle des wandschmucks und der ziergegenstände von einem traditionellen muslimischen diwan unterscheidet. Neben Meïrs sohn, dem Talmud-schüler, leisten uns noch drei weitere jungen gesellschaft, cousins im alter von zwölf und dreizehn jahren, über die ich im verlauf des gesprächs erfahre, dasz sie alle bereits verheiratet und zwei sogar schon väter seien.
Ich berichte von unseren bisherigen erlebnissen in Raīdah und verschweige auch meine wachsende furcht nicht, in diesem klima des misztrauens das falsche zu sagen oder zu fragen. Meïr schüttelt lächelnd den kopf: Lasz dich von einigen querköpfigen juden nicht verunsichern und sprich freimütig aus, was dir in den sinn kommt.
Nein, *taḥtī batī* ist weder hebräischen ursprungs noch ein typisches jüdisches spiel. Jüdische und muslimische kinder spielen in der regel das gleiche, wenn auch selten miteinander. Sie besuchen zwar dieselben schulen, doch gibt es immer noch muslimische eltern, die ihren kindern einreden, es sei *'aib,* eine schande, mit einem jüdischen kind zu spielen.

Selbst mich hat schon ein weltvergessener muslim aufgefordert, drei schritte hinter ihm zurückzubleiben. So verlange es die sitte. Selbstverständlich habe ich darüber nur lachen können.
Jemen ist nun eine republik. Jeder bürger, ob muslimischen oder jüdischen glaubens, hat die gleichen rechte. Niemand darf sich also wundern, wenn ich, Meïr, eines tages für das amt des präsidenten kandidiere. – Wieder lächelt er uns breit und jovial an. Er zeigt auf die fotos an der wand: badende am strand von Tel Aviv, besucher vor der klagemauer in Jerusalem, eine reisegruppe vor dem World Trade Center in New York, winzige gestalten, unter denen nur Meïr durch sein breites lächeln auffällt. – Der groszteil meiner familie wohnt in Tel Aviv. Doch ich bin hier zu hause. Ich bin jemenit.
Auch wenn die jemeniten mittlerweile selbst in Israel nicht auf ihre tägliche ration qat verzichten müssen. Habt ihr schon gehört, dasz es israelischen chemikern gelungen ist, die wirkstoffe dieser droge synthetisch herzustellen? Vermutlich gibt es bald in jeder stadt, in der sich eine jemenitische gemeinde befindet, dealer, die qat-kaugummis *made in Israel* anbieten.
Er fragt, ob wir durstig seien. Sein sohn, Joël, verläszt auf seinen wink hin den gastraum und kehrt mit einer wasserkaraffe und zwei gläsern zurück. Meïr füllt unsere gläser halbvoll. Ich nehme einen kräftigen schluck der klaren flüssigkeit: bester hausgemachter tresterbranntwein. – Nūr riecht kurz am inhalt des glases und setzt es ungekostet wieder ab.
Als hätte sich der duft der verbotenen gabe in windeseile verbreitet, füllt sich der diwan mit nachbarn und freunden. Die nachmittägliche qatrunde beginnt. Die muslime unter den gästen fühlen sich hier offenbar zu hause. Sie reden mit kräftiger, selbstbewuszter stimme, während die juden in der runde mehr und mehr verstummen.
Die hinzugekommenen kauen behäbig das qat, das Meïr ihnen groszzügig anbietet. Die drei jungen ehemänner hingegen kauen nicht, beobachten die szene aber mit einer art lethargischem spott. Ich frage, was geschähe, wenn ein jude sich in ein muslimisches mädchen oder ein muslim sich in ein jüdisches mädchen verliebte.

Letzteres ist kein problem, antwortet Meïr. Die eltern geben das mädchen dem muslimischen mann. Das paar gründet eine gute muslimische familie und wird von allen muslimen geachtet sein. – Die muslimischen gäste nicken und kommentieren Meïrs erklärung mit einem witz, den ich nicht verstehe. Meïr stimmt breit in das gelächter seiner gäste ein.
Ich merke an, dasz nach jüdischem gesetz die kinder dieser verbindung doch juden seien, da allein die religionszugehörigkeit der mutter zähle. Meïr übergeht meinen einwurf und fährt fort: Sollte ein jude ein muslimisches mädchen heiraten wollen, würde das paar keine drei tage überleben. – Nun stimmen die gäste lauthals in Meïrs gelächter über diesen offenbar gelungenen witz ein.
Alle raidaher juden, die wir bisher getroffen hätten, unterbreche ich die ausgelassene stimmung, seien unbewaffnet gewesen. Ich frage, ob es juden nicht erlaubt sei, waffen zu tragen. Die runde verstummt. –
Selbstverständlich dürfen juden waffen tragen, antwortet Meïr nach einer weile und zupft ostentativ an seinen schläfenlocken. Wir ziehen es aber vor, uns nicht mit diesen unedlen metallen zu beschweren.
Die gäste: Das sei doch nur zu ihrem vorteil, denn einen unbewaffneten anzugreifen sei für jeden mann eine schande. Und stünden sie nicht unter dem erklärten schutz der stämme?
Meïr nickt bedächtig: Ja, warum sollte sich ein jude selbst verteidigen, wenn so viele tapfere männer bereitstehen, sich für die unversehrtheit ihrer schutzbefohlenen zu schlagen. Übrigens, bist du schon in New York gewesen? Kannst du mir vielleicht erklären, warum so viele hübsche weisze mädchen mit schwarzen, kraushaarigen männern befreundet sind?
Ich frage ihn, ob er schwarz denn häszlich fände.
Er schüttelt ernst den kopf: Was für eine frage. Findest du schwarz etwa schön?

Es wird spät. Meïr lädt uns ein, über nacht zu bleiben. Nūr sagt, er müsse am abend noch nach Ṣana‘a zurück. Doch würde ich mich nun auch ohne ihn zurechtfinden. – Das erste mal trennen wir uns während einer gemeinsamen reise.
Ich schlafe schlecht auf dem harten lager. Wirre träume, an deren inhalt ich mich in der frühe nicht mehr erinnere. Kopfschmerzen. Und geschwollene und verklebte augen wegen des zugs im diwan.
Joël bringt mir brot, bohnen und tee. Sein vater sei bereits im geschäft. Um welche art von geschäft es sich handle? Joël zuckt die achseln. Menasse, der lehrer, bitte mich, ihn zu besuchen, ehe ich Raidah verliesze. Er solle mich zu seinem haus führen.

Meïr sei ein respektloser spötter. Ich solle nicht in dem glauben abreisen, ich hätte einen vertrauenswürdigen vertreter der gemeinde gesprochen. Er, Menasse, sei über alles informiert, was am vortag geredet wurde. Er hoffe, wenigstens in Meïrs söhnen ehrfurcht vor der tradition und dem gesetz wahren zu können. – Er legt seine hand in Joëls nacken und läszt sie während des ganzen gesprächs dort ruhen. – Doch wolle er nicht über Meïr reden, der ohnehin schon zu oft tagesgespräch sei, sondern meinem wunsch entsprechen und mir etwas zu jüdischen kinderspielen erzählen.
Ihm selbst sei nur wenig zeit zum spielen gelassen worden. Daher erinnere er sich nur an wenige spiele: Als wir klein waren, haben wir einen laden oder einen backofen aus lehmziegeln gebaut und die tätigkeiten der erwachsenen nachgeahmt. Spielzeug gab es so gut wie gar nicht.
Ich entsinne mich einiger kreisspiele, die zum teil von arabischen versen begleitet werden. Eines, das aber vor allem von mädchen aufgeführt wird, hat folgenden wortlaut:

dau lahānī dau idah	ringel ringel reihe
bab ṣana'a wal-gadah	tor von ṣana'a und das masz
ahuāti tamanijah	ich habe acht schwestern
jil' abu ḥaulanija	ja sie wollen *ḥaulanija* spielen
fi manāsir 'alijah	in den hohen dachlauben
'alijah mista'lijah	den hochgelegenen
farschahah farschah harīr	sind teppiche teppiche von seide
wal wusā'id was-saīb	und kissen und rosinen

Das *masz* steht wohl allein um des reimes willen da. *Ḥaulanija* ist ein spiel, das aus der region Ḥaulan stammt.

Ein verbreitetes spiel unter mädchen und jungen, das ich auch heute noch in verschiedenen varianten unter den kindern antreffe, ist das singspiel von den torwächtern und der ḳarawane. Zwei kinder fassen einander an die hand und bilden das tor. Die anderen kinder stellen sich in eine reihe und mimen die karawane. Vor den gesenkten armen der torwächter bleiben sie stehen und singen:

jā bāb jā bauwāb	o tor oh torwächter
adhil dschimālī wadhul	lasz meine kamele hindurch und hinein
WÄCHTER	
ah rabbin wugambir	lasz sie niederknien und setz dich selbst dazu
KARAWANENFÜHRER	
jā bāb jā bauwāb	o tor oh torwächter
adhil dschimālī wadhul	lasz meine kamele hindurch und hinein
WÄCHTER	
gul lhin jgumain	sage ihnen sie sollen aufstehen
barrik dschmalik wudhuk	sattle deine kamele und tritt ein

Die kinder, die sich beim entsprechenden vers wie kamele brüllend niedergelassen haben, erheben sich nun und ziehen hinter ihrem karawanenführer her unter den armen der torwächter hindurch. Der führer gibt dabei jeweils an, welche last das kamel trägt:

adhil 'aschr gadah gaml	ich führe hinein zehn masz läuse
adhil 'aschr gadah ktan	ich führe hinein zehn masz flöhe
wa 'aschr gharā'īr dibbān	und zehn sack fliegen
...	...

Sind alle kamele hindurchgezogen, umspringen sie die torwächter. – Die torspiele sind deshalb so verbreitet, weil das stadttor in alter zeit sehr bedeutsam war. In Ṣana'a wurden mit dem abendgebet *maghrib,* also bei sonnenuntergang, alle stadttore geschlossen. Karawanen, fremde oder späte heimkehrer muszten vor den stadttoren übernachten und bis zum sonnenaufgang warten. Auch in der stadt selbst erstirbt mit dem abendgebet das öffentliche leben. Die menschen ziehen sich in ihre häuser zurück. Nachtwächter patroullieren.

Doch selbst wenn die stadttore geöffnet sind, kann nicht jeder nach belieben hindurchgehen. Torwächter beaufsichtigen das kommen und gehen. Erscheint ihnen jemand verdächtig, wird er sorgfältig überprüft. Ist gegen den verdächtigen ein verbannungssurteil gesprochen, verwehren sie ihm den durchgang. – So ist im grunde auch dieses spiel eine nachahmung des beobachteten verhaltens der erwachsenen.

Und dasz stadttore für uns juden eine besonders wichtige bedeutung haben, ist wohl leicht einzusehen. Die ṣana'aner juden dürfen in der altstadt arbeiten, müssen aber bis sonnenuntergang in ihr viertel, Qa' al-Jahud, heimgekehrt sein. Dieser stadtteil ist von einer zusätzlichen mauer umgeben. Auch darin sind tore, die des nachts geschlossen werden. – Tore schlieszen ein und schlieszen aus.

Obschon ich lehrer bin und mich tagtäglich mit kindern auseinandersetze, habe ich mich nie besonders mit ihren spielen beschäftigt. Doch habe ich mich schon des öfteren gefragt, warum

gerade *verstecken* ein so weit verbreitetes und von zeit und ort fast unabhängiges spiel ist. Liegt der grund in seiner einfachheit: Die kinder brauchen kein spielmaterial und können es mit wenigen oder vielen jederzeit und überall beginnen?
Spiegeln sich darin unsere urerfahrungen, jagd, verfolgung, krieg, wider? Oder kindheitserinnerungen: die abwesenheit geliebter menschen, die suche nach ihnen?
Wir müssen erst lernen, dasz die dinge, auch wenn wir sie zwischenzeitlich nicht wahrnehmen, weiter existieren. Wiederholen wir in diesem spiel unseren unglauben?
Ich erinnere mich noch gut an das gefühl, suchender zu sein und die mitspieler so gut versteckt zu finden, dasz ich zu zweifeln beginne, ob es sie überhaupt noch gibt. Mich überfällt eine stimmung so vollkommener einsamkeit, dasz ich zu weinen beginne. Natürlich tauchen meine Kameraden wieder auf, doch schlieszen sie mich eine zeitlang von ihren spielen aus.

Zur auslosung besonderer spielpositionen haben wir verschiedene mittel, die wir *sahm* (anteil haben, - nehmen, pfeil, los) nennen. Bei einer art des auslosens bildet ein spieler aus seinen gespreizten daumen und zeigefingern einen ring, in den die anderen kinder je einen finger von jeder hand stecken. Ein waisenkind musz nur einen finger, egal von welcher hand, beitragen. Nun ergreift einer der mitspieler mit geschlossenen augen einen finger. Derjenige, dessen finger herausgegriffen wird, »ist dran«. Zur auslosung verwenden wir auch abzählverse. Folgender, ein vers aus der Thora, ist mir, verständlicherweise, in erinnerung geblieben:

mi-dabhar schagar	von einem falschen ausspruch
tirhog wa-nogī	halt dich fern
wu-saddīg al-taharog	und einen unschuldigen bring nicht um
ki lo'asdig roscho'	denn einen schuldigen sprech ich nicht frei

(Ex 23.7)

Das theater beginnt bereits, bevor der vorhang sich öffnet. Die ersten reihen sind für frauen und besondere gäste reserviert. Da sich jeder besucher hier, wenn auch nicht für eine frau, so doch für einen besonderen gast hält, gibt es dramatische szenen zwischen der bewaffneten saalaufsicht, von der armee für den abend gemieteten soldaten, und den nicht weniger bewaffneten theaterbesuchern. Ich nehme mit erstaunen wahr, wie respektlos den mietsoldaten begegnet wird. Die uniform scheint eher ein zeichen für ein- und unterordnung als für (staatliche) autorität zu sein. Achtung gebührt vor allem dem unabhängigen, nur seiner ehre verpflichteten stammeskrieger.

Der theatersaal, teil des informationsministeriums, wirkt denn auch wie ein parteilokal in der provinz. Die bühnendekoration könnte einem müllstück Becketts entstammen. Als wollten die schauspieler gegen diesen tristen existentialismus anspielen, lassen sie Wladimir und Estragon wie Laurel und Hardy agieren. Laurel und Hardy sind zwei totengräber. Sie nutzen ihre profession, die toten so bar aller irdischen güter unter die erde zu bringen, wie sie auf diese geworfen wurden. Und sind die zu bestattenden darüber hinaus noch von einem letzten lebensfunken beseelt, so wird dem ja ohnehin unentrinnbaren schicksal des öfteren unter die arme gegriffen.

Nun reiht sich, zwei stunden lang, eine makabre szene an die andere: Leichen, die sich nicht begraben lassen wollen, die, noch ihres totenhemds beraubt, sich aus den frischen gräbern wühlen, um sich an den fledderern zu rächen; goldgelockte engel, die, wenn auch vergeblich, die lebenden vor den toten zu schützen versuchen, brüllende mordopfer, die sich im todeskampfe wälzen, ein fettes gerippe (weisz auf schwarzen stoff gemalt), das sich dieser schicksalsstunde nicht mehr entsinnen kann und immer noch unter den lebenden glaubt, und schlieszlich der magere gevatter tod persönlich, der seinen guten namen von unseren tölpelhaften helden miszbraucht sieht. Eine eher grellbunte als schwarze nummernrevue, die dem publi-

kum alles vorführt,was auch nur anzusprechen bereits als böses omen gilt.
Und das publikum unterhält sich gut. Der auftritt des blondgelockten engels, einer aus dem fernsehen bekannten nachrichtensprecherin aus 'Aden, wird mit applaus bedacht, da das scheitern seiner gutgemeinten rettungsversuche noch nicht vorherzusehen ist. Beim auftritt des hohlwangigen gevatter tods läuft ein spürbares schaudern durch den saal. Selbst das fette gerippe, das sich über den feisten leib eines ägyptischen schauspielers spannt, verfehlt seine wirkung nicht. Diesen auftritt wagt das publikum noch, durch drohungen und schmährufe abzukürzen.

Die wenigen frauen im zuschauerraum scheinen dem bühnengeschehen distanzierter gegenüberzustehen. Jene szenen, bei denen sich die männer vor lachen schütteln, entlocken ihnen allenfalls ein spöttisches lächeln. Offenbar gibt es eine spezifisch männliche art, das unheimliche und böse der lächerlichkeit preiszugeben: Ihm wird seine männlichkeit abgesprochen.
Männer spielen für männer theater. Die schlimmste schmähung des gegners ist, seine sexuelle rolle in frage zu stellen und seine weiblichen anteile vorzuführen. Zumindest jene stereotype, die männer gemeinhin für typisch weiblich halten: Gevatter tod ist eine androgyne hexe, das fette gerippe eine ägyptische tunte. Verständlich, dasz diese männerphantasien frauen nur ein müdes lächeln entlocken. Keine frau ist in der weise weiblich, wie männer zu sein fürchten: schwach, impotent, ein opfer männlicher lust und gewalt.
Die parodierte männliche »weiblichkeit« gehört ganz der männlichen sphäre an. Sie ist der gegenpol zum »krieger«. Die frauen spüren, dasz die haltung der männer voller ambivalenzen ist: Die verachtung des weiblichen steht in direktem verhältnis zur furcht vor ihm. So lächerlich und weibisch sie den tod auch vorführen, er bleibt letztlich sieger.
Nur da, wo männer ihre weiblichen anteile in ihr rollenverhalten integriert haben, wirken sie souverän: zum beispiel im tanz, wo sie keinerlei scheu zeigen, sich genau in der hier als »weiblich« denunzierten art zu bewegen. Oder in der alltäglichen körper-

lichen zärtlichkeit untereinander, die sich in nichts von der vertrautheit zwischen frauen unterscheidet.

Das stück heiszt ʿASCHIQ AL-MAŪT: Liebhaber des Todes. Wie bereits im titel, so vermischen sich auch im stück sexuelle und kriegerische elemente. Der tod ist die vollkommenste form männlicher »weiblichkeit«, und die vereinigung mit ihm der äuszerste sexuelle akt: absolute hingabe, verschmelzung, ohnmacht. Ist es gerade diese sehnsucht, diese nachtseite des kampfes und des kriegerdaseins, die fasziniert und ängstigt zugleich? Die durch vorführung und ironisierung gebannt und unschädlich gemacht werden musz?
Auf der bühne finden selbst die toten keine ruhe. Die erde, diese metze, spuckt sie wieder aus. Oder ist es eher die oberfläche, das, was darauf unverwurzelt blieb, das sie nicht zur ruhe kommen läszt? – Der schluszapplaus ist kurz und schütter. Er gleicht den allgemeinen abschiedsriten in der arabischen kultur. Im gegensatz zu den umfangreichen und differenzierten begrüszungszeremonien geht man kurzerhand davon, manchmal gar gruszlos.

ADAM ṢAIF Ṣana'a 20. 12.

Adam Ṣaif wohnt in einem kleinen hotel in der nähe des theaters. Er teilt sich das zimmer mit drei ensemblekollegen. Adam Ṣaif gilt als der, vor allem durch fernsehsendungen, bekannteste jemenitische schauspieler.
Wir sitzen auf den betten. Für stühle oder gar einen tisch bietet das hotelzimmer keinen raum. Nur ein fernsehgerät hat neben dem waschbecken noch platz gefunden. Es läuft während des ganzen gesprächs, ohne dasz jemand zusieht.
Ich frage Adam Ṣaif, wie er schauspieler geworden sei. Er berichtet, schon als kind habe er ständig theater gespielt, wenn auch nicht auf der bühne: Einmal war eine englische theatergruppe in 'Aden zu gast. Ich habe mich ihr einfach angeschlossen. Später habe ich in Syrien und Ägypten schauspiel studiert und schlieszlich diese jemenitische truppe gegründet.
Nun bin ich nicht nur schauspieler, sondern auch theaterdirektor, regisseur, bühnenautor, beleuchter, tonmeister, garderobiere und, nach wie vor, hungerleider. Denn vom staat dürfen wir keine unterstützung unseres zweifelhaften handwerks erwarten. Selbst die saalwachen, junge soldaten auszer dienst, haben wir selber engagieren müssen.
Was die eigene familie von meiner schauspielkunst hält? Natürlich schämt sie sich meiner wahl. Trotz oder gerade auf grund meiner berühmtheit. Meine eltern habe ich viele jahre nicht mehr gesehen.
Selbst meine frau hat nichts für diesen beruf übrig. Noch nie hat sie sich eine meiner produktionen angeschaut.
Und wenn nun eines meiner kinder den schauspielberuf wählte? Wäre ich darüber nicht erfreut. Vielleicht erwiese sich mein sohn als stark genug, sich gegen den willen des vaters durchzusetzen. Meinen töchtern würde ich die schauspielerei auf jeden fall untersagen.
Nicht, weil ich meinen eigenen beruf verachte. Doch weisz ich zuviel von den anstrengungen und niederlagen, die dieses unsichere dasein im sozialen nirgendwo mit sich bringt. Nicht we-

nige meiner kollegen leiden unter dieser entwurzelung oder versuchen gar, sich das leben zu nehmen.
Denn hat man sich einmal für das theater entschieden, bedeutet es den bruch mit dem traditionellen, dem allgemein respektierten alltagsdasein. Und in dieses angepaszte dasein führt kein weg zurück.

Mich erinnert deine schilderung an die anfänge des europäischen theaters. Auch in Europa sind die zeiten noch nicht vergessen, in denen der schauspielerberuf als unehrenhaft galt oder zumindest als ein dasein auszerhalb des bürgerlichen lebens angesehen wurde. Erwartest du in naher zukunft eine veränderte haltung, einen gröszeren respekt der hiesigen gesellschaft vor dem schauspielberuf?
Eine wichtige rolle wird zweifellos das fernsehen spielen. Der duft des ruhms wird einen teil der anrüchigkeit dieser profession überdecken. Dasz sich in Europa die einstellung zur schauspielkunst und zu künstlerischen berufen insgesamt so fundamental gewandelt hat, hängt aber auch mit der akademisierung des handwerks zusammen. Gibt es hochschulen zum studium der künste, überträgt sich etwas vom allgemeinen prestige akademischer berufe auf diese nicht wissenschaftlichen sparten.
Im Jemen existiert keine einzige kunsthochschule. Alle maler, musiker und schauspieler sind in diesem sinne dilettanten. Ich selber habe zwar im ausland studieren können, doch hat es mein ansehen kaum gefördert. Erst wenn die jemeniten die kunst im eigenen land als wesentlichen und bereichernden teil ihrer kultur betrachten, wird sich etwas am sozialen status der künstler ändern.

Nicht nur die soziale lage der schauspieler, sondern auch die art ihres spiels erinnert mich an die anfänge des europäischen theaters: eine mischung aus burleske, mysterienspiel und commedia dell'arte. Ist dies die art theater, die du zu spielen wünschst?
Selbstverständlich nicht. Dies ist die art von theater, für die jemeniten eintritt zu bezahlen bereit sind. Dies ist die art von theater, von der schauspieler im Jemen sich ernähren können.

Dies ist aber auch die art von theater, die schauspieler sich ihres berufes schämen läszt.
In Damaskus und Kairo habe ich in ernsten stücken arabischer und europäischer autoren spielen dürfen. Und natürlich würde ich auch hier gerne Macbeth oder Richard den Zweiten darstellen. – Hamlet oder Romeo entsprächen angesichts meiner physischen konstitution wohl wiederum nur dem jemenitischen boulevardtheater. Doch nicht einmal der kulturminister persönlich würde sich, trotz freikarte und ehrenplatz, diese künstlerische anstrengung zumuten.

Ist die schlimmste hybris des künstlers nicht, sein publikum zu unterschätzen? Ich will die finanziellen zwänge nicht leugnen, doch bin ich überzeugt, dasz man mit ernst, phantasie und ausdauer sich ein publikum erziehen kann. Man musz nur selbst zunächst von der wichtigkeit dessen, was man tut, überzeugt sein. Denn niemand kann achtung für etwas erwarten, dessen er sich selber schämt.
Wie lange bist du bereits im Jemen? – Hier gibt es keine zuschauer, die man erziehen könnte. Hier gibt es nur schauspieler, vor denen man spielt. Jeder weisz genau und meistens besser als alle anderen, was gespielt wird oder wie es zu spielen ist. Ganz Jemen ist eine bühne, und alle jemeniten sind wenigstens hauptdarsteller, wenn nicht gar die helden des stücks.

Ist theater ein spiel? Wir reden zwar von »theaterspiel«, doch spielt der schauspieler?
Aus der sicht des publikums scheint das bühnenereignis ein spiel zu sein: ein auf einen bestimmten raum und eine begrenzte zeit festgelegtes, auf vereinbarung beruhendes, inszeniertes, das heiszt behauptetes geschehen. Das publikum unterstellt, es brauche nur ein wort, eine geste, um die bühnenillusion zusammenbrechen und die wirklichen personen, die authentische situation zum vorschein kommen zu lassen.
Doch gibt es auf der bühne tatsächlich eine wirklichkeit hinter der behauptung? Ist das illusionäre am theater nicht allein die illusion des publikums, das, was ihnen begegne, sei eine täuschung?
Fragen wir die schauspieler, ob es wirklicheres hinter dem »als-ob«, wahreres hinter dem »spiel« gebe.

Einladung zu Abdul Malik al-Makrami. Feras, sein ältester sohn, holt mich mit dem wagen ab. Ich habe bisher nur am telefon mit ihm gesprochen. Ich frage, ob er sich in Kairo gut amüsiert habe. Er mag sechzehn oder siebzehn jahre alt sein. Er spricht flieszend englisch; eine weiche helle stimme, als stünde ihm der stimmbruch noch bevor.
Er verbringt die ersten jahre seiner kindheit in Cambridge, wo sein vater mitarbeiter von R. B. Serjeant ist. Seit einiger zeit beschäftigt er sich intensiv mit englischer literatur. Er will zurück nach England gehen und ebenfalls in Cambridge studieren. Gegenwärtig arbeitet er an einem aufsatz zum thema »Konvention und Ironie in den Stücken Oscar Wildes«.
Wir halten vor dem groszen, burgähnlichen haus al-Makramis. Obwohl es erst in den achtziger jahren, nach der rückkehr aus England errichtet wird, bleibt Abdul Malik dem traditionellen baustil treu. In diesem kriegerischen land habe er nach wie vor seine berechtigung: Wer wisse, ob nicht bald schon wieder marodierende soldaten durch Ṣana'a zögen.
Der empfang ist freundlich, doch ein wenig zeremoniell: Ich hoffe nicht, weil heute heiligabend ist.– In England haben wir, vor allem der kinder wegen, natürlich weihnachten gefeiert. Doch findet die bescherung traditionellerweise erst am weihnachtsmorgen statt.– Übrigens habe ich gestern eine berufung des präsidenten in seine wissenschaftliche beratergruppe abgelehnt. Wenn das kein grund zum feiern ist.
Abdul Malik fragt mich nach meinen bisherigen forschungsergebnissen. Seine beschäftigung mit überlieferten spielen sei eher kurz und zufällig gewesen: Als mein doktorvater Serjeant ein buch über Ṣana'a zusammenstellte, habe ich, eher ironisch, angemerkt, dasz noch ein kapitel über die ṣana'anische küche und eines über traditionelle ṣana'anische spiele fehle.
Serjeant blickt überrascht auf und stellt mich nach kurzem nachdenken vor die wahl, entweder das eine oder das andere der noch fehlenden kapitel beizutragen. Nun, da ich zwar einiges

vom essen, vom kochen aber gar nichts verstehe, entscheide ich mich für den beitrag zum spiel.

Er schickt Feras hinaus, sich um tee und gebäck für den gast zu kümmern, um »englischen« tee mit milch und ungezuckert, versteht sich, und hausgemachtem weihnachtsgebäck. Er selber hat die backen bereits mit weihnachtsqat gestopft und trinkt nur hin und wieder einen schluck wasser.
Die kinderspiele, die bis zur revolution im September 1962 im Jemen verbreitet gewesen sind, haben ihre wurzeln zum teil noch in vorislamischer zeit. Das land ist ja bis zur vertreibung des Imam vollkommen von der auszenwelt abgeschlossen gewesen. Daher kann meine eigene kindheit noch als typisch für das vorrevolutionäre Jemen gelten.
Bis zum sommer 1960 gibt es in Ṣana'a keine elektrische straszenbeleuchtung. Unsere spielzeit ist vor allem der späte nachmittag, zwischen *'asr*, dem nachmittagsgebet, und *maghrib*, dem einbruch der dunkelheit. Die abende verbringen wir, bis auf die nächte des Ramadan, in der regel im familienkreis.
Die spiele unterscheiden sich nach alter und geschlecht und der jeweiligen jahreszeit. In der sommerhitze bevorzugen wir eher ruhige spiele im schatten als jagden über glühendheisze plätze. Und spiele, für die wir bestimmte früchte oder fruchtkerne benötigen, sind verständlicherweise auf die entsprechende saison begrenzt.
Um auszulosen, welcher mitspieler oder welche mannschaft ein spiel beginnt, suchen wir einen flachen stein, markieren eine seite mit spucke *(tuff)* und lassen die mitspieler zwischen *tuffāla*, der bespuckten, und *al-jābis*, der trockenen seite wählen. Dann wird der stein in die luft geworfen und aufgefangen, wie man es heute gemeinhin mit münzen tut.
Feras bringt tee und gebäck und setzt sich wieder zu uns. Abdul Malik zögert einen augenblick, ehe er fortfährt: Gewöhnlich haben die kinder mit eintritt in die pubertät aufgehört zu spielen. Heute sieht man in den gassen Ṣana'as selbst jugendliche noch fuszball spielen.
Ich frage ihn, welcher traditionellen ballspiele er sich noch er-

innert: *al-qahisch, qufaiqif, saqqi-ni... saqqait-ak,* dessen ablauf dem fangspiel *baddi* gleicht, das ich in al-Qa' beobachten konnte, und *al-walisch*, eine art golf. Als ball wird ein mit lumpen ausgestopftes sacktuch benutzt. – Doch bis auf fuszball, das in meiner kindheit kaum bedeutung hat, sind die meisten dieser alten ballspiele in vergessenheit geraten.
Ich widerspreche: Fast alle von dir erwähnten spiele sind mir von kindern in Ṣana'a, zum teil noch mit den gleichen namen, beschrieben oder vorgeführt worden. Eher wächst die zahl der bekannten spiele, auch wenn fuszball zweifellos das vorherrschende ballspiel ist.
Sicher hat sich das spielmaterial verändert: leinen- sind durch lederbälle, obstkerne durch knöpfe oder glasmurmeln ersetzt worden. Regeln und verlauf vieler alter und neuer spiele aber sehen sich verblüffend ähnlich. Offenbar haben sich bestimmte strukturen so bewährt, dasz sie auch unter veränderten bedingungen von neuen kindergenerationen wieder aufgenommen und weiterentwickelt werden.

Während ich mit meinen gedanken zu einer evolutionstheorie des spiels abschweife, läszt Abdul Malik sich von seinem sohn die *meda'a*, die obligatorische wasserpfeife bringen. Sie ist bereits in der küche mit glühenden kohlen und frischen tabakblättern versorgt worden, so dasz er sich sogleich entspannt zurücklehnen und den kühlen rauch mit stillem genusz aus dem mundstück saugen kann. Im arabischen sprachgebrauch wird die *meda'a* nicht geraucht, sondern getrunken.
Nach einer weile behaglichen schweigens erwähnt Abdul Malik einige vergnügungen aus seiner kindheit, die er ausdrücklich »spiel« nennt und die mir in meinen bisherigen nachforschungen noch nicht begegnet sind.
Einer dieser spielerischen zeitvertreibe heiszt *tītī 'ala tītī* (hintereinander her). Die spieler hinkeln auf einem bein und versuchen, mit gezielten tritten und stöszen ihres »spielbeins« die mitspieler aus dem gleichgewicht zu bringen. Berührt eines der kinder mit beiden beinen den boden, ist es »verbrannt« und scheidet aus.

Jā masā (hallo nacht) ist eher ein brauch als ein spiel. Während des fastenmonats ziehen die kinder zwischen *al-maghrib* und *al-'ascha*, dem nachtgebet, von haus zu haus und singen *jā masā dschīt āmasī 'indakum ' jā masā was'ad āllah masākum* (hallo nacht ich will die zeit mit dir verbringen ' hallo nacht sei gott behütet). Für diesen segensgesang erbitten die kinder eine kleine summe geld oder eine süszigkeit.

Ich werfe ein, dasz mir ähnliche bräuche aus meiner eigenen kindheit vertraut seien: Auch wir sind zur fastenzeit singend von haus zu haus gezogen, um mit kleinen geschenken belohnt zu werden. Offenbar liegt der ursprung dieses brauchs in einer alten religiösen verpflichtung, während dieser zeit der besinnung auch der wirklich armen und bedürftigen zu gedenken.
Feras schenkt mit tee nach. Er beteiligt sich nicht am gespräch, hört aber aufmerksam zu. Wenn ich müde sei, bemerkt Abdul Malik, werde Feras mich nach hause fahren: Längere gespräche können ohne qat und wasserpfeife doch kaum vergnügen bereiten.
Mir ist aufgefallen, entgegne ich, dasz du neben vielen traditionellen jungenspielen kaum mädchenspiele erwähnt hast. Liegt der grund darin, dasz du dich als mann vor allem an die eigenen kindheitsspiele erinnerst, oder haben mädchen tatsächlich weniger gespielt?
Eine handvoll der erwähnten kinderspiele werden von den kleinen noch gemeinsam gespielt, doch ist dein eindruck im wesentlichen richtig, dasz den jungen eine wesentlich gröszere auswahl an spielen zur verfügung steht. Jungen haben gröszere freiheiten, sich auszerhalb des hauses, fern der elterlichen aufsicht zu bewegen. Ihnen sind körperlichere, aggressivere spiele erlaubt, mädchen werden früher und intensiver in familiäre arbeiten eingebunden.
Andererseits dürfen sie auch nach ihrer kindheit noch, im kreis der frauen, verspielt sein, ohne dasz es ihre rolle als erwachsene frau in frage stellte. Für männer hingegen ist das ende der kindheit auch unwiderruflich das ende der spielzeit.

Meine zweite darminfektion innerhalb weniger wochen. Bauchkrämpfe, durchfälle, eine schlaflose nacht. Erschöpft im wörtlichen, im körperlichen sinne; ausgelaugt, ausgetrocknet. Zum schreiben selbst zu leer. Nur daliegen, wegdämmern.
Doch mein bauch läszt mir keine ruhe. Statt objektive darstellung ein fortlaufendes gespräch. Gegenwärtig ein hang zur undeutlichkeit: Nun dichtet er wieder. Musz mich zu ausreichender flüssigkeitsaufnahme zwingen.
Von der strasze klingt hochzeitsmusik herauf. Leichtes fieber. Der unsaubere, gequetschte ton der *mismar*, und der dumpfe puls der *bar'a*-trommeln. So wird es nun, bis spät in die nacht, drei tage lang gehen.
Meine sinne sind überempfindlich. Dschamilahs suppe habe ich bisher nicht angerührt. Natürlich, die erschlieszung neuer quellen kann nicht oft genug vollzogen werden. Wie viele völker sind noch nicht beschrieben worden. Doch der brennende himmel, die groszen und plötzlichen temperaturschwankungen, das zähe napalmlicht, der kristalline schatten, der abrupte übergang vom tag zur nacht, die sandpapierluft, die ausgetrockneten schleimhäute, die schmirgelnden gerüche, hupkonzerte wie andernorts vogelgezwitscher, quäkende lautsprecher, greise muezzine, schreiende kinder, das nachbarschaftliche gespräch, eine pharyngale Rossinioper, begleitet von hundegebell und klapperndem geschirr... Was werden wir je noch erfahren über die Daús, die Methkas oder die Kulabéle, von denen vielleicht noch vereinzelte grüppchen in den regenwäldern Dhrindas herumirren mögen
diese gequälte festmusik, breiig, wässrig, Penelopes elektrolyte, ist sie schon wieder gegangen, mittels neuer quellen alte theorien überprüfen, so fällt zum beispiel durch den frauentausch der Dankas neues licht auf den der Indarkuhu, untermalt vom rumor in meinem bauch, fortschreitende peristaltik, hochzeitsmarsch, vermählung des hohlorgans mit straszenkot und vogelfutter, eine mumie in den armen der verschleierten laboratorien eigenharn flüssigstuhl laxantien durstfieber dyslalie

Kaum besserung. Noch immer bettlägrig. Warum schon wieder krank? Verlange ich zuviel von mir? Schlägt mein aufenthalt mir mittlerweile auf den magen? Scheisze ich inzwischen, wortwörtlich, auf die arbeit?
Ich kann doch nicht auf jeder exkursion proviant und flüssigkeit in ausreichender menge mit mir schleppen oder jedes angebotene glas wasser zunächst abkochen, ehe ich davon trinke! Noch problematischer ist es, einladungen zum gemeinsamen essen abzulehnen, so verständlich die gründe auch sein mögen. – Das gemeinsame mahl ist die verbindlichste art, mich des schutzes und der unterstützung der besuchten stämme zu versichern.
Gehören diese infektionen noch zum prozesz der akklimatisierung (der immunisierung), oder werde ich mich nie an die spezifisch jemenitischen erreger gewöhnen?
Bevor ich nach Europa zurückkehre, will ich zumindest noch einmal Mārib besuchen. Von dort bin ich ergebnislos zurückgekehrt, obwohl es im brennpunkt meines interesses stand. Ich hoffe, Nūr läszt mich diesmal nicht im stich.

Immer wieder ist mir jemand gefolgt, in den letzten nächten. Weisz nicht, ob auf der suche nach einem sexuellen abenteuer oder nach einer leichten beute. Ich kehre auf umwegen heim, begegne jedem entgegenkommen, jeder ansprache zunehmend misztrauisch. Die offenheit, die naivität der tage meiner ankunft ist verloren gegangen.

Und nun dieses gewaltsame aufgebrochen werden.
Es flieszt aus mir heraus. Galle, wasser, das leben selbst. Die antibiotika (sic!), die Penelope mir besorgt hat, schlagen nicht an. – Eine grundsätzliche entscheidung ist notwendig.

SPIEL UND RECHT — *Ṣana'a 29. 12.*

Spiele scheinen ein sammelbecken von gebräuchen zu sein, die in der erwachsenenwelt ihren ursprung haben. Aus dem gastrecht entstammt das asyl, *die freistätte, der unverletzliche zufluchtsort, aus dem handels- oder kriegsrecht das* pfand, *das die mitspieler zu hinterlegen und wiederzuerringen haben.*
In spielen leben historische überlieferungen fort: Von königreichen, stadttoren, burgen und grenzsteinen ist die rede, von verfolgungsjagden, entscheidungsschlachten und eroberungen handeln sie. In den vielfältigen varianten von Räuber und Gendarm *haben aber meist die räuber das gröszere ansehen. Eine uralte sympathie für den vogelfreien, friedlosen, den gesetzesbrecher kommt darin zum ausdruck.*
Und entsprechend den alten halslösungsrätseln *kann ein verurteilter seiner strafe entgehen, indem er seinen richtern ein rätsel stellt, das sie nicht lösen können, oder indem er selbst ein rätsel löst, das ihm gestellt wird.*
Doch sind spiele nicht anarchistisch. Vielleicht liegt die freiheit des spiels darin, dasz regeln *und nicht* gesetze *die grenzen des tuns festlegen.*

Wenn es eine wechselbeziehung zwischen recht und spiel gibt, musz es dann nicht auch einen einflusz des spiels auf das recht geben?

Heute bei einem schneider; maszgenommen für eine *senna,* da man kleider meiner grösze hier nicht »auf der stange« findet. Auswahl des stoffes (baumwolle), klärung der details: steh- oder umschlagkragen (stehkragen), verdeckte oder sichtbare knopfleiste (verdeckte), manschetten oder saumabschlusz (manschetten), aufgesetzte oder eingenähte taschen (eingenähte) ...
Die *senna* ist kein traditionelles jemenitisches kleidungsstück. Charakteristisch für diesen teil der arabischen halbinsel sind eher *futah* oder *mauwis,* knielange röcke, und die *'abah,* eine ärmellose weste. Doch heute tragen die männer, vor allem an frei- und festtagen, dieses schlichte weisze männergewand, meist mit einem breiten ledergürtel um die hüfte, in dem *dschambija* und pistolenhalfter ihren halt finden. Über die schultern und um den kopf gebunden vervollständigt die *sumata,* ein groszes, dünngewebtes baumwolltuch die ausstattung. Form und farbe der kopfbedeckung geben auch auskunft über den sozialen status ihres trägers. Zum beispiel gilt grün als die farbe der scherifen, der direkten nachkömmlinge des Propheten. Juden und christen ist im osmanischen reich noch bis zu beginn des letzten jahrhunderts nicht gestattet, sich in grün zu kleiden.
Schon morgen darf ich mein weiszes, maszgeschneidertes festgewand abholen.

*

Kleidung ist eine art gesellschaftlicher haut. Sie dient nicht nur zum unmittelbaren körperlichen schutz, in gestaltung und wahl gibt sie eine fülle von informationen über den träger und seine soziale rolle. In der anonymität der städte ist sie vielleicht die wesentliche soziale markierung. Wir müssen dabei nicht an so grobe bedeutungsträger wie uniformen denken. – In autoritären gesellschaften kann kleidung zu einer art zwangshaut werden: Mit einer kleiderordnung wird den menschen eine soziale ordnung übergestreift. Unter dem *scharschaf,* dem schwarzen übergewand der frauen, verschwinden nahezu alle individuellen merkmale. Übrig bleibt allein die soziale, die gesellschaftliche haut.

Selbstverständlich werde ich im alltag meine europäische kleidung nicht ablegen. Jeder versuch einer rein äuszerlichen assimilation wäre allenfalls *verkleidung* und würde das trennende erst recht sichtbar machen. Die vertrautheit des unvertrauten, des fremden erscheinungsbildes weist mir einen genau definierten ort in der fremde zu. Verkleidungen hingegen irritieren und gefährden.
Kleidung ist so sehr ordnendes soziales kennzeichen, dasz viele gesellschaften für verkleidungen streng begrenzte zeiten und orte eingerichtet haben. Offenbar ist die versuchung, die zugewiesene kleidung, zumindest periodisch, abzustreifen und sich zu verkleiden, zu grosz, als dasz eine gesellschaft sie ganz unterbinden könnte.
Zu bestimmten anlässen aber kann das anlegen der für diesen anlasz üblichen kleidung als eine geste des respekts verstanden werden. Alle teilnehmer haben ihre alltagsgarderobe abgelegt und sich für dieses auszergewöhnliche ereignis umgezogen. Verkleidungen können unter bestimmten umständen obligatorisch sein.
Da ich mich wahrscheinlich noch längere zeit in diesem land aufhalten werde, wird es sicher noch gelegenheiten geben, die mir das tragen traditioneller gewänder nicht nur erlauben, sondern sogar gebieten.

Zunächst führe ich Nūr meine neue garderobe vor. Nun stünde einer hochzeit ja nichts mehr im wege, merkt er spöttisch an. Für mich handelt es sich um eine art *paradoxer* verkleidung. Im gegenwärtigen, mir fremden sozialen kontext bedeutet das ablegen der hosen und das anziehen eines rocks (futah) oder kleides (senna) den wechsel von kindlichen oder weiblichen kleidungsstücken zu männlichen gewändern, unseren sprichwörtlichen »langen hosen«. – Selbstverständlich kann ich meinen eigenen kulturellen hintergrund nicht vergessen. Darin würde dieser kleiderwechsel als transvestitismus aufgefaszt werden. Und in der tat sind meine bewegungen in der senna flieszender und geschmeidiger als in der engen jeans. Und auch einem »echten kerl« bleibt bei groszen schritten oder beim treppensteigen nichts anderes übrig, als das kleid zu raffen und seine kräftigen fuszknöchel zu zeigen.
Doch beobachte ich die männer bei ihren kriegstänzen oder auch nur den ganz alltäglichen begegnungen, ist für das europäische auge unübersehbar, dasz weiche, anmutige bewegungen in dieser kultur keineswegs als typisch weiblich gelten. – Augenscheinlich findet nicht nur unsere bekleidung, sondern unser ganzes sichtbares und, in diesem sinne, soziales auftreten eine spezifische bedeutung (und *bedeutung* ist immer bezogen auf gesondertes!) im jeweiligen sozialen kontext.

Ich klopfe bei Dschamilah an. Ihre mutter öffnet. Sie mustert mich verwirrt. Ich grinse; weisz nicht, was ich sagen soll. Komme mir wie ein tolpatsch vor. Es scheint, als sei ich einen schritt zu weit gegangen.

Habe ich geglaubt, dasz die vertrauten umrisse der heimat sich mit zunehmendem abstand verflüchtigen, musz ich nun erfahren, dasz sie in der fremde an schärfe und bedeutung noch gewinnen. Selbst die traumreisen führen zurück in heimatliche topographien.
Nichtigkeiten fallen mir ein, gehen mir tagelang nicht mehr aus dem kopf, die spitznamen ehemaliger klassenkameraden, entliehene bücher, die ich zurückzugeben vergasz, die *jingles* blödsinniger werbespots.
Gleichzeitig werde ich stumpfer für meine gegenwärtige umgebung. In den ersten wochen habe ich mehr gesehen, gehört, gerochen, gefühlt. Und sicher liegt der grund nicht darin, dasz es nur noch wiederholungen von längst vertrautem gebe.
Obwohl die tage nun ereignisärmer verlaufen, bin ich am abend erschöpfter. Ist »menschen-« oder »völkerkundler« ein beruf? Wenn es ein beruf sein sollte, dann einer, dessen ausübung in denkbar grösztem masze von der freigebigkeit anderer menschen abhängt.
Eher scheint die tätigkeit des anthropologen eine regression zu sein. Die flucht aus der eigenen kultur in eine gesellschaft, in der man »gefüttert« zu werden erhofft.

Der reiseführer warnt mich: Die reise nach und der aufenthalt in Schahārah seien eine strapaze. Die stadt liege zwar nur etwa hundertsiebzig kilometer von Ṣana'a entfernt, doch müsse man dafür mit acht bis neun stunden fahrzeit und etwa zweitausend rial fahrtkosten rechnen; falls man überhaupt eine mitfahrgelegenheit bis Schahārah finde. An frei- und feiertagen sei so gut wie gar kein verkehr in der region.
In Schahārah selbst gebe es nur einen *funduq*, in dem der reisende im eigenen schlafsack übernachten sollte. Da weder bettwäsche noch warmes wasser zur verfügung stünden, müszte der übernachtungspreis eigentlich gering sein. Doch solle man auf äuszerst willkürliche forderungen gefaszt sein, die der gast wohl oder übel zu erfüllen habe, wolle er nicht im freien übernachten.
Schahārah ist eine der berühmtesten bergfestungen des Jemen. Sie liegt auf dem 2600 meter hohen Dschabal Schahārah. Wenn der besucher den beschwerlichen weg über schotterstraszen, sandpisten und steile bergpfade bewältigt habe, könne er sich mühelos vorstellen, warum im lauf der jahrhunderte alle belagerer an dieser uneinnehmbaren feste gescheitert seien. Dasz Schahārah nie erobert werden konnte, liege aber auch an der entschlossenheit der bewohner, jeden eindringling mit äuszerstem widerstand zu bekämpfen.
Und selbst heute noch könne der besucher die erfahrung machen, dasz die schahārahnis gästen weitaus zurückhaltender begegneten als andere jemeniten.

Nūr wird mich wieder nicht begleiten können. Doch warnt er mich, allein zu reisen. Die lage sei unübersichtlich. Einige stämme des nordens hätten oppositionellen aus dem süden des landes ihre unterstützung zugesagt. Der politische konflikt zwischen nord und süd könne sich innerhalb kürzester zeit zu einem neuen bürgerkrieg verschärfen.
Auch sollte ich mich noch ein paar tage ausruhen, ehe ich mich

wieder auf reisen begebe. Doch habe ich in den letzten zehn tagen kaum etwas anderes getan. Inzwischen strengt mich die musze mehr an als die bewegung.
Ich sage ihm, dasz ich seine position als leutnant der marine wesentlich besorgniserregender finde als meine zwar kämpferischen, aber nicht kriegerischen unternehmungen. Falls es tatsächlich zu einer bewaffneten auseinandersetzung kommt, entgegnet er, wird sie kaum auf dem wasser ausgetragen werden. Zwar zählt zu den väterlichen pflichten eines qabilis auch, seinen söhnen das schwimmen beizubringen, doch findet sich in den bergen und am rand der wüste nur selten gelegenheit dazu.

Reiseroute: Von Hassaba/Ṣana'a mit einem sammeltaxi nach Hūth (ca. 130 km / 2 std. fahrt); von Hūth per mitfahrgelegenheit über schotterstraszen und pisten westwärts zur siedlung al-'Ascha (20 km; zwei, drei lebensmittelläden); durch das fruchtbare subtropische wadi al-Wa'ar (datteln, bananen, papayas) bis zum marktflecken Suq al-Ahad (12 km; markt nur am sonntag). Von dort geht es auf einer sandpiste bis zur ortschaft al-Qabai am fusz des Dschabal Schahārah (15 km; insges. ca. 5 std.).
Von hier führt ein steiler bergpfad hinauf zur festung Schahārah. Dabei ist ein höhenunterschied von 1400 m bis hinauf auf 2600 m zu bewältigen. Wolle man die unbeschreiblich schöne aussicht besser genieszen – die berge der umgebung sind kaum höher als 1500 m – und den weg zu fusz zurücklegen (oder findet man einfach keine mitfahrgelegenheit), müsse man für den aufstieg, gute körperliche verfassung vorausgesetzt, sechs bis sieben stunden rechnen.
Unterwegs passiere man vier weitere kleine ortschaften, bis man schlieszlich durch das an-Nachla-tor die stadt betrete. – Inscha'allah.

⇨ leichtes reisegepäck / warme kleidung / schlafsack / reiseapotheke / notproviant

Als ich ihn am Nachmittage im Cafféhaus treffe, frage ich ihn ohne viele Umschweife, ob er mir einen Beweis seiner Freundschaft liefern wolle. – Jeden! lautet seine Antworth. – Wider aller gebotenen Vorsicht und vielleicht auch gegen jede Vernunft vertraue ich ihm. Indessen haben wir auch nicht mehr viel zu verlieren. – Würdest du mit uns eine Reise machen, auch wenn sie dem ausdrücklichen Willen des Imams widerstritte – Ich würde mit dir selbst bis an die Pforten der Dschehennam reisen, mein Freund.

Nur allzu geschwind könnte uns die Reise genau dorthin führen. Doch lasse ich diese Befürchtungen vor meinem Freunde nicht laut werden. Statt dessen sage ich ihm: Gut, Abbas. Besorge uns drey Reith- und zwey Lastkameele, zwey geschlossene Sänften, in welchen die Frauen zu reisen pflegen, und ein Reitthier für dich selbst. – Weiterhin gebe ich ihm eine Liste der Vorräthe, die er in den nächsten Tagen zusammentragen solle, und eine Summe Geldes, um damit die nöthigen Einkäufe zu thätigen.

Sanaa, den 12ten July. Am Morgen tritt unerwartet der Schreiber in meine Kammer. Nach einigen freundlichen Worthen bittet er mich um Verständnis, dass er den ganzen Besitz de la Mottes habe einbehalten müssen. Nach altem jemenitischen Rechte gehöre dem Imam alles Guth der in seinem Herrschaftsgebiete verstorbenen Ungläubigen.

Nicht einmal die persönlichen Schriftstücke des Gefährten will er uns aushändigen, obgleich Niemand bey Hofe des Deutschen kundig und von ihrem Inhalte auch nur ein Worth versteht. Indessen ist womöglich eben dieser Umstand der vornehmliche Grund, uns die persönlichen Documente des Verstorbenen vorzuenthalten.

Unser arabischer Verstand, spricht der Schreiber, ist ein blinder Wächter. Der Schatz liegt zu unseren Füssen, doch haben wir ihn

nie gesehen. Wir lauschen, ob ein Anderer sich nähert. Wir selbst sind still, damit uns kein Laut entgehe. Wir müssen zugreifen, ehe ir wissen, in welcher Absicht der Andere sich nähert. Zögern wir nur einen Augenblick, kann uns der Schatz bereits geraubt seyn. Dabey wissen wir gar nicht, worin der Schatz besteht. – Vielleicht wären wir glücklicher, wenn man ihn uns nähme.
Unser abendländischer Verstand, entgegne ich nach einer kurzen Weile des Schweigens, ist ein scharfäugiger Wächter. Der zu bewachende Schatz liegt uns sichtbar vor Augen. Doch weil der Schatz nicht aus dem besteht, was wir gemeiniglich für einen Schatz ansehen, halten wir das so Offensichtliche nicht für den wahren Schatz. – Nähert sich Jemand, nehmen wir diesen soforth wahr. Doch glauben wir, dass er uns zu täuschen versucht. Wir halten ihn für masquirt. Wir sehen ihn, aber erkennen ihn nicht. Wir begegnen ihm nicht als denjenigen, welchen er vorgiebt zu seyn, sondern als denjenigen, welchen wir hinter der Masque vermuthen. – Wir sehen, doch wir glauben nicht, was wir sehen.

Sanaa, den 13ten July

Heute meldet mir Abbas, dass Alles vorbereitet sey. Die Kameele stünden im Hofe seines Hauses, zum Aufbruche bereit. Ich bitte ihn, mit mir zu unserem Quartier in Bir el Assab zu gehen. Wir treten unbemerkt durch die kleine Gartenpforte ein.
Im Hause angelangt erkläre ich ihm, dass ich von seiner Freundschaft das weitere Opfer fordern müsse, nunmehr unser Logis nicht eher zu verlassen als mit uns gemeinsam zur Abreise, welche wir für den Morgen des nächsten Tages festgesetzt. – Sein Hausgesinde werde sich um ihn sorgen und vielleicht gar suchen lassen, giebt er zu bedencken. – Er möge seinem Majordomus einen Brief schreiben, dass er im Hause eines Freundes übernachte, entgegne ich seinem Einwande. Ich würde ihn durch einen Boten überbringen lassen.

*

Der bevorstehende Aufbruch versetzt uns Alle in so grosse Erregung, dass Niemand von uns die doch angerathne Nachtruhe findet. Alle kommen sie, nachdem das Nothwendige gepackt, in meine Kammer und sitzen nun schweigsam da. Jacque hat uns von den Speisen, die Abbas mitgebracht, ein traditionelles africanisches Abschiedsmahl zubereitet. Doch ich wünschte mir, ich könnte zum Gedencken an den forthgegangenen Freund die Trommel schlagen und in einen grotesquen Tanz oder wenigstens in grelles Wehgeschrey ausbrechen. Von den neuen Sprachen verstehe ich zwar einige Worthe, aber nicht die Gesten. – Indessen habe ich in der Meinigen noch das Beten verlernt.
Dies Land ist ein barbarisches Land, unterbricht Schotenbauer endlich die traurige Stille. Seine Bewohner sind uncivilisirt, verschlagen, disciplinlos, grossmäulig, schmutzig, rüpelhaft und ungastlich. Und sein Beherrscher ist in allen diesen Eigenschaften der Vornehmste.
Gleichwohl mir nicht der Sinn darnach steht, dem trauernden Gefährten zu widersprechen, entgegne ich: Den Abendländern

indessen ist, nach einmüthigem Zeugnisse aller Reisenden zu diesen edlen und berühmten Nationen, eine natürliche Würde zu eigen. Sie zeigen sich höflich, anständig und, in der Regel, gutmüthig. Und zu Recht gelten sie in aller Welt als aufrecht, stolz, verschlossen und als wahre Meister der Selbstbeherrschung. Fremden gegenüber sind sie anfänglich zwar scheu und zurückhaltend, gelingt es aber, sich das Vertrauen des Europäers zu erwerben, dann erweist er sich als grossmüthig und treu, und der Fremde kann auf jedes seiner Worthe bauen. – Mit einem Satze: Die Europäer sind die wahren Orientalen.

SCHOTENBAUER: Die preussischen Soldaten, und sogar die bayerischen, schiessen nicht unordentlich ins Feld oder in die Menge. Die europäischen Fürsten halten ihre Unterthanen nicht wie Sclaven, welche sie nach Belieben cujoniren dürfen. Und Reisenden begegnet man respectvoll und entgegenkommend.

Der Herzog von Braunschweig, erwidere ich, verkauft nach Belieben seine, nicht selten gewaltsam recrutirten Soldaten an kriegsführende Nachbarn, doch keineswegs, um jenen im gerechten Kampfe beyzustehen, sondern alleyn um seine herzogliche Casse aufzufüllen. Und der Herzog von Württemberg verschachert gar die eigenen Söhne, wenngleich als Officire. Dennoch ist von diesen Keiner aus den colonialen Gemetzeln heimgekehrt. So haben unsere Herrscher gleich einen dreyfachen Verdienst: durch den Verkauf der Recruten, durch die Vergütung der Gefallenen und durch die Ersparung der Renten.

SCHOTENBAUER: Ich habe nie behauptet, Europa sey das Himmelreich. Doch zweyfellos ist Arabien die Hölle. Es giebt keine Bildung, keine Cultur, keine Lebensart, keine schönen Künste, es giebt bloss eine Stupidität und Grausamkeit im Alltäglichen und eine Obsession für den persönlichen Gewinn.

Ich verstehe, antworthe ich müde. Bayern hat 50.000 Kirchen, 5000 Klöster und ebenso viele Wallfahrtsorthe, doch, um diese Hochcultur nicht zu gefährden, keinen einzigen Verleger weltlicher Literatur.

SCHOTENBAUER: Ihr seyd zu gallig heute, Schnittke, als dass ich mit Euch fruchtbringend disputiren könnte.

Vielleicht habt Ihr recht, Tertulio, und ich widerspreche Euch eher aus guter Absicht denn aus Ueberzeugung. Ich würde auf jeden Fall nicht protestiren, wenn Ihr Euch doch besinnen und, anstatt noch tiefer in das Landesinnere einzudringen, zur baldigen Heimkehr entschliessen würdet, da Ihr von der Begegnung mit der hiesigen Einwohnerschaft ja wohl weder weitere Erkenntnis noch grösseren Gewinn erwartet.

SCHOTENBAUER: Ihr glaubt doch nicht etwa, ich sey der Menschen und ihrer dürftigen Gewohnheiten wegen so weit gereiset! Dann wäre ich, bey Gott, in Wien schon umgekehrt. Nein nein, die Zeugnisse der wahren, der vergangenen Culturen suche ich. Das Ziel unserer Unternehmung haben wir noch nicht erreicht.

DER WÄCHTER Wadi el Ain, den 15ten July

Am Morgen zeigt Schotenbauer sich so widerwillig gegen die ungewohnte Kleidung, dass unser ganzes Unternehmen zu scheitern droht. Es fordert mehr Geduld und Ueberredungskrafft, als mir nach allen unseren Mühen noch geblieben, bis der sonst doch so Verständige endlich begreifen mag, dass es für unsere Zwecke nicht genügt, die Weiberhosen nur zu tragen, sondern dass er, um als ein Vertreter des selbigen Geschlechts angesehen zu werden, sich darin auch wie ein Weib bewegen müsse. Indessen geht er in ihnen nicht einmal mit der natürlichen Anmuth eines Altphilologen, sondern stapft darin so missvergnügt wie ein preussischer Landsknecht einher.
Ich weise den Wissenschaftler auf Jacques gracieuses Spiel hin. Alleyn, dessen geschmeidiges und wohlgefälliges Benehmen verstärkt den Widerwillen Schotenbauers noch. In seiner gewöhnlichen türkisch-mährischen Verkleidung aber werden wir nie unerkannt das Haus von Abbas erreichen.
Ich lasse ihn den zarthen Stoff befühlen und frage, ob das etwa Drillich oder Stiefelleder sey. Dann stelle ich ihm frey, die Farbe des Uebergewandes zu wählen: Ein helles sandbraun, gut. Nun denckt Euch eine feinkörnige Düne, vom Winde sanft gestreichelt. Vergesst die schwere feuchte Ackerkrume an den Stiefeln und erhebt Euch, tänzelt, leicht, transparent wie dieses sandfarbene Tuch, seyd Staubwolke, schwerelos, verspielt.
Statt eines zarthen Sanduhrrieselns stampft eine Schotenbauersche Schuttlawine heran. Schämt Euch, Tertulio, uns noch weiter mit diesen, allerdings sehr weiberhaften Launen aufzuhalten! Der weise Teiresias hat sieben Jahre in Weibergestalt zugebracht. Und selbst der starke Herakles liebte es bisweilen, sich in Frauenkleidern von seinen Heldenthaten zu erholen. – Eine letzte Möglichkeit, unentdeckt zu bleiben, schlägt Abbas vor, bestünde darin, ihn, der ja von zarthem Körperbau, in einen Teppich gewickelt forth zu tragen. – Gleich theile ich den alternativen Vorschlag dem Gefährten mit: Nun wähle, Tertulio!

Endlich treten wir aus dem Hause, zwey jemenitische Kaufleute mit ihren Weibern und einigen Warenbündeln, offenbar auf dem Wege zum Markt, denn der Morgenruf des Muezzins hat schon vor mehr als zwey Stunden die Stadt zu neuem Leben erweckt, und die Gassen sind voll mit geschäftigen Menschen.
Wir gehen zügig, doch ohne Hast, Abbas und ich voran, die Weiber, nach hiesiger Sitte, einige Schritte hinter uns. Da Schotenbauer, seiner Brillengläser beraubt und durch den, obgleich zarthen, Gesichtsschleier behindert, offenkundig Mühe hat, uns Voranschreitende nicht aus den Augen zu verlieren, hakt Jacque ihn kurzerhand ein, was unter Freunden gleichen Geschlechts in arabischen Ländern durchaus gebräuchlich.
Diese von Schotenbauer wohl missverstandene Intimität veranlasst ihn zu einer kurzen und heftigen Scene, welche sogleich die Aufmercksamkeit einiger Passanten erregt, scheint sich doch, der resoluten Stimme des Frauenzimmers nach zu urtheilen, ein recht derbes Volksstück anzukündigen. Mögen die Orientalen auch noch so sehr in Eile seyn, ein ihnen eigenthümlicher Sinn für jedes öffentliche Schauspiel lässt sie immer die nöthige Musse zur Antheilnahme finden.
Sogleich eilen wir zurück an den Orth des Gezänks. Abbas genügt das mahnende Worth nicht, er droht dem unbeherrschten Weibe gar Schläge an, falls es noch einmal öffentlich Anstoss errege. Die, ausschliesslich männliche, Zuschauerschaar nickt beyfällig.
Mit leisem, aber unüberhörbarem Knurren, was nunmehr eher mitleidsvolle Blicke auf uns Gatten provocirt, trippelt Schotenbauer nun zwey Schritte hinter Abbas und zwey Schritte vor mir, während Jacque in geziemender Schweigsamkeit zwey Schritte hinter mir den Zug beschliesst. – Ohne weitere Zwischenfälle erreichen wir das Haus des Freundes.
Da wir, wie versprochen, Alles zur Abreise bereit finden, schnallen wir unsere Bündel zu den Vorräthen auf die Lastkameele, helfen Jacque und Tertulio in die Sänften und besteigen selbst zuletzt die Reitthiere.

Zur Mittagsstunde erreichen wir das Bab Schaub, dessen Wachabtheilung über die Reise von Abbas bereits unterrichtet ist.

Dennoch notirt der Wachofficir gewissenhaft die Namen sämtlicher Angehörigen unserer kleinen Caravane, um beym Abendrapporte genauen Bericht erstatten zu können. Bey der Nennung meines Namens blickt er auf und schaut mich nachdencklich an. Der Kaufmann Abbas ist ihm nicht unbekannt. Doch wann dieser eine Schwester mit einem Manne aus Damar, unter dessen Stämmen sich bekannter Maassen auch hellhäutige und blauäugige Jemeniten befinden, verheirathet haben soll, darauf kann er sich nicht besinnen.
Ja, dass er überhaupt eine Schwester habe, muss ihm nach Allem, was er über das eigenthümliche Schicksaal des Kaufmanns gehört, verwundern. Zwar kennt nicht Jeder Jeden in Sanaa, doch kennt Jeder alle Familien der Hauptstadt, deren Anzahl bey einer Bewohnerschaft von wenigen Zehntausend wohl kaum einige hundert übertrifft und in etwa der Zahl der grossen sanaanischen Wohnthürme entspricht. Gemeinhin scheint die Stadt bevölkerungsreicher als sie wirklich ist, da ein nicht geringer Theil ihrer Fläche von Gärten und Hainen bedeckt ist.
Die Ueberprüfung der Sänften dürfte sich, nach alter Sitte und Tradition, nur auf einen kurzen Blick beschränken. Indessen zieht unser Thorwächter einen zweyten zu Rathe. Dass er von Abbas' Schwester oder von ihrer Verheirathung in Damar nichts gewusst, mag ja noch einleuchten, denn was im Haarem, im familiären Theil des Hauses geschieht, geht der Oeffentlichkeit nichts an. Doch dass er auch von Abbas eigener Verheirathung bisher nichts vernommen, muss ihn in der That misstrauisch machen. Denn Hochzeiten sind nie bloss ein familiäres, sondern immer auch ein politisches Ereignis, an dem die ganze Stadt Antheil nimmt.
Der zweyte Officir begrüsst uns freundlich. Auch ihm ist Abbas nicht unbekannt. Er überprüft unsere Angaben, doch kann er an ihnen nichts Merckwürdiges finden. Abbas hat diesen Ausflug zweyfellos mit grösster Sorgfalt vorbereitet. – Nun wirft der zweyte Officir noch einen kurzen Blick in die Sänften, welcher unsere Auskünfte zu bestätigen scheint. Unsere Gattinnen halten jedes ihrer allzu hell- oder dunkelhäutigen Körpertheile, welche das Interesse anderer Männer erregen könnte, sittsam unter ihren bescheidenen Gewändern verborgen.

Fast scheint es, als hätten wir das grösste Hindernis unserer Flucht überwunden, als Schotenbauer, von den ungewohnten Tüchern über seinem Antlitz und einer allgemeinen Ueberhitzungs- und Erstickungsangst gereizt, in einen asthmatischen Husten- und Niesanfall ausbricht, so dass die recogniscirenden Wächter erschrocken zurücktreten.

Der reiseführer hat nicht übertrieben. Ich erreiche Schahārah erst nach einbruch der dunkelheit; fast neun stunden fahrt über sandpisten und schotterwege liegen hinter mir. Der aufstieg zur festungsstadt im schrittempo; für die letzten zehn kilometer den berg hinauf allein fast zwei stunden fahrt. Und wofür diese anstrengungen? Eher unfreundliche begegnungen, kaum arbeitsergebnisse; vertiefung meiner selbstzweifel. – Also insgesamt ein überflüssiges unternehmen.
Das theater beginnt schon vor dem start am stadtrand von Ṣana'a. Eine sechsköpfige familie aus der gegend um Schahārah will nur den halben fahrpreis, also für drei personen zahlen. Doch familien- und sozialtarife sind nicht üblich, auch wenn der ohnehin knapp bemessene raum von je zwei personen auf einem sitzplatz besetzt wird.
Der fahrer besteht auf dem vollen fahrpreis, das zarte, graue familienoberhaupt protestiert lautstark und fordert die seinigen auf, dieses ungastliche gefährt sofort zu verlassen. Andere fahrgäste versuchen zu vermitteln. Der alte und seine familie lassen sich überreden, wieder in den wagen zu steigen. Doch ehe die fahrt tatsächlich beginnt, ziehen sich die dramatischen verhandlungen, unterstützt von einigen weiteren effektvollen aus- und einstiegen, noch eine weile hin. Schlieszlich bezahlt der alte für fünf fahrgäste und besetzt mit seiner familie den platz von drei, so dasz der fahrer für zwei mitreisende mehr als sonst üblich kassiert, während wir sieben geduldig wartenden für unseren vollen fahrpreis nun ebenfalls mehr auf- als nebeneinander sitzen.
So geht die beengte, doch ansonsten wenig abwechselungsreiche fahrt bis Hūth. Am Abzweig ins wādi al-Wa'ar steige ich auf die ladefläche eines lieferwagens um. Allerdings ist von einer strasze oder auch nur einem weg nichts mehr zu sehen. – Zwischen benzin-kanistern und schwerbewaffneten qabilūn erobere ich mir einen kaum bequemeren platz als im sammeltaxi. Die jungen männer grüszen nicht, sondern mustern mich mit einem lan-

gen ausdruckslosen blick, der keine schamfrist kennt. Ich starre freundlich-provozierend zurück. Auch ich halte den mund.
Nur der ehrwürdige alte, der seine familie zwischen den benzinkanistern zu verbergen sucht, hadert lauthals mit seinem elenden los in dieser habgierigen welt. Diesmal gelingt es ihm, die zwei jüngsten familienmitglieder zu unterschlagen oder als gepäckstücke auszugeben und für ein gröszeres schwarzes kleiderbündel, frau oder tochter, den halben preis zu vereinbaren. – Endlich startet auch die zweite etappe dieser reise.
Der lieferwagen schlingert über eine sandpiste auf den höhenzug am rand des wadis zu. Binnen weniger minuten sind wir passagiere auf der ladefläche bis auf die haut – es wäre durchaus nicht übertrieben zu sagen: bis auf die knochen – eingestaubt. Die haare, brauen, wimpern der dunkelhäutigen krieger glitzern plötzlich engelhaft, wie mit goldstaub überpudert, in der sonne. Sie kneifen die augenlider zusammen. Ansonsten stehen oder hocken sie stoisch da, während ich mich, wenngleich vergeblich, mit meiner sumata gegen den feinen erstickenden staubwind zu schützen versuche. Sand und schweisz bilden auf meiner haut eine braungelbe,schuppige kruste.
Während die piste in einen schlaglochreichen feldweg übergeht und wir aneinander halt suchen, brechen zumindest die körper das hartnäckige schweigen. Ihre blicke sind zwar weiterhin starr geradeaus, in die undurchdringliche staubwolke vor uns gerichtet, doch ihre arme und hände umfassen einander, und auch mich, nicht, wie man sich an haltestangen klammert, sondern voller aufmerksamkeit und fürsorge.
Die körperliche belastung dieser fahrt läszt mich in eine art trance verfallen. Ich fühle mich gehalten und stelle alle überflüssigen physischen und geistigen funktionen ein. Ich achte nicht auf die erschütterungen und stösze, die atemnot, den feinkörnigen sand unter den lidern. – Bis der lieferwagen unvermutet an einer weggabelung hält. Die männer zeigen auf einen fernen gebirgszug: Dschabal Schahārah! Ich müsse nun auf ein anderes fahrzeug in meine richtung warten oder die reise zu fusz fortsetzen.
So finde ich mich zur zeit der mittagshitze allein in nachpara-

diesischer ödnis wieder. Von einem vehikel in meine richtung ist natürlich nichts zu sehen. In der ferne eine handvoll häuser. Also mache ich mich zu fusz auf den weg.

Verliere in der nächsten stunde soviel flüssigkeit, dasz mein wasservorrat kaum ausreicht, den verlust zu ersetzen. Auch gibt es auf dem weg keinen schattigen ort, an dem ich auf eine mitfahrgelegenheit warten könnte. Das fruchtbare wadi steigt richtung Schahārah zu einer baumlosen steppe an.
In der nähe des dorfes eine gruppe frauen auf dem feld: schwarze vögel mit gelben, breitkrempigen strohhüten. Hocken im kreis um eine mittagsmahlzeit. Ich will diese traumhafte szene fotografieren. Doch kaum habe ich mein objektiv eingestellt, trifft mich ein faustgroszer stein am knie. Von einer der frauen aus einer entfernung auf mich geschleudert, die ich kaum mit einem wurf erreichen und aus der ich sicher kein genaues ziel treffen würde.
Noch bin ich nicht am ersten haus des weilers angelangt, folgt mir schon ein rudel kleiner kinder. *qalam qalam*, bleistift bleistift! skandieren sie im chor. Als ich keine anstalten mache, ihren geforderten wegezoll zu begleichen, werde ich das opfer der nächsten, verdammt treffsicheren steinsalve. Allmählich verliere ich die sympathie für diese weltgegend.
Am ortsausgang setze ich mich in den schatten des letzten hauses, werfe müde ein paar steine zurück, leere meine wasserflasche und warte. Eine ältere frau schimpft mit der kriegerischen schar, so dasz zumindest diese plage ein ende findet. Doch ohne ein wort an mich verschwindet sie wieder im haus. Und plötzlich sind auch die kinder wie vom erdboden verschluckt. Nun ist es vollkommen still und menschenleer.

In der ferne schlieszlich, angekündigt durch eine grosze staubwolke, ein fahrzeug, das sich in meine richtung bewegt. Es hält an der vorletzten kate des ortes. Ich bleibe im schatten meines hauses sitzen. Der fahrer, offenbar ein dorfbewohner, mustert mich. Er weist mit einer hand auf den berg. Ich nicke. Sein wagen rollt langsam auf mich zu, hält direkt vor meinen eingezogenen beinen. Der mann lehnt sich aus dem fenster. Zweitausend rial, sagt er lächelnd. Ich schüttel den kopf. – Er wendet brüsk, hüllt mich erneut in eine staubwolke, parkt vor dem nachbarhaus.

Ich warte eine weitere stunde. Zeit für ein paar trostlose notizen. Wieder kündigt eine staubige windrose das gefährt schon frühzeitig an. Diesmal allerdings kommt es aus der gegenrichtung auf mich zu. Ich spiele bereits mit dem gedanken, dieses unternehmen abzubrechen und die nächste gelegenheit zur rückkehr nach Ṣana'a zu nutzen. – Der wagen hält vor mir im schatten des hauses. Der fahrer, ein junger, dunkelhäutiger, lockenköpfiger mann, dem das krause haar wie schwarzsilbrige stahlwolle unter dem kopftuch hervordrängt, fragt kurz, aber nicht unfreundlich: Schahārah? Neben ihm ein etwa zehnjähriger junge mit ähnlichen gesichtszügen und den gleichen schwarz-glänzenden drahtlocken. Er hält eine kalaschnikow im schosz. Sie hätten zunächst einige geschäfte zu erledigen. Doch wenn ich nicht in eile sei, könne ich mit ihnen auf den berg zurückkehren. – Ich steige zu ihnen in den wagen.
Ihre geschäfte bestehen im einkauf einer wagenladung prallgefüllter säcke, in denen ich zucker oder mehl vermute. Ich mache mich auf eine nachtfahrt gefaszt. Länger noch als das beladen dauert das aushandeln des preises.
Am fusz des berges wechseln die beiden krieger ihre plätze. Nun chauffiert der knabe den überladenen transporter. Ruhig gibt der ältere dem jüngeren seine anweisungen.
Warum sie gerade diese fahrt für ihren unterricht nutzen, weisz Gott allein: Der weg ein eselspfad, steil, eng, ungesichert. Streckenweise besteht er sogar nur aus in den stein gehauenen stufen. Eigentlich nur von allradgetriebenen fahrzeugen zu bewältigen. Habe ich mir im lauf der vielen reisen in diesem land auch abgewöhnt, mir über die fahrkünste der jemeniten noch gedanken zu machen – die einzig mögliche konsequenz wäre, überhaupt nicht mehr zu reisen –, so vermag ich diesmal einen sorgenvollen blick nicht zu unterdrücken. Der ältere lächelt: Dieses wegstück sei noch harmlos. Ich solle mir meine stoszseufzer für die obere wegstrecke aufsparen.

Es dämmert bereits. Und zwei stunden fahrzeit stehen uns bevor. Der junge gibt gas. Hin und wieder greift der ältere ihm korrigierend ins lenkrad. Wie sehr würde ich diesen geduldigen unterricht bewundern, hingen wir nicht ständig mit wenigstens einem rad über dem abgrund.

Es ist zwar dunkel, als wir den gipfel erreichen, doch noch nicht spät. Trotzdem liegt die festung so still und verschlossen da, als sei es bereits tiefe nacht. – Meine unerschrockenen brüder setzen mich vor dem einzigen funduq Schahārahs ab. Ich bekomme eine kleine kammer mit strohmatten und einer schaumgummimatratze zugewiesen. Auch in diesem funduq scheinen sich, bis auf den jungen, der mir öffnet, bereits alle in tiefem schlaf zu befinden. Vielleicht aber bin ich auch der einzige gast.
Ich will noch etwas einkaufen, doch der junge – was heiszt in diesem land *junge*? – warnt mich. Die bewaffneten wächter patroullierten bereits in den gassen. Wenn ich noch etwas brauchte, würde er es mir besorgen.
So liege ich in diesem nackten raum. Ein generator lärmt im hof. Die deckenbeleuchtung läszt sich nicht ausschalten, es sei denn, ich durchtrennte das kabel. Die gassen und die meisten anderen häuser sind unbeleuchtet. Fühle mich wie in festungshaft. Fehlen nur die eisenketten. – Der junge bringt mir eine flasche wasser und eine packung kekse. Ich frage ihn, ob das haus derzeit noch andere gäste beherberge.
Ich bin todmüde, doch licht und lärm lassen mich nicht schlafen. Warum ist es so unheimlich, der einzige besucher in einem gasthaus zu sein? Ich musz daran denken, dasz unser wort *gast* ursprünglich nicht nur den fremden, sondern auch den feind bezeichnet. Ich verbarrikadiere die tür mit meinem gepäck, gefangener meiner inneren, noch unheimlicheren welt.

Die bewohner Schahārahs lassen mich das fremdsein spüren. Die männer grüszen nicht zurück, während meines ersten stadtspaziergangs. Nur die kinder begleiten ihn, ungehindert von den erwachsenen, mit ihrem nervtötenden gebrüll *qalam qalam*.
Die erhabenheit des ortes bedeutet zugleich ungeborgenheit. Anmaszend, stolz, unnahbar liegt die festung auf der höchsten bergkuppe, das umland bei weitem überragend. Diese einmalige lage hat ihren preis. Die menschen geben sich hart, verschlossen und freudlos.
Sie sagen, Schahārah sei der ruhmreichste ort des Jemen. Doch für mich ist es zunächst nichts anderes als ein weitabgelegenes, nur mühsam zu erreichendes bergdorf ohne elektrischen strom, flieszendes wasser, kino oder teehaus. Der schulweg der kinder aus den umliegenden dörfern erfordert jeden tag viele stunden anstrengender kletterei. Mit einbruch der dunkelheit erstirbt das leben in den gassen. Man sitzt zu hause bei petroleumlicht oder kerzenschein. Nur der generator des hotels ist zu hören. Und hin und wieder ein schusz.
Hier steht man tatsächlich mit dem ruf des muezzins um vier uhr morgens auf. Und wieder beginnt der gleiche eintönige tagesablauf. Die einzige freude ist die tägliche qatration. Apathische gesichter in den schattigen hauseingängen und den wenigen kärglichen läden. Doch nun, im winter, wächst kein qat in der kalten, regenarmen bergregion. Für viele ist das von der küste hergebrachte qat unerschwinglich. Man wartet; faltet sich ein, überdauert.
Die lehrer, aufgeschwemmte männer aus Ägypten in schlechtsitzenden hosen, wissen mir nicht zu helfen. Sie fühlen sich selber fremd hier, eher geduldet als erwünscht. Sie wohnen und schlafen auch im schulgebäude und scheinen das schulgelände so gut wie nie zu verlassen. Gibt es etwas einzukaufen oder auszurichten, schicken sie einen ihrer schüler. Auch sie warten. Auf das ende des schuljahrs. Auf die rückreise in ihre heimat.
Mich schicken sie zum apotheker des ortes. Er sei schahārani

und spreche ein wenig englisch. Er kenne sich im ort und in den menschen aus.

Muhammad Jaḥja al-'Abid hat seine apotheke in einem etwa kleiderschrankgroszen holzverschlag im schatten der burg. Durch ein glasloses fensterchen klettert man hinein. Das innere bietet, neben einem dutzend medikamenten, gerade einem qatkauenden mann ausreichend platz, in einigermaszen bequemer haltung auf die gelegentliche kundschaft zu warten. – Gegenwärtig liegen drei qatkauende männer dicht beieinander im lager- und verkaufsraum. Dessen ungeachtet bittet Muhammad mich, hereinzukommen und unter ihnen platz zu nehmen. Was mir, durch entsprechende reiseerfahrungen geschult, auch mühelos gelingt.
Glücklicherweise verbietet er seinen kunden/gästen streng, innerhalb des geschäftsraumes zu rauchen. Sonst hätten sich vermutlich noch mehr drogenabhängige eingefunden, da der tabakgenusz für die meisten kauer unverzichtbar zur qatrunde gehört. Diese partielle rigorosität hindert Muhammad aber nicht daran, seine haupteinkünfte durch den verkauf von qat und zigaretten zu erzielen. Mir bietet er freundlich eine handvoll blätter kostenlos an.
Überhaupt ist er der erste mensch in Schahārah, der mir gastfreundlich begegnet. Von englischkenntnissen kann zwar keine rede sein, doch hilft ihm eine mich fast ängstigende sympathie, seine mitteilungen im rauhen qabilidialekt der region so oft zu wiederholen, bis ich ihren sinn ungefähr verstanden habe.
Er rät mir, zunächst die *haquma*, die stadtverwaltung in der burg aufzusuchen und den stadtkommandanten über mein vorhaben in kenntnis zu setzen. Danach solle ich zu ihm zurückkehren und bei ihm und seiner familie zu gast sein.

Hier, im rathaus, gibt es keine amtsstuben, sondern nur einen groszen diwan. Die amtsinhaber, der kadi, der stadtkommandant, der oberst der stadtwache, der erste und der zweite schreiber, sitzen hinter niedrigen pulten auf teppichen an der stirnwand des saales, kauen qat und rauchen wasserpfeife. Ihnen

gegenüber stehen oder sitzen auf dem nackten lehmboden die bittsteller und warten auf gehör.
Hin und wieder tritt jemand an die honoratioren heran, übergibt sein gesuch, erläutert kurz und mit redeunlustiger stimme sein begehr, bricht unvermittelt ab, tritt zurück und wartet auf den entscheid.
Manche verfügung wird gleich auf ein stückchen papier gekritzelt und hat damit seine amtliche gültigkeit. Andere entscheidungen bedürfen mehrerer züge aus der meda'a. Der bittsteller hockt sich wieder in den kreis der wartenden und kaut geduldig sein qat.
Ich zeige dem stadtkommandanten meine empfehlungsschreiben und bitte ihn um erlaubnis, in Schahārah spiele und tänze fotografieren zu dürfen. Er berichtet beiläufig von einem japanischen fernsehteam, das vor einigen jahren einen dokumentarfilm über ihre berühmte festungsstadt gedreht und die beteiligten schahāranis groszzügig entlohnt habe. Ich erwidere, dasz es sich bei meinem unternehmen um eine wissenschaftliche und nicht um eine kommerzielle arbeit handle.
Ah, eine wissenschaftliche arbeit. Er lächelt: Im prinzip spreche nichts dagegen. Sobald ich eine fotografiererlaubnis vom innen- oder sicherheitsministerium hätte, solle ich noch einmal vorsprechen. Und natürlich eine kopie der genehmigung für die hiesigen akten nicht vergessen. – Damit bin ich entlassen. Vermutlich könnte ich auf eine entgegenkommendere entscheidung drängen. Doch fehlt mir im augenblick jede empathie für einen streit.
Inzwischen ist es zu spät, heute noch nach Ṣana'a zurückzukehren. Also nehme ich die einladung Muhammads an und statte seiner apotheke einen weiteren besuch ab.

Vier generationen sitzen beim gastmahl zusammen; alle klagen sie – bis auf die älteste, bereits zahnlose – über zahnschmerzen. Das essen ist köstlich, doch schlagen mir die schmerzverzerrten gesichter meiner gastgeber auf den magen.
Die einladung, in diesem hause auch zu übernachten, lehne ich freundlich ab. Zum abschied zieht Muhammad ein dickes notenbündel hervor und fragt, ob er noch etwas für mich tun könne. Dieser, im europäischen sinne, schamlose umgang mit geld verwundert mich nicht. – Doch nehme ich auch dieses gutgemeinte angebot nicht an.

*

In der nacht träume ich von einer reise an den Bodensee. Üppiges grün! Noch tiefer, verschlingender durch die einsprengsel blühenden rots. – Ich bin mit meinen brüdern unterwegs. Wir lagern am ufer, tönern vom schweisz und staub der landstrasze. Die wellen, so hoch, als lägen wir am meeresstrand, weichen die krusten auf. Wir schlüpfen aus der festgebackenen sandhaut und stürzen in die erfrischende flut.
Wir sollten nie ferner als bis zum Bodensee reisen.

Sex kann den charakter eines spiels annehmen, wenn zeit und raum begrenzt und die regeln einer freien vereinbarung unterliegen. Doch sind die sexuellen konzepte einer gesellschaft so sehr internalisiert, dasz eine freie vereinbarung nur dann möglich scheint, wenn wenigstens einer der beteiligten ein fremder ist.
Innerhalb der eigenen, vertrauten kultur sind uns die regeln bereits *auf den leib* geschrieben. Für freunde zum beispiel ist es kaum noch denkbar, mit unterschiedlichen formen der zuneigung zu spielen. Dieser versuch würde mit anderen konzepten, etwa dem der »freundschaft« oder der »ehre« kollidieren.
Je mehr ich mich in der jemenitischen gesellschaft etabliere, desto schwieriger wird es auch für mich, den status des fremden aufrechtzuerhalten. Immer häufiger werde ich gefragt, aus welcher region des landes ich stamme. Zunächst glaube ich, man wolle mich zum narren halten, auch wenn es im süden einen stamm groszgewachsener und blonder jemeniten geben soll. Doch mehr noch als mein aussehen ist es mein auftreten, das die einheimischen verunsichert. Ich bewege mich nicht mehr wie ein fremder, sondern verhalte mich mit einer selbstverständlichkeit, als sei ich hier zu hause.
Nun lerne ich erst den ungeheuren akt der befreiung schätzen, den vor allem auszenseiter in der westlichen gesellschaft geleistet haben: Innerhalb der eigenen kultur, innerhalb der begegnung mit gleichen die regeln und die grenzen des beisammenseins selbst zu definieren, mitunter auch gegen die allgemeinen kulturellen festschreibungen, das heiszt: der sexuellen begegnung einen spielerischen charakter zu verleihen (oder zurückzugeben).

Ignoriere ich meinen veränderten status, bestehe ich auf die bereits geleistete emanzipation in meiner eigenen kultur, laufe ich gefahr, aus der hiesigen gesellschaft ausgeschlossen zu werden (wenn nicht schlimmeres: alle taten des körpers haben nach traditionellem recht bestrafungen des körpers zur folge). Und den-

noch will ich den schritt zurück in die beherrschung und unterdrückung meiner wünsche nicht vollziehen. Diese reise ist kein kurzer ausflug. Ich verbringe hier lebenszeit.
Kann für mich ein spiel sein, was für mein gegenüber eine tabuverletzung oder gar ein verstosz gegen das göttliche gesetz ist? Unter welchen umständen kann dieses geschehen für den gläubigen einer anderen wirklichkeit als jener, die für ihn unter das göttliche gesetz fällt, angehören? Musz das geschehen in einem raum der bewusztlosigkeit oder bewusztseinsspaltung, im traum, im kino oder theater, als erfindung, simulation oder roman stattfinden?
Und ich? Ich kann das geschehen (nicht mein erleben!) zumindest leugnen, sollte ich mich je vor einem irdischen (oder himmlischen) richter zu verantworten haben. Oder genauer: Ich kann es umdeuten. Was ist passiert? Nur das besagte.

Midan at-Taḥrir, Platz der Befreiung. Immer die gleichen männer, für die der tag nicht enden will. Die engen sozialen bindungen verhindern die sexuelle einsamkeit nicht. Eher ist das gegenteil der fall: Eine rein sexuelle begegnung setzt bindungslosigkeit voraus.
Einer der männer kommt auf mich zu und spricht mich auf englisch an. Ich antworte auf englisch. Ein stereotyper wortwechsel, kein wirkliches gespräch, das die sprache der körper relativieren könnte.
Ein weiterer mann gesellt sich hinzu, begrüszt uns wie alte bekannte. Polizistengesicht; die hand im schritt. Kommt gleich zur sache: Will mit uns beiden die nacht verbringen.
Ich frage ihn, ob er qabili sei. Er nickt. *Ana fi wadschuk*, frage ich ihn in meinem besten arabisch: Stehe ich unter deinem schutz? Er zögert. Ich halte ihm meine hand hin und frage ein zweites mal: *Ana fi wadschuk?*
Er wechselt einen blick mit seinem landsmann, schlieszlich schlägt er ein. Ich sage: Okay, ich gehe mit euch. – Doch die haltung der qabilūn hat sich verändert: Es sei besser für mich, wenn ich nun nach hause ginge, sagt mein schutzherr mit dem polizistengesicht. Es sei spät und die nacht auf Ṣana'as straszen nicht ungefährlich.
Nach einem kurzen grusz lassen sie mich stehen und gehen hand in hand richtung Saila davon.

*

Spiel ist kein festumrissener begriff. Dennoch wissen wir, wenn ein mitspieler die grenzen des spiels überschreitet und in eine andere wirklichkeit eintritt. Im alltag reden wir von *ernst* als dem nichtspielerischen.
Die gegenüberstellung ernst – spiel ist stimmig bis in die etymologischen wurzeln hinein: *kampf, standhaftigkeit* versus *tänzerische bewegung.*

Ernst ist das, was nicht unserer freien entscheidung unterliegt. Ernst sind die begegnungen und zwänge, denen wir nicht ausweichen können, mit denen wir uns auseinanderzusetzen gezwungen sind.
Ist spiel ein, im tiefsten sinne, *beliebiges* geschehen, so ist ernst das *unausweichliche*.

Jede wirklichkeit hat ihre eigene sprache. Sprache ist immer in eine bestimmte wirklichkeit gestellt. Nicht nur zyniker oder ketzer spielen mit der sprache unter bewuszter miszachtung ihres jeweiligen raumes. Doch zyniker und ketzer zeigen uns getrennte sprachräume auf, indem sie die sprache des tempels ins bordell oder die sprache des hörsaals ins irrenhaus zerren.
Auch sprache ist kein festumrissener begriff. Dennoch wissen wir, wenn ein sprechender die grenzen eines sprachraums überschreitet und in eine andere sprache eintritt. Dasz sprache eine eigene wirklichkeit ist, lehrt uns die erfahrung, dasz wir einander im raum der körper begegnen, doch uns im sprachraum verfehlen können.
Auch sprache ist, im tiefsten sinne, beliebig. Der gegenbegriff, das unaussprechliche, der unausweichliche ernst, wäre die *stummheit*: das zum stehen gebrachte, dem einhalt gebotenen.

Was ist ein spiel? Wenn ich behaupte, spiel sei kein festumrissener begriff, rede ich dann noch von etwas bestimmtem?
Ich rede von spiel, ohne die grenzen genau umreiszen zu können. Das bedeutet nicht, dasz ich die grenzen nicht kennte.
Spiel ist in alltagserfahrung eingebettet. Hier, im alltäglichen leben, ist auch ein ungenauer begriff brauchbar. Im alltäglichen sprachgebrauch ist möglicherweise die ungenauigkeit eines begriffs ein kriterium seiner brauchbarkeit.
Und ist der *spielraum*, die freiheit möglicher grenzziehungen, nicht auch wesentliches attribut des spiels selbst?

*

Was heiszt: wissen, was ein spiel ist, doch es nicht sagen können? (Wittgenstein § 75)
Das heiszt zunächst: Es gibt ein wissen, das mit sprache nicht hinreichend beschrieben werden kann. – Wie können wir einem blinden das wort »grün« erklären? Um mit dem wort »grün« eine gemeinsame erfahrung zu verbinden, müssen wir grünes gesehen haben. Sprache *benennt* diese erfahrung allenfalls, doch *beschreibt* sie nicht.
Das heiszt aber auch: Worüber wir nicht sprechen können, darüber können wir durchaus etwas wissen. Die grenzen unserer welt sind *nicht* die grenzen unserer sprache.

Ein heftiges pochen an der haustür reiszt mich aus dem schlaf. Ich schaue auf die uhr: Es ist bereits nach elf. Eine für jemeniten ungewöhnliche zeit für besuche. Habe ich das klopfen nur geträumt? Ich bleibe in meinem bett und lausche.
Wieder pocht jemand an die haustür. Diesmal noch energischer als zuvor. Weckt das ganze viertel auf.
Tagsüber hört man ständig ein klopfen, pochen und schlagen an nachbartüren. Immer sind alle über jeden besuch informiert.
Es dauert eine weile, bis ich den klang der umliegenden türen oder türklopfer zu unterscheiden gelernt habe. Zunächst schrecke ich bei jedem klopfgeräusch auf und eile zu meiner haustür.
Inzwischen weisz ich nicht nur, an welchem haus angeklopft wird, sondern oftmals auch, wer anklopft, und das allein auf grund des klangs.

Dieses klopfen signalisiert keinen freundschaftlichen besuch. Ich schleiche ans diwanfenster, von wo ich einen blick auf die gasse vor meinem haus werfen kann. Zwei alte bekannte, die korrupten polizisten aus der altstadt, stehen vor der tür und schauen herauf.
Ich weisz nicht, ob sie mein gesicht am fenster gesehen haben. Doch selbstverständlich bin ich für sie nicht zu sprechen. Ich hoffe, einige nachbarn sind aufmerksam geworden und haben diesen unwillkommenen besuch bereits im auge.
Sie reden leise miteinander, scheinen unschlüssig über ihr weiteres vorgehen zu sein. Nun, was kann schon geschehen. Wenn es tatsächlich polizisten sind, sollten sie sich eine zivilere zeit für ihre amtshandlungen wählen.
Und dennoch schlägt mein herz wild. Die eigene phantasie ist wirksamer als die vermeintliche bedrohung. Ein innerer monolog an rechtfertigungen läuft ab, ohne dasz mich jemand beschuldigt hätte.

Ich erzähle Dschamilah von den nächtlichen ereignissen und meiner beunruhigung. Um wen auch immer es sich handelte, es seien keine freunde von mir gewesen. – Sicher wird sie sich schon gefragt haben, was der nächtliche lärm bedeutete.
Sie verspricht, auch die nachbarn zu informieren. Und in der tat klopft am nachmittag eine kleine delegation der jugend meines viertels an, um mir zu versichern, dasz ich unter ihren wachsamen augen ruhig schlafen könne.
Sollte sich der unerwünschte besuch wiederholen, solle ich im haus bleiben und die tür nicht öffnen. Sie würden mit den nächtlichen störenfrieden schon fertig, wer immer sie auch seien.

*

Am abend bringt 'Ali mir frischgebackenes fladenbrot und ein kännchen *labn*, scharfgewürzten joghurt. *'aisch wa milḥ* – wir teilen brot und salz; das bedeutet, wir übernehmen füreinander verantwortung: Von nun an gehörst du zu uns und stehst unter unserem schutz.
Das bedeutet aber auch: Zeige dich unserer schutzgemeinschaft würdig.

Unter den bisher gesammelten fünfzig spielen gibt es nur eine handvoll typischer mädchenvergnügungen. Neun von zehn spielen sind ausgesprochene jungenaktivitäten.
Spielen mädchen weniger? Spielen sie weniger abwechselungsreich? Spiegelt dieses miszverhältnis den geringeren status der mädchen und frauen in der jemenitischen gesellschaft wider, ihr eher häusliches leben, während die meisten spiele im freien stattfinden, dem sozialen raum der jungen und männer?
In nahezu allen kulturen spielen mädchen anders, wenn auch nicht immer weniger als jungen. Selbst die beiden geschlechtern gemeinsamen spiele finden unter mädchen in einem anderen *geist* statt. Ihnen scheint weniger an der erfüllung eines spiel*ziels* als vielmehr an einem unterhaltsamen spiel*verlauf* gelegen zu sein.
Viele jungenspiele haben einen ausgesprochen kriegerischen charakter. In ihnen geht es um gewinnen und verlieren, um rivalitäts- und statuskämpfe. Während viele mädchenspiele (klatsch- und kreisspiele, *taḥtī batī*...) keine sieger und verlierer kennen, sondern reines gemeinsames vergnügen sind.
Keinem mädchen würde es einfallen, ein wildes um sich treten und einander zu fall bringen spiel zu nennen. – Oder doch? Wenn es ihnen nur erlaubt wäre?

⇨ kontaktaufnahme und gespräch mit jemenitischen frauen

*

THESEN: *Sind nicht alle* regelspiele *prinzipiell männlich, das heiszt versuche, aggressivität einzugrenzen und verbindliche regeln aufzustellen? (Finden wir diese strenge reglementierung nicht auch in anderen von männern dominierten und kodifizierten bereichen, vom sport bis zum duell oder zur schlachtordnung?)*
Können wir dementsprechend nicht alle nachahmungs- und rollenspiele *als prinzipiell weiblich bezeichnen, improvisationen ohne*

furcht, grenzen zu verletzen, aus der rolle zu fallen oder als verlierer dazustehen?

Und da es naturgemäsz schwerer fällt, regellose, improvisierte spiele zu katalogisieren, geht ein wesentlicher teil der spiel-wirklichkeit allein auf grund »männlicher« sammel- und ordnungskriterien verloren.

Auch der tanz *legt eine unterscheidung zwischen männlich strengem und weiblich heiterem ausdruck nahe. Während beim* bar‘a, *einem reinen männertanz, die schrittfolge genau festgelegt ist und von allen tänzern strikt eingehalten wird, sind bei der* li‘aba, *dem auch von frauen aufgeführten paar- und gruppentanz, veränderungen und improvisationen erlaubt.* Bar‘a *ist ein männliches ritual,* li‘aba *ein vergnügliches spiel.*

(Männlich *und* weiblich *stehen in normalschrift, weil ich diese kennzeichnungen weder im biologischen noch im sozialen sinne verstanden wissen will. Ich verwende sie hier allein im sinne einer komplexen kulturellen metapher, die wir verstehen können, ohne sie streng definieren zu müssen.)*

Diese (metaphorische) unterscheidung veranschaulicht vielleicht, warum mädchen und jungen hin und wieder zwar dieselben spiele wählen, sie aber nicht gemeinsam spielen: Nahezu unvereinbare erwartungen und haltungen träfen aufeinander.

ROTES TELEFON

Ṣana'a 21. 1.

Leichtes fieber, lichtempfindliche augen, gelenkschmerzen. Ich hoffe, nur ein grippaler infekt und kein neuer malariaschub. Fühle mich erschöpft und antriebslos. Versuche trotzdem, aufzustehen und mein tagesprogramm zu absolvieren, wenn auch langsamer und mechanischer als sonst.

Besuch im Informationsministerium. Beabsichtige, kontakt zu Raufa Rachman asch-Schu'aib aufzunehmen. – Sitze eine halbe stunde in ihrem vorzimmer, ohne dasz sie zum dienst erschiene. Auch ihre mitarbeiter haben offenbar nichts anderes zu tun, als auf die vizeministerin zu warten. Sie lesen zeitung, kramen in ihren schreibtischschubladen oder kritzeln auf der kunststoffbeschichtung ihrer tische herum.
Wichtigstes utensil in diesem ansonsten depressiv stimmenden ministeriumsbüro ist ein rotes (sic!) telefon. Sobald es klingelt, springen alle drei büroangestellten auf und stürzen zum apparat. Der schnellste hebt ab, sagt atemlos »hallo« und setzt eine gewichtige miene auf. Die anderen setzen sich wieder auf ihre zerkratzten plastikstühle und hören mit eher gelangweilten gesichtern zu.
Das rote telefon ist abschlieszbar. Will einer der vorzimmerherren selbst ein telefongespräch führen, beginnt eine langwierige debatte über gesprächspartner, -gegenstand und -notwendigkeit des telefonats. Überzeugt der kommunikationsgrund, zieht der erste bürovorsteher ein groszes schlüsselbund hervor, sucht das kleine telefonschlüsselchen heraus und entriegelt mit jovialer geste die wählscheibe.
Nein, leider wüszten selbst sie nicht, wo sich die vizeministerin gegenwärtig aufhalte. Gewöhnlich sei sie um diese zeit im ministerium. Folglich könnten sie mir auch nicht sagen, ob es sinn habe, noch länger zu warten.
Ich lasse mir die durchwahlnummer der ministerin geben und verabschiede mich höflich von den herren.

RAUFA RACHMAN ASCH-SCHU'AIB Ṣana'a 22. 1.

Ich werde gleich vorgelassen. Sie bittet mich platz zu nehmen, beendet ihr telefongespräch, legt den hörer daneben und setzt sich mir gegenüber auf das besuchersofa.
Ob wir uns schon einmal begegnet seien, fragt sie in perfektem Oxford-englisch. Mein gesicht komme ihr vertraut vor.
Ich sei bereits vielen frauen im Jemen begegnet, von denen ich allerdings nicht mehr als die farbe ihres scharschafs anzugeben wüszte. – Sie lächelt.
Sie ist unverschleiert. Selbst ihr haar trägt sie nur halb bedeckt. Sie hat ein zartes und kluges gesicht. Ihr alter wage ich nicht zu schätzen, doch ist es angesichts der jemenitischen heiratsbräuche durchaus möglich, dasz sie bereits groszmutter und immer noch eine junge frau ist.
Sie braucht keinen männlichen beschützer. Sie strahlt soviel souveränität aus, dasz ich einfach dasitze, sie anblicke und mich in ihrer gegenwart vollkommen sicher fühle.
Ihre sekretäre sind es, die behutsam anklopfen, ihre stimme dämpfen, sich mit »femininer« zurückhaltung nähern. Für eine starke frau finden jemenitische männer nur historische vorbilder, doch kaum ein beispiel in der gegenwart, es sei denn die eigene mutter. – Die egalität unter den männern ist, zumindest dem anspruch nach, so sehr teil des stammeskonzepts, dasz ich bisher, selbst zwischen vorgesetzten und untergebenen, nie ein devotes verhalten wahrgenommen habe.
Hier sehe ich zum ersten mal eine sich unterordnende, ergebene haltung von männern – einer frau gegenüber. – Sie bittet die sekretäre, sie in der nächsten halben stunde nicht zu stören.
Ich berichte ihr von meinem forschungsprojekt und den sich daraus ergebenden fragen. Ich weise vor allem auf die begrenztheit meiner erfahrungen hin, die sich fast ausschlieszlich auf den männlichen teil der jemenitischen wirklichkeit bezögen. – Sie hört aufmerksam zu.
Sie selber habe eine sehr privilegierte kindheit und jugend gehabt und sei sicher kein gutes beispiel für den alltag jemeni-

tischer frauen. Sie habe viel gespielt, viel spielen dürfen, und nie zwischen mädchen- oder jungenspielen unterscheiden müssen. Doch seien unterschiedliche spiele und ein unterschiedliches spielverhalten von jungen und mädchen im Jemen wohl eher die regel.
Ein bitterer ton mischt sich in ihre rede: Ja, die kindheitsjahre sind voller ungewöhnlicher freiheiten gewesen. Doch kann man auf dauer nicht die grenzen der eigenen kultur verletzen, ohne selber dadurch schaden zu erleiden. Nur männer haben das privileg, das ganze leben als ein spiel zu begreifen.
Sie will mir gelegenheit geben, mit mädchen und frauen allein zu sprechen, ohne dasz männer sich dazwischenstellten. Denn üblicherweise sprächen die männer für die frauen und hielten diese synchronisation für ausreichend. – Einer ihrer sekretäre werde mich am nachmittag anrufen und weitere verabredungen mit mir treffen.

*

Am morgen fast fieberfrei. Doch nun ist es höher als in den vergangenen tagen. Mein kopf glüht, ich spüre den rest des körpers kaum. Ich habe mich gerade hingelegt, als das telefon klingelt: Mister Ufuk vom Informationsministerium, stellt sich die mir unbekannte stimme vor. Er wolle mich abholen und zu Misses Buschra bringen. Sie sei dezernentin für das schulwesen. – Ich danke ihm, doch läge ich mit fieber im bett und würde das treffen lieber verschieben.
Er insistiert: Ihm stehe nur heute ein ministeriumswagen zur verfügung. Auch wisse er nicht, wann Misses Buschra wieder zeit für mich fände. Sie sei eine vielbeschäftigte frau und hätte sich den nachmittag extra für mich frei genommen... Ich lasse mich überreden. Nehme zwei aspirin, ziehe mich warm an und warte müde an die kühle hauswand gelehnt auf Mister Ufuk.

Mister Ufuk fährt in einem taxi vor. Ehe ich irgendeine erklärung verlangen kann, hat er mich auf den rücksitz des wagens komplimentiert. Ich bin zu erschöpft, um seiner geschäftigkeit widerstand zu leisten. Und schlieszlich gibt es in Ṣana'a kaum eine familie, in der nicht wenigstens ein mitglied seinen verdienst als taxichauffeur erzielt.
Mister Ufuk redet ununterbrochen. Misses Buschra wohne auszerhalb der stadt, in einem neubauviertel mit unasphaltierten, namenlosen wegen. Alleine würde ich ihr haus nie finden … Er spricht korrektes englisch, das er womoglich in England selbst erlernt hat, doch ist seine aussprache hart und kehlig. Seine äuszere erscheinung wirklichkeitsgetreu zu beschreiben ist kaum möglich, ohne in klischees zu verfallen: Ihm fehlen zwei schneidezähne, und auch das noch erhaltene gebisz sieht nicht so aus, als würde es seinen dienst noch lange erfüllen. Er ist, für jemeniten ungewöhnlich, fast kahl. Der spärliche haaransatz in seinem nacken schimmert rostrot. Auch die weiteren details seines gesichts (schmale, fast zugequollene augenschlitze, flache, zerschlagene nase, pockennarbige haut) und seines körpers (pykniker mit kastenartigem rumpf und extrem kurzen gliedmaszen) ergänzen sich zu einer mitleiderregenden häszlichkeit.
Ich hülle mich in meinen mantel. Dennoch fröstle ich. Die erfahrungen in diesem land sollten mich eigentlich gelehrt haben, keine voreiligen rückschlüsse von der äuszeren erscheinung auf das wesen eines menschen zu ziehen. Doch woraus sonst setzen sich unsere urteile zusammen. Dieses nicht ohne schaudern anzublickende monster scheint direkt meiner fieberphantasie entsprungen.
Wir fahren durch vororte, in denen ich bisher noch nicht gewesen bin. Über staubige schotterstraszen, an baugruben und rohbauten vorbei. Mister Ufuk redet ohne ende: Dieser unerschlossene weg werde in naher zukunft eine der feinsten und teuersten geschäftsstraszen Ṣana'as sein. Einer seiner vettern habe nicht weniger als drei grundstücke in diesem viertel erworben …

Irgendwo auf dieser zukünftigen prachtstrasze bittet er den fahrer zu halten und einen augenblick zu warten. Er verschwindet hinter einem stapel verschalungsbretter.

Wir warten eine halbe stunde. Dann bitte ich den fahrer, in die innenstadt zurückzukehren. Ich habe keine kraft mehr, lange um den fahrpreis zu feilschen. Um einige hundert rial erleichtert verbarrikadiere ich mich in meinem haus und lege mich sofort zu bett.

*

Das fieber steigt und steigt. Ich verliere allmählich das gefühl für den grad der erkrankung. Das thermometer zeigt einen anstieg der temperatur an, den ich staunend ablese, aber nicht mehr empfinde. – Nun musz ich etwas unternehmen. Ich rufe Nūr an.

Marc Aurels »Selbstbetrachtungen« beendet. Wittgensteins »Philosophische Untersuchungen« fortgesetzt. –
Mich soweit erholt, dasz ich wieder aufstehen kann. Habe Nūr noch immer nicht erreicht. – In den tageszeitungen ist nun offen von der gefahr eines neuen bürgerkriegs die rede. Ägypten habe einen letzten vermittlungsversuch zwischen dem staatspräsidenten und seinem stellvertreter, dem ehemaligen präsidenten des südens, gestartet. In 'Amrān soll es bereits zu bewaffneten auseinandersetzungen zwischen nördlichen und südlichen truppenteilen gekommen sein.
Dschamilah will mich ins krankenhaus bringen lassen. Ich kann sie überzeugen, dasz ich in meinen eigenen vier wänden besser aufgehoben sei. Immerhin besteht sie darauf, einen arzt zu rufen, Ich gebe ihr die nummer von Dr. Makki, der in Leipzig studiert hat und mit einer deutschen frau, ebenfalls ärztin, verheiratet ist.
Eigentlich sollte ich mich längst nach den ergebnissen der blut- und stuhluntersuchung erkundigt haben. Doch ist mir auch ohne genaue befunde klar, dasz ich in der nächsten zeit nicht noch einmal erkranken darf, will ich meine arbeit wie geplant zu ende bringen. Ich habe bereits soviel gewicht verloren, dasz nicht mehr viel auszuschwitzen oder auszuscheiden bleibt.

Ohne Nūr ist mein alltag in Ṣana'a von beispielloser tristesse. Der nahezu vollständige mangel an kulturellem leben verdeutlicht mir mehr als alle anderen versorgungsmängel, wie sehr ich europäer bin. Und die nun täglichen stromsperren, vorzugsweise in der abendzeit, lassen das wenige, das noch geboten wird (1 kino, 2 cafés), jetzt auch noch ersterben.
Keine einzige internationale zeitung, nicht einmal in den zwei groszen hotels, ist in der hauptstadt erhältlich, und in den armseligen buchläden suche ich fremdsprachige bücher und selbst arabische autoren meistenteils vergeblich. Statt dessen unübersehbare stapel religiöser traktate. – So sind es denn nur die ge-

legentlichen physischen ausfälle, die mich von einer konzentrierten arbeit abhalten.
Wie lange noch, wenn ich, in jeder hinsicht, mehr und mehr austrockne, verdorre, mumifiziere. Die jemeniten behelfen sich mit dem konsum von qat, das zwar den körperlichen verfall nicht aufhält, doch den geist beweglich bleiben läszt. Noch scheue ich mich, ihnen darin nachzueifern. Meine sporadischen erfahrungen mit dem kauen von qatblättern lehrten, dasz die droge eher die jeweiligen stimmungen (depression, euphorie, apathie ...) verstärkt, als sie in die eine oder andere richtung zu verändern.

Und wieder wird die stromversorgung unterbrochen. Sitze bei kerzenlicht, mit schmerzenden augen, übermüdet und zugleich voller unruhe. Halb sieben, die stadt in dunkelheit getaucht, das knattern einiger generatoren, frauenstimmen, die kinder ins haus rufen, ansonsten eher eine plötzliche taubheit als stille, die tausend muezzine der stadt mitten im maghrib-ruf unterbrochen, die plärrenden rundfunk- und fernsehgeräte, tot, mehr sterne denn je am abendhimmel sichtbar, möchte hinausgehen, wenn auch immer nur dieselben zwei, drei geschäftsstraszen auf und ab, vom ununterbrochenen verkehrstrom geblendet, die wahl zwischen dem Café 26. September, in dem sich vor allem somalische kriegsflüchtlinge drängen und dort der langeweile zu entkommen versuchen, oder dem teehaus am Sultansgarten, einer staubigen müllhalde ohne jedes grün, weil die jemeniten das problem der abfallbeseitigung noch nicht in den griff bekommen (noch nicht wahrgenommen?) haben.
Gedankengänge. Die wege werden länger, die tagebuchnotizen gewundener. Immer öfter bin ich selbst das ziel, das ich verfehle.

BERÜHRUNGSANGST Ṣana'a 28. 1.

Wenn ich mich über *tristesse* (finsternis?) beklage, weil diese kultur mir keine vergleichbaren angebote zur zerstreuung bietet wie meine eigene, verdeutlicht diese klage vor allem, wie sehr ich meiner eigenen kultur noch verhaftet bin. Bisher habe ich mich nicht wirklich für den neuen, fremden alltag geöffnet.

In meinem haus habe ich mich in vertrauter weise eingerichtet. Aus dieser sicheren distanz beobachte ich das treiben um mich herum.

Nach wie vor wähle ich aus. Und immer noch erregt der mangel an berührungsängsten der menschen hier mein erstaunen. Ich selber habe nichts dazugelernt, mich nicht einmal daran gewöhnt.

Jeder berührt jeden, ständig, ohne ansehen der attraktivität, der hygiene, des sozialen standes. Während ich mich abwende oder entziehe. Jeder sucht das gespräch oder läszt sich darauf ein. – Ich suche nur bestimmtes.

Ich schrecke nach wie vor zurück, wenn mich jemand absichtsvoll anfaszt, mich unbekannterweise anspricht oder auch nur endlos anstarrt. Diese art intensiver körperlicher begegnung widerspricht so sehr meinen eigenen sozialen kompetenzen, dasz sich meine zurückhaltung, meine *verbindlichkeit*, die jede geste als zeichen einer wesentlicheren, geistigen botschaft interpretiert, als behinderung darstellt.

Sie schlieszt mich aus von der hauptsächlichen zerstreuung in dieser kultur: dem ständigen, unangestrengten, unverbindlichen, doch keinesfalls nichtssagenden gespräch.

Wir haben uns in der lobby des *Taj Scheba* verabredet, einer der wenigen orte im Jemen, an denen unverheiratete männer und frauen sich zu einem gespräch treffen können. Ich blättere in einer *Financial Times* aus dem vorjahr, die wohl ein ausländischer gast hier liegen liesz.
Alfons Hase, kulturattaché der Botschaft, kommt auf mich zu. Selbst hier ist er korrekt wie auf einem diplomatenempfang gekleidet. Darüber hinaus besitzt er ein vorzügliches gedächtnis: Er begrüszt mich mit handschlag und vollständigem namen. – Er habe einen termin bei seinem friseur. Dürfe er sich in der zwischenzeit zu mir setzen? Selbstverständlich. – Allerdings wirkt sein haar so frisch geschnitten und gefönt, als habe er den friseurtermin gerade hinter sich.
Während wir noch allerlei unerhörte ideen zur lösung der politischen krise in diesem land diskutieren – übrigens werde bereits an evakuierungsplänen für die hier lebenden europäer gearbeitet –, betritt Raufa Rachman die lobby. Sofort erhebt sich Alfons Hase, begrüszt die vizeministerin höflich und entschuldigt sich, uns nicht länger gesellschaft leisten zu können, da sein friseur inzwischen sicher auf ihn warte.
Kaum hat sich Raufa zu mir gesetzt, stürzt ein dicker, schwitzender mann auf uns zu. Raufa stellt uns einander vor: Jemen-Korrespondent von al Ahram, Kairo, der hier auf den beginn des bürgerkriegs warte. Der journalist gibt Raufas hand selbst dann nicht frei, als er sich in den nun unbesetzten sessel von Alfons Hase fallen läszt. Erst als er die hand der vizeministerin zu tätscheln beginnt, vermag sie ihm diese zu entziehen.
Statt dessen hält er nun den eigenen bauch, der dennoch den eindruck erweckt, als würde die straffgespannte decke jeden augenblick platzen und der inhalt sich über polster und teppiche ergieszen. Hin und wieder wischt er sich mit einem bereits durchnäszten taschentuch über das schweiszglänzende gesicht. Das essen sei zu europäisch, klagt er. Seit tagen leide er unter verstopfung. Überhaupt werde er fetter und fetter, so dasz er wohl mit

einer sondermaschine heimgeflogen werden müsse. Er hoffe, dasz der krieg endlich beginne und das essen wieder einheimischer und kalorienärmer werde.
Er neige auch geistig zu gewissen übertreibungen, merkt Raufa an. Im übrigen schienen ihr sämtliche Ägypter im lande, nicht nur im vergleich zu den überaus zart gebauten jemeniten, unter gewichtsproblemen zu leiden. Über die gründe könne sie nur spekulieren, da es in Ägypten selbst ja durchaus normal- und untergewichtige menschen gebe. Womöglich habe es mit der überlegenheit der ägyptischen kultur zu tun, die kaum anschaulicher als durch das gewicht ihrer träger demonstriert werden könne.
Nun sei sie es, die übertreibe, wehrt der journalist ab. Sicher helfe ein attraktives polster, sich gegen allgegenwärtige zumutungen zu schützen, doch sei der Jemen nicht ganz so kulturlos, wie es die zartheit seiner bewohner glauben machen könnte. Auch diese befremdliche vorliebe für groszkalibrige waffen und ihrer waidgerechten anwendung lasse ihn manchmal an dem zusammenhang zwischen äuszerer erscheinung und innerer kultiviertheit zweifeln.
Dieses delikate geplänkel setzt sich noch eine weile fort, bis Raufa dem unerwarteten besucher diskret zu verstehen gibt, dasz sie eigentlich mit mir verabredet sei.
Der journalist murmelt noch etwas von nilpferden, die, nachdem elefanten erfolgreich unter schutz gestellt wurden, nun trotz ihrer vergleichsweise kümmerlichen gebisse von wilderern gnadenlos verfolgt und angesichts ihrer charmanten trägheit eine leichte beute, und verabschiedet sich schlieszlich mit einem traurig-ironischen lächeln von uns, nicht ohne noch einmal Raufas hände ausgiebig mit seinen kurzen fetten fingern durchgeknetet zu haben.

Wir *plaudern*, das heiszt, wir reden bereits so angeregt und zugleich entspannt wie zwei gute freunde miteinander. Sie erwähnt Goytisolo, den sie auf seinem besuch im Jemen kennengelernt habe. Nicht nur für araber sei der verlust von *Andalus* wie der tod einer geliebten. Sie habe nie daran gezweifelt, dasz nähe und

verständnis auch über grosze kulturelle unterschiede hinweg möglich seien.
Ich komme auf ihre behauptung zurück, nur männer hätten das privileg, ihr ganzes leben als ein spiel zu betrachten. Sie lacht: Diese auffassung beruht sicher nicht auf einem wissenschaftlichen spielbegriff. Statt spiel kannst du auch abenteuer, leichtsinn, kampf oder verantwortungslosigkeit setzen.
Würden mädchen auch dann, wenn sie frei von rollenklischees wählen dürften, sich andere spiele als jungen suchen? – Sie antwortet mit einer gegenfrage: Würden jungen, wenn sie frei wählen dürften, ähnlich friedfertige, vergnügliche, regel- und siegerlose spiele wählen, wie mädchen sie überwiegend spielen?
Einmal entläuft einem schausteller der affe. Ich und ein nachbarjunge stürmen dem tier hinterher. Das äffchen flüchtet sich auf einen baum, hinauf bis in die äuszersten spitzen. Wir beide klettern ihm soweit nach, bis die zweige uns nicht mehr tragen. Beide stürzen wir hinab auf den steinigen boden und verletzen uns ernsthaft.
Unsere mütter werden herbeigerufen. Die mutter des jungen fällt vor schreck in ohnmacht, als sie ihren jüngsten mit verstauchtem fusz auf der erde liegen sieht. Meine mutter prügelt mich, trotz meines blutigen gesichts, erst einmal durch, weil ich gegen das elterliche verbot auf einen baum geklettert bin.
Dennoch spiele ich während meiner ganzen kindheit immer nur mit jungen. Erst als erwachsene frau begreife ich, dasz meine mutter vor allem fürchtete, ich könnte duch die wilden, kämpferischen jungenspiele meine jungfräulichkeit verlieren.
Ich frage sie, ob sie sich frauen in der armee vorstellen könne: Würden frauen gegen frauen anders kämpfen als männer gegen männer?
Wenn wir davon ausgehen, dasz unser rollenverhalten per definitionem immer ein soziales verhalten ist, können wir natürlich auch frauen zu soldatinnen erziehen. Insgeheim wünsche ich mir natürlich, dasz frauen sich in vergleichbaren konflikten anders als männer verhielten. Doch in wirklichkeit sind verhaltensunterschiede wohl auf relevantere persönlichkeitsmerkmale als das biologische geschlecht zurückzuführen: intelligenz, krea-

tivität, introspektionsfähigkeit, gesprächsbereitschaft, autonomie …

Ich frage sie um rat, ob ich in der gegenwärtigen situation noch nach Mārib reisen könne. Andere europäer dächten bereits über ein verlassen des landes nach. – Die menschen in Mārib gelten zwar als äuszerst kriegerisch, doch haben sie ebenfalls noch ihre kriegerischen tugenden bewahrt. Kommst du als unbewaffneter gast, hast du nichts zu befürchten.
Im übrigen habe ich gute freunde in Mārib, die ich, wenn du willst, über deine reisepläne in kenntnis setzen kann. Sicher wirst du von ihnen freundlich empfangen werden.

Trotz der heftigen Regenschauer, welche fast die ganze Nacht andauern, setzen wir unseren Ritt forth. Hinzu kommt eine geradezu egyptische Finsternis, da kein Mond und kein Stern uns den Pfad erhellen. Jeden Augenblick verlieren wir den Weg, trotz der guten Kenntnis, die Abbas von diesem Theile des Landes besitzt. Und oft stolpern und stürzen unsere Reitthiere über Unebenheiten oder die Steinmäuerchen, welche die Felder umfrieden.
Auch müssen wir noch den Dörfern und Orthschaften ausweichen, um nicht die Aufmercksamkeit der Bewohner auf unsere nächtliche Caravane zu ziehen. Nur Hundegebell verräth uns die Richtung menschlicher Siedlungen.
Mit dem Morgengrauen gelangen wir zur Semsara Scherase, womit wir die Wasserscheide zwischen dem Gebiete des Wadi Adana und der nach Sanaa abfliessenden Rinnsaale erreichen. Doch erlauben wir uns trotz des Murrens unserer „Weiber" auch hier noch keine Rast.
Da wir nun immer wieder auf den Aeckern thätige Dorfbewohner passiren, achte ich mit grosser Sorgfalt darauf, dass mein helles Gesicht und meine weissen Beine gänzlich verhüllt sind, was unter den Kabilen dieses Landes nicht ungewöhnlich erscheint, Abbas aber vor neugierigen Fragen schützt.

Der Abstieg ins Wadi el Ain gestaltet sich noch schwieriger als unser bisheriger Weg, da der Maulthierpfad jeder Beschreibung spottet. Doch treffen wir in der Mitte des Abstiegs wieder auf Grün, und zwar auf anspruchslose Araksträucher, an deren Blattwerk und Zweigen sich unsere überanstrengten Thiere laben können. Ihnen zuliebe schlagen wir ein Lager auf, und benützen die Ruhepause, uns auch selbst mit Nahrung zu versehen.
Unter einem Felsendache zündet Abbas ein Feuer an und legt für jeden von uns Reisenden einen nicht ganz faustgrossen Stein hinein. Dann vermischt er Mehl mit Wasser aus unseren Schläuchen. Sobald die Steine heiss geworden, umgiebt er jeden Einzelnen derselben rundherum mit einer etwa fingerdicken Hülle von Teig,

und legt ihn in die Gluth. Nach wenigen Minuten ist der *Kurma*, dieser Knödel mit Steinkern, von Aussen und von Innen gar. Wir brechen unseren *Kurma* auf, entfernen den heissen Kern und essen mit einem herzhaften *Bismillah er rachmani er rachim* das frisch gebackene Brodt. Für Beduinen ist diese karge Kost auf langen Märschen nicht selten die einzige Nahrung.
Da wir auch hier vor überraschendem Besuche nicht sicher seyn können, erlauben wir den „Weibern" nicht, dass sie sich entschleiern, obgleich sie wohl sehr unter den Tüchern zu leiden haben, da die Sonne hier stärker wärmt als in Sanaa, und es nach den nächtlichen Regenschauern fast windstill ist.

Bis zum Abend steigen wir weiter in diesem Wadi hinab und bleiben an einer sandigen, aber doch mit hohem Grase bewachsenen Stelle, um dort die Nacht über zu rasten. Kaum haben wir uns zur Ruhe gelegt, als erneut ein heftiger Regen einsetzt, der uns nach der Hitze des Tages nun mehr abkühlt, als uns recht ist.
Plötzlich ruft Abbas uns zu, eilig unser Gepäck aufzuladen und ihm zu folgen. Zwar hat uns der Regen alle Schlaftrunkenheit genommen, dennoch verstehen wir nicht so recht den Grund für seine Panik. Kaum aber sind wir den Weg, welchen wir am Tage herab geschritten, wieder ein wenig herauf geklettert, als der sandige Grund, auf welchem wir vor wenigen Minuten noch gerastet, von einer wahren Wasserfluth überschwemmt wird.
Abbas drängt uns noch weiter hinauf. Und bald schon hat der Strom das Ausmaass der Elbe bey Torgau erreicht.
Für die Menschen, die in dieser Oednis leben, ist das Wasser zweyfellos ein Segen Gottes. Es wird durch kunstvolle Schleusen und Canäle auf die terrassirten Felder gelenkt, und ermöglicht trotz der allgemeinen Trockenheit gute Ernten.
Für uns aber bedeutet der Segen nun ein Fluch. Wie sollen wir diesen reissenden Strom überqueren, welcher sich gurgelnd und schäumend durch das Thal wälzt. Soviel unerwartetes Wasser, wo vorher nur Staub und Geröll lag, spreche ich zu Abbas.
Von Allem schenkt uns Gott ein Uebermaass, so dass uns selbst des Guten manchmal zu viel wird, pflichtet Abbas mir bey.
Wohlan, lass uns zur nächsten Brücke ziehen.

Es giebt hier keine Brücke, Sajid.
Nun, dann ruf den Fährmann.
Es giebt auch keinen Fährmann.
Dann bleibt uns wohl keine andere Wahl als zu schwimmen.
Ich kann nicht schwimmen, Sajid. Doch selbst die Thiere würden das andere Ufer nicht erreichen, sondern von den Fluthen mitgerissen und ertränkt werden.
Und sicher weisst du auch nicht zu sagen, wie lange das Wadi Wasser führt.
Wenn es auch in den kommenden Nächten regnen sollte, kann das Thal für Wochen unpassierbar seyn.
Da seyd ihr nun mit so prächtigen Flüssen gesegnet und wisst sie nicht zu überqueren! – Indessen wird man in Sanaa unsere Flucht wohl bemerckt und uns alsbald eingeholt haben.
Niemand weiss, wohin wir uns gewendet. Der gemeine Menschenverstand hätte wohl gerathen, dass ihr zur Küste hin und nicht noch tiefer ins leere, unwegsame Land hinein gezogen wäret.
Unsere Reiseroute wird nicht lange unentdeckt bleiben. Und der Schreiber ahnt wohl mehr von unseren Plänen, als wir ihm mitgetheilt. Wieviel wird er verrathen, wieviel in Bewegung setzen, um seine Stellung bey Hofe nicht zu gefährden? Denn war er nicht zu unserer Beaufsichtigung bestellt?
Eine Weile steht Abbas sinnend da. Schliesslich sagt er: Wir könnten einen Umweg wagen, doch führt die Route durch das Land der Gahmibeduinen, denen nicht zu trauen ist. Mit allen Nachbarstämmen stehen sie in Fehde. Und wird ein Fremder ohne *Sejir*, das ist ein Geleitsmann, oder ohne einen Schutzbrief auf ihrem Gebiete angetroffen, so läuft er Gefahr, ausgeplündert und als Geisel genommen oder gar, was Allah verhüten möge, um sein Leben gebracht zu werden.
Und wenn wir nach alter Beduinensitte als Schutzsuchende zu ihnen kämen, würden sie uns ihren Beystand versagen?
Solange ich euch führe und ihr unter meinem Schutz steht, wird man auch euch wie Eindringlingen begegnen. Denn für die Beni Gahim bin ich ein *Harami*, ein Ausgeschlossener, ein Vogelfreyer. – Als ich noch einen Namen hatte, hiess ich Abbas Salim ibn Abbas el Gahm.

Inzwischen habe ich mich überzeugen können, dass Abbas silbergrauer Schopf nicht das Rosshaar einer Perücke, sondern durchaus sein eigenes ist. Auch in den Pockennarben habe ich mich getäuscht: Es sind die Narben von Steinwürfen, die ihn am Kopf getroffen.
Nur zögerlich erzählt er mir diesen traurigen Theil seiner Geschichte: Eines ehrlosen Vergehens wegen hätten seine Stammesbrüder ihn bis zum Halse im Wüstensande eingegraben und dann das ungeschützte Haupt mit Steinen beworfen, eine Strafe, die gemeiniglich nur an ehebrecherischen Weibern verübt wird. Indessen will er das Vergehen, welches nach einer solch grausamen Bestrafung verlangte, mir nicht nennen.
Alleyn, er hat diese Tortur schwerverletzt überlebt, doch ist darüber nicht nur sein Haar, sondern auch sein Gemüth ergraut: Als ein Ausgestossener, welcher nicht mehr zur Welt der Lebenden gehöre, weil er ohne Heimath, ohne Familie, ohne Ehre und Namen sey, den aber auch der Tod noch nicht in sein Reich habe einlassen wollen, sey er forthgegangen in die Stadt, diesem Zwischenreich der Heimathlosen und Gezeichneten, und habe daselbst einen bescheidenen Handel begründet.

Bey allem Respect vor den alten Rechtsbräuchen halte ich doch alles, was über die schlichte Hinrichtung hinausgeht, für grausam und eines civilisirten Volkes nicht würdig. Und selbst die kurze und unspectaculaire Leib- und Lebensstrafe unserer Halsgerichte scheint mir durchaus kein fragloses Recht zu seyn.
Sicher mag es Verbrechen geben, deren Abscheulichkeit alle rechtschaffenen Menschen gerechterweise empören. Doch sollten sich gerade die Rechtschaffenen nicht hüten, sich von der Niedrigkeit und Rohheit solch einer That inficiren zu lassen? Zweyfellos darf sich die Gemeinschaft vor Uebelthätern schützen, doch darf sie es auch mit den selben Mitteln, welche sie bey jenen als ungesetzlich und bestrafenswürdig ansieht?
Es giebt nicht zweyerley Maass an Grausamkeit. Gründe und

Rechtfertigungen für wohl Alles, was Menschen thun, sind schnell und leicht bey der Hand. Doch ächten wir die Grausamkeit, darf es keinen Grund und keine Rechtfertigung für irgendeine Ausnahme geben.

*

Wir ziehen Richtung Süden, am westlichen Thalrande entlang. Der Boden ist so unwegsam, dass wir nur mühsam vorankommen. Aus diesem Grunde bevorzugen Caravanen den Thalgrund zur Forthbewegung. Zwar ist auch hier selten ein Pfad erkennbar, doch haben die periodischen Wasserfluthen den Boden soweit geebnet, dass selbst Kameele und Maulthiere einen sicheren Tritt finden.
Wir hingegen sind gezwungen, den Thieren voran zu gehen und sie den steinigen Abhang entlang zu führen. Seitenthäler nöthigen uns zu weiteren Umwegen. Reissende Gebirgsbäche, karge Felsen, die sengende Aequatorsonne, alle Elemente begegnen uns in einer gnadenlosen Reinheit. Endlich muss ich einsehen, wie sehr wir Menschen der mildernden Vermischung bedürfen. Alles Reine und Ungetrübte ist grausam.

Gegen Mittag gelangen wir zu einem Dorfe, an dessen bebauten Terrassen wir bereits eine halbe deutsche Meile entlang gewandert, ohne aber irgendeine Menschenseele bey der Feldarbeit angetroffen zu haben. Und auch die wenigen festungsartigen Steinthürme des Dorfes stehen wie ausgestorben auf der grauen Bergkuppe. Nicht einmal das sonst gewöhnliche Hundegebell schallt uns entgegen.
Wir halten in einiger Entfernung zur Orthschaft. Das Dorf scheint verlassen zu seyn, sage ich zu Abbas. In diesem Lande ist kein Orth verlassen, der einmal von Menschen bewohnt worden, entgegegnet der Gefährte. Selbst wenn die Menschen forthgezogen seyn sollten, bleibt etwas Lebendiges von ihnen zurück. – Nach einer Weile fügt er hinzu: Im Uebrigen sind die Bewohner nicht forthgegangen.

Ich würde uns und den Thieren gerne die wohlverdiente Rast gönnen; indessen lehrt mich ein unerwarteter Flintenschuss, dass wir in diesem Orthe kaum die erhoffte Gastfreundschaft finden werden. Unter lautem, fast menschenähnlichem Gebrülle bricht eines unserer Lastkameele, von der Büchsenkugel in den Bauch getroffen, zusammen.

Wir suchen Deckung im Schatten des ersten Hauses. Selbst wenn aus diesem auf uns geschossen wurde, so befinden wir uns dicht an der Lehmmauer doch in einem todten Winkel zu den höhergelegenen, kaum kindskopfgrossen Fensteröffnungen. In den ersten beyden Stockwerken indessen giebt es keinerley Fenster. Und das Hausthor finden wir verschlossen.

Alleyn, ein Theil unseres Gepäcks und das bluthende Kameel liegen auf dem steinigen Anger, wohl vierzig Schritte von uns entfernt, in sengender Mittagsgluth. Die Schreye des verletzten Kameels dringen uns bis ins Mark. Dass so viel Menschenseele im Gebrülle eines Thieres steckt, da ich doch bisher nur das Gegentheil erfahren! – Nun haben wir mit de la Motte auch sein vorzügliches Jagdgewehr verloren, so dass wir dem leidenden Geschöpfe nicht den erlösenden Gnadenschuss versetzen können. Und der hinterhältige Schnapphahn scheint Mitleid nicht zu kennen.

Mit gedämpften Stimmen berathen wir, was nun zu thun sey. Handelte es sich wirklich um einen arglistigen Anschlag, oder nicht doch um einen, wenngleich kaum zu entschuldigenden, Unfall? Bis auf die schmerzgepeitschten Paroxysmen des armen Thieres giebt sich dieser Orth so leblos und still wie bey unserer Ankunft. Können wir es wagen, diesen unheimlichen Mauern den Rücken zu kehren und weiter unseres Weges zu ziehen, oder wäre es nicht klüger, zunächst Haus für Haus zu inspiciren und das Geheimnis dieses Dorfes zu ergründen?

Abbas sagt, im Sonnenlichte sey weder das Eine noch das Andere gerathen. Wir sollten froh seyn, diesen halbwegs sicheren und comfortablen Platz im Schatten gefunden zu haben, und hier den Anbruch der Nacht abwarten. – Diese Meinung scheint uns allen die vernünftigste, wenn wir auch in der Frage der Vorzüge dieses Asylums unterschiedlicher Auffassung. Die Unübersichtlichkeit

unserer Lage erlaubt es nicht, dass wir es uns auf dem steinigen Grunde auch nur einiger Maassen commod machen können. Auch lässt diese gespenstische Stille dem erbarmungswürdigen Geschrey des Thieres allen Raum. Niemand von uns findet zur Ruhe. Wir schauen dem aussichtslosen Kampfe nicht zu, wir blicken auch einander nicht ins Antlitz, dem Spiegel dieser brennenden Quaal, alleyn, wir können die Ohren nicht verschliessen. Die todesängstlichen und gleicher Maassen todessehnsüchtigen Schmerzensrufe, weher als alles Menschenflehen, das ich bisher vernommen, vielleicht weil es unschuldiger und ohnmächtiger als jeder menschliche Schmerz, gellen durch unsere Köpfe, welche tiefer zerklüftet und nachhallender als die zerrissene Gebirgslandschaft um uns herum, ja, in welchen die denkbar tiefsten Abgründe und endlosesten Echos zu finden.
Kann es uns da verwundern, dass Frere Jacque schliesslich zu meinem Krummdolch greift, um der verendenden Creatur mit einer raschen Geste beyzustehen? Dennoch versuche ich ihn zurückzuhalten und auf die Gefahr für das eigene Leben hinzuweisen. Alleyn, er entzieht sich meiner fürsorglichen Gewalt, läuft über den kargen, deckungslosen Abhang auf das zuckende Thier zu und hat es fast erreicht, als ein zweyter, furchtbarerer Schuss ihn in den Rücken trifft.
Er stürzt zu Boden. Nur mit vereinten Kräfften können Tertulio und Abbas mich zurückhalten, dem Niedergeschossenen zur Hilfe zu eilen. Indessen erhebt sich Jacque unter sichtbaren Mühen und kriecht auf Händen und Füssen zu dem gequälten Thiere, das durch den neuerlichen Schuss vor Schreck verstummt ist. Einen Augenblick schauen sie einander an, ehe Jacque dem Thier das Messer in den Hals stösst. Lautlos lässt es den Kopf sinken.
Jacques kurzes, schmerzgeschütteltes Athmen ist kaum bis zu uns zu hören. Dennoch dröhnt es lauter als alles je Gehörte über diese unheilvolle Erde. Wir können nichts thun, spricht Abbas und hält mich weiter an meinem Arme fest. Natürlich können wir uns Einer nach dem Andern wie thörichte Kaninchen abschiessen lassen, fügt Tertulio hinzu.
Sobald es Nacht geworden, schleichen wir uns zu ihm. – Er bluthet, sage ich. Seine Wunde muss verbunden werden. Auch wird

die Sonne ihm nicht gut thun. Wie viele Stunden sind es noch bis zum Sonnenuntergang?
Wenn du dich wirklich seiner annehmen willst, musst du dich gedulden. Die Gewalt der Sonne kann eine Gnade seyn. Sie betäubt die Sinne. In der Ferne, weit hinter den Steine werfenden Männern, sehe ich meine Mutter stehen. Sie ist in blendendes Weiss gekleidet, die Farbe der Trauer. Ihr Gesicht ist unverschleiert. Sie regt sich nicht, als die Steine mich treffen. Sie regt sich auch nicht, als meine Brüder endlich von mir ablassen. Sie tritt nicht einmal näher, als die Dorfköter meinen bluthigen Kopf zu umschleichen beginnen. Die Männer lassen sie gewähren: Sollen sich die Hunde um den Hund doch balgen, wen kümmerts noch. – Erst zur Verrichtung des Abendgebets ziehen sie zurück zum Lager, nicht um der Reinheit des Gebetes wegen, sondern alleyn aus Furcht vor den Dämonen, welche den Aufenthalt an Richtplätzen lieben. Nun erst kommt sie, gräbt mich aus, versorgt nothdürftig meine Wunden, giebt mir ein Gewand und – schickt mich forth. Ohne ein Worth, ohne eine zärthliche Geste. Auch sie hält die Strafe, die mir meine Stammesbrüder auferlegt, für gerecht. Auch für sie bin ich gestorben. Es ist alleyne Allahs Wille, dass ich den Tod überlebt habe. Und doch verdanke ich es ihrer Geduld, dass dieser unergründliche Rathschluss meinen Schindern unentdeckt geblieben.
Wir Männer sind roh und gewaltthätig. Doch Niemand von uns besitzt die Krafft eines Weibes. – Die Krafft, von der ich gesprochen, ist keine des Geschlechts, sondern eine der Zuneigung.
Mit dem Paradoxon, dass Liebe unter Umständen auch Härte gebiete, habe ich mich nie abfinden können. Eher ist es die Erfahrung, dass sie, mehr noch als jede andere Leidenschaft, auch Thorheit enthalte, welche mich zur Besinnung bringt. – Die folgenden Stunden schleichen in bedrückendem Schweigen dahin wie weiland die Morgen des berüchtigten Macbeth. Während ich an den rauhen Lehm gelehnt darsitze und in die milchblaue Ferne starre, werde ich zum ersten Male auf dieser langen Fahrt gewahr, wie sehr ich die Music vermisse, nicht die hiesigen Klagegesänge und Kriegstrommeln, nein, die vertrauten heimathlichen Melodien, die Choräle, Kammermusicen, Spinn- und Wiegenlieder.

Und während mir noch dieser Gedancke in den Sinn drängt, verbindet sich mit ihm ein plötzliches, bisher noch nicht empfundenes, doch in seiner Heftigkeit geradezu homerisches Heimweh, vielleicht, weil mehr noch als bekannte Farben und Gestalten die vertrauten Klänge jene Region bezeichnen, die wir Heimath nennen. Ist nicht von allen Verlockungen, welche die glückliche Heimkehr des Reisenden bedroht, der Gesang der Sirenen die gefährlichste gewesen?

Endlich hat der gleissende Tagesstern den Horizont erreicht. Und die Dämmerung ist kurz. Dennoch ziehe ich mein helles Kleid aus, damit ich selbst für ein Nachtthier- oder Dämonenauge vom grauen Stein nicht unterscheidbar. Abbas schliesst sich mir an, allerdings ohne sich seines Gewandes zu entledigen, da es ohnehin von einem schmutzigen Grau. Nur die silbergrauen Locken verbirgt er unter der Kapuze.
Doch ist die Nacht noch mondlos, so dass wir unseren Weg mehr erahnen müssen als erspähen können. Ich zähle die Schritte, damit wir in dem Falle, dass wir in der Finsternis Jacque und das Kameel verfehlen, ungefähr orientirt sind, in welchem Radiusse wir zu suchen haben und nicht etwa an unserem Ziele vorüber gehen. Und wirklich sind wir schon über die geschätzten 40 Schritte hinaus, ohne auf sie getroffen zu seyn. Ich bedeute Abbas, nun linker und rechter Hand unseres Weges den Felsboden abzusuchen. So finden wir denn endlich den Thiercadaver, ein kalter grauer Fleischstein, von Jacque indessen, welcher doch in unmittelbarer Nähe des Kameels gelegen, entdecken wir keine Spur.
Selbst wenn er in der Zwischenzeit wieder zu Kräfften gekommen seyn sollte, so ist doch die Spanne vom Anbruch der Dunkelheit bis zu unserer Ankunft an diesem Schlacht- und Sterbeorthe zu kurz gewesen, als dass er sich von dort hätte weit entfernen können. Doch so gross wir unseren Kreis um das todte Thier auch ziehen, Jacque bleibt unauffindbar.

Bejt Chuth, den 18ten July

Wir werden von lautem Hundegebell geweckt. Eigentlich war Tertulio für die letzten Stunden der Nacht zur Wache bestimmt. Indessen sehe ich ihn ebenso verschlafen in die Morgensonne blinzeln wie Abbas und mich. – Ein halbes Dutzend räudiger und magerer Dorfköter kläfft uns böse an, ohne aber sich näher heranzuwagen. Als Abbas zu einem Steine greift, ziehen sich die Hunde winselnd zurück, als sey bereits ein ganzer Wolkenbruch an Steinen auf sie hernieder gehagelt.
Wir hören, wie ein Riegel zurückgeschoben wird. Die Hauspforte öffnet sich, eine Frau tritt heraus und blickt überrascht auf uns und die Kameele. Sogleich zieht sie ihren Schaal über das Gesicht und kehrt in das Haus zurück. Wir hören erregte Stimmen aus dem Innern dringen. Nun tritt ein graubärtiger Alter ins Freye und mustert mit argwöhnischem Blick das unerwartete Heerlager vor seinem Thurme.
Endlich erhebt sich Abbas und grüsst den Alten respectvoll. Mit einer für die hiesigen Sitten erstaunlichen Kürze und Präcision berichtet er dem Alten vom gestrigen Ueberfall und dem vermissten Cameraden. Der Alte blickt ungläubig von uns Fremdländern zum todten Kameele und dann wieder zu uns: Am helllichten Tage, unmittelbar vor seinem Hause, solle sich dieses Drama abgespielt haben, zwey Büchsenschüsse, zwey Verwundete, Todesschreye und Dämonenspuk – unmöglich! Er müsste doch etwas gehört haben, wenn auch die Ohren nicht mehr soviel taugen wie in seiner Jugend; wenigstens hätte seine Tochter ihm von derartigen Vorkommnissen berichtet.
Unterdessen haben sich weitere Dorfbewohner zu uns gesellt. Immer wieder muss Abbas von den gestrigen Ereignissen berichten. Doch selbst Jene, welche der Geschichte bereits mehrfach gelauscht, verlangen ob ihrer Kürze weitere Wiederholungen, da doch ein so phantastisches Abentheuer auch eine gewisse Maasslosigkeit des Erzählens erfordere. Indessen schütteln auch die Hinzugekommenen ungläubig die Köpfe: Mag seyn, dass sie selbst auf den Feldern und die Frauen in den Häusern gewesen,

aber die Kinder, die auch gestern wie gewöhnlich im Freyen gespielt, hätten derley Vorfälle doch bemercken müssen und den Eltern davon erzählt. Nun sey aber der Vortag so arbeitsam und gottgefällig wie alle Tage verlaufen. Die Jüngeren im Dorfe kennten solche Aventüren nur aus den Geschichten der Alten, da man hier seit vielen Jahren im Frieden mit den Nachbarn lebe.
Ich frage, ob es im Dorfe vielleicht Büchsen oder Pistolen gebe. – Wir sind doch keine räuberischen Beduinen. Alleyne der Verdacht, dass ein Dorfbewohner an jenem arglistigen Anschlage betheiligt gewesen seyn könnte, kränkt die Ehre des ganzen Dorfes. Und sollte der Eine oder Andere von uns thatsächlich im Besitze einer Flinte seyn, so hängt sie zweyfellos seit langem unberührt und als blosser Zierrath in seinem Diwane.
Zur Bekräfftigung dieser Worthe und wohl ebenso aus Neugier, welche Spielarten unsere Geschichte bey erneuten Wiederholungen noch zeitigt, lädt der Alte uns in sein Haus. Ich frage, ob denn alle Häuser des Dorfes bewohnt seyen. – Ja, alle, bis auf eines, das schon halb verfallen. Die Familie hat an anderer Stelle ein neues, festeres Haus errichtet. In dem alten nisten nur noch Tauben.
Ich befürchte, dass unser Eintritt in den Thurm unseres Gastgebers unseren Angreifern, wer immer sie auch seyn mögen, die Gelegenheit bieten könnte, auch die letzten Beweise für das gestrige Inferno zu beseitigen. Also begebe ich mich, von der ganzen Schaar Antheil nehmender Männer begleitet, zu unserem getödteten Lastthiere.
Dort finde ich meinen Krummdolch, säubere ihn an meinem Kleide und stecke ihn in meinen Gürtel zurück. Sie fragen, ob ich dem Thiere den Hals aufgeschnitten. Gemeiniglich versetzen die Araber einer verendenden Creatur, mag sie sich auch noch so sehr quälen, keinen Gnadenstoss, da dem gläubigen Muhammedaner jedes Tödten von Thieren, ausser zu Nahrungszwecken, verboten ist. Auch das langsame Sterben der Menschen gilt ihnen als schöner und erstrebenswerther als ein rascher Tod. Denn so kann der Sterbende seine letzte Reise gut vorbereitet und mit wachem Geiste antreten.
Ich sage, das arme Thier sey zunächst von einer Flintenkugel in den Bauch getroffen worden. Indessen suchen wir das Einschuss-

loch vergeblich. Nun ist der Cadaver bereits hart und das ganze Fell vom Bluthe aus der geöffneten Halsschlagader überkrustet, so dass ein fingerhuthgrosses Loch wohl nicht so leicht zu finden seyn mag.
Erfahrenere Spurenleser, wie es die Kabilen gemeiniglich zu seyn pflegen, könnten sicher auch etwas über den Verbleib unseres Gefährten erkennen, ich hingegen sehe nur das vom Bluthe bestrichene Gestein und wüsste das Kameelbluth vom Menschenbluthe nicht zu unterscheiden. So vermag ich den eifrigen Männern auch nicht zu widersprechen, als sie mir nach eingehender Prüfung des Terrains versichern, dass auf diesem Platze alleyn Kameelbluth geflossen sey.
Abbas, der diesen Untersuchungen fast theilnahmslos zugesehen, spricht: Wir sind drey, und sie sind viele. Wir können nichts mehr thun und sollten diesen Orth nun verlassen.
Noch sind wir vier, ehe mich meine Augen nicht eines Besseren belehrt, erwidere ich und bitte die Männer, mir das unbewohnte Haus zu zeigen.

Es ist das letzte des Weilers, auf der anderen Seite der Kuppel und vom Anger aus kaum zu sehen. Allenfalls vom Dache hätte man die Ereignisse auf der anderen Dorfseite beobachten können, doch hätte keine Flintenkugel so weit gereicht, geschweige denn präcise treffen können.
Ich will bereits umkehren, denn im Grunde weiss auch ich, dass unser aufgeklärter Menschenverstand nichts gegen die Macht des Masquenspiels wird ausrichten können, als leise, aber unüberhörbar ein Laut aus dem angeblich verlassenen Hause dringt. Ich trete näher heran, die Dorfbewohner hingegen bleiben in seltsamer Scheu zurück.
Hier werden wir nichts finden, sagt Abbas, der an meiner Seite geblieben. Das Haus ist leer.
Aber hörst du denn nicht das Gewisper?
Das wird der Wind seyn, der durch die leeren Zimmer weht.
Es ist fast windstill, Abbas. Ich will in das Haus gehen und die Zimmer inspiciren.
Geh nicht hinein, mein Bruder.

Was soll mich hindern? Ist das Haus verschlossen?
Nein, die Thür steht offen.
Wie kannst du es wissen? Du hast sie noch nicht zu öffnen versucht.
Doch, ich habe sie schon zu öffnen versucht. Doch wurde ich nicht eingelassen.
Mich wird man nicht hindern können.
Du redest wie ein Kind, mein Bruder. Komm, verlassen wir diesen unseligen Orth.
Sollen wir forthgehen, ohne über das Schicksaal unseres Cameraden Gewissheit erlangt zu haben?
Wohlan, wenn du glaubst, der Augenschein könne dir Gewissheit geben, so geh hinein.

Ṣana'a – Ṣa'adah: 245 kilometer. Vier stunden fahrzeit. Unterbrechungen zum gebet, zum mittagessen, zum einkauf von qat. Die landschaft wenig abwechselungsreich: sand und geröll in allen gelb-, braun- und rottönen. Hin und wieder unterbrochen von bebautem land, spärlich stehendem mais, doch überwiegend qatsträuchern.
Ziemlich erschöpft von der beengten und eintönigen fahrt. Quartieren uns zunächst in einem billigen hotel am Bab al-Jemen, dem südtor, ein. Muffiger geruch, gebrauchtes bettzeug, katzenflöhe. Nūr hat sich geweigert, mich unter den gegenwärtigen umständen nach Mārib zu begleiten. Vielleicht später. Im augenblick aber könne er meinen schutz nicht gewährleisten. – Also einigen wir uns auf einen ausflug nach Ṣa'adah. Ich will keinesfalls noch einmal ohne ihn reisen.

Am späten nachmittag erster rundgang durch die altstadt. Der weite staubige platz vor der Groszen Moschee von einem häszlichen wassertank auf betonstelzen verschandelt. Die moschee selbst ist ein groszer, äuszerlich schlichter ziegelbau, heiligster ort der Zaiditen. Hier befinden sich die gräber des ersten Imam des Jemen, Jaḥja bin Hussain bin Qasim ar-Rassi und elf seiner nachfolger, die unter zwölf lehmfarbenen kuppeln dieses heiligtums beigesetzt sind.
Jaḥja studierte viele jahre in Medina als schüler Zaid ibn 'Alis, einem urenkel des propheten. Von diesem lehrer leitet sich der name *Zaidismus* her. Im jahr 892 wird Jaḥja nach Ṣa'adah gerufen, um die kriegerischen auseinandersetzungen zwischen den Bakil und den Ḥāschid zu schlichten. Mit groszem verhandlungsgeschick versöhnt er die verfeindeten stämme und schafft ein geeintes land, zu dessen erstem oberhaupt er gewählt wird. Er erhält den ehrennamen *al-Hadi ila-l-Haq*: Führer zur Wahrheit.
An ein betreten der Moschee ist nicht zu denken. Selbst Nūr wird auf grund seiner unangemessenen kleidung, er trägt eine hose statt senna oder rock, aus dem heiligtum gewiesen.

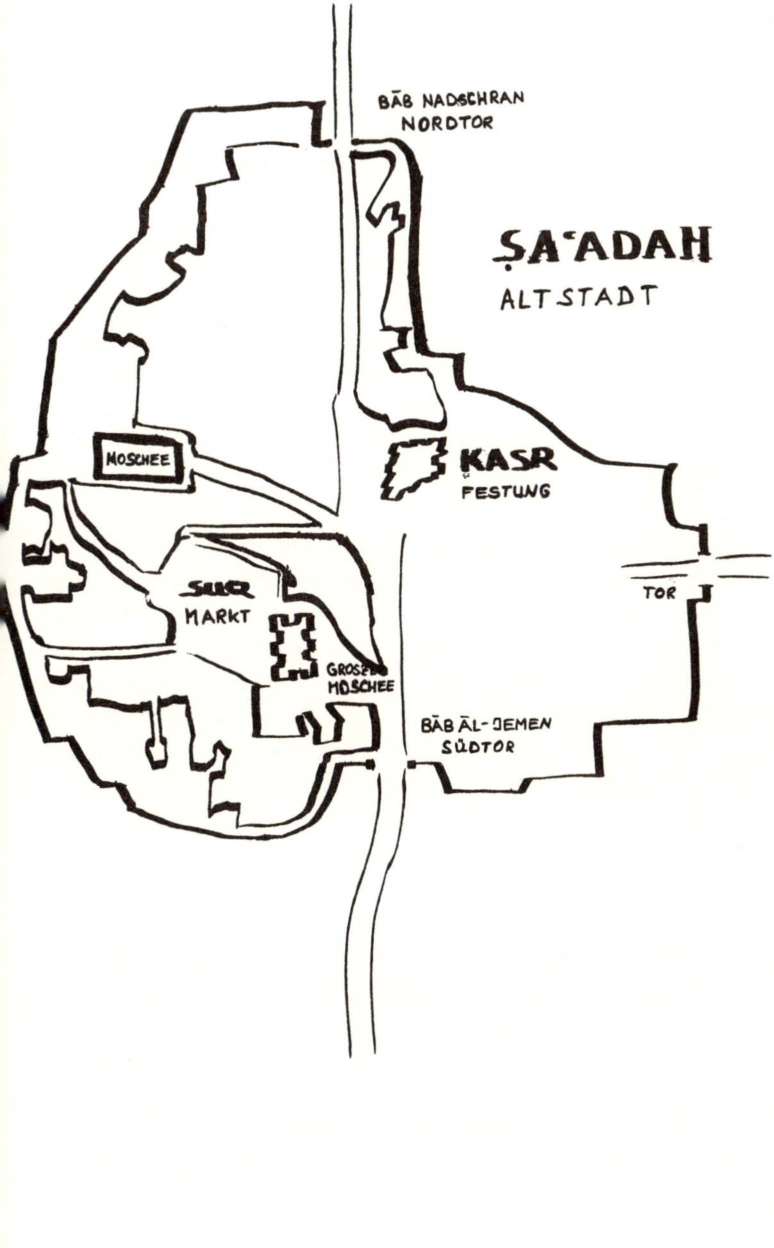
BĀB NADSCHRAN
NORDTOR
ṢA'ADAH
ALTSTADT
MOSCHEE
KASR
FESTUNG
TOR
MARKT
GROSZE
MOSCHEE
BĀB ĀL-JEMEN
SÜDTOR

In der nähe der Groszen Moschee versperrt uns eine in staubwolken gehüllte schar fussballspielender jungen den weg. Wir nutzen die zeit, bis der staub sich gelegt hat und eine fortsetzung unseres spaziergangs erlaubt, die kinder zu fragen, welche spiele sie sonst noch kennten.

BALLSPIELE

Auch hier sind die im ganzen land verbreiteten spiele *qufaīqif*, *ṣajad as-samak* und *bajdah* bekannt. Folgende neue spiele werden uns vorgestellt:

SAB'AH ṢADSCH (sieben schilde). Regeln und verlauf dieses spiels erinnern an *qaṣij'a* (büchsen), das ich in al-Qa' beobachten konnte. Die spielgruppe teilt sich in zwei mannschaften. Die turmmannschaft errichtet eine büchsenpyramide, die ballmannschaft versucht, die pyramide aus einer zuvor festgelegten entfernung einzuwerfen. Gelingt ihr ein treffer, machen die mitglieder mit dem ball jagd auf die angreifer, die sich bei dieser qaṣij'a-variante mit pappschildern schützen dürfen. Trifft der ball einen gegner am körper, so scheidet er aus. Sind alle mitglieder der turmmannschaft abgeworfen, tauscht sie mit der ballmannschaft die spielpositionen.

CHUṬ (linie, schrift). Dieses paarspiel ist ein rückschlagspiel ohne schläger, eine art tennis-fuszball. Das spielfeld wird durch eine mittellinie zweigeteilt. Die spieler besetzen je eine hälfte und schieszen den ball ins gegnerische feld. Der ball darf, wie beim tennis, vom jeweiligen spieler nur einmal berührt werden, musz die mittellinie überfliegen und innerhalb der feldmarkierung des gegners landen. Berührt der ball nach dem schusz oder kopfstosz den boden des eigenen spielfelds oder landet er jenseits der feldbegrenzung, gewinnt der gegner einen punkt.

MAN HADAF JĀ ĀMAR (Wer ein tor schieszt, gibt befehl). Dieses ballspiel stellt eine variante von *ādschūal*, tore, dar (al-Qa').

Jeder spielt gegen jeden. Es gibt nur ein tor. Der erste torwart wird durch los bestimmt. Erzielt ein spieler ein tor, darf er den torwart auswechseln und durch einen feldspieler seiner wahl ersetzen lassen.

SCHAŪT ĀL-MAŪt (todesschusz). Dieses und auch das folgende spiel (*baqarah* / kuh) sind ein eher wildes, fast regelloses treiben, das offenbar mehr der abfuhr von aggressionen als einem vergnüglichen miteinander dient und die rein kriegerischen attribute des spiels betont.
Beim *todesschusz* geht es nicht darum, tore zu erzielen, sondern mitspieler zu treffen. Dabei schieszen die schützen mit voller kraft in die spielgruppe. Wird ein mit- oder besser: gegenspieler oberhalb des knies oder unterhalb des kopfes getroffen, erhält der schütze dafür einen punkt.

BAQARAH (kuh). Hier befinden sich die schützen auszerhalb des spielfelds. Alle anderen mitspieler bewegen sich, wie im ballspiel *bajḍah* (eier), auf einer etwa sechs mal sechs meter groszen »weide«.
Die beiden jäger auszerhalb des feldes spielen einander den ball zu und versuchen, die »kühe« innerhalb des spielfelds abzuschieszen.
Können sich bei *bajḍah* die spieler noch schützen, indem sie den ball auffangen, ehe er die erde berührt, sind sie hier den heftigen schüssen der jäger schutzlos ausgeliefert. Sie können sich nur auf die eigene schnelligkeit verlassen oder sich mit der revanche als zukünftiger jäger trösten.

Der ball ist nicht das urspielzeug. Der ball ist bereits abstraktion. In den abgeschiedenen stammesgebieten sehe ich jungen – nicht nur im streit, sondern auch im spiel – mit steinen aufeinander werfen. Sogar mit selbstgebauten katapulten legen sie aufeinander an. – Die meisten jungenspiele in der traditionellen stammeskultur haben ihre wurzeln oder vorbilder in der jagd und im kampf.

Die ungeheure attraktivität von ballspielen liegt auch darin, dasz der ball seine herkunft vom stein, dasz das ballspiel seine entwicklung aus jagd und kampf nicht verleugnet. Das ballspiel ist eine art verstädterte, domestizierte variante des steinwurfs.
In den engen gassen, in der begrenztheit des städtischen spielraums läszt der ball als »gepolsterter stein« die gleiche aggressivität des spiels wie im freien gelände der steinwurf zu, ohne gleich opfer zu provozieren, wenn auch der tod des mit- oder gegenspielers, zumindest metaphorisch, in vielen spieltiteln und -regeln nach wie vor präsent ist.
Ring des todes *oder* todesschusz *(al–Qa') sind also keine verbalen übertreibungen, ein harmloses »spielerisches« geschehen zu dramatisieren (eher ist das* understatement *in der titelgebung die regel), sie repräsentieren durchaus wirkliche haltungen und vorgänge. Der schusz aus dem gewehr und der schusz mit dem ball bezeichnen und bedeuten dasselbe: Spiele sind nicht harmlos. Sie verletzen, schmerzen, demütigen, fordern und hinterlassen opfer. Sie simulieren nicht nur jagden und kämpfe, sie sind jagd, kampf oder schlacht.*

Nacht fällt über Ṣa‘adah. Doch kaum ein fenster erleuchtet. Das rattern einiger generatoren in der ferne. Die straszen vollkommen finster. Seit zwei monaten sei die stadt nun ganz ohne strom, berichten uns die kinder. Man lebe hier wieder wie zu zeiten des Imams.
Einige passanten sind mit taschenlampen unterwegs. Wir suchen uns unseren weg im dunkeln. Steilaufragende rauhe lehmwände, die ersten stockwerke fensterlos und die fensterhöhlen in den oberen geschossen eher schieszscharten als lichtöffnungen.
Ein unendlich klarer sternenhimmel. Doch spendet er nur wenig licht. Noch ist der mond nicht aufgegangen, dessen schein hier schatten wirft. Wir tasten uns die mürben hauswände entlang. Stolpern über abfälle und schutt. Die gassen sind ungepflastert. Nūr nimmt mich an die hand, was er, entgegen der landessitte, sonst nicht tut. Auch in dieser hinsicht hat sein studienaufenthalt in England ihn nicht unbeeinfluszt gelassen.
Auf dem zentralen platz der altstadt ein hellerleuchtetes *mata‘am*. Der generator im hof übertönt die rufe der gäste und das klappern des geschirrs. Nahezu alle tische sind mit kindern besetzt. Sie knabbern an trockenen brotfladen und starren gebannt in eine ecke der gaststätte. Hier flimmert ein fernseher, womöglich der einzige in der stromlosen stadt.
In wenigen minuten beginne das kinderprogramm, wird uns mitgeteilt. Auf unserem stadtrundgang schien es bereits tiefe nacht zu sein, doch ist es nicht einmal sieben uhr. – Wir bestellen eine kleinigkeit zu essen und suchen uns einen abgelegenen platz im »blinden« winkel des restaurants.
Kaum hat der kinderfilm begonnen, sammeln sich mehr und mehr menschen, auch erwachsene, auf der wellblechüberdachten restaurantterrasse. Die kinderfilme seien das einzige erträgliche programm des staatlichen jemenitischen fernsehens, rechtfertigt ein bereits graubärtiger mann seine anwesenheit. Alles andere sei kindische regierungspropaganda.

Die stämme um Ṣa'adah haben am längsten gegen die republikgründung widerstand geleistet und stehen bis heute den regierenden in der hauptstadt kritischer als andere jemeniten gegenüber.
Das restaurant ähnelt nun mehr einem open-air-kino als einer gaststätte. Die kellner geben ihre bemühungen auf, ordnung in die bedürfnislose zuschauerschar zu bringen, die köche stellen die essenszubereitung ein und schauen nun selbst gebannt auf den flimmernden bildschirm.
Mir scheint die situation selbst teil eines films zu sein. Dieses kindliche vergnügen innerhalb einer mittelalterlichen festungskulisse: Archaische lehmburgen, enge, finstere gassen, eine gedrungene stadtmauer, breit genug, auf ihr mit einem eselskarren die ganze stadt zu umrunden, üppige gärten hinter rauhen, abweisenden mauern, die man nicht von den gassen, aber von den befestigungsanlagen aus einsehen kann, jugendliche diebe schleichen hinein, obwohl die obstbäume bereits abgeerntet sind. Die alten karawansereien quillen über von kaufleuten, ihren knechten, tieren und waren, die hier, auf dem weg nach Mekka, für einen wucherpreis lagern dürfen, ehe der anstrengende marsch durch die wüste beginnt. Aus den 27 bädern der stadt schallt das gelächter der schwitzenden kaufleute und pilger, während die knechte sich beim kartenspiel vergnügen. Eine säbelschwingende reiterschar verläszt die zitadelle und schleift einen gefangenen durch die staubigen gassen zum richtplatz vor der Groszen Moschee. Volk strömt zusammen, um dem schauspiel zuzusehen.

Ich nenne die veränderungen in der »westlichen« kultur innerhalb der letzten jahrzehnte domestikation *des spiels. Verändert sich auch die struktur der spiele, ihr kampf- und jagdcharakter zum beispiel? Oder betrifft die* verhäuslichung *vor allem den spielraum, die verlagerung des schlachtfelds von der strasze auf ein spielbrett oder einen bildschirm?*
Vielleicht reden wir in diesem fall inzwischen von verschiedenem. Jahrzehnte pädagogischer diskussionen, ein veränderter kindheits- und freiheitsbegriff und der interdisziplinäre gebrauch dieser alltagsvokabel haben unser wissen vom spiel so ausgeweitet, dasz er mit la'ib, *der engbegrenzten auffassung vom (kinder-) spiel in der südarabischen kultur nur noch wenig gemeinsam hat.*
Vieles von dem, was wir inzwischen als spiel bezeichnen, von sportwettkämpfen bis hin zum spiel der börsenkurse oder elementarteilchen, entspricht nicht einmal auf metaphorischer ebene unseren elementaren spielerfahrungen. Eher verbirgt sich hinter der inflationären anwendung des begriffs ein gesellschaftlicher imperativ, selbst das, was uns als unausweichlich begegnet, als »spiel« zu betrachten: nimm es leicht, sei kein spielverderber, es ist doch nur ein spiel …
Tatsächlich aber beraubt uns diese strategische begriffserweiterung einer erfahrung, die einmal spielerisch im eigentlichen sinne war: Wir selber haben spielraum, -zeit, -regel und -verlauf bestimmt. Niemand muszte uns zum spiel auffordern, niemand an unsere »spielerische« haltung appellieren. Wir haben vergessen können, dasz wir spielen.

Ṣana'a 7. 2.

Bei den gewalttätigen zusammenstöszen zwischen einheiten aus dem norden und dem süden in der vorwoche sollen mehr als vierhundert soldaten getötet oder verwundet worden sein, hört man in der hauptstadt. Die ausrufung des ausnahmezustands stehe unmittelbar bevor.

Die ausländischen botschaften fordern ihre staatsangehörigen auf, das land zu verlassen. Sondermaschinen westlicher fluggesellschaften stehen bereit. – Wie lange will ich noch bleiben? Sollte es zum krieg kommen, wird die ausreise kaum noch möglich sein.

Bewölkter himmel über Ṣana'a; eine klamme kälte zwischen den häusern; dampfende wege, die sich, sobald es zu regnen beginnt, in unpassierbare wasserstraszen verwandeln. Fühle eine tiefe, nicht nur körperliche müdigkeit. Bin nun fünf monate von zuhause fort. Doch bin ich mir nicht sicher, ob ich mich auf die rückkehr freue.

Besuch in der *New Modern Yemen School*, einer privatschule, den Raufa für mich organisiert hat. Die schule liegt in einem neubaugebiet, doch ist selbst in einem traditionellen jemenitischen stil errichtet. Das gebäude gleicht eher einem alten ṣana'anischen palast als einem modernen bildungsinstitut. – Die noch junge direktorin empfängt mich freundlich.
Es ist gerade frühstückspause. Ein ständiges kommen und gehen herrscht im teuer, aber geschmackvoll eingerichteten direktorenzimmer. Die schülerinnen und schüler der ersten klassen tragen rotweisze schuluniformen, die jungen der älteren jahrgänge blaue anzüge, die mädchen blaue kleider und kopftücher. Die meisten mädchen sind unverschleiert.
Diese schule ist eine welt für sich. Vor dem schultor sitzt ein wächter, womöglich der wichtigste angestellte dieser einrichtung. Um das schulgelände zieht sich eine hohe mauer mit glasscherbenkrone. Ich frage nach dem schulgeld. Es beträgt pro schüler 20.000 rial im jahr, ein viertel des durchschnittseinkommens. Und eine durchschnittsfamilie hat in der regel ein dutzend schulpflichtiger kinder. – Von der ersten bis zur letzten klasse herrsche koedukation, erläutert die direktorin, nicht ohne stolz. Ich frage, ob dieses inseldasein für die schüler nicht zu konflikten mit ihrer traditionellen umwelt führe. – Nun, die kinder kommen grösztenteis aus liberalen elternhäusern, die das konzept der schule unterstützen. Im übrigen ist bereits das familienleben der meisten schüler mit dem alltag der mehrheit jemenitischer kinder nicht zu vergleichen.

Es klingelt. Die direktorin führt mich hinaus. Auf dem schulhof hat sich eine klasse zu leibesübungen versammelt, etwa ein dutzend mädchen und halb so viele jungen.
Die sportlehrerin inszeniert eine kleine zirkusvorstellung für den gast. Sie läszt die schüler seilchenspringen, tauziehen und hüpfen. Die zirzensischen übungen werden von einer kleinen musikkapelle (hammondorgel, pauke, tamburin) und der trillerpfeife der sportlehrerin begleitet.
Weder bei den übungen noch in den pausen vermischen sich die geschlechter. Immer bilden jungen und mädchen getrennte blöcke. Als ich die direktorin auf dieses verhalten aufmerksam mache, wirkt sie überrascht. Ja, meine beobachtung sei richtig, gibt sie zu. In den klassen sei es genauso: Obgleich die lehrer keine diesbezüglichen anweisungen geben, setzen sich die kinder wie selbstverständlich nach geschlechtern getrennt.
Ich erinnere mich an vergleichbare verhaltensweisen aus meiner eigenen schulzeit. Hätte ein junge sich in den »mädchenblock« gesetzt, wäre er weniger als besonders »draufgängerisch« angesehen, sondern eher als mädchenhaft verspottet worden. Eine eindeutige gruppenzugehörigkeit war voraussetzung für die begegnung mit dem anderen geschlecht, im grunde keine wirkliche begegnung, keine solidarisierung, sondern, jeder äuszerlichen vereinigung zum trotz, eher ein unheimlicher, unkontrollierbarer zusammenstosz.
Für das spiel gilt ähnliches. Mädchen, die überwiegend mit jungen spielen, erhalten schnell den ruf, sie seien selber jungen. Und umgekehrt. Offenbar ist spiel immer nur mit gleichen möglich. Und in der tat verlieren viele spiele ihren reiz, wenn es nicht eine annähernde chancengleichheit zwischen den mitspielern gibt. Nicht nur mitglieder des anderen geschlechts, auch zu junge, zu alte oder behinderte spieler werden ausgeschlossen. – Umgekehrt bedeutet die integration auszenstehender ins spiel eine, zumindest in der spielzeit gültige, behauptung der gleichheit aller teilnehmer.

Sie fragt, ob die vorführungen für meine forschung nützlich seien. Ich antworte offen, dasz ich eher an den traditionellen spielen auf der strasze als an sportlichen übungen interessiert sei. Sport erscheine mir in vieler hinsicht als das gegenteil von spiel. – Ihre schülerinnen und schüler spielten nicht auf der strasze, entgegnet sie. Sie verbrächten ihre freizeit im familienkreis oder in privaten clubs.

Kann prinzipiell jede tätigkeit durch die haltung »ich spiele« zum spiel werden, so kann auch eine an sich spielerische tätigkeit durch eine veränderte haltung ihren spielcharakter verlieren. Eine andere als spielerische haltung ist zum beispiel dem sport zu eigen. Spielerische und sportliche aktivitäten überschneiden sich, auch sprachlich. So reden wir von vielen sportarten nach wie vor von spielen. Doch werden spiele im alltäglichen sprachgebrauch *gespielt*, während man sport *treibt* (wie man übrigens auch geschlechtsverkehr *treibt*. »Ich treibe sport« bedeutet nicht »ich spiele«, so wenig wie »ich treibe ein spiel« (mit jemandem) mit »ich spiele« gleichzusetzen ist.
»Ich treibe sport« heiszt: »Ich trainiere meinen körper«, »ich verbessere meine leistungen« und immer häufiger auch »ich unterhalte zuschauer« oder »ich verdiene damit geld«. Die regeln und grenzen des sports sind festgelegt, ja, »kanonisiert« und unterliegen nicht mehr der freien vereinbarung.
Auch jemand, der ein spiel *treibt, spielt* nicht mehr. Etwas ernstes, bösartiges mischt sich in sein tun. Es unterliegt nicht mehr der gemeinsamen vereinbarung, es handelt sich nicht mehr um gleiche. Täter- und opferrolle sind im vorhinein festgelegt.
Im sport ist noch deutlicher als im spiel die herkunft aus jagd und kampf gegenwärtig geblieben. Speer- und diskuswurf, rennen, springen, faust- und ringkampf, reiten, bogenschieszen, sie alle sind unverhüllt kriegerische übungen. So dominiert im sport auch mehr als das vergnügen am gemeinsamen tun die haltung »ich musz gewinnen«. Alle anstrengungen zielen auf ein ergebnis. Im spiel hingegen geht es immer auch um den (gemeinsamen) zeitvertreib. Spiel ist nur dann spiel, wenn die tätigkeit an sich bereits vergnügen bereitet. Wir können ein spiel jederzeit unterbrechen, ohne dasz die bisherige aktivität etwas von ihrem spielcharakter verlöre. Unterbrechen wir einen sportlichen wettkampf, stellen wir alle vorangegangenen anstrengungen in frage. Der sport gehört bereits einer wirklichkeit an, der wir sinn und zweck unterstellen.

Ich berichte ihr von meinen zwiespältigen erfahrungen in der privatschule. Dann frage ich sie, wer für den artikel in der tageszeitung *13. Oktober* verantwortlich sei: DEUTSCHER SPIELEFORSCHER WIRD IN 'ADEN ERWARTET. – Sie habe bereits ein abwechselungsreiches programm für die südlichen gouvernements vorbereitet. - Ich hätte nicht die absicht, nach 'Aden zu fahren, entgegne ich.
Schon übergibt sie mich einem fahrer des ministeriums, der mich zur nächsten besichtigung chauffieren soll. Vor dem kindergarten wartet bereits ein fernsehteam auf mich: Begegnungen zwischen ausländischen gästen und einheimischen kindern gelten gerade in kriegerischen zeiten als ein lichtblick für jede nachrichtensendung.
Ich winke ab. Sollte ich im staatlichen fernsehen gezeigt werden, könnte ich im ganzen land keinen anonymen schritt mehr tun. Schon jetzt kennen mich zu viele leute hier.
Doch lassen die kindergärtnerinnen sich ihre einstudierte show nicht nehmen: Die kleinen jungen und mädchen in ihren adretten uniformen (blaue matrosenanzüge für die jungen, blaue trägerröckchen für die mädchen und beiden gemeinsam weisze blusen und rote krawatten) singen zunächst mit der präzision eines soldatenchors ein lied zum lob des kindergartens, gefolgt von einem kindergarten*zāmal*, also -schlachtruf auf die sauberkeit.
Dann schlieszen sich die schon bekannten zirzensischen übungen an: seilchenspringen, hüpfen, kreis- und klatschspiele. Und zum schlusz, zu ehren des gastes, ein englisches wiegenlied.
Die erwachsenen applaudieren freundlich, die kinder verbeugen sich professionell. Ich dürfe nun fragen an die kinder richten. Was wünschtet ihr euch, wenn ein guter dschinn euch einen wunsch gewährte?
Zwei mädchen fällt nichts weiter als eine lastwagenladung süszigkeiten ein. Die folgenden fünf kinder wünschen sich, einen ganzen nachmittag mit ihren vätern im *26. September-Park* ver-

bringen zu dürfen, ein junge würde am liebsten ein hund sein, ein anderer ein esel (beides im arabischen kulturkreis eher geringgeschätzte kreaturen).

Ich enthalte mich jeder interpretation. Diese orchideenlandschaft ist mir fremder als die kakteenwälder und gebirgssteppen. – Für den nächsten tag habe die vizeministerin einen besuch im *26. September-Park* für mich vorgesehen. Dort könne ich die kinder dann beim »freien spiel in der natur« erleben. – Pünktlich um acht werde er mich von zuhause abholen.

Macht den kindern vielleicht freude, was mich erschreckt und abstöszt: das paradieren und exerzieren, die schlacht- und lobgesänge, die vorführungen, ja, selbst die strenge ordnung, der disziplinierte tagesablauf, die öffentliche ehrung der besten? – Die lehrer und erzieher behaupten es, und die gesichter der kinder widersprechen dieser behauptung nicht.
Ist es allein meine (nicht weniger fragwürdige) antiautoritäre haltung, die zunächst ja nur eine reaktion auf die eigene geschichte und kultur darstellt, mit der ich die disziplinierung der kinder hier betrachte und bewerte?
Auf welche vergleichbaren freiheiten sollte eine erziehung zur eigenverantwortung in dieser kultur vorbereiten? Diese gesellschaft basiert auf noch intakten autoritären und hierarchischen strukturen, die leichtfertig in frage zu stellen unterlassen sollte, wer keine alternativen modelle anzubieten hat.
Denn unsere emanzipatorischen »erziehungs«-konzepte haben sich als nicht weniger ideologisch, nicht weniger systemgebunden erwiesen und sowohl die kinder als auch die eltern und erzieher vielfach überfordert. Unsere konzepte sind im gleichen masze von gesellschaftlichen (und ökonomischen) erfordernissen bestimmt wie die entwürfe anderer kulturen, mögen die erfordernisse auch unterschiedlich sein.
Womöglich ist es den »modernen« gesellschaften gelungen, eine flexibler einsetzbare persönlichkeit für die sich rapide ändernden arbeitsbedingungen heranzuerziehen, doch damit sind auch bereits die grenzen der autonomie definiert. Unsere an traditionen weniger gebundenen »arbeitnehmer« sind zwar beweglicher, sich neuen bedingungen schnell anzupassen, doch kaum freier, diese bedingungen auch selber zu bestimmen.

*

Tatsächlich klopft es pünktlich um acht an meiner haustür. Ich nehme aber einen leichten kopfschmerz als hinreichenden grund, im bett zu bleiben und nicht zu öffnen.

Der junge mann stellt sich vor: studium in Ägypten und Marokko, jüngster student der hochschule, *master* in *political science*; seit sechs jahren als redakteur beim jemenitischen fernsehen; nun leiter des kinderprogramms; 26 jahre alt, verheiratet, vater zweier mädchen.
Wir sitzen im kühlen diwan der vorstadtvilla von Abdul Asis, eher ein europäisches wohnzimmer mit couchgarnitur und schrankwand als ein jemenitischer *mafradsch*. Trotz seines masters und seiner journalistischen tätigkeit spricht er kein wort englisch.
Er bietet mir an, einen film über meine forschungsarbeit zu drehen. Der sender werde mir die notwendige technik und leute zur verfügung stellen. Ich sage ihm, dasz mich ein dokumentarfilm nicht interessiere: Ein film über spiel musz unterhaltsam wie ein spiel, musz selbst ein spiel-film sein. Er nickt: Du hast freie hand.
Das gespräch verläuft zu einfach. Wäre Nūr anwesend, würde er mir wohl sagen können, was an dieser sache nicht stimmt.
Wir vereinbaren, dasz ich meine vorstellungen zu einem kurzen exposé zusammenfasse, an hand dessen wir das projekt weiterverfolgen können.

ABDALLAH UND ADRIAN

Der Film beschreibt die Begegnung zweier verschiedener Kulturen im gegenwärtigen Jemen, repräsentiert von den Jungen Abdallah und Adrian.
ABDALLAH lebt in einem Bergdorf, nördlich der Hauptstadt. Sein Alltag ist von der bäuerlichen Arbeit und dem einfachen Dorfleben bestimmt. Den größten Teil des Tages verbringt er im Freien, auf dem Feld oder den staubigen Dorfgassen.
ADRIAN ist der Sohn eines jemenitischen Vaters und einer deutschen Mutter. Die ersten Lebensjahre verbringt er in Deutschland. – Im Jemen führt er das privilegierte Leben eines Jungen wohlhabender, gut ausgebildeter Eltern. Er besucht eine private Schule, ist Mitglied mehrerer privater Clubs und besitzt eine Menge teures Spielzeug. Doch spielt er nie auf der Straße mit anderen Kindern. Er hat keine Geschwister und keinen wirklichen Freund.

Der Film beginnt im Dorf. Abdallah arbeitet auf dem Feld. Ein Nachbarjunge ruft ihn heim: Sein jüngerer Bruder Chalid sei erkrankt. – Der Vater will die Genesung dem Willen Gottes überlassen, doch Abdallah entscheidet, den Bruder in ein Krankenhaus der Hauptstadt zu bringen und ihn dort untersuchen zu lassen. – Die Dorfszenen sind in schwarz-weiß gehalten; die Musik ist traditionell und wird zurückhaltend eingesetzt. Alltagsgeräusche und Stille überwiegen.
Farbe und Rhythmus kommen mit der Fahrt vom Dorf in die Hauptstadt in den Film. Für Abdallah und seinen Bruder ist es eine Reise in eine neue, unbekannte Welt. – Adrian ist auf dem Weg zur Schule. Um seinen Schulbus noch zu erreichen, läuft er unachtsam auf die Straße. Abdallah zieht ihn zurück auf den Gehweg, ehe ein Auto ihn erfaßt. Adrian ist wütend, weil er den Schulbus nun verpaßt hat. Abdallah und Chalid lassen ihn achselzuckend stehen.

Adrian besinnt sich und folgt den beiden. Er entschuldigt sich

und fragt sie, was sie in die Stadt geführt habe. Er entschließt sich, ihnen zu helfen, das richtige Krankenhaus zu finden, anstatt in die Schule zu gehen.
Sie finden eine Ärztin, der sie vertrauen. Doch muß der Bruder zur Beobachtung über Nacht im Krankenhaus bleiben.
Abdallah und Adrian begeben sich unterdessen auf Entdekkungsreise in die für beide unbekannte Stadt: in die Suqs, die Bäder und Moscheen. Ihre Odyssee ist von vielen, für die Stadt alltäglichen, doch für unsere Helden ungewöhnlichen Episoden begleitet. Ihre unterschiedlichen Charaktere und kulturellen Hintergründe werden deutlich. Das gemeinsame Abenteuer aber bringt sie einander näher.
Adrian lädt Abdallah ein, über Nacht Gast im Haus seiner Eltern zu sein. Abdallah sieht sich nun auch im privaten Bereich mit einer neuen, unbekannten Welt konfrontiert. Bade-, Kinder-, Eßzimmer, europäische Tischsitten, einschüchternde Sauberkeit ... Würde sich Adrians Vater nicht seiner jemenitischen Herkunft besinnen und Abdallah zur Hilfe kommen, Abdallah würde diese Welt der unvertrauten Regeln fliehen.

Mehr noch als für Abdallah, der nach jemenitischem Verständnis längst kein Kind mehr ist, wird ihre Begegnung für Adrian zu einem Akt der Initiation. Ehe Abdallah und Chalid in ihr Dorf heimkehren, laden sie Adrian ein, sie dort zu besuchen. – Adrian hat einige Schwierigkeiten, seine besorgten Eltern von der Notwendigkeit dieses Besuchs zu überzeugen. Schließlich aber macht er sich alleine auf den Weg in die Berge, um dort nicht nur seine Freunde wiederzutreffen, sondern auch einem unbekannten Teil seiner selbst zu begegnen.
Nun ist es Adrian, der das Vertraute hinter sich läßt und eine Welt ohne elektrischen Strom, fließendes Wasser, gepflasterte Straßen, Zeitungskioske und Spielzeuggeschäfte betritt. – Abdallah erklärt nicht, er läßt Adrian einfach teilnehmen am Dorfalltag. Das erste Mal in seinem Leben spielt Adrian mit anderen Kindern im Straßenstaub. Das erste Mal macht er sich wirklich schmutzig. – Abdallah gibt ihm saubere, traditionelle Kleider: Weste, Rock und Krummdolch, den alle Männer im Norden Je-

mens als Zeichen ihrer Kriegerwürde tragen. Noch wirkt Adrian eher fremd in dieser neuen Kleidung, doch ist er bereits nicht mehr jener Großstadtjunge, als der er Abdallah am Anfang begegnete.

Am nächsten Tag ziehen sie gemeinsam mit den anderen Männern des Dorfes auf den Berg, um dort *Bar'a* aufzuführen. Abdallah zeigt seinem Freund die Schritte und Bewegungen des Tanzes. Schließlich reiht Adrian sich in die Gruppe der tanzenden Krieger ein.

Sie ruft mich am frühen morgen an. Sie sei aus 'Aden zurück, sie wolle sich mit mir verabreden. Wann? Meine stimme klingt noch ganz belegt. Am liebsten sofort. Ich kann noch gar keinen klaren gedanken fassen, so brutal aus meinem morgenschlummer gerissen. – Ich verspreche zurückzurufen, sobald ich richtig wach sei.
Sie gibt mir keine chance. Diesmal trifft ihr anruf mich im bad. Ich bemühe mich, höflich zu bleiben. Am abend hätte ich noch zeit. Nein, sie müsse mich nicht von zuhause abholen. Ich würde sie vor der hauptpost am Taḥrir treffen.

Wir besuchen eine galerie. Betrachten stumm die verschleierten frauenbildnisse. Anschlieszend gehen wir essen. Ein jordanisches restaurant im diplomatenviertel. Folkloristischer stil, als handle es sich um ein arabisches restaurant in Frankfurt oder Berlin. Traditionelle musik, zuvorkommende kellner, internationale speisekarte, sogar wein... das ganze ambiente im höchsten masze artifiziell, eine arabische simulation europäischer erwartungen. – Ich versuche zu verhindern, dasz unsere verabredung zu einem flirt wird. Ihre anrufe müszten mir sicher aufdringlich erscheinen, beginnt sie, doch wisse sie im augenblick selber nicht, was mit ihr los sei. Normalerweise verhalte sie sich nicht wie ein verliebter backfisch.
Einem jemenitischen mann gegenüber wäre ein derartiges verhalten undenkbar. Ich schweige. Sie: Ich stamme aus einer alten aristokratischen familie. Das bedeutet privileg und beschränkung zugleich. Doch habe ich eine couragierte mutter. Sie wollte immer, dasz ich weniger zu kämpfen hätte als sie. Nur ihrer entschiedenheit habe ich es zu verdanken, dasz ich im ausland studieren durfte.
Nun, unser zusammensein wäre nicht der erste skandal, den mein ungewöhnliches benehmen provoziert. Als ich meine erste novelle veröffentliche, tobt ein wochenlanger unheiliger krieg in den religiösen medien des landes, so dasz meine brüder mich am

liebsten gleich zurück nach Amerika schicken würden. Der text ist zwar persönlich und offen, aber weder schamlos noch ehrverletzend. Hätte ich ihn unter einem männlichen pseudonym veröffentlicht, hätte es vermutlich keinen derartigen aufruhr gegeben.
Wie hast du unter diesen voraussetzungen in die regierung berufen werden können?
Nicht alle männer empfinden meine offenheit als skandalös. Den staatspräsidenten kenne ich bereits aus jener zeit, als er noch offizier in der armee gewesen ist. Ich habe damals einer nationalen jugendorganisation vorgestanden. Auf einer veranstaltung anläszlich der unzähligen jemenitischen gedenktage werden die jungen der organisation für ihre dienste ausgezeichnet, während die mädchen, trotz vergleichbarer einsätze, dekorativ den hintergrund des festakts bilden. Kurz vor ende der veranstaltung trete ich zum ordenskomitee, unter ihnen auch der jetzige präsident, und fordere es vor laufenden kameras auf, nun mit der auszeichnung der nicht weniger engagierten mädchen fortzufahren.

Wenn du von deiner nächsten reise zurück bist, würde ich dich gerne weiteren jemenitischen frauen vorstellen. Ihr leben findet zwar in einem weniger öffentlichen raum statt, ist deswegen aber nicht weniger abwechselungsreich und aufregend.
Ich will nur noch meine Māribreise wiederholen und dann das land verlassen.
Ich habe freunde in Mārib, die sich um dich kümmern werden.
Ich werde wohl mit meinem bewährten gefährten Nūr reisen.
Ist denn dieser Nūr wirklich vertrauenswürdig? Du weiszt, die politische lage ist nach wie vor sehr gespannt.
Nūr ist ein richtiger qabili, wenn auch mit britischen umgangsformen.
Ist er ein hübscher mann?
Ich habe bisher nicht darüber nachgedacht. – Ja, er ist wohl ein hübscher mann.
Manchmal findet man in den vertrauten qatrunden älterer männer einen hübschen jungen, *hisam al-makan*, »gürtel des raumes« genannt.

Was willst du mir damit andeuten?
Hisam al-makan ist eigentlich der ornamentale wand- und dekkenschmuck in einem traditionellen diwan. In diesem zusammenhang aber wird der ausdruck für den erotischen schmuck einer qatrunde verwendet.

Die arabische sprache ist voll von erotischen metaphern. Die metapher ist wie ein schleier. Sie legitimiert die anwesenheit des begehrten, solange es sich in uneindeutiger gestalt zeigt. – Sie enthüllt mir mehr, als ich zu sehen verlangte.
Meine augen schmerzen; ich will nach hause zurückkehren. – Gut, ich fahre dich zurück! – Natürlich besteht sie darauf zu bezahlen.

Ist es sinnvoll, weiterhin nach dem wesen des spiels zu fragen? Handelt es sich letztlich (und sinnvollerweise) nicht immer nur um eine neubeschreibung des wortgebrauchs *in unserem jeweiligen alltag?*

Die frage nach dem wesen ist sinnlos, wenn sie von einer aufspaltung der wirklichkeit zwischen wahrnehmbaren eigenschaften und einem unserer wahrnehmung entzogenen inneren kern oder sein *ausgeht. Sollte es diesen nicht wahrnehmbaren kern geben, so könnten wir per definitionem nichts anschauliches darüber aussagen.*
Die frage nach dem wesen kann insofern sinnvoll sein, wie sie nach einem tieferen oder komplexeren verständnis *des wahrgenommenen sucht. Immer sind differenziertere neubeschreibungen unserer wirklichkeit möglich. Nicht im sinne einer genaueren abbildung des wirklichen, doch im sinne einer genaueren verständigung darüber.*

Rundgang durch den stadtteil Musa'ik. Als wir uns auf eine haustürschwelle setzen, um eine gruppe fuszballspielender jungen zu beobachten, werden wir von diesen aufgefordert weiterzugehen, da sie sich von unserer anwesenheit gestört fühlten.
Musa'ik sei das gröszte und zugleich verrufenste stadtviertel Ṣana'as, erklärt mir Nūr. Es liegt östlich der altstadt an einem steilhang, teil eines gebirgszugs, der die ṣana'anische hochebene von allen seiten umgibt, und hat schätzungsweise 400.000 einwohner. In dieser richtung kann die stadt sich nicht weiter ausdehnen.
Auf unserem rundgang folgt uns eine wachsende kinderschar. Den bewohnern Musa'iks sind ausländische besucher fremd. Was gibt es hier auszer ungepflasterten wegen, halbfertigen häusern, müll auf schritt und tritt und, ja, unzähligen spielenden kindern im straszenstaub auch zu sehen?
Hier seien die grundstückspreise viele jahre so niedrig gewesen, dasz selbst ärmere familien beginnen konnten, ein eigenes haus zu errichten. Selbstverständlich mieden besserverdienende oder angesehene ṣana'anis von nun an dieses viertel. Dasz die bewohner Musa'iks sich fremden gegenüber eher unjemenitisch, das heiszt abweisend und misztrauisch verhielten, hänge wohl auch mit einer entsprechenden erwartung unter den anderen ṣana'anis zusammen.
Dennoch versuche ich, mit den kindern ins gespräch zu kommen. Nūr bemüht sich, ein wenig ruhe in die uns bedrängende kinderschar zu bringen. Einige erwachsene rufen uns spöttisch zu, das einzige, was wir von dieser bande zu erwarten hätten, sei ungeziefer.
Je mehr sich die unruhe um mich herum steigert, um so ruhiger werde ich selbst. Für die bewohner und passanten ist meine anwesenheit in diesem bezirk ein kaum einzuordnendes phänomen. Und die bereitschaft, etwas von meinen absichten verstehen zu wollen, ist denkbar gering. Selbst Nūr gibt auf, irgend etwas zu erklären.

Auf meine frage, was sie spielten, wenn nicht gerade ein neugieriger besucher sie von ihren alltäglichen vergnügungen abhalte, antworten sie, dasz sie fast ausschlieszlich fuszball spielten. Unser bisheriger rundgang bestätigt diese auskunft: überall kleinere und gröszere gruppen von kindern, die hinter bällen, büchsen, ausgestopften plastiktüten, puppenköpfen oder faulem obst herjagen.
Ich frage, welche spiele sie sonst noch kennten. Ich musz einige spiele aufzählen, ehe sie von sich aus die liste ergänzen. Die atmosphäre ist angespannt. Immer mehr kinder drängen sich um uns. Alle reden durcheinander, doch kaum einer wagt, direkt mit uns zu sprechen. Sie warten, dasz wir durch irgendein besonderes verhalten unsere anwesenheit erklären. Sie schauen uns mit groszen augen an, in der hoffnung auf ein zauberkunststück, eine zirkusnummer oder wenigstens ein geschenk. Doch wir sitzen nur im schatten der hauswand und starren mit nicht weniger erwartungsvollen augen zurück.

Auf dem rückweg in die altstadt zeigen uns die letzten unermüdlichen begleiter ihren »swimming-pool«, eine alte ṣana'anische brunnenanlage, deren groszes lehmbecken früher als trinkwasserreservoir diente. Heute steht darin eine grünbrackige lache, da kein regelmäsziger wasseraustausch mehr stattfindet und sich niemand um den erhalt des brunnens kümmert.
In dieses becken würde ich nicht einmal meine füsze tauchen. Doch ist es noch nicht lange her, dasz die straszenkinder Roms sich kopfüber in den Tiber stürzten.

Die seifenblase ist geplatzt. Raufa schimpft auf Abdul Asis al-Schalali, wie er mir in der gegenwärtigen politischen lage ein solches angebot habe machen können. Weder stehe das nötige equipment zur verfügung, noch befinde sich Schalali in einer position, es nach belieben einsetzen zu können. Leiter der kinderabteilung – pah! ein aufschneider, wichtigtuer, schwätzer!
Sie ist die politische vorgesetzte von Abdul Asis. Ein wort von ihr genügte, und technik und mitarbeiter für eine sechsstündige seifenoper stünden bereit.
Ich sage ihr, dasz es nach dieser absage keinen sinn habe, noch länger zu bleiben. Meine forschungsarbeit sei fast abgeschlossen. Nach meiner rückkehr von Mārib würde ich die koffer pakken. – Sie schweigt einen augenblick; dann sagt sie kurz und nahezu tonlos *okay, good luck* und legt den hörer auf.

*

Treffen mit Nūr. Es sei äuszerst unvernünftig, noch einmal nach Mārib reisen zu wollen. Truppen des nordens marschierten auf 'Aden zu, der süden habe die generalmobilmachung angeordnet. Und niemand könne vorhersagen, wie die unabhängigen stämme sich in diesem konflikt verhalten würden. Ich solle das land verlassen, solange es noch möglich sei. Obgleich er mich vermissen werde.
Doch selbstverständlich werde er mich nicht alleine reisen lassen, wenn ich auf meinem leichtsinnigen plan beharrte.

Die letzten tage meines forschungsaufenthalts im Jemen. Regnerische tage. Am nachmittag gleicht die stadt für stunden Venedig oder Amsterdam. Die straszen unpassierbar; reiszende schlammfluten; am nächsten morgen schon wieder der gewöhnliche staub, vermischt mit den ungefilterten abgasen des kollabierenden stadtverkehrs.

Ein halbes jahr habe ich nun hier gelebt, fast ein zuhause. Sollen andere da weiterarbeiten, wo ich mich erschöpft habe oder im kreis zu drehen beginne. – Ein bisher unbekannter zustand nicht enden wollender ermattung und apathie hat sich meiner bemächtigt.

Matt – gibt es einen etymologischen zusammenhang, vielleicht über das schachspiel, zum arabischen adjektiv *maūt*: tot? (*schaḥ maūt*: der könig ist tot).

Vor dem ministerium nimmt einer der wachsoldaten Nūr zur seite und redet heftig auf ihn ein. Die ganze haltung des soldaten signalisiert mir, dasz seine rede gegen mich gerichtet ist.
Tatsächlich warnt er Nūr vor mir: Ich sei verdächtig; ich sei ein *lutti*, ein kinderverführer. Er habe bereits seine erfahrungen mit mir gemacht.
Ich kenne ihn nicht. Er ist keiner der streuner vom befreiungsplatz. Vielleicht haben wir einmal ein wort miteinander gewechselt. Doch von irgendwelchen gemeinsamen »erfahrungen« kann keine rede sein.
Widerstrebend teilt Nūr mir den inhalt des gesprächs mit. Selbstverständlich unterbricht er die rede des soldaten und weist seine anschuldigungen verärgert zurück.
Das schimpfwort *lutti* bezieht sich auf die biblische gestalt Lot und meint also einen bewohner Sodoms, einen *sodomiten*. Die arabische wurzel (*lāt*) bedeutet aber auch *bestreichen, anhaften, verputzen*.
Was hat dieser zwischenfall zu bedeuten? Würde ein jemenit, der tatsächlich eine sexuelle begegnung mit mir hatte, der diese begegnung in diesem fall auch selbst inszeniert haben müszte, anderen männern davon berichten? Würde er sich nicht vor allem selbst in verruf bringen?
Oder gilt auch hier die heuchelei, nur eine bestimmte rolle in der gemeinsamen begegnung sei pervers. Nun haben jemeniten allerdings jede erdenkliche rolle in unseren begegnungen eingenommen.
Wie kommt dieser fremde mann dazu, mir vor meinem gefährten die ehre abzusprechen? Soll ich ihn zur rede stellen? Ein jemenit zöge nach dieser öffentlichen ehrverletzung seine dschambija.
Doch gibt es nichts zu leugnen oder zu verteidigen, sondern nur eine böse absicht festzustellen. In den augen des denunzianten aber wäre mein ruf nur durch leugnung zu retten.
Insofern ist seine warnung berechtigt. Ich bin verdächtig.

Marib, den 2ten August

Das heutige Marib, welches auf einem alten Schutt- oder Composthügel erbaut, ist von einer Mauer umgeben, oder präciser: Die Häuser sind dicht an einander gestellt und durch Zwischenmauern verbunden. Die Orthschaft, denn von einer Hauptstadt, es sey denn der eines Swiftschen Reiches, kann keine Rede seyn, hat nur zwey grössere Thore, das eine gegen Westen, das andere nach Süden. Die durchwegs aus Holz gezimmerten Pforten aber sind so fest, wie etwa eine alte sächsische Stallthüre.
Das Dorf ist, des Düngerhügels zum Trotze, im Innern sehr reinlich. Die Häuser, zumeist mehrere Stockwerke hoch, mit rechteckigem Grundrisse und nach oben sich verjüngend, haben nur unten einige Steinlagen, alles Uebrige ist aus Lehm gebaut. – Die Einwohnerschaft der Capitale dürfte kaum mehr als 600 Seelen betragen.
Der Emir von Marib bewohnt ein Haus, dessen ganzes erstes Stockwerk aus Quadersteinen gefügt ist und eine Art gemauerter Festung bildet. Er trat bereits als Knabe die Herrschaft an, doch ist nun ohne Frage eine alles überragende Erscheinung: Aus einem breiten, ja, brütenden Gesässe reckt sich ein gerader, schmalschultriger und schlauchförmiger Oberkörper, welcher übergangslos in den mageren Hals und von dort in das noch dürrere, flötenartige und fast haarlose Haupt hinaufstrebt. Zu diesem hockenden Vogel Strausse in grotesquem Missverhältnis stehen die allzu kurzen Beine, so dass dieser hervorragende Fürst seine Grösse vor allem sitzend zu behaupten pflegt.
Emir Hussein hat einen noch nicht dreyjährigen Sohn, Abdul Rachman geheissen und gegenwärthig Dauphin von Marib, welcher, vom Vater ungehindert, unsere Ranzen und Taschen recogniscirt. Er nimmt auch an unseren Mahlzeiten Theil. Dabey giebt ihm sein Vater das Wasser zu trinken, in welchem sämtliche Tischgenossen vor und nach der Mahlzeit die rechte Hand gereinigt. Ich halte es für eine angemessene Strafe für die Importunität des Balgs, alleyn, der Emir entgegnet auf meinen beyfälligen Blick, der Genuss dieses Waschwassers fördere in dem heran wachsenden Knaben die Beredsamkeit.

In der That constatire ich gar bald, dass auch die anderen Väter in der Residenz mit ihren vergötterten Söhnchen die gleiche Procedur befolgen. So würden angeblich rechte Männer aus ihnen. Denn Beredsamkeit scheint eine gar wichtige und hochgeschätzte Eigenschaft bey Beduinen und Kabilen.

Im Fürstenthume Marib giebt es keinen Hofstaat und keine Audiencen. Der Verkehr der Unterthanen mit ihrem Herrscher ist höchst einfach. Wer ein Anliegen vorzubringen hat, tritt einfach in das Haus des Emirs und setzt sich zu ihm in den Diwan, wo meist schon andere Mariber Bittsteller und Müssiggänger versammelt sind.
Genauso halten wir es bey unserer Ankunft, zumal Abbas unter der hiesigen Kaufmannsschaft kein Unbekannter ist.
Der Emir ertheilt uns ohne Umschweife die Erlaubnis, den berühmten Staudamm zu besuchen, fügt aber hinzu, dass er, obwohl auch dieser Theil des Umlandes eigentlich zu seinem Herrschaftsbereiche zähle, für unsere Sicherheit nicht garantiren könne, da es gewisse Verstimmungen mit den benachbarten Stämmen gebe.
Die Nothwendigkeit der *Rasauwat* oder Raubzüge der Beduinen für den Lebensunterhalt derselben würde zwar auch von den Maribinern nicht in Zweyfel gezogen, indessen richteten sie sich in jüngerer Zeit nicht mehr ausschliesslich gegen entferntere Dörfer oder reiche Caravanen, sondern beträfen in zunehmendem Maasse auch die eigenen Schaafs- und Kameelheerden, so dass man zu deren Schutze ein stehendes Heer habe aufstellen müssen, 30 Mann Cavallerie, bewaffnet mit Luntenflinten, Lanzen und Krummdolchen, die mit der Bewachung der Thiere vollauf beschäftigt seyen. Als Geleitschutz für unsere geplanten Ausflüge stünde mithin kein fürstlicher Guardist zur Verfügung.

Marib, den 3ten August. Dessen ungeachtet begeben wir uns am nächsten Morgen auf Inschriftensuche. Schotenbauer zieht es zunächst auf einen Friedhof im Norden der Orthschaft. Ich halte

diese Provocation der uns bisher wohlgesonnenen Maribiner nicht für opportun, füge mich aber schliesslich seinen Anweisungen.
Als er mit dem Copiren einiger Inschriften beginnt, sammeln sich etliche Dorfbewohner in der Nähe des Begräbnisplatzes, um das seltsame Gebahren der Fremden zu beobachten. Noch wirken sie unsicher, ob sie diesem unverständlichen Thun mit Wohlwollen oder mit Argwohn begegnen sollen. Das ganze merckwürdige Schauspiel verlangt nach einer raschen und befriedigenden Erklärung, denn zu Recht könnte unsere alterthumskundliche Arbeit für eine Entweihung heiliger Stätten gehalten werden. Indessen ist Tertulio so sehr in die Begutachtung der Funde vertieft, dass er mir alleyn die Auseinandersetzung mit der ständig wachsenden Zuschauerschaar überlässt.
Ist bloss die Gewalt der Erwartung dafür verantworthlich, dass ich plötzlich keinen Grund zur Legitimation unseres Thuns zu nennen weiss? Oder sind mir alle möglichen und glaubhaften Gründe schon im Laufe unserer Reise abhanden gekommen? Auf jeden Fall ist nicht alleyn der Mangel an Sprachkenntnissen Schuld, dass mir die Worthe fehlen.
Ich fühle mich sprachlos wie Frere Jacque, welchen ich indessen ruhig im Schatten der Friedhofsmauer sitzen sehe. Mit einer stummen Geste deute ich an, dass man auch mir die Zunge geraubt. Er zuckt gleichgültig mit den Schultern.
Meine Hände beschreiben einen Geist mit flacher Stirn, einen Dschinn der Thorheit, der sich meiner zu bemächtigen sucht – ich deute den Kampf an, indem ich einmal den Dschinn und dann wieder mich selbst darstelle – einen Dschinn, der mir den Kopf verdreht, mir das Maul aufzwingt, meine Zunge ergreift, herausreisst und abbeisst, so dass ich nur noch unarticulirt zu stöhnen vermag. – Das Publicum, das meinem drastischen Spiele bis hierher stumm gefolgt ist, schreit nun, ob des verlorenen Kampfes, erschrocken auf.
Da aber der Dschinn jetzt mit einer Zunge versehen, muss er nicht mehr bloss heulen und stöhnen, sondern darf sich einmal sein ganzes Gespensterleid von der verfluchten Seele reden: Ich hörte, man erweise den Worthen Achtung, indem man sie nur

zögernd und sparsam verwende. Nein nein, Worthe wollen gesprochen seyn, geplappert, geschwätzt, geheuchelt, gehechelt, geflüstert, gebellt, gebetet, gewarnt!
Ich hörte, der Schwätzer interessire sich immer nur für das Eigene, er spreche nur von und nur für sich. Der Andere sey ihm das Echo der eigenen Empfindung. Ich aber sage, Worthe sind immer schon Uneigenes und Fremdes, werden sie nun gehört oder nicht. Kümmerts denn den Wind, ob er über leere Sandflächen streift oder die Ohren der Bäume zum Klingen bringt?
Auch ein Gespenst muss das Woher und Wohin nicht kümmern, denn es ist überall fremd und nirgends zu Hause. Alleyn das Forthschreiten, -schweben oder -wandeln bedeutet ihm noch etwas. Es ist das Aussprechen an sich.
Aus Klugheit und Bescheidenheit darf ein Gespenst auch nichts Anderes wollen. Also fragt nicht nach dem Sinn seiner Worthe. Sie sprechen nur von Worthen. Ein Gespenst lernt nichts mehr, weil es nur noch sich selber hört, ein Gespenst hat nichts mitzutheilen. Ein Gespenst existirt vollkommen vergeblich.
Die Welt ist ihm nur noch Erfindung. Ein Orth der Geister, der Echos, der Luftspiegelungen. Das Gespenst begegnet ihr wie ein Reisender ohne Augen, Ohren und Haut. Das Gespenst ist ein Prediger mit geliehener Zunge.

Während ich gerade in der anmuthigsten Verkörperung des Echos und der Spiegelungen eine ungeahnte, ja, gespenstische darstellerische Höhe erklommen, schlägt Tertulio mit dem wohl nicht unvernünftigen Commentare, was denn das wirre Spectacel zu bedeuten, den thörichten Geist in die Flucht, so dass ich mich recht einsam und ein wenig lächerlich auf dem Friedhof der Wirklichkeit wiederfinde.

ANBINDEPLATZ DER KATZE Wadi Denne, den 4ten August

Den heutigen Tag bestimmt Schotenbauer zum Besuche des berühmten Dammes. Hierhin allerdings will uns Niemand begleiten. Selbst Abbas giebt uns als Grund Geschäfte an, die ihn im Dorfe festhielten.

So reiten denn bloss Schotenbauer und ich alleyn mit Salim, einem Beduinenknaben vom Stamme der Haulan, den vom Emir beschriebenen Weg, zunächst am rechten, südlichen Ufer des Wadis Denne entlang, bis wir auf den *Marbat ed Dimm*, den „Anbindeplatz der Katze" stossen. Der Name dieses Bauwerks geht auf eine Weissagung zurück, nach der eine Maus den Damm durchlöchern und zum Einsturz bringen werde. Um dieses Unglück zu verhüten, habe man eine Katze an langer Kette umherstreifen lassen.

Der Damm von Marib ist ein so bedeutendes und die Geschichte und Cultur einer ganzen Nation bestimmendes Bauwerk, dass er in ganz Arabien als ein Weltwunder betrachtet wird. Selbst zur Zeit des Propheten, also lange nach seiner Zerstörung, steht er noch in so lebendiger Erinnerung, dass der Gesandte Allahs im Koran dieses Bauwerks ausdrücklich gedenckt und an demselben die Schrecken des Strafgerichtes Gottes demonstrirt.

Die Schleusenbauten indessen sind fast vollständig erhalten geblieben. Auf den Fundamenten finden wir Inschriften, die möglicher Weise auf die Erbauer hinweisen. Dennoch zeigt sich Schotenbauer diesmal nicht an einem Abklatsch interessirt. Vielmehr treibt es ihn weiter, als suche er etwas Bestimmtes, dessen präcise Erscheinung er aber noch nicht kenne.

Wir reiten eine grössere Strecke parallel zum ehemaligen Damme bis zum Berge Balak el Kibli. In einiger Entfernung von dem Berge befinden sich die nördlichen Schleusenbauten. Hier stehen zwey vierkantige Colossalsäulen, welche auf allen Seiten von oben herab mit sabäischen Schriftzeichen bedeckt sind.

Mit äusserst befriedigter Miene lässt Schotenbauer absitzen und beginnt unverzüglich mit dem Copiren der Inscribtionen, ohne des Weiteren auf die mittägliche Sonnengluth zu achten. Salim

und ich setzen uns derweil in den Schatten der Mauern und bewundern die Kühnheit des Baues, welcher das ganze umliegende Land dereinst durch Bewässerungscanäle in einen Paradiesgarten zu verwandeln erlaubte: Arabia Felix, Glückliches Arabien, wie die Römer es nannten und, wenngleich vergeblich, ihrem Imperium einzuverleiben trachteten.
„Anbindeplatz der Katze" – bey näherer Betrachtung dünkt es mir recht unwahrscheinlich, dass eine einzelne Maus dieses Meisterwerk hat zum Einsturz bringen können, wie ja auch die angebundene Katze die Katastrophe nicht hat verhindern können. Vermuthlich wird das Orakel missverstanden, was offenbar ein Wesensmerckmal aller Orakel zu seyn pflegt. Ich frage Salim, ob *Far*, die Maus, noch eine andere Bedeutung haben könne.
Far hiesse auch ein Werkzeug zum Ebnen und Glätten von Hölzern, erwidert Salim nach längerem Nachdencken. Und *Farr*, mit kurzem A, bedeute *Flucht* oder *Flüchtling*. – Während wir noch über die richtige Deutung des Räthsels nachsinnen, finden wir uns plötzlich von einem Dutzend bewaffneter Beduinen umstellt. Obwohl wir von unserem Lager auf dem Schleusenthore eine recht gute Sicht in das vor uns liegende Trockenthal und auf die kahlen, unbegrünten Hänge haben, ist es dem Beduinentruppe gelungen, sich uns Schwätzern und Träumern unbemerckt zu nähern.
Einer der Männer, dessen Gesicht zur unteren Hälfte verhüllet, tritt auf uns zu und fragt, alle Regeln der Begrüssung und Ehrerbietung missachtend, mit strenger Stimme, wer und aus welchem Grunde wir hier seyen, und wer von seinen Stammesbrüdern uns die Erlaubnis ertheilt, das Land zu bereisen. Ehe ich ihm zu antworthen vermag, spricht Schotenbauer, der, durch diesen unerwarteten Auftritt aus der Arbeit gerissen, sich zu uns gesellt, wir seyen Gäste des Emirs von Marib. Im Uebrigen bedürften wir keiner weiteren Erlaubnis, da das Land so wenig ihnen wie uns gehöre. – Der Worthführer der Beduinen bleibt unbewegt, doch greifen einige Männer seines Trupps ob dieser provocirenden Rede zu ihren Flinten, deren Gebrauch angesichts ihrer Ueberzahl aber wohl unnöthig scheint.
Beschwichtigend fährt Schotenbauer forth, wir wollten diesen

Flecken Erde ja nicht mitnehmen, sondern nur betrachten. Sey ihm, dem Wüstenbewohner das nicht recht, so möge er ihn in einen Teppich wickeln und davontragen.
Der Vorgetretene entgegnet ruhig, wenn wir forthführen, Recht und Gesetz der Stämme zu missachten, würde man wohl uns alsbald in Teppiche gewickelt davontragen. Dann fährt er Salim an, wie er uns Ungläubige habe hierher führen können.
Ich sage dem Bedu, der Knabe sey nicht unser Führer, sondern habe nur zufällig den gleichen Weg gehabt, so dass wir ihn eingeladen, auf unserem Lastthiere bis hierher mitzureiten. Und da er sich nun einmal unserer kleinen Reisegruppe angeschlossen, stehe er auch unter unserem Schutze. Man solle sich mit Fragen nach unserem Woher und Wohin also ausschliesslich an uns wenden.
Der Beduine betrachtet mich eine Zeit lang. Die Augen sind zusammengekniffen und von dichten schwarzen Augenbrauen beschattet. Wenn auch sein Mund von einem Tuche bedeckt ist, so glaube ich doch, dass er lächelt: Ihr müsst von einem sehr mächtigen Stamme seyn, spricht er, wenn Ihr, alleyn im Wadi Denne, einem Sohn der Haulan Euren Schutz gewährt. Nun, wo sind Eure Krieger?
In unserem Stamme schätzt man die Tugenden des Geistes mehr als die des Krieges, entgegne ich. Unsere Krieger sind daheim geblieben, doch alle unsere Forscher und Gelehrten sind mit uns auf diese Reise gezogen.
Er zeigt sich von meiner Rede nicht im geringsten verwirrt, während einige Männer seiner Parthey hingegen misstrauisch umherspähen. Er fragt, ob ich auch etwas von der Heilkunst verstünde. Ich nicke, nun zum ersten Male ein wenig beunruhigt.
Er zeigt mir eine eiternde Wunde unterhalb des Fussknöchels. Der Barbier seines Dorfes habe sie bereits mehrmals auszubrennen versucht, doch letztlich die Wunde nur vergrössert.
Ich lasse mir von Salim das Arzneykästchen, ein Messer und saubere Tücher von unserem Lastthiere holen. Unter einer Kruste von Dreck finde ich ein Nest weisser, zappelnder Würmer. Angewidert wendet Tertulio sich ab.

Ich säubere die Wunde mit Alcohol und lege einen Verband an. Der Bedu scheint mit meiner Versorgung zufrieden. Nun nimmt er endlich das Tuch vom Munde forth und begrüsst uns nach morgenländischer Art mit einem ernsten *Es salam alaikum.*
Er ist nicht der Aelteste des Trupps, doch Züge von Beharrlichkeit und Klugheit in seinem Antlitz zeichnen ihn vor den Anderen aus. Er fragt, ob er uns dienlich seyn könne, solange wir uns als Gäste in seinem Stammesgebiete aufhielten. Das könne er allerdings, meldet sich nun erneut Tertulio zu Worth. Er könne uns zur *Kahf an Naqsch*, zur „Höhle der Steintafeln" führen.
Nicht nur der Anführer, der ganze Beduinentrupp blickt erschrocken. Offenbar ist ihnen dieser Orth nicht unbekannt. Es ist ein Haus der Geister und Dämonen, spricht der Anführer leise. Schätze aber werdet Ihr dort nicht finden.
Wir suchen kein Gold und keine Edelsteine, entgegnet Tertulio. Was immer Ihr sucht, die Geister der Höhle werden es zu hüten wissen. Wehe dem Menschen, der sie aufzustören wagt.
Du hast deine Hilfe versprochen. Nun stehe zu deinem Worth. Führe uns zur *Kahf an Naqsch*!

Nach nur kurzer, fast schlafloser Rast brechen wir noch vor Tagesanbruch wieder auf. Sie fragen, ob in unserer Heimath auch ein solcher Quell zu finden sey, oder gar ein *Sel*, ein laufender Bach, ob Gräser, Palmen, Sträucher und dergleichen, obwohl wir von dieser kleinen Oasis in der Finsternis kaum etwas gesehen. Als Schotenbauer sich die Bemerckung erlaubt, dass im Lande Alemania wohl 10.000 oder mehr Bäche und Flüsse das ganze Jahr hindurch ihr Wasser zumeist ungetrunken in die Meere strömen liessen, und dass das ganze Land ein grosser Garten und bebaut sey, zwar nicht mit Palmen und Dornbüschen, aber mit Wald- und Fruchtbäumen und Getreydefeldern und Waiden mit *Oeschub*, also Grünfutter dazwischen; dass man jedoch nicht unwillkürlich herumschweifen dürfe, weil Alles abgegrenzt oder gar mit Hecken und Mauern eingefriedet; da meint ein alter, dünnbärtiger Beduine des Trupps: Wenn das Alles wahr ist, was Ihr da von Eurem Lande berichtet, Sajid, warum seyd Ihr dann überhaupt von dort weggegangen? Und im Uebrigen will ich überhaupt nicht in einem Lande leben, wo es keine Datteln, keine Kameele, keinen Wüstensand giebt, und wo ich nicht einmal umherstreifen kann, wie es mir gefällt. Was bedeuten Euch denn die Oasen noch, wenn es keine Wüsten giebt? Hhm?
Die Anderen schauen vom Alten zu uns und nicken zustimmend. Ich blicke ruhig in die Ferne, als ginge mich dieser Disput nichts an. Schotenbauer hingegen erwidert mürrisch, wenn er ihn so recht betrachte, könne er ihm nur zustimmen: Die Wüste sey wohl der passende Orth für ihn.

Zwar schreibt uns die Topographie gestreng den Weg vor, da man in diesem gebirgigen und zerklüfteten Lande nicht einfach geradeaus dem Orthe zustreben kann, welcher das Ziel der Reise, wenn sich aber das Wadi, auf dessen steinigem Grunde wir entlang wandern, nicht alsbald wieder nach Norden wendet, müssen wir in Kürze eben dort anlangen, von wo wir am Vortage aufgebrochen.

Für das orthsfremde Auge unterscheiden sich die hiesigen Landschaften nur wenig. Alleyn, einige vertraut scheinende Merckmale könnten mich glauben lassen, wir zögen im selben oder einem parallelen Seitenthale ins Wadi Denne zurück. Doch warum sollten uns die Beduinen im Kreise führen? Wollen sie zwar ihr Versprechen einhalten und uns zu jener gefürchteten Höhle bringen, aber auf einem Umwege, dass wir sie alleyn nicht wiederfinden und ihre Lage auf keiner Charte verzeichnen können?
Schliesslich halten sie an und weisen auf den steilen Felshang zur Linken. Vom steinigen Grunde sehe ich nichts Auffälliges, doch auf halber Höhe des Gebirgszuges bemercke ich die Reste einer alten Treppe, welche in den Felsen gehauen wurde. Dennoch erweist sich der Aufstieg als mühsam, da viele Stufen forthgewaschen oder verwittert sind.
Die Thiere und den grössten Theil unseres Gepäckes lassen wir im Thale unter der Aufsicht Salims zurück. Nur meinen Ranzen mit den nothwendigen oder mir theuren Dingen und einigen wichtigen Papieren trage ich aus alter Gewohnheit bey mir. Schotenbauer hätte wohl nicht einmal an unseren Wasserschlauch gedacht, so sehr fiebert er dem unheimlichen Orthe entgegen.
Hinter einer Felsnase öffnet sich plötzlich ein niedriger und enger Spalt, an dem die Steintreppe endet. Die Beduinen bleiben in einigem Abstand vor dem Zugange stehen und blicken neugierig und furchtsam auf uns, ob wir es wirklich wagen werden, in die Höhle einzudringen. – Nun, sie haben ihre Schuldigkeit gethan. Das Kommende ist für sie nur Spectacel.
Schotenbauer fertigt aus unserem letzten Verbandszeug eine Fakkel, tränkt das Leinen mit Alcohol und zündet es an. Ohne viel Federlesen kriecht er durch das enge Fuchsloch in den Berg. Ich will ihm folgen, alleyn, mein Ranzen ist zu sperrig.
Also lasse ich auch ihn zurück. Und mit ihm das Letzte, was uns auf dieser langen und gefahrvollen Reise noch an Mitgenommenem und Gewonnenem geblieben.
Selbst ohne ihn habe ich Mühe, mich durch den schmalen Spalt zu zwängen. Ich spüre, wie das spitzige Felsdach mir mein Kleid zerreisst und selbst die Haut noch aufkratzt. Auf Händen und Füssen kriechend folge ich dem prosaischen Altphilologen.

Nach ungefähr drey Körperlängen gelangen wir in einen niedrigen, leicht abschüssigen Gang. Zunächst zähle ich meine Schritte, um eine Vorstellung von der zurückgelegten Strecke zu gewinnen. Doch das Ertasten des Weges im Schatten des voran eilenden Gefährten nimmt meine Sinne so sehr gefangen, dass ich das exacte Maass für Raum und Zeit verliere.
Schliesslich erreichen wir einen kleinen Saal, in welchem uns plötzlich, aufgescheucht durch unser Licht, unzählige Fledermäuse umflattern. Erschrocken lässt Schotenbauer die Fackel fallen. Sie erlischt, so dass wir nun in vollkommener Finsternis.

Mühe, aus dem bett zu kommen. Wie vor jeder reise schlecht geschlafen. Aufbruchängste.
Doch dann, unterwegs, das glück der bewegung. Höchste form der lebendigkeit. Quelle der inspiration. Von montag zu dienstag ist der zuckerpreis, indikator für die stimmung im volk, von 800 auf 1400 rial je 500 kilogramm, von dienstag zu mittwoch auf 2000 rial gestiegen. Der dollarkurs kletterte innerhalb eines tages von 80 auf 120 rial. Bei demonstrationen in Ta'iz hat es vier tote gegeben.
Nūr wartet bereits auf mich am Bab Scha'ub. Wir finden schnell ein sammeltaxi. Statt der 70 rial, die die fahrt nach Mārib noch vor einigen wochen kostete, bezahlen wir nun 150 rial. Protest auch von den anderen fahrgästen. Der fahrer aber zeigt sich unerbittlich; er verweist auf den inzwischen doppelt so hohen benzinpreis. – Ansonsten verläuft die fahrt ohne besondere vorkommnisse: Die militärkontrollen auf den ausfallstraszen Ṣana'as wurden verstärkt. Vor allem will man das einschmuggeln von waffen in die hauptstadt verhindern. Und natürlich heftige politische diskussionen während der ganzen fahrt, wie jemeniten sie ständig und überall zu führen lieben, wenn sie nicht mit sich alleine sind.
An der abzweigung richtung Ḥazm al-Dschaūf machen wir mittagsrast. Alle männer um uns herum sind nicht nur mit krummdolchen und pistolen, sondern auch mit gewehren bewaffnet. Doch nehme ich das martialische aussehen inzwischen gelassen hin, bedeuten die waffen doch nichts anderes als die aktenköfferchen oder mobiltelefone unserer geschäftsleute. Sie haben vor allem symbolischen charakter.
Obwohl ein pazifist, liebe ich diese krieger. Vielleicht, weil ich in jedem von ihnen eher einen beschützer als einen gegner sehe. – Nūr scheint meine naive sympathie nicht zu teilen. Er wirkt unruhiger als auf unseren vergangenen reisen. Er beteiligt sich kaum an den diskussionen und gibt nur widerwillig auskunft über unsere absichten.

In Mārib stehen wir vor verschlossenen türen. Die geschäftsleute befinden sich in einem streik.

Die untätig herumstehenden männer mustern uns eindringlich. Sie sprechen uns nicht an; keine extrovertierte, floskelhafte höflichkeit. Doch erwidern sie unseren grusz.
Die kinder müssen zurückhaltung und selbstdisziplin erst noch lernen. Sie drängen sich neugierig um uns, selbst ältere mädchen, die gesichter bereits verschleiert. Wir werden angefaszt und untersucht: mein blondes glattes haar, mein fotoapparat, mein tourenrucksack, Nūrs sonnenbrille, seine digitale armbanduhr.
Ich fühle mich so sehr von ihnen bedrängt, dasz ich auf ihre fragen nicht eingehe und auch sie nicht befragen will. – Wir gehen weiter, doch so einfach lassen sich die kinder nicht abschütteln. Schlieszlich gibt Nūr seine touristenrolle auf und richtet streng das wort an sie. Die vertraute hierarchie des alters ruft die kinder zur ordnung. Allein unsere scheinbare fremdheit erlaubte ihnen, sich zügellos zu verhalten.
Wir hocken uns in den schatten eines radlosen, einsam vor sich hinrostenden autowracks, verzehren unseren letzten proviant und besprechen die lage. Am liebsten würde Nūr noch vor anbruch der nacht nach Ṣana'a zurückkehren. Doch hält er seinen miszmut im zaum. Ich schlage vor, einem der nahegelegenen beduinenlager einen besuch abzustatten.

An der tankstelle am ortsausgang warten wir auf eine mitfahrgelegenheit. Said, ein beduine aus dem wādī Bajḥān, lädt uns ein, ihn in sein dorf zu begleiten. Doch liegt das wadi über drei autostunden von Mārib entfernt. Wir können ihn schlieszlich überreden, uns an einem beduinenlager in der nähe der stadt abzusetzen.

Die *Ahl-Marib* leben nur wenige kilometer südlich der stadt in einem für beduinen eher untypischen, dicht gedrängten lager. Sie haben ihre kamelhaarzelte zugunsten moderner hauszelte aufgegeben und besitzen mehrere grosze geländewagen. Kamele seien unzeitgemäsz. Mit geländewagen komme man inzwi-

schen selbst auf unwegsamen strecken schneller und bequemer voran.
Sie empfangen uns nicht unhöflich, doch eher pflichtbewuszt als erfreut. Sie fragen, ganz entgegen beduinischer sitte, bald nach unserem begehr. Nūr erklärt ihnen, ich sei ein wissenschaftler aus Deutschland, der sich mit dem traditionellen leben der beduinen beschäftige. Ihre mienen bleiben unbewegt: Wenn ich wolle, könne ich ihre schafe fotografieren.
Offenbar die letzten reste ihrer traditionellen lebensweise. Ich antworte, dasz ich grundsätzlich nur mit erlaubnis der zu fotografierenden zur kamera greife. – Sie bieten uns an, Nūr und mich mit ihren schnellen und bequemen wagen in die stadt zurückzufahren.

Wir quartieren uns im *Funduq al-Dschannatain* ein, das sich als alles andere als *paradiesisch* herausstellt. Wir teilen uns den schlafsaal, der tagsüber als qatdiwan benutzt wird, mit fünfzehn anderen obdachsuchenden männern. Doch habe ich entschieden, über nacht zu bleiben und nicht mit diesen resignierenden erfahrungen nach Ṣana'a zurückzukehren.
Was ist schiefgelaufen? Wir sind leichtsinnig gewesen, haben fehler gemacht. Wir müssen willkommen sein, um in ein gespräch eintreten zu können. Wir brauchen vermittler, »intellektuelle«, die neugierig sind, anthropologen im weitesten sinne, die verstehen und verstanden werden wollen. Und diese art von aufgeweckten neugierigen »menschenkundlern« findet man grundsätzlich in jeder gesellschaft. Doch brauchen wir geduld. Diese begegnungen können nicht erzwungen werden. Und sie setzen voraus, nicht nur entgegenkommen zu erwarten, sondern auch an uns gerichtete erwartungen freigebig zu erfüllen.

Wir finden keinen schlaf. Die stickige, wasserpfeifenrauch- und wüstenstaubgesättigte luft, das schmerzende neonlicht, der schlaftötende fernseher – wir selbst zwar von den enttäuschungen des tages erschöpft, doch können wir nicht erwarten, dasz die anderen männer unseretwegen bereits »nachtruhe« einhalten, männer, die überhaupt wenig schlafen. Die in kleidern und mit ihrem sturmgewehr auf den matratzen liegen, weiter rauchen, weiter kauen, ins leere starren, hellwach, doch in einer anderen wirklichkeit.

Nūr erzählt von einem guten freund, der während seiner militärzeit in Mārib stationiert gewesen sei: Eines tages flieht ein beduinenmädchen mit ihrem liebhaber ins militärcamp. Die männer ihrer familie, die diese verletzung der stammesehre nicht ungesühnt lassen dürfen, sind ihnen bereits dicht auf den fersen.
Von seinem freund, dem wachhabenden offizier, fordern die stammeskrieger die auslieferung des mädchens und ihres geliebten. Der offizier, selbst ein qabili, weigert sich, die beiden schutzsuchenden zu übergeben. Nun versuchen die krieger, gewaltsam auf das militärgelände vorzudringen. Es kommt zu einer schieszerei, sechs männer fallen ihr zum opfer, dutzende werden schwer verletzt. Auch sein freund wird tödlich verletzt. – Ein schwerer politischer konflikt ist die folge. Nicht nur zwischen dem beduinenstamm und dem militär, sondern auch zwischen den familien der täter und opfer.
Was aus dem mädchen und ihrem geliebten geworden sei, weisz Nūr indessen nicht zu berichten.

*

Wir sitzen in meinem māriber »stammcafé«. Die gesichter der passanten – ist es die frühe stunde oder die allgemeine lage – mürrisch und misztrauisch: direkte, strenge, abweisende blicke. Und die landroverfahrer auf der sandpiste vor unserem teehaus

geradezu rücksichtslos: staubwolken wehen uns in die augen, die ohren, den mund und, statt des zu teuer gewordenen zuckers, eszlöffelweise in unseren tee.
Wir warten auf Türki, der uns eingeladen hat, mit ihm zu seinem haus am rande der Rubʿ al-Chali zu fahren. Zwischen acht und neun wollte er uns hier auflesen. Ein kleiner mann mit dunklem, bärtigem, sehr kriegerischem gesicht. Es ist bereits halb zehn. Zeit ist im Jemen eine eher vage grösze, ein annäherungswert an die (gute) absicht und weniger ein strenges masz. Es dient der orientierung, nicht der disziplinierung. – Ich sollte mich inzwischen darauf eingestellt haben.

Gleich am frühen morgen besuchen wir Dschafar und Moën, die sudanesischen geschäftsleute, die ich auf meiner ersten Māribfahrt kennengelernt habe. Wir sind bereits mit den anderen männern zu *al-fadschr*, dem morgengebet vor sonnenaufgang, von unserem unbequemen nachtlager aufgestanden.
Sie freuen sich aufrichtig, mich wiederzusehen, und begrüszen auch Nūr sehr herzlich. Dschafars sohn ist in den vergangenen monaten wohl um das doppelte gewachsen und beginnt bereits, noch universal verständliches kauderwelsch zu lallen. – Nach dem frühstück, bohnen, brot und tee, nehmen sie uns mit in ihren laden für autozubehör: Sicher werde im lauf des tages irgendeiner ihrer beduinischen bekannten hereinschauen, dem wir uns vertrauensvoll anschlieszen könnten.

Wir überqueren das wādī ʿUbajd, wenden uns dann nach osten richtung Ṣāfir, wo die asphaltstrasze endet und sich einige sandpisten in die Rubʿ al-Chali verlieren. Nur die unzähligen reifenspuren weisen darauf hin, dasz die fahrt über endlose gleichförmige sanddünen einem weg folgt. In der ferne hin und wieder grünbraune inseln in diesem erstarrten meer trockenen gelbs, palmenumstandene lehmhäuser, die dank stromgeneratoren und wasserpumpen das vorhandensein einer oase vortäuschen. Solch eine künstliche oase hat sich auch Türkis familie am rand des Leeren Viertels geschaffen. Sein vater, Dschallal Aḥmad Ḥussain ath-Thamaʿin, sei noch als nomadisierender beduine von weideplatz zu weideplatz, von brunnen zu brunnen gezogen, bevor er dieses stück land erwerbe – ein für beduinen eigentlich absurder handel, da das land seit undenkbarer zeit als kollektives eigentum des stammes gilt –, es zu bewässern beginne und die voraussetzung für ein seszhaftes leben in dieser einsamkeit schaffe.

Das begrüszungsritual ist das komplexeste, das ich bisher im Jemen beobachten konnte. Der gastgeber ergreift die hand des gastes, küszt andeutungsweise den eigenen handrücken, dann küszt der gast andeutungsweise den seinen, ohne die rechte des gastgebers loszulassen. Dann umarmen sich gast und gastgeber und küssen, wange an wange, die luft, zunächst zweimal rechts, dann zweimal links und wieder zweimal rechts.

Sind gast und gastgeber einander vertraut, folgen noch zwei küsse auf den mund. – Während dieser gesten tauschen gastgeber und gast einen endlosen kanon ritualisierter gruszformeln aus. Beim letzten *hajjak allah*, »gott lasse dich leben«, lösen gast und gastgeber ihre hände und führen sie andeutungsweise zum herzen.

Scheich Dschallal ath-Thama'in redet langsam, mit langen pausen zwischen den satzteilen. Nūr übersetzt, doch selbst er hat mühe, den beduinischen dialekt zu verstehen. – Der scheich beginnt am anfang: Wir alle seien brüder, weil wir denselben stammvater hätten.– Er erzählt uns die geschichte der arabischen völker, angefangen bei Noah, mit erstaunlicher detailkenntnis, doch ohne zwischen mythischen und historischen ereignissen zu unterscheiden. Für ihn gibt es nur eine geschichte: heilsgeschichte.

Sein bericht führt bis zur rückeroberung der iberischen halbinsel durch die »christlichen« könige Fernando und Isabella. Der verlust von Andalus scheint die grözte wunde im christlich-islamischen verhältnis, aber auch eine zäsur innerhalb der *'umma*, der »gemeinschaft der gläubigen« darzustellen. – Scheich Dschallal bricht an dieser stelle ab und überläszt es seinen zuhörern, die phantastische geschichte einer vereinten mediterranen welt, eines islamischen Sevilla und Triest, weiterzuspinnen. Womöglich hätte die neuzeit nicht schon mit inquisitionen und pogromen begonnen.

Türkis familie gehört zum stamm der *al-Huwejk*-beduinen. Auch sie haben ihre stammestänze, doch gewöhnlich tanzen die männer ohne dschambija.

Auf die frage nach traditionellen spielen folgt ratloses schweigen. Sehr früh würden die kinder mit den tätigkeiten der erwachsenen vertraut gemacht: Bereits fünfjährigen lehrt der vater den gebrauch eines gewehrs. Und sobald der junge stark genug ist, selbst ein gewehr zu tragen, bekommt er ein eigenes geschenkt. Auch werden die kinder früh in der landarbeit und dem umgang mit tieren unterwiesen. Mit zwölf oder dreizehn ist ein junge bereits kein kind mehr.

Haben die jüngeren freie zeit, so spielen sie nur selten. Vielmehr üben sie sich im zielschieszen oder erjagen von kleintieren. Schlangen werden mit der bloszen hand gefangen, ein schwieriger und nicht ungefährlicher zeitvertreib: Die schlangen, gut getarnt und giftig, graben sich blitzschnell ein, während der fänger ihnen mit der hand in den sand folgt und sie im nacken zu fassen versucht.

Nicht die erwachsenen, die kinder selbst sind es, die früh verantwortung übernehmen wollen und in die welt der erwachsenen drängen. Kindheit ist nicht nur eine periode der versorgung und des schutzes, sondern bedeutet immer auch abhängigkeit, gehorsam, dienst. Die lebensbedingungen am rand der wüste sind zu hart, um lange in diesem stadium der bedürftigkeit zu verharren.

Und hat man musze, verausgabt man sich nicht unnötig, sondern haushaltet mit den knapp bemessenen (körperlichen) ressourcen. Zu besonderen anlässen wird natürlich auch gesungen und getanzt. Doch in der regel sitzt man nach der arbeit einfach zusammen, ruht sich aus, redet miteinander und ist bewegt alleine im gespräch.

Auf dem rückweg nach Mārib erzählt Türki von einem vorfall, der sich erst vor kurzem im grenzgebiet zu einem benachbarten stamm ereignet hat: Ein hund gräbt den leichnam eines mannes aus, ein seit längerem vermiszter beduine, der den anzeichen nach ermordet und ausgeraubt worden ist. Daraufhin ziehen die stammesbrüder des ermordeten zum scheich des nachbarstammes, auf dessen grund der tote gefunden wurde. Denn dieser stamm trägt die verantwortung für alles, was innerhalb seines stammesgebietes geschieht. Wenn dieser stamm den mörder nicht ausliefert, kann der stamm des ermordeten ihm den krieg erklären und jedes stammesmitglied, dessen er habhaft wird, stellvertretend zur verantwortung ziehen. – Der scheich verspricht, den mörder zu finden. Die geraubten gegenstände führen ihn auf die richtige spur, zwei stammesmitglieder gestehen die tat. Sie werden von ihren eigenen stammesbrüdern hingerichtet, ihre leichname dem stamm des ermordeten übergeben.

Dschafar und Moēn schlafen im freien. Wir richten unser lager im diwan her, obwohl es darin unerträglich heisz ist. Die betonwände des flachen neubaus unserer sudanesischen freunde haben die hitze des tages gespeichert und geben sie nun in die innenräume ab. – Schlieszlich ziehen auch wir mit unseren decken und matratzen in den kleinen staubigen innenhof.
Hier ist es nicht die hitze, aber ein heer angriffslustiger mücken, das uns um den schlaf bringt. Mit einer unglaublichen dreistigkeit setzen sie sich, während ich mich noch mit Nūr unterhalte, auf meine lippen, meine wangen, meine augenlider, so dasz mein gesicht schlieszlich von stichen und schlägen gleichermaszen geschwollen ist. Ich ziehe die decke über den kopf, doch finden sie noch das kleinste atemloch, um bis zu meiner schutzlosen haut vorzudringen. So bleibt mir nur die wahl, entweder unter der schweren staubigen decke zu ersticken oder diesen tanz der blutrünstigen »qabilūn« hinzunehmen.

Obwohl die zweite nacht in folge um den schlaf gebracht, empfinde ich den morgenruf des muezzins als erlösung. Habe ich nicht dieser plage wegen ein moskitonetz und ein bewehrtes mittel gegen insektenstiche aus Europa mitgebracht? Warum habe ich diese schutzmittel in Ṣana'a gelassen? Habe ich angenommen, das wüstenklima lasse dieser brut keine chance? Das gegenteil ist der fall. Die plagegeister brüten das ganze jahr über und finden ihre wasserlache selbst in der trockensten jahreszeit. Habe ich nicht bereits auf meiner ersten Mārib-reise einen vergeblichen kampf gegen diese blutsaugende armada geführt?
Beim frühstück berichtet Dschafar, dasz es in der nacht einen luftangriff auf Ṣana'a gegeben habe. Zwei kampfflugzeuge der südjemenitischen truppen hätten den flughafen und den präsidentenpalast oder das in der nähe gelegene hauptquartier der armee bombadiert. Auch an anderen orten seien offene kämpfe ausgebrochen.
Nūr macht ein gequältes gesicht, sagt aber nichts. Ich gebe zu,

ich habe zu lange mit der gefahr gespielt. Doch sicher werde ich noch wege finden können, das land zu verlassen und die weiteren ereignisse aus sicherer distanz zu verfolgen. – Ich beschliesze, heute noch, möglichst vor anbruch der dunkelheit, nach Ṣana'a zurückzukehren.

Dschafar und Moën gehen zu ihrem laden, obwohl auch heute gestreikt wird. Für bestimmte kunden aber ist immer geöffnet. – Wir fragen uns zur *secondary school* durch. Ich hoffe, dort Mussa, den palästinensischen lehrer zu treffen. Doch teilt uns der direktor mit, dasz er bereits vor zwei wochen nach Amman zurückgekehrt sei.

Der direktor der schule ist ein junger beduine mit scharfgeschnittenen, sympathischen gesichtszügen und einer aus wenigen, zählbaren haaren bestehenden barttracht. Er trägt neben dem krummdolch auch einen amerikanischen revolver im gürtel. Die kalaschnikow lehnt griffbereit an seinem schreibtisch. Ich frage ihn, ob die ständige verfügbarkeit von waffen nicht des öfteren zu unfällen oder zum miszbrauch führe. – Nie würden die jungen mit ihren gewehren spielen oder sie im zorn gegen einen kameraden richten. Alle hätten bereits den umgang mit waffen gelernt, ehe sie ein gewehr überhaupt alleine tragen könnten.

Ich schaue in die gesichter dieser zehn- bis fünfzehnjährigen, die sich im direktorenzimmer drängen. Vergleiche ich sie mit den vertrauten gesichtern der heimat, so suche ich in ihnen vergeblich das pubertäre: zeichen des übergangs, des zweifelns, der aufsässigkeit. Mögen die gesichtszüge auch die von kindern noch sein, die haltung ist ernst, der blick direkt, die bewegungen sind sicher und selbstbewuszt.

Sie blicken mich an ohne ein zeichen der scham. Grüsze ich sie mit einer kopfbewegung, lächel ich sie an, so grüszen und lächeln sie zurück.

Die begegnung mit den kindern am tag unserer ankunft ist in dem augenblick in bedrohung umgeschlagen, in dem ich mich ihnen verschlossen und die verbindung zu ihnen unterbrochen habe. Mein blick wich ihnen aus, ging über sie hinweg; ich sprach

keinen mehr direkt an, sondern redete in die menge hinein, also ins leere.
Sie wurden aufdringlich, um die verbindung wieder herzustellen.
Doch nun bin ich hellwach. Ich stehe unter aller schutz. Wäre ich müde oder zu sehr mit mir beschäftigt, auf mich bezogen, unnahbar, uninteressiert, so könnten die gleichen, mir im Augenblick gewogenen gesichter sich ebenso feindlich zeigen.
Spielen diese kinder noch?

Eine gruppe älterer jungen wird vom unterricht freigestellt, uns eine weile für gespräche zur verfügung zu stehen. Wir verlassen das schulgebäude, um den unterricht nicht zu stören, und lassen uns von den kindern zu einem planierten grundstück am ortsrand führen, das sie vor allem zum fuszballspiel nutzen.

An erster stelle steht natürlich auch hier *kurah* (ball) mit seinen dutzenden varianten.
Ebenso kennen sie *waqal* (hüpfen), *ḥabl* (seilchenspringen), *musabaqah* (wettrennen) und *tasfiqah*, die klatschspiele der mädchen.
Qūlah wa-maquwal, »stock und stöckchen«, heiszt hier DŪQAL (von *daqala*: Schlag, präzision, genauigkeit) oder ḌARAB AL-ḤADŪJI (den stock schlagen).
Qufaīqif nennen die kinder AUWAL QAFĀ' (erster hinten).
Verstecken wird, nach dem klang des zählens (*thalatasch,* 13, *arbatasch,* 14, *hamsatasch,* 15 …) ṬASCHṬASCH genannt.

Ein traditioneller zeitvertreib, der vor allem in den langen nächten des Ramadan veranstaltet wird, ist 'ADHM (knochen). Ein tierknochen wird auf ein feld oder ins freie gelände hinaus geworfen. Die jungen suchen den knochen. In der regel wird dieses spiel nur in mondhellen nächten gespielt. – Der finder rennt mit dem knochen zu einem vereinbarten mal, die anderen verfolgen ihn und versuchen, ihm den knochen zuvor noch abzujagen.
Dieses spiel, versichern mir die jungen, gehe bis weit in die vorislamische zeit zurück. – Nun reicht die »vorislamische zeit« in

der region um Mārib kaum so viele jahrhunderte zurück wie in anderen landesteilen. Selbst heute noch soll es beduinen am rand der Rub' al-Chali geben, die ihren alten chtonischen vorstellungen und riten anhängen und vom Islam kaum mehr wissen als den namen seines verkünders.
Der träger des knochens ist der gewalt seiner verfolger ausgeliefert. Wird ihm der knochen aus den händen gerissen, wird der neue träger zum gejagten.

Auch andere spiele in Mārib sind rauh und gewalttätig. Eine variante von *ghumatha* heiszt hier KABSCH Ā'AM (blindes schaf). Das »blinde schaf« ist mit einem stock bewaffnet. Wer ihm nicht flink genug ausweicht und getroffen wird, scheidet aus. Bei seiner suche geht das schaf keineswegs friedvoll vor. Gerade in der ziellosen wucht seiner schläge liegt der reiz des spiels.

Nicht weniger gewaltsam ist MAN SCHAF ĀQAĪM J'A QAJRAH (wer steht, wird geschlachtet). Auch dieses spiel gilt als althergebracht. Wir würden es kaum spiel nennen, denn der zeitvertreib besteht aus einem kampf von jedem gegen jeden: Die mitspieler versuchen, einander zu fall zu bringen, ohne dabei selber zu stürzen.

Zweifellos läszt sich auch bei spielen eine entwicklung von schlichten regeln und verläufen zu immer komplexeren geschehen beobachten. Die als traditionell geltenden spiele sind die einfachsten. Gleichzeitig verweisen ihre namen oder abläufe auf rituelle, rechtliche oder kriegerische ursprünge.

Die beiden letzten, uns von den kindern geschilderten spiele zeigen diesen zusammenhang am deutlichsten. ISTALAMTUH 'ALA ĀLLAH (ich beginne mit gottes hilfe) heiszt das zweifelhafte vergnügen.
Ein tuch wird an einem ende mit einem knoten versehen und in die menge der mitspieler geworfen. Der fänger des tuchs darf damit auf seine mitspieler einschlagen, bis sie sich zu einem vereinbarten freimal gerettet haben.

Wer beginnt mit Gottes hilfe? Der werfer des tuchs? Die schlagenden? Die fliehenden? Auch der Islam kennt das ritual des sündenbocks, der unter stockhieben in die wüste gejagt wird.

Nur am ende des fastenmonats, zu *'aid*, wird ĀS-S'ALIJAH (das gespenst) gespielt, oder besser: aufgeführt. Einem ausgelosten spieler binden die mitspieler das kopffell des zu diesem festtag geschlachteten schafs vor das gesicht. (Liegt in dieser maskierung auch der ursprung des namens *kabsch a'am*, blindes schaf, für das entsprechende spiel?) Der in dieser weise geblendete versucht, seine mitspieler zu fangen. Jeder von ihm berührte musz sich durch eine geldsumme auslösen.
Das *gespenst* wird nur von erwachsenen männern gespielt.

Das lamm ist von anbeginn stellvertretendes opfer für einen knaben. Zur ehre Gottes und zur belohnung der fastenden wird es geschlachtet. Das lamm ist opfer, dennoch, nein, deswegen hat es macht und musz für die ungerechte wahl versöhnt werden. Die männer demaskieren das double, indem sie dessen maske überstreifen. Und sieht man den ernst in den gesichtern der spielenden, könnte man die ganze inszenierung für einen (de-)maskierten ritus halten.

*

Vor der rückfahrt nach Ṣana'a. Wir sitzen auf der vorderbank des sammeltaxis, den bequemsten plätzen unter den bereits mehrfach beschriebenen beförderungsbedingungen. Wir sind die ersten fahrgäste. Und der fahrer wird erst aufbrechen, wenn der wagen bis auf den letzten sitzplatz gefüllt ist. Das kann heute länger dauern. Wer nicht unbedingt reisen musz, bleibt zu hause und wartet die weiteren ereignisse im familienkreis ab. – Nūr schweigt. Er ist müde. Hat ebensowenig geschlafen wie ich. Und macht sich sorgen, vielleicht auch vorwürfe. Ich nutze die zeit des wartens für diese notizen.

Nach über einer stunde endlich ein weiterer passagier, ein ingenieur aus Dhamār, der auf den ölfeldern bei Mārib arbeitet: In

Dhamār tobe schon seit tagen eine schlacht zwischen den präsidentengarden und panzertruppen des südens, berichtet er uns. Seit dem morgen seien alle telefonverbindungen unterbrochen. Er hoffe, sich trotz der kriegswirren noch bis zu seiner familie durchschlagen zu können. – Er ist unbewaffnet.
Verständlicherweise ist er unruhig. Er sucht entlastung im gespräch, stellt mir eine frage nach der anderen. Doch entschuldigt sich zuvor für jede neue frage: Warum bist du noch nicht nach Deutschland zurückgekehrt? Warum hört man immer wieder von fremdenhasz und -verfolgungen in Deutschland? Wie denken die deutschen über ihre eigene geschichte… Trotz meiner erschöpfung suche ich nach verständlichen antworten. Nach erklärungen für geschehnisse, die ich selber kaum verstehe. – Hört er mir richtig zu? Nun überläszt er mich wieder meinen eigenen gedanken. Doch ist es mittlerweile für weitere notizen fast zu dunkel.

II

Sie geben mir mein gepäck zurück. Selbst mein notizbuch ist unversehrt. Nur meinen reisepasz und meine kamera behalten sie.
Ich wasche mich mit dem kanisterwasser, das sie mir in den verschlag gebracht haben. Wechsel meine kleider. Warte. Weisz nicht, ob ich diese baracke verlassen darf. Niemand hält wache.
Eine der vielen straszensperren. Nichts ungewöhnliches auf der strecke zwischen Mārib und Ṣana'a. Ein halbes dutzend bewaffneter männer zwingt den wagen zu halten. Taschenlampen leuchten uns in die gesichter. Geblendet schliesze ich die augen. Die anderen fahrgäste werden unruhig.
Die milizionäre beginnen, den wagen nach waffen zu durchsuchen. Einige der männer tragen armeejacken. Sie scheinen aber keine regierungssoldaten zu sein. Einer der fahrgäste fragt etwas, wird aber vom anführer der gruppe, den die anderen männer Aḥmad nennen, barsch angefahren, den mund zu halten.
Wieder leuchten sie uns nacheinander ins gesicht. *Hawja, passport!* spricht mich der truppführer an. Ich reiche ihm meinen reisepasz. Er studiert ihn sorgfältig. Allerdings hält er das dokument auf dem kopf. Dann fordert er mich auf auszusteigen. Ich sage: Wenn du den pasz richtig herumhältst, erübrigt sich vielleicht ein kopfstand meinerseits. Er stöszt mir den lauf seines gewehrs in die seite und brüllt: Raus aus dem wagen!
Nūr hält mich zurück. Er sagt ein paar worte, die ich nicht genau verstehe. Doch die anderen fahrgäste stimmen ihm zu. Nun schreit uns der mann namens Aḥmad mit vorgehaltener waffe an, wir alle sollten aussteigen. Auch die anderen männer richten ihre gewehrläufe auf uns.
Nacheinander werden wir einer leibesvisitation unterzogen. Dabei werden zwei revolver und acht krummdolche konfisziert. Lautstarker protest. Noch nehme ich die situation nicht wirklich ernst. Ich werfe auf den jungen qabili, der sorgfältig, aber keineswegs grob meinen körper abtastet, einen spöttischen blick.

Er antwortet mit einem entschuldigenden achselzucken. *Jalla, Jaḥja,* mach voran, Jaḥja! befiehlt Aḥmad. Die anderen fahrgäste sollen wieder in den wagen steigen. Die männer zögern: Und der almani? – Jalla! brüllt Aḥmad und entsichert sein gewehr.
Zögernd klettern die ersten ins taxi zurück. Nūr schiebt Jaḥja zur seite, nimmt mich an die hand und zieht mich zum wagen. Aḥmad stöszt ihm seinen gewehrlauf in den rücken. Nūr fährt herum, ergreift den gewehrlauf und schreit den truppführer an. Einen unbewaffneten von hinten anzugreifen gilt als ehrlos. Selbst unter straszenräubern. Ein handgemenge folgt. Nūr ruft mir zu, ich solle in den wagen klettern. Zwei männer der bande schieszen in die luft. Aḥmad weist sie barsch zurecht: Die schüsse seien kilometerweit zu hören.
Sie stoszen Nūr in den wagen. Mich zerren sie zum kofferraum. Ich solle mein gepäck nehmen. Nūr schreit die männer im taxi an, dann wieder die milizionäre. Jaḥja steht mit hilflosem gesicht und gesenktem gewehr dabei.
Die männer führen mich zu ihrem lastwagen, mit dem sie die strasze blockieren. Nūr stürzt hinter unserer gruppe her. Er klaubt einen faustgroszen stein vom straszenrand auf und schlägt damit auf Aḥmad ein. Wieder fallen schüsse. Nūr schreit auf. Ich höre ihn stürzen. Dann werde ich auf die rückbank des führerhauses gestoszen, ohne mich noch einmal umblicken zu können.

Einer der milizionäre von gestern nacht betritt die baracke und fordert mich auf, ihm zu folgen.

Der scheich betritt den raum. Alle anwesenden männer erheben sich. Der reihe nach begrüszen sie den alten, die älteren männer mit einem handschlag und einen angedeuteten kusz auf den mund, die jüngeren mit einem kusz auf den handrücken des alten, den dieser mit einem kusz auf den handrücken des jüngeren erwidert. Mich begrüszt der vater Aḥmads mit einem handschlag, woraufhin er seine hand zu seinem herzen führt. Ich mache es genauso.
Er setzt sich auf den ehrenplatz am kopfende des diwans und fordert seinen ältesten sohn auf, zur seite zu rücken. Dann winkt er mich herbei und bittet mich, neben ihm platz zu nehmen.
Er nimmt meine rechte hand zwischen seine hände und fragt mich, wie es mir gehe. *Al-hamdulillah,* den umständen entsprechend gut. – Er fragt mich, ob ich muslim sei. Ich antworte, ich sei *nasrani*, doch gebe es auch für christen keinen gott auszer Gott: *La ilah ila allah*. Er nickt bedächtig: Wann immer es dir an etwas mangelt, komme zu mir.
Er ist grosz und hager, seine augen liegen tief in ihren höhlen. Seine lippen, kaum verborgen vom dünnen, grauweiszen bart, sind immer noch jugendlich voll. In seinen mundwinkeln spielt ein schelmischer oder ironischer zug, wenn er mit ernster geste über den bart streicht: Dein aufenthalt wird eine gute gelegenheit sein, deine arabischen sprachkenntnisse zu verbessern. – Ich antworte: Mein arabisch ist nach wie vor so mangelhaft, dasz eine wirkliche verbesserung einen längeren aufenthalt erforderte, als es die gesetze der gastfreundschaft erlaubten.
Das essen wird aufgetragen. Der alte nimmt mich an die hand und führt mich in die mitte des raumes. Zunächst gibt es in schafsmilch aufgeweichtes brot und salat. Mir wird ein löffel gereicht. Ich lege den löffel beiseite und esse wie die anderen männer mit meiner hand. Der scheich lächelt zustimmend.
Es folgen die warmen gerichte, schlieszlich das fleisch. Der älteste sohn verteilt die brocken, streng hierarchisch: die älteren erhalten die gröszeren, die jüngeren die kleineren fleischstücke. –

Der scheich gibt mir von seinem fleisch die gröszten brocken, so dasz vor mir auf dem brot nun die doppelte menge dessen liegt, die mir üblicherweise zustünde. Er läszt sich von seinem sohn neue stücke geben. Aḥmads gesicht bleibt ausdruckslos. – Nur den gast ehrt man mit den besten brocken.

Jaḥja hat sein nachtlager an der gegenüberliegenden wand hergerichtet; eine gefaltete decke dient ihm als matratze, seine jacke als decke. Obwohl es nachts noch empfindlich kalt wird.
Es ist kaum sechs und schon fast dunkel. Jaḥja zündet eine kerze an. Dann zieht er eine schachtel zigaretten hervor und wirft sie zu mir herüber. Ich gebe sie ihm dankend zurück. Nun sitzt er rauchend auf seiner decke und starrt ins kerzenlicht.
Ich nehme zuflucht zu meinem notizbuch. Ich würde mich gerne mit ihm unterhalten. Doch das alltägliche ist bereits ausgetauscht: Er ist noch unverheiratet, aber bereits verlobt. Sobald sein neues haus fertig ist, vielleicht in diesem jahr, vielleicht im nächsten, wird hochzeit gefeiert.
Seine nähe beunruhigt mich: Ist er mein wächter oder mein beschützer? Ich kenne ihn zu wenig, um es schweigend mit ihm in einem raum auszuhalten. – Ich frage ihn, ob er *ṭanadsch* spielen könne. Ich zeichne das spielfeld in mein notizbuch und erkläre ihm die regeln. Wir spielen mit drei alten (groszen, schweren) und drei neuen (kleinen, aus leichtmetall gestanzten) rial-münzen. Die ersten spiele gewinne ich, bis er die möglichen spielzüge und die verschiedenen strategien begriffen hat.
Wir spielen wohl eine gute stunde, fast schweigsam, doch nicht mehr sprachlos.

*

Ich wälze mich auf meinem lager hin und her. Stosze die decke fort. Erstickungsängste.
Gleich nutzt die lokale moskitogarnison meine blösze zum sturmangriff. Ich gebe mich wehrlos hin.
Der laute, unruhige atem Jaḥjas. Nie habe ich mit anderen menschen gemeinsam in einem raum schlafen können. – Er ist erkältet. Schnauft durch die zugeschwollene nase. Hin und wieder ein hustenanfall.
Ich decke mich wieder zu. Es ist kalt. Doch die leichte wolldecke

lastet wie eine betonplatte auf meiner brust. Und das summen der mücken, ganz nah an meinem ohr, dröhnt wie ein bombergeschwader. Ich stehe auf und gehe zur tür.
Ein streichholz flammt auf: Es ist zu spät für einen nachtspaziergang. Ein bewaffneter wächter patroulliert auf der strasze.
Er fragt, ob ich friere: Hier, nimm meine decke. – Das einzige, was ihn vom festgestampften lehmboden trennt. Ich lehne dankend ab und setze mich auf meine matratze. Ich hülle die decke um mich und hocke darunter wie in einem zelt. Durch einen kleinen spalt spähe ich hinaus in den schwarzen raum. Es ist so dunkel, als hielte ich die augen geschlossen.

Jaḥja bringt *fūl* und brot, doch statt des gelben wasserkanisters eine etikettlose flasche. Ich entkorke sie, der inhalt riecht nach gutem trockenen rotwein. Ich nippe vorsichtig daran. In der tat, ein nicht zu herber, sehr fruchtiger rebensaft. Womöglich über die nahe grenze geschmuggelt, vielleicht aber auch im eigenen land gegoren. Vor allem im süden wachsen vorzügliche traubensorten.
Ich biete Jaḥja einen schluck an, doch lehnt er ab: Das trinken von alkohol ist *ḥaram*, ein verstosz gegen das verbot berauschender speisen und getränke, sagt er. Was ihn nicht daran hindert, seinem »ungläubigen« gast diesen kleinen trost in seinem tristen gefangenenalltag zuzugestehen.
Unter anderen bedingungen wüszte ich diese geste durchaus zu schätzen.

*

Warum benehme ich mich so rücksichtsvoll, als sei ich hier zu gast? Warum verhalte ich mich nicht so scham- und skrupellos wie nur möglich, um meine freilassung zu erzwingen. Nichts bindet mich. Ehrlos sind allein meine entführer.
Ich nehme seife und handtuch und gehe zum brunnen vor dem haus des scheichs. Niemand fragt, niemand hält mich auf. – Die generatorbetriebene wasserpumpe läuft tag und nacht. Ein teil des wassers flieszt in die gärten, ein anderer teil füllt eine etwa drei mal drei meter grosze, gemauerte zisterne. Hieraus schöpfen die frauen das wasser für den haushalt.
Ich entkleide mich und setze mich nackt auf den zisternenrand. Ich beginne, mich sorgfältig einzuseifen und zu waschen. Das wasser ist lauwarm.
Die frauen bleiben in der ferne stehen und beobachten mich. Ich stelle mich auf die steinmauer, ein blasser, hagerer riese, und spüle mit grunzendem behagen den seifenschaum ab.
Die frauen verschwinden aus meinem blickfeld. Einige kinder kommen näher, doch sagen nichts.

Ich trockne mich ab, nehme mein kleiderbündel unter den arm und gehe nackt zu meiner unterkunft zurück.

Den ganzen nachmittag läszt sich niemand in meiner baracke blicken. Und Jaḥja geht, nachdem er das abendessen – *fūl* und brot – gebracht hat, gleich wieder fort.
Bei anbruch der dunkelheit sitzt Aḥmad, das gewehr im schosz, vor der hauswand gegenüber und beobachtet die offenstehende barackentür.
Ich schleudere die noch halbvolle weinflasche hinaus. Sie zerschellt dicht neben ihm an der steinmauer. Er rührt sich nicht.

Umquartierung. In den diwan von Bejt Redman. Wohl auf veranlassung scheich Abdul Karims. Mein neuer gastgeber, Captain Redman, scheint von dieser anordnung nicht begeistert zu sein. Aus den privaträumen des hauses dringt ein lautstarkes wortgefecht des hausherrn mit seiner frau in den diwan.
Dennoch kommt er lächelnd mit einem tablett dampfender teegläser zurück und heiszt mich noch einmal willkommen.

Er scheint tatsächlich ein ranghoher offizier der jemenitischen armee zu sein, obgleich die Bani Ḥadschar der regierung eher feindlich gegenüberstehen. Ein schon leicht vergilbtes schwarzweiszfoto im diwan zeigt ihn als jungen kadetten in uniform, ein anderes an der seite des vorangegangenen präsidenten, oberst Aḥmad ibn Hussain al-Ghasmi, der bereits ein jahr nach seinem regierungsantritt durch einen bombenanschlag getötet wurde.
Nun ist Captain Redman ein feister, nahezu kahlköpfiger, kinderloser pensionär, der den ganzen tag in einem schmuddeligen schlaf- oder trainingsanzug herumläuft, den krummdolch diagonal vor dem dicken bauch. In seinem habichtgesicht behaupten drei armselige barthaare eine andeutung von männlichkeit, während er den entsprechenden mangel auf dem kopf durch eine ebenfalls fast haarlose russische pelzkappe zu kaschieren versucht.
Ächzend setzt er sich zu mir. Klagt über schmerzen im rücken und in den hüften. Hin und wieder kolikartige anfälle, die bis in die geschlechtsorgane und oberschenkel ausstrahlen, so dasz er das ganze dorf zusammenbrüllt. Ich vermute, es handelt sich um nierensteine. Er schaut entsetzt: Steine im bauch? Wie kommen sie dort hinein? Und, noch wichtiger, wie wird man sie wieder los?
Ich erkläre ihm das verfahren der ultraschallzertrümmerung. Er schüttelt ungläubig den kopf: Allein mit tönen steine zersprengen? Ich musz ihm die technik wieder und wieder erläutern.

Allmählich füllt sich der diwan mit weiteren gästen. Einige haben ihr qat mitgebracht und richten sich auf einen langen nachmittag ein. Es wird gekaut, geraucht, geredet. An ruhe, allein sein, nachsinnen oder pläne schmieden ist nicht mehr zu denken.
Captain Redman ist über die neuen gäste offenbar noch weniger begeistert als über meine anwesenheit. Er raucht und kaut nicht. Er findet auch nicht die ruhe, seinen gästen einfach gesellschaft zu leisten. Er erhebt sich stöhnend, leert aschenbecher, kehrt qatzweige zusammen, schüttelt kissen aus, zupft die vorhänge zurecht. Er macht keinen hehl aus seinem gefühl, den besuch der qatgäste als störung zu empfinden. Doch läszt der unmut Captain Redmans die kauenden männer ungerührt.
Die stunden vergehen nur langsam. Die männer tauschen, von langen pausen unterbrochen, ihre ansichten aus. Ich verstehe nur wenig vom lokalen dialekt. Vom krieg ist die rede. Und natürlich von nierensteinzertrümmerung durch magische töne. – Offenbar hat es abermals bombenangriffe auf die hauptstadt gegeben. Zwei kampfflugzeuge des südens sollen abgeschossen worden sein. Der süden habe inzwischen die generalmobilmachung angeordnet.
Captain Redman würde seinen ruhm als erfahrener kriegsheld – er weist auf die fotos und urkunden an der stirnwand des diwans – ja gerne erneuern. Doch lasse sein gesundheitlicher zustand – er weist auf die steine im bauch – anstrengungen dieser art nicht mehr zu. – Die anderen männer nicken verständnisvoll.
Ich hingegen sehne mich nach meiner engen staubigen, aber stillen baracke zurück.

*

Al-maghrib, das abendgebet. Captain Redman zündet eine gaslampe an. Die letzten qatgäste verlassen den diwan. Der captain setzt ächzend die säuberung fort. – Ich gehe vor die tür, setze mich auf die schwelle und schaue in die wüste hinaus. Eine kurze dämmerung, ohne abendröte. Der mond und einige fixsterne

bereits sichtbar. Im ort nur wenige erleuchtete fenster. In einer stunde, nach dem nachtgebet um sieben, werden sie erloschen sein. Die dorfbewohner gehen früh zu bett.
Jaḥja und Aḥmad kommen mit decken beladen auf das haus zu. Sie begrüszen mich freundlich und begleiten mich in den diwan zurück. Captain Redman stöhnt laut auf, ich weisz nicht, ob auf grund eines steins, der in die harnröhre geraten ist, oder auf grund der neuen gäste nach fast beendeter reinigung, die sich im diwan häuslich einzurichten beginnen.
Offenbar wollen sie, nach alter beduinensitte, die nacht mit ihrem »gast« verbringen. Die ständige nähe anderer menschen scheint zur eigentlichen tortur meiner gefangenschaft zu werden.

Sie sitzen schweigsam auf ihren decken und rauchen. Der rauch oder das schweigen bereitet mir kopfschmerzen. Es ist zu früh, um schlafen zu gehen. Den ganzen tag untätig, unbewegt. Am fünften tag meines aufenthalts darf ich mir wohl die freiheit erlauben, mich höflich nach ihren weiteren absichten mit mir zu erkundigen.
Aḥmad fragt zurück, ob es mir an irgend etwas mangele. Im übrigen stünde mein haus in Ṣanaʿa womöglich schon nicht mehr. – Fehlt nur noch, dasz ich mich für diese unverdiente gastfreundschaft bedanken sollte.
Aḥmad schlägt vor, karten zu spielen. Er kennt sich gut aus in meinem gepäck. Ich suche die spielkarten heraus und reiche sie ihm.
Aḥmad: Das spiel heiszt *sīdu* (gib mehr). Alle karten werden verteilt, doch müssen verdeckt vor dem jeweiligen spieler liegen bleiben. Nacheinander hebt jeder eine karte ab und legt sie offen neben seinen stapel verdeckter karten. Wird herz as aufgedeckt, beginnt das eigentliche spiel.
Hat einer von uns auf seinem offenen stapel eine zwei liegen oder zieht er sie als nächste von seinem verdeckten stapel, darf er sie auf das as legen. Folgt auf dem offenen oder verdeckten stapel eine drei, darf er sie auf die zwei legen … Die karten können nur in der reihenfolge ihrer zahlen und bilder abgelegt werden. Kann

der spieler nicht in der vorgeschriebenen reihenfolge bedienen, legt er die aufgedeckte karte auf seinen offenen stapel.
Ich denke, ich habe die spielregeln begriffen. Ziel des spieles ist, die eigenen karten als erster spieler abgelegt zu haben. – Aḥmad besteht darauf, die strafpunkte für jede noch nicht abgelegte karte zu notieren. Er spielt mit verbissenem gesichtsausdruck. Diesmal sind auch seine augen am mienenspiel beteiligt.
Mit jeder niederlage verfinstert sich sein gesicht mehr. Gewinnt er ein spiel, reckt er wie ein siegreicher boxer seine fäuste in die höhe. Sein freund Jaḥja nimmt sieg und niederlage gelassen hin. Aḥmad stellt sein spielglück als besondere geschicklichkeit dar. Weil Jaḥja tatsächlich das spielglück fehlt, führt Aḥmad ihn als dumm und ungeschickt vor.
Den kampf um den ersten platz, der einzige, der für ihn zu zählen scheint, kämpft er mit mir aus. Ich finde seine siegerposen so unerträglich, dasz ich mich auf den zweikampf einlasse.

Wir spielen bis spät in die nacht. Aḥmad kann kein ende finden. Jaḥja ist nur noch müder statist. Schlieszlich kündige ich das letzte spiel an, das ich für mich entscheide. – Aḥmad zählt die punkte nicht zusammen. Ihm ist der jeweilige punktestand während des ganzen spiels wohl immer gegenwärtig gewesen. Er zerreiszt die liste und löscht das licht.

Bejt al-Ḥadschar 4. 3. Wir werden von ersten frühen besuchern geweckt. Captain Redman bringt eine schüssel bohnen, brot und tee, auf die sich die gäste heiszhungrig stürzen. Da ich auch in gesellschaft meiner angewohnheit treu bleibe, das essen nicht herunterzuschlingen, sondern bedächtig zu kauen, bleibt mir nur das brot. Dem übersüszten tee ziehe ich ohnehin frisches wasser vor.
Aḥmads sohn, ebenfalls ein Redman, kommt zu uns in den diwan. Es scheint, als habe Aḥmad seit unserer ankunft sein haus noch nicht betreten. Er begrüszt seinen sohn mit der heftigkeit eines von langer reise heimgekehrten. Doch wirken seine gesten

so forciert, als müsse er uns seinen vaterstolz beweisen. Redman Aḥmad läszt die rauhen liebkosungen seines vaters mit erschrockenem gesicht über sich ergehen.
Der diwan füllt sich weiter. Und niemand macht anstalten zu gehen, mir gelegenheit zum ankleiden (Aḥmad und Jaḥja haben in ihrer straszenkleidung geschlafen und nur die dschambija und den revolver abgelegt) oder zur morgentoilette zu geben. – Als zwangsgast in diesem diwan, so gut die umquartierung auch gemeint war, kann ich nicht bleiben. Ich werde Scheich Abdul Karim um eine unterredung bitten.

Was kann mein unruhiger Geist Anderes erzeugen, als die beengten, düsteren und kalten Gedancken eines Gefangenen; wie könnte er auch voranschreiten und sich weiten in diesen starren Mauern, wo die Trübsinnigkeit zu Hause und das Schweigen Wohnung genommen hat.

Hat mir auch die Beschreibung unseres Weges einige Mühe gekostet, so halte ich doch jene, welche zur Schilderung dieses Verharrens nöthig, für die Allergrösste.
Andere greifen auf ihren reichen Sentencenschatz zurück. Ich indessen habe all mein Latein vergessen. Und Tertulio nach einem passenden Verslein zur melancholischen Lage zu befragen, scheint mir eher Provocation als Besänftigung, zeigt er sich ohnehin schon dem Eingeschlossenheitswahne nahe.
Also bleibt mir nur das Aphorismenheftchen Schlichters, welches ich so lange nicht mehr durchgeblättert: Uns gehören nicht die Mauern, doch ihr Schwitzen. Wenn du Unschlitt an den Händen, wische es am engsten Freunde ab.
Ich verstehe zwar selbst nicht immer ganz, was Schlichter mit seinen welken Blüthlein gemeinet, doch blättere ich in den grossen Romanen unserer Zeit, so scheint mir auch darin allenthalben ein beliebiges Zitat verwendet, welches in keinem erkennbaren Zusammenhange mit der übrigen Erzählung steht, sondern wohl alleyn die umfassende Gelehrtheit des Erzählers zu belegen hat.
Hingegen war meine Absicht, alle Vorkommnisse nur recht deutlich und ohne schmückenden oder prahlerischen Stil darzustellen. Nun aber scheint mir eine reine, kunstlose Sprache ebenso wenig möglich wie eine reine und vollkommene Ansicht: Immer blicken wir von einem bestimmten Standpunkte; und nie können wir von einem Standpunkte alleyn das Ganze überblicken. So ist es auch mit unserer Rede: Jedes Worth ist eine Wahl, da es keinen unmittelbaren und absoluten Zusammenhang zwischen den Vorkommnissen und ihrer Beschreibung giebt.
Mit andächtigem Schweigen höre ich mir selber zu. Und je mehr

ich die Fragwürdigkeit jeder Objectivität erkennen muss, um so mehr scheint mir gerade der ausschmückende und ironisirende Stil die einzige Möglichkeit, der Lüge zu entgehen: Kein ungerührter Chronist berichtet hier, sondern Alois F. Schnittke, der immer schon weiss, ehe er sieht; der immer schon das Worth auf der Zunge hat, ehe er benennt; der reist, um seine Muthmaassungen bestätigt zu finden.

Als ein vortreffliches Sinnbild für die Hölle erschien mir immer der Umstand, mit einem von mir nicht sonderlich geliebten Menschen auf engstem Raume und für längere Zeit zusammengesperrt zu seyn. Nun bekomme ich noch vor dem Grossen Weltgerichte einen Eindruck, welche infernalischen Quaalen in Zukunft meiner harren werden, sofern jener bemerckenswerthe Orth mit unseren innersten und geheimsten Aengsten in einem gewisser Maassen furchterfüllenden Zusammenhange steht: Jedem die ihm eigene Hölle, die er sich verdient hat, denn was den Einen quält, kann dem Andern durchaus ein Vergnügen seyn.
Nun befinde ich mich also mit dem Letzten und Ungeliebtesten meiner Gefährten in diesem fensterlosen Verliesse, welches bey Tage zu einem wahrlich höllischen Gluthofen zu werden pflegt, worin selbst das Felsgestein, aus dem dieser finstere Thurm errichtet, zu schwitzen beginnt. In der Nacht hingegen schütteln, schlagen und kneifen uns die Eisteufel grün und blau, so dass wir mehr und mehr den harten graublauen Steinbänken gleichen, auf denen wir die Stunden und Tage verdämmern.
Dieses ist nun die dritte Nacht. Zwar lässt man uns nicht verhungern, doch genügen Wasser und Brodt gerade, uns bey genügendem Verstande für das wache Erleiden unserer Gefangenschaft zu halten. Nun sind aber nicht die climatischen Unbillen und nicht die Unbequemlichkeiten unseres Logis oder die Mängel unserer Kost das Marterndste, sondern die innere Unruhe, welche keinen Ausweg findet, und die ständige Nähe eines Anderen, der selbst den privatesten Verrichtungen beywohnt, welche die Brust einschnürt und die Fäuste ballen lässt.
Aeussert sich meine wachsende Beklemmung vor Allem darin, dass ich mich in mein Innerstes zurückziehe, mich verschliesse und verstumme, so wird Schotenbauer immer beredter, doch ohne seine Worthe an mich zu richten, ein nicht enden wollendes Selbstgespräch, das selbst im Schlafe sich als unverständliches Brummen und Bramarbasiren forthsetzt.
Er spricht nichts Bestimmtes oder Absichtsvolles, er lässt einfach

seinen inneren Gedancken freyen Lauf, und das in einer derart schaamlosen Manier, als sey ich überhaupt nicht anwesend: Herrgott, schon wieder dieser Fraass, Oelbrodt und Asche, von tatouirten Weiberhänden durchgeknetet, Steinbrodt von Gestern, in Oel eingeweicht, das in unsere Eingeweide greift wie die Weiberhände in den Teig, und nun die Strontfladen in den Ecken dieses Rundthurms, morgenländische Geometrie, in der uns kaum noch Erde bleibt für die Verdauungsgänge, ein magerer Bursche, unser Wächter, ich sollte nicht länger zögern und ihm das Räthsel stellen, da seine Magerkeit von einem regen Verstande zeugt, und kennt er die Antworth, so wird er uns die rechte Thür schon weisen, denn nur ein echter Einfaltspinsel wird dieses lächerliche Pförtchen für das Einzige halten, und er, anstatt nachzudencken oder ein wenig Ordnung zu schaffen, kritzelt immer noch in seinem Wanderbüchlein, als erliefe er noch neue Tage, während wir doch kurz vor dem Eintritt ...
Genug! – Unvermittelt wendet er sich zu mir: Deine in der Masque der Bescheidenheit und Demuth auftretende Arrogance hat mir von Anbeginn unserer Reise missfallen. Glaubst du denn, indem du deine äussere Gestalt, dein Gebaren und selbst deine Sprache der Fremde anpasst, nur ein Jota mehr von ihr zu begreifen, als wenn du deine Eigenarten wahrst und das Trennende zwischen dir und den Anderen beybehältst? Diese Verkleidungen und Selbstverleugnungen scheinen mir ein ärgerer Betrug als jeder noch so dünkelhafte Stolz auf die eigene Civilisirtheit. Denn so sehr wir auch die eigene Cultur bemängeln oder gar verachten, so können wir uns ihrer doch nicht einfach wie ein abgetragenes Gewand entledigen.
Deine Aufgeklärtheit bedeutet einfach Sittenlosigkeit und Libertinage! Du glaubst an nichts mehr, nicht einmal an jene Principien, welche du dir einstmals selbst gewählt. Meinungen, Regeln, Gebote, Götter, alles scheint beliebig oder gleichberechtigt. Auch wenn Niemand die Letzte Wahrheit kennt, so öffnet ein Leben und Dencken ohne alle Wahrheit doch der unvorstellbarsten Regel- und Zügellosigkeit die Pforte, und grenzenlose Tolerance endet in grenzenlosem Terror!
Vielmehr müssen wir versuchen, die für uns als grundlegend

erachteten Werthe für Alle verbindlich zu machen. Nicht zuletzt diesem Ziele ist diese Unternehmung verpflichtet. Denn finden wir die Tafeln, so ist die Universalität der Göttlichen Gebote von keinem auch noch so traditionsfeindlichen oder aufgeklärten Geist zu leugnen. –

Es ist kaum vorstellbar, dass Salomon das wichtigste Heiligthum der Israeliten, welches ausserdem so eng mit der Gegenwarth ihres Gottes verbunden, gleich einem verschwenderischen Freyer aus der Hand gegeben hat.

Die Lade hat ursprünglich nichts mit Jahwe zu thun, sondern ist ein canaanitischer Cultusgegenstand, ein Palladium oder Stammeszeichen, mit dem die Nomaden ihren Stammesgott auf ihren Streif- und Beutezügen mit sich führen konnten, eine Art Gottessänfte also oder ein transportabler Miniaturtempel. Erst Salomon versucht, dieses heidnische Zeichen in den neuen Cultus einzubeziehen, indem er es als Bundeslade ausgiebt, welche Moses angeblich zur Aufbewahrung der Sinaitafeln anfertigen liess. Doch ist ihm das Syncretistische dieses Versuchs durchaus bewusst. Also versteckt er dieses unkoschere Ding zunächst im neuerbauten Tempel, so dass selbst an hohen Feyertagen sie kein Sterblicher mehr zu Gesicht bekommt.

Das Alles hört sich recht abentheuerlich an. Doch bist du ja wohl der Specialist auf diesem Gebiete.

Das bin ich in der That.

Gesetzt, die Geschichte habe sich wirklich so oder ähnlich abgespielt, was aber veranlasst den König, die Lade und mit ihr das Allerheiligste, die Tafeln, ausser Landes zu schaffen?

Nicht die Lade, nur die Tafeln! ereifert Schotenbauer sich. Als die Babylonier unter Nebukadnezer den Tempel plündern, nehmen sie auch die Lade mit. Auf der sogenannten Müller-Säule, einer Marmorstele, die Professor Müller aus Bagdad nach Berlin schmuggeln konnte, ist die genaue Liste der erbeuteten Gegenstände Nebukadnezers gemeisselt. Dort ist zwar vom Ladeheiligthum die Rede, die Sinaitafeln indessen werden mit keinem Worthe erwähnt.

Vielleicht haben die Hohen Priester zu Jerusalem die Heiligen Tafeln rechtzeitig in Sicherheit bringen können.

Doch spätestens bey der Neuerrichtung des Tempels hätten die Hüter der Tafeln sie an das Allerheiligste zurückgegeben. – Nein, die Tafeln sind vor der Plünderung bereits verschwunden, verschenkt von König Salomon an die Königin von Saba, genauer: an seinen illegitimen Sprössling, mit dem die königliche Besucherin bereits schwanger geht.
Du meinst, der grosse und weise König Salomon hatte eine Aventure amoureuse mit der Barbarenkönigin? Das klingt nun eher nach italienischer Oper denn nach serieuser Exegese.
Vielleicht aber hat er in seiner Weisheit das Ende des Tempels und seiner Dynastie auch nur vorhergesehen, und das Eine wie das Andere durch den jeweils nothwendigen Act zu retten versucht. – Nein, dass kein Sterblicher die Lade mehr zu Gesicht bekommen hat, ja, nicht mehr zu Gesicht bekommen durfte, hat seinen einleuchtenden Grund darin, dass sie nicht mehr die Gesetzestafeln enthielten. Die Lade war leer! Und wenn diese Schlussfolgerung dir immer noch speculativ erscheint, so lass dir einen weiteren Beleg meiner These nennen: Bey den Mönchen des Mosesberges habe ich die Genealogie eines Geheimbundes oder religiösen Ordens gefunden, dessen Ursprung bis in Salomonische Zeiten zurückreicht.
Ah, endlich einmal nicht nur Annahmen, sondern ein Beleg. Zeig her!
Ich würde ihn dir gerne vorlegen. Der Wichtigkeit des Documentes wegen habe ich mir erlaubt, es den unzuverlässigen Mönchen zu entwenden und an mich zu nehmen. Gott wird mir diese lässliche Sünde im Dienste der Wissenschaft wohl verzeihen. Alleyn, es wurde mir mit unserem übrigen Gepäcke bey der Oase von unserem verrätherischen Führer geraubt. – Indessen habe ich sie genau studirt und nicht wenige Einzelheiten des Documentes im Kopfe. So höre denn: Der Name des Ordens lautet *Ruah al Lafitat,* du verstehst, „Hüter der Tafeln“.
Angenommen, es gebe einen geheimen Bund, dessen Aufgabe es war oder noch ist, die Tafeln zu hüten, warum suchen wir ihn gerade hier?
Wo sonst sollten wir suchen, wenn nicht in Marib, der ehemaligen Hauptstadt des sabäischen Reiches, der Heimath der nach ihrem

Reiche benannten Königin? – Sey dir gewiss, ich werde die Tafeln finden! Denn sie befinden sich in der Obhuth dieses Stammes! Und fehlt dir der letzte Beweis, so erinnere dich des Namens dieser Menschenräuberbande: *Beni Lafitat*!
Es muss sich in der That um einen recht bemerckenswerthen Geheimbund handeln, welcher seinen geheimen Namen und darin seine geheimnisvolle Aufgabe derart unbefangen offenbart. Oder sollten sie uns schon nicht mehr zu den noch lebenden Zeugen rechnen?
Begreifst du denn nicht, was es für die Menschheit bedeutet, wenn ich ihnen die Tafeln wiederbringe, deren Existenz mehr und mehr Menschen für eine einfältige Sage halten?

Zwar sollte es mir ganz recht seyn, nicht einiger antiker Einkaufslisten wegen achtzehn Monate unterwegs gewesen zu seyn, drey Gefährten verloren zu haben und selbst noch nicht zu wissen, wie bald ich mich selbst auf die Liste der Verstorbenen zu setzen gezwungen. Nun stellt sich das Unternehmen aber auf einmal so phantastisch dar, dass mir bescheidenere Gründe für diese Expedition die Opfer, welche dieselbe bisher gefordert, eher zu rechtfertigen schienen. Es müssten ja nicht gerade Comödien und Thrauerspiele seyn.

Unterdessen tritt der Wächter in unser Verliess und stellt den Brodttopf und einen Wasserkrug vor uns auf die Erde. Schotenbauer spricht zu ihm: Hast du die Zeitung überbracht? Der Wärter schaut fragend auf Tertulio, dann zu mir. Ich übersetze die Frage. In der That ist er von recht magerer Gestalt, zumal er nur einen Rock trägt und einen Ledergürtel, der bestimmt ist, denselben um die Hüften festzuhalten, und ansonsten ganz nackicht geht, so dass wir jede seiner Rippen samt ihrer erlittenen Stösse, Prellungen und Brüche zählen können. Alleyn, in diesen Merckmalen unterscheidet er sich kaum von der Mehrzahl seiner Stammesgenossen, welche, bis auf die Weiber, die schon mehrfach Kinder geboren, gemeinhin nur aus Knochen, Haut und Haar zusammengesetzt scheinen.
Und wie alle seine Stammesbrüder geht auch unser Wächter nur

bis an die Zähne oder fast bis zu ihnen bewaffnet. Denn ein Dolch von wahrhaft theatralischer Grösse steckt in seinem Gürtel. Die Klinge misst wohl eine Elle, so dass er kaum ohne Gefahr um sein Leben oder zumindest seine Mannbarkeit sich zu bewegen oder gar zu setzen in der Lage. Doch verfehlt diese kyklopenhafte Wehr vor der hyänendürren Taille, welche der Stolz jeder abendländischen Dame wäre, seine dramatische Wirkung nicht.
Ich frage ihn nach seinem Namen. Hakim, antworthet er schlicht. Dann lade ich ihn ein, doch an unserem bescheidenen Mahle Theil zu haben. Er zögert einen Augenblick. Gern würde er der Langeweile des Wächteramtes eine Zeitlang entkommen und sich ein wenig mit uns unterhalten, doch ist er noch im Zweyfel, wie sehr ihn diese paradoxe Gastfreundschaft zu mit seinem Amte unvereinbaren Diensten verpflichten könnte.
Indessen hat sich preussischer Pflichteifer noch nicht bis in diese Weltengegend verbreitet. Also hockt er sich, seiner Bewaffnung entsprechend umständlich, zu uns, um mit einem desto umstandsloseren und herzhaften *Bismillah al rahman al rahim* in den Topf mit dem öligen Teige zu greifen.
Schotenbauer wendet sich angewidert ab. Er scheint gewillt, sich heute alleyn von seinem allgemeinen und wohl auch besonderen Abscheu zu nähren.
Indessen frage ich Hakim, wer für diese delicate Cuisine verantworthlich sey. Nicht wahr, meine Mutter ist eine vorzügliche Köchin! Könnten meine Weiber nur halb so gut kochen wie sie, würde ich ihnen so Manche ihrer Eitelkeiten nachsehen.
Ich äussere mein Erstaunen, wie sehr die Particularitäten des Alltags in den Wüsten und den Städten sich doch glichen, denn auch in unseren Längen und Breiten gelte Mutters Küche gemeinhin als unübertrefflich, und selbst den wohlmeinendsten und eifrigsten Weibern gelänge es, zumindest in dieser Kunst, kaum je, mit ihren Schwiegermüttern zu concurriren.
Durch solcherley unerwarteter Concordancen in die heiterste Stimmung versetzt, lassen wir uns das mütterliche Mahl nur prächtig munden und plaudern noch eine Weile in diesem leichten, unterhaltsamen Tone forth, so dass ich mich endlich dem angenehmsten Tischgespräche seit langem erfreue. Kaum aber hat

Hakim den solcher Weise geleerten Topf hinausgetragen, um sich nun wieder seinem Wächteramte und, soweit damit nicht unvereinbar, auch wohl der verdienten Verdauungsruhe zu widmen, als Schotenbauer mich um dieselbe, nicht weniger verdiente, bringt und mit von Abscheu gesättigter Stimme in seinem grimmigen Monologe forthfährt:
Dencke Er nicht, ich hätte Seine stille Verachtung für unsere Eigenthümlichkeiten und unsere Ignorance nicht gespürt! Und dennoch ist unser Verhalten wahrhaftiger und braver gewesen, weil wir uns nicht verleugnet, sondern den Anderen die Möglichkeit eröffnet haben, auch uns als Fremde und sich selbst als Erkundende wahrzunehmen. Indessen scheute Er sich, sein wahres Ich, von dem seine Herkunft ein untrennbarer Theil, offen zu zeigen, da Er in diesem Falle auch Unverständnis oder gar Ablehnung hätte ertragen müssen. So aber hat Er weder sich selber noch den Anderen den gehörigen Respect erwiesen, sondern vor Allen ein billiges Schmierentheater aufgeführt.
Doch hat Er bey diesem respectlosen Spiele nichts gewinnen, Er hat nur verlieren können. Denn mit Allem, was Er von seiner Cultur abgelegt, ist Ihm ein Theil seiner Selbst verloren gegangen. Hingegen ist mit dem Neuen, dass Er sich übergestreift, Ihm keineswegs ein grösserer Reichthum an Character oder Sittlichkeit erwachsen.
Wird mir von diesen uncivilisirten Wüstensöhnen Spott und Hohn oder gar Mitleid entgegengebracht, so entspricht diese Haltung durchaus einer ihnen und mir gemeinsamen Wahrnehmung der Wirklichkeit, correspondirt ihre Sicht doch im Wesentlichen mit meinem Urtheile über sie. Seinen Spott indessen empfinde ich als eine, allenfalls durch Selbsttäuschung zu rechtfertigende, Infamie. Denn Er ist mir, aller sittlichen Unterschiede zum Trotze, zu ähnlich, als dass Er mit Recht auch nur einen meiner Wesenszüge verhöhnen dürfte: Sie alle theilt Er mit mir, wenn auch offenbar mit geringerer Selbstachtung.

Am frühen Morgen reisst aus dem leichten, unerquicklichen Schlafe mich ein entsetzlicher Aufschrey Schotenbauers: Oh weh, ich bin gebissen worden, oder gestochen! Alois, hilf, ich spüre das Gift bereits!

Ich stehe von meinem unbequemen Lager auf und untersuche den sandigen Boden unseres Gefängnisthurmes. Der Teufel gönnt mir das Gelingen unseres Unternehmens nicht, fährt Schotenbauer mit seinem Gekreysche forth, so kurz vor dem Ziele werde ich sterben. Oh Gott, Alle haben sich davon gestohlen, ungläubige und muthlose Gefährten. Oder sind erst gar nicht recht mitgereist, nicht mit Leib und Seele bey unserer Unternehmung gewesen. Nur Scorpione sind geblieben, Giftspinnen und Schlangen, die Bruth des Teufels ...

Thatsächlich tummeln sich einige Scorpione in unserem Unrath. Schotenbauer ist todtenblass. Ich sage ihm, dass ein Scorpionstich zwar sehr schmerzhaft, im Allgemeinen aber nicht tödtlich sey.

Doch er hört mir gar nicht zu: Herr Gott, was hätte ich nicht bewegt, wie ein zweyter Moses wäre ich heimgekehrt und vor das Volk getreten: Schaut her, Ihr Götzenanbeter, und glaubt! Doch nun ist Alles dahin. Die Menschen werden weiter einander um ihres Glaubens willen bekriegen, oder, noch vermessener, einander glauben lassen, was Jedem beliebt. Nichts wird ihnen mehr heilig seyn, und selbst Gott wird zu einer altmodischen und ungebräuchlichen Metapher werden.

Ich umwickel seine Füsse und Knöchel mit seinem Hemde, um ihn vor weiteren Stichen zu schützen. Mit meinen Füssen mache ich es ebenso. Dann fordere ich ihn auf, sich hinzulegen. Die Unruhe könne die Wirkung des Giftes verstärken.

Er hingegen hinkt weiter im Kreise durch unser Verliess: Mag das Reisen in Zukunft auch weniger beschwerlich seyn, Niemand wird mehr dieses Ziel anstreben, welches wir uns gesetzt. Ich spüre meinen Fuss nicht mehr, schon kriecht die Kälte und die Taubheit in meinen Schenkel hinauf. Die Universalität ist verloren, Alles zerfällt, der Glaube wird zur Meinung, das Göttliche Gebot zur Vereinbarung, das gottgefällige Leben zum Spiele. Bald hat das Gift mein Herz erreicht.

Den Verstand hat es bereits vergiftet, rufe ich grob und zwinge ihn auf sein Lager nieder, obwohl ich nicht vermuthet hätte, dass er bey dir in solch niederen Regionen angesiedelt.

Es ist kein Zufall, ein Menetekel ist es, dass alleyn ein Marionetten- und Comödienspieler uns Gelehrte, Ärzte und Edelleute überlebt. Ein böses, doch folgerichtiges Vorzeichen, ein Anathema ist es, der Samen des Leeren Viertels, welcher sich ausbreitet über die ganze Welt, ein teuflischer Samen, der ersterben lässt, anstatt zum Leben zu erwecken …

Seine Anathemata gehen in ein erschöpftes adressatenloses Phantasiren über. Er redet wie im Fieber, doch sind alle seine Glieder eiseskalt. Ich rufe nach dem Wächter, dass er mir Decken bringe. Und eingedenck unseres unterhaltsamen Mahles überreicht er mir alsbald das Erbetene.

Du bist immer noch da? wendet Schotenbauer sich in einem wachen Augenblicke wieder an mich.

Wohin hätte ich gehen sollen, Tertulio?

Immer sind Alle vor ihrer Zeit von mir forthgegangen. Das war die Regel bey allen zeitweiligen Weggefährten. Doch mache ich Niemandem einen Vorwurf. Ich hätte mich wohl nicht anders verhalten, wäre ich einem Manne wie mir begegnet.

Indessen hast du mich noch nicht in die Flucht schlagen können. Habe ich es nicht schon ein und ein halbes Jahr an deiner Seite ausgehalten?

Wohlan, ich habe auch nie etwas Anderes erwartet, ja manches Mal gar nachgeholfen, wenn ein hartnäckiger Weggenosse wider diese Lebensregel zu handeln versucht war, denn ich habe nicht wenig Stärke und Disciplin aus diesem Schicksaale gezogen.

Leg dich wieder hin, mein Freund, und komm zur Ruhe. Die Aufregung thut deinem Geiste nicht gut.

Glaube nicht, dass ich mich vor der Einsamkeit fürchte!

Ein einsames Leben mag einem Menschen mit einer Aufgabe wohl die rechte Hingabe an sein Werk gewähren, in einem einsamen Tod aber vermag ich keinerley Gnade zu erkennen.

Habe ich mich nur deshalb so lange von dir fern gehalten, dass du mich nun, wo es allenfalls noch zusätzlichen Schmerz bedeutet, meiner Principien beraubst? Forth von mir, Versucher!
Der vornehmliche Grund, warum du mir mit so leidenschaftlicher Abneigung begegnest, besteht darin, dass ich der Einzige deiner Gefährten bin, der eine wirkliche Bedrohung deiner Einsamkeit darstellt.
Fürwahr, du bist ein principienloser Bursche mit einem leichtsinnigen Geiste und einem liederlichen Lebenswandel, du bist ein genusssüchtiger und abentheuerhungriger Mensch, dem das Extrem erstrebenswerther als das Gleichgewicht erscheint, du bist ein Verführer, der mit Allem, was den Menschen heilig ist, nur spielt.

Seine Rede hat ihn so erregt, dass er schwindelnd und fast besinnungslos auf sein Lager niedersinkt. Ich lege mich zu dem Gefährten auf die Steinbank, denn die Decken alleyn vermögen ihn nicht zu wärmen. Da es bereits Tag ist, will die Wachheit aber nicht mehr weichen. Ich starre auf die Mauern und dencke über unseren heftigen Worthwechsel nach. Wie üblich stört mich der entschiedene Gestus seiner Rede, alleyn, seine letzten Worthe könnten dereinst auch die Meinigen seyn. Denn giebt es nicht auch die Einsamkeit des zu Geselligen, welcher mit Allen auf vertrautem Fusse, aber Niemandem wirklich verbunden ist?

Nun sitze ich in aller Stille beym Todtenmahle. Brodt von Gestern, in Oel eingeweicht.
Bey aller, sicher ungerechtfertigten Abneigung gegen Tertulio habe ich doch seine Kochkünste immer zu schätzen gewusst. Dieses schreibe ich ohne jede Ironie, denn Delicatesse und dionysischer Sinn erweisen sich nirgendwo so unzweyfelhaft wie in der Küche. Aus den bescheidensten Zuthaten bereitete er die zauberhaftesten Speisen, ein wahrer Alchimist der *Dechets de Cuisine*. Frey von jeder Heucheley darf ich nun eingestehen, dass ich ohne seine lukullischen Ermuthigungen nicht bis in diese Wüsteney gelangt wäre.
Alltäglichkeiten dieser Art finden gemeinhin kaum je Erwähnung in einem Reiseberichte, und auch in meinen Aufzeichnungen fehlen die Beschwernisse und Mühsaale der täglichen Nothdurft fast gänzlich, obwohl doch gerade diese unspectaculairen Begebenheiten eine Reise in weit grösserem Maasse bestimmen als alle Curiositäten und Abentheuer, und ebenso und hauptsächlich zum Forthschreiten und Gelingen derselben beytragen.
Schotenbauers Raffinesse in dieser Kunst der Verköstigung, welche selbst einen Connaisseur wie de la Motte zu einem Complimente verführen konnte, hatte ihren vornehmlichsten Grund wohl in seinem ledigen Stande, denn nichts beeinträchtigt bey Männern die Entfaltung häuslicher Competencen so sehr wie das Eheleben, welches früher oder späther immer zu einer Haus- und Hofflucht und zu einer Verkümmerung allen haushälterischen Potentials derselben zu führen pflegt.
Ansonsten standen Hypochondrie und Selbstkasteyung in ständigem, wenngleich unentschiedenem Wettstreite mit einander. Veranlasste ihn in dem einen Augenblicke bereits ein leichtes Fieber dazu, sein Testament aufzusetzen, so harrte er im nächsten in praller Mittagssonne aus, um, vollkommen von seinem Forscherdrange occupirt, eine begonnene Arbeit zu beenden.
Doch so sehr seine contrairen Befindlichkeiten auch für Alle sichtbar widerstritten, von seiner Geschichte hat er nie ein Worth

verloren. Die Historie der Menschheit war ihm der Fluchtorth und die eigene Geschichte nur ein Mittel, der Ergründung jener allgemeineren und bedeutenderen zu dienen. Amen.

Dass ich mir der Gefährten immer erst dann recht bewusst werde, wenn ich sie verloren! Mit zu grosser Vertrautheit und Selbstverständlichkeit sind wir mit einander gereist, so dass die Sinne nur das Andere, Auffälligere wahrgenommen. Doch auch sie haben ihre bemerckenswerthen und theils auch befremdlichen Züge. Die Menschen- und Völkerkunde müsste im eigenen Lande beginnen, wenn uns auch für das allzu Vertraute oftmals die Empfindlichkeit der Sinne fehlt. Erst wenn wir die Brille zerbrochen haben, werden wir gewahr, wie selbstverständlich und unbemerckt wir sie ständig getragen.
Und nach Schlichter, de la Motte und Jacque nun Schotenbauer, der Letzte, mir Fremdeste der Gefährten. Der Zartheste und zugleich Zäheste unserer Parthey. Nähme man sie als einen einzigen Körper wahr, so wäre Jener wohl als der Kopf desselben anzusehen. Nachdem dieses Unternehmen nun Hand, Kopf, Seele und selbst seinen Schatten verloren, was bleibt mir noch zu thun?

Vier festungsartige, mehrstöckige steinhäuser, umgeben von hohen mauern, jeweils auf kleinen anhöhen in etwa zweihundert schritten abstand. Dazwischen kleinere, neue häuser, bewässerte gärten, eine moschee, ein laden und viel schutt und geröll.
Die festungen sind über dreihundert jahre alt und von den vier söhnen des stammesgründers gebaut worden. Sie sind so groszzügig angelegt, dasz bis zu hundert personen, also eine groszfamilie mit drei oder vier generationen, darin wohnen können. – Heute leben im ganzen dorf vielleicht dreihundert menschen, darunter achtzig wehrbereite männer.
Trotz der festungshäuser vermittelt der ort wenig geborgenheit. Die türme stehen zu weit voneinander entfernt, die fassaden sind nahezu fensterlos, das leben findet verborgen hinter dicken steinmauern statt. – Alles ist auf abwehr und verteidigung ausgerichtet.
Scheich Abdul Karim erlaubt mir, ohne weitere erklärungen von mir zu verlangen, in die baracke im schatten seiner trutzburg zurückzukehren. Auf mein ehrenwort hin, das dorf nur mit seiner zustimmung zu verlassen, darf ich mich innerhalb des ortes nun auch frei bewegen. Auf meine frage, wie lange sie mich noch festhalten wollten, zögert er mit der antwort: Wir befänden uns im krieg. Die situation sei unüberschaubar. Was mit geiseln oder gefangenen geschehe, entschieden die männer gemeinsam.
Doch solle ich mich als seinen persönlichen gast betrachten. Ich stünde unter seinem schutz. Wann immer ich schwierigkeiten hätte, solle ich ohne zögern zu ihm kommen.
Ich habe schon mehrfach vom geheimen wissen der scheichs gehört, das neben abstammung, alter und erfahrung für ihre autorität maszgeblich sei. Im arabischen heiszt dieses wissen *baṭin*, das »innere«, abgeleitet von *baṭana* (sich verbergen).
Scheich Abdul Karim sitzt inmitten jüngerer bärtiger krieger, die sich nicht anmerken lassen, inwieweit sie die worte ihres scheichs an mich billigen. Offenbar bin ich in eine lagebesprechung geplatzt.

Weiter hinten, fast auszerhalb der runde der männer, einige heranwachsende, mit ebenso starren, ausdruckslosen gesichtern wie die ihrer väter und älteren brüder. Sie sprechen erst, wenn die älteren gesprochen und rauchen erst, wenn die älteren ihre pfeifen entzündet haben. Sie bringen tee und wasser, tabak und glühende holzkohle für die meda'a.
Ich frage Scheich Abdul Karim: Was ist *baṭin*? Der scheich schweigt. Vor allem die jüngeren schauen nun aufmerksam. Sie haben ihre eigenen geheimnisse, doch ein erfahrener scheich weiss selbst von ihnen. Schliesslich antwortet Abdul Karim: *baṭin al-mustaqbal, baṭin* ist das kommende.

Auf meinem gang durch das dorf folgt mir ständig eine kleine schar kinder, still, unaufdringlich, aber hartnäckig. Setze ich mich irgendwo in den schatten, hocken sie sich in einigen metern entfernung nieder und warten geduldig, bis ich mich ausgeruht oder mich zum weitergehen entschlossen habe. Nur selten wechseln zwei leise ein wort miteinander. Sie hocken schweigsam da, die blicke starr auf mich gerichtet.
Warten. Verschwendete lebenszeit. Wie lebendig begraben sein. Nichts ereignet sich hier.
Natürlich gäbe es möglichkeiten zur flucht. Doch müszte ich wissen, wo ich bin, wollte ich nicht nur vor etwas fliehen. Einfach hinein ins Leere Viertel – ich käme nicht weit.

Aḥmad fragt, ob ich seine waffen ausprobieren wolle. Er reicht mir, mit abschätzendem gesichtsausdruck, seine kalaschnikow. *Made in Germany*, grinst er, doch nur sein mund lächelt. *Made in Russia*, erwidere ich. In seinem gürtel steckt noch eine mauser. Ich frage ihn, ob das gewehr geladen sei. Er nimmt es mir aus der hand, entfernt das magazin und gibt es mir zurück: Nun kannst du damit spielen. – Ich spanne den hahn. Ich spüre einen widerstand. Allerdings bin ich vollkommen unerfahren im umgang mit waffen.

Ich halte das gewehr weit von mir entfernt. Instinktiv will ich mir die ohren zuhalten. – Ich ziele auf Aḥmad. Weisz er nicht, dasz ich, auch nach altem stammesrecht, seine eigene waffe gegen ihn richten darf?

Ich reisze das gewehr hoch und drücke ab. Mit ohrenbetäubendem knall löst sich ein schusz. Eine kugel – ich habe es geahnt – steckte bereits im lauf.

Durch die wattige taubheit dringt das brutale gelächter Aḥmads: Du solltest genauer zielen lernen, ruft er und reiszt mir das gewehr aus der hand.

Fahrt zu beduinen, die nach wie vor in zelten leben. Aḥmad am steuer, ich zwischen 'Ali, Aḥmads jüngstem bruder, und Jaḥja auf dem rücksitz. Die beiden männer mit gewehren und pistolen bewaffnet.

Wir passieren einen militärischen kontrollpunkt. Die bartlosen soldaten grüszen, doch wagen nicht, den landrover anzuhalten. Sie werfen einen fragenden blick auf mich, ehe ich aber irgendein zeichen geben kann, haben wir den kontrollpunkt schon hinter uns gelassen.

Wir verlassen die schotterstrasze und fahren auf einer sandpiste richtung nordosten, noch tiefer ins Leere Viertel hinein. Ich binde die sumata vor mund und nase, um mich gegen den feinen staub zu schützen, der wie ein nebel aus rotem puder durch alle spalten und ritzen des wagens dringt.

Aḥmad fährt, als gelte es, die belastbarkeit des wagens zu testen oder eine wüstenralley zu gewinnen. Der sand ist so feinkörnig und nachgiebig, dasz wir über die piste wie durch schneematsch auf gefrorener strasze schlingern.

Wir halten in einigem abstand zum lager, fünf oder sechs verstreute zelte in einem steinigen wadi, bis man uns bemerkt hat. Die familien gehören zum selben stamm wie die bewohner Bejt al-Ḥadschars. Auch unter den dorfbewohnern finden sich noch nomadisierende hirten, die ihren herden von weideplatz zu weideplatz folgen, allerdings ohne den ganzen hausrat mit sich zu führen. Selbst Aḥmad und Jaḥja haben als knaben tage und wochen weit entfernt vom dorf bei den herden ihrer familien verbracht.

Aḥmad fährt langsam auf das lager zu. Ich kann noch immer keinen menschen entdecken. Doch haben meine beduinischen gefährten sichere anzeichen wahrgenommen, dasz wir als freunde erkannt und als gäste willkommen sind.

Als wir den wagen verlassen, kommt uns ein junger mann entgegen. Er ist unbewaffnet.

Er begrüszt uns der reihe nach – auch mich – mit einem angedeuteten kusz auf den mund und führt uns in eines der zelte.

Wir ziehen die sandalen aus und setzen uns auf die teppiche. Ein länger andauernder austausch von gruszformeln beginnt.
Salamu alejkum. Friede sei mit dir.
Alejkum as-salam. Und mit dir sei friede.
Ahlan wa-sahlan. Kejf ant? Sei willkommen. Wie geht es dir?
Al-hamdulilah, salimt. Kejf halak? Gott sei dank, mir geht es gut. Wie stehts um dich?
Sallim halak! Gott wird es richten!
Tajjib? Tab allah fik! Geht es gut? Mag gott dir gnädig sein.
Quwwit! Wa-'ilmak? Gott stärke dich. Und deine neuigkeiten?
'Afakum allah, ma bih 'ilm. Gott behüte dich, es gibt nichts neues.
'Ilm wa-la chabar? Es gibt keine nachrichten?
Kull 'ilm sajn. Es gibt nur gute nachrichten.
Hajjallah man dscha. Gott schenke euch ankömmlingen leben.
Hajjekum allah. Und euch schenke er leben.
Hajje allah tha al-ikbal. Gott belebe euch ankömmlinge.
Hajjak allah. Und euch gebe er leben.
...
Ein junge bringt eine zinnkaraffe mit *qahūa* und kleine mokkatässchen aus chinesischem porzellan. Der kaffee ist mit *hejl*, einer art kardamon gewürzt. Die pflanzensamen schwimmen wie fette weisze maden im braungelben sud.
Der scheich, gestützt auf einen seiner söhne, betritt das zelt. Alle erheben sich und begrüszen ihn ehrerbietig. Mich stellen sie als wissenschaftler aus Deutschland vor, der sich für das traditionelle leben der beduinen interessiert. Mein eigentliches forschungsthema, das spiel, aber lassen sie unerwähnt.
Die männer tauschen neuigkeiten aus: Nordjemenitische truppen marschieren auf 'Aden zu. Bei al-Kauf, zwanzig kilometer östlich der hafenstadt, haben sie die verteidigungslinien des südens durchbrochen. In den schweren gefechten sollen mehr als hundert soldaten getötet worden sein.
Unterdessen fliegen westliche militärtransporter die noch im lande verbliebenen ausländer aus. Der reguläre flugverkehr ist wegen der unsicheren lage auf unbestimmte zeit unterbrochen worden.
Der junge mann, der uns zunächst willkommen geheiszen hat,

ältester sohn des scheichs, fragt mich, ob ich das lager besichtigen wolle. Er nimmt mich an die hand und führt mich von zelt zu zelt. Er erklärt mir die anordnung der zelte, ihre bauweise, unterteilung und einrichtung.
Eigentlich heiszt das zelt *chaīmah* (abgeleitet von *chaima*: sich niederlassen, ruhen; im übertragenen sinn auch: stille, frieden). Doch nennen die beduinen ihr zelt *bejt,* das nicht nur *haus,* sondern auch familie und alles zum haus dazugehörige bedeutet. Die wurzel von *bejt* ist *bāta* (die nacht verbringen, (in der nacht) nachsinnen), also eigentlich ein flüchtigerer zustand, als das *zelten*, das sich niederlassen.
Daūd, mein gastherr, erzählt, frauen seien die seele des zeltes. Vielleicht ist das der grund, warum ich keine einzige frau im lager sehe. – Daūd: Männer kommen und gehen und verbringen die nacht oft auszerhalb des lagers bei ihren herden, auf der jagd oder einer handelsreise. Frauen stehen für die stetigkeit und dauer des stammes.
Sein gesicht ist scharf geschnitten, eine grosze, gerade nase, schmale augen, dünnlippiger mund. Doch seine gesten und worte sind sanft, fast kindlich.
Bäte ich ihn um seinen schutz, würde er ihn mir nicht verweigern.
Die kamele, grösste leidenschaft der beduinen, könne er mir im augenblick nicht zeigen, da die herde gut einen tagesmarsch vom lager entfernt weide. Doch wenn ich wiederkäme und länger bliebe, werde er mich das reiten auf einem kamel lehren.

Die kamele werden nicht mehr zur fortbewegung, sondern nur noch zum transport von lasten an für kraftfahrzeuge unzugängliche orte, zur bewirtschaftung der in terrassen angelegten felder und gärten und zur betreibung der brunnen, öl- und getreidemühlen benutzt.
In den dunklen souterrains der steinburgen drehen sie monoton ihre runden, hin und wieder angetrieben von einem qatkauenden greis oder einem barfüszigen kind. Ich kann den blick nicht von diesem melancholischen, miszproportionierten tier wenden. Wie in breiten filzpantoffeln schlurft es durch staub und kot die ausgetretene runde, die gelenke der dürren beine gichtgeschwollen. Der blick von scheuklappen eingeengt, kurzsichtig, lichtempfindlich, vielleicht deshalb voller argwohn. Der mund eine karikatur von gutmütigkeit: die geschwollenen, spärlich behaarten lippen eines misanthropen, der seinem eigenen elend mit genugtuung zusieht. Manchmal ein bösartiges grinsen, dasz die groszen braunschwarzen schneidezähne eines kettenrauchers freilegt. Ist das los seines herrn glücklicher, der mit qatseligen augen den runden des verwachsenen wüstenpferdes folgt? Und das los des gebannten betrachters, der herr und tier in dieser dämmrigen, nach schweisz und dung riechenden gruft aneinandergebunden sieht? – Der greis reicht mir ein fäszchen frischgepresztes sesamöl. Er fordert mich auf, hände und gesicht damit einzureiben. Es riecht nach faulendem stroh. Ich verteile ein paar tropfen auf den ausgetrockneten handrücken.

Am nachmittag sitzen einige jungen im schatten meiner baracke, dicht neben der tür. Die männer haben ihre tagesarbeit beendet und verbringen nun die zweite tageshälfte mit dem kauen von qat, so dasz die kinder eine weile ihrer aufsicht entronnen sind. Ich trete zu ihnen hinaus. Einige kenne ich bereits mit namen. Bald werde ich wohl der einzige sein, der alle kinder des ortes mit namen anzureden weisz, da manche väter nicht einmal alle namen der eigenen kinder kennen.

Der platz vor meiner baracke ist sandig, aber eben und weit. Bald ist die freifläche zwischen ihr und der wohnburg des scheichs in eine dichte wolke aus staub gehüllt.
Ihr spiel scheint eine variante von *ghuma* (verhüllt, bedeckt, bekümmert) zu sein. Einem miszverständnis zur folge glaube ich zunächst, dasz es *ḥāfith wa-manṣūr* (behüter und sieger) genannt wird.
Anders als bei den mir schon bekannten »blinde-kuh«-spielen haben hier fänger und zu fangender die augen verbunden. Der zu fangende musz mit einer trommel oder rassel regelmäszig auf sich aufmerksam machen, um dem suchenden eine orientierungshilfe zu geben. Selbstverständlich musz er nach jedem signal rasch seinen standort wechseln. Da auch er ja die augen verbunden hat, kann es allerdings vorkommen, dasz er dem fänger direkt in die arme läuft.
Als ich die kinder nach dem namen des spiels frage *(matha ism al-la'ib)*, antworten die kinder: *ḥāfith wa-manṣūr.* Erst später, als ich sie bitte, *ḥāfith wa-manṣūr* zu wiederholen und mir die genauen regeln zu erklären, stellt sich heraus, dasz sie glaubten, ich hätte nach den namen der spieler *(matha ism al-lā'ib)* gefragt.

Einige männer kommen aus ihren häusern, die backen dick mit qatblättern gefüllt. Die älteren hocken sich in den schatten der hauswand, die jüngeren nehmen am spiel teil. Ist dieses ungewöhnliche geschehen der anwesenheit eines fremden zu verdanken? Erlaubt seine unkenntnis der sitten und werte den erwachsenen, ausnahmsweise noch einmal (mit-)spielen zu dürfen?

Das nächste spiel, ḤAJ ḤAJ DSCHAMAL (halt halt kamel), ist mir bisher noch nicht begegnet. Die spieler teilen sich in zwei gruppen, reiter und kamele, auf. Die jungen der kamelgruppe stellen sich hintereinander und beugen die oberkörper, so dasz sie einen durchgehenden »kamelrücken« bilden.
Die reiter springen nacheinander auf den langgestreckten kamelrücken und dürfen dabei den boden nicht berühren. Ansonsten wechseln die gruppen sofort ihre rollen. – Das kamel seinerseits darf nicht zusammenbrechen oder den zusammenhalt ver-

lieren, sonst musz es seinen »buckel« für eine weitere runde hinhalten.
Sitzen alle reiter auf dem kamel, fragen sie das tier nach einer zuvor vereinbarten geheimzahl zwischen eins und fünf. Errät das kamel die richtige zahl, werden die positionen getauscht. Nennt es eine falsche zahl, dürfen die reiter ein weiteres mal anlauf nehmen und auf den kamelrücken springen.
Natürlich bringen die älteren mitspieler das verhältnis zwischen kamel und reiter sichtbar aus dem gleichgewicht.

Um mich für die mitteilungen der kinder erkenntlich zu zeigen, bringe ich ihnen *völkerball* bei. Mittlerweile haben sich fast alle männlichen dorfbewohner eingefunden, so dasz wir zwei mannschaften in kompaniestärke aufstellen können. Nur die alten und einige mädchen sitzen noch, als zuschauer und »schlachtenbummler«, am spielfeldrand.
Es dauert eine weile, bis die jungen wüstenkrieger begreifen, dasz dieses spiel von schnelligkeit und kooperation lebt. Noch stellt sich jeder werfer in pose und gibt den gegnern gelegenheit, sich möglichst weit von der wurflinie zu entfernen.
Andererseits fliehen die abzuwerfenden noch zu unüberlegt vor dem ball. Erst nach mehrmaliger ermutigung erfahren sie, dasz es oftmals sicherer und gewinnbringender ist, sich dem gegner zu stellen und seinen ball aufzufangen, als sich von ihm bis zur erschöpfung jagen zu lassen.
Die gröszte verunsicherung aber stiftet die erfahrung, dasz das spiel gewohnte hierarchien auf den kopf stellt. Nicht die wurfstarken älteren, sondern die gewandten jüngeren sind die helden auf dem spielfeld, die dem ball behend auszuweichen oder ihn schnell zu parieren wissen.
Die vor würde steifen männer können es kaum fassen, dasz irgendeiner dieser respektlosen knirpse auf sie zielen, geschweige denn sie abzuwerfen wagte. Unter kindischem, gleichwohl fruchtlosem protest und unter dem spöttischen blick der alten und der mädchen verlassen sie das spielfeld und wechseln hinter die linie der verbrannten.

Am abend in meinem »diwan«: gespräch mit Aḥmad und Jaḥja über *dschinne*. Damit sind in der arabischen tradition mittelwesen zwischen engeln und menschen gemeint. Aḥmad: Sie entstammen dem feuer, sind listig und unüberwindbar, weil sie sich in jeder gestalt zeigen konnen. Doch wie wir menschen werden sie für ihre untaten beim Jüngsten Gericht zur rechenschaft gezogen.
Aḥmad und Jaḥja glauben so fest an geister, hexen und dämonen wie an Allah und seinen propheten. Jeder von ihnen sei schon einmal einem dschinn begegnet. Ganz in der nähe des dorfes gebe es einen verrufenen ort. Aḥmad: Der dschinn haust in einer höhle. Niemand, der die höhle zu betreten wagte, hat sie je wieder verlassen. Bereits am eingang packt der dschinn den eindringling mit eiskalter hand. Und in gewissen nächten dringt ein heulen, knirschen und zähneklappern der ewig im eis eingeschlossenen aus dem berg.
Ich bitte Aḥmad, nicht ohne spott in der stimme, mich an den unheimlichen ort zu führen: Ich würde den dschinn gerne fragen, welche anderen spiele er auszer *kinder erschrecken* noch kennt. – Aḥmad: Ich kann dich nicht hinführen. Einen dschinn trifft man nur allein.
Jaḥja hat bisher geschwiegen. Nun sagt er: Geister werden in vielen kapiteln des quran erwähnt. Sie bewohnen ihr eigenes universum. Doch gibt es verbindungen zwischen ihrer und unserer welt. Und gibt es nicht auch in deiner religion überlieferungen von kampf mit dämonen oder von der austreibung böser geister?

*

Offenbar bedarf ich keiner eishöhle, um den kältetod zu finden. Erfriere fast in meiner baracke. Trotz der schweren decken.
Ein zugiger, rohgezimmerter anbau, der einmal als garage oder lagerraum genutzt wurde. Nun mit ein paar binsenmatten, militärdecken und einer ruszenden petroleumlampe eingerichtet:

schlaf-, wohn-, arbeitsraum, diwan, gast- und speisezimmer. Wasser musz ich mir mit einem kanister am dorfbrunnen holen, scheiszen irgendwo in der wüste.
Um nicht zu ersticken, bleibt zumindest die nasenspitze frei. Nun sind alle gefäsze bis in die stirnhöhlen und die bronchien hinein zäh verschleimt und verpfropft. Meine haut ist ausgetrocknet, spröde, brüchig. Wasche ich mich zuviel oder zuwenig?
Bisher habe ich niemanden baden oder die kleider wechseln gesehen. Vermutlich reinigen die männer sich, den religiösen vorschriften entsprechend, im hof der moschee. Und natürlich sind ihre körper dem klima besser angepaszt. Ich musz bereits stinken wie ein wüstenschwein.
Die vermeintlichen mückenstiche stellen sich als flohbisse heraus. Ich versuche, so wenig wie möglich zu kratzen, damit die biszstellen sich nicht entzünden. Der juckreiz raubt mir den rest an schlaf.

Nach einer nutzlosen katzenwäsche gehe ich zur schule, zwei holzbaracken, kaum solider als mein »diwan«, neben der frischgeweiszten moschee. Hamud, zivildienstleistender aus Ṣana'a, ist der einzige lehrer im ort. Morgens unterrichtet er die jüngeren, nachmittags die älteren kinder. Mädchen sind nicht unter den schülern.
Von den älteren sind zum vereinbarten englischunterricht nur zwei jungen erschienen. Um diese zeit arbeiten die meisten noch auf den feldern oder bei den herden. Hamud bietet mir an, mit den jüngeren kindern zu beginnen.
Eine unübersichtliche schar von wohl über vierzig jungen, von kleinen wichten im vorschulalter bis zu jugendlichen mit erstem bartflaum. Sie stehen auf, als ich den raum betrete, und grüszen mich im Chor. Eigentlich wollte ich mit dem lernen der namen beginnen. Doch würde ich wohl mehr als einen vormittag für dieses unternehmen brauchen. Und auch alle anderen übungen, die ich für diese erste unterrichtsstunde vorbereitet habe, scheinen nun vollkommen unangebracht zu sein. Sie verstehen nicht einmal meine englischen begrüszungsworte. – Hamud reicht mir einen stock. Aus angst, der geister, die ich befreien wollte, nicht mehr herr zu werden, greife ich zu den vertrauten autoritären methoden: frontalunterricht, chorisches nachsprechen, auswendiglernen.
Ich weisz nicht, ob sie den sinn dessen, was sie in ihre hefte kritzeln, verstehen. Sie kopieren die fremden buchstaben wie seltsame, auszerirdische strichmännchen. Ohne jede ökonomie, ohne sinn für den abstrakten zeichencharakter. – Doch genügt es vielleicht schon, die seiten mit was auch immer zu füllen, um nicht mit einem gefühl der leere, der zeitverschwendung oder des miszerfolgs nach hause zu gehen.

Hamud will mich zum mittagessen einladen. Ich lehne dankend ab. Mit diesem zwar gutgemeinten, aber völlig fehlgeschlagenen unterricht habe ich mir mein brot wirklich nicht verdient.

Auszerdem will ich mehr unabhängigkeit gewinnen. Meinen eigenen haushalt führen. Doch im einzigen geschäft des dorfes gibt es auszer süszigkeiten und zigaretten nichts zu kaufen. Auch fehlt mir in meiner baracke noch eine kochgelegenheit. Da sitze ich nun wieder bei wasser und brot.
Vielleicht sollte ich mit Hamud eine vereinbarung treffen, gemeinsam oder abwechselnd zu kochen und hin und wieder zum nächstgelegenen marktort einkaufen zu fahren. Letztlich ist seine lage kaum erfreulicher als meine: Weit fort von freunden und familie zum schuldienst in diesen wüstenort verbannt, in der kargen, baufälligen schulbaracke zu hausen gezwungen, von den dorfbewohnern als *madani*, als städter eher gemieden als respektiert.
Er läszt mir durch einen seiner schüler frischgebackenes fladenbrot und tomaten bringen. Gut. Bis morgen wird es reichen.

*

Ich will mich nicht länger über diese schüssel kalten brackigen wassers beugen und meinen körper hier und da damit befeuchten! Die staubschicht auf meiner haut in eine schlammpackung verwandeln! Die haare in eine schmierige filzkappe! Ich will mich unter eine warme dusche stellen! Ich will shampoo und seife! Warum bin nur ich hier dreckig? Warum stinken nicht auch die anderen aus jeder pore? Lächerliche idiosynkrasien, ich weisz. Alleine deshalb in raserei zu geraten, weil mir die gelegenheit zu einem vollbad fehlt. Doch sind die wirklichen, die existentiellen krisen wie diese! Was interessiert mich die schlacht um ʻAden oder die bombardierung des weltkulturerbes Ṣanaʻa! Ich kann nicht wie ein tier im dreck leben und zur selben zeit wie ein mensch empfinden.

Sicher gibt es eine *entwicklung* der zivilisation. Ob allerdings einen fortschritt und nicht nur eine verfeinerung der schneuz- und tischsitten, bleibt noch zu fragen.
Wenn ich mit geschlossenem mund esse, beraube ich mich eines groszen teils des eszvergnügens (vorausgesetzt, ich lebe nicht nur von wasser und brot): Nur schmatzend schmecke ich das ganze aroma der speisen.
Vielleicht nennen wir diesen prozesz treffender eine entwicklung zur *mittelbarkeit*. Vor allem meinen körper betreffende ausdrucks- und funktionsmöglichkeiten werden »zivilisiert«: Ich schneuze nicht mehr in die hand, sondern lege zwischen hand und nase ein taschentuch. Ich esse nicht mehr mit den fingern, sondern halte zwischen hand und nahrung ein eszbesteck. Ich reinige mich nicht mehr direkt mit den händen, sondern vermittels papier, schwamm oder handdusche …
Ebenso »zivilisiert« verfahre ich in der begegnung mit anderen körpern: distanziert, hygienisch, vermittelt.

Und nun hause ich im wüstendreck, scheisze direkt auf die erde und nehme meine hand – die linke, »schmutzige«, während die rechte dem essen und grüszen vorbehalten ist – zur reinigung. Ein prozesz der »dezivilisation«?
Eine vergleichbare entwicklung zur mittelbarkeit finde ich auch im »zivilisierten« sprechen (Rede *anständig*!). Selbst hier setze ich *fremd*worte, umschreibungen oder beschönigungen zwischen dem gesagten und dem gemeinten. Nicht ins »scheiszhaus« gehe ich, sondern aufs »stille örtchen« oder zur »toilette« (eigentlich das *tüchlein*!). Gibt es eine »verunreinigung« durch sprache (So etwas nimmt man nicht in den mund!)? Was wird auf welche weise verunreinigt?
Habe ich mir sprache als einen eigenen körper vorzustellen, für den es ähnliche ausdrucks- (und verletzungs-) möglichkeiten gibt wie für meinen leib? Führt auch hier die »zivilisierung«

weniger zu einer besseren verständigung (einem besseren verständnis) als vielmehr zu einem verlust der unmittelbarkeit?

*

Nachmittagsspaziergang mit einigen kindern. Sie wollen mir etwas zeigen. Ich verstehe nicht genau, um was es sich handelt. Sie lachen, als ich die fremden worte nachspreche und an hand meines grundwortschatzes zu deuten versuche. Bin mir nicht sicher, wie grosz die zuneigung der kinder zu mir wirklich ist. Ich ertappe mich bei der phantasie, sie könnten ihre kindlichen masken plötzlich fallen lassen und mich in irgendeinen abgrund stoszen.
Doch bin ich ihnen denn weniger fremd? Müszten sie nicht eher mir misztrauen? Denn auch nach ihrem empfinden hätte ich grund genug, die beherrschung zu verlieren, rache zu nehmen oder amok zu laufen. Den Rattenfänger von Bejt al-Ḥadschar zu spielen, die kinder in die wüste hinein zu locken, ins Leere Viertel. Oder in die eishöhle des nachtdschinns und sie dort ihrem aberglauben zu überlassen.
Sie führen mich zu einem schuttberg, der einmal eine festung gewesen sein soll. Auf einigen steinen finden sich himjaritische inschriften. Sie fragen mich, was sie bedeuten. Ich erkläre ihnen, dasz es sich um wahrsagesteine handle: Auf diesem zum beispiel steht geschrieben, dasz, wer den fremden nicht ehrt, das gleiche schicksal wie die bewohner dieser burg zu erwarten hat. – Seit Lots zeiten immer wieder die gleiche geschichte.

Nach und nach treffen die älteren schüler ein. Gnadenlos werfen sie die neugierigen kleinen aus dem klassenraum. Diese unterrichtsstunde ist ein angebot nur für die schon »groszen« schüler, also eine auszeichnung. Sonst wären sie womöglich gar nicht gekommen.
Ich will mit einem einfachen kontaktspiel beginnen, um die namen der zwölf, dreizehn schüler zu lernen: *I go to Sana'a and take with me* ... Doch selbst diesen einfachen satz nachzusprechen und die ihnen bekannten namen anzufügen, bereitet den meisten mühe. – Laut lehrplan müszten die schüler bereits über umfangreiche grundkenntnisse des englischen verfügen.
Vollends scheitern sie, als es tatsächlich einen koffer zu packen gilt: *I fly to Berlin and put into my suitcase*... Ich male zu jedem begriff ein kleines piktogramm. Doch obwohl es sich um von ihnen vorgeschlagene, also ihnen geläufige vokabeln handelt, musz ich fast jedes wort wieder und wieder vorsprechen.
Meine beabsichtigte »spielerische« herangehensweise überfordert die jungen offenbar: Das spiel wird nicht als spielerisch erlebt, weil es zu viele fertigkeiten voraussetzt. Damit eine tätigkeit vergnügen bereiten und als spiel wahrgenommen werden kann, müssen die notwendigen kompetenzen vorhanden und frei verfügbar sein.
Ich musz also noch einen schritt weiter zurückgehen, darf noch weniger voraussetzen. Vielleicht lassen sich spiele auch gar nicht als didaktische hilfsmittel einsetzen. Die vermischung von spiel und unterricht verdirbt den kindern möglicherweise die freude an beidem.
Will ich lernen, weisz ich die anstrengungen gegen das erlernte aufzuwiegen. Ich will auch die anstrengung. – Will ich spielen, ist mir jedes *um zu* zuwider.

Jeden tag besucht er mich. Ist es ein besuch? Mit erzwungener höflichkeit zeigt er sich um mein wohlergehen besorgt.
Zwar wird mir mein gepäck, bis auf kamera und reisepasz, vollständig zurückgegeben, doch nicht ohne zuvor sorgfältig inspiziert worden zu sein. Nun will Aḥmad noch einmal mein taschenmesser sehen. Mit gieriger miene läszt er sich die verschiedenen funktionen vorführen.
Wie kann er erwarten, es von mir geschenkt zu bekommen? Ungerührt stecke ich es wieder ein. – Er fragt: Willst du mich zum nächsten suq begleiten? Ich will sehen, ob es frisches qat zu kaufen gibt. – Ich befürchte, dasz hinter dieser einladung nur der wunsch steckt, ihm das qat gegebenenfalls zu bezahlen. Allerdings wiegt mein verlangen, diesem gottverlassenen ort für ein paar stunden zu entkommen, schwerer als die furcht.
Auch hier, am rand der wüste, wird auf terrassierten berghängen qat angebaut. Doch das hiesige qat kann im winter, in der trokkenzeit, nicht abgeerntet werden. Qat braucht wasser, um zu gedeihen. Und gekaut werden nur die frischen blätter und zweigspitzen. Während der trockenperioden werden sie aus dem regenreicheren süden hergebracht.
Der nächste suq, etwa zwei autostunden entfernt, besteht aus einem dutzend hölzerner verkaufsbuden und einer reihe am straszenrand parkender lastwagen. Die händler verkaufen ihre waren, vor allem obst und gemüse und natürlich qat, direkt von den ladeflächen.
Markt ist hier einmal in der woche. Ansonsten ist dieser ort nahezu unbewohnt: eine tankstelle, zwei weiter entfernt liegende wehrtürme.
Wie befürchtet bittet Aḥmad mich, ihm geld für seine einkäufe zu leihen. Erfahrungsgemäsz werde ich davon nichts wiedersehen.

Ich verstehe die bedeutung des geldes in dieser kultur nicht. Eindeutig ist nur das bezahlen von waren: exakt die ausgehandelte summe. Diffus wird die haltung zum geld bei der begleichung

von diensten, beim leihen, borgen und schenken. Auszerhalb des warentauschs liegende begriffe mischen sich in die verhandlungen: Wir sind doch freunde! Gott wird es dir lohnen, mein bruder … Oftmals werden dienstleistungen in anspruch genommen, ohne dasz zuvor ein preis vereinbart worden ist. Die folgenden szenen ähneln nicht selten antiken dramen: Verwünschungen, zärtlichkeiten, verächtliche gesten, der theatralische griff zum krummdolch …
Trennt man sich auch im zorn, so kann es dennoch geschehen, dasz man einander bei der nächsten begegnung so freundlich begrüszt, als habe es nie streit gegeben. Ist der *händel* tatsächlich nur eine dramatische spielart des handelns, dessen relevanz allein auf die bühne der verhandlungen beschränkt bleibt?
Oder sind es gar die begriffe selbst, *dienst, geld, gast, freund, gott* … die immer wieder neu ausgehandelt werden?

Aḥmad bittet mich um ein paar rial für benzin: Bist du nicht froh über diesen ausflug, den ich dir geboten habe? – Demnächst wird er mich noch auffordern, für kost und logis in seinem gastfreundlichen heimatdorf aufzukommen, da meine »gefangenschaft« im grunde genommen ja ein willkommenes exil vor den kriegswirren im rest des landes darstellt.

*

Stille. Kein kindergebrüll, kein generatorenlärm. Selbst die dorfhunde einmal stumm. Nur mein eigener rasselnder atem. – Warum bin ich noch hier? Was erwarte ich von meiner passivität, meiner widerstandslosigkeit? Was für eine unsinnige idee, mich nützlich machen zu wollen. Macht mir der unterricht denn freude? Lerne ich wenigstens etwas dazu?
Ich unterrichte nicht wirklich. Für die kinder bin ich ein willkommener zeitvertreib. Sie wissen, ich werde von hier verschwinden, sobald ich mich zu langweilen beginne.
Ich nehme nicht wirklich an ihrem leben teil. Ich gehöre nicht dazu. Ich probiere verschiedene rollen aus, erwartete, gewählte. Doch zugehörigkeit ist keine rolle, sondern ein dasein an sich.

Wie soll ich die Hölle der Einsamkeit nun benennen, nachdem ich mich im Purgatorium der Zweysamkeit bereits in Ersterer wähnte?
Ist es nun der fünfte oder der sechste Tag, an welchem ich hier alleyne hause? Ich verliere meinen Zeitsinn. Will ich nicht bald zur Gänze gelähmt und dem Schicksaale gegenüber gleichgülthig seyn, muss ich mich zu einer Regung, einer That entschliessen.

Ich frage Hakim, was seine Stammesbrüder über mein ferneres Los entschieden. – Nichts, antworthet Hakim. Man warte ab, welches Urtheil die von uns aufgestöberten Geister der Höhle über mich verhängt, nachdem sie meinen Gefährten bereits gerichtet.
Ich entgegne, Tertulio sey von einem Scorpione gestochen worden. Auf Grund der forthgeschrittenen Schwächung im Allgemeinen und der grossen Aufregung über diesen Unfall im Besonderen habe das Gift ein leichtes Opfer in ihm finden können.
Die Geister, erwidert Hakim unbeirrt, treffen uns in vielerley Gestalt. Doch um von uns Besitz zu ergreifen, braucht es nicht erst das Gift eines Scorpions.
Dennoch bitte ich ihn, mir doch mein festes Schuhwerk zu bringen, da sie mit all unserem Gepäcke auch meine Stiefel confiscirt.
Manchmal, wenn sie sich unserer Vernunft bereits bemächtigt, halten wir ihre verhängnisvollen Beschlüsse gar für unser eigenes Urtheil, fügt er hinzu. Wohlan, ich werde mich nach deinem Ranzen erkundigen, auch wenn du dir im Thurme die Füsse kaum wirst wundt laufen können.

*

Ich schreite einfach über Hakim hinweg. Das morsche Pförtchen hängt nur angelehnt in den Angeln, und es hätte auch verriegelt kaum ein ernst zu nehmendes Hindernis dargestellt. – Das ganze Dorf, zwey Steinhäuser und ein Dutzend Zelte, liegt still und dunkel vor mir hingestreckt. Ich würde mir gerne ein Reitthier nehmen, doch fürchte ich, dass einer der Hunde anschlägt oder auch das gewählte Thier sich gegen den fremden Occupanten zur Wehr setzt. Also marschire ich ohne weitere Umstände zu Fuss aus dem Dorf.

Ich orientire mich am nächtlichen Sternenhimmel und halte mich Richtung Süden, wo ich Marib vermuthe. Auf dem Hinwege waren uns zwar die Augen verbunden, doch spürte ich die Sonne meistentheils im Nacken. Im Grunde aber kümmert mich die Richtung wenig, da ich zu Fuss kaum das Nachbardorf erreichen werde. Denn steht erst einmal die gnadenlose Wüstensonne am Firmamente, werde ich keinen halben Tag ohne Wasser und schattigen Rastplatz überstehen.
Auch werden die Männer mich mit ihren Thieren schnell eingeholt haben, denn sowohl auf dem Flussbette, welchem ich zunächst folge, als auch in den ferneren Sanddünen werden sie die Spuren meiner Schritte mühelos zu lesen verstehen. Warum also diese sinnlose Flucht?

Freylich, der Kreis im Inneren des Thurmes war zu klein. Ich kehre an diesem Aphelium nun um, den grösseren Kreis zu schliessen.

Ah, gehen, laufen, forthschreiten, nicht nur in Gedancken, obwohl die physische Forthbewegung doch, zumindest in unserem Culturkreise, aufs Engste auch mit der Geistigen verknüpft ist.
Ich spüre, wie die Erde unter meinem Schritte sich umwälzt wie die grosse bunte Holzkugel unter den Tatzen eines Jahrmarktbären. So kann ich endlos weitergehen und die irdischen Schemen unter mir vorüber huschen sehen, und bleibe doch am selben Orthe, einem Träumenden vergleichbar, welcher in Siebenmeilenstiefeln die Welt zu durcheilen meint, um doch genau an jener Stelle wieder zu erwachen, von der er losmarschirt.
Während er aber voran schreitet, weiss er nicht, dass er die uns allen gemeinsame Welt verlassen hat und sich in einer ihm Eigenen forthbewegt.

Gehen, stolpern, hinken, sich schleppen, eine erste Trennung des Willens vom Vermögen, welche die ganze Last und Hinfälligkeit des Leibes reflectirt.
Durst. Nicht der Geist entscheidet mehr die Richtung und das Ziel des Forthschreitens, sondern die elementarste Bedürftigkeit. Der Geist und alle Sinne unterwerfen sich der Herrschaft der Physis.
Heraus aus diesem Sandmeere, zurück ins steinerne Flussbett, die Augen geschärft für alle wasserliebenden Pflanzen, für jeden viel begangenen Pfad zur Wasserstelle, für Kotspuren, aus ihrem Lager gerissene Kiesel, Kameelborsten, Kleiderfetzen ...

Durst. Der Geist dient dem Leib, indem er ihn vorwärts zwingt, ehe der Riss sich vertieft und auch den Geist spaltet, und die Vernunft von den Sinnen trennt, ihrem Prüfstein.
Der Geist hätte sich längst ergeben, hat er doch wider aller Vernunft den Leib in diese Noth geführt. Der Geist. Er zwingt den Körper, sich auf diesem Steintische niederzusetzen, damit Augen und Hand ihm selbst hier als Chronisten dienen. Indessen haben sich die Sinne aller Herrschaft bereits entledigt. Oder sollte Wasser wirklich einen Geruch haben. Die Nase behauptet desgleichen, und da ihr, aller forthgeschrittenen Assimilation zum Trotze, die Empfindsamkeit der Kameelnüstern noch fehlt, müsste das Auge diese Zeitung längst bestätigt haben. Alleyn, die Steine liegen von der letzten Fluth wie Würfel hingestreut, ohne jede Ordnung oder Zeichenhaftigkeit. Es sey denn, ich sässe auf dem Brunnen.

*

Der gemauerte Schacht ist tief, doch zweyfellos befindet sich Wasser auf seinem Grunde. Ein hinein geworfener Kiesel bekräftigt dem Ohr, was die Lichtreflexe dem Auge bereits angedeutet. Es mag vielleicht sieben, acht Ellen tief gesammelt stehen, doch ohne Seil und Schöpfeimer ist es vom Brunnenrande unerreichbar. Und steigt der krafftlose Körper in den engen Schacht hinab, wird er ohne fremde Hilfe wieder heraus gelangen?

Die Hände knüpfen zwey Hemden an einander und lassen sie hinab, dass der Stoff sich mit dem Wasser voll sauge und sie dasselbe auf diese Weise an den Mund führen können. Doch das Gewebe ist dünn, die Feuchtigkeit genügt bloss, die Lippen zu netzen.

Sie, die spinnenfingrigen Hände, binden einen Stiefel an diesen Hemdenstrick, um denselben als Schöpfgefäss zu benutzen. Und wirklich füllt er sich ordentlich mit dem ersehnten Wasser. Alleyn, die Last ist nun zu schwer, der spinnenfingrige Knoten reisst, und der Verlust des Stiefels und des einen, des feyertäglichen Hemdes, wird vom einfallsreichen Geiste gewissenhaft verbucht.

Nun, die Hand schreibt noch. Und der Mund ist noch feucht genug, dieses Land und seine Bewohner zu verfluchen. Wo bleiben indessen die Verfolger? Weit kann sich dieser vertrocknende Leib noch nicht geschleppt haben.

Ah, Wüste. Die Leere des so Benannten prädestinirt das Begriffene geradezu zur Metapher. Der Körper spürt keinen Durst mehr. Die Selbstwahrnehmung geht ganz in dieser Metapher auf.
Das Weiterstolpern bezeichnet kein wirkliches Forthschreiten, die wunden Füsse deuten auf keinen wirklichen Schmerz mehr, dieses ganze äusserste Daseyn ist nur noch gleichnishaft. Eine Metapher schmerzt nicht.
Und das Dorf, dessen Mauern gleissend wie jene Jerichos am Wadirande sich thürmen, ist keine Luftspiegelung, was immerhin ein wirkliches Dorf, wenn auch an einem anderen Orthe als dem wahrgenommenen, bedürfte, auch das Dorf ist nur Theil der Metaphorik. Wie begegnet der Geist, der aus der Leere kommt, diesem Bild von Behaustheit, von Abgrenzung und Ausschluss?
Was ist forthgelassen? Denn war nicht jede Metapher einmal ein Vergleich? Aus dem Satze: Das Leben ist einsam und entbehrungsreich wie eine Wanderung durch die Wüste! ist im Verlaufe zunehmender Vertrautheit die Metapher: Das Leben ist eine Wüstenwanderung! geworden.
Was ist an diesem Orthe forthgelassen?

Das Bluth quillt durch das Linnen hindurch, welches um den unbeschuhten Fuss gebunden. Er ist das barfüssige Gehen auf dem steinigen Grunde nicht gewöhnt. Doch der Marsch durch die Sanddünen, obgleich weniger schmerzhaft, würde doch mehr an den Kräfften zehren und letztlich das Forthkommen nur erschweren.
Da das einzig noch verbliebene Hemd um den Kopf geschlungen, zeigt der Leib, bis auf das kurze Beinkleid, sich nun nackt. Die Schultern sind ebenso geröthet wie das bluthgetränkte Tuch, welches dem wunden Fusse nun zum Strumpfe dient, als bewege er sich Purzelbaum-schlagend forth. Doch ist es bloss die Sonne, die er auf den Schultern trägt.
Auch ohne diese circensische Exercise giebt er wohl eine recht lächerliche Gestalt ab, so dass er sich nicht wundern darf, von den spielenden Kindern mit Steinwürfen von dem Dorfe fern gehalten

zu werden. Ja, dieses zerlumpte Gespenst gehört schon nicht mehr dieser Welt an. Jagt es nur zurück in die Wüste, wo es hergekommen, ins Reich ohne Schatten, ins Leere Viertel! Oh, ihr Steine werfenden Kinder, hat der freyschwebende Geist euch nicht immer euren unbestechlichen Sinn für das Fremde und das Vertraute geneidet? Ihr wisst noch zu unterscheiden, denn euch gelten die Gesetze eurer weitgereisten Väter nichts.

Oh, ihr Geschöpfe des schwarzen Tages, ihr Kinder der langen Schatten, möge die Leere dieser Wüste niemals durch eure Kammern wehen, möge ihr Athem euren Samen nie auf das weissglühende Steinbett blasen; euer Gott hat jeden Baum verflucht, der diesem Haupte Schatten spendet, und jeden Fussbreit Erde, der diesem Leibe Rast. Er sinkt einfach nieder, ungeladen, verflucht. Eure Schreye sind wie Hyänengebell, das in die ledrigen Eingeweide greift, eure Blicke wie ein Fieber, das die gelbe, nördliche Haut versengt. Doch hört ihr diese Sprache, die Er von euch gelernt, diesen patriarchenhaften graubärtigen Gestus, das letzte Ziel eines jeden Hofschauspielers, welcher bereits alle grossen Rollen verkörpert, sein Worth wird in eures einfallen und Alles, was grau und was gelb ist, röthen.

Denn eure Rede ist weitschweifig, obgleich ihr Sinn im Kerne hart und verletzend; in Teigmäntel gehüllte Steine sind eure Worthe, Blumen geschmückte Dornen und vergiftete Gastmähler! Er giebt sie euch zurück, Kinder. Eure Hexen und Dämonen werden dereinst auch um eure siechen Leiber tanzen, in euren verklebten Augenhöhlen nisten bereits jetzt die bösen Blicke und vermehren sich wie Spinnen.

Ja, fürchtet euch nur und bleibt Ihm fern. Und eure Weisheiten spart euch für Belehrbarere auf. Eine Zikade singt im Schosse seiner Mutter. Denn hört, von allen Attractionen ist die Wüste die Verlockendste, aber auch die einzige Enttäuschung, die sich nicht verwinden lässt, indem man sie spielt.

Und nun, da Er sich aus diesem Traume forthstiehlt, sagt Er euch Unerhörtes: Er ist der Letzte der Heiligen. Die Leute in den Städten wissen es. Eure Ahnen haben Schätze versteckt, Seine haben sie gesucht und ausgegraben. Doch lässt Er sie von nun an unbeachtet liegen!

Hier, trink!
Er kann nicht.
Langsam, lass dir Zeit.
Indessen bedeckt er Ihm den nackten Leib mit einem Hemde.
Nun nimm dieses Brodt und dieses Salz; kau es bedächtig.
Er kann nicht. Der Mund ist Ihm vertrocknet wie Akazienrinde.
Nur keine Hast. Trink und iss, bevor du sprichst.
Er wickelt das verkrustete Tuch von Seinem Fusse und bestreicht das rohe Fleisch mit einer kühlen Salbe.
Nun steh auf.
Er kann nicht. Die Glieder versagen Ihm den Gehorsam.
Lass den Worthen Zeit. Und halte die Augen noch geschlossen, wenn das Licht dich schmerzt.
Er hilft Ihm auf und beugt sich vor Ihm nieder: Nun steig auf meinen Rücken.
Sey kein Narr! Er ist zu schwer.
Dir selber magst du wohl zu schwer seyn. Doch steht vor mir nicht ein mageres, in schlotternde Haut gehülltes Knochenbündel? Schling die Arme nur um meinen Hals.
Wohin trägst du Ihn?
Nach Hause trag ich dich.
Ist es weit?
Allah wird mir tragen helfen.

So, ein Hautsack magerer Knochen sey Er, Mark- und Suppenknochen, teutonisches Dörrfleisch, Trockenobst, Rosine, Feige, Riesenrosine, Mumienhaut mit Kerngerippe. Wer lädt sich diesen Klapperbalg auf, diesen Maltersack, der sich zermahlen und verstreut wünscht. Lass Ihn herunter, Freund. Mühe dich nicht länger mit Ihm ab.
Sey unbesorgt, Bruder. Allah wird die Mühe schon vergelten.
Nun, dann will Er sich nicht weiter in eure Geschäfte mischen.

Er hält die Augen weiterhin geschlossen und lässt sich einfach forthtragen. Er spürt den keuchenden Athem und den angestrengten Herzschlag unter seinen Händen, mit denen er die Brust seines Retters umschlungen hält.
Wie kann dieses magere Bündel jenem Allah nützlich seyn? Sollte es sich etwa um einen Menschenfresser handeln? – Nun, ob der Sand Ihn verschlingt oder ein hungriger Gott, dürfte Ihm fürderhin wohl gleichgültig seyn.
Soll Er ihn nach seinem Namen fragen, soll Er Ihn um Auskunft bitten, wie er Ihn gefunden oder wohin er Ihn nun bringe?
Nein, es wäre nicht nur sinnlos, es wäre auch unhöflich. Die gedanckenlose Forthsetzung einer obsoleten Gewohnheit. Mit wieviel grösserem Rechte könnte sein Retter Ihn, den Fremdling, nach Namen, Herkunft und Absicht befragen. Was sollte Er dann erwidern?

Wie soll Er dich nennen, Freund?
Ich heisse Juhasdik, mein Bruder.
Und wie soll Er dich nennen, Juhasdik?
Du willst mich nicht bey meinem Namen nennen?
Das ist nun wahrlich der rechte Lidlohn für diese hinterhältige Artigkeit oder, was aufs Selbe hinausläuft, diesen artigen Hinterhalt: Jenem ist die Benennung selbstverständlich der Name, Ihm aber erscheint jeder Name im Grunde beliebig.
Und wie heisst du?
Nenne mich Jacque.
Ist das dein Name?

Was soll Er sagen. Er hat nie über dergleichen Probleme nachgedacht. Ist diese Fragwürdigkeit des Selbstverständlichen eine Folge des Aufgehobenseyns? Es wäre vernünftiger, du setztest Ihn wieder ab, mein Freund.
Beunruhige dich nicht, mein Bruder. Fliegen die Gedancken dir davon, lass sie ziehen. Allah wird sich ihrer schon annehmen.
So, selbst der Gedancken! Haut und Knochen sind ihm also nicht genug. Hat er sich auf diese Weise seiner tausend mal tausend Namen bemächtigt?

In der That gehen Ihm die Worthe aus. Er schweigt eine Weile und lässt sich forthtragen.

Der Weg führt, so spürt Er am weichen, ausgleitenden Tritt des Gefährten, über die grossen, gelbweissen Sanddünen, welche Er auf seiner Flucht gestreift. Trägt er Ihn zurück und noch tiefer ins Leere Viertel hinein? – Plötzlich wird die Stille von einem dunklen, brummenden Geräusche, einem tiefen Orgeltone vergleichbar, unterbrochen. *Al Damam,* ruft Juhasdik, singender Sand! Höre, Bruder!
Und Er lauscht, zu verzaubert, um zu antworthen und eine Erklärung zu verlangen, und Seine ganze schrumpelige Haut und Seine marklosen Knochen sind Ihm Ohr.
Ein leichter Nordwind hat eingesetzt und streicht sacht über die Grate der Sanddünen. Er hat bereits viele solcher Dünen passirt, ohne dass sie je einen Laut von sich gegeben. Nur sehr feiner Sand, den der Wind wie zarthe Rauchfahnen aufzuwirbeln vermag, oder auch nur eine bestimmte Heftigkeit des Windes, welche den Sand nicht forthträgt, sondern ihn bloss leichthändig liebkost, mag diesen Ton erzeugen.
Wäre Er auf See – die Eintönigkeit der Sandberge und die getragene Art der Forthbewegung legt diesen Vergleich durchaus nahe –, würde Er dieses berührende Phänomen für Sirenengesang halten.
Es giebt noch andere Sandgesänge, erklärt Juhasdik. Die Sande der Umm Dharta lassen zu gewissen Zeiten helle, pfeifende Schreye erschallen, sobald ein Wanderer darüber geht, ganz wie die Klagerufe unserer Weiber.
Nach diesem Orgelconcert glaubt Er ihm aufs Worth: So hat jeder Landstrich einen ihm eigenen Ton? fragt Er.

Nun müsstest du schon die Häuser meines Dorfes sehen können.
Er hält seine Augen immer noch geschlossen.
Dann öffne sie und sag mir, was sie erblicken.
Nun, vermuthlich werden sie das gleiche wie deine Augen schauen. Was kann Er dir berichten?
Alles, mein Bruder. Meine Augen sind blind.

Die menschen im Jemen wachen über ihren privaten bereich. Der diwan ist der grenzraum, schon teil des hauses, doch noch für familienfremde zugänglich. Oft ist er durch einen separaten zugang direkt von der strasze aus zu betreten. Die weitverbreitete sitte in meiner heimat, manche gäste zunächst durch das ganze haus zu führen, ist hier undenkbar.
Betrachte ich das haus nicht nur als modell einer sozialen, sondern auch einer psychischen ordnung, werden die grenzen der begegnung und der anteilnahme zwischen mir und den anderen deutlich: Ich werde nur bis in den »diwan der seele« vorgelassen. Die inneren räume bleiben mir verschlossen.
Der diwan ist geräumig, nicht selten der gröszte raum des hauses. Doch ist er vor allem zum empfang der gäste eingerichtet. Gewöhnlich finde ich in ihm nur wenig privates: an den wänden eher ein portrait des präsidenten oder ein goldgerahmter quranvers als familienfotos oder reiseandenken. Ein raum, der nur durch die anwesenheit von besuchern lebt.
Eine wirklich reflektierte antwort auf die frage *keif haluk*, wie geht es dir? von jemeniten zu erhalten, ist nahezu unmöglich. Immer lautet die stereotype erwiderung zunächst *al-hamdulilah*, gott sei dank (gut)! mag der angesprochene auch schwer krank oder voller sorgen sein. Familienfremden an den innersten gedanken und empfindungen teilhaben zu lassen, scheint als ebenso beschämend zu gelten, wie sie in die privaten wohn- und schlafräume zu führen.
Ob diese vertrauten gespräche tatsächlich innerhalb der familie stattfinden oder ob sie dort nicht an andere, kaum weniger unüberschreitbare grenzen stoszen, weisz ich nicht. Alle gesprächspartner versichern mir, sie hätten diese vertrauensperson innerhalb der familie. Vielleicht haben wir aber auch unterschiedliche vorstellungen von dem, was ein offenes, vertrauensvolles gespräch sei.

*

Ich gehe hinaus ins Leere Viertel, um eine weile allein zu sein und der einsamkeit in Bejt al-Ḥadschar zu entkommen.
Wahrscheinlich sind ihre besuche am anfang eine mischung aus neugier und trost. Nun scheint es fast selbstverständlich, dasz sich die jugendlichen des dorfes, nur zum teil meine schüler, jeden nachmittag in meinem diwan versammeln. Sie sitzen teils auf meiner matratze, teils auf den wenigen kleidungsstücken, die mir für den ausflug nach Mārib ausreichend schienen.
Sie kauen still ihr qat, nippen hin und wieder am gelben kanister. Jeder gibt mir einen büschel ab, so dasz sich vor mir der gröszte haufen türmt. Sie nötigen mich, mit ihnen zu kauen, obwohl ich dieses grünzeug im mund eher lästig finde und immer noch nicht richtig einzuschätzen weisz, ob es mich eher anregt oder traurig stimmt.
Wenn überhaupt eine wirkung, hat qat einen eher diffusen, kaum wahrnehmbaren effekt auf mich. Das einzige deutliche symptom ist, dasz ich in der folgenden nacht keinen schlaf finde. Wird in den diwanen Ṣana'as in qatrunden angeregt geplaudert, so bin ich hier mit der wortkargen melancholie der wüstenbewohner konfrontiert. Da ich unfreiwilliger gastgeber bin, bemühe ich mich nicht, die stillen gäste zu unterhalten. Ich schaue in ihre traurigen gesichter und schweige mit ihnen.
Alle wirken sie jünger, als sie tatsächlich sind. Zum teil schon verheiratet und väter, blicken sie mich aus kinderaugen an. Was denken sie, wenn ihr blick unverwandt auf mich gerichtet ist? Wenn ich sie frage, antworten sie mit einem nichtssagenden kopfschütteln.
Al-'ascha, aufruf zum nachtgebet. Normalerweise gehen sie um diese zeit. Es ist zwar erst sieben, doch stehen sie bereits mit *al-fadschr,* dem morgengebet vor sonnenaufgang auf. – Heute abend bleiben sie sitzen. Ḥāfith fragt mich, ob ich ihnen nicht ein lied aus meiner heimat vorsingen könne.
Früher habe ich oft gesungen, improvisierte melodien und texte, meist auf dem schulweg, laut und ungehemmt, weil vom verkehrslärm übertönt. Doch nun ist meine kehle ausgetrocknet und mein kopf leer. Selbst die gängigsten volks- und wanderlieder fallen mir im augenblick nicht ein. – Dennoch stimme

ich zu, wenn auch alle anderen ein lied beitrügen. Überraschenderweise lassen sie sich auf diesen handel ein.
Ich beginne mit *Stille Nacht, Heilige Nacht,* dem einzigen lied, mit dessen text und melodie ich vertraut genug bin, es in dieser situation einigermaszen sicher vorzutragen. Ich darf nicht über die absurdität dieser darbietung nachdenken. Ich darf nicht einmal die augen öffnen und in die aufmerksamen gesichter der jungen um mich herum blicken. Ich singe eher leise, stockend, für mich. – Ich schäme mich.
Sie reagieren nicht direkt auf mein weihnachtslied, kein applaus, kein wort der zustimmung. Ihre gesichter blicken so schwermütig wie zuvor. Nun zählt mein beitrag ja selbst in der heimat nicht gerade zu den »stimmungsmachern«. – Ḥāfith beginnt sein lied. Ohne ein zögern, eine unsicherheit in der stimme.
Alle singen sie ihr lied, ohne scham; als seien sie den öffentlichen vortrag gewöhnt. Ihr gesang gleicht ihrem tanz: sicher, beherrscht, sich der anwesenheit der anderen bewuszt, doch ganz auf die eigene darstellung konzentriert. Singt einer ein allgemein bekanntes lied, fallen die anderen in den refrain mit ein.
Als die reihe wieder an mir ist, will ich kein weiteres lied beitragen. Ich kann die zuhörer weder vergessen noch einbeziehen. Ich schäme mich meines gesangs, als zeigte er mich nackt. – Ḥāfith fragt: *bukra*, morgen? Ich sage: Ja, vielleicht morgen. Sie verabschieden sich.
Ich fege die qatreste zusammen und gehe hinaus, bis der staub im diwan sich etwas gelegt hat. Das dorf ist dunkel. Ich gehe weiter ins Leere Viertel hinein, bis ich auch das bellen der hunde nicht mehr höre.
Der himmel ist so dicht voller sterne, dasz ich zum ersten mal verstehe, was mit dem vergleich »zahlreich wie die sterne am himmel« gemeint ist. Wieviel sterne habe ich über der heimatlichen groszstadt gesehen? Eine durchaus endliche, zählbare zahl. Und hier, ein dichtes lichtgewebe, wo vor lauter diffusem kunstlicht nichts schien. Ein funkelndes sternenmeer, das sich tatsächlich über mir wölbt. Und ich unter diesem nächtlichen himmelsozean, ohne angemessene worte für diese erfahrung, kleiner, verlorener und gröszer, einzigartiger als je zuvor zu sein.

Trotz der ständigen nähe von menschen ein gefühl der isolation. Mehr als nähe, eine wirkliche körperliche begegnung, scheint mir hier undenkbar. Von einer freundschaft unter einbeziehung der sexualität ganz zu schweigen.
Natürlich gibt es sexuelle begegnungen auch unter jemenitischen männern, doch nicht als akt der emanzipation, nicht als integrierter teil des alltäglichen lebens. Die begegnungen finden zufällig und ungeschützt statt. Nicht selten sind die beteiligten maskiert: Sie haben ihre sumata so um den kopf geschlungen, dasz nur die augen sichtbar sind.
Diese flüchtigen abenteuer sind eher begegnungen mit einem phantom als mit einem anderen menschen. Es fehlt der schützende raum, es fehlt das vertraute ritual. Diese flüchtigen abenteuer sind immer auch gefährliche abenteuer.
Ich beobachte sie im kino, die vereinzelten, die stühle neben sich freigelassen. Kommt der ersehnte – doch sind es immer die gleichen hohläugigen, getriebenen gestalten – beginnt ein armseliger, heimlicher, doch unübersehbarer akt gegenseitiger masturbation.
Nach einer weile erhebt sich der eine, wenig später der andere. Sie gehen zu den kinotoiletten, sich von rotz und verachtung zu reinigen. Das ist es nicht, was ich suche. Doch was ist darüber hinaus noch möglich. Eine travestie heterosexueller rituale? – Manchmal flüstern sie miteinander. Verlassen gemeinsam den kinosaal. Was haben sie vereinbart? Wer welche rolle im sexuellen akt übernimmt?
Sexualität ist kein spiel. Die rollen sind festgelegt. Auch wenn das begehren dieser festlegung widerspricht: Ich bin nicht der handelnde. Eine wirkliche autonomie ist unmöglich, solange wir einen körper haben.

Im westen haben wir unsere sexuellen freiheiten um den preis einer wachsenden (körperlichen) distanz errungen. Da sexueller verkehr prinzipiell mit jedem zu jeder zeit und überall möglich ist, könnte jedes zeichen der sympathie als angebot oder aufforderung zum sex miszverstanden werden. Also kontrollieren wir ständig gesten und worte, ja, selbst unsere geheimen wünsche und gedanken, da bereits die sexuelle absicht vielfach als unkorrekt gilt. – Wir sind eine gesellschaft ständiger introspektion. Und suchen schlieszlich mehr in einer sexuellen begegnung, als sie zu leisten im stande ist: einfache körperliche nähe, wärme, geborgenheit, ohne pflicht zur gegenseitigen befriedigung. Doch wir vergessen uns nicht.

Vielleicht wäre es möglich, mich hier in Bejt al-Ḥadschar zu verlieben. Vielleicht ist sogar der eine oder andere *ibn ḥadschar* in mich verliebt, nur habe ich es bisher noch nicht wahrgenommen. – Was bedeutet diese »liebe«? Gefühle sind ebensowenig authentisch, das heiszt unabhängig von kulturellen konzepten wie sprachen oder sichtweisen.
Hier bin ich, mehr denn je, repräsentant meiner eigenen kultur. Die reflexion stellt sich zwischen mich und die anderen. Warum kann ich die nähe nicht einfach hinnehmen, ohne unter der einhaltung der grenzen zu leiden? Schlieszlich ist ein dasein ohne beschränkung ja weder in dieser noch in irgendeiner anderen kultur möglich.

ICH ERKLÄRE DEN KRIEG Bejt al-Ḥadschar 17. 3.

Überraschenderweise sind alle meine schüler wieder zusammengekommen.
Ich male die umrisse eines mannes an die tafel. Ich beschrifte die einzelnen gliedmassen, *head, arm, leg* … und lasse die schüler nachsprechen. Ich gebe dem kopf ein gesicht und den sinnesorganen einen namen. Zeige ich auf augen oder mund, haben sie die englischen bezeichnungen schon wieder vergessen.
Warum sollten sie sich auch den unterschied zwischen *ears* und *eyes* oder *teeth* und *toes* merken. Diese fremdworte haben so wenig mit ihrem alltag zu tun, dasz sie fremde worte bleiben.
Eyes bedeutet nicht das gleiche wie *ajun*. »Ajun« *sind* die augen, »ajuni« ist der geliebte. Wenn sie das wort *ajn* aussprechen, handelt es sich nicht um den gebrauch eines zeichens für etwas reales, sondern um das wirkliche auge im körper der sprache.
Empfinde ich nicht ähnlich, wenn ich fremdsprachige gedichte lese? Ich lese wörter, die ich in andere wörter übersetzen kann, aber nicht ins körperliche, ins leben selbst.
Warum hören sie mir noch zu? Hören sie mir überhaupt zu? Sie starren mich an, doch scheinen nicht bei der sache zu sein. Nicht bei meiner sache. Eher lauschen sie auf das atmosphärische, auf die situation insgesamt: Was geschieht hier, vor uns dieser fremde mann, der in einer fremden sprache zu uns spricht. – Ich zeichne die umrisse Europas an die tafel. Ich frage, um was es sich handelt. Schweigen.
Ich sage, das sei *Europa*. Völliger Blödsinn! Dieser kreidestrich repräsentiert so wenig einen kontinent von sechs millionen quadratkilometern wie das gekritzel »my eyes« *ajuni*, meinen geliebten. Für jemanden, der in einer für meine augen vollkommen gleichförmigen region wie das Leere Viertel die landschaft selbst zu lesen versteht, musz der weisze fleck auf meiner arabienkarte mit namen Rub' al-Chali vollkommen absurd erscheinen.
Und nun dieser kreidestrich auf blauschwarzem grund. Keine zeitungen, keine fernsehnachrichten, keine atlanten, die dieser abstraktion hätten einen sinn verleihen können. Was ist Europa.

Fordere einen europäischen oberschüler auf, die umrisse der Antarktis zu zeichnen. – Andalus, ja, das hat einen körper. Cordoba, Granada, Alhambra, da klingt fernes, wirkliches oder ersehntes mit. Almania, Amerika, das hat zumindest einen fettrosigen beigeschmack. Doch wie kann dieser umrisz eines fabeltiers ihnen irgend etwas wirkliches, verstehbares von Europa mitteilen?

Ich erkläre diese sprach- und völkerkunde für beendet und lade sie zur fortsetzung des unterrichts mit spielerischen mitteln ins freie ein. Ich erkläre ihnen die regeln des spiels *Ich erkläre X den krieg!* oder, wie wir es als kinder der einfachheit halber genannt haben, *Land abnehmen:* Das spielfeld bildet ein groszer, in den sand gezogener kreis von etwa sechs metern durchmesser.

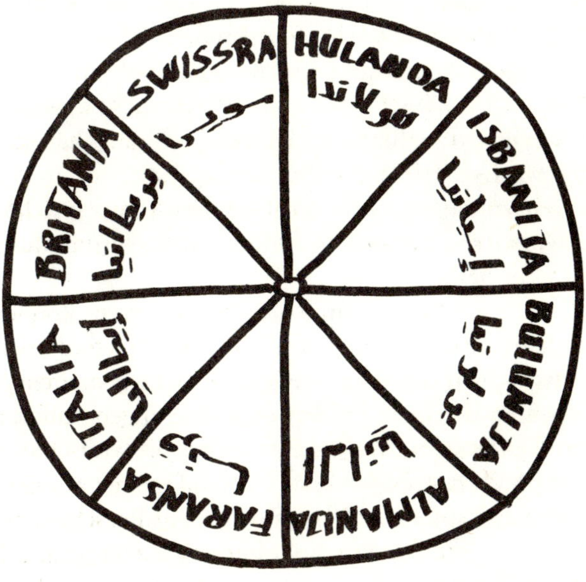

Der kreis wird, je nach anzahl der mitspieler, in gleichgrosze abschnitte unterteilt. Jeder mitspieler repräsentiert ein land und kennzeichnet sein teilstück mit dem landesnamen. Durch los wird der erste »kriegstreiber« bestimmt. Er ruft, er erkläre X (einem der benachbarten länder) den krieg und schleudert während seiner kriegserklärung einen ball senkrecht in die höhe. Der aufgerufene landesvertreter versucht, den ball aufzufangen, während alle anderen landesführer davonstürmen. Hält der aufgerufene den ball fest in den händen, brüllt er: Stop! Niemand darf sich noch rühren.
Nun versucht er, den ihm am nächsten stehenden gegenspieler mit dem ball abzuwerfen. Trifft er den anvisierten, darf er ihm ein grösztmögliches stück seines territoriums abnehmen, indem er von seinem eigenen land oder der kreismitte aus die grenzen neu zieht. Trifft er nicht, ist er selber opfer der landnahme durch den verfehlten gegner.
Rasch sammeln sich zuschauer um unseren kreis; bilden sich sympathisantengruppen wie bei einem länderspiel. Die siege der kleinen, Swisra und Hulanda, werden besonders enthusiastisch gefeiert. Das unaufhaltsame verschwinden Almanjas von der sandkarte mit gelächter und applaus quittiert.

Ein vergnüglicher nachmittag. Alle, spieler und zuschauer, kinder und erwachsene, folgen selbstvergessen dem spielgeschehen. Freude, umarmungen, kleine raufereien am rande. Alle voller einsatz, leidenschaft und siegeswillen, doch ohne bosheit oder häme.
Und alle von einem erstaunlichen gerechtigkeitssinn beseelt. Auch der ehrgeizigste ordnet sich, wenngleich nicht immer widerspruchslos, den strengen regeln unter. Warum ist hier, wo es doch so wenig bedeutet, diese strenge und disziplin möglich; warum finde ich nicht den gleichen strengen gerechtigkeitssinn auch auszerhalb des spiels?
Das gemeinsame spiel setzt voraus, dasz sich alle mitspieler über das erlaubte und das verbotene und die strikte einhaltung der regeln einig sind.
Die haltung »ich spiele« bedeutet immer auch, ich ordne mich

den vereinbarten regeln unter. Spielen ist also kein freies, undiszipliniertes, regel- oder zügelloses verhalten, sondern im gegenteil von gröszerer unbedingtheit und strenge als unsere auszerspielerischen tätigkeiten.
Doch warum täusche ich um des sieges willen die einhaltung der regeln nicht nur vor (wie es vor allem dort geschieht, wo »spiele« ihren spielcharakter verloren haben und vorrangig anderen als spielerischen interessen dienen); warum suche ich nach einem konsens oder akzeptiere ich einen allgemeinen schiedsspruch, anstatt auf meiner eigenen (eigennützigen) sicht des geschehens zu bestehen? Gibt es in uns tatsächlich einen sinn für gerechtigkeit; eine allen menschen innewohnende fähigkeit, sich auf eine gemeinsame wahrnehmung und wertung des geschehens zu einigen?
Wenn ich dieser fähigkeit im spiel begegne, darf ich all jenen in meinem alltag nicht glauben, die meinen gerechtigkeitssinn zu täuschen und ihr grausames verhalten als gerecht darzustellen versuchen. Sie selbst wissen so gut wie ich (im gemeinsamen spiel würde es sich zeigen), was gerecht und was ungerecht, was menschlich und was unmenschlich ist.

Von anfang an sucht er meine nähe, ja, lauert mir fast auf, um mich auf all meinen schritten zu begleiten oder zumindest zu beobachten. Er fährt mit Aḥmad, Jaḥja und mir zu den beduinen, er ist unter den kindern, die mich zu den ruinenfeldern führen, und manchmal, auf einsamen spaziergängen, höre ich seinen zögernden schritt plötzlich hinter mir. – Meistens schweigt er, ein undurchdringliches gesicht, grosze helle grünbraune augen, vielleicht vierzehn jahre alt, doch in seinem ganzen verhalten, bis auf das ambivalente verhältnis zu mir, vollkommen souverän und erwachsen.
Er spielt noch mit den anderen kindern, ist der schnellste läufer seiner altersgruppe. Doch spielt er nicht mehr selbstverständlich, selbst bei einem groszen körperlichen einsatz wirkt er oft teilnahmslos und eher abwesend.

Nun steht er, mit einer decke unter dem arm, vor meiner tür: Sein vater, Scheich Abdul Karim schicke ihn zu meiner persönlichen verfügung her. Ich lasse ihn herein.
Er räumt meinen spärlichen hausrat in eine ecke und beginnt, den raum auszufegen, das heiszt eine atemberaubende wolke staub aufzuwirbeln. Ich nehme ihm den strohbesen aus der hand und bitte ihn, mich auch weiterhin den haushalt alleine führen zu lassen. Er solle statt dessen seine zeit bei mir nutzen, in seine schulbücher zu schauen und seine englischvokabeln zu lernen. Ein groszartiger rat. Bin mit meinem pädagogischen reformeifer also glücklich im 19. jahrhundert angelangt.

Maghrib. 'Ali bleibt. Ich würde gerne eine weile allein sein. Doch schicke ich ihn nicht fort.
Er legt sich auf den nackten boden und zieht die mitgebrachte decke über sich.
Ich mache für ihn platz auf meiner strohmatte. Wir liegen nah beieinander, doch berühren uns nicht. Meine hand streicht über sein haar. Er schiebt sie sacht zurück.

ʻAli bringt das frühstück: *fūl,* brot und tee. Bohnen am morgen, zum mittag, am abend. Auf den bewässerten feldern dorrt qat statt gemüse. Ich lasse den bohneneintopf unberührt stehen. Vielleicht sollte ich das angebot der schüler annehmen, als entschädigung für meinen »unterricht« abwechselnd bei einem von ihnen zu gast zu sein.
Allerdings kann von einer lehrtätigkeit keine rede mehr sein. Zwar warten sie auf mich nach ihrer feldarbeit und nennen mich »tidschar«, doch anstatt nach neuen lektionen fragen sie nach neuen spielen.
Man chaif ma dschinn? La ahad! Aus der Schwarzen Köchin wird ein dschinn. Und wenn er kommt, dann schlieszen wir die augen, laufen rückwärts, hinken oder fassen uns an die hände.

*

ʻAli bringt einen kocher, einen topf und – frisches gemüse: zwiebeln, kartoffeln, gurken und reis. Obwohl meine »Bratkartoffeln à la Roi de Prusse« anbacken und ich mir am grifflosen aluminiumtopf die finger verbrenne, lassen ʻAli und ich uns diesen festschmaus nicht verderben.

Den ganzen morgen hindurch kommen landrover im dorf an. Die scheiche und notabeln der region versammeln sich zu einem stammestreffen im haus von Abdul Karim.
Sie begrüszen auch mich wie einen qabili des dorfes, obwohl sie von meiner gefangenschaft wissen müssen.
Ein schaf wird zu ehren der gäste geschlachtet. Immer wollte ich bei der zeremonie zusehen, doch nun wende ich mich ab. Die schächtung geht rasch und lautlos vor sich. Das schaf blökt nicht einmal.
Nur das blut ist noch tagelang im sand zu sehen, eine rotbraune, fliegenbedeckte kruste.
Für den nachmittag wird eine *bar'a*-aufführung angekündigt. Scheich Abdul Karim lädt mich persönlich dazu ein. Will er mir gelegenheit geben, meine forschungsarbeit fortzusetzen? Oder handelt es sich diesmal tatsächlich um einen kriegstanz, um die einstimmung auf einen bevorstehenden kampf?

Ḥāfith und Manṣūr tanzen mit ihren schweren gewehren über der schulter. Dennoch sind ihre bewegungen geschmeidig und leicht.
Sie sind ganz aufeinander konzentriert. Doch auch die zuschauer sind nicht unbeteiligt. Sie bilden den raum, in dem diese unmittelbare, gestische selbstrepräsentation möglich ist. Vielleicht ist *bar'a* mehr freundschafts- als kriegstanz. Nicht nur, weil in der regel gute freunde miteinander tanzen. Auch die tänzerischen bewegungen sind weniger auf den kommenden feind als vielmehr schützend und ermutigend auf den anwesenden gefährten gerichtet.
Ḥāfith führt Manṣūr und stimmt seine bewegungen zugleich mit ihm ab. Er beweist seine stärken nicht auf kosten der schwächen seines mittänzers, er stellt sein können nicht heraus. Auf den ersten blick ist kaum sichtbar, wer von beiden führt.

Krieg und tanz, ein widerspruch? Oder gehört die anarchie des krieges und das zeremonielle des tanzes in dieser kultur (noch) zusammen; oder genauer: wird einander zugeordnet und zusammengedacht, damit sie sich gegenseitig beeinflussen? Der versuch einer gedanklichen oder magischen gleichsetzung, um das potentielle chaos, das krieg bedeutet oder verursacht, einer dem tanzritus vergleichbaren ordnung zu unterwerfen.
Im traditionellen kampf geht es nicht darum, den gegner zu vernichten, sondern ihn zu bezwingen, das heiszt: eine bedrohte ordnung wieder herzustellen oder eine neue ordnung zu errichten. Bestenfalls ist der kampf die fortsetzung des tanzes: ein ritual zwischen ebenbürtigen in strenger gesetzmäszigkeit.
Hand in hand tanzen Ḥāfith und Manṣūr. Hand in hand ziehen sie in den kampf, halten einander den rücken frei, stellen sich voreinander im angesicht des feindes, einer des anderen auge und arm.
Die gesten füreinander sind überaus zärtlich. Sieht man von den aggressiven ausfallschritten ab, wirkt das miteinander der beiden fast wie ein höfischer hochzeitstanz: verbeugungen, knickse, promenaden und pirouetten, alles mit der anmut klassischer ballerinen, soweit es die kalaschnikow auf dem rücken zuläszt.
Bar'a ist auch ein ritual, vor der stammesgemeinschaft zeugnis der freundschaft abzulegen. Nicht weniger heilig und unverbrüchlich als ein hochzeitsversprechen.

AḤMAD: Wir dürfen miszstände oder unrecht nicht dulden, nur um einem krieg aus dem weg zu gehen. Wir können den krieg nicht abschaffen, sondern allenfalls, zum vorteil unseres gegners, aufschieben.
Jaḥja sitzt rauchend an meiner seite und läszt Aḥmad reden. 'Ali bringt aus dem haus seines vaters eine thermoskanne tee und schenkt uns ein. – Die rolle des jüngsten der runde als gehilfe und diener der älteren erscheint auch mir inzwischen so selbstverständlich, dasz ich nur noch, wenn ich mit 'Ali alleine bin, mir die notwendigen verrichtungen von ihm nicht abnehmen lasse.
AḤMAD: Wir können nicht einmal vor ihm fliehen. Irgendwann holt er uns ein und zwingt uns zu kämpfen. Nun womöglich unter seinen bedingungen.

Die vernunft musz nicht nur stark sein, um sich gegen ideologien zu behaupten. Sie musz offenbar auch zur anwendung ihrer stärke bereit sein. Denn in »ideologischen« auseinandersetzungen geht es nicht um überzeugungen, sondern um vorherrschaft: Sie musz anerkennen, dasz das miteinander von menschen, gruppen und völkern überwiegend von »ideen«, nicht von argumenten bestimmt wird. Sie musz auf diese »unvernünftigen« auseinandersetzungen vorbereitet sein. Macchiavellismus ist ein notwendiger bestandteil vernünftigen handelns.
Inwieweit ist auch die vorherrschaft der vernunft ideologie?
Ich kann den widerspruch noch verschärfen: Offenbar ist eine friedfertige welt nur *denkbar,* wenn der frieden (der friedfertige teil der menschheit) den anspruch auf friedliche konfliktlösungen notfalls auch mit gewalt zu behaupten bereit ist. Der frieden musz mächtiger als die gewalt sein, um ihr einen gewaltverzicht diktieren zu können.
Ist unter diesen bedingungen (dem diktat der »vernunft« zum beispiel) eine friedfertige welt *wünschenswert*?

AḤMAD: Das kriegshandwerk liegt in der natur des menschen.

Das vielleicht nicht gerade. Doch ist es unleugbar eine menschliche möglichkeit. – Nur zögernd lasse ich mich auf eine auseinandersetzung mit ihm ein.
ICH: Von der friedfertigkeit kann man das gleiche behaupten. – Vor zehn jahren hätte ich wohl noch leidenschaftlicher meinen pazifismus verteidigt. Vor zehn wochen zumindest noch einen maszvollen pragmatismus.
AḤMAD: Friedfertigkeit ist eine tugend von sklavenseelen.
ICH: Ist es nicht vielmehr so, dasz euch kämpfernaturen das kriegspielen einfach spasz macht. Gleichgültig, wie hoch der preis ist?
AḤMAD: Was wäre dagegen einzuwenden?
ICH: Gleichgültig, wie hoch der preis ist, wenn ihr ihn nicht zu zahlen habt.
AḤMAD: Das ist die sicht eines europäischen strategen, der in seinem bunker knöpfe drückt. Ich fürchte weder, das blut meines gegners, noch das eigene flieszen zu sehen.
Jetzt fehlt nur noch Allahs unergründlicher ratschlusz, und die diskussion ist zu ende. Doch fällt mir kein kulturunabhängiger, uns beiden gemeinsamer oder verbindender wert ein. In meiner kultur gilt das (über-)leben des einzelnen alles, hier gilt es nichts. Musz ich diese grenze der verständigung widerspruchslos hinnehmen?

*

TANZ UND KRIEG. Offenbar gilt auch dieser zusammenhang: die freude am krieg(erischen), die lust am kampf, das tänzerische in jeder kämpferischen begegnung …
Die ächtung des krieges als ein unter nahezu allen umständen verwerfliches und deshalb zu verhinderndes ereignis hat seinen grund in der erfahrung moderner, »technischer« kriege, denen alles rituelle, spielerische und anmutige fehlt. Diese ansicht wird nicht geteilt von kulturen, die sich selbst als kriegergesellschaften betrachten.
Für sie ist krieg herausforderung und bewährungsprobe. Sie werden nicht als söldner in die schlacht kommandiert, sondern

suchen einen öffentlichen raum für ein heroisches pas de deux. Ein herausragender tänzer wird ebensosehr geschätzt wie ein herausragender krieger. Jeder tanz ist ein vorspiel zum zweikampf. Jeder kampf ein vorspiel zur vereinigung.

Hat Er gut geschlafen? Ja, Er fühlt sich ausgeruht. Und sieh da, das Frühstück steht schon dampfend vor Ihm, Oelbrodt, Brodtöl, Cafféschalenaufguss oder Tee, nach Farbe und Geruch kaum unterscheidbar. Nun, Er wird kosten. Ah, wie wohlschmeckend! Schalentee. Oelkuchen.

Greif nur zu, Hakim! Gemeinsam schmeckt es doppelt gut. Du hast ein Geschenk für Ihn? Als sey Er mit dem Schlafe, mit der Speise und dem Trunke noch nicht reich genug beschenkt. – Wohlan, her mit dem Presente.

Ah, ein Stiefel! Einer nur? Wo hast du ihn gefunden? – Den andern hat Er forthgeworfen, da er ihm zu nichts mehr Nütze schien. Im Uebrigen hat Er an den Sandalen bereits Gefallen gefunden. Sie scheinen Ihm dem hiesigen Clima und dem Boden am Besten angemessen. Bald werde Er ein rechter Beduine seyn? Allons, was immer du willst.

Er hat sich in euch geirrt. Ihr Beduinen seyd in der That ein eigenthümliches Volk. Alle Vorurtheile findet Er bey näherer Bekanntschaft mit eurer Lebensart bestätigt. Manchmal scheint ihr euch vollkommen euren leiblichen Begierden zu ergeben, giesst ungeheure Mengen Kischr oder Tee in euch hinein, verschlingt ganze Berge gesottenen Fleisches und würdet, aller religiösen Verbote zum Trotze, auch berauschende Mittel nicht verschmähen, wenn man sie euch böte.

Dann wieder begegnet ihr Ihm mit der Enthaltsamkeit und Härte von Menschen, welche der Kargheit ihres Lebensraumes zu trotzen vermögen. Ihr seyd nicht nur erbarmungslos euren vielen äusseren Feinden gegenüber, sondern begegnet ebenso unbarmherzig den inneren Versuchungen, welche ihr mit der gleichen Wuth und Wollust unterdrückt, wie ihr bey anderer Gelegenheit euch ihnen hingebt.

Iss den Topf nur leer, Freund. Er ist satt, al Hamdulilah. Redet Er nicht schon wie ein Morgenländer? Ihr redet viel, doch in eurer Weitschweifigkeit verbergt ihr mehr als ihr offenbart, sind eure geistigen Kräffte auch ganz auf das Erfinden neuer Bekenntnisse

gerichtet. Ja, haltet ihr nicht geradezu das Monopol auf Offenbarungsreligionen?
Ihre Trümmer säumen den Rand der Wüste, auf fünf Continenten versuchen sich die sesshaften Culturen an einer glaubwürdigen Reconstruction, während ihr die alten Bekenntnisse längst verworfen und neue erfunden habt.
Sicher, der Grundgedancke aller eurer Offenbarungen, sowohl der erfolgreichen als auch der erfolglosen, ist das leidvolle und entbehrungsreiche Daseyn in der Wüste. Nun verstehe wer will, wie diese traurige Vorstellung vom Leben für jene fernen sinnenfrohen Regen-, Wald- und Wiesenbewohner dergleichen erstaunliche Attractivität hat gewinnen können, dass ihr allüberall und selbst in den unverwüstlichsten Regionen mit grossem Ernste angehangen wird.
Und ihr selbst? Zwar ist *Gott* euer gebräuchlichstes Worth, doch gilt eure grösste Aufmercksamkeit und Hingabe alleyn eurem Vieh. Da auch du Ihm nicht sagen kannst, was sich in diesem Bekenntnisse offenbart, oder auch was sich in ihm verbirgt, nimmt Er an, dass es sich vor Allem um eine Evocation handelt, eine Hervorrufung durch Anrufung.

Der Umgang mit demselben ist vor Allem Aufgabe und Vergnügen der Männer. Frauen wird allenfalls das Füttern erlaubt. Männer hingegen brandtmarken, castriren oder schlachten die Thiere, treiben sie auf die Waideplätze und bewachen sie.
Die jungen Thiere werden, der Milch ihrer Mütter wegen, von diesen die meiste Zeit fern gehalten und des Nachts mit ins Zelt genommen, so dass Er, anstatt mit Scorpionen, sein Nachtlager nun mit zwey Kameelfohlen, vier Lämmern und einem Zicklein zu theilen hat. Sie unterhalten Ihn nicht nur, indem sie Ihm ständig seine Decken vom Leibe ziehen oder ihm die Füsse abschlecken, sie pissen Ihn auch ganz ungenirt an, und stossen Ihm ihr Hintertheil ins Gesicht.
Dass es sich dabey um eine ausserordentliche Freygiebigkeit handelt, erfährt Er erst späther, als Hakim Ihm auf einem ersten Rundgange durch das Dorf begleitet. Der Urin der Thiere, vornehmlich der Kameele, wird von behänden Kindern in einem Kruge aufgefangen und zum Haare waschen und entlausen verwendet.
Und der Kameeldung ist ein geradezu unentbehrlicher Rohstoff. In dieser brennholzarmen Region dient er als ein Heizmittel; zerstossen und feingemahlen als Puder für die wundtgerittenen oder -gelegenen Körpertheile der groszen wie der kleinen Wüstenkrieger; und gegen so manche unspecifischen Leibesschmerzen wird das Allzweckpulver wohl auch oral verabreicht. – Jede Hausherrin halte einen groszen Sack Kameeldung in ihrem Küchenzelte auf Vorrath, theilt Ihm sein Wächtergefährte mit: Auch für seine Genesung habe man an diesem bewehrten Hausmittel nicht gespart. Al Hamdulilah.
Das Kameel ist überhaupt eine unglaubliche Schöpfung Gottes: Es dient als Reit- und Lastthier, spendet Milch und Fleisch, Wolle für Kleidung und Zelt, Dung und Urin für die Körperpflege, und ist selber dabey überaus genügsam. Und selbst nach einem freygiebigen Leben schenkt es noch Segen: Ein zähes Fell für Taschen, Wassersäcke und Trommeln, Sehnen für die Laute oder *Audd*, Knochen für eine letzte Suppe. Also darf es Niemanden wundern,

dass die Thiere wie die eigenen Kinder gehütet werden und, wenn nöthig, auch das Lager mit den Menschen theilen.

*

Nur Männer melken das Vieh. Frauen ist es verboten, das Euter eines Kameels, eines Schaafs oder einer Ziege zu berühren.
So, wie die Verletzung dieser eher in der Einbildungskrafft gründenden Vorschriften zu Krankheit, Unfruchtbarkeit oder Tod des Viehs führen kann, giebt es auch Heilverfahren, die wohl eher dank festen Glaubens als Krafft unmittelbarer Handlung ihre Wirksamkeit entfalten. Eine dieser magischen Handlungen hat Er heute morgen auf seinem zweyten Spacirgange mit Hakim, seinem Wächterwirthe oder Gastfreundfeind, beobachten können. Sie heisse *Nafach* und solle auch bey anderen Stämmen als Mittel zur Erhöhung der Milchgabe häufig angewendet werden.
Bey diesem Ritus steht das Thier mit gefesselten Beinen dar. Während ein Hirtenknabe den Kopf hält und es mit gutem Futter ablenkt, steht der Thiereigner am hinteren Ende, nimmt mit einer Hand den Schwanz beyseite, setzt seine Lippen an die Vulva des Thieres und bläst hinein. Mit der anderen Hand massirt er unterdessen das Euter.
Er ist kein Kind vom Lande und konnte schon auf den heimathlichen Märkten oftmals den Bauern kaum von seinem Viehe unterscheiden. Doch würde es ihn nicht verwundern, wenn es auch bey den sächsischen Landleuten dergleichen Bräuche zur Erhöhung von Ertrag und Fruchtbarkeit gäbe. Und wie alle Bräuche, die in Verbindung mit Wachsthum und Reife stehen, scheinen sie zeichenhafter oder auch, wie in diesem Casus, unmittelbar geschlechtlicher Natur zu seyn.

Wieviel darf ein Mensch wissen, um noch in aller Unschuld handeln zu können? Er wünschte, er dürfte die Stute auf ähnliche Weise zu höheren Leistungen ermuntern. Doch nimmt Er Hakims, wohl nicht ganz ernst gemeintes, Anerbieten nicht an. Denn Gott weiss, dass Er weiss. Wenngleich Er nicht weiss, wie Jener über derartige Manipulationen urtheilt.

Und was geschähe, wenn ein Eingriff von seiner, eines Fremden Hand, nun das Gegentheil bewirkte und zum gänzlichen Versiegen der Milch oder zu einer unwiderruflichen Unfruchtbarkeit der Stute führen würde? Hätte Er sich nicht am edelsten und werthvollsten Besitze der Beduinen vergriffen? Wie dieser Frevel zu ahnden seyn würde, steht wohl ausser Zweyfel.

WEIBER

Zwar ist es den Morgenländern erlaubt, bis zu vier Frauen gleichzeitig zu haben. Indes begnügen sich die meisten Stammeskrieger mit Einer und behalten selbige zeitlebens, wenn sie sich nur einiger Maassen nach dem Willen des Mannes bequemt.
Doch Wochen vorher und darnach träumen sie von ihrem seltenen geschlechtlichen Verkehre, und in der Zwischenzeit erregen sie sich und ihre Zuhörer, das ist vor allem Er, der Fremde, mit der Erzählung anspielungsreicher Aventüren.

Der Scheich der Beni Lafitat hat zwey Frauen, wovon die Eine in jenem Steinhause wohnt, in dessen Nachbarschaft Hakim sein Zelt aufgeschlagen hat. Die Andere, Jüngere, lebt im zweyten Steinhause des Dorfes, nahe einem Hain mit Dattelbäumen, und hat die Aufsicht über diesen Garten.
Unsere Frau Nachbarin, zweyfellos die vornehmste Dame des Weilers, beehrt Hakim und seinen Gastfeind zu Mittag mit einem unerwarteten Besuche, und schenkt den Beyden ein Huhn und einige Eier. Nun ist Er schon einige Zeit in diesem Dorfe, doch ist es das erste Mal, dass Er mit einer Bewohnerin desselben redet.
Indessen will sie nicht ins Zelt treten, sondern setzt sich schicklich in den Schatten ihres Hauses, doch so nahe, dass sie bequem mit einander reden können. Ihr gefällt vor Allem, was Er vom Abendlande erzählt, nichts so sehr, als dass ein Christ nicht mehr als ein Weib nehmen dürfe, es sey denn, sie stürbe vor ihm. Alleyn, ihr Beyfall klingt gerade so, als habe sie einer gut erfundenen, obgleich trostreichen Geschichte gelauscht.

SCHEICHE

An der Spitze des Stammes steht der *Aqil* oder, bey bedeutenderen Stämmen wie den Beni Lafitat, der *Scheich*. Die Scheichswürde ist gemeinhin erblich. Wenn ein Scheich sich aber nicht bewehrt, wenn er kein *Muftih*, kein „offener Kopf" ist, so wird ein anderer Kabile gewählt, welcher über die erforderlichen Eigenschaften verfügt und auf einen ehrenvollen Stammbaum verweisen kann.
Scheich Jasir Juhasdik Jahbar el Lafitat, Vater Seines edlen Juhasdik ibn Jasirs, scheint ein „offener Kopf" zu seyn. Er empfängt den Fremden nicht wie einen Gefangenen, sondern wie einen Gast in seinem Zelte.
Während der begrüssenden Wechselrede fragt er Jenen derart häufig nach seinem Befinden, dass der Befragte ernsthaft darüber nachzusinnen beginnt und endlich nicht mehr genau anzugeben weiss, wie Er sich thatsächlich fühle.
Ehe die Begrüssungsceremonie nun ins Stocken geräth, fragt Er jetzo ihn, den Scheich, mit ebenso grosser Ausdauer nach dessen Befinden, ohne sich mit den gewöhnlichen, allgemeinen und unbestimmten Antworthen zu Frieden zu geben.
Erschöpft vom höflichen Insistiren seines Gastes fordert der Scheich diesen endlich auf, an seiner Seite Platz zu nehmen. Offenbar hat seine unübertreffliche Höflichkeit nicht wenig Eindruck auf die hier versammelten Kabilen gemacht. Der Scheich lässt Tee bringen und beauftragt sein Weib, das Jüngere, für die Zubereitung von Speisen Sorge zu tragen.
Der Sachse bittet unterdessen um Entschuldigung für seine übereilte und thörichte Flucht, und führt die geistige und seelische Zerrüttung nach dem Tode Seines letzten Cameraden als wohl verständliche Ursache dafür an.
In der That sey die Flucht unvernünftig gewesen, stimmt Scheich Jasir Ihm zu. Das nächste Mal solle Er überlegter handeln; denn fast hätte Seine Crisis auch Ihm das Leben gekostet. Indessen, fügt er lächelnd hinzu, hat Allah offenbar ein anderes Los für dich bestimmt.

Im weiteren Verlaufe des Gesprächs erfährt Er, dass der Imam ein Kopfgeld auf sie, respective Ihn, ausgesetzt habe, und damit eine Rückkehr nach Sanaa kaum rathsam sey. Auch würden wohl die grossen Strassen und Häven überwacht, so dass Ihm bloss der Weg durch die Wüste, entlang der alten Weihrauchstrasse, zur Flucht aus dem Lande bleibe. Allerdings könne Niemand diesen Weg alleyne gehen.
Er fragt den Scheich nach den Umständen Seiner Errettung, da sich in Seiner Erinnerung Phantastisches mit Wirklichem unauflösbar mische. – Scheich Jasir weist auf Juhasdik, seinen Erstgeborenen. Wird er dereinst je die Nachfolge seines Vaters antreten dürfen? Der Stamm könnte ihm sein Gebrechen vorwerfen, denn von einem Scheiche wird vor Allem Weitblick und Augenmaass erwartet.
Gemeinhin sey er ein wohlerzogener, wahrheitsliebender und bescheidener Sohn, erklärt der Scheich: Doch auch in seinem Berichte mischt sich Unglaubliches mit Denckbarem. Denn wie sollte dieser schmächtige Knabe einen ihn überragenden, wenn auch abgemagerten Mann vom Brunnen el Musamma bis ins Dorfe el Lafitat, also zwölf Deutsche Meilen oder einen Zwey-Tage-Marsch weit durch die Wüste getragen haben. – Juhasdik senkt beschämt den Kopf.

VERSCHLEIERTE GEFÜHLE

Juhasdik ist kein Knabe mehr. Er mag um die 20 Jahre alt seyn, ein Alter, in dem die meisten jungen Männer dieses Culturkreises bereits verheirathet und Vater eigener Kinder sind.
Auf einem Spacirgange zu den Heerden fragt Er ihn, warum er noch nicht verheirathet sey, da ihm doch längst eine Braut versprochen.
Du hast schon von meiner Verlobung gehört?
Gestern kam deine Cousine zu mir ans Zelt und frug, ob ich kein Mittel gegen ihre Schmerzen wüsste.
So hast du sicherlich auch vernommen, dass ich Buschra niemals zum Weibe nehmen werde.
Sie ist schön.
Du hast sie gesehen?
Sie litt an einem Zahnschmerz. Um die Art der nothwendigen Behandlung zu ermitteln, musste ich einen prüfenden Blick auf den Orth des Schmerzes werfen.
Sie hat die Zähne eines Maulthiers.
Meine Augen haben mir etwas anderes gesagt.
Dann schliesse deine Augen und sieh, was von ihrer Schönheit übrig bleibt. Hat sie nicht auch die Stimme und den Geruch eines Maulthiers?
Ist das der Grund, warum du sie nicht heirathen willst?
Genügen dir diese Gründe nicht, so lässt sich die Liste ihrer Vorzüge beliebig forthsetzen: Ihre Bewegungen haben die Gracie einer trächtigen Kameelin, ihr Blick die Lüsternheit einer heissen Eselin ... Doch der vornehmliche Grund ist: Sie verachtet mich. Sie glaubt, ihre Reize seyen zu Schade für meine blinden Augen.
Hat sie das gesagt?
Gott bewahre, nein. Seit wir der Kindheit entwachsen sind, haben wir kein Worth mehr mit einander gewechselt. Doch geht sie an mir vorüber, blickt sie mir mit einer Schaamlosigkeit ins Gesicht, wie es junge Leute unterschiedlichen Geschlechts gemeinhin nicht thun, so dass sie kaum mehr auf ihren Weg achtet und ihre breiten Füsse plump über jede Unebenheit des Bodens schleifen lässt.

Unterdessen haben sie den Waideplatz der Kameele erreicht. Juhasdik führt den Fremden auf directem Wege zu seinem eigenen Reitthiere und preist es stolz als das Klügste und Ausdauerndste der ganzen Heerde.
Bist du schon immer blind gewesen?
Zunächst hatte ich Schmerzen im Ohr, dann im ganzen Kopf. Und plötzlich kam ein Fieber hinzu, das mir die Augen verbrannt hat. Ich war in dem Alter, als wir Knaben schon alleyn das Vieh hüten durften.
Das Kameel Juhasdiks lässt sich vom Fremden nicht berühren. Juhasdik lächelt, nimmt die Hand seines Freundes und hält sie seinem Thiere zum zärthlichen Begrüssungskusse vor das breite Maul.
Ich danke Gott, dass er mir wenigstens den Gehörsinn zurück gegeben hat, denn Taubheit trennt uns mehr von der Welt als Blindheit.
Wirst du gehorchen, wenn dein Vater auf einer Verheirathung mit Buschra besteht?
Was thun die Männer deines Stammes, wenn der Gehorsam gegenüber dem Vater und jener gegenüber den eigenen Gefühlen wider einander streiten?
Manchmal handeln sie gegen den Willen ihrer Eltern und verlassen das Vaterhaus. Doch sind es die Söhne eines Scheichs, bleibt auch ihnen oftmals keine Wahl. – Hat dein Herz schon eine eigene Wahl getroffen?
Noch nie ist es Jemandem gelungen, sich mir unbemerckt zu nähern. Es giebt keinen besseren Wächter als mich.
Doch wenn man dich angreift, wie verteidigst du dich dann?
Bin ich das Ohr meiner Stammesbrüder, so sind sie meine Augen und mein Schwerdt. Nun erzähle mir aber vom Leben in deinem Dorfe!
In meinem Dorfe ist das oberste Gebot, von Allen im besten Lichte gesehen zu werden. Es giebt keine stricte Trennung zwischen Haus und Strasse wie hier, es giebt nur heimliche Oeffentlichkeit und öffentliche Heimlichkeit, also zufälliges und inscenirtes Mitwisserthum. Je tiefer die Schaamlosigkeit, um so aufwendiger die öffentliche Bekanntgabe.

Deine Stammesbrüder haben dich in deiner Ehre gekränkt, indem sie dich öffentlich verleumdet haben?
Da aber alles Intime öffentlich geworden, ist das ganze Leben Spectacel und Täuschung. Wahr ist, was beeindruckt. Also schminkt man seine Gefühle und Gesinnungen grell ins Gesicht. Männer, Frauen, selbst die Kinder schminken sich, überdecken die wirklichen Narben, kleben sich künstliche an, ewig jung, ewig leidend, mit den tragischen Momenten an der passenden Stelle.
Auch hier färben sich nicht nur die Weiber Hände und Gesicht, sondern auch manche eitlen Männer ihren Bart oder ihr schon ergrautes Haar.
Männer wie Frauen setzen Mützen aus falschem Haar auf, parfümiren sich, tragen Handschuhe, grellen Schmuck, Schönheitspflästerchen, Spitzentüchlein, Alle einander gleich, die Geschlechts- und Altersunterschiede aufgehoben, in einem immerwährenden Stadium der Unreife, so dass man schliesslich, am liebsten vor Aller Augen, mitten im Vergnügen oder beym Tanze, stirbt, ohne je erwachsen, geschweige denn alt geworden zu seyn.
Es scheint, als kämest du von einem Stamme, welcher nur aus Weibern bestünde. Doch wie kann man einander noch lieben, wenn man sich nicht unterscheidet?
In meinem Stamme liebt man einander nicht, man spiegelt einander. Jeder schaut in dem Anderen immer nur sein eigenes Gesicht. In jedem Gegenüber begehrt und bewundert man sich selber. Und jede Conversation ist ein endloses Echo jener Complimente, welche man sich selber macht.
Bist du aus diesen Gründen von deinem Stamme forthgegangen?
Während ich noch unter meinen Stammesbrüdern lebte, habe ich die Spiegelungen und Echos noch für das Wahre, zumindest aber für das Gewöhnliche gehalten.
Doch glaube nicht, dass die Menschen hier ihr wahres Gesicht zeigen. Nicht nur die Weiber, auch die Männer gehen verschleiert oder geschminkt und verbergen ihre wirklichen Gefühle hinter Masquen aus Stolz, Eitelkeit und Heuchelei. Ohne Weib und Kin-

der zu leben scheint den Männern schlimmer als der Tod, doch trennen sie sich von den Frauen so leichtherzig wie von wurmgeplagten Kameelen, oder kaufen nach Belieben eine Zweyte, Dritte, Vierte hinzu. Niemals aber heirathen sie jene, die sie wirklich lieben, gefährdet eine solche Verbindung doch den Nutzen oder Vortheil für die Familie, welche sie aus jeder Heirath zu schlagen erhofft. Ist es da verwunderlich, wenn Eheleute kaum Zeit mit einander verbringen, ja, einander gar aus dem Wege gehen, um ungestört den geheimen Träumen der wahren Liebe, deren Erfüllung man sich versagt hat, anzuhängen?

Die staatsführung hat ein friedensangebot des südens abgelehnt. Offenbar soll eine einheit verteidigt werden, die nie gesellschaftliche wirklichkeit war. Die menschen fühlen sich weiterhin vor allem ihrem stamm oder ihrer region zugehörig. Der bürgerkrieg verstärkt nur die unterschiedlichen loyalitäten noch.
Das ist nicht der krieg, von dem Aḥmad spricht. Kampfflugzeuge werfen ihre bombenlast über wohngebiete ab, granatwerfer feuern ziellos in märkte und schulhöfe.
Traditionell hat der krieg den charakter eines zweikampfs unter ebenbürtigen. Er ist nicht immer ein gewaltakt, der den gegner zur erfüllung eines fremden willens zwingt. Auch ist körperliche gewalt nicht das ausschlieszliche mittel.
Es gibt einen strengen verhaltenskodex, der die kriegerische begegnung bestimmt. Es gibt »legitime« und unerlaubte gewalt. Die unterwerfung des gegners ist nur dann ein sieg, wenn sie mit ehrenhaften mitteln erreicht wird.

In diesem sinne ist das *massaker,* das blinde gemetzel, das gegenteil der kriegs-kunst, dem wettstreit der geistigen und körperlichen kräfte. Wenn wir von »krieg« reden, sprechen wir also von zwei einander ausschlieszenden phänomenen.
In modernen, technischen kriegen ist vor allem die unbeteiligte zivilbevölkerung das opfer. Hat krieg je ein spielerisches element innegewohnt, so ist es von einem vormals realen wettkampf in einen virtuellen übergewechselt: Die »gegner« *begegnen* sich nicht mehr. Sie vernichten einander nur noch *bildhaft,* auf monitoren und radarschirmen.
Da es keine augenzeugen mehr gibt, musz es auch keine kriegstugend mehr geben. Niemand erzählt sowohl vom groszmut der sieger als auch von der standhaftigkeit der besiegten. Sie bedingten einander.
Oder verhält es sich umgekehrt: Da es keine kriegstugend mehr gibt, darf es auch keine augenzeugen mehr geben?

Mit zehn kilogramm sprengstoff im rucksack, *Dynamit Nobel/ Werk Würgendorf*, unterwegs. Auf einem esel preszlufthammer, meiszel, kabel, eine autobatterie, einen kanister benzin. – Jaḥja will eine neue anbaufläche terrassieren.
Wir wandern entlang des steinigen wadis. Um das wasser, das während der seltenen, aber sintflutartigen regenfälle das wadi überschwemmt, in der richtigen menge auf die felder zu lenken, so dasz sie gleichmäszig bewässert, die karge ackerkrume aber nicht fortgeschwemmt wird, ist eine sorgfältige anlage der terrassen, der kanäle und dämme und eine stetige pflege des bewässerungssystems notwendig.
Mit dem dynamit will Jaḥja einen felsen aus dem fluszbett sprengen, der einer einebnung des geländes im wege steht. Er fragt mich, ob ich ihn begleiten will. Nach einem etwa einstündigen fuszmarsch entlang der windungen des trockentals kommen wir zur entsprechenden stelle.
Alles land im umkreis von wohl vierzig kilometern nennen die Bani Ḥadschar ihr eigen. Nicht selten gibt es selbst um steinigen wüstenboden kriegerische auseinandersetzungen mit nachbarstämmen. Landwirtschaftlich nutzen können sie nur die wadihänge. Ansonsten ist der boden selbst als weidefläche zu karg. – Das vieh wird auf die abgeernteten felder oder zu weiterentfernten weiden im süden getrieben, wo die sand- und geröll- in steppenlandschaft übergeht.

Im benzinkanister befindet sich petroleum. Jaḥja hat es versäumt, den inhalt zu überprüfen. Er bittet mich, hier auf ihn zu warten. Flink wie eine gazelle springt er den steinigen weg zurück. Ich binde dem esel die vorderbeine zusammen und setze mich auf die schattenseite des tals.
Ein seltsames miszverhältnis zwischen gleichmut und ungeduld herrscht in dieser kultur. Ständig wird, vor allem im straszenverkehr, gerast, gedrängt und genötigt. Andererseits ist das warten auf jemanden oder etwas eine alltägliche erfahrung. Sind jeme-

niten unterwegs, sind sie voller unrast und eile. Haben sie auszuharren, tun sie es mit stoischer geduld.
Bereits nach einer stunde ist Jaḥja zurück. Von der anstrengung des zurückgelegten weges ist ihm nichts anzumerken. – Während er mit dem preszlufthammer sprenglöcher in den felsen bohrt, bleibe ich im schatten liegen und beobachte ihn.
Er hat seine senna ausgezogen und eine alte armeehose übergestreift. Nun, in geripptem unterhemd und rauher baumwollhose, sieht er nicht mehr wie ein stolzer wüstenkrieger, sondern wie ein deutscher »gastarbeiter« beim straszenbau aus. Wieder staune ich über die signifikanz von kleidung. Sie ist tatsächlich unsere soziale haut. Mit ihr wechseln wir unsere *personae,* unsere sozialen masken.
Nicht nur begegnet man uns auf andere weise, auch wir verhalten uns je nach kleidung unterschiedlich. Im smoking fahren wir nicht in der u-bahn, in jeans besuchen wir nicht die oper. Mit senna oder mauwis bekleidet geht man zum gebet in die moschee oder lädt den granatwerfer; im rock bohrt man aber keine löcher in den fels.
Sein gesicht ist sonnenverbrannt; die haut auf seiner nase schält sich. Auch der dunklere hautton schützt die menschen nicht genügend vor der gewalt der wüstensonne. Mein gesicht ist selbst im schatten nach wenigen stunden verbrannt.
Er steht barfusz auf dem scharfkantigen fels. Seine fuszsohlen sind dick verhornt, staubgrau und rissig. Am abend, als er neben mir im diwan sitzt, spüre ich sie an meiner seite, trotz der verhornung warm, empfindsam, ein verletzlicher teil seines körpers.
Seine hände sind fast ebenso rauh und schwielig wie seine füsze. Sie räumen geröll fort, graben, brechen auf, zerreiszen, halten, verbinden, umfassen; sie sind noch werkzeug an sich, die falten und poren ölverschmiert, die nägel splittrig. Sie fassen alles an, kennen keine scheu vor dreck, öl, pulver, dung, samen, fellen, eutern. Erde und körper scheinen aus dem gleichen material.
Er legt die kabel aus. Das eine ende verbindet er mit den dynamitstangen und senkt sie in die bohrlöcher. Dann fordert er mich auf, mit ihm auf den wadirand zu klettern. Er trägt die batterie.

Er schlieszt das andere ende der kabel an die batterie an. Eine eher enttäuschende detonation. Was habe ich von einer stange dynamit erwartet? Den effekt von Hollywoods feuerwerkern? – Ein feiner staubregen geht auf uns nieder.
Aus dem etwa lastwagengroszen felsen ist ein mannshohes teilstück herausgebrochen. Um den ganzen felsen abzutragen, sind wohl noch ein halbes dutzend sprengungen nötig. – Wie mühsam musz die anlage der bereits vorhandenen terrassen gewesen sein, ohne die unterstützung von preszlufthammern und dynamit.
Schon der kampf mit diesem relativ kleinen felsbrocken erscheint mir, gerade auf grund des zur hilfe genommenen sprengstoffs, wie sisyphosarbeit. Und aller hilfsmittel zum trotz musz das geröll weiterhin mit den händen fortgetragen, müssen die dämme mit den händen aufgeschichtet und befestigt werden. Eine arbeit, die viele menschen viele monate in anspruch nehmen wird.

*

Am abend erschöpft, als hätte ich Jaḥja nicht nur bei der arbeit zugesehen, sondern selbst einen arbeitsreichen tag hinter mir. Doch hätte Jaḥja nicht gewollt, dasz ich mit anfasse. Er hat mich eingeladen, ihn zu begleiten, damit ich genau das tue, was ich getan habe: ihm zuzusehen. – Vielleicht bin ich zu recht erschöpft.

Seit jahrtausenden beruhen die sozialen strukturen in den stammesgesellschaften auf gleichheit. Die anlage neuer felder und bewässerungsgräben ist nur gemeinsam möglich. Das knappe wasser musz gerecht nach einem von allen gebilligten plan auf die felder geleitet werden.
Bei einer äuszeren bedrohung lassen alle wehrfähigen männer ihre hacken liegen und greifen zu den gewehren. – Der scheich ist in diesen politisch nahezu autonomen sippen erster unter gleichberechtigten.
In versammlungen aller erwachsenen männer eines dorfes oder einer region wird der scheich gewählt. Er kann von dieser ver-

sammlung auch wieder abgewählt werden, wenn er sich als unfähig oder seines amtes nicht würdig erweist.
Neben dieser politisch-sozialen gibt es auch eine religiöse form der mitbestimmung, *schura* oder *ulama* genannt. *Schura* heiszt »beratung« und bezeichnet die versammlung (religiöser) gelehrter. Doch auch bei politischen entscheidungen den rat erfahrener männer einzuholen gilt für muslime als eine der säulen islamischen lebens: Was aber bei Allah ist, ist besser und bleibender für die, welche glauben und auf ihren herrn vertrauen und ihre angelegenheiten in beratung untereinander verrichten, heiszt es in vers 36 der sure »Die Beratung«.
Diese formen der gleichberechtigung und mitbestimmung haben ihren ursprung nicht in der nachahmung moderner westlicher demokratien. Sie sind wesentlich älter. Hingegen sind es vor allem die europäischen kolonialmächte, die diese über jahrhunderte in der arabischen welt geübten mitbestimmungsformen zerstört und durch europäische herrschaftsmodelle ersetzt haben.

Ich bin müde vom gemeinsamen ausflug mit Jaḥja. Dennoch gelingt es den kindern, mich vor die tür zu locken, damit ich noch einmal *völkerball* oder *land abnehmen* mit ihnen spiele.
Ich würde ihnen gerne ein neues spiel beibringen. Doch gewinnt ein spiel an reiz offenbar auch durch wiederholung; durch die vertrautheit mit den regeln und dem verlauf, so dasz die aufmerksamkeit ganz im gegenwärtigen spielgeschehen aufgehen kann.
Jaḥja und Aḥmad schauen noch für ein glas tee vorbei. Aḥmad schickt die kinder fort und zieht mich in meine baracke. Nur seinen bruder ʻAli duldet er im kreis der »männer«. Vielleicht weil er weisz, dasz ʻAlis herauswurf auf meinen widerspruch stoszen würde.

AḤMAD: Ein scheich darf notfalls grausam sein, doch musz er jedes verhalten meiden, dasz ihn verhaszt oder verächtlich machen kann.
ICH: Und natürlich darf ein scheich auch wortbrüchig sein, wenn es die situation erfordert.
AḤMAD: Ein kluger scheich kann und darf sein wort nicht halten, wenn ihm und den seinen daraus ein nachteil erwächst.
ICH: Doch wird er aus klugheit seine klugheit zu verbergen wissen und notfalls auch für unentschlossen oder furchtsam gelten dürfen.
AḤMAD: Das nun gerade nicht. Die männer müssen in seinen taten groszmut, kühnheit und stärke verspüren. Sein urteil musz unwiderruflich sein.
ICH: In zeiten des wohlergehens. Doch ändern sich die zeiten, ändern sich die urteile.
AḤMAD: Wären alle menschen gut, dann wäre diese haltung schlecht. Da die menschen aber schlecht sind, würden sie in einer vergleichbaren situation ihr wort auch dir gegenüber nicht halten.
ICH: Habe ich je behauptet, unwiderruflich zu meinem wort zu stehen? Nur der dumme hält seine versprechen ein.
AḤMAD: Wie kannst du erwarten, dasz wir uns an regeln halten, die nur sinn haben, wenn alle beteiligten sie akzeptieren.

Hamud, der lehrer, lädt mich zum essen ein. – Die männer in den dörfern können auch backen und kochen und die notwendigen dinge des haushalts verrichten, weil sie immer wieder längere zeit von ihren müttern, ehefrauen oder schwestern getrennt und auf sich allein gestellt sind (so wie die dorf- und vor allem die beduinenfrauen auch mit dem gewehr umzugehen und alle traditionell männlichen tätigkeiten zu verrichten wissen, wenn die männer abwesend sind).
Hamuds kochkünste allerdings sind eher bescheiden: Eine aufgewärmte dose bohnen, fladenbrot, das ihm einer seiner schüler am morgen mitgebracht hat, übersüszter tee. Liegt es daran, dasz er ein *madani*, ein städter ist, den die »schule der nation« hierher verschlagen hat?
Ich arbeite das bescheidene mahl durch eine stunde privaten unterricht in englisch ab: Wir lesen gemeinsam die ersten kapitel im »Grundkurs für Anfänger« – *This is Tom. He lives in Liverpool. This is Aḥmad. He lives in 'Aden* –, die er längst seinen schülern hätte beibringen sollen.
Tom besucht seinen brieffreund Aḥmad in der ehemaligen hauptstadt. – Da hat sich der schulbuchberater des British Council ja eine phantastische geschichte ausgedacht: Es gibt wohl kein schreibunlustigeres volk als das jemenitische. Und sollte sich tatsächlich jemand zu dieser art rein skriptiver beziehung veranlaszt fühlen, wird ihm spätestens die notorisch unzuverlässige staatspost die vergeblichkeit solcher bemühungen vor augen führen.
Jemeniten *reden* miteinander. Ist jemand auszerhalb des gesprächskreises, scheint es, als existiere er überhaupt nicht mehr. Deswegen hat jede begrüszung auch den emphatischen charakter einer auferstehungsfeier.

*

Zur verrichtung der abendlichen notdurft nehme ich die petroleumlampe mit. Die mondlosen nächte sind so finster, dasz man

die eigene hand vor den augen nicht sehen kann. Von den hindernissen vor den füszen ganz zu schweigen.
Ich entferne mich nicht weit von meiner baracke. Die häufchen sind mit der zeit dürftiger und fester geworden. Sonne, sand und wind sorgen dafür, dasz ich nicht in meine eigene scheisze tappe. Als ich zurückkomme, finde ich meine barackentür verriegelt vor. Ich höre ein scheppern, als habe jemand gegen meinen kaffeetopf getreten; dann das winseln eines hundes, dem das maul zugehalten wird.
Sicher wollen Aḥmad oder Jaḥja mir einen streich spielen. Sie haben diesen kleinen spuk inszeniert, um mich für meinen spott über ihren aberglauben zu bestrafen. Allerdings bin ich zu müde, um wenigstens für eine weile den furchtsamen zu spielen. Auch ist mir kalt, bin für meinen nachtgang nur spärlich bekleidet. Wenigstens können sie als erfolg verbuchen, mich zittern zu sehen.
Ich klopfe gegen die tür. Jaḥja, rufe ich, mach auf! Ich friere. Ich hol mir hier den tod. – Keine antwort. Okay, dschinn. Es tut mir leid, dich durch meinen unglauben gekränkt zu haben. – Reicht das?
Eine hand auf meiner schulter läszt mich nun doch zusammenfahren. Es ist Jaḥja: Du hast nach mir gerufen? Was ist los? – Ich erkläre ihm, Aḥmad oder ʻAli habe mich ausgesperrt und wage nun nicht zu öffnen.
Aḥmad und ʻAli haben am nachmittag das dorf verlassen, entgegnet Jaḥja. Sie werden erst in zwei oder drei tagen wieder zurück sein. – Er zieht seinen krummdolch aus dem gürtel, schiebt die klinge zwischen tür und rahmen und hebt damit den riegel aus der verankerung. Die tür springt auf. Er nimmt mir die laterne aus der hand und betritt den raum. Ich folge ihm.
Mein diwan ist leer. Und alles finde ich so, wie ich es verlassen habe. Dschinne! flüstert Jaḥja. Der spott in seiner stimme ist unüberhörbar. Ich nehme ihm die laterne aus der hand und leuchte die wände ab. Jaḥja schüttelt lächelnd den kopf; er steckt seinen krummdolch in den gürtel zurück und wendet sich zur tür.
Da er nun schon einmal hier ist, will ich ihn nicht in die kalte nacht hinausschicken. Also bitte ich ihn zu bleiben und die nacht in meinem diwan zu verbringen.

Jaḥja weckt mich früh. Er fragt, ob ich ihn in ein nachbardorf begleiten wolle: Die dorfpumpe, italienisches fabrikat aus den fünfziger jahren, ist defekt. In Messiam wohnt ein ingenieur, der viele jahre bei FIAT in Turin gearbeitet hat.
Bevor unser ausflug beginnen kann, musz ich den wagen anschieben. Offenbar ist die batterie leer. Zunächst führt die fahrt durch das wadi, das ich zum teil schon kenne. Wir kommen, trotz des allradantriebs, nicht schneller voran als auf einem esel. – In Messiam schlieszlich, nach zweistündiger fahrt, die nachricht, dasz der ingenieur am morgen nach Ṣana'a aufgebrochen sei.
Das alte Messiam liegt auf einer kleinen anhöhe, fünf, sechs wohnburgen, zu einer einzigen festung eng aneinandergeschmiegt und von einer, nun vernachlässigten und zum teil eingestürzten, steinmauer umgeben. Die meisten familien haben sich neue, komfortablere häuser auszerhalb der festungsmauern gebaut. Nur die ölmühlen in den erdgeschossen der alten turmhäuser, angetrieben von staubgrauen, tagblinden kamelen, werden noch genutzt.
Wir werden zu einem zweiten frühstück eingeladen und treten dann die rückfahrt an.
Sollte der defekt an der dorfpumpe in Bejt al-Ḥadschar nicht behoben werden können, müszten auch dort wieder kamele und ochsen in traditioneller weise das wasser fördern. Die leistung der motorpumpe hat es ermöglicht, überschüssiges wasser auf die nahegelegenen felder und in die obstgärten zu leiten. Doch kann es geschehen, dasz nun sogar das trinkwasser rationiert werden musz.

*

Im nachmittagsunterricht ein wenig europäische erd- und klimakunde. Vor allem das phänomen der tag- und nachtungleiche, die langen tage im sommer und die langen nächte im winter nordeuropas, fasziniert die kinder: Fällt der fastenmonat Ramadan in den winter, hätte ein muslim am nordpol keine mühe zu

fasten, da ihm nur in der zeit zwischen sonnenaufgang und sonnenuntergang zu essen untersagt ist.
Fällt der Ramadan in die sommermonate, würde ein strenggläubiger muslim am nordpol möglicherweise verhungern, weil die sonne nicht untergeht. – Religiöse bräuche sind unlösbar mit den gegebenheiten ihrer herkunftsregion verknüpft.

Ḥāfith und Manṣūr kehren von den weideplätzen zurück. Sie waren fünf tage fort.
Ḥāfith begrüszt mich auf traditionelle stammesart, indem er meine hand ergreift, sie andeutungsweise küszt und mir seine hand zum kusz reicht. Diese gegenseitigen küsse auf die handrücken wiederholen sich, je nach wiedersehensfreude und sympathie, mehrmals.
Manṣūr wirkt ein wenig bedrückt. Doch schien er mir immer schon der zurückhaltendere der beiden freunde zu sein.

*

Am abend schaut Jaḥja noch einmal herein. Er bringt mir ein rocktuch, das die männer um die hüfte geschlungen tragen, und einen ledergürtel mit krummdolch: Für die dauer meines aufenthalts, damit ich als mann und krieger angesehen werde.
Spaszeshalber ziehe ich mich um. Der griff der dschambija drückt gegen das brustbein, die haare auf meinen waden sträuben sich unter der ungewohnten kühle. Doch Jaḥja begutachtet ernst meine verkleidung. Er bindet mir die sumata nach qabiliart um die stirn (eine fertigkeit, die ich längst selbst beherrsche) und zupft hier und da die mauwis zurecht, damit sie auch zuchtvoll bis über die knie reicht.
Womöglich handelt es sich um mehr als eine verkleidung. Jeder, auch der ärmste qabili, trägt wenigstens einen krummdolch. Sie ist zeichen der unabhängigkeit des mannes. Die identifikation mit der waffe geht so weit, dasz ich in streitfällen nicht selten männer zu ihrem dolch greifen sehe, weniger als drohgebärde denn als äuszerung, dasz der gegner in der auseinandersetzung zu weit gegangen sei und die persönliche ehre berührt habe.

In verzweifelten oder ausweglosen situationen kann ein qabili den dolch vor den augen seiner feinde oder stammesgenossen zerbrechen, die dramatische gleichsetzung mit einem innerern besitz, der verletzt oder zerbrochen worden ist.
Nun sei ich fast ein ibn Ḥadschar, sagt Jaḥja lächelnd. Was fehlt noch zur vollständigen adoption?

SPIELZEUG

Er sieht kein Spielzeug im Lager, nicht einmal einen Ball oder eine Puppe. Das bedeutet aber nicht, dass die Kinder nicht spielten.
Principiell steht ihnen jedes Zelt offen und jeder Gegenstand zur Verfügung. Sie dürfen Alles inspiciren und sich mit Allem beschäftigen, ohne dass Erwachsene einschritten. Sie wissen dies und gehen mit diesem Rechte ausserordentlich gewissenhaft um.
Sie beobachten die Geschäfte der Erwachsenen, ohne diese zu stören oder zu behindern. Sie ahmen diese Thätigkeiten spielerisch nach, mit den wirklichen Werkzeugen, aber in einer vorgetäuschten Scenerie. Und schon bald gehen sie den Erwachsenen geschickt zur Hand, ohne dass Einer sie hätte dazu auffordern müssen.
Selten sieht Er die Kinder bey einem Spiele, das reiner Zeitvertreib wäre. Die Knaben üben sich im Zielschiessen, die Jüngeren zunächst mit Schleudern, doch schon Fünf- oder Sechsjährige mit Feuerwaffen. Wettrennen, zu Fuss oder auf dem Kameele, Faustkämpfe und andere, die körperliche Krafft oder Geschicklichkeit fördernde Unternehmungen findet Er bey ihnen, während die Mädchen ab vier oder fünf Jahren bereits getrennt bey den Frauen leben und an deren Verrichtungen, zunächst noch spielerisch, obgleich mit ernsten Mienen, Theil haben.

Er ist der Einzige, der den ganzen Tag müssig im Zelte seines Gastgebers liegt oder auf der Suche nach Unterhaltung durch das Dörflein zettelt. Weder wagt Er, den Männern bey ihren alltäglichen Verrichtungen zur Hand zu gehen, noch getraut Er sich, am Zeitvertreib der Jungen Theil zu nehmen.
Gast zu seyn erscheint Ihm noch bedrückender als ein Gefangener. Letzterer darf seine erzwungene Unthätigkeit den Anderen zum Vorwurfe machen. Ersterer muss ihnen dafür dankbar seyn.
Er bittet seine Frau Nachbarin, die vornehmste Dame des Dorfes,

um einige Stoffreste und Wollfäden. Jene nutzt den unerwarteten Besuch, Ihn eindringlich vor der zweyten Frau ihres *Schajib* zu warnen. *Schajib,* „Alter“, oder *Sahib Beti,* „Herr des Hauses“, nennen die Weiber ihre Ehegatten.
Vor jener zweyten Frau solle er sich hüten. Sie sey unersättlich und ihr Verlangen grösser als das *Bab el Mandab,* das Thor zum Rothen Meere, so dass ihrem Gatten, dem ehrwürdigen Scheich des Dorfes, kaum noch Krafft für sie, der Mutter seiner Kinder und wahren Gattin, bleibe. Er, der Gast, solle sich mit seinen Wünschen jeder Zeit an sie wenden, aber auf jeden Fall jenem schaamlosen anderen Weibe aus dem Wege gehen. Denn wer sich so unbescheiden zeige, dem sey auch das Gastrecht nicht heilig.

Er setzt sich vor das Zelt Seines Gastgebers, schaufelt auf Einen der Flicken mehrere Hände voll des feinkörnigen Sandes und bindet das Tuch zu einem locker gefüllten Säckchen zusammen. Dann schnürt er am oberen Ende eine kleine kopfartige Verdickung ab und theilt mit einem weiteren Bande den verbliebenen Rest in Rumpf und Unterleib.

Indessen sind einige Kinder auf Sein visirliches Handwerk aufmercksam geworden. Sie unterbrechen ihr Spiel und treten näher.
Was thust du da, Onkel? fragt eines der Mädchen.
Ich sitze bey meinem Freunde Maximilian, genannt Max, der Sandmann, und lausche seinen curiosen Abentheuern.
Er hat aber gar keinen Mund, dein Freund Max.
Mein Freund Max ist auch kein gewöhnlicher Mensch. Er ist eben ein Sandmann. Will er mir etwas erzählen, lässt er ein wenig Sand aus seinem Kopfe rieseln.
Dein Freund hat auch keine Beine.
Selbstverständlich hat er Beine. Im Augenblick aber hält er sie zusammengeschlagen unter seinem Rocke.
Geht er denn nie spaciren?
Selten. Am liebsten sitzt er einfach dar und denckt nach.
Aber wenn er bloss darsitzt, wovon kann er dir dann erzählen?
Nun, Max ist eben kein gewöhnlicher Mensch, sondern ein richtiger Sandmann. Jedes Sandkorn in seinem Innern ist von weit

her zu ihm geweht, jedes von ihnen hat eine eigene Geschichte zu erzählen.

Was hat er dir denn gerade erzählt?

Er hat mir gerade vom wundersamen, doch wahrhaftigen Kampfe mit der Windhexe berichtet.

Oh, frage doch deinen Freund, ob er nicht auch uns von diesem Abentheuer erzählen will.

BESCHNEIDUNG

Der jüngste Sohn von Scheich Jasir und drey weitere Knaben des Lagers sollen, entgegen der gebräuchlichen Jahreszeit, in den nächsten Tagen beschnitten werden. Im Frühjahr seyen die Männer auf einem längeren Kriegszuge gewesen, erklärt Juhasdik, so dass alle Familienfeste auf eine friedvollere Zeit verschoben worden seyen. – Heute schmücken die Mädchen des Dorfes die Eingänge der Zelte mit Straussenfedern und rothen Bändern.
Nach dem Sonnenuntergange versammelt sich die ganze Dorfjugend vor den Zelten. Die jungen Männer hocken sich in einen Halbkreis vor dem Eingange derselben und entzünden in ihrer Mitte ein Feuer. Ein Mädchen mit verschleiertem Haupte stellt sich zwischen die Männer und das Feuer. Nur ihre Augen sind unbedeckt. In der rechten Hand hält sie einen scharfen, blitzenden Säbel.
Die Jungen beginnen mit den Füssen aufzustampfen und in die Hände zu klatschen. Sie bewegen ihre Körper vor und zurück und rufen mit tiefen, grollenden Stimmen: Schaut her, Brüder! Schaut her! – Sie versuchen, das Mädchen mit den Händen zu berühren. Das Mädchen weicht zurück und schlägt mit dem funkelnden Säbel nach den begehrlichen Händen.
Die Bewegungen werden schneller, die Angriffe auf das Mädchen leidenschaftlicher. Die Hiebe des Säbels fahren wie Blitze in die Attacken der Jungen. Das Mädchen nähert sich, greift an, weicht aus, schlägt zu, ein unfassbarer Schatten vor den tanzenden Flammen. Schaut her, Brüder! Schaut her! rufen die Jungen lauter und heiserer. Ihre Gesten und Blicke werden wilder, drängender. Ist das Mädchen erschöpft, nimmt ein anderes den Säbel und tritt an ihren Platz vor dem Feuer.
So geht es fast die ganze Nacht. Und auch in der kommenden Nacht, so versichert mir Juhasdik, werde diese Darbietung forthgesetzt. – Auch er betheiligt sich an diesem Spiele der Jungen, und obwohl er den blitzenden Säbel nicht sehen kann, weichen seine Hände doch genauso flink der geschärften Klinge aus wie jene seiner Cameraden.

Doch nun, da ein neues Mädchen den Platz im Kreise einnimmt, will er die Runde der jungen Männer verlassen. Alleyn, die Cameraden lassen ihn nicht gehen, sondern halten ihn mit ihren Händen und wohl mehr noch mit ihrem Spotte in ihrer Reihe zurück.
Er vermuthet, dass es Buschra gewesen, welche nun in den Kreis getreten ist und zu tanzen begonnen hat. Juhasdik betheiligt sich nicht mehr an den Neckereyen, sondern hält die Hände im Schosse und den Kopf gesenkt, als sey er ganz alleyn und tief in Gedancken.
Indessen hört der Fremde das Mädchen von den Männern „Jaina“ gerufen. Ihre Bewegungen sind von einer Anmuth, die selbst Ihn, der aus einiger Entfernung dem Tanze zuschaut, zu tiefst bewegt. Allerdings scheint sie Juhasdik gar nicht zu beachten. Warum zeigt der Freund sich von ihrem Auftritte so verstört?

*

Am Morgen bringt der Vater des Knaben, der beschnitten werden soll, eine Kameelstute vor das Zelt, öffnet mit seinem Dolche die Venen an den Vorderbeinen und tödtet dann das Thier unter den grellen Freudentrillern der Weiber. Das Bluth der Kameelin trinkt der Sand, ihr Fleisch kocht in grossen Kesseln.
Am Mittag bringen die Frauen das Fleisch, dazu Brodt und andere Teigwaren, in das Zelt. Jeder Mann des Lagers darf das Zelt betreten und am Beschneidungsmahle Theil nehmen.
Alle sind heiter und ausgelassen. Die Männer scherzen mit ihrem Gaste, ob Er die Augen dieses oder jenes Mädchens gesehen und ob Er sich schon eines zur Braut gewählt hat. Dann sey wohl der Gast der Nächste, zu dessen Beschneidung, die sie „Reinigung“ nennen, ein grosses Fest gefeyert werde. Die Männer sind wie Kinder. Selten hat Er sie so voller Unernst erlebt. Nur Juhasdik lacht und scherzt nicht mit den Anderen.
An der Beschneidungsceremonie selbst nehmen gemeinhin nur Familienmitglieder Theil. Doch bittet Juhasdik den Freund, zu ihnen ins Zelt zu treten. So ist der Ehrentitel „Bruder“ also nicht nur metaphorisch gemeint.

Nachdem alle Männer der Sippe um ihn versammelt sind, nimmt Scheich Jasir seinen Sohn, der ganz in schwarze Tücher gehüllt ist, und setzt ihn auf seinen Schoss. Er versucht, den Knaben abzulenken, doch weiss der ungefähr Fünfjährige sehr wohl, was ihn erwartet, und macht aus seinem Missfallen keinen Hehl. Er schreyt bereits lauthals vor Pein, ehe der Chirurg, welcher auch der Barbier des Dorfes, das Messer überhaupt angesetzt hat.
Der Scheich herrscht seinen Sohn streng an, nun still zu halten und ihm keine weitere Schande zu bereiten. Der Chirurg geht, da er bereits drey Knaben an diesem Tage beschnitten, recht grob mit dem Messer um. Schon will er, des Knabengeplärres überdrüssig, das Zelt verlassen, als Scheich Jasir ihn zurück ruft, dass er sein Amt vollständig erfülle.
Mürrisch wetzt der Chirurg den Rest der Vorhaut ab, während ein Onkel dem Knaben die Augen und den Mund zuhält und scherzt, der Barbier solle doch noch etwas Fleisch zurück lassen, das, so Gott will, dem Knaben dereinst die Erfüllung der Mannespflichten erlaube.
Das unterdrückte Schluchzen des Jungen wird nun übertönt vom Jubel der Frauen, als geschehe dieser Act der Verstümmelung vor Allem ihnen zu Ehren. Die Männer strömen aus dem Zelte hinaus ins Freye, die Jüngeren unter ihnen springen auf ihre Reitkameele, schiessen mit ihren Gewehren in die Luft und führen ein gar kriegerisches Spectacel auf.
Sobald der beschnittene Knabe sich etwas beruhigt hat, waschen ihm die Frauen das Bluth von den Schenkeln und kleiden ihn in weisse Tücher. Nun wird auch er heraus geführt und alle Verwandten bringen ihm Geschenke, kneifen ihm in die Wangen oder klopfen ihm aufs Haupt ob seiner erwiesenen Tapferkeit. Unter den Gaben ist auch eine Büchse, wie sie die Männer bey sich zu tragen pflegen, und ein junges Kameel. Alle Geschenke gehören alleyn dem Knaben.
Die jungen Männer indessen richten ihre Flinten nicht mehr ziellos in die Luft, sondern messen ihre Fertigkeit im Kriegshandwerk, indem sie jetzt das Haupt der geschlachteten Kameelin anvisiren, welches in einer beträchtlichen Entfernung von den Schiessenden auf einem mannshohen Steinblock gesetzt worden ist.

Wer ist Max, fragt Juhasdik Ihn bey seinem nächsten Besuche im Zelte Hakims.
Du hast von ihm gehört?
Das ganze Dorf erzählt von den merckwürdigen Abentheuern deines Freundes.
Max ist ein Sandmann. Ich werde ihn dir gelegentlich vorstellen. Doch sprich, wer ist Jaina?
Obwohl du offenbar nie blind gewesen bist, hast du recht gut zu sehen gelernt.
Sie ist eine gracieuse Tänzerin.
Sie ist die Tochter des Barbiers.
Ihr Schritt berührt die Erde kaum.
Sie hat mich nicht angeschaut.
Sie hat die ruhige und dunkle Stimme singenden Sandes.
So ist sie wohl eine Schwester deines Freundes.
Vielleicht.
Erzähle mir von deinen wirklichen Abentheuern, mein Bruder.
Wohlan, Er berichtet dir von der gar seltsamen Begebenheit, wie Er in die Hände des Schlafes fiel und wie Er sich aus denselben auf wundersame Weise wieder zu befreyen wusste. Es begab sich am Dschebel Mussa, im Garten der nasranischen Mönche. Seine Cameraden sind in das Kloster eingedrungen, um daselbst nach alten Inschriften zu forschen. Da sie nicht zur vereinbarten Zeit zurückkehren, schickt er Abdallah, einen morgenländischen Bedienten, dass er nach ihrem Verbleibe schaue. Als auch dieser nicht zurückkehrt, geht er selbst und findet ihn und ebenso die anderen Gefährten seiner Parthey, welche doch zur Kundschaftung ausgezogen, schlafend vor. Vergeblich müht er sich, sie aus ihrer Ohnmacht zu wecken. Offenbar sind sie einem arglistigen Anschlage zum Opfer gefallen. Nun muss er sie einzeln und mit grosser Mühe in ihr Lager retiriren, da er sie in jenem Garten, welchen zu betreten ihnen nämlich untersagt, nicht ruhen lassen darf.
Alsbald spürt er selbst das Gift der Müdigkeit. So nimmt es nicht Wunder, dass er schliesslich zusammenbricht und samt der

schweren, krafftlosen Last auf den Schultern den steilen Abhang zwischen Kloster und Quartier hinabstürzt. – Als das Leben in seinen zerschlagenen Körper zurückkehrt und mehr Sinne als ihm lieb zu neuer Empfindsamkeit erwachen und ihm ungeschminkte Nachricht über sein Befinden übermitteln, entdeckt er sich auf ein hartes Lager gebettet.

Die Klosterzelle, denn um eine solche handelt es sich, hält er indessen für einen Kerkerraum und den sorgenden Betbruder für einen Folterknecht. Nun bereiten die nothwendigen Heilmaassnahmen seinen cujonirten Gliedern in der That die ärgste Pein.

Lass ab, du Hund! schreyt er den barmherzigen Samariter an. Führ mich vor den Herrn der Burg, damit er mir Rechenschaft über diese unwürdige Behandlung gebe!

Der Abt hat ein Schweigegelöbnis gethan und lebt in diesen Tagen der Heimsuchung in strenger Clausur.

So rufe seinen Vogt oder Kammerherrn!

Ich bin der Pförtner und für den Dienst an Fremden zuständig.

Glaube nicht, ich liesse mich von deinen tumben Lügen narren! Ich kenne deinen Herrn und seine Arglist.

Dein Geist ist von dem bösen Sturze noch ganz zerrüttet, mein Bruder, Ruhe aus, bis Gedancken und Glieder wieder in der rechten Lage.

Der Verwundete hält es für opportuner, fürderhin zu schweigen und die erste Unaufmercksamkeit seines Wächters zur Flucht zu benutzen. Er schliesst die Augen, um Ergebung in sein Schicksaal vorzutäuschen, doch wehrt er sich mit aller neuerwachten Krafft dagegen, dem vermaledeyten Gifte dieses Zauberabtes oder Hexenmönchs noch einmal anheim zu fallen. Denn in seinem Wahne hält er das Hospitium für den Palast eines Daimons.

Als nun der verständige Klosterbruder den Patienten schlafend wähnt und die Krankenkammer leise verlässt, um Jenen ungestört dem Schlafe der Genesung zu überlassen, erhebt sich der Trügerische von seinem Lager und schleicht zur Thür, die er unverschlossen findet. Obgleich dieser Umstand seinem Wahne, sich als Gefangener eines Daimons zu dünken, Lügen straft, deutet er ihn sogleich, seinem närrischen Sinne gemäss, als eine teuflische Falle, die Jener ihm zu stellen gewillt.

Er zieht seine Stiefel an und bewaffnet sich mit seinem Schwerdte, das mit all seiner Habe ordentlich unter der Krankenbank, auf welcher er gelegen, aufbewahrt liegt. Dergestalt gewappnet schleicht er aus der Kammer auf den düsteren und stillen Corridor hinaus. Er wendet sich zur Linken, weil dort gemeinhin nicht nur das Herz, sondern auch das Böse seinen favorisirten Sitz hat.
Die Stiefel indessen, so sehr sie ihn auch vor den Unebenheiten des Bodens schützen, verursachen doch bey jedem Schritte einen so vernehmlichen Lärm, dass alsbald aus allen angrenzenden Zimmern die dürren und bärtigen Insassen in den Gang hinaus treten und verwundert auf den nachtwandelnden Kranken schauen.
Dieser glaubt sich nun von allen Schergen des Geisterkönigs gestellt, so dass er drohend mit dem Schwerdte um sich schlägt und ruft, man möge ihn nicht aufzuhalten versuchen, da er Jeden, der ihm zu nahe komme, unverzüglich in Stücke hauen werde. Die Mönche treten ob dieser überflüssigen Warnung in ihre Zellen zurück und legen sich wieder zur Ruhe. Nur der Bruder Pförtner folgt dem unruhigen Gaste in einigem Abstand.
Schliesslich gelangt Jener zum Dormitorium, dem Schlafsaale der Postulanten und Novicen. Und da er hier die Knaben und bartlosen Jünglinge in friedlichem Schlafe bey einander liegen sieht, hält er sie Allesamt wie sich selbst für ein Opfer der Zauberkünste des Schlossherrn und diesen Saal für seine geheimste und teuflischste Hexenkammer: Oh, ihr bedauernswerthen Knaben, die ihr der Welt geraubt und dem ewigen Schlafe in diesen Mauern anheim gegeben, wie kann ich euch retten? Ich werde den Daimon des Schlafes stellen und ihn zur Aufhebung des Bannes zwingen, so wahr ich ein unglücklicher Wanderer aus dem Abendlande bin!
Er tritt in den Gang zurück und stösst auf den wackeren Bruder Pförtner. Gleich fährt er mit des Schwerdtes Klinge ihm an den Hals, als wolle er dem Mönche das Haupt abschlagen: Führe mich zu deinem Herrn und Meister, Götzendiener, ruft er voller Ingrimm und närrischer Empörung, dass ich ihn zur Rede stelle! – Ohne den Aufgebrachten durch eine, ohnehin wohl zwecklose Gegenrede noch weiter zu erregen, geleitet er Jenen in das Abthaus. Die von dieser heftigen und in diesem stillen Gemäuer un-

erhörten Scene aufgeweckten Novicen folgen dem Wahnsinnigen unbemerckt, um im Nothfalle einschreiten und bluthigere Bataillen verhindern zu können.
Der Abt indessen kniet wachend in seiner Betcapelle und lässt sich auch von dem unerwarteten Vordringen eines Fremden nicht aus seiner ascetischen Uebung reissen.
Auf, grausamer Herrscher! ruft der Kranke. Stelle dich deinem Herausforderer! – Der ehrwürdige Klostervorsteher beendet in Ruhe das Gebet, erhebt sich mühsam, da seine Gelenke ob des langen Exercitiums ganz steif geworden, und wendet sich ohne Eile dem Eindringlinge zu. Gleich bemerckt er das verzehrende Fieber in seinen Augen. Also nimmt er freundlich dessen glühende Hände in seine erkalteten und gichtgeschwollenen, und spricht: Du hast mich gesucht, mein Bruder?
Ja, ich habe dich gesucht, du Giftmischer, du dünnbärtiger Morpheus, Sohn der Nacht, Daimon des Schlafs, Herr des Vergessens und der Finsternis! ruft der Fiebernde wild. Löse den Bann, in welchen du mich und meine Gefährten geschlagen! Gieb auch die übrigen Knaben und Männer frey, die du in diesen Mauern gefangen hältst, um sie zum Gefolge deiner Schwarzen Künste zu dingen!
Ich sehe, du bist ein muthiger Streiter für das Licht der Freyheit. Doch glaubst du, dass dein Schwerdt die rechte Waffe für diesen ehrenvollen Kampf ist?
Ich durchschaue deine List, du Geist der Täuschung. Doch mein Schwerdt schwätzt du mir nicht ab. Es ist die einzige Waffe gegen das Netz der Worthe, in welches du mich einzuspinnen hoffst. Hier, nimm das für dein falsches Entgegenkommen, für dein verführerisches Lügengespinnst, für die Fallstricke deiner Güthe! sprichts und schlägt mit dem scharfen Schwerdte dem ehrwürdigen Vater auf das greise Haupt, so dass er bluthüberströmt zu Boden sinkt. Gleich ist der Wahnsinnige von den Mitbrüdern umstellt und wird von diesen, aller Gelübde zum Trotze, mit weltlichem Eifer angegangen und durchgeklopft. Doch hat auch diese recht derbe Medicin ihr magisches Element, denn alsbald schwinden ihm die Sinne und just jener Daimon, welchen er zu besiegen ausgezogen, nimmt ihn nun in die ätherischen Arme und trägt ihn forth in das gefürchtete Reich der Täuschungen.

UNHEIL

Im Spiele *Ramha* bilden die Jungen zwey Reihen, deren Mitglieder sich mit den Armen fest an einander ketten. Dann attackiren sie die gegnerische Linie, treten und stossen und rennen auf sie ein, bis sie zu Fall gebracht. Diese Attacken haben nicht selten schmerzhafte Prellungen und Bluthergüsse an allen Körpertheilen zur Folge. Doch den Schmerz verbergend stehen die Reihen aufrecht, bis die rohe Gewalt die eine oder andere Seite niederzwingt.

Die Jungen sind selten müssig. Sie hüten die Heerden auf der Waide, sie bedienen auch die Männer in den Zelten und sitzen im Hintergrunde, wenn die Aelteren mit einander reden. Sie lauschen ihren Geschichten und lernen so die Stammestraditionen, die Gesänge und die Mythen kennen, um sie späther ihren eigenen Söhnen weiter zu erzählen.

Haben sie ihre alltäglichen Pflichten erfüllt, kommen sie zum gemeinsamen Spiele zusammen. Einige ihrer Unternehmungen sind nicht ungefährlich. Im Spiele, welches sie *Schara*, das heisst „Unheil" nennen, nehmen sie ihre Schleudern und einen reichlichen Munitionsvorrath an Kieseln, theilen sich in zwey Partheyen und erklären einander den Krieg. Daraufhin schiessen sie auf einander. Immer fliesst in diesen Schlachten Bluth, manchmal bricht ein Knochen oder geht gar ein Auge verloren. Es ist wahrhaftig ein unheilvolles Spiel, doch niemals schreiten die Erwachsenen ein. Für schwere Verletzungen wird von der Familie des Thäters ein Bluthgeld entrichtet, welches dem eines alltäglichen Streites entspricht. – Handelt es sich bey diesem Kriege der Knaben überhaupt noch um ein Spiel?

Obgleich Juhasdik zu alt für dergleichen Zeitvertreib ist, erklärt er Ihm geduldig die Regeln und den Sinn des jeweiligen Treibens, kennt er alle diese Spiele doch aus der eigenen Knabenzeit und betheiligt sich, trotz seines Gebrechens, auch heute noch bisweilen daran.

Makale, der „Ermattete", ist ein weiteres, aber weniger harmvolles Spiel. In ein Hals- oder Kopftuch knoten die Jungen einen faust-

grossen Stein hinein. Mit diesem »Hammer« stellt sich der erste Werfer an ein Mal und schleudert denselben zu den Cameraden, die einige Dutzend Schritte entfernt auf dem Felde stehen. Derjenige Knabe, welcher das Geschoss auffängt, darf damit auf die Feldgenossen einschlagen, die unterdessen zum Freymale stürzen, an welchem sie vor den Schlägen des Fängers sicher sind. Obgleich Juhasdik das Geschoss nur fliegen hört, so ist er doch ebenso flink zur Stelle wie seine sehenden Cameraden. Wehe aber, wenn ihm ein Anderer zuvor kommt! Dann hagelt es so gnadenlos Schläge, wie auch er nie Jemanden verschont, der in den Radius seines Schleuderhammers geräth. Nun aber, da er noch vergeblich nach dem Geschosse tastet, trifft ihn dieses bereits so unglücklich am Kopfe, dass er besinnungslos auf die Erde schlägt.
Gleich ist er von der ganzen Knabenschaar umringt, die ihn besorgt anruft, aber nicht zu berühren wagt. Auch Er, der abendländische Gast und Freund des Gestürzten, tritt hinzu. Sie machen Ihm Platz, wohl in der Hoffnung auf eine wundersame Erweckung. Indessen vermag auch Er nur eine grosse Platzwunde am Hinterkopfe festzustellen und den Verdacht auf eine Fractur des Schädeldachs zu äussern. Er schickt zwey Knaben ins Dorf, ein Bett zum Transporte des Verletzten und reinliche Binden zur Abdeckung der offenen Wunde zu bringen. Die Anderen ermahnt Er zur Ruhe, damit kein weiterer Schmutz in die Wunde gelange und eine Infection derselben Vorschub leiste.

Unleugbar ist in diesen Vergnügungen Freyheit, doch findet die ungezwungene Folge von Bewegungen und Ideen immer ihre Grenze in Verletzung und Tod.
Glaubt die Phantasie, sich von der Wirklichkeit losreissen zu können, so erkennt sie nun die Grenzen, die ihr von jener gesteckt. Denn jede Bewegung, sey es die des Geistes oder jene der Körper, ist nur Bewegung in Relation zu einem festen, unbewegten Grunde.

Ehre und schande sind die zentralen pole in der öffentlichen repräsentation eines stammesmitglieds. Schon das verhalten der kinder wird ständig in das soziale raster ehre – schande eingeordnet: *'ajb, ja wasich*, schande, du schmutzfink! höre ich ständig mütter oder ältere geschwister rufen.
Schändlich ist, was jemandes ehre verletzt. *Scharaf* (hochgestellt, von hohem rang sein) ist ein besitz, *'ajb* (entehrend, schändlich) eine handlung. Jede ehrverletzung, sei sie einem stammesmitglied angetan oder von ihm verübt worden, berührt die ehre aller stammesmitglieder.
Das konzept der ehre ist komplex und läszt sich nicht auf die einhaltung religiöser gebote reduzieren: Sei mutig! zählt nicht zum dekalog. Niemand, der sich feige verhält, wird deswegen bereits mit ewigen höllenqualen bedroht. – Und dennoch hat dieses konzept eine absolute verbindlichkeit.
Es scheint also möglich zu sein, einen wertekanon zu etablieren, der sich nicht auf eine unhinterfragbare transzendentale autorität beruft. Die verbindlichkeit von gesellschaftlichen vereinbarungen kann unter umständen ähnlich stark wie die religiöser gebote sein, kann jene vielleicht sogar ersetzen. Dieses strikte, gesellschaftsimmanente konzept ist auch der westlichen kultur nicht fremd. Wenn männer sich um ihrer »ehre« willen duellieren oder in mutproben ihr leben aufs spiel setzen, oder wenn sie für die begleichung von spielschulden (sogenannten »ehrenschulden«) ihre existenz zu ruinieren genötigt sind, auch wenn diese schulden rechtlich nicht eingeklagt werden können, zeugt das von der rigidität gesellschaftlicher normen, die der unerbittlichkeit des religiösen gesetzes in nichts nachsteht.
Ist also trotz eines bewusztseins der kontingenz dieser werte ein verbindliches normensystem möglich, zumindest in jenen gesellschaften, in denen der einzelne noch in lückenlose soziale netze eingebunden ist? Will er seine einbindung in dieses netz nicht verlieren, musz er die regeln einhalten. Und das glück des einzelnen ist zu sehr an geborgenheit und anerkennung durch

andere gebunden, als dasz er um privater, nicht weniger fragwürdiger werte willen den status des auszenseiters oder vogelfreien in kauf nähme.

Könnten wir also auf rein sozialer basis, unserem verhalten in einer spielgemeinschaft vergleichbar, ein verbindliches regelsystem schaffen, das keinen anspruch auf universalität erhebt und keine weitere legitimation beansprucht, als gemeinsam vereinbart und von allen akzeptiert worden zu sein?

*

Aus der mittagsruhe lockt mich der lärm der spielenden kinder vor die tür. Die spiele meiner kindheit werden getrübt von den ermahnungen der eltern, nicht so laut, nicht so ausgelassen, albern, wüst zu sein. Nie habe ich hier einen erwachsenen spielende kinder zur zurückhaltung auffordern gehört. Allenfalls wird gemahnt, über das spiel die arbeit oder den moscheebesuch nicht zu vergessen.
Ich unternehme einen zweiten versuch, ihnen schlagball beizubringen. Einige haben die regeln bereits begriffen und helfen mir, sie den anderen kindern zu vermitteln. Wir machen ein probespiel. Noch haben viele mühe, den kleinen ball mit dem unhandlichen stock zu treffen. Doch bin ich der schluszmann. Ich schlage den ball weit über die gegenspieler hinweg und hole meine ganze mannschaft »nach hause«.
Ich empfinde eine spielfreude, wie ich sie seit vielen jahren – auch während dieser reise – nicht erlebt habe. Auf meinen exkursionen habe ich spiele beobachtet, aber nicht mitgespielt. Wie kann ich etwas wesentliches über das spiel herausfinden, wenn ich das spiel nicht selbst erlebe?
Unbändige spielfreude. Augenblicke vollkommener selbstvergessenheit. Keine fragen nach dem sinn dessen, was ich tue. Kein leiden unter dem ausbleiben einer antwort. Nichts schiebt sich zwischen die empfindung und das dasein. Doch ist das denken nicht aufgegeben, sondern eins mit dem geschehen.
Ich begreife, warum ich dieses thema für meine forschung ge-

wählt habe: nicht, um eine neue spieltheorie zu entwickeln, sondern um noch einmal die trennung zwischen spiel und reflexion aufzuheben; um noch einmal zu erfahren, dasz im spiel haltung und dasein eins sind, wie sie eins waren in unserer kindheit. Wie wir erwachsene sie vielleicht nur noch im kampf erleben.

Aḥmad und ʿAli kommen so unerwartet zurück, wie sie aufgebrochen sind. Was unter der plane auf der ladefläche ihres lastwagens verborgen liegt, ahne ich nur. Schlieszlich sind die beduinenstämme dieser gegend berühmt für ihre geschicklichkeit im waffenschmuggel.
Aḥmad wartet mit dem entladen bis zum abend. Er lädt mich zur qatrunde in den diwan seines vaters ein. Ich ziehe es vor, in meiner baracke zu bleiben und ein wenig zu arbeiten.

ʿAli folgt mir. Wie selbstverständlich bezieht er seine ecke. – Ich blättere unschlüssig in meinen notizen. Immer noch fällt mir das nachdenken schwer, ist jemand mit mir im gleichen raum. Das nachdenken ist ein selbstgespräch und setzt einsamkeit voraus.
ʿAli hockt sich zu mir: Worüber schreibst du nur jeden tag! Er weist auf Schnittkes reisebericht. Hier ist doch jeder tag wie der andere. Ich sage: Dieser reisebericht ist bereits verfaszt. Eine gruppe deutscher forscher hat vor zweihundert jahren eine ähnliche expedition wie ich zu unternehmen versucht. Dieses büchlein enthält die aufzeichnungen des einzigen überlebenden der expedition.
Er blättert das buch von hinten nach vorne durch. Angesichts der leeren blätter sagt er: Der anfang fehlt noch. – In Europa schreiben wir in umgekehrter richtung, erwidere ich. – Ihr beginnt eure geschichten am ende des buches? – Er nimmt meine hand: Dann schreibe in arabisch. Dein arabisch ist inzwischen gut genug. – Ich danke ihm für das lob, das mir allerdings auch zu beginn meiner reise schon gemacht wurde, als es kaum über einen dürftigen grundwortschatz hinausreichte.
Er hält meine rechte weiterhin in seiner linken und streicht nun mit den fingerspitzen seiner freien hand über jeden einzelnen meiner finger, die trotz der trockenen witterung und der mangelnden pflege wohl immer noch zarter sind als alle hände, die er bisher berührt hat.

Weisz er, was er gerade tut? Diese zärtlichkeiten unter männern sind hier zwar nicht ungewöhnlich. Doch verlangt die spielregel, dasz der liebkoste sich passiv verhält und nicht auf diese gesten reagiert. Weder zeigt er wohlbehagen oder befriedigung, noch beantwortet er diese gesten mit zärtlichkeiten seinerseits.
Was bedeutet diese rollenverteilung? Dasz es, da es keine partnerschaftliche begegnung unter gleichen ist, sich nicht um eine »homosexuelle« begegnung handelt? Dasz es, da es keine gemeinsame verständigung über das geschehen gibt, gar kein benennbares, also wirkliches geschehen ist?
Ich will diese begrenzte nähe nicht durch eine verletzung der regeln unmöglich machen. Doch leide ich unter dieser begrenztheit. Ich bin nicht fähig, die sprache der körper unbewuszt, das heiszt unereignet zu lassen. Ob diese unfähigkeit schwäche oder emanzipation bedeutet, ist mir aber immer weniger klar.

*

Nicht nur einige meiner lieblingsspiele, sondern auch einige meiner lieblingswörter sind mittlerweile fester kultureller bestandteil des dorfes geworden: *madschnun* (narr), *ward* (schuft) oder *afaq* (gangster). Zu jeder passenden und unpassenden gelegenheit höre ich dorfbewohner einander mit einem dieser wörter in hocharabisch mit leichtem berliner akzent titulieren.

Pistolenschüsse peitschen durch das dorf. ʿAli und ich eilen hinaus. Aḥmad steht, mit einem revolver in der hand, vor dem haus seines vaters. Neben ihm ein junger, bartloser mann, den ich aus Ṣanaʿa zu kennen glaube. Er antwortet gelassen, fast ironisch auf Aḥmads lautstarke beschimpfungen. – Faisal, mein bruder Faisal! ruft ʿAli und stürzt auf den von Aḥmad bedrohten zu.
Aḥmad schiebt den jungen beiseite. Faisal sagt etwas mit so leiser stimme zu Aḥmad, dasz ich nur an seinen lippen sehe, dasz er spricht. Aḥmad schlägt mit dem revolver auf Faisal ein. ʿAli fällt ihm in den arm. Ein weiterer schusz löst sich.
Die tür des vaterhauses wird aufgerissen. Scheich Abdul Karim tritt heraus. Faisal begrüszt, trotz des blutenden gesichts, den vater ehrerbietig. Der scheich wendet sich an den ältesten sohn. Aḥmad steckt den revolver ein, sagt etwas, lacht, und will davongehen.
Der scheich fordert den revolver von ihm. Aḥmad gibt ihn widerstrebend heraus. Von seinem vater entwaffnet zu werden heiszt, wieder in den status des unmündigen kindes zurückzufallen. Inzwischen haben sich, von den schüssen beunruhigt, fast alle männer des dorfes um diese szene versammelt. Nach einem bösen blick auf den bruder drängt Aḥmad aus dem kreis, steigt in seinen landrover und fährt davon. Scheich Abdul Karim führt ʿAli und Faisal ins haus.

*

Am abend besucht Faisal mich in meinem diwan: Erinnerst du dich noch an mich, *muʿalimi?* – Selbstverständlich. Hast du mir nicht versichert, die gegend von Mārib sei für ein studium traditioneller lebensweisen der richtige ort? – Wir begrüszen uns wie alte freunde. Nun, nach meinem fast zweimonatigen aufenthalt kann ich dir nur zustimmen. – Mein vater hat mir bereits von deiner anwesenheit erzählt. Ich hoffe, man behandelt dich gut.

Ich wüszte allerdings gerne, welche absichten Aḥmad mit mir hat. Bisher sind mir keine forderungen bekannt.
Beunruhige dich nicht. Ich werde mich dafür einsetzen, dasz du bald freigelassen wirst. In diesem fall ist Aḥmad zu weit gegangen. Doch sei froh, dasz du im augenblick hier bist. In Ṣana'a ist die hölle los.
Warum hast du dich mit deinem bruder gestritten?
Das verhältnis zu Aḥmad war immer schwierig. Doch seitdem ich in Ṣana'a studiere, glaubt er mehr denn je, er müsse den älteren bruder spielen und mich beaufsichtigen: Er würde sich meiner schämen. Die europäische kleidung, das bartlose gesicht, ich solle wenigstens im dorf wie ein mann auftreten. – Wäre es in Ṣana'a im augenblick nicht zu gefährlich, wäre ich dort geblieben.
Kann dein vater Aḥmad nicht in seine grenzen weisen?
Sicher. Doch manchmal spricht Aḥmad nur aus, was mein vater denkt. Heute sagt er mir, es sei an der zeit, endlich zu heiraten. Er habe ein nettes mädchen aus dem dorf für mich gefunden und sich mit dessen vater bereits über den ehevertrag geeinigt. Solch ein vorgehen ist ohne zustimmung des scheichs nicht denkbar. – Im grunde genommen hätte eher ich veranlassung gehabt, zum revolver zu greifen, wenn ich denn einen trüge.

Der muezzin ruft zum abendgebet. Nur zögernd brechen die kinder das spiel ab. Die sonne hat fast den horizont erreicht; doch noch ist es nicht dunkel. Sie wollen die kurze zeit zwischen dem arbeitsende und dem anbruch der nacht voll ausschöpfen.
Seit Ḥāfith und Manṣūr von der weide ins dorf zurückgekehrt sind, habe ich sie nicht mehr miteinander sprechen gesehen. Genauer: Manṣūr redet nicht mehr mit Ḥāfith. Er scheint ihm aus dem weg zu gehen, während Ḥāfith sich verhält, als sei nichts geschehen.
Ich frage 'Ali, was zwischen den beiden vorgefallen sei. Doch 'Ali weisz nichts von einem streit.
Jeden abend erneut die frage, warum nicht auch ich zum abendgebet in die moschee gehe. Dasz ich kein muslim sei, genügt zur erklärung offenbar nicht. Ich krame konfirmandenweisheiten aus dem gedächtnis: Wenn Gott überall ist, kann ich auch überall zu ihm beten. – Immer wieder wollen einige jungen sich aus solidarität mit mir (oder schlichtem überdrusz) vor dem besuch der moschee drücken, bis fromme eiferer sie mit den immer gleichen kindischen drohungen meinem verderblichen einflusz entreiszen, sie zum versammlungsort (»moschee« heiszt im arabischen *dschami'a*: versammlung) treiben und mich mit einem besonderen, nur für ungläubige und kinderschänder reservierten blick bedenken.
Auch jetzt zeigen sich einige ältere noch den gesetzen der gastfreundschaft mehr verpflichtet als der ermahnung zum gebet (selbst der quran kennt umstände, die von der einhaltung der gebetszeiten entbinden, zum beispiel krankheit, kampf oder gastgeberpflichten). Wenn ich nun spotte, dasz sich unsere wege spätestens dann trennen, wenn ich als ungläubiger in der tiefsten der sieben höllen anzutreffen sein werde, ernte ich entrüsteten und anrührenden widerspruch: Mag ich auch ein ungläubiger mensch sein, doch keinesfalls ein schlechter. Sollte ich trotzdem in der siebten hölle landen, musz an Gottes gerechtigkeitssinn (oder unserer interpretation dessen) etwas nicht stimmen.

Dasz ich nach allem, was man sich so über himmel und höllen erzählt, letztere als die interessanteren orte empfinde, vor allem, wenn es darin eine ewigkeit zu verbringen gilt, lasse ich bei dieser gelegenheit unerwähnt.

Der muezzin ruft zum nachtgebet. Der späte abend ist eigentlich für meine arbeit reserviert. Und die dorfbewohner gehen gewöhnlich früh zu bett. Doch Jaḥja kommt offenbar mit vier stunden schlaf aus. Er und Faisal statten mir noch einen nachtbesuch ab. Er wird um vier uhr, mit *al-fadschr*, dem aufruf zum morgengebet, wieder auf den beinen sein, während Faisal und ich bis zum »zweiten frühstück« in unseren betten liegen werden.
Wieder führen wir eines unserer »anthropologischen« gespräche: ein austausch über die unterschiedlichen alltage in Bejt al-Ḥadschar und Berlin. Über verkehrsmittel: Gibt es in Berlin kamele? (Ja.) Wie funktioniert eine untergrundbahn? (Siehe skizze.) Wohnverhältnisse: Hast du in Berlin ein eigenes Haus? (Nein.) Lassen sich die berliner häuser im kriegsfall gut verteidigen? (Siehe bildmaterial zum letzten krieg.) Heiraten: Dürfen die männer in Deutschland auch vier frauen haben? (Im prinzip: nein.) Dürfen die männer ihre braut vor der hochzeit sehen? (Soweit die braut sich ihnen zeigt, ja.)

Faisal amüsiert sich offenbar nicht schlecht über unseren völkerkundlichen diskurs, doch ohne uns durch sein vergnügen zu verletzen. Das sei das material, aus dem das arabische gegenwartstheater bestehen könnte, merkt er an.
Jaḥja hält mir seine schwielige hand hin: Schau einmal nach. Ich glaube, bei der feldarbeit hat sich ein splitter unter die haut geschoben. – Er deutet auf eine stelle des daumenballens.
Trotz eingehender inspektion finde ich auszer älteren abschürfungen und rissen nichts. Dennoch suche ich das notwendige werkzeug, eine nähnadel und eine pinzette, heraus und beginne mit der operation.
Dein bruder hat mir erzählt, dasz du auch selber theaterstücke schriebest.
'Ali hat mich immer ganz besonders geliebt. Deswegen darfst du nicht ganz wörtlich nehmen, was er dir von mir berichtet.
Ich glaube nicht, dasz liebe blind macht. Viele dinge entdecken wir erst dann an einem anderen menschen, wenn wir ihn lieben.
Ja, ich schreibe auch hin und wieder, doch nicht ernstzunehmendes zeug.

Während ich Jaḥjas rechte hand halte und hier und dort die hornhaut seines handtellers perforiere, streichelt er mit seiner anderen meine füsze. Eine um tage verspätete erwiderung meiner geste?
'Ali hat mir erzählt, auch du habest ein theaterstück geschrieben, das AL-'URS, »Die Hochzeit« heisze.
Gibt es bereits ein stück mit diesem titel?
Ein junger ṣana'ani, Masrur, hat eine seltsame farce über drei alte männer geschrieben, die sich alle in ein schönes mädchen verlieben, das sich später als ein knabe erweist.
Auch mein stück könnte man als farce bezeichnen. Während eines hochzeitsessens tritt Lapidarius in den festsaal, eine fette, häszliche gestalt mit rasiertem schädel und grell geschminktem gesicht. Er ist nicht eingeladen, doch wagt niemand, ihm die tür zu weisen.
Offenbar sind hochzeiten nicht immer freudvolle oder auch nur ersehnte ereignisse im leben eines jungen menschen.

Für jeden jemeniten ist die hochzeit, ob er nun darüber schreibt oder nicht, das grellste und irrwitzigste stück seines lebens. Nach dem mahl erscheint Satyricon, der narr, um die gäste zu unterhalten. Einen nach dem anderen der eingeladenen nimmt er sich vor, entblöszt dessen schwächen, enthüllt die intimsten oder beschämendsten geheimnisse; nur Lapidarius verschont er. Während den gästen das lachen im halse stecken bleibt, ist Lapidarius über die miszachtung so erbost, dasz er Satyricon schlieszlich zum faustkampf auffordert.
Ich wundere mich, in einem land ohne theater und dramatischer tradition andauernd stückeschreibern zu begegnen.
An theatern mag es mangeln, aber nicht an dramatischer tradition. Die dramenliteratur im arabischen kulturkreis ist wesentlich älter als die Westeuropas. Über jahrhunderte ist literatur vor allem erzählte, also in diesem sinne schon eine theatralische gewesen. Auch mein stück steht in dieser tradition: die narrengestalt, der grobe satirische humor, das alles findet sich bereits in den erzählungen der alten.

Ich finde keinen splitter. Dennoch ist Jaḥja mit meinem werk zufrieden. Ich räume das operationsbesteck fort und lasse ihn, zur autodesinfektion, eine weile an seinem daumen lutschen.
Zum abschied bittet Faisal mich, ihm englischunterricht zu geben: Damit ich hier intellektuell nicht verhungere! – Wenn ich mich richtig erinnere, spricht er nahezu flieszend englisch. Ich stimme seiner bitte unter der bedingung zu, dasz er sich mit arabischlektionen erkenntlich zeigt. Denn auch ich wolle die zeit des wartens nutzen.

Sie fragen Ihn, ob auch Er ein Kabile, ein Stammeskrieger sey. Wohl ein Dutzend Männer hat sich im Zelte Seines Gastgebers versammelt. Hakim kümmert sich um den Tee und die Pfeifen, damit Sein Gast sich ganz den Gästen widmen kann.
Er antworthet, die Sachsen seyen ein sehr alter und kriegerischer Stamm. Doch sey sein Vater Organist gewesen. Als Er ihnen die Ausmaasse und die Functionsweise dieses Windinstruments erklärt, schauen sie Ihn ungläubig an. Ein simpler Flötist allerdings würde in ihren Augen wohl nicht viel gegolten haben.
Die Kabilen bedürfen keiner besonderen Activitäten, um sich die Zeit zu vertreiben. Sie sitzen einfach rauchend und plaudernd und manchmal auch schweigend bey einander und erfreuen sich ihrer Musse und ihres Wohlergehens.
Er hingegen spürt mehr und mehr Seinen sächsischen Humeur. Er kann nicht länger müssig seyn. Bis zu Juhasdiks Unfall konnte Er noch mit diesem durch das Lager streifen und sich die Sitten und Gebräuche der Kabilen und ins Besondere die Spiele und Spectacel der Kinder zeigen lassen.
Indessen wird man sich nicht nur unter den Kriegern hier, sondern wohl auch in heimischen Gelehrtenkreisen fragen, ob eine Sammlung von Drolerien und Divertissements eine derart aufwendige und verlustreiche Expedition, wie Er und Seine Cameraden sie unternommen, zu rechtfertigen vermag.
Ja, Inschriften, und seyen sie profanster Art, wären ihnen jedes Opfer werth. Inschriften sind den Einen wie den Anderen heilig. Liegt es daran, dass sie, Erstere aus Unkundigkeit, Letztere aus Dünkel, die Sprache der Riten und Bräuche nicht verstehen?
Das Spiel ist nicht Spielerey. Es hat hohen Ernst und tiefe Bedeutung, denn das ganze zukünftige Menschengeschlecht zeigt und entwickelt sich in demselben. Es ist freymüthige Darstellung des Innern, der Menschen Möglichkeiten, Wünsche, Begierden, Nöthe und Grenzen.
Aller Forthschritt ist nicht Entdeckung eines Nahe- oder Fernliegenden. Es ist Erfindung von Analogien, wie das Spiel, neben der

Kunst, eine der vornehmsten ist. Das Spiel *spielt* mit den vertrauten Schemata und Techniken, ohne deren Veränderung sich keine Gesellschaft entwickeln kann.

*

An diesem mondhellen Abend wollen die Kinder nicht zu Bett gehen. Sie entlaufen der mütterlichen Obhut, springen über den Sand wie junge Füllen, heraus aus dem Dorfe bis zu einem Felsen, den sie zu erklimmen versuchen. Ein Chor älterer Mädchen folgt gemessenen Schrittes dem Kinderrudel; sie klatschen in die Hände, singen und scherzen und wiederholen immer wieder den gleichen Vers:

> Oh Reiter auf dem Schwarzen Kameele
> Fall noch einmal und behalte deinen Schwur

Die kleinen Jungen reissen sich den lästigen Ueberwurf vom Leibe und tollen bis auf den *Haggu,* einem Ledergürtel, welcher niemals abgelegt wird, nackt herum. Dass sie sich an den scharfen Kanten des Felsens die Arme und Beine zerschrammen, kann sie von ihrem wilden Spiele nicht abhalten. Auch der zum Zwecke der Beaufsichtigung folgende Mädchenchor lässt sie ohne ein mahnendes Worth gewähren.
Aus dem offenen Zelteingange wirkt die ganze mondbeschienene Scenerie so rein, so friedlich und pastoral wie ein Bühnenidyll.

Er tritt hinaus und begiebt sich zum Hause der Frau Nachbarin, der vornehmsten Dame des Dorfes, um Seinem verwundeten Freunde, von welchem die Scheichsfrau die Mutter, einen Krankenbesuch abzustatten.
Nach wie vor liegt Juhasdik in tiefer Ohnmacht auf dem Krankenlager. Indessen hat ein Mädchen die Mutter bey der Wache am Lager des Verletzten abgelöst. Sofort verhüllt sie ihr Gesicht, als der Fremde die Kammer betritt. Dennoch hat Er, dem trüben Lampenschein zum Trotze, die Gesichtszüge Jainas erkannt.
Er grüsst die Tochter des Barbiers freundlich, und tritt dann, ohne

ihr weitere Beachtung zu schenken, an die Bettstatt des Freundes. Sie lässt Ihn mit dem Besinnungslosen alleyn, verharrt aber an der Thürschwelle, um für Auskünfte oder Dienste zur Verfügung zu stehen.

Die Bluthung aus der Nase habe noch nicht aufgehört, theilt sie Ihm mit leiser, vor Besorgnis zitternder Stimme mit. Sogleich fallen Ihm die Lider des Besinnungslosen auf. Sie sind angeschwollen und haben sich blau gefärbt. Er setzt sich an das Lager, nimmt die Hand des Freundes und spricht voller Zärthlichkeit mit ihm, als seyen nicht Alle seine Sinne ihrer Krafft beraubt.

Wenn der Ohnmächtige bis zum Morgen noch nicht erwacht sey, wolle ihr Vater, der Barbier, dem Verletzten die Schwellung am Hinterkopfe eröffnen, damit der ihn bedrängende Dämon entweichen könne. – Er ruft das Mädchen zu sich und heisst sie, bey Ihm am Lager des Freundes nieder zu hocken: Sag deinem Vater, er solle Juhasdik ruhen lassen, bis Allah ihm entweder das Leben wieder gebe oder ihn zu sich nehme. Wache über seine Unversehrtheit. Doch sprich mit ihm, solange er noch unentschieden zwischen dem Reiche der Lebenden und dem der Todten wandelt. Vielleicht weckt deine Stimme in ihm die Krafft, für eine Rückkehr in diese Welt der Dunkelheit zu streiten.

Was immer im Buche Allahs geschrieben steht, es ist noch nicht zu Ende geschrieben. Denn schreibt unser Wille nicht an diesem Buche mit?

Am Morgen weckt Ihn eine zärthliche Berührung des Gesichts, als streiche Jemand Ihm die Haare aus der Stirn. Sie habe Tee und Brodt für Ihn, erklärt Seine Frau Nachbarin. Es sey bereits späther Vormittag. Die Männer hätten sich bereits nach Ihm erkundigt.
Wo ist Jaina? – Sie habe das Mädchen forth geschickt. Es gezieme sich nicht für eine unverheirathete Frau, die Nacht mit zwey Männern zu verbringen, liege der Eine auch in Ohnmacht und der Andere in tiefem Schlafe versunken.

Als Er in das Zelt Seines Gastgebers zurückkehrt, findet Er die Männer im Gespräche vor, als hätten sie die ganze Nacht und den Morgen daselbst in dieser Weise verbracht. Und als sey Er nur kurze Zeit forth gewesen, knüpfen sie dort im Gespräche an, wo sie es am Abend unterbrochen haben: Und wer ist euer Stammesgründer? fragen sie Ihn.
Adam, antworthet Er nach kurzem Nachsinnen. Wir sind im Grunde also engere Verwandte.
Das ist wahr, stimmen sie Ihm zu und saugen ob dieser Entdeckung zufrieden an ihren Pfeifen.
Und kosten eure Weiber auch soundsoviele Kameele oder die dreyfache Zahl an Schaafen?
Im Abendlande scheint die Frau umworben und verehrt zu werden, während sie im Morgenlande im Verborgnen lebt. Doch wo hätte sie in Seiner Heimath wirklich Macht? Wo wäre es ihr Scharfsinn und nicht ihre Sinnlichkeit, ihr Wesen und nicht ihre Pose, die verehrt, ja, angebetet würde. Sie ist entweder hübsches Spielzeug oder unantastbare Göttin, um den spröden Alltag der Herren zu verfeinern. – Er antworthet: Zwar bezahlt man im Abendlande Weiber nicht mit Vieh, doch haben sie auch dort ihren Preis.

*

Kaum sind die Wasserpfeifen erkaltet, nimmt Er die Schlankeste der Meda'at und schmückt ihren Kopf mit einem Lumpen aus

dem Bündel der Frau Nachbarin, der vornehmsten Dame des Dorfes. Ebenso verhüllt Er den kupfernen Bauch mit einem grünblauen Kleide von Samet.
Denn die Kinder warten schon vor dem Zelteingange, dass Er Seinen Freund Max, den Sandmann, aus seiner trägen Verhocktheit reisse, damit er ihnen das eine oder andere Sandkorn in die Augen streue. Nicht einmal er ist Herr seines Schlafs.
Was hat er gesagt, dein Freund Max?
Er hat gesagt, er sey zu müde, seinen Kopf zu öffnen und Geschichten unters Volk zu streuen.
Ihm fehlen doch auch die Hände, sich den Kopf aufzuschnüren.
Oh nein. Seine Hände liegen unter seinem Kleide gefaltet, damit es ihn, wenn er so bewegungslos dahockt, nicht friert.
Und wenn dein Freund hungrig ist und ein wenig neuen Sand in sich hinein schütten will?
Dann füttert ihn Minerva, genannt Minni, seine liebe Frau.
Minni? Er hat eine Frau namens Minni? Wo ist denn Frau Minni?
Warte einen Augenblick, mein Schwesterchen. Sie kühlt sich noch ein wenig ab.

Er tritt ins Zelt, nimmt das Wasserpfeifchen und setzt sich wieder zu den Kindern, die sich unterdessen im Halbkreise vor dem Zelte niedergelassen.
Das ist Frau Minerva, genannt Minni, das verständige und treusorgende und vom ewigen Streite noch ganz erhitzte Weib des lieben Freundes Max.
Das ist Minni? Sieht sie nicht eher meiner liebsten Wasserpfeife ähnlich? – Hakim ist zu den Kindern getreten und sieht lächelnd auf seinen Gast.
Wundere dich nicht, mein Bruder, über ihr seltsames Aussehen. Sie hat gar manche Schrecknisse in ihrem Leben erfahren müssen, ehe sie in Max einen ruhigen und besonnenen Gatten fand.
Hat denn dein Freund überhaupt die *Hubb annathata* practicirt? – *Hubb annathata* heisst Reinlichkeit, doch meint der Kabile mit dieser Umschreibung die Circumcision.
Sie ist bey Sandmännern keine religiöse Pflicht.

So giebt es unter ihnen Unbeschnittene?
Nein nein, doch werden sie erst beschnitten, wenn sie mannbar geworden sind. Auch ist dann die Braut anwesend. Sie steht hinter dem Novicen und hält einen Säbel in den Händen. Die Klinge lässt sie über den Nacken des Bräutigams schweben, als wolle sie ihn damit executiren.
Genauso ist es Brauch bey den Beni Hauf.
Doch Max hat die Procedur mit allergrösster Gelassenheit hingenommen. Denn hätte er sich bey diesem Rituale als unmännlich erwiesen, hätte Minni ihm die Ehe verweigert. Hatte sie nicht gar den Beschneider bestochen, ein besonders stumpfes Messer zu verwenden?
Ein wirklich imposantes Frauenzimmer, fürwahr. Schau, ihr Kopf ist rauchumwölkt.
Sie ist zornig. Für sie ist das Leben vor Allem Empörung. Empörung über die Trägheit der Männer, Empörung über ihre Unbeholfenheit und ihre geistige und sentimentale Armuth.
Sieh da, dein Freund Max schüttelt den Kopf. Er will etwas sagen.
Ja, er will euch die Geschichte erzählen, wie er einst von Sclavenjägern, welche allesamt dem Stamme der Wächter angehörten, im fernen Streusandland gefangen genommen und über das Meer des Rauches gebracht ward und wie er auf demselben seine versclavten Sandmannbrüder, welche sich dem schrecklichen Schicksaale widerstandslos ergaben, zu einem Aufstande wider dasselbe und das grausame Wächterheer ermuthigte.

Ich habe deinem Puppenspiele vom Fenster der Kammer aus zugeschaut. – Sie will noch etwas hinzufügen, doch wendet sich dann rasch zur Thür.
Hat Juhasdiks Zustand sich ein wenig gebessert? – Den ganzen Nachmittag verbrachte sie an seinem Lager.
Ich habe ihm Tee eingeflösst. Er hat ihn getrunken, ohne zu erwachen. – Sie wirkt unruhig und zugleich erschöpft.
Geh noch nicht, Jaina! – Warum sagt Er das. Sie bedarf der Erholung von ihrem Dienst und ihrer Sorge. Ist sie nicht ein vierzehnjähriges Mädchen? Was bedeutet das Alter hier? Was bedeutet es Ihm? Er kennt nur ihre Augen, ihre Stimme, ihren Gang. Nur?
Bleibe noch. Setz dich zu mir. – Ist Er noch bey Sinnen? Was will Er von dem Kinde? Hat Er Sein Ich in der Wüste verloren, dass nun die Selbstsucht eines Landsknechts von Ihm Besitz ergreife?
Sie setzt sich zu Füssen Juhasdiks. Oh, ihr Fuss! Der Flügelschlag, den sein Freund geliebt. Reiss Er das zusammen, was Ihm von sich geblieben! Ja, ein gracieuser Fuss, ein Bäuerinnenfuss. Und anmuthige Hände, die Anmuth einer Dulcinea des Leeren Viertels.
Während Er noch in Selbstbetrachtungen versunken, ist Sein Blick unverwandt auf sie, die stumme Magd gerichtet, ein junges Mädchen noch, nach morgenländischer Denckweise aber eine Frau schon, wie Er unzählige auf Seiner Reise gesehen, verborgene, verbotene Schönheiten, ohne dass Er sich, aus Respect vor denselben und vor sich selbst, je einen unkeuschen Gedancken erlaubt hätte.
Ihr Blick ist gesenkt und auf den Boden gerichtet.
Sich Gedancken erlauben – entspricht diese unbedachte Redeweise denn der Natur der Sache? Hat Er mit dem Selbst auch den Censor verloren?
Du wolltest noch etwas sagen, Jaina.
Sie schweigt.
Hat dir das Spiel nicht gefallen?

Männer spielen nicht. – Sie sagt es leise, ohne einen Vorwurf in der Stimme. Er streicht Juhasdik das Haar aus der Stirn. Sie ist kalt.
Die Kälte scheint Ihm beunruhigender als die trockene Hitze am Vortage zu seyn.
Ist es das, was du noch sagen wolltest?
Immer noch ist ihr Blick gesenkt. Sie schaut Ihn selbst dann nicht an, als sie zu Ihm spricht. – Wird Juhasdik je wieder erwachen, fragt sie.

Die Mutter tritt in die Kammer. Sofort erhebt Jaina sich. Dein Vater hat nach dir gefragt, meine Tochter. Du mögest über deine Sorge um den Jungen den eigenen Haushalt nicht vergessen. Also eile!
Schon ist sie hinaus gehuscht und lässt den Fremden mit der Frau Nachbarin, der vornehmsten Dame des Dorfes, alleyn. Nun erhebt auch Er sich, da Er für den ohnmächtigen Freund zur Zeit nicht mehr thun kann als ihn der Obhut seiner Mutter zu überlassen.
Bleibe noch, mein Bruder, spricht die Hausherrin. Ich habe frischen Tee aufgebrüht.

Am Morgen ruft sie Ihn aus dem Zelte seines Gastgebers ins Freye. Hakim kann sich eines spöttischen Commentars nicht enthalten: Wenn du dich nicht entscheiden kannst, zertheile ihren Schleier!

Sie sey in Sorge um ihren Jüngsten, der mit den anderen Knaben am Vortage zu den Waiden aufgebrochen sey, doch sich auf dem Wege von den Anderen abgesondert habe und seither von Niemandem mehr gesehen ward.

Auch Er hat den kleinen Muhammed in sein Herz geschlossen, seit Er seinem Beschneidungsfeste beygewohnt. Doch was kann Er in diesem Falle thun?

Er habe doch einige Bücher dabey und könne die Schrift lesen, fährt Seine Frau Nachbarin in ihrer Rede forth. Darin würde Er doch sicher Auskunft über das Schicksaal ihres Sohnes erlangen können. – Als sey in den Büchern unser aller Los bereits verzeichnet.

Eine geradezu heilige Ehrfurcht vor der Schrift ist den Morgenländern zu eigen. Eine beängstigende Ehrfurcht, die Ihn weiter zu schreiben hindert: Denn gäbe es eine unmittelbare Causalitat zwischen dem Geschriebenen und dem Beschriebenen, könnte Er dann nicht das ganze Daseyn umdichten?

Mit dieser Ehrfurcht vor der Macht des Worthes einher geht ein den Abendländern fremdes Verhältnis zur Zeit. Diese besteht nicht aus einer chronologischen und messbaren Bewegung, sondern aus einem Continuum, eher den Gezeiten eines Meeres vergleichbar als dem Strömen eines Flusses. Im Herzen Gottes sind alle Zeiten *gegenwärthig,* in den Büchern alle Ereignisse festgeschrieben. Die Sprache der Morgenländer kennt kein Tempus der Zukunft.

Warum also sollte in einem Seiner Bücher nicht längst verzeichnet stehen, was sich jetzo oder demnächst ereignet?

*

Steht ein Raubzug oder, wie jetzt die Suche nach dem Knaben, ein anderes wichtiges Unternehmen bevor, so achtet jeder Mann auf das erste Worth, das eine Frau am Morgen des Aufbruchs an ihn richtet. Dieses Worth gilt als Zeichen oder Omen für das Gelingen der Unternehmung, und es kann gar zum Abbruche desselben Anlass geben, wenn das Worth als Warnung gedeutet wird.
Jaina reicht Ihm einen Wasserbeutel hinauf. Ich habe von einem Fremden geträumt, sagt sie. Er trug die Masque eines Wolfes.
Die Männer haben Ihn gebeten, an diesem Wüstenabentheuer Theil zu nehmen. Sie versichern Ihm, dass der Ausflug kaum den ganzen Tag beanspruchen werde, da ein barfüssiger Knabe sich nicht weit vom Weg entfernt haben könne.
Sie rufen ihren Kameelen das Worth zum Abgange zu und reiten in das endlose Sandmeer hinaus.

DIE SPUR

Es ist Juhasdiks Kameel, welches Ihm Scheich Jasir zu diesem Ritte angeboten, eine sanfte, alte Stute, im gleichen Jahre wie Sein ohnmächtiger Freund geboren, also um die zwanzig Jahre alt. Da Er seit Seiner vergeblichen Flucht nur noch, der Bequemlichkeit halber und in Ermangelung einer anderen Wahl, die Kleider der hiesigen Stämme trägt, ist Er von seinen Gastgebern kaum noch zu unterscheiden. Seine Reitkünste haben sich im Verlaufe der zweyjährigen Reise so sehr vervollkommnet, dass es keiner sanften Stute bedurft hätte, um mit Seinen Gastgebern Schritt zu halten. Und Sein nun sehr flüssiges Arabisch hat während Seines Aufenthalts bey den Beni Lafitat den ihnen eigenen Tonfall angenommen, dass sich selbst das besonders empfindliche Ohr der Kameele von Ihm täuschen lässt.

Der Spuren sind viele, da der Weg zu den Waiden oftmals begangen und lange kein Regenschauer oder starker Wind die alten Narben im Sande getilget. Nun gilt es, vor Allem auf die Abweichungen acht zu geben. Deshalb reiten die Männer stumm, damit sie ihre Aufmercksamkeit ganz auf die Schrift der Erde zu lenken vermögen und sie nicht in müssigem Gespräche verwischen. Zudem gemahnt die Unwissenheit über das Schicksaal des Knaben zur Vorsicht, einem möglichen Feinde nicht die eigene Gegenwarth lauthals und leichtsinnig anzukündigen, auch wenn Niemand der Männer ernsthaft einen Ueberfall von Feindeshand befürchtet. Doch gilt selbst auf heimathlichem Boden das unbarmherzige Gesetz der Wüste.

Er reitet neben Scheich Jasir der Parthey der Krieger voran, ebenso wach und concentrirt wie seine Cameraden, den Blick auf die Erde vor ihm gerichtet. Und sicherlich alleyn auf Grund seiner vordersten Position entdeckt Er als Erster die Spuren des Kampfes. Scheich Jasir ist der Jüngste nicht mehr, doch gemeinhin haben die Beduinen scharfe und weitsichtige Augen bis ins hohe Alter.

Scheich Jasir gebietet dem Trupp mit einer Geste seines Armes Einhalt, dass die Thiere nicht die Spuren des Geschehens zertrampeln. Die Männer sitzen ab und nähern sich bedachtsam den Zeichen, welche für einen kundigen Leser so mittheilsam wie die aufgeschlagenen Seiten eines Buches sind. Auch Er lässt Sein Kameel niederknien und steigt aus dem harten Sattel, noch etwas benommen und schwindelig von dem schwankenden und nach den Wochen der Seszhaftigkeit bereits ungewohnten Gange des Thieres. Doch reisst Er sich zusammen und betheiligt sich sogleich an der Recogniscirung der von Ihm entdeckten Spuren.

Ja, hier ist der Knabe vom Wege seiner Gefährten abgewichen. Die weit auseinander stehenden Zehen eines Spreizfusses, eine bey den hiesigen Beduinen eher ungewöhnliche Missbildung, welche Muhammed nur noch mit seinem älteren Bruder, Juhasdik, und seinem Vater, Scheich Jasir, theilt, erlauben es Ihm, die Abdrücke unschwer dem gesuchten Knaben beyzuordnen. Sie führen bis zu dem Orthe verwischter Spuren, die sich leicht als Zeichen eines Kampfes identificiren lassen: Viele einander überlagernde Abdrücke der Knabenfüsze, Wollfäden im blattlosen und dornigen Gesträuch, rothbraune Bluthflecken auf den dürren, knochiggrauen Aesten. Doch mit oder gegen wen hat der Knabe gestritten?
Langsam umgehen sie den Orth, doch führen nur die Spuren des Knaben dorthin. Niemand selbst der erfahrensten Fährtenleser des Stammes findet ein Zeichen, wer oder was hier auf den Knaben gestossen, noch wohin er verschleppt worden seyn könnte. Entweder müssen die Spuren sorgfältig verwischt worden seyn, was indessen auch gewisse Spuren hinterlassen hätte, welche bey einer derart eingehenden Prüfung, wie die Kabilen hier unternehmen, zweyfellos entdeckt worden wären, oder aber der Angreifer muss sich aus der Luft genähert und mit dem Knaben in dieselbe wieder entwichen seyn.
Alsbald ist von bösen, menschenfressenden Geistern die Rede, wenn auch Niemand der Krieger das Worth „Dschinn“ direct auszusprechen wagt. Auch Er, der Fremde steht vor einem Räthsel, alleyn, ehe Er nicht jede mögliche natürliche, und sey es auch eine noch so unwahrscheinliche Ursache geprüft und verworfen hat, will Er nicht an ein Mysterium glauben.

Der Knabe ist zurück geblieben und vom Wege abgewichen. Irgend etwas hat seine Aufmercksamkeit erregt. Er ist darauf zugegangen, ohne sich in Gefahr zu wähnen. An diesem Platze aber hat zweyfellos ein Kampf stattgefunden, doch aller Anzeichen nach ein einsamer Kampf, den der Knabe mit sich selber ausgefochten haben muss. Hätte ihn ein grosser Vogel angegriffen, müsste dieser bey seinem Ueberfalle wenigstens einige Federn gelassen haben. Ist die Entführung eines fünfjährigen Knaben durch einen Raubvogel nun doch zu unwahrscheinlich, so muss jener diesen Kreis entweder auf der selben Spur, welche ihn hergeführt, wieder verlassen haben, oder sich noch in demselben befinden. Immer vorausgesetzt, Alles, was auf Erden geschehe, hinterlasse eine Spur.

Faisal kommt am frühen abend zu mir. Er bringt ein altes schulbuch und einen korb mit brot, käse, joghurt, knoblauch und tomaten mit. Wir nehmen zunächst das abendbrot zu uns. Er verschlingt eine ganze knoblauchzwiebel, zehe für zehe, roh.
Dann liest er mir vor und bittet mich, seine aussprache zu korrigieren. Tom Jones besuch bei Aḥmad al-Subeiri in 'Aden: Die Metropole des Südens ist eine saubere und gut organisierte Stadt mit vielen modernen Gebäuden. In al-Tawahi steht das *Hotel des 26. September*. Bekannter ist es unter seinem früheren Namen *Hotel Rock* in Steamer Point. Britische Besucher nennen dieses Hotel aus der Kolonialzeit noch immer bei seinem alten Namen... Es gibt kaum etwas an Faisals Aussprache zu verbessern. Während er in die lektüre vertieft ist, fallen mir erneut seine äuszerst dünnen, dicht behaarten beine auf. Schon am nachmittag, als er mit den jüngeren ball spielt, nun traditionell gekleidet, die senna hochgezogen und über den krummdolch geschlagen, sowohl der bewegungsfreiheit als auch des schutzes der ehrwürdigen waffe wegen, so dasz seine langen beine bis in die verwaschenen unterhosen hinein sichtbar sind, schon da fasziniert mich der anblick dieser antilopenhaften magerkeit. Sind es die fettpolster, die unsere körper weich und menschlich erscheinen lassen?
Ich selber kann bereits alle meine rippen zählen. Meine ehemals engsitzenden hosen schlackern mir weit um die knochen, mein gesicht ist schmal und kantig geworden wie das eines fakirs.
Doch werde ich immer langsamer. Nicht träger, denn mein körper ist leichter denn je. Eher bedächtiger, schwereloser. – Ich werde immer langsamer, weil ich unbegrenzt zeit habe. Bald werde ich wie die steine hier sein.

Der japaner ist so offen für situation und umwelt, dasz er (sprachlich) als subjekt meist nicht mehr in erscheinung tritt. Sagt er *samui,* so bedeutet das sowohl »ich friere« als auch »es ist kalt«. Es kann sich um eine eigenschaft der luft oder um ein gefühl des sprechenden handeln; ein subjekt aber wird nicht eigens genannt.
Wenn er *tora ga kowai* (ich habe angst vor dem tiger) sagt, so ist er zwar das existentielle subjekt der angst, doch das grammatische subjekt ist *tora,* der tiger.
Die zeit im japanischen ist ein unbestimmtes, ungerichtetes flieszen. Hinter dem sprechenden liegt keine vergangenheit, vor ihm keine zukunft.

Im arabischen gibt es nur zwei zeiten: imperfekt und perfekt. Was bedeutet diese grammatische zeit für die gedachte, die empfundene zeit? Gibt es einen zusammenhang mit dem glauben an die vorbestimmtheit und unabänderlichkeit des schicksals? Auch im Buch der Bücher, sollte es auf arabisch verfaszt sein, gäbe es nur vergangene oder vollendete gegenwart.
Im arabischen finden wir auch keine hilfsverben, mit denen wir in anderen sprachen den dingen erst gegenwart verleihen. Im arabischen *sind* die dinge bereits durch benennung. Es ist eine sprache des faktischen.
Sprache gleicht einem haus. Das japanische hat transparente wände aus papier. Hinter denen keine privatheit möglich ist.
Das arabische wirkt schroff und abweisend. Seine schönheit offenbart sich erst in den schattigen innenhöfen. Und des nachts, wenn wir auf das flache dach hinaustreten, den kühlenden wind auf der erhitzten haut spüren und unseren blick ungeblendet in die ferne richten …

Mein zimmer im elternhaus; ich erkenne es nicht wieder. Es ist von ihnen vollständig renoviert worden, eine neue, grellbunte tapete, ein neuer, strengriechender bodenbelag, so dasz nicht einmal der geruch daran erinnert, dasz ich darin meine kindheitsjahre verbracht habe.
Nun heiszt es offiziell »gästezimmer«. Wann hätte dieses haus je gäste gesehen, seitdem wir kinder ausgezogen sind. Die billige matratze in einer ecke des ansonsten unmöblierten raums ist immer noch in die verpackungsfolie eingeschweiszt. Eine dicke staubschicht liegt darauf. Zwischen den rippen der nackten heizkörper nisten fette, pelzige spinnen.
Meine mutter liegt, nur das haar von einer moosgrünen plastikhaube bedeckt, breit und rosig in der badewanne. Sie winkt mich heran: Wo hast du nur so lange gesteckt, junge. – Ihre haut ist aufgequollen und faltig, als läge sie schon einige stunden in der lauwarmen lauge. Vom badeschaum sind nur noch vereinzelte eisschollenartige inseln zu sehen: Bist du müde? Willst du auch ein bad nehmen? Du bist abgemagert. Wie lange warst du fort?
Mach dir keine umstände, mutter. Ich werde nicht lange bleiben.
Mach dir etwas essen warm. Im kühlschrank steht noch ein rest von heute mittag. Du bleibst doch noch, bis vater kommt?
Wo habt ihr meine sachen hingepackt, meine bücher, meine bilder?
Gefällt dir die neue tapete? Endlich ein wenig farbe in diesen grauen mauern, nicht wahr?
Ist mir egal. Doch wo ist mein zeug hingekommen?
Weiszt du, der alte plunder stand doch nur im weg. In die bücher hat seither auch niemand mehr geguckt. Und du hattest sie doch alle gelesen, oder? Nun haben wir endlich wieder platz.
Platz für was?

*

Immer wenn Ḥāfith seinem cousin Manṣūr auf der strasze begegnet und ihn freundschaftlich grüszt, antwortet Manṣūr mit schweigen. Das geht nun schon seit ihrer rückkehr so. ʻAli meint, das habe nichts zu bedeuten, da Manṣūr als starrsinnig bekannt sei. Vielleicht habe Ḥāfith seine späsze zu weit getrieben, als sie bei der herde waren. Nun treibe Manṣūr seinen spasz mit ihm.
Doch Ḥāfiths bemühungen um Manṣūr wirken immer drängender und nervöser. Anstatt Manṣūr eine weile in ruhe zu lassen, läuft er ihm nach. So wird er den freund nicht zurückgewinnen. Im gegenteil: Manṣūrs schweigen wird dadurch nur noch bedeutsamer und kränkender. Alle dorfbewohner dürften mittlerweile bemerkt haben, dasz zwischen den beiden ehemaligen freunden etwas vorgefallen sein musz.

Den ganzen vormittag schon lungert Ḥāfith in meiner nähe herum. Gehe ich einen schritt vor die tür, stolpere ich über ihn. Sitze ich in meinem diwan, sehe ich ihn vor dem fenster stehen. Warum bist du nicht in der schule? frage ich ihn. – Ich habe zu tun, antwortet er. Hast du vielleicht später zeit für einen gemeinsamen spaziergang? Ich will nach dem unterricht auf die kleine anhöhe steigen (ich nenne sie *thahr al-kalb*, »hundsrück«, weil sie wie ein groszer dösender hund vor dem dorfeingang liegt) und von dort die anlage des dorfes skizzieren.
Sein gesicht ist blasser, durchsichtiger als früher; als würde er nicht genug essen oder schlafen. Zwar wirbelt er mehr denn je herum und treibt seine späsze, doch scheint seine lebhaftigkeit eher ein zeichen von unrast als von übermut zu sein.
Er läuft voraus, jagt basaltgraue wüstengeckos, von den kindern *dschub* (eigentlich brunnen, grube) genannt, aus ihren schlupflöchern oder bleibt zurück, kickt eine blechbüchse oder plastikflasche über das geckograue geröll, mir in die hacken.
Er fragt, ob ich schon irgendeine nachricht von zu hause erhalten hätte. Ich antworte: Nein. Doch ist das wohl vor allem meine schuld, da ich ja bisher auch noch nichts von mir habe hören lassen. – Und du, hast du mittlerweile schon etwas von Manṣūr gehört?
Natürlich. Ich treffe ihn ja jeden tag.
Was hat Manṣūr gesagt?
Nun, das übliche.
Dann ist ja alles in ordnung. – Ich frage ihn, ob er ebenfalls etwas zeichnen wolle, und reiche ihm stifte und papier.

*

Warum bemühe ich mich um diese mageren, groszäugigen jungen? Gebe ich nicht nur vor, sie zu unterrichten? Verführe ich sie nicht vielmehr?
Jeder gute lehrer ist verführer.

Zuviel grübelei, zuviel skrupel. Noch unbearbeitete protestantische erziehungsrückstände: ständige introspektion, selbstkontrolle, selbstbestrafung.
Sie wissen schon selbst am besten, was sie von mir annehmen wollen und was nicht!

Vergisz das, was wir »selbst« nennen. Lasz den körper sein. Warum über kälte, wärme, wohlbehagen, schmerz nachdenken? Der körper braucht diese worte nicht. Und die lügen »gut«, »wahrhaftig«, »ehrenhaft« noch viel weniger.

Am abend fortsetzung der arabischen lektionen.

Warum haben die araber keine schauspielkunst im europäischen sinne entwickelt?
Was vermutest du?
Es gibt einige annahmen, von denen mich aber keine zufrieden stellt: Die vorislamische kultur zum beispiel habe keine komplexe mythologie besessen, aus der sich das drama, als säkularisiertes ritual, hätte entwickeln können. Doch braucht das drama notwendigerweise mythologische quellen? – Oder die lebensfeindlichen landschaften und die nomadische lebensweise der araber hätten die entwicklung eines bodenständigen theaters verhindert. Als habe es im arabischen raum nicht auch immer urbane zentren gegeben. Und sind die wurzeln des europäischen theaters, zumindest die ihrer akteure, nicht auch eher nomadisch? – Ich könnte den grund auch im charakter oder der mentalität der araber suchen. Mal scheinen sie mir zu individualistisch, dann wieder zu konformistisch; zu chaotisch und desorganisiert und aus verändertem blickwinkel wiederum zu diszipliniert, zu sehr eingebunden in soziale strukturen; zu verspielt und zugleich zu ernst, zu kriegerisch, zu ehrwürdig, zu alt … Du siehst, meine vermutungen heben sich letztlich selber auf.
Nun, es gibt zwar keine vergleichbare schauspielkunst, doch gibt es durchaus eine eigene tradition dramatischer dichtung. Bereits in der vorislamischen literatur findest du den gebrauch von dialogen, zum beispiel in den liebesgedichten ʻUmar ibn Abu Rabiʻas, Baschschars oder Abu Nuwas. Und die dramatischen texte werden nicht nur vorgetragen, sondern auch, zum beispiel als pantomime oder schattenspiel, aufgeführt. Und jeder stamm hat seine eigenen dichter und sänger. Nicht immer werden die dichtungen schriftlich festgehalten. Doch werden sie mündlich von generation zu generation weitergegeben. Selbst wir Bani Hadschar, die wir eher für unsere geschicklichkeit im schuszwechsel als für unsere kunst im wortwechsel berühmt sind, besitzen eine sammlung dramatischer szenen, MADSCHNUN AL-MALIK, »Narr

des Königs« oder »Königlicher Dummkopf« genannt, die jedes kind im dorf von den vätern gehört hat und den eigenen kindern weitererzählen wird.

Das vom schattenspiel oder dem szenischen vortrag der schritt zum schauspiel kaum vollzogen wurde, hängt wohl in der tat mit dem tabuisierten verhältnis zwischen urbild und abbild, zwischen gesicht und maske zusammen. Das gesicht, *al-wadschh,* ist nicht nur eine metapher, es ist der physische ausdruck für die ehre des mannes. Das, was die ehre des mannes verletzt, *schwärzt* sein gesicht. Demgegenüber ist ein gängiger wunsch oder segen: Gott möge dein gesicht weiszen. Wenn ein stammeskrieger einem anderen *sein gesicht gibt,* bedeutet es soviel wie die eigene ehre zu verpfänden. Stellt sich jemand *ins angesicht* (fi wadchhuk) eines arabers, stellt er sich damit unter dessen schutz. Wie kann sich in anbetracht dieser gleichsetzung von ehre, das heiszt sozialer identität, und gesicht ein araber *maskieren,* sich freiwillig, und sei es nur im spiel, das gesicht »schwärzen«?

Erzähl mir von eurer stammesdichtung, vom »Narr des Königs«.
Die geschichte Madschnuns ist eng verknüpft mit der geschichte des Jemen. Zu allen herausragenden ereignissen taucht er im umkreis der mächtigen oder direkt als narr am hofe auf. Mit Bilqis, der Königin von Saba, besucht er den weisen Sulaiman. Bei der belagerung Māribs durch den römischen feldherrn Aelius Gallus spielt er eine bedeutende rolle. Im jahr 570, dem »Jahr des Elefanten« sieht er den berühmten damm von Mārib bersten. Im jahr 1067 ist er der hofnarr einer weiteren jemenitischen königin, Arwa bint Aḥmad. 1513 erlebt er die belagerung ʻAdens durch die portugiesen mit. 1720 ist er am bruch des jemenitischen kaffeemonopols beteiligt. Der letzte akt schlieszlich spielt irgendwo in der jemenitischen gegenwart.
Sicher, die dramentechnik ist einfach: Die figuren erscheinen auf der bühne, sobald sie aufgerufen werden. Der erzähler versucht nicht, biografien für seine gestalten zu erfinden. Und anstatt sie durch situationen einzuführen, werden neue personen dem publikum direkt vorgestellt. – Dennoch können die protagonisten im weiteren verlauf einen durchaus komplexen und widersprüchlichen charakter entwickeln.
Dasz Madschnun immer wieder auftaucht, mal als initiator, mal als opfer der geschichte, liegt in einem vorgeschichtlichen fluch begründet:

vorspiel: TOD DURCH ERTRINKEN

Madschnun hat sich, als tier verkleidet, auf die arche geschlichen, um dort, Allahs ratschlusz zum trotze, die Grosze Flut zu überleben.
Er wird von Schem, dem ältesten sohn Noahs, aufgespürt und zur rede gestellt.

MADSCHNUN: Ich bin ein esel.

SCHEM: Wenn mein vater dich entdeckt, wird er dich ohne zögern über bord werfen.

MADSCHNUN: Ich bin ein esel.

SCHEM: Wer hat je von einem sprechenden esel gehört?

MADSCHNUN: Ich bin einzig in meiner art. Deswegen musz ich auch gerettet werden.

SCHEM: In meinen augen siehst du einem menschen aber ähnlicher als einem grautier.

MADSCHNUN: Gibt es nicht auch menschen, die einem esel ähnlich sehen? Schau dich nur selber an?

SCHEM: Was willst du damit sagen?

MADSCHNUN: Der unterschied der arten liegt nicht in äuszerlichkeiten. Gleichen sich wal und hai nicht derart, dasz man den einen leicht für den anderen halten könnte? Und dennoch ist das eine ungeheuer ein fisch und das andere uns landtieren verwandt.

SCHEM: Nun sehe ich, du bist tatsächlich ein esel. Da wir aber bereits ein paar deiner art an bord haben, hast du hier nichts verloren.

MADSCHNUN: Sei nicht dümmer als ich. Kann ich dir nicht nützlich sein? Bedenke: ein sprechender esel. Ein gefährte, der dich auf anhieb versteht. Wann würdest du je wieder einen menschenfreund wie mich finden?

Schem verschont Madschnun unter der bedingung, dasz der narr ihm auch weiterhin als »esel« diene. – Nach dem ende der sintflut zieht er mit Madschnun nach Südarabien, um sich dort niederzulassen. Er hat einen schönen platz ausfindig gemacht und fordert Madschnun auf, steine heranzuschaffen.

SCHEM: Du bist weder als reittier noch als lasttier tauglich. Nicht nur das eigene gepäck, selbst dein zaumzeug lieszest du mich tragen.

MADSCHNUN: Habe ich nicht gesagt, ich sei ein ganz besonderer esel?

SCHEM: Und worin liegt deine besonderheit, abgesehen von

deinem unersättlichen appetit, der unserer erde wohl die hälfte aller arten gekostet hat?
MADSCHNUN: Du übertreibst. Von den insekten und reptilien habe ich nicht ein einziges exemplar auch nur gekostet.
SCHEM: Nun kannst du zeigen, ob die mast zu etwas nutze war. Hier, an dieser wasserstelle, will ich mein haus errichten. Trage steine herbei!
MADSCHNUN: Wenn du von mir geliebt werden willst, solltest du dich einmal waschen. Das überleben der Groszen Flut ist keine entschuldigung, jeder weiteren berührung mit wasser aus dem weg zu gehen.
SCHEM: Ich will von dir nicht geliebt, ich will von dir bedient werden!
MADSCHNUN: Ist die wahrheit denn nicht dienlich?

Noch einmal gelingt es Madschnun, Schem zu überreden, für ihn die arbeit zu tun, während er selbst im schatten sitzt und die tatkraft seines herrn preist.
Als Madschnuns spott aber noch böser wird, merkt schlieszlich auch Schem, dasz sein narr längst ihn zum narren hält.
SCHEM: Bring mir wasser!
MADSCHNUN: Ich bring dir weisheit, mein freund. Wasser kannst du dir selber holen.
SCHEM: So straft der Herr mich für den hochmut, dasz ich gegen seinen weisen ratschlusz gehandelt habe.
MADSCHNUN: Wenn du schon auf dem weg bist, bring mir doch etwas wasser mit. Denn ich habe durst.
SCHEM: Doch läszt sich die vollstreckung des urteils immer noch nachholen!

Er schleppt Madschnun zur wasserstelle und taucht ihn hinein. Er ertränkt den spötter mit dem fluch, von nun an in ewiger wiederkehr den narren zu spielen und für seine narrheit immer wieder mit dem tod durch wasser bezahlen zu müssen.
Soweit das vorspiel. Heute erinnert nur noch ein zweitklassiges hotel namens »Schem-City« in Ṣana'a daran, dasz der älteste sohn Noahs als gründer der hauptstadt gilt.

Entgegen ṣana'ani sitte beginne ich, auch die frauen zu grüszen. In Ṣana'a würde dieses verhalten bereits als eine belästigung empfunden, die man allenfalls einem landesunkundigen nachsähe. Doch hier grüszen mich alle frauen äuszerst freundlich, wenngleich auch überrascht, zurück.
Die frauen in Bejt al-Ḥadschar verbergen ihren körper nicht unter dem scharschaf, dem schwarzen übergewand. Sie könnten darin auch kaum ihren alltäglichen arbeiten nachgehen. Doch verbergen sie die untere hälfte ihres gesichts mit einem tuch, wenn sie fremden begegnen.
Sie mustern mich ebenso neugierig wie die männer. Sie wenden ihren blick nicht ab, sondern folgen mir mit den augen, bis ich aus ihrem blickfeld verschwunden bin.

Eine ältere frau am brunnen fragt mich, ob ich ausreichend mit lebensmitteln versorgt werde. Sie lädt mich zum mittagessen in ihr haus ein! Da ich nicht einzuschätzen weisz, inwieweit es sich bei dieser einladung um eine höfliche geste handelt, lehne ich dankend ab. Doch allein diese geste einer frau, sei sie auch verheiratet und mutter, einem fremden mann gegenüber wäre in Ṣana'a undenkbar.
Sie läszt mir durch ihre kinder brot und einen topf *labn,* einen mit knoblauch und kräutern gewürzten joghurt aus schafsmilch bringen.

*

Die unter anthropologen im westen verbreitete sicht auf die stellung der frau in der arabischen welt unterscheidet sich kaum von den vorurteilen der allgemeinheit: Sie charakterisieren die arabische frau als unterdrückt und rechtlos. Polygamie, heirats- und scheidungsregeln und die geschlechtersegregation erwekken den eindruck einer unterprivilegierten stellung.
Doch jeder, der mit der anthropologischen literatur vertraut ist, wird feststellen, dasz diese charakterisierung nicht auf beobach-

tungen und gesprächen, sondern auf einem allgemeinen studium der arabischen kultur beruht: Vor allem auf ausgewählten quranversen und theologischen kommentaren, aber auch auf unkritischen übertragungen der beobachtung öffentlichen lebens auf die private, familiäre sphäre.
Um ein genaueres verständnis von den machtverhältnissen zwischen den geschlechtern zu bekommen, müszte der beobachter zu einem einblick in den privaten raum der gesellschaft, der familie, in der lage sein. Dieser einblick ist nichtverwandten männern von vornherein verwehrt. So sind es vor allem (arabische) anthropologinnen, die zu einer differenzierten beschreibung der geschlechts- und machtverhältnisse gelangen.
In einer stammesgesellschaft ist zum beispiel heirat ein zentrales politisches machtinstrument. Heirat schafft ein besonderes band zwischen familien und sippen. Sie erweitert den politischen einflusz und das sozio-ökonomische netzwerk. – Ein schlüssel zu einem tieferen verständnis der stellung der frau ist die art und weise, wie sie diese heiratsabsprachen zu beeinflussen versteht. Weil sie traditionell alle entscheidenden informationen bezüglich der heirats- und verwandschaftsverhältnisse besitzt, wird sie zum wesentlichen makler neuer verbindungen, die im selbstverständnis der stämme immer auch politische allianzen sind.

Wo ist Jaina?
Ihr Vater läszt sie nicht mehr aus dem Hause. Die ganze Arbeit muss ich nun alleyn verrichten.
Warum darf sie ihren Dienst am Lager des Freundes nicht mehr thun?
Neuerdings besinnen sich sogar Barbiere ihrer Ehre.
Dieses neue Kleid der Sittsamkeit ist doch nicht auf die Gegenwarth des Fremden zurückzuführen, oder?
Ist nicht immer der Fremde für neue Moden verantworthlich?
Befürchtet ihr Vater, dass Er seinem Hause Schande bereiten könnte?
Wie das, da es doch ein Haus ohne Ehre ist. Nein nein, das Gegentheil mag eher der Fall seyn. Zwar sind es jetzo noch vor Allem Weiber, die sich ernsthafte Gedancken über Euren ledigen Stand machen, doch sind diese Gedancken einmal laut geworden, bleibt auch den Männern alsbald keine Wahl, diese, wenn nicht an-, so doch zur Kenntnis zu nehmen.

Er hat bereits des Oefteren vom Brauche einiger Beduinenstämme gehört, Fremde durch eine Verheirathung mit einem Kabilenmädchen in den Stamm zu adoptiren. Doch sollte aus dem Gaste bereits ein Stammesbruder geworden seyn? Nun sieht auch Er sich hinreichend veranlasst, über Seine weiteren Absichten und seinen zukünftigen Stand nachzudencken und die inzwischen offenkundigen Ueberlegungen Anderer, wenn nicht an-, so doch zur Kenntnis zu nehmen.
Da Er schweigt, fährt Seine Frau Nachbarin, die vornehmste Dame des Dorfes, in ihrer Rede forth: Niemand drängt Euch zur Eile. Handelt nur ja besonnen und wägt präcise ab, welche Verbindung Euch zur Ehre gereicht und welche eher dem neu errungenen und allgemeinen Respecte abträglich.
In der That, andere Particularitäten verlangen im Augenblick dringender nach Entscheidung und Sukkurs. Er fragt Seine Frau Nachbarin, ob es in Anbetracht ihrer begrenzten Kräffte und der

schon geleisteten Applikationen vielleicht hilfreich sey, den Jungen in das Zelt Hakims zu retiriren, wo Er und sein Gastgeber sich die Fürsorge und Mühewaltung um den Ohnmächtigen zu theilen in der Lage seyen. – Es wird, so fürchtet Er im Angesichte des forthgeschrittenen Verfalls des Freundes, alleyn eine Verlagerung zum baldigen, doch nun mehr geselligen Tode seyn.

*

Wie viele Menschen sind auf dieser Reise in Sein Leben getreten und auf unerwartete und nicht selten auch auf unerklärliche Weise aus demselben wieder hinausgelangt. War es nicht in Seinem ganzen Leben gerade so? Mag Er auch nach Ursachen und Gründen suchen, im tiefsten Innern weiss Er, dass es diese Gründe nur an der Oberfläche und im Nachhinein giebt, da sich aus ihnen doch keinerley Regel oder Vorhersehbarkeit für das Kommende ableiten lassen.
Das Treiben der Menschen scheint ziel- und regellos und einzig von ihren anfänglichen Sehnsüchten und ihren spätheren Deutungen geordnet. Sinn hat es nur in wohlgesetzter Rede oder festgeschrieben auf geduldigem Papiere. Doch ist dieser Sinn denn mehr als eine willkürlich hinein gelesene Spur auf zertretenem oder hartem, unnachgiebigem Grunde?

Seitdem Er mit dem kleinen Muhammed auf dem Arme ins Dorf zurückgekehrt ist, wird Ihm nicht nur Achtung, sondern, obgleich unverdienter Maassen, auch Verehrung entgegengebracht. Natürlich könnte Er erzählen, wie Er ihn gefunden, doch würde es fälschlicher Weise so klingen, als habe schlichtes Nachdencken Ihn auf die rechte Spur gebracht. Doch waren Seine Gedancken denn mehr als bloss ein Spiel? Ein Spiel kennt Regeln, Grenzen und ein Ziel, das Leben aber kennt Versuch nur und Vergeblichkeit.
Nein, das vergrabene Kind wollte nicht gefunden werden. Der Triumph des Fremden ist die Niederlage des Knaben. Beyder Wille und Vorstellung war zu schwach gegen den Zufall.
Diese unerwarteten und flüchtigen Begegnungen, sind sie nicht

das Wesen jeder Reise, und alle Menschen im Grunde dauernder Begleitung ledig? Die Sesshaften vergessen nur allzu leicht, dass das Leben selbst eine beständige Reise, wenn sich auch manches Mal nur die vertraute Welt unter unserem Stillstande forth und das Unvertraute, Fremde uns entgegen zieht.

Am Morgen weckt ihn ein grosses Geschrey im Dorfe. Unbemerckt hat Jemand während der Nachtstunden ein Kameelfüllen aus der Heerde Abu Kasrs, einem Bruder des Scheichs, gestohlen, das Thier nur wenige hundert Schritte von der Waide entfernt geschlachtet und es zum Theil verspeist. Da weder die Hunde angeschlagen, noch die nervösen Thiere der Heerde unruhig geworden, vermuthen die Manner den Urheber dieses Anschlags in den eigenen Reihen.
Alsbald fällt auf Ali, einen schmächtigen Jüngling, der bereits ein Zelt für sich bewohnt, obwohl er noch nicht verheirathet ist, der Verdacht: Man hat in seinem Zelte das Halfter gefunden. Doch Ali betheuert seine Unschuld und beschwört sie bey Allah und bey allen Heiligen. Das Halfter habe er am Morgen gefunden, rechtfertigt er den Besitz desselben.
Die Männer sind unschlüssig. Niemand hat die räuberische That mit eigenen Augen gesehen. Andererseits wurde Ali von seinem Vater aus dem Zelte gewiesen, weil er seinem Hause schon mehrmals Schande bereitet hat. – Abu Kasr schlägt die Feuerprobe vor. Die Männer nicken zustimmend, Ali aber blickt entsetzt. Alleyn, er kann sich der Probe nicht entziehen, denn er hat einen heiligen Eid geschworen: Hat er die Wahrheit gesprochen, so muss er, nach der festen Ueberzeugung der Kabilen, die Feuerprobe nicht fürchten.

Die Ceremonie, von den Männern *Tamrit* genannt, wird für die Zeit nach al-Magreb, dem Abendgebete, festgesetzt. Abu Kasr selbst und der Aelteste seiner Söhne halten unterdessen Wache bey dem Beschuldigten, damit er sich der Probe nicht durch Flucht entziehe. Doch hat man ihn nicht gebunden oder auch nur entwaffnet, da er des Frevels noch nicht überführt und also als ein freyer Krieger anzusehen ist.
Die Männer versammeln sich vor dem Zelte des Scheichs, entzünden daselbst ein Feuer, welches an vergleichbare Gottesentscheide in unaufgeklärten und wundergläubigen Theilen des

Abendlandes gemahnt. Abu Kasr, der Kläger, hält die Klinge seines Dolches in die Flammen, bis sie weissroth glüht.
Zögernd öffnet Ali seinen Mund und streckt die Zungenspitze heraus. Die Augen aller Männer und auch die des Gastes, in welchem die Neugier über den Abscheu triumphirt, sind auf den Jungen gerichtet. Die Weiber und die Kinder stehen in einiger Entfernung vom Feuer, doch ist der Reflex der Flammen in ihren weit aufgerissenen Pupillen bis in den Kreis der Scharfrichter und Zeugen zu sehen. – Abu Kasr ergreift die Zungenspitze Alis mit dem Zeigefinger und dem Daumen der linken Hand und zieht sie noch eine halbe Spanne weit heraus. In der rechten, reinen Hand hält er den glühenden Dolch. Er spricht den Segen: *Bismillah al Rahman al Rahim* – im Namen Allahs, des Allmächtigen ... und fährt dann mit der flachen Seite der glühenden Klinge langsam, quälend langsam über die Zunge des Jungen.
Der Beklagte müsste nach dieser Probe, sollte er die Wahrheit gesprochen haben, sofort ausspeien können. Ausserdem wird nach etwa zwey Stunden überprüft, ob die Zunge irgend welche Zeichen von Verbrennungen, zum Beyspiel Blasen oder Schwellungen, aufweise. In diesem Falle gilt der Beklagte nicht nur der angeklagten That, sondern auch des Meineides als überführt.

Der Gast ist im Zweyfel, was Er von diesem Ritus dencken soll. Mag seyn, dass dem Schuldigen aus Furcht vor der Unbestechlichkeit der Probe der Gaumen trocken wird und er sich schlimme Verbrennungen zuzieht. Doch wird die Grausamkeit der Tortur nicht auch manchen Unbescholtenen den Speichelfluss versiegen lassen?
Prüft diese Tortur nicht eher Furchtlosigkeit und Selbst-Beherrschung denn Lüge und Meineid? Würde man Ihn, den Fremden, des Kameelraubes anklagen und solch einer Probe unterziehen, würde auch Er wohl dieser That und manch Aergerer für schuldig befunden werden.

Doch Ali spuckt aus. Nun wird er noch zwey Stunden festgehalten, damit die Stammesbrüder darnach seine kujonirte Zunge beschauen. Die Männer ziehen sich in ihre Zelte zum Abendmahle

zurück, während es Ali untersagt ist, in der Zwischenzeit auch nur einen Becher voll Wasser zu sich zu nehmen.
Hakim lässt sich das Mahl unbekümmert munden, während seinem Gaste der Mund so trocken ist, dass Er es bey stiller und enthaltsamer Gesellschaft belässt.
Als Er und Sein Gastgeber sich zur bestimmten Zeit dem nun niedergebrannten Feuer nähern, ist Ali verschwunden. Abu Kasr und Ismail, sein ältester Sohn, liegen in ihrem Bluthe. – Für die Beurtheilung dieser That wird es wohl keiner weiteren Feuerprobe bedürfen.

Er sitzt bey Juhasdik in jener Abtheilung des Zeltes, welche sonst den Weibern vorbehalten. Hinter der trennenden Leinwand brennt noch das Küchenfeuer. Der Schatten Hakims, Seines Gastgebers, fällt auf den Vorhang. Er lagert am wärmenden Herde bey einer wunderlichen Thätigkeit, welche aus dem Schattenspiele nicht zu verstehen ist. Die richtige Deutung setzt die Kenntnis des Anderen und seiner alltäglichen Verrichtungen voraus.
Der Gast sitzt bey Juhasdik im Dunklen des Schlaftracts. Der Athem des Besinnungslosen ist kaum mehr zu hören. Obgleich sein ganzer Leib in Decken und Felle gehüllt und zu seinen Füssen ein heisser, tuchumwickelter Stein aus der Feuerstelle placirt ist, sind seine Glieder bereits kalt wie die eines Todten.
Was gerade noch wie der Umriss eines schwangeren Weibes aussah, gleicht nun einem gichtgeplagten Greise. Der Zeltherr stopft sich seine allabendliche Pfeife, doch sitzt er in einem Winkel zwischen Feuer und Vorhang, dass der Schatten auf der Leinwand einmal einem Thiere oder Fabelwesen ähnlicher sieht als einem Menschen, und dann wieder, durch eine nur geringe Aenderung der Körperhaltung, ein altes Weib zu seyn vorgiebt, welches am Hochzeitskleide ihres Sohnes nähet.
Hat Er dir je von dem unerhörten Abentheuer an der Wasserstelle erzählt, an welcher Er und Seine Cameraden von einem arglistigen Bedienten all ihrer Kleider und ihrer gesamten Habe beraubt und in dieser höchst lächerlichen und beschämenden Commodität ihrem weiteren Schicksaale überlassen wurden? Nun stelle dir vor, wie eine Schaar junger ahnungsloser Mädchen aus dem benachbarten Dorfe mit Krügen und Schläuchen in anmuthiger Procession zum Teiche hinab steigt, in welchem die Reisenden schon mehr als erfrischt und gereinigt, in welchem Jene nun aufgequollen und durchweicht wie alte Brodtlaibe ausharren. Da kommen sie also herab und dem Ufer nahe, die scherzenden und geschwätzigen Bräute, und entdecken auf der stillen und sonst so makellosen Oberfläche des Gewässers vier struppige und herrenlose Köpfe schwimmen, drey braunroth verbrannte,

bärtige, und einen glattwangigen schwarzen, als handle es sich um die grausigen Kugeln eines Canibalenspiels. Sie starren einander stumm an, die eben noch so redseligen Weiber und die aller Rüstungen und Worthe beraubten Fremden.
Schliesslich legen die Frauen ihre Krüge und Schläuche ab und setzen sich, in stiller Erwartung des kommenden Schauspiels, am Ufersaume nieder. – Er nimmt die Hand des Freundes. Der Pulsschlag hat sich daraus schon zurückgezogen. Nur am Halse ist er noch schwach zu erspüren.
Nun, mein Bruder, siehst du, wie nahe Paradies und Hölle bey einander liegen. Während der Eine nur so bald als möglich dem räuberischen Buben nachzueilen wünscht, hofft der Andere, diese Comödie noch eine Weile forthsetzen zu dürfen. Alleyn, gewisse Widerwärthigkeiten des Decors setzen dieser Hoffnung Grenzen. Mit vollendeter Courtoisie bittet der Besonnenste der Retirirten das schöne Publicum um seine Gunst und das eine oder andere entbehrliche Tüchlein. Nun hat aber das erste gesprochene Worth den ganz unerwarteten Effect einer Entzauberung oder Bannlösung. Denn sogleich springen die Frauenzimmer auf und fliehen, unter Zurücklassung ihrer Gefässe, dem Dorfe zu, als habe der Artige nicht nur zarth einer gewissen Verlegenheit, sondern freymüthig ihrer ganzen Nacktheit Ausdruck verliehen.
Der Choque ob dieser grässlichen Offenbarung hinterlässt den Compromittirten immerhin einige Lederschläuche und Tonkrüge zur schaamhaften, obgleich grotesquen Costümirung. Dergestalt geschürzt und gepanzert folgen sie den Damen in geziemendem Abstande den Weg zurück in die Civilisation.

Sie sitzen im Dunkeln. Er beobachtet, ohne dass Er selbst gesehen wird. Hakim hat seine Pfeife gelöscht. Was thut er nun? Er scheint unschlüssig, sein Leib verharrt in halb aufgerichteter Position. Sässe Er bey seinem Gastgeber am Feuer, sähe Er deutlicher und mehr. Und was Er nicht verstünde, bemerckte der Andere und würde es Ihm erklären. Eine alte, ihm einmal vertraute Bühnenweisheit: Immer sieht der Mitspieler mehr als der Zuschauer.
Nun ist es wohl an der Zeit, das Zelt den Wäscherinnen und den Klageweibern zu überlassen, welche bereits im Hause Abu Kasrs

ihren traurigen Dienst verrichten. – Geboren am Abend, sterben wir noch des Nachts und kennen alle Dunkelheit der Welt. Wir dencken uns den Tag. Doch wie können wir unseren Gedancken Glauben schenken?

Zum ersten Male erlebe ich eine Windsbraut, die gegen Abend über die Ebene dahin fegt und ein Forthkommen nahezu unmöglich macht. Der Sturm aus Nordost bringt in kurzer Zeit so viel Staub mit sich, dass die Luft graugelb und gegenständlich wird. Wir können kaum athmen und nicht auf zehn Schritte weit sehen. Doch Leila, das noch junge Weib Abu Kasrs, reitet hoch zu Kameel uns Männern voran. Das ist nicht ungewöhnlich, erklärt mir Hakim. Oft begleitet eine Frau die Männer in den Kampf, um sie zu ermuthigen und an ihr Ehrgefühl zu appelliren. Während des Gefechts bleibt sie abseits, doch für Alle sichtbar auf ihrem Kameele. Wehe dem, welcher sich in ihren Augen als unkriegerisch erweist. Es gilt als grösste Schande der Männer, nach der Rückkehr aus der Schlacht von der *Muzejina* (so heissen die Beduinen ihre Amazonen) als feige verspottet zu werden.

Ali ist zu den Beni Hauf geflohen und hat sich unter ihren Schutz gestellt. Da die Beni Hauf ihn nicht ausliefern wollen, ja, nach altem Beduinenrechte auch nicht ausliefern dürfen, müssen die Beni Lafitat den Bluthzoll nun gewaltsam eintreiben, um ihre Stammesehre zu wahren. Ich nehme an diesem Rachefeldzug eher als ein Chronist, als eine männliche Muzejina Theil, um nach der Rückkehr die Kühnheit und die Unbezwingbarkeit meiner Kabilenbrüder zu preisen. Zwar hat Scheich Jasir mir erlaubt, meine guten sächsischen Waffen zu tragen. Doch gedencke ich nicht, mich ihrer zu bedienen und als sächsischer Held hervorzuthun.

Auch bey diesem ernsten Anlasse scheint mir das Verhalten der Männer eher dem Gehabe von Knaben zu gleichen, welche, obschon sie vorgeben, nur den unerbittlichen Stammesgesetzen zu gehorchen, die Zwänge ihres Daseyns eher insceniren, um damit ihren Müttern, Schwestern und Bräuten zu imponiren. Sie sind nicht nur Sclaven ihres Gesetzes, sondern, allem offenbaren Vorrange zum Trotz, auch Sclaven ihrer Weiber. Ich finde in ihnen die obsoleten Tugenden mittelalterlicher Ritter, die ihre Heldenthaten nicht um eines Sieges über den Feind, sondern über die Dame ihres Herzens wegen vollbringen.

Die Beni Hauf können im Kriegsfall bis zu 500 berittene Krieger recrutiren. Am Morgen vor unserem Aufbruche eilt die alte zahnlose Mutter Abu Kasrs in Männerkleidern durch das Lager, jammert über die Feigheit ihrer Stammesgenossen, lobt die Tapferkeit der Beni Hauf und lockt so alle tapferen Männer des Stammes aus ihren Zelten. Und greift doch einmal ein wehrfähiger Knabe bey ihrem Auftritte nicht augenblicklich zu den Waffen, wird er von ihr mit unsäglichen Flüchen, Verwünschungen und Unfläthigkeiten überhäuft:
Du träger Maltersack, möge Schimmel und Fäulnis deinen Knabensamen zersetzen, du fette schleimspritzende Echse, besser wärest du als Weib geboren, um deinem Geschlechte diese Schande zu ersparen, und du, nichtswürdiger Wurm, der Stront eines Kameels ist nützlicher als dein liederliches Erwägen, auf, du Maulheld, lass deine Blackscheisserey und weis dem Feind die Feige, Schurke, quälst du deine Mutter immer noch mit Artigkeit, während sie sich längst das Haar ausreisst, und du, Zwerg, mit Rosinen statt Testiculi bemannt, bist du deinem Weib ins Hemd gebacken oder warum stürmst du deinen Brüdern nicht voran, oh Allah, bin ich die Mutter dieser Hunde, dass sie dem Feind erlauben, sie als ihre Betze zu missbrauchen, verflucht seist du, Advocat deiner Thatenlosigkeit, halt dem Feinde ruhig dein Gesäss hin, und ihr da in eurem Ziegenwams, ist euer Rodomontadenthum auf ein blödes Gemecker verschnitten, oh ja, belustigt euch nur weiter, während eure Brüder sich im Bluthe wälzen, lasst Gnade walten, wo Andere das Leben nehmen, hockt am Spinnrocken der Weiber und spinnt eure Historien, dass eure Kinder und Enkel zumindest diese besitzen, da ihnen alles Andere doch genommen, überlasst die Rappuse den Tapferen und übt euch in Ergebenheit, doch mir und allen Weibern aus dem Angesicht, ihr krafftlosen Kleiderbündel, mit samt eurer Promessen und Verlassenschaften, forth forth, dass wir uns bey eurem Anblicke nicht übergeben, und so kommt nun, Schwestern, dem Feinde entgegen, damit wir mit diesem ein neues, muthigeres Geschlecht begründen …

Ich frage Scheich Jasir nach dem Plane, nach welchem man des flüchtigen Mörders habhaft zu werden gedenckt.
Der Plan? fragt Scheich Jasir erstaunt.
Ihr wollt doch nicht offen ins Lager der Beni Hauf einziehen und freymüthig die Auslieferung des entlaufenen Buben fordern.
Genau das wollen wir zunächst thun: Wir Männer werden unsere Stärke und Entschlossenheit demonstriren und sehen, ob die Beni Hauf nicht, von diesem Aufmarsche beeindruckt, zu friedlichen Verhandlungen bereit sind.
Dieser theatralische Aufmarsch nun stellt sich in meinen Augen bereits als ein äusserst kriegerischer Act dar: Drey Hirtenknaben und eine Kameelheerde werden auf dem Wege zum Lagerplatz als Geiseln genommen, wenn auch alle Betheiligten dieses Kriegszuges sich vorsehen, dass kein Bluth fliesst und weder Mensch noch Thier zu Schaden kommen. Der darauf folgende Einfall ins Lager, das vom plötzlichen Erscheinen der Beni Lafitat offenbar völlig überrascht scheint, lässt Plünderung, Brandschatzung und Aergeres befürchten.
Alleyn, Niemandem wird auch nur ein Haar gekrümmt, zumal die wilde Cavalcade auch auf keinerley Widerstand stösst. Ich allerdings verwundere mich, dass von den als tapfer und verschlagen gerühmten Beni Hauf keine Wachen aufgestellt wurden und im Lager selbst nur Greise, Weiber und Kinder anzutreffen sind, welche verschreckt aus den Zelteingängen auf die in ihrem grimmigen Auftritte nunmehr schon ein wenig lächerlich wirkende Reiterschaar blicken.
Ich glaube mich indessen sicher, dass Ali in diesen Zelten nicht zu finden seyn wird. Eher halte ich es für denckbar, dass jenes Schutzversprechen für den unwillkommenen Gast, welcher diesen Streit mit den nicht eben ungefährlichen Nachbarn erst provicirte, diesem Gaste ein gewisses Entgegenkommen, zum Beyspiel durch die Preisgabe oder den Verrath der Besitzthümer seiner vormaligen Stammesbrüder, abforderte und die listigen Beni Hauf den Kriegszug ihrer Nachbarn nun ihrerseits für eine *Rasuwa* oder *Razzia,* was die findigen Franzosen wohl aus dem Arabischen entlehnt haben dürften, nutzen.

Nach beduinischem Verständnis ist es den Wüstenbewohnern durchaus erlaubt, über einen anderen Stamm herzufallen und diesem Alles zu rauben, was sich mitführen lässt. Dabey wählen sie zwar selten einen der Nachbarstämme, mit welchen sie vielmehr in Frieden zu leben bemüht sind. Doch dient es der Vermehrung der Reichthümer und des Ruhmes, so kann auch unter diesen bisweilen ein Opfer ihrer Habgier seyn. Vor Allem, wenn sich die Räuber dem überfallenen Stamme überlegen dünken und von diesem, auch in Folge des erlittenen Verlustes, sobald kein Rachefeldzug zu erwarten ist.
In meine Ueberlegungen fügt sich auch ein prüfender Blick auf die kleine Heerde confiscirter Thiere, welche selbst mir, dem Adoptivkabilen, nicht der vielgerühmten Güthe der Beni-Hauf-Kameele zu entsprechen scheinen. Als nun Scheich Jasir meinen Eindruck bestätigt und mir mittheilt, dass es sich nur um minderwerthige Last- und Schlachtkameele handle und kein einziges edles Rennkameel darunter sey, erlaube ich mir die Unbescheidenheit, dem erfahreneren Stammesbruder meine Befürchtungen darzulegen.
Ja, den verschlagenen Beni Hauf ist eine derartige Unthat zweyfellos zuzutrauen, zumal sie sich gewiss seyn können, von den ehrenhaften Beni Lafitat keine Uebergriffe auf wehrlose Weiber und Kinder befürchten zu müssen. – Der Scheich hat mir still und ernst zugehört. Nun fährt er in seiner Rede forth: Sollte es sich in der That so verhalten, wie du vermuthest, mein Bruder, dürften sie auf unseren Waiden bereits das Ihrige genommen haben und sich nunmehr auf dem Rückzuge befinden.
Anstatt nun eilig ins eigene Dorf zurückzukehren, ordnet Scheich Jasir eine Rast an, dass man die Thiere tränke und dann zu einer Rathsversammlung zusammen trete. Die verbliebenen Beni Hauf beobachten dieses friedfertige Ende des kriegerischen Einmarsches nicht ohne Misstrauen und Furcht.
In Sorge um das bedrohte Vieh, welches den Beduinen mehr bedeutet als beliebige Habe und das selbst unter Einsatz des eigenen Lebens verteidigt wird, da es ja ein unersetzbarer Theil dieses Lebens darstellt, drängen die Männer zum raschen Aufbruch. Sicher würden die Räuber nicht jenen Weg einschlagen, auf dem sie die

Heimkehr der Beraubten vermuthen müssten, gebe ich den Hitzköpfigen zu bedencken.
Falls die Beni Hauf so gierig und unbesonnen gewesen seyn sollten, nicht nur die Kameele, sondern auch Schaafe und Ziegen forth zu führen, giebt es für sie bloss wenige Möglichkeiten des Rückzugs, da sie nur langsam vorankommen und wenigstens eine Wasserstelle aufsuchen müssen, fügt Scheich Jasir meinen Ueberlegungen hinzu. Können sie nicht auf directem Wege heimkehren, da sie sonst Gefahr liefen, mit uns zusammenzustossen, bleibt ihnen nur der Weg über den Brunnen Nefsa.
Mit den edlen und ausgeruhten Kameelen der Beni Lafitat alleyn stünde ihnen indessen jeder Rückweg offen, sofern sich die Krieger selbst mit ausreichendem Wasser versorgten. Doch Gier und Uebermuth sind gemeinhin die beste Waide der Thorheit. Ich bitte die Männer, eine Charte des Brunnens und seiner Umgebung in den Sand zu zeichnen. Ohne die Bürde des langsamen Kleinviehs kann die eigene Parthey mühelos als Erste an die Wasserstelle gelangen und den Orth so listig besetzen, dass selbst der tapferste Krieger von der Aussichtslosigkeit jedes Widerstandes überzeugt seyn muss.
Nachdem die Berathung der Männer so weit gelangt und mein Plan allgemeine Zustimmung gefunden hat, brechen wir ohne weiteren Verzug zu jenem besagten Brunnen auf. Diesmal ist selbst die Muzejina schweigsam, da die kommende Auseinandersetzung durch grimmiges Geschrey nicht zu gewinnen ist. Nur mit äusserster Vorsicht und Disciplin wird der Gegenschlag gelingen können, denn zweyfellos werden dem Haupttrupp der Gegner Kundschafter voran geschickt, denen nichts Ungewöhnliches auffallen darf. Sonst könnte es anstatt zu einer listigen Ueberrumpelung doch noch zu einer offenen und gewiss verlustreichen Schlacht kommen, welche dem verflossenen Bluthe nur sinnlos weiteres hinzu schüttet. Sind die Männer eines Raubzuges aber ohne Bluthvergiessen überlistet und besiegt worden, werden sie, so weiss ich aus Erzählungen meiner Stammesbrüder, oftmals von den Siegern, deren Besitzthümern die feindliche Rasuwa eben noch galt, wie Gäste behandelt.

Bejt al-Ḥadschar 12.4.

Kleiner morgenspaziergang zum *ras ad-dim* (katzenkopf). Faisal und Manṣūr schlieszen sich meinem ausflug an. – Orte, selbst unscheinbare, haben ihre eigennamen. Während man einem tier, und sei es ein einziges, das sein dasein unter dem gleichen dach fristet, einer kuh oder einem esel, keinen namen gibt. »Haustiere« im europäischen sinne gibt es ohnehin nicht. Hunde und katzen gehören zu einem dorf, nicht zu einem haus, geduldete streuner, die sich von abfällen ernähren. Doch auch die einzige kuh ist schlicht »kuh«. Ein rindvieh namens »Emma« läszt sich so einfach nicht mehr schlachten.
Eigentlich wollte ich ein wenig allein sein. – Entweder lerne ich, meine wünsche klar zu äuszern, was die menschen hier bis hin zur grobheit gut beherrschen, oder mich, ungeachtet meiner umgebung, in mich selbst zurückzuziehen. Auch über diese fähigkeit verfügen die menschen hier, da sie in ständiger und enger gemeinschaft mit anderen aufwachsen. Da es in den städten und dörfern kaum einsame orte gibt, wird einfach das gespräch mit der auszenwelt eingestellt und das eigene innere zum rückzugsort.
Nie begegnet mir ein einzelner jemenit auf meinen einsamen spaziergängen. Ihnen musz mein sporadisches einsamkeitsbedürfnis seltsam erscheinen. – Faisal und Manṣūr gehen hinter mir, doch stören mich mit keinem wort in meinen gedanken. In Europa würde das schweigen als bedrückend empfunden werden. Hier ist das zusammensein mit anderen nicht zugleich auch zwang zur gemeinschaft mit ihnen. Sie ist eher ein angebot als eine pflicht.
Wir können miteinander reden, wenn wir wollen. Wir sind füreinander da, wenn es nötig ist. – Doch ist mir diese haltung noch so fremd, dasz sich ständig die alten, gewohnten deutungen vordrängen: Wir sind zusammen, doch haben uns nichts zu sagen. Geht, laszt mich allein, damit ich bei mir sein kann. Seid ihr da, geht ein teil meiner selbst mir verloren …

Wir setzen uns auf die hügelkuppe, die sonne im rücken, den blick auf die rotbraun glosenden festungstürme gerichtet. Manṣūr reicht mir kohlestückchen: Hier gab es eine feuerstelle. – Wann? – Vor langer zeit.
Faisal: Dieser hügel ist eigentlich ein trümmerberg. Hier hat vor vielen hundert jahren das erste dorf gestanden. Das herumliegende geröll ist das alte unbehauene mauergestein.
Die feuerstelle musz aber jüngeren datums sein. – Die ehemaligen bewohner, flüstert Manṣūr, kommen des nachts, um wache zu halten. Zur strafe. Weil damals, als das dorf überfallen und zerstört wurde, die wachen geschlafen haben.
Frieren sie in ihrem körperlosen zustand immer noch? Brauchen auch geisterwachen ein wärmendes feuer?
Niemand aus der umgebung würde freiwillig eine nacht auf diesem hügel verbringen.
Ich nehme mein notizbuch und versuche, mit den kohlestückchen das gesicht Manṣūrs zu skizzieren. Die kohle eignet sich vorzüglich zum zeichnen.
Was auf dem papier entsteht, sind weniger charakteristische einzelheiten als vielmehr die beziehung zwischen ihnen. Können wir überhaupt das malen, was wir sehen? Malen wir nicht immer nur das, was wir wissen?
Manṣūr mag es offenbar nicht, in dieser weise zum objekt meiner deutung zu werden. – Als er sich von uns verabschieden will, frage ich ihn, ob er und Ḥāfith nicht noch einmal bar'a für mich tanzen wollen: Neben den traditionellen spielen gilt meine aufmerksamkeit ja auch den stammestänzen.
Du wirst schon bald gelegenheit haben, alle männer des dorfes tanzen zu sehen. – Er zögert.
Gerade eure freundschaftliche, zärtliche und zugleich kriegerische art, miteinander zu tanzen, hat mich beeindruckt. – Er schweigt.
Willst du mir vielleicht sagen, was zwischen euch vorgefallen ist?
La schi. Nichts ist vorgefallen.
Er sagt dieses *la schi* nicht in zurückweisendem, mich kränkenden ton; nicht mit dem gestus, diese angelegenheit gehe mich

nichts an. Sein *la schi* klingt eher wie ein riegel, der vor etwas in ihm selbst geschoben wird.

Die *person* ist kein abgeschlossenes gefäsz. Sie ist durchlässig und anfällig für geister, dämonen, ungeheuer, sagt Faisal nicht ohne ironie. Die person musz vor angriffen von auszen und von innen geschützt werden. Je zarter, anmutiger die maske, um so zerbrechlicher ist sie auch.
Jedes maskenspiel ist geradezu eine herausforderung an die dämonen, den unterschied zwischen selbst und maske zu verwischen. Das arabische wort für *theater spielen,* maththala, heiszt nicht nur *erscheinen, sich zeigen,* sondern auch *sich einbilden* und *lügen.*
Erzähle mir von den weiteren abenteuern Madschnuns.

Die erlebnisse Madschnuns führen uns nicht nur durch fünftausend jahre jemenitischer geschichte, sie dokumentieren auch die entwicklung eines spezifisch arabischen humors: die lust an groben, überzeichneten, farcenhaften charakteren und situationen. Ein wesentliches merkmal dieses humors ist die abwesenheit von moral. Viele gestalten und szenen sind von unglaublicher brutalität und schamlosigkeit.
Doch gibt es in der dramatischen erzähltradition zugleich die entgegengesetzte tendenz: die schärfung der sinne für subtile, geistreiche wortspiele.
Der erste akt, Madschnun und Bilqis, die Königin von Saba, vor Sulaiman, ist eine klassische verwechselungskomödie. In der ersten szene spielt die Königin mit ihrem Hofnarren die befragung König Sulaimans durch. Sie hat von seiner weisheit gehört und beabsichtigt, teils aus neugier, teils aus eifersucht, ihn auf die probe zu stellen.

MADSCHNUN: Ihr seht heute bezaubernd aus, meine Königin.
BILQIS: Ich habe dich nicht nach deiner meinung gefragt, Narr. Sag mir, was weiszt du von König Sulaiman?
MADSCHNUN: Was immer man von ihm erzählt, von schönheit ist die rede nicht.

BILQIS: Er hat von meiner weisheit doch gehört?
MADSCHNUN: Wer hätte nicht von Eurer weisheit schon gehört.
BILQIS: Und dennoch steht er weiterhin im ruf, der weiseste mensch auf erden zu sein?
MADSCHNUN: So reden die Leute.
BILQIS: Und was sagst du?
MADSCHNUN: Nun, ein ruf, vor allem ein guter, ist ein überaus flüchtiges ding. Wenn wir in diesem zusammenhang überhaupt von einem »ding« sprechen dürfen.
BILQIS: Das denke ich auch. Ich werde diesen ruf erschüttern!

Doch insgeheim will Bilqis mehr als das: Sie will Sulaiman als bräutigam für sich gewinnen. Dazu soll vor allem ihre klugheit das hilfsmittel sein.

Sie, Madschnun und eine ganze karawane mit erlesenen geschenken, die den weisen könig blenden sollen, machen sich auf den weg über die Weihrauchstrasze in das land Sulaimans. Unterwegs treffen sie auf einen fremden.

MADSCHNUN: Es reitet jemand auf uns zu.
BILQIS: Sicher ein bote Sulaimans, den er mir zum geleit entgegen sendet.
MADSCHNUN: Vielleicht soger der könig selbst, was angesichts der zu erwartenden geschenke mir nur recht und billig erscheint.
BILQIS: In so schäbiger kleidung und ohne jede begleitung?
MADSCHNUN: Sicher ist sein bescheidenes auftreten bereits eine probe für die klugheit der königin, von der er zweifellos gehört hat.
BILQIS: Wie soll ich mich verhalten? Ist es nur ein bote, mache ich mich durch zu grosze achtung lächerlich. Ist es aber der könig selbst, kränke ich ihn womöglich durch meinen stolz.
MADSCHNUN: In zweifelsfällen sollte man dem fremden stets wie einem boten begegnen.

Und in der tat ist es nur ein bote. – Bilqis rächt sich für die mutmaszliche list Sulaimans, indem sie durch einen rollentausch nun ihrerseits die weisheit des berühmten königs auf die probe stellt.

MADSCHNUN: Meine Königin, was tut Ihr?
BILQIS: Ich entkleide mich. Hilf mir bei den schnüren.
MADSCHNUN: Seid Ihr von sinnen, Herrin? Jeden augenblick kann Sulaiman den saal betreten.
BILQIS: Deswegen eile! Zieh dich aus!
MADSCHNUN: Ich will gehorsam sein. Doch helft mir, Eure worte richtig zu verstehen.
BILQIS: Zieh deine kleider aus, cretin. Oder willst du hilfe auch noch in der tat.
MADSCHNUN: Jetzt ist wahrlich nicht der zeitpunkt nachzuholen, was bei anderer gelegenheit schon einer königin nicht würdig war.
BILQIS: Hätten wir die zeit, würde ich dich für diese unverschämtheit köpfen lassen. – Hier, nimm den rock, den umhang und den schleier.
MADSCHNUN: Helft mir bitte bei den schnüren, herrin.
BILQIS: Das ist weisz gott die härteste probe, auf die man mich stellen kann: Seine groteske nichtswürdigkeit, und sei es auch nur einen augenblick, für mich, die Königin gehalten zu wissen.
MADSCHNUN: Nun, die grösze stimmt.
BILQIS: Zumindest entmannen hätte ich dich beizeiten lassen sollen. Dann würde auch dein ton uns nicht verraten.
MADSCHNUN: Das heiszt, Ihr wollt im ernst vor Sulaiman den narren spielen?
BILQIS: Still, der könig kommt. Erinnere dich unserer probe. Spiele deine rolle, das heiszt meine rolle gut! Du weiszt, um was es geht.
MADSCHNUN: Ja, ich weisz: Es geht, um was auch immer, immer auch um meinen kopf.

Sulaiman tritt auf. Madschnun stellt dem könig die berühmten rätsel der Königin von Saba. Bilqis verrät dem könig die antworten hinter Madschnuns rücken. Durch diesen leichtgemachten sieg hofft sie, ihn zum gemahl zu gewinnen.

Doch nun stellt Sulaiman Madschnun, die angebliche königin, auf die probe.

SULAIMAN: Diener, rollt den teppich fort!
Oh oh, rufen Madschnun und Bilqis, als eine glasüberdeckte wasserfläche sichtbar wird.
SULAIMAN: Kommt zu mir, Königin von Saba!
MADSCHNUN: Hier, über das wasser? Weisz ich denn, wie tief es ist?
SULAIMAN: Habt keine furcht. Es wird Euch tragen.
MADSCHNUN: Euch mag es tragen. Mir war es indes noch nie gewogen.
BILQIS: Nun geh schon, narr!
Madschnun rafft den rock und betritt zögernd den gläsernen boden.
SULAIMAN: Ihr habt ungewöhnlich dicht behaarte beine, Königin. Sollte es wahr sein, was man mir von Eurer herkunft berichtet hat?
BILQIS: Nein nein, mein König. Glaubt dem narren nicht. Schaut her, wie zart und ebenmäszig meine beine sind.
SULAIMAN: Schweig, narr! Mische dich nicht ungefragt ins königliche spiel. Zeige deine narrenbeine meinem stallknecht oder koch.
BILQIS: Oh, weiser Sulaiman, so seht doch her: Er ist der narr. Die Königin bin ich!

Sind es in der sage nicht die behaarten beine der königin, unterbreche ich Faisals erzählung, die Sulaiman von einer heirat abhalten? Bilqis gilt doch als tochter einer dämonin.
So erzählt es die partei Sulaimans, entgegnet Faisal. Sie will nicht glauben, dasz der weise herrscher die königin mit ihrem narren verwechselt haben könnte. Tatsächlich aber ist die königin schön wie die nacht.
Vielleicht ist Sulaiman wirklich so weise, wie man von ihm sagt: Er spielt den naiven nur, um so den betrug gegen ihre urheber zu wenden.
Doch warum sollte er die hand der königin verschmähen?

So reich und schön die königin auch sein mag, sie ist auf jeden fall auch selbstgefällig und eitel. Es braucht nicht die weisheit eines Sulaiman, sich das zusammenleben mit ihr vorzustellen. – Was aber wird aus Madschnun?
Nachdem Sulaiman den saal verlassen hat, ohne dasz Bilqis die verwechselung aufklären konnte, schlägt sie voller wut ein loch in den verräterischen glasfuszboden und stöszt Madschnun hinein. Tatsächlich ist das wasser nur knietief, doch drückt sie den armen narren unter das glas, so dasz er, wie der fluch es will, jämmerlich ersäuft.

Den ganzen vormittag ist Aḥmad vor dem haus seines vaters damit beschäftigt, einem alten fernseher mit dem strom seiner autobatterie ein bild zu entlocken. Am mittag ist die batterie seines landrovers leer. Nun musz Captain Redmans japanischer kleinwagen für weitere experimente herhalten. Miszmutig hockt der Captain, eine wolldecke über den schmerzgeplagten unterleib gebreitet, hinter dem steuer seines in der heiszen mittagssonne parkenden autos und beobachtet jeden handgriff des neffen. Am nachmittag erscheint tatsächlich für wenige augenblikke ein fahles, blakendes testbild auf dem fernsehschirm.
Das ganze dorf versammelt sich um diesen ort der epiphanie. Aḥmad erlaubt den wundergläubigen groszmütig zu bleiben, solange sie jede erschütterung vermeiden. Bei anbruch der dämmerung schlieszlich einige nachrichtenbilder von der bürgerkriegsfront: qabilun, die vor kampfbeginn oder in einer gefechtspause aus ihren schützenpanzern klettern und in der flimmernden hitze der küstenebene einen bar'a tanzen.
Offenbar gewinnt der norden allmählich die oberhand. Doch hat er das ziel, die hafenstadt 'Aden, machtbasis des südens, innerhalb weniger tage einzunehmen, bisher nicht erreicht. Dennoch kündigt der nachrichtensprecher die wiederaufnahme von flügen zwischen Kairo und Ṣana'a an. – Die männer kommentieren die nachrichten nicht. Nach wie vor ist mir unklar, auf welcher seite sie stehen. Allerdings zeigen ihre gesichter eine entschlossenheit, als wollten sie nun endlich selbst ins kampfgeschehen eingreifen.
Leider reicht die batteriereserve des inzwischen dritten dorfeigenen vehikels gerade für einen zweiminuteneinblick in die regierungsnachrichten. Dessen ungeachtet gibt Aḥmad sich auf eine art bescheiden, dasz die männer ihn gar nicht genug für dieses ätherische wunder loben können.

*

Gilt die gruppenbildende funktion des kriegstanzes nicht auch für den krieg selbst?
Krieg ist nicht allein und womöglich nicht einmal in erster linie ein aggressiv ausgetragener interessenkonflikt. Er hat eine soziale funktion innerhalb der kriegführenden parteien. Er definiert die kollektive identität als das *wir* im gegensatz zu den anderen, den feinden. Er stärkt die gruppensolidarität, ist ein einigender, umfassender ausdruck politischen handelns.

Paradoxerweise habe ich mich nie sicherer gefühlt als unter diesen waffenstarrenden kriegern. Fern vom schlachtfeld ist ihr kriegerisches auftreten eine streng ritualisierte und kontrollierte form von gewalt. Insofern musz ich hier weniger unerwartete gewaltausbrüche fürchten als in meiner eigenen, pazifierten, doch wesentlich unbeherrschteren kultur.

Wie lange will ich noch bleiben? Die wiederholungen üben eine hypnotische wirkung aus. Ich werde immer willenloser. Ein verführerischer prozesz der entmündigung ist im gange.
Ich bin nicht unglücklich hier, ja, glücklicher, als ich an vielen früheren orten war. Doch hat der alltag etwas vegetatives. Ich bewege mich nicht mehr. Ich schlage wurzeln, wachse nach innen.
Es ist, als wäre die verschleppung eine art liebesakt gewesen: Will die braut nicht freiwillig folgen, wird sie von ihrem liebhaber gewaltsam entführt.

Spielen zu können ist womöglich die einzige freiheit des menschen in einem ansonsten von notwendigkeiten und erwartungen bestimmten dasein.
Spiele können andere als notwendige dinge möglich und wichtig werden lassen.
Der zweck des spiels liegt allein im wollen der spieler, in der entscheidung, dieses spiel zu spielen.
Das bedeutet nicht, dasz diese entscheidung frei von notwendigkeiten und erwartungen wäre. Doch sind sie innerhalb eines spiels gewählte oder wenigstens gewollte begrenzungen.
Das alltägliche leben ist kein spiel.
Das gröszte hindernis, das wesen des spiels zu begreifen, ist die heimliche setzung, spiel sei gleich leben. Je mehr ich den gegenstand meiner betrachtungen ins metaphorische entrücke, um so mehr entzieht er sich mir.
Ich unternehme einen letzten versuch, eine umfassende beschreibung zu wagen, eine »philosophie des spiels« zu begründen. Ich will einen teil der vorhandenen beschreibungen retten, *spiel als haltung, spiel als eigene wirklichkeit*.
Doch in dem augenblick, in dem ich *spiel als teil dieser welt* begreife, verändert sich diese welt. Sie wird reicher, hoffnungsvoller, vergnüglicher.
Vielleicht genügt das.

*

Manṣūrs schweigen dauert an. Ḥāfith ist nun seltener auf der strasze zu sehen. ‘Ali sagt, er sei ernsthaft krank, habe fieberschübe, behalte das essen nicht bei sich: Seine mutter hat bereits ein amulett für ihn bestellt. Doch wäre es vielleicht besser, wenn du einmal nach ihm siehst.

Ḥāfith sei krank und könne keinen besuch empfangen. – Offenbar hält seine familie ihn im haus fest. Je länger Manṣūr schweigt, um so bedrohlicher wird es für Ḥāfith. Die dorfbewohner entwickeln phantasien, was der grund für das plötzliche ende der freundschaft und das hartnäckige schweigen sein könne. Und selbstverständlich werden die gründe im geheimsten bereich der freundschaft vermutet.
Die familien der beiden, so ʿAli, drängten die jungen, entweder die gründe für ihr befremdliches verhalten offenzulegen oder sich endlich wieder »normal« zu benehmen. Doch beide beharrten darauf, dasz nichts geschehen sei.

*

Als Jaḥja, ʿAli und ich erneut im lager auftauchen, begrüszt uns Daūd so selbstverständlich, als hätten wir unseren besuch angemeldet: Du bist sicher gekommen, meine kamele zu sehen, oder? Während Jaḥja und ʿAli sich im zelt des scheichs bewirten lassen, nimmt Daūd mich an die hand und führt mich von den zelten fort, das steinige wadi entlang.
Hinter einer biegung stoszen wir auf den *tarsch,* die herde weidender kamele. Allerdings gibt es in dem ausgetrockneten fluszbett so gut wie nichts abzuweiden. Daūd weist auf einen übelriechenden trog: Getrocknete sardinen. Wenn die weideflächen für das vieh nicht ausreichen, tauschen wir auf den küstenmärkten fisch gegen milch, käse und fleisch ein.
Leider befindet sich kein *rikab,* kein reitkamel in der herde. – Ich bin nicht undankbar für diesen mangel. Daūd beginnt, mir die verschiedenen tiere vorzustellen: *hatha thilb,* das ist ein greises kamel, *hatha dschasur,* das ist ein mastkamel, *wa-hathihi dschaqma,* und jener ein unzähmbarer kamelhengst.

Ich lege eine KAMELLISTE an:

بل	*bil*	kamel
ثلب	*thilb*	altes kamel
جلل	*dschalli*	vernünftiges kamel
جقم	*dschaqma*	unzähmbares kamel
حرر	*ḥurr*	reinrassiges kamel
خور	*chawar*	nicht reinrassiges kamel
فيح	*fīḥa*	kräftige kamelstute
قب	*qabb*	starkes kamel
حرسس	*ḥarsus*	schwächliches kamel
حشي	*ḥaschī*	junges entwöhntes kamel
حور	*ḥuwar*	junges noch nicht entwöhntes kamel
فطر	*faṭr*	reife kamelstute
حيل	*ḥajil*	unfruchtbare kamelstute
معشر	*muʿaschar*	trächtige kamelstute
خلف	*chalfa*	kamelstutenwöchnerin
عود	*ʿawda*	ältere kamelstute
رحل	*raḥula*	packkamel
ركب	*rikab*	reitkamel

زمل	*zaml*	männliches packkamel
شيب	*schajiba*	altersgraue kamelstute
مصنّ	*muṣanni*	eiterndes oder schleimendes kamel
ظرب	*ẓaruba*	zuchtkamel
ميسر	*mijasir*	läufige kamelstute
عير	*'ajra*	erlesene kamelstute
عيب	*'ajib*	bissiges kamel
غوج	*ghawdsch*	groszzügiges kamel
فلق	*filaq*	überarbeitetes kamel
مدثب	*midthab*	rennkamel
نيب	*nīb*	eckzahnkamel (6jährig)
هيج	*hīdsch*	gezähmtes kamel
وسق	*wasiq*	geplündertes packkamel
وضع	*awḍ'a*	weiszes kamel
ذود	*dhūd*	kleine kamelherde
ردف	*ridf*	kamelritt
منجب	*mandschub*	rennkamelreiter
مشلق	*mischlaq*	kamelreiterreihe

Weiterhin nennt Daūd für jedes körperteil, das er mich berühren läszt (*michir:* kamelstutenzitze ...), für jede kamelkrankheit, auf die er mich hinweist (*dabra:* kamelhöckergeschwür ...), und für jedes kamelzubehör, vom angespitzten kamelreitstock (*mischab*) bis zum kamelmilchmelkeimer (*qadah*), ein besonderes wort. Doch überlasse ich die weitere kamelwortgruppeninventarisierung zukünftigen kamelwortfamilienforschern.

Wir kommen spät ins lager zurück. Der scheich lädt uns ein, über nacht zu bleiben. Ich spüre, Jaḥja und ʻAli würden gerne nach Bejt al-Ḥadschar zurückkehren. Die zwei-stunden-fahrt durch diese gleichförmige, orientierungsarme landschaft ist für sie auch bei dunkelheit kein problem. – Doch ich nehme die einladung des scheichs erfreut an.
Nach dem abendessen klettern Daūd und ich auf den felsigen rand des flusztals und schauen über das zeltlager hinweg in die karge, zerklüftete ferne. – Nun fühle ich mich tatsächlich in die kulisse eines orientalischen breitwandfilms versetzt.
Wo hört die wirklichkeit auf, wo fängt die erfindung an? Gibt es die landschaft, die sich vor mir ausbreitet, oder ist sie nur gut erfunden? Wäre es ein unterschied?
Er sagt lange nichts. Ich würde ihn gerne fragen, was er gerade denkt oder empfindet. Verändert mein fremder, unvertrauter blick auch seine sicht auf das vertraute? – Doch unterbreche ich das schweigen nicht.
Beduinen werden erzogen, ihre gefühle zu beherrschen oder zu verbergen. Gefühlvolle menschen gelten als schwach und untauglich, den anforderungen des wüstenlebens standzuhalten.
Als hätte er meine gedanken verstanden, sagt Daūd: Ein beduine spricht selbst mit engen freunden nur selten über das, was in ihm vorgeht. Wenn er seinen gefühlen aber ausdruck verleihen will, wählt er das gedicht:

Ich war herr bevor der wind kam
Sasz ohne arg und asz als er
Ins zelt trat von westen
Der richtung der diebe

Doch raubte er nicht sondern deckte
Pita reis und fleisch
Mit einem kleid aus sand
Als sei er der herr des zeltes

UNTERWEISUNG

Wenn du nicht eingeladen bist
So raste nicht doch wenn du einlädst

Nimm drei hand voll bohnen
Auf holzkohlen brenn sie doch

Verbrenn sie nicht der kaffee
Hinterläszt rotbraune schalen

Wie das schafsblut schneide
Herz und lunge fort

Und wenn du an den brunnen gehst
So füll erneut den krug

DIE WICHTIGSTEN DINGE IM LEBEN

Zeltbahnen weit wie kamelrennstrecken
Flinten freigebig wie ziegenbrüste
Söhne fiebrig wie gazellen auf der flucht
Töchter weisz und streng wie stutenmilch
Schleier fest wie wolfshaardecken

RAT AN EINEN JÜNGEREN BRUDER

Nimm nicht den pfad auf dem
Die ziegen das gras stehen lieszen

Wenn jemand auf einer antwort beharrt
Verwehre sie ihm nicht doch

Halt dich von den unbelehrbaren fern
Seien ihre zähne auch gesund

Und von den prassern deren fleisch
Gesotten riecht es ist von dürren weiden

AL 'ARD / DIE EHRE

Gäste kommen doch schwören mein fleisch
Nicht zu essen während ich den tee bereite

Treten sie ins zelt zu meinem bartlosen
Jüngsten und verschleiern sein gesicht

Ich zeige ihnen den weg durch das tal
Ich wahre meinen ruf doch mein herz

Ruht nicht regen schäumt von den
Hängen aus der wasserstelle aber

Schöpfe ich nur nägel unehre
Ist ein spiel ein junges mädchen

Hinter kaktushecken zeigt mir
lächelnd ihre nackten füsze

Kann es sein, dasz ich mitten in einem abenteuer bin, von dem ich früher voller sehnsucht gelesen habe? Doch wo ist die intensität des daseins, die ich in der phantasie mit derlei erlebnissen verband? Wo ist die innere bereicherung, die für die anstrengungen, gefahren und verluste, die solch ein abenteuer kostet, entschädigt?
Ja, wüstenfestungen, beduinenzelte, pferde und kamele, raubzüge, gefangennahmen, verschleierte frauen, bärtige krieger, dschinne und ghule, die ganze orientalische kulisse, in die wir uns aus der heimatlichen behaglichkeit hineinträumen. Nun bin ich inmitten dieses romans, und das ganze exotische interieur begegnet mir als alltag. Fremd, geheimnisvoll ist es nur zwischen den plastikverschweiszten leineneinbänden der bibliotheksausgabe.
Und nun die wiederholungen, die unbequemlichkeiten, das warten, kein abrupter sprung vom vertrauten kinderzimmer in die rauhe Rub' al-Chali, keine atemlose erzählzeit, sondern das zähe, ereignisarme leben in der erzählten zeit; ineinanderflieszende stunden, tage, wochen, die sich auf wenige tagebuchseiten zusammenfassen lassen, mögen sie auch später wie ein abenteuer zu lesen sein.

Und wenn wir, anstatt zu reisen, jene abenteuer wirklich nur erfänden? Wären sie unwahrer als die tatsächlich erlebten abenteuer? Was unterscheidet das imaginäre ereignis vom erlebten? Allenfalls eine differenz im schreibenden. Als geschriebenes ist es identisch.

*

Die jungen kommen von der feldarbeit zurück. Langsam füllt sich mein diwan. – Ich bin nicht weniger objekt der neugier für sie als sie für mich. Sie sind keine unmündigen kinder, keine naiven wilden, keine hilflosen opfer meines wissenschaftlichen ehrgeizes. Sie sind ebenso weltoffen, wiszbegierig und lernbereit wie alle menschen. Sie werden womöglich ebenso lange, ausführlich und mit erfindungen bereichert von dieser begegnung erzählen, wie ich über sie berichten werde.

'Ali und Jaḥja kommen hinzu, finden kaum noch platz. Sie haben in einer der mühlen gearbeitet. Riechen nach kameldung und sesamöl. Jaḥja bringt mir ein glas voll mit: Zum kochen oder zum eincremen der haut? – Für die hausapotheke! – Die jungen lachen. Wieder ein witz, den ich (noch) nicht verstehe.
Ich lasse sie in meinem diwan allein und spaziere zum haus des scheichs hinüber. Aus dem mafradsch höre ich die stimmen der männer dringen, lauter als alle anderen die erregte stimme Aḥmads. Offenbar haben die nordjemenitischen truppen eine neue front im gebiet um 'Atāq eröffnet. Nun sind die stämme direkt betroffen. Zwar drängten auch vorher schon stimmen, in den krieg einzugreifen, doch handelte es sich bisher hauptsächlich um kämpfe zwischen regierungs- und oppositionsverbänden.
Auch von mir ist die rede. Zweimal höre ich meinen namen fallen. Aḥmad reagiert voller zorn. Ich will den fortgang der auseinandersetzung nicht wissen.

Ich finde Faisal alleine auf dem dach. Ich hocke mich zu ihm in den schatten der steinbrüstung. Er bietet mir eine zigarette an.
Willst du mit den anderen in den kampf ziehen?
Ich werde es wohl müssen, wenn es nicht bald zu einer waffenruhe kommt.
Gibt es denn verhandlungen über eine friedliche lösung des konflikts?
Die führung des nordens verlangt zunächst eine bedingungslose kapitulation des südens.
Worüber müszte dann noch verhandelt werden?
Wir jemeniten denken in extremen, doch unser leben ist ein ständiger, meist schlechter kompromisz.

Nach längerem schweigen: Könntest du dir vorstellen, schauspieler zu werden?

Die schauspielerei gilt, wie der beruf des barbiers oder hammamis, als dienende tätigkeit. Ein qabili bezahlt für unterhaltung, doch läszt sich dafür nicht bezahlen. Daher ist die gleichsetzung mit prostitution zwar ein drastischer vergleich, trifft aber den kern.

Du hast meine frage noch nicht beantwortet.

Der schauspieler heiszt im arabischen *muchannath* und meint zunächst jemanden, der ein musikinstrument spielt. *Muchannath* ist inzwischen aber auch die bezeichnung für einen weibischen oder geschlechtslosen mann, einen homosexuellen oder lustknaben. – Regelmäszig werden die *muchannathun* aus Medina vertrieben, wenngleich knaben, die den quran auswendig gelernt haben, wie bräute mit seidenkleidern und goldenen halsketten geschmückt durch die stadt ziehen. – Ich will nicht in einen sinnlosen krieg ziehen, doch ich bin ein qabili. Ich habe keine wahl.

Dennoch hat es in der arabischen welt immer schauspieler gegeben.

Ein sohn von 'Isa ibn Ja'atar lädt eine truppe von *muchannathun* ein, ihm ihre spiele und tänze vorzuführen. Nur ein schauspieler führt nichts vor. Als der gastgeber ihn auffordert, ebenfalls etwas zum besten zu geben, antwortet der mann, er wisse nichts.

Der gastgeber wird böse und sagt: Du hurensohn, warum hast du dich einladen lassen! – Er läszt sich einen eimer mit kameldung bringen: Entweder friszt du diesen eimer mist, oder ich lasse dich zu tode peitschen! – Der schauspieler bittet, zuvor beten zu dürfen. Der hausherr gewährt ihm die bitte. Doch der schauspieler hört nicht auf zu beten.

Du hurensohn, wie lange willst du noch beten?

Ich bitte Allah, dasz er mir entweder einen hundemagen gibt, kamelmist zu verdauen, oder eine elefantenhaut, peitschenhiebe zu ertragen. Doch hat Allah bisher noch nicht geantwortet.

VOR DEN MAUERN MĀRIBS Bejt al-Ḥadschar 17.4.

Zwar werde das theater, fährt Faisal fort, von religiösen eiferern immer wieder in frage gestellt – ist es wahr oder gelogen, was die schauspieler aufführen –, doch finde es zumindest als festen bestandteil der gastfreundschaft anerkennung: Der gast darf unterhalten werden.
Wir schreiben das jahr 24 vor eurer zeitrechnung. Damar'ali Bajjin bin Sumuhu'ali Januf ist könig von Saba, dem heutigen Mārib. Die stadt wird vom römischen feldherrn Aelius Gallus und seinen truppen belagert.
Die quelle des reichtums und zugleich der gröszten verwundbarkeit des Sabäerreiches sind die stauwerke von Nimran in der nähe der hauptstadt, die alle umliegenden ortschaften und deren osaenland mit wasser versorgen.
König Damar'ali schickt seine leibgarde unter führung seines sohnes 'Ilscharah zur verteidigung der stauwerke nach Nimran. Doch gelingt es den römern nach verlustreicher schlacht, die stauwerke zu erobern und den kronprinzen gefangenzunehmen.
'Ilscharah wird von Aelius Gallus im zelt des feldherrn verhört.

AELIUS GALLUS: Du schweigst? Nun, wir haben unsere erprobten mittel, selbst kamelsättel zum sprechen zu bringen.
Im übrigen wissen wir längst, wer du bist, verteidiger Nimrans: Du bist 'Ilscharah bin Damar'ali Bajjin bin Sumuhu'ali Januf, führer der Rajmaniten, der königlichen leibgarde, und lehensherr von Naschqam, Naschan, Kaminahu und Haram.
Du kannst dich glücklich schätzen, dasz ich als vertreter einer zivilisierten nation hierher gekommen bin. Ich werde dich also nicht, wie ihr barbaren es zu tun pflegt, enthäutet und gesotten zu deinem vater senden.
Das bedeutet aber nicht, dasz ich mich von einem barbaren zum narren halten liesze. Auch das schweigen hat seinen preis: Zunächst das linke auge, dann das rechte auge, dann das linke ohr und dann das rechte ohr, und sollte die zunge dann immer noch den dienst versagen, schlieszlich auch sie.

Nun, aus reiner lust am blendwerk kann ich auch noch tiefer gehen und mit einem kleinen schnitt meines obstmessers der ganzen dynastie der erhabenen Damar- und Sumuhu'alis ein klägliches ende bereiten, bester Kronprinz. Bedenke, ob soviel übertriebene mannestugend den verlust derselben rechtfertigte.
Du hältst mich für dekadent? Ich sehe es deinen augen an. Die zunge schweigt, doch ist dein blick um so beredter.
Doch sieh, ein römischer weichling wie ich hat ein ganzes heer durch die arabischen wüsten geführt, hat ein dutzend stämme unterworfen und tributpflichtig gemacht und steht nun vor den toren des berühmten Saba, stadt des goldes und der legenden, beherrscherin des Roten Meeres und der karawanenwege von Schabwa und Mukalla bis Petra und Caesarea.
Und vor mir, entwaffnet und gefesselt, einer der tapfersten söhne dieses reiches, berüchtigt für seinen stolz und seine verschlagenheit. Nicht übel für einen bartlosen feldherrn, der sein handwerk vor allem im circus und in den thermen erlernt hat, oder? – Du schweigst noch immer?
Gut, beginnen wir mit dem, was für römer wöchentliches circusvergnügen ist. Bevorzugst du die blendung durch einen glühenden oder einen spitzen gegenstand?

MADSCHNUN: Friede sei mit euch, salam, und heil euch allen, salve miteinander.
AELIUS GALLUS: Was will der narr hier?
MADSCHNUN: Ergeben will er sich, obwohl ihn bisher niemand bezwungen hat, ja, nicht einmal zu bezwingen versuchte.
AELIUS GALLUS: So scher Er sich ins lager der gefangenen!
MADSCHNUN: So höre denn, bursche: Ich bin nicht irgendein gemeiner narr, ich bin Madschnun al-Malik, Erster Hofnarr des Sabäerkönigs Damar'ali Bajjin bin Sumuhu'ali Januf, träger des Eisernen Bilkisordens am Seidenen Faden und designierter Vizewesir ohne Geschäftsbereich.
AELIUS GALLUS: Geh Er mir aus den augen, eh ich mich vergesse!
MADSCHNUN: Des weiteren steht vor Euch, obgleich nur ehrenhalber, der Erste gemeine Rat und Bürdenträger aller öffentli-

chen und höflichen geheimnisse des palastes! – Und wer bist du, bartloser knabe?

AELIUS GALLUS: Verschwinde, schuft! Wenn Er nicht dem zum opfer fallen will, was ich alleine meinem hohen gaste zugedacht.

MADSCHNUN: Ich verstehe. Meine höfisch höfliche erziehung gebietet mir, Euch in derlei delikaten angelegenheiten nicht weiter zu stören. Ruft mich, wenn Ihr Eurem hohen gaste die verdienten ehren erwiesen habt.

AELIUS GALLUS: Warte! Bleib noch einen augenblick.

MADSCHNUN: Fort fort! Warte, bleib! Hinaus, hinweg! Verweil! ein wahres narrentreiben. Entscheid Er sich, mann!

AELIUS GALLUS: Komm her zu mir! Näher, freund.

MADSCHNUN: Was ist das plötzlich für ein heuchlerischer ton? »Freund«! Ich wüszte nicht, was nach so kurzer bekanntschaft zu dieser vertraulichen vokabel anlasz gäbe.

AELIUS GALLUS: Was sind das für geheimnisse, mit denen du vor mir geprahlt hast?

Madschnun unterbreitet einen plan, durch die zerstörung der stauwerke die hauptstadt auszutrocknen. Auf seinen rat wird 'Ilscharah zum palast gesandt, um den könig von der drohenden gefahr zu unterrichten und zur kapitulation zu überreden.

Madschnun läszt aber unerwähnt, dasz Aelius Gallus sich damit auch der eigenen wasserreserven berauben würde.
Dem feldherrn erscheinen die vorschläge Madschnuns bedenkenswert. Als belohnung für den verrat läszt er den narren gefangen nehmen und zum tode verurteilen.

MADSCHNUN: Tod durch den strang, haha. Wofür hält sich dieser römer? Für Jupiter persönlich? Selbst ein gott ist dem schicksal unterworfen. Mir ist auf jeden fall ein anderes los bestimmt.

WÄCHTER: Warum lachst du, gefangener? Bist du tatsächlich so närrisch, wie dein kleid uns glauben macht?

MADSCHNUN: Nein nein, mein freund, das gegenteil ist wahr. Ich bin umgeben von lauter narren. Schau dich nur selber an. Du

glaubst, mich im morgengrauen hängen zu sehen. Doch bist du es selbst, der den nächsten tag nicht mehr erblicken wird.
WÄCHTER: Rede keinen unsinn, narr!
MADSCHNUN: Bevor wir voneinander scheiden, bester, würde ich dir gerne ein paar gute ratschläge mit auf den weg geben.
WÄCHTER: Du mir?
MADSCHNUN: Du wirst sie gebrauchen können.
WÄCHTER: Mag sein. Doch wie hoch ist der preis für deine ratschläge?
MADSCHNUN: Sei unbesorgt. Ich bringe sie umsonst und ungefragt unter das volk.

Madschnuns heitere zuversicht verwirrt den wächter. Die überredungskunst des narren führt dazu, dasz der soldat Madschnun tatsächlich befreit und für seine dummheit statt des narren den tod findet. Madschnun entkommt aus dem römerlager. Doch im palast des königs darf er auf keinen wohlwollenden empfang hoffen.

ʿILSCHARAH: Die bewohner Sabas verdursten, vater. Das ist allein das werk deines narren.
DAMAR: Er hat immer schon eine übertriebene abneigung gegen wasser gehegt, mein sohn.
ʿILSCHARAH: Rechtfertige diesen schurken nicht, mein vater. Mögen die götter mir nur noch diesen wunsch erfüllen: Ihn mit eigenen händen, ehe sie zu staub zerfallen, für den verrat zu strafen.
DAMAR: Dir hat er das leben gerettet. Und mir den verstand, indem er dich unversehrt zu mir zurückgesandt hat.
ʿILSCHARAH: Wie gerne hätte ich mein leben hingegeben, um dafür die vielen meines volkes zu retten.
DAMAR: Ich habe veranlaszt, dasz man brunnen gräbt. So die götter wollen, wird es zum äuszersten nicht kommen.
ʿILSCHARAH: Die ersten männer, frauen und kinder liegen, von der dürre hingerafft, bereits aufgebahrt vor den palasttoren. Gräber solltest du ausheben lassen.
MADSCHNUN: (betritt in heiterer stimmung den saal) Friede sei mit Euch, salam, und heil Euch allen, salve, miteinander!

‘ILSCHARAH: Wagt der schuft sich dreist an diesen ort des elends?
MADSCHNUN: Ja, ich habe elend unterwegs gesehen. Doch trennen dicke marmormauern jene welt von dieser.
‘ILSCHARAH: Das elend meines volkes trage ich in meiner seele, wo immer ich auch sein mag.
MADSCHNUN: Solange die weinkeller des palastes noch gefüllt sind, läszt sich dieses innere elend ohne not ertragen. – Wie wär’ es überhaupt mit einem gläschen wein zur feier meiner rückkehr?
‘ILSCHARAH: Wachen, legt den schuft in ketten!
MADSCHNUN: Ah, das ist wahrhaftig ein königlicher lohn für meinen dienst. Du hättest es wissen müssen, narr! Das leben eines freundes, zumal eines königlichen, ist ein leben, zumal das eines narren doch wert.
‘ILSCHARAH: Eines freundes? Pah! Ich werde dir den wert zu nennen wissen. – Bringt mir ein fasz wein!
MADSCHNUN: Du neigst wieder mal zu übertreibungen, freund. Habe ich nicht um ein gläschen nur gebeten.

Madschnun verschlimmert seine lage noch durch seine leichtfertigen reden, bis ‘Ilscharah ihn ergreift und mit eigenen händen in dem herbeigebrachten weinfasz ertränkt.
Kaum ist Madschnun ertrunken, tritt ein bote auf und berichtet vom ende der belagerung: Aelius Gallus ziehe seine truppen ab. Er habe bereits die hälfte seiner männer wegen wassermangels verloren. – Und der rückmarsch durch die wasserlose wüste wird den preis dieses feldzugs noch erhöhen.

Worüber denke ich nach, hier, in der wüste. Finde ich neue antworten auf meine fragen? Stelle ich mir überhaupt noch dieselben fragen?
Bin ich nicht wieder am anfang allen fragens: Wie ist verstehen möglich?
Beim lesen eines arabischen textes musz der leser vorher wissen, um was es darin geht, will er ihn von anfang an verstehen. Wieviel vorwissen setzt ein annähernd phonetisch geschriebener text voraus? Wieviel ein gespräch unter gleichsprachigen?
Ist nicht für jede art zu verstehen ein vor-verständnis nötig, eine kenntnis der sprache, des kontextes, der konnotationen? Ja, musz man sich in einem tieferen sinne nicht schon verstanden haben, um einander zu verstehen?

Das zunehmende verständnis wirkt bestätigend oder verändernd auf das vorverständnis zurück, und das gewachsene vorverständnis ermöglicht wiederum ein noch differenzierteres verstehen.
Ein »objektives« oder auch nur umfassendes verstehen eines anderen aber wird es nie geben. Keine sprache ist vollständig. Und von allen denkbaren ist die sprache der wissenschaft eine der beschränktesten: Entweder bleibe ich ganz in meinem wissenschaftlichen system dem anderen gegenüber, dann gibt es aber kein verständnis seiner sinnwelt, oder ich bemühe mich um ein verstehen aus seinem selbstverständnis heraus; dann musz ich aber meine wissenschaftliche darstellungsweise aufgeben.
Gebe ich den versuch einer »objektiven« beschreibung der welt auf, eröffnet sich nicht dann erst eine viel reichere, vielstimmigere und verständnisvollere darstellung unseres jeweiligen daseins?

Man erzählt, Ihr wäret in Weiberkleidern aus Sanaa entkommen.
Meine Cameraden haben Weiberhosen getragen, das ist wahr, Jaina. Ich selber aber habe nur nach Beduinenart mein Gesicht verhüllt.
Sind Eure Cameraden deswegen gestorben?
Weil sie Weiberhosen trugen? Gott bewahre! Wäre es denn gar eine tödtliche Schande für einen Mann, sich durch List und Masquerade das Leben zu bewahren?
Hier dencken die Männer so.
Nun, ich dencke anders und mit grösstem Respecte über den Muth und die Thatkrafft der Frauen. Im Uebrigen haben die Wächter unsere List bemerckt.

Wir dürfen einander nur kurz und wie zufällig am Dorfrande begegnen und wenige allgemeine Sätze wechseln, wollen wir nicht die Aufmercksamkeit und das Misstrauen der Dorfbewohner erregen. Und treffe ich sie bey einem Spacirgange unter anderen Weibern an, gehört sie gar zu den frechsten Spöttern über diesen Gastkabilen.
Dennoch bin ich nun auch häufig im Zelte ihres Vaters, des Barbiers, anzutreffen, welcher, geadelt durch diesen ehrenvollen Besuch, sich desgleichen der Bewirthung weiterer, vormals nie beherbergter Kabilien erfreuen darf.
Ich kleide mich wie sie, unterhalte mich mit ihnen in ihrer Sprache, und wenn ich ihnen von meinem eigenen Stamme oder auch nur über allgemein-menschliche Dinge rede, welche mir für alle Erdenbewohner gleicher Maassen gülthig erscheinen, hören sie mir zwar mit Wissbegier und Wohlwollen, aber kaum mit grösserem Ernste zu, als sie gemeiniglich ihren Geschichtenerzählern lauschen.
Erwidere ich ihnen auf eine ihrer vielen Fragen zum Leben in den Abendländern zum Beyspiel, dass die Männer in den Städten unbewaffnet gehen, oder nur ein Weib haben dürfen, nicken sie mit

solch schalckhaftem Blicke, als hätte ich ihnen von Siebenmeilenstiefeln oder Lampengeistern berichtet. Und als ich ein anderes Mal die englische Königin erwähne – auch ihnen sind ja Herrscherinnen aus der eigenen Historie nicht unvertraut –, so fragt mich Ras, der Barbier, mit ernstester Miene, ob denn wenigstens sie bewaffnet gehen oder mehr als einen Gatten haben dürfe.
Sie haben eine grosse Lust an Worthspielen und phantastischen Dingen. Amüsirt sie die Art des Berichtes, scheinen sie sich um dessen Wahrheitsgehalt nicht weiter zu bekümmern. Bin ich auch eifrig bemüht, auf all ihre närrischen Fragen verständige Antworthen zu finden, so ist doch mein wirklicher Sinn in Wahrheit alleyn auf sie gerichtet. Selbst wenn sich die Fragen wiederholen und das Gespräch zu erlahmen beginnt, vermag ich das Zelt nicht eher zu verlassen, ehe ich nicht einen Blick auf sie erhascht oder wenigstens ihre Stimme vernommen habe.
Sie indessen scheint von meinem Witze und meiner Verständigkeit nicht im geringsten beeindruckt. Ihren Freundinnen und Cousinen in der Frauenabtheilung ruft sie zu: Oh, hört nur, Schwestern, was der Ritter aus dem Abendlande von den Geheimnissen seiner Königin zu berichten weiss. Reden Männer so? Ist es nicht eher das Geschwätz von Hofbarbieren? – Natürlich ruft sie es so laut, dass auch wir Männer im Gastraume ihren Spott nicht überhören können.

Nicht nur die Gesichter tragen sie verhüllt, auch die Gefühle verbergen sie hinter einem Schleier aus Bescheidenheit, Zurückhaltung oder gar Verleugnung.
Zweyfellos giebt es auch in dieser Erdengegend Liebesromancen und -abentheuer. Doch können sie nur dann zu Heirathen führen, wenn eine Verbindung den Interessen der Familien nicht widerspricht und die Liebenden sorgsam genug ihre Zuneigung zu verbergen verstehen, da die Liebe als wenig solide Grundlage für eine Ehe gilt. Auch der Umstand, dass viele erste Verheirathungen nicht lange währen, sondern nach wenigen Monaten bereits zerbrechen, vermag das besagte Vorurtheil nicht ins Wanken zu bringen.
Ohne Weib und Kinder zu leben ist schlimmer als der Tod, sagt

Ras, der nun schon seit vielen Jahren Witwer, dafür aber mit einer reichlichen Kinderschaar, wenngleich ausschliesslich Töchtern, gesegnet ist. – Giebt es auch bey den Kabilen des Abendlandes den Brauch, nur innerhalb der eigenen Sippen zu heirathen? Nun wird es auch im Frauentracte so still, dass man alleyn das Lauschen schon zu hören glaubt. – Nein, antworthe ich mit gewohntem Ernste, die Abendländer leben in der Regel nicht mehr in Sippen zusammen. Principiell kann jeder Mann jedes Weib ehelichen. – Einen Augenblick herrscht Schweigen im Zelte. Dann hebt ein schrilles und ungläubiges Gelächter in der Frauenabtheilung an. Indes, fährt der Gast forth, ist die Heirath zwischen engen Familienmitgliedern, etwa zwischen Vettern und Basen, wie sie unter euch Kabilen üblich und erwünscht ist, in den Abendländern sogar verboten.

GESÄNGE

Waren es zunächst ihre Bewegungen, so ist es nun vor Allem ihre Stimme, die mich verzaubert. In allen Worthwechseln, Rufen und Gesängen im Dorfe glaube ich ein Echo ihres Klanges zu vernehmen.
Und wie oft höre ich die Menschen hier, Alte und Junge, Männer und Frauen, Lieder singen. Nicht nur in Mussestunden, im Verborgenen oder auf den Festen, nein, auch bey der Arbeit oder unterwegs, sey es zu Fuss oder auf den Kameelen. Auch mir kommen auf meinen einsamen Spacir- und Erkundungsgängen die alten Lieder meiner Heimath wieder in den Sinn und manches Mal gar über die Lippen.
In meinem Dorfe indessen lerne ich, drey verschiedene Arten von Gesängen zu unterscheiden. Den ersten Typus nenne ich bey mir den „Preisgesang", denn dieser besteht aus einer leidenschaftlichen Beschwörung der eigenen Tugenden. Die Kabilen besitzen für diese unbescheidenen Oden die Worthe *al Fakhr,* Ausbruch, oder *Hamsara,* Leidenschaft.
Eine dieser Lobeshymnen lautet ungefähr folgender Weise: Oh, lieblicher Reiter (gemeint ist der Sänger höchstselbst), Stärkster unter den Wüstenwanderern, Führer und Beschützer der Gefährten, seht, welche unermesslichen Schätze Er von Seinen fernen Reisen Heim bringt, hört, wie Er im hitzigen Gefechte Seine Widersacher in die Flucht geschlagen, singt, oh Brüder, und preiset Seinen Ruhm, und lobet Seine Krafft, die einem Löwen gleichkommt, Seine Anmuth und Geschmeidigkeit, die zweyfellos der Gracie der Gazellen ähnlich … und allso forth.

Den zweyten Typus will ich, allem Mangel an kundiger Distance zum Trotze „Liebeslieder" nennen. Die Beduinenbrüder heissen ihn *Raks,* was eigentlich „Tanz" bedeutet. Vielleicht gebrauchen sie diesen Namen deshalb, weil der besagte Gesang oftmals auf Hochzeiten, von Trommeln und Lauten unterstützt, die Festtänze begleitet. Der Inhalt dieser Gesänge unterscheidet sich indessen nicht von den Minneliedern anderer Culturen: Gesungen wird

von der Sehnsucht nach dem Geliebten, von Abschied, Trennung und Verlust.
Geredet, geträumt, gesungen wird von der Liebe recht häufig. Wehe aber, zwey Menschen entbrennen wirklich in Liebe zu einander! Im alltäglichen Verhältnis zwischen den Geschlechtern darf es dieses Gefühl nicht geben. Selbst verheirathete Männer und Frauen sind gehalten, die Zuneigung zu ihrem Ehegatten, so es sie denn giebt, zu verleugnen. Schwärmen sie hingegen in Publico von ihnen, werden sie alsbald von demselben für untugendhaft gehalten. – Nun ist ja auch im Lateinischen nur ein Austausch der Endungen erforderlich, um die „Oeffentlichkeit" in eine „Allerweltshure" zu verwandeln.
Von welchem Phantasma ist dann aber die Rede, wenn sich ein Sänger in Sehnsucht nach dem geliebten Wesen verzehrt? – Vergeblich suche ich nach Liedern des Glücks und der Erfüllung.

Den dritten Typus nenne ich, in Anlehnung an das vertraute deutsche Fahrtenlied, „Reiterlied". Und so bezeichnen es auch die Wüstenbewohner: *Kuda,* Lied der Kameelreiter. Bey diesen Aufführungen giebt es einen Solisten oder Vorsänger, gemeiniglich der Führer der Caravane, und einen Chorus, welcher die Verse des Vorsängers wiederholt. Rhythmus und Tonfolge sind dem wiegenden Schritte des Kameels angeglichen. Oder fehlt mir hinsichtlich der Musicalität eines Kameels noch das rechte Verständnis: Ist es vielleicht doch das sentimentale Thier, welches den Rhythmus seines Schrittes dem Tacte der wiegenden Lieder anpasst?

SÄNGERWETTSTREIT

Auch im Zelte Scheich Jasirs bin ich ein gern gesehener Gast, zumal der Zeltherr mit dem Freunde des Erstgeborenen sich über den Verlust desselben hinweg zu trösten versucht. Auch wenn niemals direct von Juhasdik die Rede, so ist doch sein Schatten oder Geist in allen unseren Gesprächen präsent.
Bey meinem gegenwärthigen Besuche bitte ich Scheich Jasir, mir die Protocollirung einiger Gedichte zu erlauben. Denn der Scheich steht in dem Rufe, einer der grössten Sänger des Leeren Viertels zu seyn.
Nun halten sich schlechterdings alle Beduinen für Dichter, was dem aussergewöhnlichen Range Scheich Jasirs indessen keinen Abbruch thut; im Gegentheil: da diese neidvolle und allgegenwärthige Concurrence nur selten einem Lebenden den Rang eines Primus inter Pares zubilligt, darf der Bittsteller sich zweyfellos in der Gesellschaft eines Dichters dünken, welcher diesen Ehrentitel auch nach abendländischem Verständnisse zu Recht verdiente.
Denn in dieser Erdengegend sind Gedichte nicht nur poetische Worthspiele, sondern auch erlaubter Ausdruck des gemeinen Empfindens. Jeder, der keinen alltäglichen Begriff für seine Freude oder seine Seelenquaal findet, darf Zuflucht in Versen suchen.
Somit ist unter den Beduinen die poetische Redeweise durchaus auch ein Mittel des alltäglichen Gesprächs. Stammesfürsten oder Dorfschulzen können ihre politischen Correspondencen ebenso in poetischer Form gestalten wie Kaufleute ihre geschäftlichen Briefwechsel. Ja, sogar Feinde pflegen auf dem Schlachtfelde sich nicht selten in Versen zu beschimpfen.
Indessen weisz der Gast nicht recht, ob der Scheich exact begreift, um was es dem Chronisten geht. Der Scheich zeigt wenig Geduld, ihm die genaue Schreibweise und die präcise Bedeutung der Worthe zu erklären. Und bittet der Gast ihn um die Wiederholung einzelner Verse, klingen sie nicht selten anders als bey der ersten Recitation:

MISINJIH / SOMMERANFANG
(erste Fassung)

Aschgrau ist der Feuersaum des Sommers
Raubt uns Milch und Butter / Nur das Salz
Verkrustet unsre Häute / Zeit dass Liebende
Getrennte Wege gehen / Wir den Heerden folgen

Die Zelte bleiben über Wochen eingeschnürt
Das offne Feuer ist der Herd / Das Wasser
In den Brunnen füllt die Blase kaum
Nur Sand zur Waschung vor dem Feste

Steht im Fluss / Drey Tage geht die Heerde
Ungetränkt / Die saure Milch stillt unsren
Durst nicht / Die Pleiaden löschen nicht
Den Brand der Augen / Wind färbt sie aschgrau

Die Männer geben lauthals ihr Wohlgefallen kund. Denn diese Verse voller Melancholie, die in schlichten Worthen ihren alltäglichen und vertrauten Erfahrungen Ausdruck verleihen, entsprechen ganz ihrem Geschmacke. – Ehe Scheich Jasir nun ein weiteres Lied mitzutheilen bereit ist, will er eines aus dem Munde seines Gastes vernehmen. Die anderen Männer nicken zustimmend.
Also bin ich im nachmittäglichen Diwane wohl in einen Sängerwettstreit gerathen, welchem sich zu entziehen von den Beduinen als ebenso unehrenhaft angesehen würde, als wenn ich mich einer kriegerischen Herausforderung nicht zu stellen wagte.
Nun wird es still um mich herum. Alles, was im Diwane des Scheichs geschieht, so darf ich gewiss seyn, ist alsbald dem ganzen Dorfe en detail bekannt:

ACHWAR / BRÜDER

In den letzten Nächten habe ich
Die Augen nicht geschlossen / Ja ich hatte Angst

Mein Schädel sey ein Kerker denn seit Tagen
Schreiten die Gedancken wirr im Kreise

Schliesse ich die Augen sehe ich mich
Nordwärts wandern während meine Brüder

Das Licht des Tagessterns verzehrt / Ich steh
Alleyn in der Umfriedung meines Zeltes

Kieselreihen ohne Dach das eingerollt
Mit meinen Brüdern zieht / Ein Gräberfeld

Ich sollte ihnen folgen doch das Weiss
Des Herzens folgt dem Nachtgestirn / Das Rot

Indessen hört zu schlagen auf

Als ich am Morgen einen Ausritt zu den Heerden unternehme, entdecke ich zwey Männer der Beni Hauf, welche sich nach der siegreichen Schlacht am Brunnen Nefsa eigentlich nicht in das Stammesgebiet der Beni Lafitat wagen dürften. Folglich kann es sich bey ihnen nur um heimliche Eindringlinge handeln, die einen Rachefeldzug gegen die grossmüthigen Nachbarn auskundschaften.
Ich folge ihnen in weitem Abstande, damit sie nicht bemercken„ dass sie bereits entdeckt und nun ihrerseits ausgekundschaftet werden. Im Wadi el Milh stosse ich auf ihre Gefährten, eine ganze Abtheilung bewaffneter Reiter. – Nachdem die Pfadfinder, offenbar zur allgemeinen Zufriedenheit, das Ergebnis ihrer Recognscirung mitgetheilt, bricht die ganze Reiterschaar in Richtung meines Dorfes auf.
In der Regel unterliegen die Feldzüge der Wüstenbewohner einem strengen Ehrencodex. Niemals wird ein Stamm angegriffen, ohne dass ihm zunächst der Krieg erklärt wurde, es sey denn, es handelte sich um einen der frechen Raubzüge, welche im Leben der Beduinen allerdings üblich und alltäglich sind.
Vielleicht aber sind derley Courtoisien in diesem Falle nicht nöthig, weil die Stämme sich trotz des Grossmuths der Sieger wohl noch im Kriegszustande befinden. – Ungeachtet dieser Ueberlegungen und Zweyfel eile ich ins Dorf zurück und rufe die Bewohner zu den Waffen, da in Kürze ein Angriff der Beni Hauf zu erwarten sey.
Alleyn, ich habe, sey es aus Ruhmsucht oder Thorheit, zuviel Zeit mit der Auskundschaftung der Kundschafter vergeudet, so dass, ehe ich meinen Bericht überhaupt nur beendet, die Krieger der Beni Hauf die Höhen beyderseits des Wadis, in welchem sich der grösste Theil der Zelte befindet, bereits occupirt haben.
Im Allgemeinen ist es nicht so einfach, ein Lager zu überfallen. Beduinen sind aufmercksame und scharfsinnige Beobachter. Und in einem Casus belli werden zusätzliche Wachen aufgestellt, welche jede ungewöhnliche Wahrnehmung sogleich den Dorfältesten

melden.– Nun aber haben meine Cameraden wohl nicht erwartet, dass sich der Feind so rasch von seiner verlustreichen Rasuwa erholen und zum Gegenschlage aufbrechen werde.
Indes scheint jede Verteidigung aussichtslos. Die Krieger der Beni Hauf liegen in so guter Deckung, dass ein Erklimmen der Thalhänge als selbstmörderischer Leichtsinn gelten muss. Doch nehmen die Krieger den Ueberfall widerstandslos hin, müssen sie ihre Heerden und Zelte und ihr ganzes Hab und Guth verloren geben. Die Mädchen und Frauen des Lagers entblössen ihre Brüste und kreischen: Ihr wollt uns den Feinden Preis geben, Männer! Auf, in den Kampf, verteidigt unsere und eure Ehre! Versteckt ihr euch aber hinter uns Weibern, so gebt uns die Waffen, dass wir uns selbst dem Gegner stellen und entweder sie oder wir das Leben lassen!
Beschämt sammeln sich die Krieger in der Mitte des Zeltplatzes. Doch nicht nur die Jungen und Tapferen, auch die erfahrenen und klugen Alten wissen keinen Rath, wie sie dieser Belagerung entgegen treten können, ohne thöricht in den Tod zu stürmen oder wenigstens das Ueberleben theuer zu bezahlen. Zu überraschend kommt selbst für diese kampferprobten Krieger dieser Angriff.
Auch mich, den Kriegerknappen lässt das Geschrey der Frauen nicht unberührt. Ja, mir scheint, als meinten sie vor Allem mich, den müssigen Zech- und Kurgast, den grossartigen Maulhelden und tapferen Pickelhering. Ganz betäubt und erregt zugleich ob dieses Amazonentanzes nehme ich mein Schwerdt und heisse meine Stammesbrüder, mir zu folgen. – An diesem Tage der Ueberraschungen und wunderlichen Auftritte vermag das curiose Verhalten des Novicen wohl kaum noch zu verstören.
Er stellt sich vor die Front der Gegner und ruft zu ihnen hinauf: Oh, ihr tapferen Krieger der Beni Hauf. Nie hat es Jemand vermocht, die Beni Lafitat ungerüstet anzutreffen. Dass es euch gelungen ist, sie inmitten ihrer alltäglichen Geschäfte zu überraschen, zeugt von eurem Muth und eurem Geschicke.
Nun erweist euch auch fürderhin als furchtlose und rühmenswerthe Krieger, welche zum Gegner zu haben jedem Stamme zur Ehre gereicht. Schickt euren tapfersten Mann vor, dass er sich mit mir vor Aller Augen messe.

Die Ehre der Wüstenkrieger verlangt, dass nun einer sich dem Zweykampfe stelle und darin, stellvertretend für seine Brüder, den Streit austrage. Würde keiner aus der Schaar der Gegner diese Herausforderung annehmen, würde der ganze Stamm als ehrlos gelten und forthan dem Rufe der Feigheit ausgesetzt seyn.
Der Anführer der Beni Hauf tritt vor und ruft: Wer bist du, Krieger mit der Knabenstimme?
Es ist Ali Fard ibn Almani al Lafitat, Krieger mit den kleinen Ohren, welcher dich zum Kampfe fordert. Und wie nennen deine Brüder dich, oh Tapferster unter den Tapferen?
Ich bin Rida Said Abd al Ingri, Sohn des Scheichs Said Abd al Ingri ibn Hauf.
Von Anbeginn heissen meine Brüder ihren unfreywilligen Gast Ali, weil Alois ihnen zu ungewöhnlich klingt. Und meines Vaters Namen, Ferdinand, erlaube ich mir, der Einfachheit halber auf das arabische Wort *Fard* zu verkürzen, welches „Einer", „Einzelner" und wohl auch „Einzigartiger" bedeutet und mir nun als Nom de guerre nicht unpassend erscheint.
Nach dieser feyerlichen Introduction nun ziehen wir unsere Säbel und stürmen auf einander zu. Niemand unter den Stammesbrüdern, die in weitem Kreise jetzo den Fechtplatz umringen, betheiligt sich, ausser mit anspornenden Rufen, an diesem Kampfe. Doch auch darin halten sich ins Besondere die Gefährten Ali Fards noch zurück, da die Forthsetzung der Merckwürdigkeiten und Ausschweifungen dieses Tages der Seele noch keine Bequemlichkeit und Belustigung erlauben. Auch haben sie den curiosen Helden dieses Tages bisher niemals kämpfen sehen. Wer weiss, ob dieser der unvermeidlichen Niederlage und dem Schmerz über seine Verwundung oder gar seinen Tod nicht auch noch die tödtliche Schaam der Lächerlichkeit hinzufüge.
In der That war ich nie ein leidenschaftlicher oder auch nur ernst zu nehmender Krieger. Ich hätte auch nicht gewusst, für was sich eine derart maasslose Leidenschaft einzusetzen gelohnt. Indessen aber ward ich in der Heimath als ein begnadeter Bühnenfechter gerühmt, der nicht selten sogar, wenn es die Comödianten oder Tragöden auf ein mittelalterliches Bühnenspectacel vorzubereiten galt, als Fechtlehrer an das Hoftheater berufen wurde.

Also schwinge ich auch hier den Säbel nicht ohne Affexion und Delicatesse, wenn auch nach dem Geschmacke der Wüstenbewohner ohne den nöthigen Ingrimm. Alleyn, mein vor schierem Ingrimm nahezu steifbeiniger Gegner findet angesichts meiner leichtfüssigen Contenance alsbald Gelegenheit, es sich auf dem steinigen Wüstengrunde commod zu machen. Ein Entsetzensschrey seiner Stammesgenossen aber bringt ihn rasch wieder auf die Beine.

Um den Kampf nicht zu früh enden und meinen Sieg zu mühelos erscheinen zu lassen, gebe ich dem etwas schwerfälligen, doch unzweyfelhaft sehr streitlustigen Rida Said Abd al Ingri einige Occassionen zum Gegenspiele. Auf der Bühne würde er einen überzeugenden und die Herzen des Publicums anrührenden Don Carlos vorgestellt haben.

Mit einem anmuthigen Coup entwinde ich dem Infanten den Säbel und setze ihm die Klinge an den Hals. Nun gilt es nicht nur in den Morgenlanden als unschicklich, dem leichter Hand entwaffneten Feinde gleich den Todesstosz zu versetzen. Also gebe ich ihm zuforderst die Gelegenheit, die Conditiones einer Begnadigung zu erfragen. – Sey grosszügig, fremder Krieger, nicht um meinet, doch um meines Vaters Willen, welcher seinen einzigen Sohn verlöre.

Verzichtet auf das Bluth, das ihr zu vergiessen ausgezogen seyd, auf euren Vortheil und auf eure Beute, und Allah wird deines Vaters einzigen Sohn verschonen.

Nun fällt es dem ohnmächtigen, wenngleich stolzen Krieger nicht allzu schwer, die Particularitäten dieses Waffenstillstands anzunehmen, setzen sie doch einer ansonsten womöglich endlosen Bluthfehde ein ehrenhaftes Ende und fordern nichts Theureres als die Beybehaltung des Gegebenen.

Gemeinsam ziehen wir ins Dorf ein, um ein zweytes Mal den aufdringlichen und lästigen Feind zu bewirthen. Während die Frauen den Siegern wie den Besiegten ein Freudenmahl bereiten, stimme ich, der Held des Tages, ein traditionelles Lob- und Preislied an:

Bey Gott, wie oft ist Er, der Comödiant
Zum Kampfe ausgezogen, wie oft als Sieger
Aus ihm heimgekehrt! Wie oft hat Er
Mit Witz statt Wuth den Feind zu Fall gebracht

Das Schlachtfeld wünschte Er zu einer Bühne
Das Gemetzel in ein Spiel zu wandeln
Niemals aber würdelos zu handeln
Manchen Narr indes hat Er mit Würde

Reich bekleidet. Warum also, Dame
Mit den dicken Lidern, spottest du
Genügen dir die Siege nicht? Willst du
Auch Ihn besiegt? Er ist es längst. Doch höre

Allah hat den Muth gerecht vertheilt
Doch nicht die Liebe. Dem erbarmungslosen
Blick des Fremden hält Sein Auge stand
Am harten der Geliebten aber bricht es

Captain Redman ehrt mich mit einem besuch in meinem diwan. Kopfschüttelnd schaut er sich in der baracke um: Ich sei jederzeit wieder in seinem haus willkommen. Diesen verschlag würde er nicht einmal seinen hühnern zumuten. – Ächzend läszt er sich auf meinem matratzenlager nieder. Ich habe schmerzen, sagt er. Hast du wohl ein medikament aus Deutschland in deinem gepäck?
Was für schmerzen hast du?
Er zeigt auf seine stirn: Kopfschmerzen.
Kopfschmerzen können viele unterschiedliche ursachen haben. Man kann sie erst dann richtig behandeln, wenn man die genaue diagnose kennt.
In Deutschland gibt es sicher ein wirksames mittel gegen jede art von kopfschmerz.
Einfache schmerzstillende präparate wie Aspirin oder Paracetamol sind auch im Jemen erhältlich.
Nein nein, ich habe alles ausprobiert. Jemenitische medikamente wirken nicht.
Offenbar fehlt ihnen das magische attribut *deutsch*. Ich gebe ihm meine letzten Aspirin.

Das problem der verständigung ist nicht allein ein problem der sprache. Selbst wenn ich meine argumente genau übersetzen könnte, bedeuten sie noch nicht das gleiche: »deutsch« ist nicht *alman*, »medikament« nicht *dawa*.
Verständigung erfordert immer auch die suche nach gemeinsamer oder vergleichbarer erfahrung, die nicht vollständig verbalisiert werden musz (oder auch nur werden kann). Finden wir diese überschneidungen unserer lebenswirklichkeiten, genügt eine andeutung oder ein hinweis, um uns zu verständigen.
In unserem alltag hat sprache in viel gröszerem masze diese (hin-)weisende als eine beschreibende oder erklärende funktion: *'ala dschamb!* (fahr) an den rand (damit ich aussteigen kann); *kam?* wieviel (kostet das).

Will ich den kindern ein neues spiel beibringen, doch fehlen mir die genauen worte für die regeln und den ablauf, erkläre ich sie durch zeigen.
Genauso machen sie es, wenn sie mir eines ihrer spiele erläutern wollen und ich nicht alle ihre worte verstehe: Sie spielen es mir vor.
Über alles, was zeigbar ist, können wir uns relativ mühelos verständigen: Ich deute auf gegenstände und bezeichne sie mit dem namen meiner sprache. Die worte werden zeichen (bezeichnendes) und verständlich, also übersetzbar.
Ich kann handlungen zeigen und den substantiven meiner sprache tätigkeitswörter hinzufügen. Ich kann überschneidungen unserer lebenswirklichkeiten schaffen.
Der bereich des zeigbaren ist unendlich. Allem trennenden und unverstandenen zum trotz ist damit auch der bereich des verstehbaren unendlich.
Doch wie verständigen wir uns über das unzeigbare, das verborgene in uns, das uns selber fremde. Wir wissen darum, doch fehlen uns nicht selten selbst die worte.

Captain Redman steckt das päckchen aspirin in den breiten gürtel hinter seinen krummdolch, doch macht keine anstalten, diesen sein wohlbefinden kaum fördernden ort zu verlassen. Ich schenke ihm tee nach.
Er redet aufgeregt, doch ohne wirkliche anteilnahme über die sich verschärfenden kämpfe und seine absicht, seine erfahrungen aus dem letzten krieg, soweit es die gesundheit erlaube, ich wisse ja, podagra, nierensteine und nun migräne, doch hätten freunde und verwandte ihn gewarnt, die strapazen der reise, die klimawechsel, auch wenn der pulverdampf zumindest weihrauch für die seele, ja, an seinem kampfeswillen könne niemand zweifeln, doch ob nicht auch ich ihm riete, und meinem rat würde niemand zu widersprechen wagen, besser hier – bis ich ihn schlieszlich von seiner seelenqual befreie und mich ohne umschweife nach dem befinden seines neffen erkundige.
Ja, Ḥāfith, da ist wohl der teufel im spiel. Ein herzensguter junge, doch immer zu dummheiten aufgelegt. Und manchmal weisz er

nicht, wo die grenzen liegen. Doch schlimmer ist die verstocktheit Manṣūrs. Was ist nur in ihn gefahren? Sein verhalten verletzt nicht nur den ruf meines neffen, sondern die ehre der ganzen familie.
Kannst du nicht einmal mit dem burschen reden? Alle haben mir von deinem guten verhältnis zur dorfjugend erzählt. Auf dich hören sie, weil sie dich lieben. Doch spreche ich oder einer der brüder von Ḥāfith mit Manṣūr, macht unsere rede den burschen nur noch verstockter.

Ich gebe Captain Redman mein wort, mit Manṣūr zu sprechen. Doch mache ich keinen hehl aus meinen zweifeln am erfolg: Die geschichte ist zu weit fortgeschritten. Zu viele auszenstehende fühlen sich inzwischen mitbetroffen. Allenfalls kann ich versuchen, weitere »dummheiten« zu verhindern.

Ich bitte Aḥmad, mir bei einem seiner nächsten einkäufe Aspirin und Vitamin C mitzubringen. Nun häufen sich die anfragen. Manche haben die von mir verordneten medikamente nicht geschluckt, sondern tragen sie als eine art talisman bei sich. Doch selbst diese unvorhergesehene anwendungsweise hat die lindernde wirkung offenbar nicht geschwächt.

Seit sein bruder alltäglicher gast in meinem diwan ist, läszt Aḥmad sich nur noch selten bei mir blicken. Und auch diesmal verabschiedet er sich schnell, als Faisal die baracke betritt. – Ich halte ihn nicht zurück.

Warum bist du eigentlich noch hier, *sadiqi*? Gelegenheiten zur flucht hätte es doch schon gegeben.

Mich interessiert die fortsetzung des narrenstücks.

Rede keinen unsinn. Selbst Aḥmad würde dich nicht hindern, wenn du fortgingest. Zwar wird er es nie zugeben, doch hält auch er inzwischen deine verschleppung für eine dummheit.

Kannst du dir vorstellen, dieses stück mit leuten aus dem dorf aufzuführen?

Du willst doch hier, in Bejt al-Ḥadschar, nicht etwa eine theatergruppe gründen? Allenfalls könntest du ein publikum, doch sicher keine spieler finden.

Du würdest dich an diesem vorhaben nicht beteiligen?

An jedem ort der welt, aber nicht in meinem dorf.

Ich bin sicher, dasz sich von den jüngeren einige gewinnen lieszen.

Für einen nachmittag vielleicht. Doch dann verlieren sie die lust oder haben andere verpflichtungen. Und wenn erst ihre familien erfahren, was sie wirklich treiben, stehst du schnell wieder alleine da.

Das ganze dorf müszte sich in solch ein unternehmen einbezogen fühlen.

Ist diese narrengeschichte überhaupt ein theaterstück? Lebt es nicht gerade von der dramatik des erzählens? Die figuren sind kaum ausgestaltete charaktere, für die bühne müszten personen

erst erfunden werden. Doch beim erzählen genügt eine leichte modulation der stimme, den konflikt deutlich zu machen.
Es gibt nicht nur realistisches theater. Es gibt auch mysterienspiele, farcen, lehrstücke... Du kannst alles auf die bühne bringen.
Solange es das publikum unterhält. Doch der *narr* ist kein lebendiger held, er ist eine kunstfigur. Er hat mehr belehrenden als dramatischen charakter. Sein witz liegt vor allem im wortspiel, nicht im szenischen geschehen.
Dennoch wird sich das publikum mit ihm identifizieren. Ein narr ist bereits seinem wesen nach eher ein mann des wortes als ein tatmensch. Selbst seine provokationen sind nur antworten auf vorangegangene eitelkeiten. Er ist ein spiegelmensch, wenn auch mit eigenwilligen verzerrungen.
Doch gibt es auch ein närrisches gebaren, das dem publikum keine freude macht. Im folgenden akt ist der narr ausschlieszlich opfer. Und auch sein königlicher gegenspieler lädt nicht zur identifikation ein. Nun wird sich eher das publikum provoziert fühlen: ein ungleicher kampf zwischen dummheit und bosheit, dem es ohnmächtig folgen musz.
Sich mit den mächtigen der welt anzulegen ist immer dumm. Doch für diesen mut oder hochmut lieben wir den narren.

Wir schreiben das jahr 570 christlicher zeitrechnung, genannt das »Jahr des Elefanten«. Das königreich von Mārib hat an glanz und bedeutung verloren. Wir kennen nicht einmal den namen seines damaligen herrschers.
Ort der folgenden begebenheit ist das strandbad des berühmten stausees. Auf der vom gemeinen badevolk abgetrennten königlichen parzelle sehen wir den namenlosen herrscher fettgeworden in seinem liegestuhl.
Ja, unübersehbar fett bin ich geworden. Kann man angesichts dieses gewöhnlichen anblicks noch von königlichem fett reden? Nun, glücklicherweise musz ich niemandem gefallen. Im gegenteil, so kann ich sicher sein, dasz es allein mein amt ist, dasz mich für andere anziehend macht. Warum sollte ich euch also schonen, lügner, heuchler, opportunisten, die ihr mich unentwegt

eurer liebe versichert. Welcher mensch mit ungetrübtem blick könnte so ein fettauge, wie es auf dieser malträtierten matratze schwimmt, denn lieben. Nein, ich bin umgeben von falschen schmeichlern, die sich hinter meinem rücken übergeben. Es ist ein trauriges, ein einsames amt, könig zu sein. Zumal ein fetter könig.
Wie kann es sein, dasz alle meine untertanen, männer wie frauen, so schlank, ja, geradezu mager sind? Sicher, sie denken weniger und bewegen sich mehr. Doch wäre es tröstlicher, wenigstens hin und wieder einmal einen dicken unter ihnen zu sehen. Dieser magere pöbel aber hat so einen gewichtigen könig wie mich einfach nicht verdient. Offenbar hungern sie mit absicht, um mir die wohlwollende betrachtung meiner selbst zu vergällen. Selbst das dümmste volk ist immer noch hinterlistig genug, seine herrscher der lächerlichkeit preiszugeben.

Schwermütig beobachtet der König das strandvergnügen seiner untertanen jenseits des zauns: Fressen fressen fressen. Wie mich das langweilt. Wenn die leute wüszten, wie schwer ich an dieser einförmigkeit zu tragen habe, so würden sie mich bemitleiden.

In dem strandgewimmel entdeckt der König Madschnun, der dem volk närrische mahnreden hält. Die strandbesucher achten kaum mehr auf ihn als auf die eis- und falafelverkäufer. – Der König läszt Madschnun zu sich rufen.

KÖNIG: Wie heiszt du, mein freund?
MADSCHNUN: Madschnun al-Malik.
KÖNIG: Der Narr des Königs? Ein vorzüglicher name, fürwahr. Doch darf ich dich der einfachheit halber Madschnun nennen? Du kannst mich entsprechend einfach Malik rufen.
MADSCHNUN: Gut, Malik.
KÖNIG: Nun, was hältst du von deinem könig?
MADSCHNUN: Er ist fett.
KÖNIG: Einen anderen liesze ich für diese unverschämtheit auf das doppelte meiner leibesfülle aufblasen. Doch narrenmund tut wahrheit kund. Nun sag, was predigst du dem ignoranten pack?

MADSCHNUN: Es musz instand gesetzt werden.
KÖNIG: Was?
MADSCHNUN: Das stauwerk.
KÖNIG: Es ist vor fünfhundert jahren das letzte mal zusammengebrochen.
MADSCHNUN: Nicht zusammengebrochen, sondern von legionären des Aelius Gallus eingerissen worden.
KÖNIG: Nun, ich war nicht dabei. Doch warum sollte es nicht weitere fünfhundert jahre halten? Falls niemand es wieder mutwillig einreiszen wird. – Sag, wie reiszt man einen staudamm ein?
MADSCHNUN: Es genügt ein schmaler durchbruch. Den rest besorgt die gewalt des wassers.
KÖNIG: Ich sehe, du bist in der tat ein fachmann, Madschnun. Vielleicht weiszt du auch bei einem persönlichen, doch nicht weniger gewaltigen problem einen rat. Ich darf dir doch vertrauen? Denn ich habe ein problem, über das ein mann, selbst mit einem fachmann, nur ungern spricht.
MADSCHNUN: Ich bin kein fachmann, Malik. Ich kenn mich nur mit wasser aus.
KÖNIG: Schau her, Madschnun. Auch dieses becken ist bis zum bersten mit masse gefüllt. Nun stell dir diesen prallen sack auf einer frau vor. Du verstehst mich?
MADSCHNUN: Hast du mühe, wasser zu lassen?
KÖNIG: Unsinn. Sieh mich doch an! Ist es nicht, als würde eine gazelle von einem elefanten bestiegen? Meine zartesten frauen habe ich im liebesakt zu schanden geritten.
MADSCHNUN: Vielleicht solltest du die frauen oben liegen lassen.
KÖNIG: Was? Eine frau über dem könig? Über dem könig ist nur sein eigener pfurz.
MADSCHNUN: Wenn dir deine frauen wirklich lieb sind, hebe hin und wieder diese ordnung auf.
KÖNIG: Du kennst die frauen nicht. Liegst du einmal unter ihnen, unterliegst du ihnen immer.
MADSCHNUN: Wenn es kein oben und kein unten geben darf, ohne dasz das eine oder andere verletzt wird, bleibt nur das nebeneinander.

KÖNIG: Wie soll ich mir das vorstellen? Soll ich etwa im stehen kopulieren?
MADSCHNUN: Man kann nebeneinander stehen, sitzen oder liegen. In vielen lagen ist ein nebeneinander möglich.
KÖNIG: Zeig mir, was du meinst.
MADSCHNUN: Wie soll ich es zeigen?
KÖNIG: Komm zu mir. Du hast in etwa den zarten körperbau meiner lieblingsfrau.
MADSCHNUN: Ich will nicht, Malik. Du stinkst.
KÖNIG: Leg dich an meine seite.
MADSCHNUN: Da ist keine seite. Da ist nur abgrund.
KÖNIG: Sieh, ich rück ein wenig. Nun ist platz für zwei.
MADSCHNUN: Ich glaube, das ist eine der wenigen lagen, in der wohl kein nebeneinander möglich ist.
KÖNIG: Nein, nicht mit dem bauch zu mir. Dreh dich um!
MADSCHNUN: Es ist nicht mein bauch, es ist dein bauch, der im weg ist.
KÖNIG: Du hast recht. So grosz kann kein königliches geschlecht sein, dasz er diesen königlichen bauch überragt. Nun, ich habe etwas besseres, etwas wirklich passendes für dich, mein freund.
MADSCHNUN: Passend wofür, mein könig?
KÖNIG: Ein händler aus dem norden hat sie mit verkauft. Seitdem füllt sie in meinem harem eine ungenutzte bettstatt, du verstehst. Sie hat einen ebenso eigenwilligen geschmack wie ich. Doch du wirst ihr gefallen, mein bester. Da sie hier doch nur ein unnützer esser ist, gebe ich sie dir zur frau. Was sagst du nun, bester freund?
MADSCHNUN: Ich hatte eigentlich nicht vor, jemals eine witwe zu hinterlassen.
KÖNIG: Lasz den kopf deswegen nicht hängen. Welcher unbescholtene mann hätte je seine weiber überlebt. Dazu braucht ein kerl schon meine königliche statur. – ‘Abdu, bring Rufina her! Nun, Rufina, was sagst du zu deinem bräutigam?
RUFINA: Krrrckrck.
MADSCHNUN: Was sagt sie?
KÖNIG: Sie sei froh, mir fettwanst endlich zu entkommen. Doch sähst auch du nicht gerade wie ein märchenprinz aus. Allerdings

darf man von anderen keine vollkommenheit erwarten, wenn man selber fehler hat.

MADSCHNUN: Sie hat fehler?

KÖNIG: Würde ich sie sonst mit dir verheiraten?

RUFINA: Tzzzzschtssss.

MADSCHNUN: Was sagt sie?

KÖNIG: Wenn ich weiter schlecht über sie spräche, werde sie mir die zunge samt der eingeweide aus dem rachen reiszen.

MADSCHNUN: Bist du sicher, oh Malik, dasz sie das richtige weib für mich ist?

KÖNIG: Aber ja. Ihr ergänzt euch wunderbar.

MADSCHNUN: Ich wüszte nicht, an was es mir bisher gefehlt hat.

KÖNIG: Das hat Rufina auch immer behauptet.

RUFINA: Pfffbpppfth.

MADSCHNUN: Was sagt sie?

KÖNIG: Ich solle endlich meine schnauze halten. Ich hätte keine blasse ahnung, was in einem weibe vor sich gehe.

MADSCHNUN: Das hat sie gesagt?

KÖNIG: Natürlich nicht in diesen worten. Du hörst ja selbst. Aus ihrem mund klingt alles ein wenig gröber und gewöhnlicher, so dasz ich es anstandshalber nicht wortwörtlich übersetze.

RUFINA: Krrrkrnck.

MADSCHNUN: Was sagt sie?

KÖNIG: Nun reiche es. Mein widerliches geschwätz entspreche ganz meiner ekelerregenden erscheinung. Denn es gebe hier zweifellos keinen gröberen und gewöhnlicheren menschen als mich.

MADSCHNUN: Ich würde sie gerne sehen, bevor ich sie zur frau nehme.

KÖNIG: Und ich würde sie gerne loswerden. Du siehst ja selbst, dasz sie nicht gerade unsterblich in mich verliebt ist. Also achte die sitten und nehme sie, wie ich sie dir anbiete.

MADSCHNUN: Will sie mich denn überhaupt?

KÖNIG: Verschlimmern wird sie ihr eheglück ja wohl nicht können. Im übrigen wird sie nicht gefragt. Sie ist mein eigentum. Ich tue damit, was ich will, und sei es auch, sie einem narren zum geschenk zu machen.

MADSCHNUN: Rufina sagt ja gar nichts.
KÖNIG: Oh doch. Sie sagt, manche dinge wünscht man nicht einmal geschenkt zu bekommen.
MADSCHNUN: Sagt sie das? Oh, Malik, meine freundschaft zu dir ist selbstlos. Sie bedarf solcher geschenke nicht. Oder treibst du einfach deinen spasz mit mir?
KÖNIG: Für wen hältst du mich? Für deinesgleichen? Meine groszzügigkeit ist ebenso grenzenlos wie meine freszsucht. Denn höre, ich habe noch ein weiteres geschenk für dich, mein sohn, ein kleines königliches hochzeitsgeschenk.
MADSCHNUN: Ich wüszte nicht, womit ich soviel groszzügigkeit verdient hätte, Malik.
KÖNIG: Gäbe ich dir, was du verdient hast, würdest du mich nicht für groszzügig halten. Doch da ich eurer gemeinsamen zukunft segen wünsche, schenke ich dir und deiner braut das haus des schleusenwärters im schatten der staumauer. Nun, was sagst du? Findest du kein wort des dankes für deinen könig?
MADSCHNUN: Das haus des schleusenwärters? Und wo wird der schleusenwärter wohnen?
KÖNIG: Mache dir darüber keine sorgen, er hat es irgendwelcher übertriebenen ängste wegen schon geräumt,
MADSCHNUN: Am fusz des dammes, sagst du? Ich glaube nicht, dasz es übertriebene ängste waren.
KÖNIG: Bitte kränke meine groszzügigkeit nicht weiter durch kleinliche bedenken, mein freund. Sei gewisz, wenn jemand meine güte verdient hat, dann bist du es. – Da nun alles besprochen ist, erlaube ich dir jetzt, deine braut zu entschleiern und das verlöbnis mit einem kusz zu besiegeln.

GESCHLECHT UND DARSTELLUNG

Bejt al-Ḥadschar 22.4.

Geschlecht ist darstellung. Nicht zufällig reden wir von geschlechter*rollen*. Was auch immer die biologischen imperative sein mögen, männlichkeit und weiblichkeit sind soziale masken und geschlechterbegegnungen soziale inszenierungen.
Die akteure müssen nicht einmal etwas empfinden, um brillante darsteller ihrer geschlechterrollen zu sein: Ja, möglicherweise stehen empfindungen einer eindrucksvollen selbstinszenierung nur im weg.

*

Nein, wäre unser geschlechterverhalten tatsächlich nur oder vor allem eine theatralische geste, so wären wir frei, unsere rollen zu wählen oder zu wechseln. Doch ist das geschlecht keine beliebige, sondern eine streng codifizierte darstellung. Sie repräsentiert eher gesellschaftliche erwartungen als individuelle entscheidungen. Die öffentliche bühne ist eine spielstätte ohne *spielraum*, ein theater der konventionen.
Doch ist das theater nicht über jahrhunderte ein ort unkonventionellen verhaltens gewesen: männer spielen frauen, knechte besiegen herren, könige werden narren und narren könige …
Die arabische gesellschaft ist voll von theatralischen elementen, von groszen gesten, pathetischen reden, kostümierungen und maskeraden. Die inszenatorischen freiheiten aber sind begrenzt: Wer sind wir, wenn wir auch ein anderer sein könnten? Erlaubt ist allein, das zu spielen, sei es auch übertrieben und ausgestellt, was wir zu sein haben.

Gegen mittag taucht Dick Barber im dorf auf. Er stoppt seinen landrover direkt vor dem haus des scheichs und läszt sich zu ihm führen. Weisz er, dasz ich hier bin?
Ich schicke ʿAli in das haus seines vaters, damit er ein wenig für mich spioniere. Ich vermute, dasz Dick Barber es eher auf irgendeine archäologische gaunerei als auf eine philanthropische rettungsaktion abgesehen hat. Warum hat er sich mit seinen landsleuten nicht evakuieren lassen? Warum treibt er sich in zeiten des bürgerkriegs in dieser gegend herum?
ʿAli kehrt zusammen mit Dick Barber in meinen diwan zurück. Dick begrüszt mich freundlich; fragt, ob ich gut behandelt worden sei. Ich antworte zurückhaltend; hantiere an meinem spirituskocher herum. Er fordert mich auf, meine sachen zusammenzupacken und mit ihm zu kommen. Wohin?
In ein archäologencamp bei Sirwah. Das ist im augenblick sicherer als ein aufenthalt in Ṣanaʿa.
Ich misztraue ihm: Ich kann nicht einfach kommen und gehen, wie ich will. Jeder meiner schritte wird beobachtet.
Der scheich hat von dir als seinem persönlichen gast gesprochen.
Das ist richtig. Doch bindet mich mein ehrenwort, das dorf nicht ohne erlaubnis zu verlassen.
Der scheich hat mir versichert, es stehe dir frei, zu bleiben oder zu gehen. Der junge, ʿAli, kann es dir bestätigen.
Der scheich allein kann mich nicht von meinem ehrenwort entbinden. Ich habe es allen männern des stammes gegeben. – Ich rede bereits wie ein engstirniger qabili. Was bedeutet ein durch gewalt erpresztes ehrenwort? Was bedeutet ehre für einen ehrlosen fremden?
Sei vernünftig und komm mit mir. Im lager bei Sirwah gibt es eine funkverbindung ins ausland, so dasz du kontakt zur botschaft oder mit deiner familie aufnehmen kannst.
Bist du nur hergekommen, um mich von hier fortzubringen?
Er zögert mit der antwort. Nein. Ich versuche, die kriegsparteien für einen schutz der archäologischen schätze zu gewinnen.

Das ist wirklich ehrenwert. Doch habe ich von schützenswerten ausgrabungen in dieser gegend bisher nichts gehört.
Gerade dieser landstreifen am rand des Leeren Viertels ist jahrtausende altes kulturland.
Nun, ich habe noch eine weile hier zu tun. Ich danke dir für dein angebot. Doch wenn es zeit ist zu gehen, werde ich meinen weg schon finden.
Er setzt zu einer entgegnung an; doch dann zuckt er die achseln, hebt seine hand zu einem knappen grusz und verläszt meinen diwan.

Ein leises winseln weckt mich. Ich lausche in die dunkelheit. Ich spür den atem eines lebewesens auf meiner haut. Und nun die berührung eines weichen feuchten dings. Ich rufe 'Alis namen. Ich sehe nichts in der finsteren baracke.
Nun nimmt etwas meine hand zwischen seine zähne, behutsam, gleichwohl drängend. Ich folge dem druck und lasse mich von meinem lager zerren. Allmählich nehmen meine augen die umrisse der vertrauten gegenstände wahr, von noch tieferem schwarz als die nächtliche dunkelheit. Unter den vertrauten ein fremdes, das mich aus funkelnden augen anglotzt. Ich streife mir eine hose über und folge dem tier.
Die barackentür ist nach wie vor verriegelt. Wie ist der hund in meinen diwan gelangt? – Ich folge ihm in die mondlose nacht hinaus.
Unzählige sterne flackern am firmament. Doch geben sie gerade genug licht, den boden direkt vor meinen füszen zu erkennen. Als wegweiser dienen mir die glimmenden augen des hundes.

Er führt mich aus dem dorf hinaus richtung westen, der richtung der Groszen Leere. Wir gehen auf den Dschabal al-Nuqum, den »berg der rache« zu. Einem ort, den die dorfbewohner meiden. Obwohl das land hier nicht unfruchtbarer als anderswo ist, wird es nicht einmal als weideplatz für das vieh genutzt.
Das tier ist ein guter wegführer. Nicht ein einziges mal stolpere ich auf dem kaum sichtbaren, unvertrauten pfad. Allerdings ist mir kalt. Nachts sinken die temperaturen noch bis nahe an den gefrierpunkt. Und je näher wir dem berg kommen, um so kälter scheint es zu werden.
Plötzlich ist das tier verschwunden. Ich schaue mich um. Zwischen den felsbrocken öffnet sich ein schmaler, kindsgroszer spalt, der in den berg hineinklafft. Ich zwänge mich auf händen und knien hinein. Doch schon nach wenigen metern weitet sich die enge zu einem mannshohen gang. Ein diffuses licht umgibt mich, heller als der sternenhimmel. Der kalte glanz musz von

den myriaden eiskristallen herrühren, mit denen die höhlenwände bekleidet sind.
Ich folge dem gang eine ungewisse zeitlang. Ich verliere das gefühl für die zurückgelegte strecke, weil das hypnotische gefunkel mir keine orientierungsmarken läszt. Und die eiseskälte ergreift so sehr besitz von meinem körper, dasz ich seine bewegungen kaum noch spüre.
Doch kommt es mir so vor, als sei ich bereits tief in den berg eingedrungen, als der gang in einer kleinen, roh in den fels gehauenen kammer mündet. Ich bin enttäuscht. Was habe ich erwartet? Einen eispalast? – Die kammer ist, bis auf eine holzbank, leer. Die bank erinnert mich an die küchenbank aus meiner kindheit, weil sie wie jene einen kasten unter der sitzfläche hat. Doch werde ich darin kaum die ausgedienten schulbücher und beiseitegelegten illustrierten mit strickmustern oder kochrezepten finden, die sich in unserer küchenbank ansammelten.
Ich nehme nichts auffälliges wahr, meine sinne sind wie eingefroren. Dennoch fühle ich mich beobachtet. Ich schaue mich um.
Nūr, rufe ich überrascht.
Thilla. Ich bin Thilla, Nūrs schwester. Du kommst spät.
Wie hätte ich wissen können, dich an diesem verborgenen ort zu treffen. Was tust du hier?
Ich bin die hüterin der tafeln. Warum hast du die gesetze nicht erfüllt?
Von welchen gesetzen redest du?
Anstatt den tod deines gefährten zu rächen, sitzt du mit seinen mördern an einem tisch.
Ich kenne das gesetz der blutrache nicht. Im übrigen gibt es in Bejt al-Ḥadschar keine tische.
Spotte nicht! Die erde, auf der du stehst, kennt dieses gesetz.
So wird sie es beizeiten selbst erfüllen.
Hüte dich! Dies ist nicht der ort für respektlosigkeiten.
Wenn nicht in dieser katakombe der gesetze, wo dann?
Du tötest deinen freund ein zweites mal.
Sagtest du nicht, er sei bereits tot? Wie kann ich einen toten töten?
Du ermordest sein fortleben in uns, seinen namen, seine ehre.

Habe ich die wahl zwischen der ermordung eines menschen und der ermordung eines namens, fällt mir die wahl nicht schwer.
Es wird ebenso dein eigener name sein.
Ich werde mir einen neuen geben. – Nun lasz mich gehen. Mir ist kalt.
Ohne namen gibt es auch kein selbst mehr.
Da du gerade von magie sprichst, verrate mir doch das kunststück mit dem hund.
Das kunststück mit dem hund? Du verwechselst *kalb,* den hund, mit *qalb,* dem herzen.

Sadiqi, habibi, mein freund, mein geliebter! 'Ali rüttelt mich aus dem schlaf. Ich bin sogleich hellwach, als hätte er nur eine tür geöffnet. Dennoch fällt es mir schwer zu sprechen.
Du hast fieber, mein bruder. Du hast gewimmert und geheult wie ein tier.
Doch hast du mich zu früh zurückgeholt, mein junge. Ein wenig später wäre ich von selber umgekehrt.
Ich zittere am ganzen leib, trotz der stumpfen trockenen hitze, in der ich wie in glühende asche eingebettet liege. 'Ali nimmt sein laken, tränkt es mit wasser aus dem gelben kanister, deckt meine beine auf und wickelt das nasse tuch um sie. Dann deckt er sie sorgfältig wieder zu und legt sich am fuszende nieder.

Vielleicht bin ich nicht einfach vergessen worden. Vielleicht existieren die anderen einfach nicht mehr. Möglicherweise bin ich einer noch gröszeren katastrophe entronnen: gau in einer frankfurter chemiefabrik, ausbruch eines bürgerkriegs zwischen west- und ostdeutschland, jahrhundertsturmflut an der nordseeküste, land unter bis zum Teutoburger Wald... Das beste wird sein, nicht länger auf ein lebenszeichen von ihnen zu hoffen.
Rorty hat recht: Sobald ein mensch sich in der behaglichkeit eingerichtet hat, ist von ihm grösze nicht mehr zu erwarten.
Ich war herr, bevor der wind kam, sasz ohne arg und asz, als er ins zelt trat. Wenn du nicht eingeladen bist, so raste nicht. Manchmal bereitet auch das glück uns schmerzen. Prall gefüllt ziehen wir unseres weges und wünschten, die euter wären höcker.

DER HELD DER SCHLACHT

Am Abend zeigen die Jungen mir ein Spiel, das sie *Mudmah sara,* „Mudmah geht mit mir" nennen. Sie nehmen einen Stift, der an beyden Enden zugespitzt ist, ähnlich den Heringen, mit welchen die Zeltbahnen in der Erde festgepflockt werden. Einer von ihnen nimmt seinen Platz am *Mid,* am „Male" ein und wirft den Zapfen zu seinen Spielcameraden, die sich etwa 20 Schritte von ihm entfernt postirt haben. Der Junge, dem es als Erstem gelingt, den Pflock zu ergreifen, schreyt: *Mudmah sara!* Mudmah geht mit mir! und rennt unverzüglich zum Male. Indessen stürzen die Cameraden auf ihn zu, um ihm den Pflock zu entreissen, und rufen: Ich, ich bin der Held der Schlacht! Sieh, ich bringe dich zu Fall!
Der allso gehetzte Knabe setzt sich, so gut er kann, gegen die Attacken der Gefährten zur Wehr, indem er mit dem angespitzten Zapfen um sich sticht und ebenso mit allen seinen als Waffe dienlichen Körpertheilen tritt, schlägt, kratzt und ficht. Viele der Narben, welche die Knaben mir stolz präsentiren, stammen nicht vom Kampfe oder von einem Unfalle, sondern von diesem wilden Spiele. Meine mir zuerkannte Kabilenwürde verbietet mir bedauerlicher Weise, an diesem Knabenzeitvertreibe Theil zu haben, wie ich es noch durfte, solange ich dem Stamme als ein Fremder oder Gast galt, zumal einige Weiber, unter ihnen auch Jaina, am Spielfeldrande entlang spaciren und sich nicht besser zu unterhalten wissen, als über dieses kindliche und unsinnige Treiben und über jeden Sturz und jeden bluthigen Streich lauthals zu spotten.
Plötzlich aber springt Jaina vor, nimmt den Pflock auf, der nicht weit von der Mädchenschaar entfernt in den Wüstensand geschlagen, ruft mit bethörender Stimme: Mudmah geht mit mir! und springt anmuthig und flink wie eine Antilope der wild aufheulenden Knabenmeute davon.
Da die jungen Krieger in der That nun Mühe haben, dem vorwitzigen Mädchen ihr dergestalt entweihtes Spielzeug wieder abzujagen und sich zu der Wuth noch die Schaam hinzugesellt, nimmt Hussein, der Führer der Knabenparthey, seine Steinschleuder und legt mit entschlossener Hand auf Jaina an. Ehe indessen der

sich seiner neuen Verantworthung gewährtige Wahlkabile einzuschreiten in der Lage, hat sich Jaina bereits auf einen der jüngeren und von dieser unerwarteten Attacke ganz gelähmten Knaben gestürzt und sich mit dessen Jagdgeräth gerüstet, um den frechen Anschlag des Knabenführers mit gleicher Grausamkeit und Härte zu pariren.

Während er sie, unter dem schrillen Jubel der Cameraden, mit dem Kiesel voller Wucht an ihrer Schulter trifft, so dass sie rückwärths taumelt und fast zur Erde stürzt, legt nun sie, trotz der Wuth und des Schmerzes mit der ruhigen Hand kaltblüthiger Rache, auf den Jäger an und schiesst ihm, unter dem wilden Geschrey der Amazonenschaar, die Schnüre seines Stirntuchs forth, und verfehlt um eine Fingerbreite nur sein Augenlicht.

Endlich bin ich bey den Streitenden angelangt. Ich entwaffne sie und drohe den Beyden mit grimmiger Miene, ihnen den rechten Zeigefinger abzuschneiden, dass sie vorerst nicht mehr in der Lage, jene gefährlichen Waffen gegen einander zu richten. Ihr Schreck darüber ist so gross, dass sie gegen meine überraschende Intervention nicht nur keinerley Widerstand bezeigen, sondern soforth und mit grossem Eifer den Friedenskuss tauschen. Offenbar ist meine Beförderung zum Neukabilen honoris causa nicht nur eine repräsentative Geste meiner Stammesbrüder, sondern durchaus mit einer wirklichen und von Allen respectirten Autorität verbunden.

Nachdem sie sich nun verbürgt haben, dass der Streit hiermit beendet sey, setze ich das Urtheil zur Bewehrung aus, nicht aber ohne zuvor nach alter Beduinensitte ihr Versprechen zu besiegeln. Die Versicherung besteht darin, den Disputanten mit der Schneide der Dschambija wiederholt aufs Haupt zu schlagen, bis das Bluth ihnen bis zum Gürtel herabfliesst. Diese Purgation verursacht schmerzhafte, aber ungefährliche Hautwunden. Auch mildere ich die ansonsten übliche Behandlung ins symbolische ab, zumal ich meine Braut nicht derart entstellen will, dass mir alleyn ihre innere Schönheit zu bewundern bleibt. Indessen aber sollen zuerst die Schmerzen und späther die Narben die Disputanten an ihr Versprechen erinnern und sie zu versöhnlichem Umgange mit einander mahnen.

ERBLÜHTE BRAUT

Wie nicht anders zu erwarten, hat Hakim von den ungewöhnlichen Vorkommnissen auf dem Dorfanger schon gehört, als ich in das Zelt meines Stammesbruders heimkehre.
Bald wirst du in dein eigenes Zelt ziehen, Ali Fard. Willst du es nicht in der Nachbarschaft zu meinem errichten?
Habe Dank, mein Bruder, für deine Grossherzigkeit. Doch sage, warum giebt Ras, der Barbier, sich mit einem so bescheidenen Brautgeld zufrieden?
Hast du ihm denn mehr zu bieten, Ali Fard?
Nun, Ras ist reich an Töchtern und könnte längst ein wohlhabender Mann seyn.
Derweil hat er bis heute noch keine verheirathet.
Ist denn die Hälfte der Töchterschaar nicht längst im heirathsfähigen Alter?
Ja, und deine Braut könnte nach hiesigen Verhältnissen schon bald für zu alt gehalten werden, würde sie nicht als ausserordentliche Schönheit gelten. Andere Mädchen in ihren Jahren haben bereits eigene Kinder geboren.
Warum also tröstet sich der alte Ras nicht mit der Schönheit und dem Werthe seiner Töchter über seine Armuth und den Mangel an Respect?
Und dem Fehlen männlicher Erben, was das Ende seines Namens bedeutet! Deine Fragen sind berechtigt. So lass dir ein Geheimnis anvertrauen, auf dass du deine Werbung noch einmal überdencken mögest. Dreymal war Jaina, die Aelteste, bereits einem Manne versprochen. Jedes Mal verstarb der Bräutigam kurz vor der Hochzeit.
Treibst du Scherz mit deinem Bettnachbarn, Hakim?
Gott bewahre. Alle diese Dinge trugen sich zu, bevor du in unser Dorf kamst. Indessen spricht Niemand darüber, um den bösen Fluch nicht auf das eigene Haus zu lenken.
Den bösen Fluch? Haben die Männer denn auf unnatürliche Weise den Tod gefunden?
Höre selbst. Der erste Bräutigam war Achmed ibn Ismael el Harit

vom Stamme der Hamdan, welcher bey einer Rasuwa als Geisel genommen, doch von seinen Stammesbrüdern nie ausgelöst wurde. Nun aber hat man ihn gleich, da er zur Zeit des Raubes noch ein unbeschnittener Knabe, bey einem kinderlosen Paar in Pflege gegeben und ihn mit den anderen Knaben des Dorfes zu einem wahren Ibn Lafitat heranwachsen lassen. Und weil er sich geschickt im Umgang mit den Thieren und als ein scharfäugiger Schütze erwies, war er alsbald auch auf den Streif- und Beutezügen unserer Krieger ein gern gesehener Gefährte.
So nimmt es nicht Wunder, dass Ras seinem Werben um Jaina endlich nachgiebt, da Achmed ibn Ismael, obgleich arm, ein von Allen geachteter Kabile ist und für Jaina vielleicht ein höheres Brautgeld, aber kein respectablerer Gatte zu gewinnen seyn wird. Am Tage der Hochzeit aber suchen die Männer ihn vergeblich im Zelte der Pflegeeltern, und auch in den anderen Zelten und Häusern des Dorfes und auf den Spielplätzen am Rande desselben ist er nicht zu finden, bis schliesslich Hirtenknaben seinen grässlich verstümmelten Leichnam ins Dorf tragen und berichten, wie sie ihn auf der Waide inmitten der Kameelheerde gefunden, wo er von seinem eigenen Reitthiere, welches er als Füllen zum Beschneidungsfeste erhalten und mit eigener Hand aufgezogen hatte, zu Tode gebissen ward.
Und hast du einmal ein rasendes Kameel gesehen, so wirst du wissen, dass es wild und blindwüthig wie tausend Scheitane um sich zu beissen vermag. – Derweil erblühte Jaina nun erst zu ihrer wahren Schönheit. Und wäre sie nicht die Tochter des Barbiers, hätte jeder Jüngling des Dorfes, jenem ersten Unglücke ohngeachtet, sie zum Weibe begehrt.
Indessen ist es Hassan ibn Fahid el Ibriki, welcher als zweyter Freyer bey ihrem Vater vorspricht. – Hassan ibn Fahid stammt aus dem Wadi Bakata und kommt in unser Dorf, um sich unter den Schutz der Beni Lafitat zu stellen. Zwar fragt Scheich Jasir den Flüchtling, auf Grund welcher Thaten man ihn verfolge, alleyn, Hassan schweigt darüber und verliert auch während seines ganzen Aufenthalts bey unserem Stamme nie ein Worth darüber.
Nun aber verlangt das Gesetz der Wüste, den um Schutz Nachsuchenden diesen ohne Conditiones zu gewähren. Und da die

Sippe, welcher Hassan ibn Fahid entflohen, die mächtigen Beni Lafitat nicht herauszufordern wagt, kommt nicht einmal eine Abordnung oder auch nur ein Bote aus dem Wadi Bakata in unser Dorf, die Herausgabe des Flüchtlings zu verlangen.
Also darf Hassan sich in unseren Reihen sicher wähnen; indessen bleibt er auch weiterhin schweigsam und lebt zurückgezogen in einem Zelte am Dorfrand. So überrascht es uns nicht wenig, als er bey Ras um die Hand seiner Tochter anhält, obgleich ihm selbstverständlich ihre Schönheit nicht entgangen seyn und er auch wohl von ihrem ersten, unglücklichen Verlöbnis gehört haben wird.
Da seit dieser traurigen Begebenheit Niemand mehr um Jaina zu werben gewagt, stimmt Ras dem unerwarteten Antrage zu, wenn auch Hassan in all den Monaten seines Aufenthalts in unserem Dorfe ein Fremder geblieben ist.
Die Braut wird geschmückt, der Bräutigam ermuthigt, das Zelt vergrössert, der Hausrath ergänzt; auch fehlt es wohl nicht an Ermahnungen, sich derweil nicht zu weit vom Dorfe zu entfernen und vor allem die Kameelwaiden zu meiden.
Alleyn, am Tage der Hochzeit warten die Männer vergeblich, den Schutzgast zum Zelte des Brautvaters zu führen, damit er daselbst sein zukünftiges Weib nehme und es in das eigene Zelt führe. Indes müssen sie nicht lange nach dem Vermissten suchen. Sie finden ihn auf dem Dorfanger, nicht weit vom Zelte des Barbiers entfernt, mit durchschnittener Kehle in seinem Bluthe liegen.
So scheint einem der vormaligen Stammesbrüder die Bluthrache doch noch gelungen zu seyn, denn vor dieser ist er doch wohl geflohen.
Vielleicht. Doch höre die Geschichte des dritten Verlöbnisses an, mein Bruder. Wie du dir lebhaft vorstellen kannst, beschränkt sich das fernere Interesse unserer Männer für Jaina auf eine distancirte Bewunderung derselben und auf einsame, vergeblich zurück gedrängte Träumereyen. Nun aber verbreitet sich nicht nur die Geschichte des Unsegens, welcher das Haus Ras' heimgesucht, sondern auch der Ruf von Jainas Schönheit, welche damit, wohl vornehmlich aus Eifersucht und Missgunst, in eine unheimliche Relation gesetzet, in allen umliegenden Zeltlagern und Dörfern.

So vernimmt endlich auch Hamid ed Din el Mutakar, der Sohn des Dorfbarbiers von El Dschedida, von diesen merckwürdigen Begebenheiten. Die Erzählungen alleyn genügen, dass er sich in dieses ferne, bezaubernde Mädchen, das er nie mit eigenen Augen gesehen, sterblich verliebt. Die Nachtseite des Zaubers aber verliert ob dieser Blendung für ihn jede Bedenckenswürdigkeit. Nach vielem Bitten und Drängen ringt er seinem besorgten Vater schliesslich die Erlaubnis ab, um diese Tochter seines Zunftbruders werben zu dürfen.
An einem Wolken verhangenen Tage während der kurzen Regenzeit trifft er in unserem Dorfe ein. Und selbst das graue, einebnende Licht, welches alle Gesichter alt und krank erscheinen lässt, vermag Jainas Schönheit nicht zu mindern, so dass der junge Mann sein Traumbild von der Wirklichkeit noch übertroffen findet. Und Jaina findet Gefallen an diesem sanften, träumerischen Jüngling. Und Ras wäre nur zu froh, dem Gerede und dem Misstrauen seiner Nachbarn endlich jeden Grund zu entziehen und Jaina, mit wem auch immer, vermählt zu sehen.
So ist der Ehecontract rasch und ohne langes Feilschen aufgesetzt und für die Eheschliessung ein Tag in so naher Zukunft bestimmt, als es Sitte und Anstand nur eben erlauben. Nach dieser kurzen Verlobungszeit soll in unserem Dorfe zunächst ein bescheidenes Hochzeitsmahl gehalten und späther dann in seinem Dorfe, wohin er Jaina zu führen gedenckt, um daselbst in seinem Vaterhause mit ihr zu leben, das eigentliche Fest veranstaltet werden und drey ganze Tage und Nächte währen.
Aller Befürchtungen und schlimmen Erwartungen ohngeachtet nähert sich der Tag der Hochzeit, ohne dass ein Unglück oder auch nur ein Vorzeichen desselben das Leben des Gastes bedroht hätte. Und an diesem Freudentage selbst lässt Ras, die hiesige Sitte, das Zelt des Brautvaters nicht vor dem Eheversprechen zu betreten, missachtend, den Bräutigam eben dieses Zelt erst gar nicht oder nicht ohne seine besondere Aufsicht verlassen. Auch das bescheidene Mahl will er, da das eigentliche Fest ja im Dorfe des Bräutigams stattfinden soll, daselbst und nicht in einem besonders errichteten Hochzeitszelte abhalten.
Und thatsächlich sitzt der hübsche und frohgemuthe Bräutigam

unversehrt bey den Platten und Schüsseln, als die Männer des Dorfes sich zum Freudenmahle einfinden. Schon geht ein erleichtertes Aufathmen und ein, wenngleich leises, Spotten über das Weibergeschwätz von Hexenspuk und Teufelszauber durch die Gästeschaar, als der zarthe Jüngling plötzlich erröthet, dann ergrünt und -blaut, da ein Fleischstück des zähen Hochzeitskameels ihm den Athemweg versperrt. Sogleich setzt ein eilfertiges und unraisonables Klopfen, Zerren und Maulaufreissen ein, um den Erstickenden vom importunen Fleischpfropfen in seinem Halse zu befreyen. Doch alle diese planlosen und übereilten Activitäten scheinen nun eher das Gegentheil dessen zu bewirken, was mit der gutgemeinten Tractation beabsichtigt war. Alsbald bleibt uns consternirten Gästen nur noch der Tod des Ehrengastes festzustellen.

Hakim hält in seiner Erzählung inne. Da sein Zuhörer aber nichts entgegnet, sondern in stiller Nachdencklichkeit verharrt, fährt er in seiner Rede forth: In gewissem Sinne, mein Bruder, können wir sogar deinen Freund Juhasdik zu den Opfern dieses unseligen Fluchs rechnen.
Du weisst von seiner Liebe zu Jaina?
Jeder, der Jaina liebt, weiss um seine Nebenbuhler, Ali Fard, mögen diese ihre Gefühle auch vor Allen verheimlichen und gar vor sich selbst verleugnen.

Es ist sicher nicht vermessen, die Wurzel für das französische Worth *Masque,* die Gesichtslarve oder Costümirung, im arabischen Verbum *maskara,* „verspotten", „Possen reissen" zu vermuthen, welches wohl über das spanische „Mascera" weitere Verbreitung im romanischen Sprachraume fand.
Alleyn, die Masquerade ist in den Morgenländern nie zu einem allgemeinen Feste oder öffentlichen Spectacel geworden, wie es vieler Orthen und in mannigfaltiger Gestalt in weiten Theilen des Abendlandes Brauch, obgleich auch hier, vornehmlich bey den Kindern, der Lust an der Vermummung begegnet werden kann.
Am Abend vor dem Hochzeitsfeste besuchen mich einige Buben, die ihre Gesichter mit Holzkohle geschwärzt haben: Sie seyen Nachtdschinne, schreyen sie so laut, als wollten sie ihre eigene Furcht übertönen. Sie kämen, um mich abzuholen und zum Husn Utran zu führen.
Das Husn Utran ist ein einsam gelegenes Steinhaus, zu dem mir meine Stammesbrüder, aller übrigen Freyheiten ohngeachtet, bisher strict den Zutritt verweigerten. Längst habe ich schon gemuthmaasst, dass nicht die Kahf an Naksch, die „Höhle der Steintafeln", in welche wir so arglistig gelockt wurden, sondern dieses Steinhaus jenes Geheimnis berge, das aufzudecken Schotenbauer so sehr verzehrte.
Doch scheint mir diese Suche nun so fern und fragwürdig, ja, geradezu unsinnig, dass ich inzwischen nicht einmal mehr weiss, ob ich an diesem Mysterium, vorausgesetzt, dass dergleichen existirt, überhaupt noch Theil zu haben wünsche. Vielleicht aber gehört dieses geheime Wissen zum Ritus der Aufnahme in den Stamm.
Indessen erscheint mir dieser Masquenzug der Kinder aber keineswegs als eine heilige Procession, sondern vielmehr als ein nächtliches Spiel mit dem Heiligen oder der Furcht vor demselben. Ohne weiteres Bedencken schliesse ich mich ihrer ausgelassenen Führung an.

Sie verlassen das Dorf und folgen dem Wadi in nordöstlicher Richtung. Das Husn Utran liegt etwa eine halbe deutsche Meile oder einen halbstündigen Fussmarsch vom Lager entfernt. Es befindet sich dort auch ein Brunnen, soviel ich weiss, doch wird er von keinem Menschen und keinem Thiere je benutzt, da die Beni Lafitat den Orth Tag und Nacht bewachen und Niemandem erlauben, sich dem Hause zu nähern.

Husn meint eigentlich „Burg", doch ist das Husn Utran ein einfaches, kaum 10 Schritte hohes Steinhaus mit einem ummauerten Hofraum. – In dieser Nacht hindert uns kein Wächter, bis an die Hofmauer heranzutreten, obschon die schwarzen Dschinne sich keinesfalls still verhalten. Indessen ist das Thor verschlossen. Doch geschmeidig wie Katzen klettern die Knaben über die Mauer und öffnen mir von Innen das Thor.

Wir überqueren den Hof und stehen erneut vor einer verschlossenen Thür. Ich finde weder Schloss noch Riegel an ihr. Kurzerhand schieben die Knaben mich beyseite, schlagen und treten gegen das alte Holz, bis es sich ihrem wilden Ansturme schliesslich beugt und den Eingang freygiebt.

Wir betreten, nun scheu und schweigsam, das Haus, welches aus einem einzigen, fensterlosen Raume besteht. Die aus rohen, unbehauenen Steinen aufgethürmten Wände bilden ein Rechteck, das sich nach oben hin etwas verjüngt. Der Boden ist einfach der nackte Wüstengrund, auf welchem die alten Baumeister die groben und starken Mauern errichtet haben.

In der Mitte des im Uebrigen leeren Raumes steht ein schlichter hölzerner Kasten. Es scheint grau und spröde gewordenes Akazienholz zu seyn, wie ich es in Egypten gesehen, welche derartiges Holz in der Zeit der Alten Reiche zur Herstellung ihrer Götterstatuen zu verwenden pflegten. In dieser Region indes kommt es nicht vor.

Die Dschinne sind in einiger Entfernung zur Lade stehen geblieben und beobachten nun still und ein wenig ängstlich, was der von ihnen hierher Geführte des Weiteren unternimmt. Inzwischen haben sich meine Augen an die Finsternis im Thurme gewöhnt, in den nur vom Hofe her der fahle Widerschein des Mond- und Sternenlichtes dringt. Eher gedanckenlos als andächtig oder scheu streichen meine Fingerspitzen über das greise Holz. Der junge Jehojachin wird vor den Augen seines ehrwürdigen Vaters Glied für Glied zerstückelt. Endlich gesteht der Hohe Priester dem mächtigen König von Babel, dass bereits Salomon das Ende des Tempels vorhergesehen und die heilige Lade mit den Tafeln der Königin aus dem Süden, und mit ihr seinem Sohne, mit welchem sie bereits schwanger ging, anvertraut habe. Der Schrein im Heiligthum des Tempels hingegen sey nur ein Sinnbild der wirklichen Lade gewesen. Von nun aber war die wirkliche Lade das Herz eines jeden Kindes Jakobs.

Worthgetreu lässt es der König in Stein meisseln: Nachdem er dem Sohne das Leben, nimmt er dem Vater, buchstäblich, das Augenlicht. Die Augen verschickt er getrennt von dessen Körper und mit den zerstückelten Gliedern seines Sohnes in der falschen Lade, dem wahren Sinnbild, nach Babel.

Und stünde vor mir nun die wirkliche Lade, das sinnentleerte Bild? Nun, alle Heiligen Schriften sind Documente der Täuschungen. Ich versuche, den Deckel anzuheben. Er ist nur auf den Kasten gelegt und lässt sich leicht verrücken.

Kein Blitz, der mich blendet, kein Donnerschlag, der mich betäubt. Nicht einmal ein schwefeliger Schimmer, ein tückisches Gas oder brennendes Gift, keine Schlangen, Spinnen, oder Scorpione. Meine Augen fallen auf grauen, nackten Stein.

Der Block nimmt fast den ganzen Raum der Lade ein. Die Oberfläche ist glatt geschliffen. Ich greife in den Spalt zwischen Holz und Stein und bemühe mich, den Block anzuheben. Er ist nur etwa einen Fuss dick. Doch befindet sich darunter eine zweyte Tafel. Ich hebe sie heraus und lehne sie an den Kasten, so dass das Mondlicht aus dem Hofe direct auf sie fällt. Die Kinder gehen mir nicht zur Hand. Sie stehen stumm und regungslos da wie Statuen schwarzer verkohlter Cherubim. Meine Augen und Hände tasten über beyde Seiten der Tafeln, Fingerbreit auf Fingerbreit. – Die Seiten sind leer.

Glaubst du, dein Narrenstück könnte auch anderswo als in Südarabien spielen?
Siehst du auch nur einen einzigen mann, der eine last trägt? Doch die frauen, auf den armen ihre kinder, tragen schwerste lasten sogar noch auf ihren köpfen.
Die männer tragen ihre lasten in den köpfen, meine Königin.
Siehst du auch nur ein einziges weib mit nachdenklicher miene?
Der gesichtsausdruck der männer scheint mir eher schläfrig als nachdenklich zu sein.
Weil sie vor lauter sorge des nachts nicht haben schlafen können.
Es ist besser, wenn auch du mir das bündel abnimmst. Sonst glaubt man dir die rolle einer narrengattin nicht.
Du bist ein dummkopf. Und dennoch hast du recht. Wie ist das möglich? Ist das recht in unserer zeit in wahrheit dumm?
Schwätze nicht so klug daher. Wenn man dich hörte, könnte man mich wohl zu recht für einen wahren dummkopf halten, meinem weibe so ein altkluges geplapper zu erlauben.

Wenn du die gedanken und stimmungen des volkes wissen willst, muszt du mit den leuten reden.
Du hast recht. – Gute frau, was haltet ihr von unserer Königin?
Was fragt Ihr mich. Seid Ihr etwa ein spion? Oder gar die Königin persönlich? Haha, heutzutage ist ja alles möglich. Nicht einmal der eigenen verwandtschaft kann man noch vertrauen. Der eigene gatte würde mich verraten und verkaufen, erhielte er für mich nur geld genug für die tägliche tabakration. – Von mir erfahrt Ihr nichts!

Das war nicht sehr klug von dir, meine liebe, so mit der tür ins haus zu fallen. Du muszt zunächst vertrauen schaffen.
Ich habe mehr erfahren, als das arme weib mir mitzuteilen beabsichtigte. – Gehen wir zum gemüsehändler. Ich grüsze Euch

herzlich, lieber mann. Euer gemüse sieht heute frisch und wohlgewachsen aus. Sagt, habt Ihr es aus Eurem eigenen garten geerntet?
Wollt Ihr etwas kaufen oder mit mir schäkern, frau?
Schäkern? Ich verstehe nicht, was Ihr damit meint, bester freund.
Für eine fremde frau bin ich kein »bester freund«. Und für eine käuferin ist das gemüse nicht »frisch und wohlgewachsen«. Für eine ehrbare frau bin ich ein fremder kerl. Und für eine kundin ist das gemüse unreif oder welk und nur die hälfte des verlangten preises wert. Was wollt Ihr also von mir?
Ich bin nur eine schlichte handwerkersfrau. Ich möchte gerne ein bündel dieser lieblich duftenden karotten erstehen.
Komm, weib, belästige den mann nicht länger. Verzeih, bruder. Sie ist nur die gattin eines narren und selbst ein wenig närrisch.

Am besten verhältst du dich so, wie es einer frau aus dem volke geziemt, und hältst den mund!
Wie kann ich dann noch etwas erfahren?
Je mehr du schweigst, um so mehr raum bleibt für das gerede der anderen.
Schau, Madschnun, ein menschenauflauf. Womöglich unterhält gerade ein schausteller das volk mit seinen drolerien. Lasz uns hinübergehen.
Das ist der richtplatz. Sicher hat man einen dieb erwischt und schlägt ihm nun vor aller augen die hand ab.
Das ist ja schrecklich. Vielleicht können wir vermitteln.- Was tut ihr mit dem armen mann, soldat?
Wir reissen ihm die zunge aus dem hals.
Warum tut ihr ihm das an?
Das ist die vorgeschriebene strafe für sein verbrechen.
Was hat er denn getan?
Er hat das königshaus beschimpft.
Deswegen reiszt ihr ihm die zunge heraus?
So verlangt es das gesetz.
Was hat er denn gesagt?
Er hat gesagt: Während die Königin kluge bücher liest oder von

den weisen ihre träume deuten läszt, zerfallen die sitten ihres landes mehr und mehr. Ihre beamten bereichern sich, die bauern halten ihre ernten versteckt, damit die preise steigen, eltern verkaufen ihre kinder, um sich zu ernähren und was es dergleichen mehr an miszständen zu beklagen gibt. Mag sein, die Königin ist wirklich so klug wie ihr ruf, doch was auszerhalb der mauern ihres palastes geschieht, scheint sie nicht zu wissen.
Aber hat der mann denn nicht recht?
Ob recht oder unrecht: Das gesetz verlangt, dasz derlei reden bestraft werden.
Aber dann ist doch das gesetz im unrecht!
Hüte deine zunge frau. Sonst trifft auch dich dieses gesetz.
Wer hat solch ein ungerechtes gesetz erlassen?
Komm, weib, lasz die männer ihre pflicht erfüllen. Du hast dich derweil töricht genug aufgeführt.
Sag, soldat, wer ist für dieses gesetz verantwortlich?
Du weiszt so gut wie ich, wer in diesem lande die Gesetze macht: die Königin natürlich.
So wartet mit der vollstreckung des urteils, männer. Wartet einen tag nur. Das gesetz wird heute noch geändert werden.

Die ereignisse nehmen offenbar einen anachronistischen verlauf: Während sich im norddeutschen raum wohlbehagen und sprachverlust ausbreiten, nutzen die freistaaten Bayern und Sachsen die zunehmende flachländische apathie zur sezession. Noch glaube ich nicht ganz an die unumkehrbarkeit dieses entschlusses. Hat seit dem frankfurter GAU beständig südwind geherrscht, sollte man zunächst eine richtungsänderung abwarten.
Lasz uns hier einkehren und einen tee trinken.
Das ist ein öffentlicher diwan, liebe frau.
Ist es ein öffentlicher diwan, was hindert uns dann, dort einzukehren?
Siehst du denn nicht, dasz sich nur männer darin aufhalten?
Ist der zutritt frauen nicht gestattet?
Nun, er ist ihnen nicht verboten. Doch gilt es als unschicklich.
Und wenn frauen müde oder auch nur durstig sind?

Sie haben sich bis zur rückkehr in ihr haus zu gedulden. Das sind wichtige erfahrungen, mein freund. Wohlan, lasz uns hineingehen.

Diese medizin ist bitter, Sabr. Sag, wann gibst du mir das geld zurück, das ich dir geliehen? Der hund war gröszer als ein pferd, glaub mir. Eine schwarze sklavin, sagst du, plump und fett? Ich sagte zu meinem gefährten, niemand kann es besser als ein schwarzes weib. Ich konnte nicht mehr ins haus, weil schon alle schliefen. Wie weit ist es von hier bis zu deinem dorf? Meine frau hat einen ziemlich unruhigen schlaf. Sie hat mich gehört und entgegnet sofort: In deinen bart, alter. Das ist nicht das richtige holz für dachbalken. Es ist zu weich, zu anfällig für würmer und fäulnis. Hast du nicht mit deinen auszerordentlich guten beziehungen geprahlt? Die neuesten meldungen besagen, die protestantische minderheit in Bayern betreibe den anschlusz ihrer fränkischen enklaven an die Sächsische Republik. Bayern droht den sezessionisten mit rücksichtsloser härte. Die protestanten sollen bereits geheime waffendepots angelegt haben. Du verlangst von mir, gemüse zu besorgen, das in dieser jahreszeit nicht wächst. Als ich neulich auf dem markt ein recht hübsches sklavenmädchen erstand, muszte ich leider feststellen, dasz sie lahm war. Am Bodensee hat es wochenlang nicht mehr geregnet. Mag die Königin ihre sommerresidenz errichten, wo sie will. Ein stück trockener käse reicht.

NARR UND KÖNIGIN

Erster fieberfreier morgen. – Der schleier ist nicht transparenter geworden, er wirkt dichter gewebt als zuvor. Ich kenne nur ihren blick. Doch sie wissen alles. Sie sehen mich ohne fiebrigen glanz in den augen an, sie wenden den blick auch dann nicht ab, wenn ich ihn längst gesenkt habe.

Sie haben macht. Um anteil an ihrer macht zu haben, schrecken wir selbst vor travestien nicht zurück. Wir verstecken uns in frauenkleidern an königshöfen, ehe wir, um irgendeiner frau willen, in den krieg ziehen und zu helden werden, das heiszt: den tod finden.

Männer scheinen stets zu wenig zu sein. Deswegen erfinden sie sich ständig neu. Oder eignen sich die attribute des anderen geschlechts gewaltsam an.

Die männer reden in imperativen, die frauen überwiegend in fragesätzen. Nur der narr redet, wie er will.

Das ist richtig. Für Madschnun gelten die geschlechterrollen nicht. Ein narr ist geschlechtslos.

Anstatt von frauen reden wir über phantome.

Die frauen nehmen es ihm übel, dasz er und die Königin vor dem zorn der männer in einen hammam fliehen. Es ist frauentag.

Ein mann! Ein mann! Ein mann!

Ihr übertreibt, gute frauen. Schaut nur richtig hin.

Hat dich deine mutter mit eselinnenmilch gestillt?

Meine brust ist so mager und behaart wie unter alten weibern üblich.

So alt scheinst du uns aber nicht zu sein. Wohlan, zieh deinen rock aus!

Aber, schwester, schickt sich das, selbst hier, wo wir nur unter uns sind?

Den einzigen ort in der stadt, an dem wir uns vor den männern sicher glaubten, wagst du zu entweihen. Du bist dir hoffentlich im klaren, dasz du diesen ort nicht unversehrt verlassen wirst.

Ihr redet, als hätte ich ein verbrechen begangen.

Du hast uns nackt gesehen. Eine untat, die selbst nach eurem männlichen gesetz die schwersten strafen nach sich zieht.
Wenn die männer wüszten, wie wenig sie einander vorenthalten, brauchten sie diese gesetze nicht.
Und solltest du diesem ort lebend entkommen, werden wir dafür sorgen, daß du der gewalt unserer gatten zum opfer fällst.
Oh frauen, zur hilfe, zur hilfe, die wehen, die wehen.
Genug gespottet. Glaubst du denn im ernst, du könntest unsere schmerzen beim gebären nachempfinden?
Ah, ah, hilf mir pressen, schwester. Es kommt, es kommt.
Was kommt, mann? Und wo kommt es?
Sicher nicht mehr als ein pfurz. Was gebären männer schon anderes als windeier.
Ah ah, ist es schon da, schwester? Sag, wie sieht es aus? Was ist es geworden?
Was soll da sein, narr? Was hast du geboren?
Siehst du es denn nicht? Es liegt doch in aller unschuld vor dir.
Nun reicht es! Er soll erst einmal das leben lassen. Dann kann er sich meinetwegen neu gebären. Und der erfahrung halber vielleicht als frau. Ersäufen wir ihn!
Babababa.
Was sagt er?
Er ist erst wenige minuten alt. Er kann noch nicht sprechen.
Wäre er tatsächlich ein neugeborenes, gehörte er schon wegen seiner gotterbärmlichen häszlichkeit ertränkt.
Du sprichst nicht, wie es einer frau geziemt, schwester. Sind neugeborene nicht immer häszlich?
Ein zeichen ihrer unschuld, willst du sagen? Pah! Wie kann eine frau diesen blähenden rotz lieben, den die männer uns gewaltsam hineinpfropfen; wie die unersättlichen bälger, die uns die brüste schlaff saugen!
Lala blabla lala.
Ja, lall uns nur die ohren voll. Wir fallen auf euer schmeichlerisches sabbern nicht mehr herein.
Er sagt, er sei eine Waise. Er fragt, ob es hier kein einfühlsames mutterherz gebe, das sich seiner erbarme und ihn wärme und nähre.

Ich nehme ihn zu mir. Er ist zwar in der tat ein wenig unansehnlich. Doch ihr wiszt, wie lange ich mir schon vergeblich kinder wünsche.
Red keinen unsinn, frau. Schau doch hin: Es ist ein ausgewachsener mann, den du dir an die brust legen willst.
Mamama hababa.
Hör doch, er sagt schon mama mama. Und hunger hat er. Gebt ihn mir, schwestern.
Es ist eine miszgeburt, frau! Meinetwegen kannst du sie zu grabe tragen. Doch sie an deine brust zu legen werden wir verhindern. In den wassertrog mit ihm!

Ich frage Manṣūr, ob er auch Ḥāfith schon besucht habe, der ja ebenfalls schon längere zeit krank sei.
Haben deine brüder nun auch dich aufgehetzt? Laszt mich endlich mit Ḥāfith in ruhe.
Was auch immer zwischen euch vorgefallen ist, du kannst doch nicht wollen, dasz man deinem ehemaligen freund irgendwelcher gerüchte wegen etwas antut.
Nichts, nichts ist vorgefallen!
Ich zeige ihm Ḥāfith' bild, das er auf dem »Hundsrück« gezeichnet hat.
Was soll das gekritzel bedeuten?
Das ist Ḥāfith' version vom ende eurer freundschaft.
Er wendet sich ab: Nun, bald seid ihr mich los. Ich werde mit den anderen männern nach 'Aden gehen.
Warte! – Doch was soll ich ihm noch sagen: Im grunde genommen sei ja wirklich nichts schlimmes geschehen? Erst sein verhalten habe aus ihrem geheimnis ein ereignis gemacht?
Ḥāfith hat dir vertraut. Seine freundschaft war, wie alles an ihm, voller überschwang. Mag sein, dasz er in seiner zuneigung weiter ging, als es die regel erlaubt. Aber gerade um dieses übermutes willen bist du doch sein freund gewesen.
Manṣūr lächelt steif. Er löst seine hand aus meiner, wünscht mir gute besserung und geht.

*

Das gespräch mit Manṣūr läszt mich nicht ruhen. Was hätte ich sagen sollen, um wirklich zugang zu ihm zu erhalten? Ist sprache überhaupt der schlüssel?
Die westliche kultur lebt in der überzeugung, dasz (fast) alles sagbar und damit verhandelbar sei.
Doch hat er nicht das recht, sein innerstes zu schützen? Die menschen im westen glauben, sich durch das aussprechen des geheimsten (psychotherapie, beichte …) von dieser last befreien zu können. Während in der arabischen kultur das noch unbe-

nannte durch die aussprache erst zu existieren beginnt. – Unsere »schöpfungsberichte« sind östliche mythen!
Diese gegenüberstellung ist sicher zu einfach gedacht. Das schweigen Manṣūrs ist mittlerweile so »beredt«, dasz es keiner weiteren worte mehr bedarf, es als vorwurf oder anklage zu begreifen.
Was hindert Manṣūr daran, seine anklage laut werden zu lassen? Oder einfach zu vergessen?
Ist womöglich schon der von mir (stillschweigend) vorausgesetzte wunsch falsch, dasz jeder mensch nach einem minimum an leiden, dasz jeder nach innerer behaglichkeit und ruhe strebe?
Vielleicht ist Manṣūrs verhalten ein gezielter akt der dramatisierung, eine provokation der extreme: Du bist zum äuszersten gegangen. Nun gehe ich bis zum äuszersten.

Obwohl sie unterschiedlicher kaum sein können, sind sie unzertrennliche freunde gewesen. Manṣūr, ein in die höhe geschossener jüngling mit rundem, für einen beduinen eher blassem gesicht und fast schwarzen augen, und Ḥāfith, wohl einen kopf kleiner, wenn auch nur wenig jünger als sein gefährte.
Manṣūr liebt es, mit jüngeren kindern zusammenzusein, den narren zu spielen und dümmer zu erscheinen, als er tatsächlich ist, obwohl er nach jemenitischem verständnis bereits als mann gilt und sich dementsprechend benehmen sollte. Er ist der älteste sohn im elternhaus. Sein vater hat bei einem unfall mit dem eigenen gewehr einen arm verloren, auch wenn er mit diesem miszgeschick immer neue heldensagen zu verbinden weisz. Nach wie vor beansprucht er die uneingeschränkte autorität in der familie. Obwohl Manṣūr den gröszten teil der feldarbeit leistet. Seine hände und füsze sind spröde und rissig und voller frischer wunden, verkrustungen und narben.
Ist er auf der weide oder auf dem feld oder, nach der arbeit, drauszen vor dem haus, trifft man Ḥāfith in seiner nähe.
Ḥāfith ist aufgeweckt, ja, gewitzt. Er bildet den gegenpol zu Manṣūrs gutmütiger einfalt. Er stellt die fallen auf, in die Manṣūr nur allzu gerne stolpert. Sie sind so gut aufeinander eingespielt, dasz sie ständig gelegenheit finden, sich zu raufen, sich freundschaftlich zu umarmen oder beides zugleich zu tun.

RASUR

Ein blick in den spiegel: stirn, wangenknochen und nasenrücken gerötet, schuppig, sich häutend, der rest unter wildem, verwahrlosten bartwuchs verborgen. Es wird zeit, in den schosz der zivilisation zurückzukehren.
Doch mich dem dorfbarbier anzuvertrauen heiszt, eine jahrelange gewohnheit aufzugeben: mir selbst haare und bart zu schneiden. Dazu aber fehlt mir hier das nötige handwerkszeug. »Gewohnheit« ist eine untertreibung. Ich kann friseursessel ebensowenig leiden wie zahnarztstühle: Gefühle des ausgeliefertseins ergreifen besitz von mir, fremde hände, die mich mechanisch oder gewalttätig berühren oder mir ihre »handwerklichen« zärtlichkeiten aufdrängen; das gleiche konstitutionelle unbehagen, dasz mich in anwesenheit anderer nicht schlafen läszt.

Abdul Hakim, der barbier, sitzt gegenwärtig im gefängnis, weil er das brautgeld für seine zweite frau, hunderttausend rial, das sind ungefähr zweitausend mark, bisher nur zur hälfte bezahlt hat, das mädchen aber bereits von ihm schwanger ist. Da der ehevertrag nicht unter qabilun geschlossen wurde, ist bisher, auszer bei der braut, kein blut geflossen. Statt dessen hat die familie der braut, *masajinah*, schutzbefohlene eines nachbarortes, die staatlichen gerichte angerufen.
Sein ältester sohn M'aīn, vielleicht sechzehn oder siebzehn jahre alt, vertritt Abdul Hakim nun bei der pflege der männlichen bart- und haartracht und in allen weiteren fällen, in denen die sichere hand des barbiers benötigt wird, beim schächten, bei kleinen chirurgischen eingriffen oder beim schlagen der bar'a-trommeln.
M'aīn trägt keinen krummdolch im gürtel. Und statt mit der mauwis, dem traditionellen rock, kleidet er sich in die eher für städter typische senna. Er ist gröszer als seine altersgenossen, aber schmächtig und von fast nordeuropäischer blässe. In seinem sackartigen kleid wirkt sein schmaler körper noch unge-

lenker. Seine blässe erinnert an die jungen hammamis in den bädern, deren haut durch die dunkelheit und feuchtigkeit der in die erde gemauerten schwitz- und waschkammern weisz und geschmeidig glänzt.
Er stellt einen stuhl vor das haus und bittet mich, darauf platz zu nehmen. Sofort sind wir von einer jungenschar umringt. Und aus den fenstern der nachbartürme fühle ich die blicke sämtlicher frauen auf mich gerichtet.
M'aīn scheint die zuschauer nicht wahrzunehmen. Er legt mir ein altes handtuch um und drückt meinen kopf mit sanfter gewalt in den nacken, bis er die rauhe hauswand berührt. Ich versuche mich zu entspannen. Während M'aīn mein gesicht einseift.
In einem friseursalon gäbe es einen spiegel, in dem ich die vorgänge auszerhalb meines blickfeldes, das heiszt unmittelbar in meinem gesicht, kontrollieren könnte. So bleibt mir nur der blick in die gesichter der zuschauer, die jede geste meines jungen barbiers mit der aufmerksamkeit von zirkusbesuchern verfolgen. Noch ist nicht ganz klar, ob es sich um die hochseil- oder die clownnummer handelt.
M'aīn schärft das rasiermesser nach. Nun steht er direkt vor mir, so dasz ich seinen atem auf meinem gesicht spüre. Seine wangen und sein kinn sind noch von allem frei, was man einer rasur für würdig befinden könnte. Doch fällt mir eine lange narbe unter dem kinn, zwischen halswinkel und kehlkopf auf. Während er das messer ansetzt, will ich ihn nicht nach der ursache der verletzung fragen.
Ich spüre einen schmerz auf meiner haut, als würde jedes barthaar einzeln herausgerissen. Ich will aufspringen, doch schon wieder schabt das erbärmlich stumpfe messer über meine haut. M'aīn läszt sich nicht beirren: Du hast dich zu lange nicht rasieren lassen. Nun ist das barthaar so lang, dasz ich fast eine schere benutzen könnte. – Mit der linken zwingt er meinen kopf an die hauswand, mit der rechten traktiert er weiter mein gesicht.
Mein körper liegt steif wie ein brett auf dem stuhl. Kalter schweisz rinnt mir den rücken herunter. – Nun macht er sich mit dem messer an meinem hals zu schaffen, der bereits durch zwei mumpsnarben heldenhaft entstellt ist.

Ich schliesze die augen. Fühle seine hand auf meiner stirn, nicht mehr zwingend, sondern haltend. Fühle, dasz er sie nicht einfach wie ein ding hält, sondern sie auch selber spürt.
Nun läszt er die stirn los, berührt die stellen, über die das messer fahren wird, zuvor mit den fingerrücken, glättet das haar und den schaum, beruhigt die haut und streicht noch einmal die bahn entlang, die das messer freigeschnitten hat.
Ich öffne die augen wieder und blicke direkt in sein gesicht. Er scheint ganz auf seine arbeit konzentriert zu sein, doch habe ich den eindruck, dasz sein blick dem meinen absichtlich ausweicht. Er nimmt meinen kopf und lehnt ihn sanft an seine brust, um das nackenhaar auszurasieren. Seine linke läszt er auf meinem kopf ruhen. Zum ersten mal auf dieser reise überfällt mich eine tiefe resignation.

M'AĪN

Warum gerade er? Der dorfbewohner mit dem geringsten ansehen. Habe ich ihn deshalb gewählt, weil ihm die kriegerehre nicht im weg steht? Das wäre zu billig.
Zunächst ist es ein spiel der phantasie, die sich eine begegnung ohne ungleichheit, ohne unterordnung vorstellen kann.
Die berührungen aller anderen sind gewaltsam kontrollierte. Dürfen nicht wirklich empfunden werden. Doch M'aīn halte ich für fähig, sich den empfindungen hinzugeben, ohne sie von seinem selbst abzuspalten.
Täuscht mich meine phantasie? Produziert sie, ohne rücksicht auf das mögliche, nur wunschbilder?

*

Das fieber sinkt nicht. Dazu kopf- und gliederschmerzen. Und seit dem mittag magenkrämpfe. Die medikamente sind aufgebraucht. Ich trinke viel tee. Doch schwitze nicht. Eine trockene, brüchige ziegelofenhitze. Vielleicht beruhigen die gerbstoffe wenigstens den magen.
Ein wachschlaf, ein erstickender zustand wie unter kunststofffolie. Dicht umstellt von schwitzenden fahrgästen. Vielleicht schützen sie mich, da ich ohne fahrschein unterwegs bin. Da setzt sich ein freundlicher kontrolleur in zivil (sudanese oder südägypter) in bewegung. Ich will aus dem omnibus aussteigen. Doch hat der kontrolleur sich die gröszte distanz zwischen zwei haltestellen für seine fahrscheinüberprüfung ausgewählt.
Ich dränge mich tiefer in die dichte gruppe der apathisch auf den ausstieg wartenden mitfahrer. Ich hoffe, dasz er mich übersieht. Doch schon hat er sich bis zur hinteren bustür vorgekämpft und bittet mich höflich, ihm meinen fahrschein zu zeigen. Es ist hauptverkehrszeit, früher abend. Der fahrzeugstrom kommt nur mühsam voran. Die nächste haltestelle läszt weiter auf sich warten.

Ich versuche, mich dumm zu stellen und ihn mit ausreden hinzuhalten. Ausreden? Hatte ich denn eine andere wahl als einzusteigen, und sei es nur als schwarzfahrer? Wo stände ich wohl im augenblick, hätte ich auf die fahrgastbestimmungen rücksicht genommen. – Er zieht seinen »sonderfahrscheinblock« heraus. Ich schwitze nun wie die müden heimkehrer um mich herum. Fiebernd durchwühle ich meine taschen, natürlich vergeblich. Mit einem unerwarteten satz springe ich durch die glastür. – Oh gott, ich habe mein lager verdreckt wie ein inkontinenter greis. Ich will aufstehen, mich säubern, doch sobald ich nur den kopf hebe, beginnt mein ganzer körper erbärmlich zu zittern. Mir schwindelt. Ich kann meine bewegungen nicht koordinieren.

'Ali zündet die petroleumlampe an und hockt sich zu mir. Ich schicke ihn fort. Wie hält er den gestank aus. Er will die decken wechseln. Ich werde trotz meiner erschöpfung grob: Verschwinde, habe ich gesagt! – Er geht gruszlos. Ich bleibe in meinem dreck liegen.
Wieder verfalle ich in eine art wachschlaf. Das gift scheint sich immer weiter auszubreiten, ohne dasz bisher ein gegenmittel gefunden wurde. Die internationalen nachrichtensender berichten von unfällen und katastrophen in den verseuchten gebieten, die allein auf die zunehmende unbesorgtheit und gleichgültigkeit der bewohner zurückzuführen sind.
Wird überhaupt noch nach einem gegenmittel gesucht? Die epidemie scheint inzwischen auch wissenschaftler und politiker infiziert zu haben. Die nachrichten werden spärlicher und vager und sind schlieszlich nur noch unter der rubrik VERMISCHTES zu finden. Die ewig gleichen bilder apathisch lächelnder seuchenopfer stoszen nur noch auf geringes interesse.
Eine sanfte berührung holt mich aus dieser zwischenwelt. M'aīn kniet neben meiner matratze, bei sich eine schüssel wasser und einen stapel decken. Es ist früher morgen. Erstes dämmerlicht färbt den schwarzen himmel milchig. Der muezzin musz bereits zum morgengebet aufgerufen haben.
M'aīn wäscht mein gesicht. Es ist, als wasche er die unruhe hin-

aus. Ich fühle mich zu tode erschöpft. – Er deckt meinen körper auf. Es ist kalt. Die kälteste stunde des tages. Er wäscht mich mit kaltem wasser. Rasch, geschickt, von kopf bis fusz. Er zieht die beschmutzten decken fort und hüllt die mitgebrachten, sauberen um mich. Mein körper beginnt zu schwitzen. Er läszt die tür offen, damit die frische morgenluft in die baracke dringen kann. Ich bin so müde, als hätte ich auf dieser reise noch kein mal ausgeruht. Er trägt die alten decken heraus. Was hält mich noch hier?

Schlaf ist gut. Schlaf nur, mein freund. Schlaf ist vergessen. Schlaf ist heilung.
Und du, willst du nicht schlafen? Seit zwei tagen und zwei nächten sitzt du ununterbrochen an meinem lager.
Bin ich verwundet? Musz ich vergessen? Nie war ich lieber wach als in diesen tagen und nächten. Nie war ich ruhiger und ausgeruhter als versunken in deinem anblick. Schliesze nur die augen, freund. Ich behüte deinen schlaf.
Wie kann ich die augen schlieszen, wenn du wachst? Bist du nicht mein feind?
Nein, ich bin nicht dein feind.
Warum tust du das für mich, den feind zumindest deiner brüder: Wäschst meinen körper, verbindest meine wunden, wachst an meinem lager. Habe ich nicht eher den tod verdient?
Du bist noch schwach. Das wundfieber verwirrt dir den verstand. Streng dich nicht an. Lehn dich zurück und ruh dich aus. Sei versichert, dasz ich über deine ruhe wache.
Warum diese fürsorge für einen, der deine landsleute getötet hat?
Der krieger war ein anderer, Alfonso. Nun bist du verwundeter. Und hat ein verwundeter nicht jedes recht auf fürsorge und liebe?
Ich will deine fürsorge und liebe nicht. Ich will nicht, dasz du mich in meiner ohnmacht berührst, meinen körper wäschst und meine wunden verbindest. Hätte ich dich verletzt auf dem schlachtfeld gefunden, hätte ich dir den todesstosz versetzt.
Du redest im fieber, mein freund. Schlaf nur. Schlaf ist vergessen.

Wo ist meine kleidung?
Sie war zerfetzt und blutdurchtränkt. Wie ein dämon hast du auf dem schlachtfeld gewütet. Ich habe dir eines meiner hemden übergestreift.
Und wo sind meine waffen?
Ich habe sie gereinigt und in einer kiste unter deinem bett verstaut. Sie stehen dir jederzeit zur verfügung. Doch noch bist du zu schwach, wieder das schwert zu schwingen. Ruh dich aus.
Ich habe durst.
Ich bring dir wasser.

Was tust du?
Ich wasche dir gesicht und brust. Du bist verschwitzt.
Gibt es keine magd, die diesen dienst verrichten kann?
Ich tu ihn gern, mein freund. Eine magd säh in dir nur den portugiesen, der unser land verwüstet. Sie wüsche dich wie eine holzbank.
Hat sie nicht recht? Ich habe deine milde nicht verdient.
Sie fragt weder nach recht noch nach verdienst. Sie fragt nicht und erwartet keine antwort.
Ich verstehe diesen unsinn nicht. Sag, was ist dein gewinn?
Mein gewinn?
Was willst du von mir? Was ist der preis, den ich für deine mühen zu bezahlen habe? Was hast du dir womöglich schon genommen?
Ich habe nichts genommen und verlange nichts von dir. Es sei denn, dasz allein mein blick dich schon beraubte. Ja, dich zu betrachten habe ich gewagt, dich flüchtig zu berühren. Doch voller unschuld, voller brüderlicher sorge.
Öffne das fenster. Lasz frische luft herein.
Du bist verschwitzt, Alfonso. Es weht ein kalter wind. Besser ist es, ich lege dir ein kühles tuch auf die stirn.
Ich will den kalten wind. Öffne das fenster!
Gut. Doch lasz mich dich zunächst bedecken.

Warte. Gib mir deinen dolch!
Hier ist er.

Nun geh.
Er wurde lange nicht geschärft.
Er wird wohl seinen dienst verrichten.
Ich habe mit ihm immer nur das obst geschält. Sag mir, was ich für dich schneiden soll.
Leg ihn mir unter das kissen.
Möchtest du dein kopfhaar oder deinen bart geschnitten haben?
Geh. Ich ruf dich, wenn ich etwas will.

Sag mir, wenn dich die geschichte zu ermüden beginnt.
Nein nein, erzähl nur weiter, Faisal.
Ich weisz, du hörst meinen rat nicht gern, doch misztrau ich diesem fremden.
Alfonso ist ein guter mensch, mein prinz. Erfüllt er seine pflicht nicht für sein vaterland, wie wir die unsere?
Ich misztrau ihm nicht, weil er unser feind ist. Ich glaube allerdings, dasz er ein schlechter mensch ist. Er nutzt deine güte aus.
Das tut er nicht. Im gegenteil: Er ermahnt mich ständig, mich doch weniger um ihn zu sorgen und statt dessen auch an mich zu denken.
Sagt er das? So hat er recht. Du bist zu gut zu ihm. Schlieszlich wird er dich für deine güte noch hinterrücks erstechen.
Täte er das, wäre es nicht hinterrücks. Er hat mir selbst gestanden, dasz er an meiner stelle mir auf dem feld den todesstosz versetzt hätte. Sicher hat er übertrieben. Dennoch ist er ohne falsch.
Und hast du auch dein eigenes tun bedacht? Sobald du ihn gesund gepflegt hast, wird er wieder auf dem schlachtfeld stehen und die unsrigen mit sklaverei oder tod bedrohen.
Ist er wieder gesund, ist er frei zu gehen und zu tun, wozu es ihn auch treibt. Hat er durch die verwundung nichts dazugelernt, mögen wir uns auch als feinde wiedersehen. Doch würde ich ihn hilflos finden, täte ich ihm immer wieder diesen dienst.
Und wenn dein dienst nun deinen oder deiner brüder tod zur folge hätte?
Können zukünftige dinge, die ich heute noch nicht wissen kann, meine gegenwärtigen entscheidungen bestimmen? Im rückblick sind wir immer klüger. In der gegenwart aber können wir nur tun, was wir für gut halten, mag es sich im nachhinein auch als dumm herausstellen.
Das dumme kann nicht gut sein, mein freund. Ich verlange selbstverständlich nicht, dasz du lieblos oder schlecht an anderen handelst, seien es auch unsere feinde. Ich gebe dir nur den rat,

nicht blind oder unüberlegt zu handeln. – Auch ich vermag die zukunft nicht vorherzusagen. Doch vielleicht nimmst du den rat des freundes an und ziehst auch das, was seine augen sehen und sein herz fühlt, für deine sicht und dein empfinden in betracht.

Du willst schon gehen, mein prinz? Schlaf heute nacht bei mir.
Du hast zwei nächte lang gewacht, Madschnun. Du brauchst deine ruhe.
Der weg zum palast ist weit. Ich lasz dich nicht allein im dunkeln gehen. Doch kann ich dich des kranken wegen nicht begleiten. Also bleibe, Jaḥja. Hier, leg dich auf meinem lager nieder.
Sorg dich nicht um mich, Madschnun. Ich setze mich auf diese bank. Nimm du nur die matratze.
Nein nein, mein prinz. Wie könntest du mein gast sein und auf der harten holzbank schlafen müssen. Ich finde auf der schwelle meinen platz und wache über deinen schlaf. So höre ich auch gleich, wenn der verwundete mich ruft.
Du bist ein unverbesserlicher narr, mein freund. Nun, sei's drum, warte ich bei dir den morgen ab.

Ich ahne bereits, was folgt. Ist es noch eine farce? Oder sind wir bereits inmitten einer klassischen tragödie?
Der narr will nicht nur unterhalten, sondern immer auch demaskieren. Diesen aspekt der auf- oder entdeckung der wahren identität hat die farce ja in der tat mit der tragödie gemeinsam. Doch bedient sich der narr anderer mittel als die schicksalsgöttinnen.
Gib mir einen spiegel, narr. – Der könig beginnt zu weinen; ebenso der narr. Warum weinst du, narr? – Wenn Ihr schon nach einem kurzen blick in Euer gesicht zu weinen beginnt, wieviel mehr grund zu weinen habe ich, der ich Euch tagtäglich sehe. Wir klugen menschen leiden an unserer seele. Nur der narr leidet an unserem aussehen. Nun, erzähle weiter.

Verdammt, welcher hund liegt hier im weg!
Madschnun, bist du es?

Schläfst du lump noch immer nicht? Wartest du nur meine ohn macht ab, um wieder mit zärtlicher fürsorge über mich herzufallen?
Wer redet da? Antworte!
Hier, nimm das zur antwort, narr!

Was ist geschehen? Alfonso? Warum bist du aufgestanden? Habe ich deine rufe nicht gehört?
Lösch das licht, du dummkopf. Sag, wer ist der mann in deinem bett?
Sprichst du vom prinzen Jaḥja? Er ist mein milchbruder und freund.
Warum hast du dann noch mich gebraucht?
Ich versteh dich nicht. Was ist mit Jaḥja?
Er ist tot. Dein dolch steckt in seiner brust.
Oh, gütiger gott, wie habe ich nur schlafen können. Wollte ich nicht über euer beider leben wachen?
Doch sind wohl unser beider leben nun verwirkt. Es traf zumindest keinen unschuldigen.
Sei unbesorgt, Alfonso. Wenigstens dein leben werde ich zu retten wissen. Kehr nur auf dein lager gleich zurück. Ich kümmere mich um Jaḥja.
Ich habe deinen freund ermordet!
Du hast hohes fieber. Du bist nicht herr deiner sinne.
Du hast recht. Nicht ihn habe ich töten wollen.
Geh, du bringst dich in gefahr. Die wachen könnten deine tat miszverstehen.
Ja, die wachen, ruf die wachen!
Geh, geh, mein freund, bei meiner liebe! Verlasse diesen raum!
Wachen! Wachen! Mord! Mord!

*

Du hast es hübsch hier: diese starken wände, diese feste eisentür. So muszt du nicht mehr auf der schwelle schlafen; hier dringt niemand unbemerkt ein.
Mein aufenthalt wird nicht von dauer sein.

Und sicher gibt es auch genügend hilfsbedürftige, denen du dich ungehemmt widmen darfst.
Ich teile diesen raum allein mit wanzen, spinnen und ratten.
Ich sehe, dies ist fürwahr ein ort der einkehr. Die wahre schule der mildtätigkeit.
Hat man dich gut gepflegt? Schmerzen deine wunden noch?
Ich habe gehört, man will dich von vier pferden, für jede himmelsrichtung eins, in stücke reiszen lassen.
Ja, so lautet das urteil.
Es tut mir leid, dasz ich bei diesem öffentlichen schauspiel nicht dabei sein kann.
Ein recht merkwürdiges vergnügen, den freund gevierteilt zu sehen.
Ich werde bereits auf hoher see sein.
Es wird zu diesem schauspiel gar nicht kommen.
So willst du fliehen? Doch sei aus dieser festung, so hat man mich versichert, bisher noch keinem gefangenen die flucht gelungen.
Die seeseite ist unbewacht.
Doch fällt die küste über eine viertel meile steil ins meer. Der flüchtling müszte fliegen können.
Wenn du mich mitnähmst, würde ich auch fliegen können.
Lieber würde ich mein eigenes schiff versenken, als dich an bord zu nehmen. Sag, warum hast du mich rufen lassen?

Könnte der das wort »schmerz« verstehen, der nie schmerz gefühlt hat, fragt Wittgenstein (§ 315). Und an anderer stelle:
Das wesen ist in der grammatik ausgesprochen. (§ 371)
Das wesen des schmerzes zum beispiel?
Grammatik ist die regelgemäsze anwendung der worte. (Wittgensteins »sprachspiel«?)
Ist »wesen« einfach der regelgemäsze ort eines wortes in der ordnung der sätze?
Das wesen ist in der grammatik ausgesprochen: Ich habe schmerzen. Ich brauche hilfe ...
Doch verstehe ich nicht auch die gestik, das gestammel: ah! weh! hier, ah, risse, stiche ...
Das heiszt: Jemand, der schmerz empfunden hat, kann etwas verstehen, auch wenn nicht das wort »schmerz«, auch wenn nicht das wesen des schmerzes regelgemäsz ausgesprochen wird. Verstehen setzt weniger eine gemeinsame sprache als eine gemeinsame erfahrung voraus.
Jemand, der nie schmerz empfunden hat, wird das wort »schmerz« nur verstehen, wenn es ihm gelingt, die schmerzerfahrung des anderen in beziehung zu vergleichbaren eigenen erfahrungen zu setzen: Ich habe schmerz nicht erfahren, aber hitze oder kälte. Denke dir schmerz als äuszerste hitze oder kälte ...
Unser gespräch mit uns und der welt findet die grenzen ihres ausdrucks nicht an grammatikalischen regeln, sondern an physiologischen bedingungen. Freiheit, spiel, ironie sind nur möglich, solange sie die integrität unseres körpers, unseres »ironischen« gedankenraumes, nicht verletzen.
Schmerz kennt keine ironie.

*

Das schweigen Manṣūrs zwingt die familie von Ḥāfith, endlich zu handeln. Je mehr vermittlungsversuche unternommen werden – ein letzter von scheich Abdul Karim Jaḥja al-Ḥadschar

persönlich, so berichtet mir 'Ali, sei gestern abend gescheitert –, um so beschämender musz der grund scheinen.
Ich frage 'Ali, was die leute redeten. Nun, die männer sprechen nur in andeutungen: die einsamen weideplätze, die kalten nächte – offenbar verbinden alle einen reichen schatz eigener erfahrungen mit der zeit als hirtenjungen. Nur das verdikt ist eindeutig: *haram*, verbrechen.
Was kann schlimmstenfalls geschehen? – 'Ali macht eine unmiszverständliche geste: Die eigene familie wird das erledigen.

DAS WESEN DES SPIELS

Spielen bedeutet nicht nur, dasz ein spieler (mit) etwas spielt, sondern auch, dasz etwas mit dem spieler spielt.
Das spiel hängt mit dem leben selbst unmittelbar zusammen: Wir können mit allem spielen, mit dingen, menschen, situationen, rollen, mit gedanken, gefühlen, worten, mit dem leben selbst.
Und das leben kann mit uns sein spiel treiben. Plötzlich finden wir uns als spielfigur eines gröszeren spiels wieder, dessen regeln wir nicht durchschauen und dessen grenzen wir nicht erkennen. Wir können so wenig aus uns selbst heraustreten, um wieder herr der spielzüge zu werden, wie wir unser »sprachspiel« verlassen können, um darüber zu sprechen.
Natürlich spielen wir auch mit diesem gedanken: dem finden eines archimedischen punkts, dem erfinden einer metasprache. Doch setzen wir letztlich das spiel auf metaphorischer ebene fort.

Hängt das spiel mit dem leben selbst zusammen, so auch mit seiner äuszersten grenze, dem tod.
In fast allen spielen ist der tod gegenwärtig. Doch genügt uns dieser spielerische tod nicht. Mit dem leben zu spielen bedeutet immer auch: mit dem tod zu spielen, in mutproben, wettkämpfen, duellen, aber auch, wie erzähler in allen kulturen zu berichten wissen, mit dem *Tod* persönlich: Wir wollen einen schritt hinaus wagen, einen blick von auszen auf das leben werfen, auf uns selbst, doch noch einmal davonkommen, den Tod überlisten. Denn die einzige schwäche des Todes, so sagen uns die alten, die es wissen müssen, ist seine lust am spiel.

DRAUSZEN

Die träume reichen immer weiter zurück in die kindheit. Ich will in diese zeit nicht zurück. Doch ist das fieber gesunken. Ich erinnere mich deutlich.
Mein bett steht zunächst am fenster, so dasz ich den mond sehen kann. Hier liegt die mondsichel auf dem bauch. Sie gleicht einer wiege oder schale. Im norden steht sie fast aufrecht, eher waffe oder werkzeug.
Dann wird das bett in eine ecke gerückt und ein sofa vor das fenster gestellt. Nun sieht man weder vom bett noch vom sofa aus den mond. Sitzt man auf dem sofa, hat man den ausblick im rükken.
Doch in der neuen bettecke befindet sich eine steckdose für eine leselampe. So kann ich das deckenlicht löschen und nächtelang im begrenzten schein der leselampe schmökern.

»Drauszen« ist der garagenvorplatz. Stehen keine autos im weg, spielen wir dort. Von den erwachsenen aus den küchenfenstern beobachtet. *Wir* sind natürlich immer die lautesten. Und *laut* sein heiszt »ungezogen«, »auffällig«, »gewöhnlich« sein. So gewöhnlich die eltern auch ansonsten sind, »auffällig« wollen sie auf keinen fall sein. Bei jedem familienstreit wird zunächst das küchenfenster geschlossen. Erziehung zur unauffälligkeit ist das erste ziel der elterlichen gewalt.
Ich erinnere mich. Auf dem tristen platz aus grauem verbundstein erfinde ich viele neue spiele. Überwiegend für die jüngeren kinder der nachbarschaft, die sich meiner führung bedingungslos unterordnen.
Nicht immer wirklich vergnügliche spiele. Ein ratespiel besteht darin, einen themenbereich und einen schweregrad zu wählen und sich dementsprechend von mir befragen zu lassen. Wird die frage richtig beantwortet, darf der prüfling dem schweregrad entsprechend eine anzahl schritte tun. Wer zuerst die ziellinie erreicht, hat gewonnen.
Hinter dem haus befindet sich ein kleiner garten mit ziersträu-

chern und einem fischteich. Wir nennen diese zone einfach »hinten«. Hier spielen wir nie. »Hinten« bedeutet vorhölle oder fegefeuer: rasen mähen, unkraut jäten, hecke schneiden ... Und das unter den blicken eines patrons, dem keiner unserer handgriffe genügt.

Eine häuserzeile entfernt das »hochhaus«, ein achtstöckiger gebäuderiegel, der viele jahre unseren kindheitsspielraum begrenzt. In der erinnerung wirkt er so eindrucksvoll, dasz seine tatsächlichen ausmasze bei späteren besuchen enttäuschen.
Im achtstock wohnen die von den erwachsenen unserer strasze als »auffällig« oder »gewöhnlich« bezeichneten familien. Die achtstockkinder haben ihr eigenes revier. Wird in unserer strasze ein fahrrad gestohlen oder eine autoantenne zerknickt, sind es die kinder vom achtstock gewesen. Nicht selten halten sie uns auf dem schulweg an, der ihr revier durchkreuzt, und foltern uns ein wenig. Doch sind sie darin so geschickt, dasz nie blutergüsse oder brandwunden zu sehen sind.
Immer wieder frage ich mich, ob unser haus weit genug vom achtstock entfernt liegt, dasz ich vom sofa meines zimmers aus einem brand des hochhauses gefahrlos zusehen könnte.

Ich wollte, etwas neues begänne. Ich würde es realismus ohne resignation nennen. Natürlich wäre auch dann noch kein leben frei von bedrohungen möglich. Doch vielleicht andere formen der *behauptung*.
Das denken in gegensätzen (fremd-vertraut / unentwickelt-entwickelt / traditionell-modern ...) behindert das gespräch. Jede kultur hat ihre eigenen denker, intellektuellen und künstler. Die gründe für die unterschiede im jeweiligen denken liegen nicht in den intellektuellen fähigkeiten, sondern in den unterschiedlichen sprachen begründet.
Doch können wir uns verständigen. Denn gemeinsam haben wir unseren körper.
Nicht kulturen begegnen einander, sondern gesichter, gerüche, stimmen. Die direkteste art, den anderen zu verstehen, ist, ihn als begehrenswert zu empfinden und ihm ein bewusztsein dieses wertes zu vermitteln.

*

Seit dem nachmittagsgebet tanzen die männer. Alle wagen des ortes stehen, schwerbeladen mit waffen und munition, aufbruchbereit am ortsausgang. Alle männer, auch der kleine ʿAli und Manṣūr, nur in meinen augen noch bartlose kinder, werden sich an diesem kriegszug beteiligen. Selbst die greise haben ihre alten türkischen vorderlader von den diwanwänden genommen und tanzen nun, vom kampfgeist um jahrzehnte verjüngt, mit ihren söhnen und enkeln um die wette.
Faisal wollte im dorf bleiben, doch der druck der familie ist stärker. Mag er auch studieren und die waffen des geistes den gewehren und mörsern vorziehen, seine entscheidungen unterliegen nicht allein seinem eigenen willen. Durch ein unkriegerisches verhalten würde er seiner ganzen familie schande bereiten. Nur Mʿaīn und Hamud, der lehrer, werden hier bleiben. Hamud ist *madani*; er gehört nicht zu den Bani Hadschar und auch zu

keinem anderen stamm. Er aber wäre als einziger verpflichtet, sich zu seiner militärischen einheit zu begeben, da sein rechtlicher status trotz seines zivilen dienstes der eines rekruten ist. Doch ich werde der letzte sein, ihm diese verpflichtung ins gedächtnis zu rufen. Möglicherweise würde er auf dem schlachtfeld seine eigenen schüler unter den gegnerischen kämpfern antreffen.

Einige ältere frauen hocken bei den wagen im schatten der häuser und unterstützen von ferne den tanz der männer mit händeklatschen und trillern, als stünde keine blutige schlacht, sondern eine hochzeitsnacht bevor.

Die meisten frauen aber stehen an den öfen und backen *qafu'a*, traditionelles fladenbrot, härter und dauerhafter als *chubs*. Während der raub- und handelszüge in alter zeit war *qafu'a* neben kamelmilch und getrockneten datteln für wochen die hauptspeise der beduinen.

Aḥmad fordert mich zum tanz auf. Faisal entschuldigt mich, ich sei auf grund meiner schweren krankheit noch zu geschwächt. Doch ich nehme die herausforderung Aḥmads an. Faisal sagt, sein bruder wolle mich dem dorf nur als einen unbeholfenen tanzbären vorführen. Sicher hat er recht. Doch hat Aḥmad offenbar vergessen, dasz ich in dem vergangenen jahr nicht nur spiele, sondern auch die traditionellen stammestänze beobachtet habe.

Jaḥja gibt mir seine dschambija. Ich nehme sie in die rechte hand. In der linken halte ich meine sumata. Der tanzplatz ist heisz und staubig. Gnadenlos brennt die wüstensonne auf meinen unbedeckten kopf. Doch ich versuche, mich ganz auf Aḥmads tänzerische führung zu konzentrieren.

Die grundbewegung ist ein synkopierter wechselschritt. Meine füsze tanzen ihn fast selbständig, so dasz ich auf die haltung des übrigen körpers und die gleichstimmung meiner bewegungen mit denen Aḥmads achten kann.

Was bedeuten unsere weichen, flieszenden gesten, die man in anderen kulturen »effeminiert« nennen würde? Überwindung oder einbeziehung des eigenen weiblichen anteils? Gewandtheit zähigkeit verschlagenheit anmut rücksichtnahme und nicht nur härte unbeugsamkeit gewalt kennzeichnet den guten krieger, allein im handgemenge seinen mann zu stehen genügt nicht für ehre und ruhm, den sieg mit anmut und güte zu erringen ihn in verse zu fassen und zu besingen ehrt

Tanz ist poesie, der körper selbst die sprache, kein festgebanntes bild kein so bin ich sondern so will ich sein, ein krieger der den kampf wie einen tanz besteht voll leichtigkeit und zuneigung

Ich fordere die trommler auf, ihren rhythmus zu beschleunigen.

Wir umkreisen einander wie lauernde raubkatzen keuchend mit glänzenden fellen nicht mehr rücken an rücken sondern einer im auge des anderen

Ich löse mich von seinen vorgaben improvisiere eigene tanzfiguren auf der basis des grundschritts elemente des angriffs und des kampfes

Während das freundschaftlich schützende zurücktritt tanzen wir unser wirkliches verhältnis

Die zuschauenden männer feuern uns mit rhythmischem klatschen und zurufen an doch vergisz sie tanz für sie doch vergisz sie ja wir führen etwas auf stellen etwas dar kein selbstvergessenes vergnügen nein höchste konzentration eine geistige übung der begegnung mit dem feind den schrecken nehmen die lähmung überwinden beweglich bleiben eins mit jeder phase meines körpers

Aḥmad gerät ein wenig aus dem tritt. Wir kämpfen um die führung unseres tanzes. Ich gebe den trommlern ein zeichen, den dritten teil zu beginnen und noch einmal verdoppelt sich der rhythmus bereichere ich durch kraftvolle drehungen und sprünge unsere pantomime Aḥmad kommt mit seinem dolch mir immer wieder gefährlich nahe

Unsere bewegungen laufen nun gegeneinander. Ich spüre eine zunehmende lust den raum zwischen uns noch weiter zu verringern und es zu einem zusammenstosz kommen zu lassen wilder ausgelassener werden meine bewegungen die zuschauer weichen zurück doch feuern uns weiter an sind in unsere ekstase bereits einbezogen

Aḥmad kämpft. Er ringt mit mir um das kaum noch wahrnehmbare moment der vorherrschaft, die dem anderen die nachfolge aufzwingt. Seine bewegungen haben jede geschmeidigkeit ver-

loren. Er hält den dolch nicht mehr mit den fingerspitzen, damit er einer unerwarteten berührung keinen widerstand entgegensetzt, er hält ihn in der geschlossenen faust.
Plötzlich nehme ich die hitze und den staub wieder wahr, die erschöpfung durch das fieber und Faisals besorgten blick. – Ich breche den tanz ab. Die männer applaudieren. Ich gebe Jaḥja den dolch zurück. Aḥmad reicht mir seine hand und führt mich aus dem kreis in den schatten der häuser. Seine hand ist kühl und trocken, während mir der schweisz aus allen poren rinnt. Doch sein blick glänzt fiebrig.

Beim anbruch der dämmerung ist alles vorbei. Die männer klopfen sich den staub von den röcken, steigen mit knapper geste oder gruszlos in ihre geländewagen und fahren in ungeordnetem haufen und ohne licht in die wüste hinaus.

ANHANG

SPIELE IN IBB

In Ibb mischen sich einflüsse aus dem traditionelleren norden und dem aufgeschlosseneren süden des landes. Diese besondere lage der stadt spiegelt sich auch in ihren spielen wider. Die kinder kennen die auch im norden bekannten spiele *kūfīha chaḍra* (grünhut) und *jachtaba* (verstecken), das hier DSCHILILIL DSCHĀJA genannt wird. *Dschililil* ist wie *quq* ein reines signal, *dschāja* die aufforderung: Komm (und suche uns)!

Eher typisch für die region Ibb scheint ḤADSCHLAH (hüpfen, hinken) zu sein. *Ḥadschal* ist ein rebhuhn, dessen hüpfende bewegung sicher der grund für den namen dieses spiels ist.
Die spieler ziehen einen groszen kreis um einen stein, einen holzpfahl oder baumstamm. Dieses mal wird *dschidda*, groszmutter genannt. Alle spieler bewegen sich innerhalb des kreises. Das gelände auszerhalb ist *al-dschahanam*, die hölle. – Die spielgruppe bestimmt per los einen mitspieler, der das erste »rebhuhn« zu mimen hat. Der vogel hüpft auf einem bein. Berührt er mit beiden beinen die erde, dürfen die mitspieler ihn verprügeln. Die aufgabe des »rebhuhns« ist, einen der mitspieler im kreis durch einfaches anschlagen zu fangen und ihn zur »groszmutter« zu führen. Auf dem weg zum mal darf der gefangene von den mitspielern nach belieben zugerichtet werden. Das rebhuhn allerdings kann den gefangenen schützen, indem es die mitspieler, die dem paar zu nahe kommen, ebenfalls mit einer gefangennahme droht. Hat der gefangene das mal erreicht, wird er zu einem weiteren rebhuhn.
Solange die rebhühner hüpfen, sind sie gegen schläge geschützt. Berühren sie aber mit beiden beinen den boden, verlieren sie für diesen zeitraum ihre macht der gefangennahme und sind den mitspielern schutzlos ausgeliefert. – Verlassen mitspieler auf der flucht vor einem rebhuhn den kreis, dürfen sie ihn erst wieder betreten, wenn sie einen der vögel berührt haben. Natürlich hüten sich die vögel, den in der »hölle« schmorenden zu nahe zu kommen.

Dieses spiel wird vor allem von älteren, doch noch unverheirateten jungen gespielt und verläuft oftmals ziemlich gewalttätig. *Ḥadschlah* heiszt nicht nur hinken, auch das *hochzeitszelt der braut* wird so genannt.

Ein nicht weniger rauhes spiel ist ATH-THAĪB JA AL-MAḤDSCHAR (Der wolf! Auf zur burg!), das aber vor allem von mädchen gespielt wird.
Die spielgruppe bestimmt durch das los den *thaib*, den wolf. Alle anderen fassen sich an die hand und bewegen sich im kreis.
Der wolf versucht, in den kreis einzubrechen. Die spielerinnen wehren mit ihrem ganzen körper, doch vor allem durch heftige tritte, den eindringling ab, ohne einander los- und eine bresche in die »burg« reiszen zu lassen.
Gelingt es dem wolf, in die burg einzudringen, sucht er sich eine verteidigerin aus, die er »verschlingt«, das heiszt, die zum nächsten wolf wird.

Ein zeitvertreib, der in den langen nächten des Ramadan im haus gespielt wird, ist nicht weniger reich an sexuellen anspielungen: Er heiszt ḤARANQAṢAH BARANQAṢAH (schleifen kneifen).
Die mitspieler sitzen, die beine vor sich ausgestreckt, in einer reihe auf dem boden. Nun werden die beine »ausgezählt«:

ḥaranqaṣah baranqaṣah dschadatī maḥṣanah nasalat / hadī
schleifen kneifen meine oma Mahsana* steigt herab/achtung

bādī libn al-qāḍī/scha'arah tawil warḥaṣ wamṭar
fertig los zum sohn des richters / langes haar regenwolken regnen

wa'ala at-t'akir jāraūjah /qūli lidha taluf dha
trotzdem tut sie's märchentante/sag ihr sieh dich vor

min an-nasam lā tadschidum dha
vor der katze dasz sie dich nicht beiszt

* muhasan: unzugänglich, befestigt, widerstandsfähig, abwehrbereit...

Das ausgezählte bein wird eingeknickt und untergeschlagen. Sind beide beine ausgezählt, wird der verlierer ordentlich gestoszen und aus der reihe gewiesen.
Doch schon das auszählen selbst kann ein ziemlich schmerzhaftes vergnügen sein, weil die beine in unzähligen varianten berührt, also auch gekitzelt oder gekniffen werden dürfen.

DREI WEITERE JÜDISCHE KINDERSPIELE

Die folgenden spiele sind hauptsächlich vergnügungen der jungen:

ABARISAH

Ein durch los bestimmter junge steht an einem mal. Die anderen kinder reizen ihn durch folgenden ruf:

bārismi wa-barisak	fordere mich heraus und ich fordere dich heraus
'aschini wa-'aschik	gib mir abendbrot und ich geb dir abendbrot
'ascha' ḍāfī	ein warmes abendbrot

Der gehänselte junge löst sich von seinem mal und versucht, auf einem bein hüpfend einen seiner mitspieler zu fassen. Dabei ruft er:

'aglī 'aglī wal-mausah	hinkend hinkend und die banane
sabid achdar wal-dschausah	frische rosine und die nusz

CHUBA

Dieses spiel ist dem heutigen versteckspiel vergleichbar. Das mal heiszt *dār* (haus, gebäude, gebiet). Der fänger *schläft* zwischen den knien eines anderen jungen, *mutter* genannt, bis die anderen mitspieler sich versteckt haben.

DOB

Der name des spiels geht auf das hebräische wort *tow,* »gut« zurück. Es wird nur am Laubhüttenfest gespielt. Die spielgruppe wählt einen *scheich* und einen *schläger.* Gespielt wird mit vier länglichen holzstäbchen, die auf einer seite schwarz, auf der anderen weisz sind. Zum beispiel spaltet man dafür aststückchen mit dunkler rinde.

Wer alle vier stäbchen so wirft, dasz die weisze seite oben liegt, wird scheich. Wer vier schwarze seiten wirft, wird schläger. Alle anderen würfe werden mit schlägen bestraft, deren art der scheich bestimmt.
Die schlagweisen sind verschieden und haben bestimmte namen; zum beispiel *kufijah,* schläge rings um den kopf, *salūf* (brot), ein flacher schlag auf den rücken, *'anab hadūri,* die »weintrauben von Hadur«, die dem opfer in die mütze, das heiszt, unter das käppchen geworfen werden …

FÜNF WEITERE SPIELE AUS ṢA'ADAH

GELÄNDESPIELE

Neben den auch in anderen gegenden des Jemen bekannten spielen *habs āmān* (gefängnis freiheit), *ghumatha* (»blinde kuh«) und *qūq* (verstecken), das in Ṣa'adah CHUBA ĀCHUBA (verborgenes verbergen) genannt wird, *waqal* (hinkeln), das hier lautmalerisch ḤADSCHIN DSCHALĀH (*ḥadschana*: biegen, krümmen, an sich reiszen; *dschalah*: kugel, bombe) heiszt, und *arbal* oder *matat*, das gummibändchen, das in einem kleinen sandhaufen vergraben wird und mit einem steinwurf wieder freigelegt werden musz, gibt es einige spiele, denen ich hier zum ersten mal begegne:

BEJT ĀL-WASAṬ MAḤBŪS (haus, in der mitte ein gefängnis). Jeder mitspieler baut ein *haus*, das heiszt legt einen stein in den spielkreis, der den standort seines hauses kennzeichnet. In der mitte des spielfelds befindet sich das *gefängnis*, lokalisiert durch einen besonderen stein. Durch los wird entschieden, welcher mitspieler zunächst das gefängnis bewohnt. Alle anderen stehen an ihrem haus.
Der gefangene ruft: Das gefängnis ist das haus von * und nennt den namen eines mitspielers. Alle kinder müssen nun ihre häuser verlassen und neue häuser suchen, während der gefangene das haus des aufgerufenen besetzt.
Der spieler, für den nur das gefängnis übrig bleibt, erhält zur strafe von jedem mitspieler einen schlag auf die hinter seinem rücken verschränkten hände. Dann darf der neue gefangene die nächste spielrunde beginnen.

ṬABAQ ĀLWĀN (farbpalette). Die spielgruppe bestimmt durch los einen wolf. Alle anderen spielen die lämmer. Jedes lamm wählt eine dem wolf unbekannte farbe.

Nun kommt der wolf, stellt sich vor die reihe der lämmer und klopft an eine imaginäre pforte. Die lämmer fragen: *man?* Wer ist da? – Der wolf antwortet: *āth-thaib,* der wolf.
Die lämmer: Was willst du, wolf? Der wolf: *ālwān,* farben. Die lämmer: Welche farbe willst du? – Der Wolf: *āḥmar,* rot.
Gibt es ein lamm, das die farbe rot gewählt hat, rennt es fort. Wird es vom wolf gefangen, wird es ebenfalls zum wolf. Gelingt es ihm, wohlbehalten zur herde zurückzukehren, darf es sich eine neue farbe wählen.

ZUQZUQĪ (gäszchen). Die spielgruppe teilt sich in zwei mannschaften auf. Jede mannschaft versteckt auf ihrem, für die gegnerische mannschaft nicht einsehbarem, spielfeld eine murmel, einen knopf oder stein in einem kleinen sandhäufchen. Dann versucht sie, innerhalb einer begrenzten zeit so viele zusätzliche sandhäufchen wie möglich zu errichten, um den gegner vom tatsächlichen haus abzulenken.
Ist die vereinbarte zeit verstrichen, versucht jede mannschaft, den schatz des gegners zu finden, ehe der eigene aufgespürt worden ist. – Das spiel heiszt *gäszchen*, weil möglichst so viele *häuser* errichtet werden, dasz nur enge gassen zwischen ihnen bleiben.

GESCHICKLICHKEITSSPIELE

ʿADSCHAM (kern; aber auch: nicht-araber, unarabisch). Die kinder bezeichnen mit *ʿadscham* dattelkerne, das ursprüngliche spielmaterial dieser geschicklichkeitsübung. Heute spielen sie es überwiegend mit steinchen.
Ein etwa handtellergroszer kreis wird auf die erde gezeichnet, darin eine beliebige anzahl von dattelkernen, murmeln oder steinchen gelegt. Ein spielstein wird aufgenommen und in die luft geworfen. Während des flugs fegt der spieler mit seiner wurfhand einige andere spielsteine aus dem kreis und versucht, mit der gleichen hand den geworfenen stein wieder aufzufangen, ehe er zu boden fällt. – Die andere hand bleibt »aus dem spiel«.

Wieder wirft er den stein in die höhe, wählt von den ausgesonderten steinen einen aus, legt ihn beiseite und fängt, alles mit der gleichen hand, den geworfenen stein wieder auf.
Er wirft den stein ein weiteres mal, fegt die ausgesonderten steine in den kreis zurück und fängt den wurfstein auf. Der beiseitegelegte stein ist sein gewinn.
Er wirft erneut den stein und beginnt die nächste runde. Er darf so lange spielen, bis er den wurfstein fallen läszt oder die herausgefegten steine, bis auf den gewinnstein, nicht vollständig in den kreis zurückbringt. Dann ist der nächste spieler an der reihe.
Von dieser art einfacher geschicklichkeitsspiele gibt es in jeder region des landes verschiedene varianten, zum beispiel *baddī*, das ich bereits in Ṣana'a vielfach beobachten konnte.

SECHS WEITERE SPIELE AUS MĀRIB

Eine variante von verstecken ist ʿAIN ṢALĀNIJ (verstecken und finden). In dieser version müssen die versteckten auf den ruf des suchenden *ʿain ṣalānij* antworten: *ichtabejt fī maqānī* (ich habe mich an meinem platz versteckt). Statt sich an einem mal freizuschlagen, müssen sie vom suchenden aufgespürt und abgeschlagen werden.

Qasija oder *qasʿa* (büchse) heiszt in Mārib SABʿA ĀL-ḤADSCHAR (sieben steine). Ein turm aus büchsen wird errichtet. Ein mitglied der steinmannschaft versucht, den turm einzuwerfen. Gelingt es ihm, so ergreift er die flucht, verfolgt von einem mitglied der turmmannschaft.
Wird er von seinem verfolger abgeschlagen, scheidet er aus. Erreicht er den kreis der steinmannschaft unversehrt, darf er sich wieder in die reihe der werfer einordnen. Sind alle werfer abgeschlagen, tauschen die mannschaften ihre positionen.

Das geländespiel *ḥabs āmān* wird SCHILĪṢ BULĪS genannt. *Bulīs* ist eine sprachliche assimilierung des englischen *police*, *schilīṣ* die lautmalerische(wortspielerische) ergänzung, vielleicht abgeleitet von *schalaḥ* (ausziehen, berauben) oder *schillah* (knäuel).

ARBAL oder RABAL, das gummiband, ist ein geschicklichkeitsspiel, bei dem, wie beim murmeln, das gummiband des mitspielers getroffen werden musz. Das gegenerische band gilt als gewonnen, wenn die bänder übereinander liegen.

ḤILQAH WĪZ (ring-ruf). Die ber7eits in Raīdah beschriebene losmethode ist auch brauch unter den kindern Māribs: Jeder mitspieler steckt einen finger in den durch daumen und zeigefinger gebildeten ring des auslosers, der in einen der finger zwickt. Der auf diese weise ausgewählte spielt den wolf. Der ausloser hält ihm die augen zu, bis die übrigen mitspieler, die schafe, sich versteckt haben. – Jedes vom wolf berührte schaf wird selbst zum wolf.

ḤAQAH BAQAH (ihn berühren) gleicht, bis auf die art des auslosens, ungefähr den regeln und dem verlauf von *ḥilqah wīz*.
Ausgelost wird der fänger durch abzählen. Eine zahl wird bestimmt. Immer beginnt der zähler bei sich. Der ausgezählte wird zum schaf. Ist der zähler selbst ausgezählt, beginnt er beim mitspieler zu seiner linken.
Ist der wolf bestimmt, beginnt die jagd, ohne dasz sich die schafe zuvor verstecken dürfen. Wie bei *ḥilqah wīz* wird jedes »gerissene« schaf zum wolf.

FÜNFZEHN ZĀMALŪN AUS KUḤLĀN · MITGETEILT VON ʿANTAR QĀʾID AL-ʿAFĀRĪ

يا مرحباً أهلاً وسهلاً   ما هبت الريح القوية
للواصلين مليون مرحب   لاوسط كحلان الابية

يا مرحباً ألفين مرحب   آلاف ماش السحايب
ترحيب من شبان كحلان   جميعهم حاضر وغايب

يا سلامي يرق ولا يرق حلق   من بطون الجرامل ذاك معروفة
لازم الباب إلي مفتوح يتعلق   يا نشا في طريق العز مفتوحة

يا سلامي صدر مليون يتكرر   للزعيم البطل وقايد المحور
من رجاجيل كحلان نارها تشعل   ما تهاب الصواريخ يوم تتفجر

قبائلي يا سيل عقلة وادي   يا من ضمن لاقل ما نرويه
يا ابن اليمن واحنا ليوم آلبادي   ما في مرادك قل ما نسويه

يا عباد الله قوموا للجهاد   واضربوا من قد يتهود في البلاد
واقلبوا دينة جديد   وقلوا يا رب عجل بالشداد

والله لوما الخوف من رب العباد   لا نخلة الحايمة في كل وادي
نقلب الجمعة خميس   ونقل يا رب عجل بالقيام

الزعيم الرمز قد حقق مرادي   رسخ الوحدة علي رغم الاعادي
رغم أنف الحاقدين   يا زعيم الشعب لك منا التحية

جيشنا المغوار طهر كل وادي   وطرد كل انفصالي من بلادي
ودحرهم خايبين   انه حامي مكاسبنا القوية

[FÜNFZEHN ZĀMALŪN AUS KUḤLĀN]

عاش سبتمبر على رغم الأعادي   في سبيل المجد قد ساد البلاد
رغم أنف الحاقدين   في سبيل الخير والتخطيط جاري

وأمين المؤتمر حقق مرادي   اخرج البترول والتصدير بادي
والزراعة قايمة   وزرعنا الارض في صحراء ووادي

يا صباح الخير ما الطاير تزرجم   لا حصن كحلان بلغوه
وإحنا رجاجيل العداء في كل مقدم   وكل عاصي إضربوه

يا طير ألا يا طير يا عازم بريش أخضر
حيز من القوم الذي دلت على الوادي
خمسين في خمسين وخمسين عاد هي باقي
وبشروا من كان محبوساً بالاطلاق

يا إبن الوزير قم شد يافع   من قبل أن تسجن بنافع
مش حق أبوك الديولة   في ساير الأزمان

يا ناصرة ضد المدافع   والله على جيشك يدافع
هي حق ابوك الديولة   في ساير الأزمان

(عنتر قايد العفاري)

VERZEICHNIS DER GESAMMELTEN SPIELE

أجول

ādschūal (tore), ballspiel, Ṣana'a **283**, 445

اول قفاء

āuwal qafā' (erster hinten), ballspiel, Mārib 176, 200, 282, 379, 444, **492**

اول من شرق

āuwal min scharq (der erste aus dem osten), schlagball, Kuḥlān 200, **322**

افتح الباب

iftaḥ āl-bāb (mach das tor auf), »machet auf das tor«, Thafir **201**, 367

استلمة على الله

istalamtuh 'ala āllah (ich beginne mit gottes hilfe), geländespiel, Mārib **493**

بدّي

baddī (steine) geschicklichkeitsspiel, Ṣana'a 91, 379, 759

بقرة

baqarah (kuh), ballspiel, Ṣa'adah 283, **445**

Bardak, reiterspiel, Kairo 90

برّع

bar'a (einzigartig) kriegstanz 94, **139**, **205**, 226, **251**, **331**, 348, **564**, 747

بيضة

baīḍah (eier), völkerball, Ṣana'a **283**, 444, 445

بيت الوسط محبوس

bejt āl-wasaṭ maḥbūs (haus, in der mitte ein gefängnis), geländespiel, Ṣa'adah **758**

Tab u duk, brettspiel, Kairo 101

Tachtein u kamse, weitsprung, Kairo 91

Tanz, 53, 94, 97, 100, 204, 251, 252, 307, 348,
s. a. *bar'a, samra, raqṣ*

Tavle, brettspiel, Kairo 91

تيتي على تيتي

tītī 'ala tītī (hintereinander her), bewegungsspiel, Ṣana'a **379**, **494**

تحتي بتي

taḥtī batī, kreisspiel, Ṣana'a 285, 362, 415

Theater, Marionettentheater, Schattenspiel 15, 20, 52, 104, 106, 107, 146, 208, **370**, 373, **614**

الثيب يا المحجر

āth-thaīb ja āl-maḥdschar (der wolf! auf zur burg!) kreisspiel, Ibb 143, **754**

جللل جاي

dschililil dschāja (komm und such uns), verstecken, Ibb 101, 282, 328, 369, 492, 753, 756, 758, 761

Dsjerid, reiterspiel, Kairo 90

Gesang, 52, 97, 100, 332, 684
s. a. *zāmal*

حافظ ومنصور

ḥāfith wa-manṣūr (behüter und sieger), »blinde kuh«, Bani Ma-*ṭar* *493, 494*, 533

حبس أمان

ḥabs āmān (gefängnis – sicherheit), geländespiel, Ṣana'a **176**, 758, 761

حبل

ḥabl (seil), seilchenspringen, Mārib 492

حجلة

ḥadschlah (hüpfen), geländespiel, Ibb 753

حجن جلة

ḥadschin dschalah (gekrümmte kugel), hinkelspiel, Ṣa'adah 117, 175, 285, 492 758

حرنقصة برنقصة

ḥaranqaṣah baranqaṣah (schleifen kneifen) auszählspiel, Ibb 754

حقة بقة

ḥaqah baqah (ihn berühren) geländespiel, Mārib 761

حلقة

ḥalaqa (zirkel, ring, kette), kreisspiel, Dhamār **143**, 754

حلقة الموت

ḥalqat āl-maūt (ring des todes), ballspiel, Ṣana'a **282**

حلقة ويز

ḥilqah wīz (ring-ruf), geländespiel, Mārib **761**, 762

حي حي جمل

ḥaj ḥaj dschamal (halt halt kamel), gruppenspiel, Bani Maṭar **533**

خب اخب
chuba āchuba (verborgenes verbergen), versteckspiel, Ṣa'adah 101, 282, 328, 369, 492, 753, 756, 758, 761

خط
chuṭ (linie, schrift), ballspiel, Ṣa'adah 444

Dama, brettspiel, Kairo 91, 152

dau lahānī dau idah (ringel ringel reihe), kreisspiel, Raīdah 367

dob (gut), auszählspiel, Raīdah 756

Domino, legespiel, Mārib 161, 204

Dris et talate, brettspiel, Kairo 92

Dris ẹt tessa, brettspiel, Kairo 92

دوقل
dūqal (schlag), schlagball, Mārib 200, 322, 492

دوفنة
dūfnah (begräbnis), geschicklichkeitsspiel, Ṣana'a 175, 758

ربل
rabal (gummiband), geschicklichkeitsspiel, Mārib 176, 282, 761

رقص
raqṣ (tanz), vergnügungstanz 97, 204, 252, 684

Ramha, mannschaftsspiel, Arabische Wüste 602

Ringen, Kairo 90, 592

زامل
zāmal (rufe), schlachtgesänge, Kuḥlān 94, **332**

زرقيف
zurqeīf murmelspiel, Ṣana'a **176**, 282, 761

زقزقي
zuqzuqī (gäszchen), geländespiel, Ṣa'adah **759**

sahm (los), auszählspiel, Raīdah **369**

سبع الحجر
sab'a āl-ḥadschar (sieben steine), geländespiel, Mārib 283, **444**, **761**

سبعة صج
sab'ah ṣadsch (sieben schilde), geländespiel, Ṣa'adah 283, **444**

ستوب
stub (stop) ballspiel, Ṣana'a **284**

السرقة
ās-sarqah (die diebin), kartenspiel, Thafir **204**

السعلية
ās-s'alijah (das gespenst), »blinde kuh«, Mārib 493, **494**, 533

سمر
samra (nachtfest) gruppentanz, Ṣana'a **252**

Senet, brettspiel, Kairo 77

sīdu (gib mehr), kartenspiel, Mārib **509**

Schach, (brettspiel), Mārib 91, 153, 161, 204

Schara (unheil), kriegsspiel, Arabische Wüste 602

شليص بليس

schilīṣ bulīs (nackte bullen), geländespiel, Mārib 176, 758, **761**

شوت الموت

schaūt āl-maūt (todesschusz), ballspiel, Ṣa'adah **445**

صورة

ṣūrah (bild, fotografie), geschicklichkeitsspiel, Ṣana'a **175**, 758

صي سمك

ṣaī samak (fische fangen), ballspiel, Ṣana'a **176**, 444

ضرب الحدوي

ḍarab āl-ḥadūji (den stock schlagen), schlagball, Mārib 200, 322, **492**

طبق الوان

ṭabaq alwān (farbpalette), geländespiel, Ṣa'adah **758**

طشطش

ṭaschṭasch (zehner), versteckspiel, Mārib 101, 282, 328, 369, **492**, 753, 756, 758, 761

طنج

ṭanadsch (linie), brettspiel, Ṣana'a **181**, 204

عجم

'adscham (kern), geschicklichkeitsspiel, Ṣa'adah 91, 379, **759**

عذم

'adhm (knochen), geländespiel, Mārib **492**

عن صلاني

'ain ṣalānī (verstecken und finden), versteckspiel, Mārib 101, 282, 328, 369, 492, 753, 756, 758, **761**

غمظة
ghumazah (blindheit), »blinde kuh«, Ṣa'adah 493, 494, 533, 758

Fechten, Kairo 90

Film (Kino) **165**, **299**

القحس
āl-qaḥisch (der schlag), hockeyspiel, Kuḥlān **321**, 379

قصيع
qaṣij'a (büchsen), geländespiel, Ṣana'a **283**, 444, 761

قفيقف
qufaīqif (nach hinten), ballspiel, Ṣana'a **176**, 200, 282, 379, 444, 492

قوق
qūq (los), versteckspiel, Kuḥlān 101, 282, **328**, 369, 492, 753, 756, 758, 761

قولة ومقول
qūlah wa-maquwal (stock und stöckchen), schlagball, Ibb 200, 322, 492

كبش أعم
kabsch ā'am (blindes schaf), »blinde kuh«, Mārib **493**, 494, 533

kairam, tischbillard, Mārib 161

كرة
kurah (ball), ballspiele, Ṣana'a **116**, 161, 286, 444, 445, 466, 492

الكوفية الخضراء
āl-kūfīha āl-chaḍrā' (der grünhut), »plumpsack«, Thafir **200**, 753

Lab el hakkem, fechten, Kairo 90

Lab el kab, brettspiel, Kairo 92

Lakud, geschicklichkeitsspiel, Kairo 91

المراماه
āl-mirāmāh (der schusz), versteckspiel, Kuḥlan 101, 282, **328**, 369, 492, 753, 756, 758, 761

مسبقة
musabaqah (rennen), wettlauf, Ṣana'a **285**, 492, 592

Makale (der erschöpfte), geländespiel, Arabische Wüste 602

ممكن
mumkin (möglich), geländespiel, Ṣana'a **284**, 744

Mankale, brettspiel, Kairo 92, 144, 153

من شف اقيم يع قيرة
man schaf āqaīm j'a qaīrah (wer steht, wird geschlachtet), kampfspiel, Mārib 379, **494**

من طلع القلعة تولاها
man ṭal'a āl-qala'ah tawalāhā (der, welcher die burg einnnimmt), geländespiel, Dhamār **143**

من قفد اللبن
man qafad āl-labn (wer verschüttete die milch), kreisspiel, Thafir **201**

من هدف يا أمر
man hadaf jā āmar (wer ein tor schieszt, gibt befehl), ballspiel, Ṣa'adah 283, **445**

Mudmah sara (mudmah geht mit mir), geländespiel, Arabische Wüste 492, 710

Musik (u. Musikinstrumente) 52, 96, 99, 100, 125, 206, 331

نزع وطرق
naz'a wa-ṭarq (herausreiszen und schlagen), schlagball, Thafir 200, 322

نوبة
naūbah (wechsel), brettspiel, Ṣana'a 92, **144**

هوري
hūrī (gefahr), kampfspiel, Ta'iz **148**

وقل
waqal (hüpfen), hinkelspiel, Ṣana'a **117**, 175, 285, 492, 758

يا باب يا بواب
jā bāb jā bauwāb (oh tor oh torwächter), »macht auf das tor«, Raīdah 201, **367**

يا كوزكوز النمر يا مرحبا بالنمر
jā kūz kūz āl-namir jā marhabā bālnamar (hei krug, krug für den tiger, willkommen bist du tiger), pantomime, Kuḥlān **328**

يا مساء
jā masā (hallo nacht), singspiel, Ṣana'a **380**

يختب
jachtaba (verstecken), Ta'iz **101**, 282, 328, 369, 492, 753, 756, 758, 761

NACHBEMERKUNG

Das Tagebuch Alois Ferdinand Schnittkes beruht zum Teil auf einer Kompilation verschiedener, dem Sprachgestus Schnittkes angepaßter Zitate aus Reiseberichten vor allem des 18. und 19. Jahrhunderts. Folgende Quellen lassen sich identifizieren:

CARSTEN NIEBUHR: Reisebeschreibung nach Arabien und andern umliegenden Ländern (Kopenhagen 1774)

JOHANN LUDWIG BURCKHARDT: Reisen in Arabien (Weimar 1830)

EDWARD WILLIAM LANE: Manners and Customs of the Modern Egyptians (London 1836)

ULRICH JASPER SEETZEN: Reisen durch Syrien, Palästina, Phönicien, die Transjordan-Länder, Arabia Petrae und Unter-Aegypten (Berlin 1854)

CHARLES M. DOUGHTY: Travels in Arabia Deserta (Cambridge 1888)

JULIUS EUTING: Tagebuch einer Reise in Inner-Arabien (Leiden 1896)

LEO HIRSCH: Reisen in Süd-Arabien, Mahra-Land und Hadramut (Leiden 1897)

EDUARD GLASER: Reise nach Marib (Wien 1913)

ALOIS MUSIL: The Manners and Customs of the Rwala Bedouins (New York 1928)

BERTRAM THOMAS: Arabia Felix. Across the Empty Quarter of Arabia (London 1932)

HARRY JOHN BRIDGER PHILBY: The Empty Quarter (London 1933)

THOMAS EDWARD LAWRENCE: Seven Pillars of Wisdom (London 1936)

Der Autor dankt dem Collegium Budapest und der Stiftung Preussische Seehandlung für ihre Förderung dieses Unternehmens.

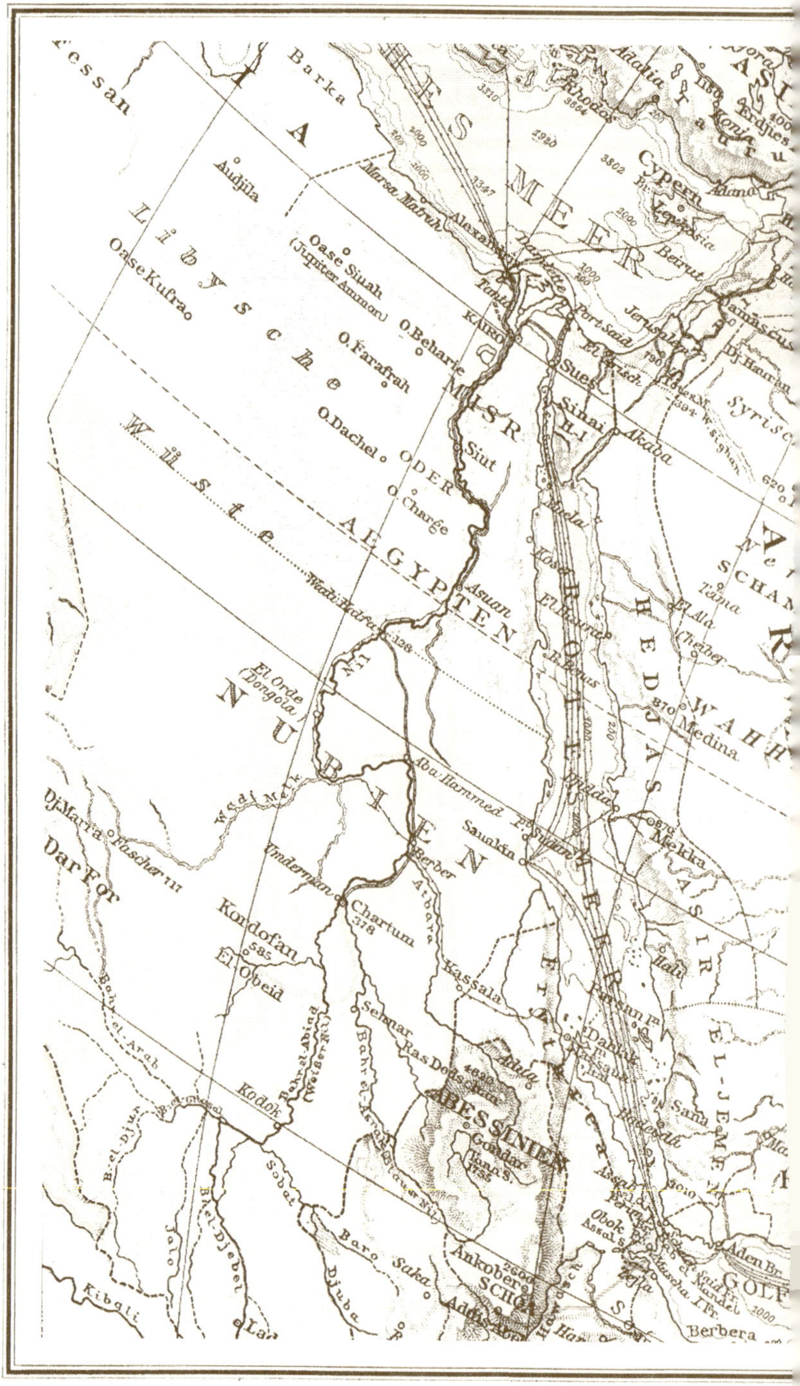
Fessan
Barka
A
Audjila
Libysche Wüste
Oase Kufra
Oase Siuah (Jupiter Ammon)
O. Beharie
O. Farafrah
O. Dachel
O. Charge
Marsa Matruh
Alexandria
Damiette
Tanta
KAIRO
MISR
ODER
AEGYPTEN
Siut
Asuan
Wadi Halfa
Nil
El Orde (Dongola)
NUBIEN
Abu Hammed
Berber
Wadi Melk
Dj. Marra
Fascher
Dar For
Omderman
Chartum
378
Kordofan
585
El Obeid
Atbara
Kassala
Sennar
Bahr-el-Abiad (Weißer Nil)
Bahr-el-Asrak
Ras Dedschen
4620
ABESSINIEN
Gondar
Tana S.
Adua
Bahr-el-Arab
Bahr-el-Ghasal
Kodok
Sobat
B. el Djur
Jalo
B. el Djebel
Kibali
Baro
Saka
Djuba
Ankober
2600
SCHOA
Addis Abeba
Obok
Assal S.
Zeila
Berbera
Aden Br.
GOLF
Bab el Mandeb
Massaua
Dahlak
Suakin
Port Sudan
Sues
Port Said
El Arisch
Sinai
Akaba
Rhodos
Cypern
Beirut
Jerusalem
Damascus
Adana
Konia
Adalia
Dj. Hauran
Tema
El Ala
Chaibar
HEDJAS
Medina
WAHHABI
Mekka
ASIR
Hali
Sana
EL-JEMEN
MEER
ASIEN
Syrische
Dschidda
Hodeida
Kosseir